ANA-BABA OKULU

Haluk Yavuzer (EDİTÖR)

ANA-BABA OKULU

Ana-Baba Eğitimi ve Aile İçi İletişim Becerileri

Remzi Kitabevi

ANA-BABA OKULU
Editör: Prof. Dr. Haluk Yavuzer

Kapak: Murat Özgül

ISBN 978-975-14-1815-9

BİRİNCİ BASIM: Mart 1990
GENİŞLETİLMİŞ ON BEŞİNCİ BASIM: Aralık 2011
YİRMİ BİRİNCİ BASIM: Kasım 2017

Remzi Kitabevi A.Ş., Akmerkez E3-14, 34337 Etiler-İstanbul
Sertifika no: 10705
Tel (212) 282 2080 Faks (212) 282 2090
www.remzi.com.tr post@remzi.com.tr

Baskı: Seçil Ofset, 100. Yıl Mah., Matbaacılar Sitesi
4. Cad. No: 77 Bağcılar-İstanbul
Sertifika no: 12068 / Tel (212) 629 0615

Cilt: Çifçi Mücellit, 100. Yıl Mah., Matbaacılar Sitesi
5. Cad. No: 24-25 Bağcılar-İstanbul
Tel (212) 629 4783

İçindekiler

Giriş

Toplumumuzda çocuğun ele alınış biçimi ve çocuk yetiştirme tutumları konusunda yapılan araştırmalara dayanarak ileri sürülen fikirlerde ortak noktalar, çocuğa karşı geleneksel tavır alışların baskılı ve kısıtlayıcı olduğu, kızların daha çok boyun eğen bir kimlik geliştirecek şekilde yetiştirildikleri, erkek çocuklara ise aile içinde daha çok değer verildiği şeklindedir.

Ataerkil aile düzeni içinde, çocuğa düşüncelerini serbest şekilde ifade etme imkânı tanınmamaktadır. Kendisine söz hakkı verilmeyen çocuğun değersiz olduğu duygusuna kapılacağı ve etrafına karşı ilgi duymayacağı, girişimden ve sorumluluk almaktan çekineceği ileri sürülen ortak noktalar arasındadır. Bu konuda, "reddedici ve kısıtlayıcı" anababa davranışının saldırganlık eğilimini güçlendirdiğini kanıtlayan araştırmalar bulunmaktadır.

Ana-babaların çocuklarına istenilen davranış ve alışkanlıkları kazandırabilmeleri, kendini denetleyen, duygu ve düşüncelerini özgürce ifade edebilen ve girişimci bir birey olmalarını sağlayabilmeleri, öncelikle onları tanımaları ve onlarla sağlıklı bir iletişim kurmalarıyla mümkündür.

İşte kitapta sunulan Ana-Baba Okulu projesi, bu gereksinimden hareket ederek başlatılmıştır. Fransa'da 1929, Amerika Birleşik Devletlerinde 1880'li yıllarda başlatılan Ana-Baba Okulları, öğüt vermek yerine ana-babaların kişisel çabalarını uyandıran, onlara rehberlik eden ve dayanışma duygusunu kazandıran birer kurum niteliğinde ortaya çıkmıştır. 1949'da yeniden örgütlenen Paris Ana-Babalar Okulu'nda, haftanın belirli günlerinde ana-babaların görüşmeye, bilgiler istemeye gelebilecekleri bir kabul servisi oluşturulmuştur. Böylelikle yılda 1000'den fazla ziyaretçi kabul edilmiştir. Ana-Baba Okulu konusunda, Fransa'yı, başta İsviçre, İtalya, Hollanda ve Lüksemburg olmak üzere diğer Avrupa ülkeleri izlemiştir.

Ana-Baba Okulunun çalışmalarının temelleri ülkemizde ilk kez 1962-63 yıllarında rahmetli hocamız Ord. Prof. Dr. İhsan Şükrü Aksel'in Akıl Hıfzıssıhhası Cemiyeti Başkanı olarak, Mediko-Sosyal Merkezi ve Askeri Tıbbiye'de başlattığı anne-babalara haftalık sohbet toplantılarıyla atıldı. Bunu 1983-88 yıllarında, Akbank sponsorluğunda, Kenter Tiyatrosu, Konak Sineması ve Kadıköy Halk Eğitim Merkezi'nde "Aile ve Çocuk Konferansları dizisi" adı altındaki "ana-baba eğitimi" seminerleri izledi. İstanbul Üniversitesi Eğitim Bilimleri Bölümünce yapılan bu etkinliği; Özcan Köknel, Atalay Yörükoğlu, Ayla Oktay, Kayıhan Aydoğmuş, Acar Baltaş, Norma Razon gibi alanlarının uzmanı olan hocalarımızla birlikte gerçekleştirdik.

Ülkemizde sistemli ve programlı bir Ana-Baba Okulu modeliyse İstanbul Üniversitesi Edebiyat Fakültesi, Eğitim Bilimleri Bölümü tarafından 1989 yılı Aralık ayında, Vezneciler Kuyucu Murat Paşa Medresesi'nde gerçekleştirildi.

Seminerlerimiz önceleri Vefa semtindeki dar gelirli halk kesimine 32 saatlik "ana-baba eğitimi" şeklinde başlatıldı. Bunu 16 saatlik programlar izledi. Katılımcı anne ve babalara seminer sonrası katılım sertifikaları verildi.

Ana-Baba Okulu, anne ve babaların çocuklarına karşı olumlu tutum ve davranışlar geliştirmesine yardımcı olmak, anne ve babalara çocukları ile nasıl sağlıklı bir iletişim kurabileceklerini anlatmak, çocuğun gelişme süreci içindeki değişimlerine ilişkin özelliklerini aktarmaktan, cinsel eğitime kadar çocuk ve genci ilgilendiren farklı konularda anne ve babalara ışık tutmak amacıyla kurulmuştur.

1. Gereksinmelerin Saptanması

İstanbul ili içinde oturan ana-babaların eğitim gereksinimleri, gözlemlerden ve kendi ifadelerinden yola çıkılarak oluşturulmak istendi. Bu amaçla, İstanbul Üniversitesi çevresinde lisans öğrencileri tarafından Ana-Baba Okulu anketi uygulandı. Bu ankette ana-babaların yaşı, mesleği, çocuk sayısı ve bu okuldan beklentileri ile kursa ayırabilecekleri zaman dilimi soruldu. 2000 anketten alınan 900 kişinin yanıtları değerlendirilerek sonuçlar, Ana-Baba Okulu'nun özel amaçlarına, eğitim planına ve eğitim programının hazırlanmasına temel oluşturdu.

2. Amaçlar

Bu programın genel amacı, üniversitenin çevreye açık olması ve kuramsal bilgilerin pratikte test edilmesi olarak saptanmıştır.

Özel amaçları ise, anne-babanın çocuklarına karşı olumlu bir tutum ve davranış geliştirmesine yardımcı olmak için, anne ve babalara çocukları ile nasıl sağlıklı bir iletişim kurabileceklerini anlatmak, çocuğun süreç içinde değişimi ve gelişimine ilişkin özelliklerini aktarmak, etkili anne-baba eğitiminden, cinsel eğitime kadar çocuk ve genci ilgilendiren farklı konularda anne-babalara rehberlik etmek şeklinde saptanmıştır.

3. Ana-Baba Okulu Eğitim ve Öğretim İlkeleri

Ana-Baba Okulu bir yaygın eğitim hizmeti olduğu için eğitim programlarının uygulanmasında şu ilkeler göz önünde tutulmuştur.

1. Ana-Baba Okulu eğitimi, anne ve babanın gerçek ve günlük sorunlarına yanıt verecek şekilde hazırlanmıştır.
2. Tartışılan sorunların anne-babaların önceki deneyimlerinden kaynaklanmasına dikkat edilmiştir.
3. Kuramsal ve pratik bilgilerin, beceri ve tutumların dengeli biçimde oluşturulmasına özen gösterilmiştir.
4. Yetişkin eğitimine uygun eğitim teknolojisinden yararlanılmaya dikkat edilmiş, slayt, tepegöz, kara tahta, epidiyaskop, vs. kullanılmıştır.
5. Eğitim, serbest tartışma yoluyla, herkesin başkalarının kişiliği, kendi güdüleri ve kendi tutumları konusunda bilinç kazanmaya alıştırıldığı bir grup çalışmasına dönüştürülmüştür.

4. Projenin Uygulandığı Yerler

Ana-Baba Okulu eğitim uygulamasına, önceleri hafta içi ve hafta sonu olmak üzere iki farklı kursla sadece üniversite bünyesinde (Kuyucu Murat Paşa Medresesi'nde) başlanmış, daha sonra Nippon Sigorta, Vakkorama ve Bakırköy Belediyesi'nde önce İstanbul'da, ardından da 1999-2003 yılları arasında Ülker sponsorluğunda 27 ilimizde gerçekleştirilmiştir. Bunu izleyen yıllarda seminerlerimiz, Bakırköy, Kadıköy, Ataköy, Ayazağa, Tekirdağ gibi farklı kesimlerde belediyeler, vakıf okulları, sigorta, özel okul, dershane ve özel kurumların işbirliğiyle yaygınlaştırılmıştır. Halen Ana-Baba Okulu etkinliğimiz "Eğitim Bilimleri Bölümü'nün" koordinatörlüğünde devam etmektedir. Eğitim ortamı, yetişkin eğitimine uygun görsel, işitsel araçlar yardımıyla düzenlenmiş, afiş ve broşürler yardımıyla katılanlar program konusunda bilgilendirilmiştir. Ayrıca tüm derslerin video kayıtları yapılmıştır.

5. Projeyi Yürüten Grup

Bölümümüz öğretim üyeleri ve elemanlarınca oluşturulan bu proje en başta lisans ve yüksek lisans öğrencilerimiz olmak üzere, fakülte personeli tarafından yürütülmüştür.

Projenin parasal desteği farklı kurumlar tarafından karşılanmıştır.

6. Ders Programının Hazırlanması

Ana-Baba Okulu 1989 Aralık ayından bu yana 60 kez açılmış bulunmaktadır. Önceleri hafta içinde de yapılırken, son üç yıldan beri sadece cumartesi ve pazar günleri 9.30-13.30 saatleri arasında gerçekleştirilen program, Çocuğun Gelişim Özellikleri ve Eğitimi, İletişim, Cinsel Eğitim, Okul, Çocukta Uyum ve Davranış Bozuklukları ana başlıkları altında toplanabilecek, 14 öğretim üyesinin görev aldığı 32 saatlik bir süreyi kapsamaktadır.

Öğretim yönteminde genel ilke olarak, öncelikle konuyla ilgili kuramsal bilginin verilmesine ve kuramsal bilgi aktarımından sonra katılımcıların sorularının yanıtlanmasına dikkat edilmiştir. Bunun ardından, serbest tartışma ortamı oluşturarak, sorun çözme aşamasının yaşandığı grup tartışmasına yer verilmiştir.

Ana-Baba Okulunun programında yer alan dersler şunlardır:

Bebeklik Dönemi Gelişim Özellikleri ve Eğitimi, Okul Öncesi Dönemi Gelişim Özellikleri ve Eğitimi, Yanlış Dinleme, Yemek Yeme Alışkanlığı, Son Çocukluk Dönemi Gelişim Özellikleri ve Eğitimi, Çalışan Anne ve Çocuğu, Gençlik Dönemi Gelişim Özellikleri, Eşler Arasında Problem Çözme, Karı-Koca İlişkilerinden Doğan Sorunlar, Yaygın Anne-Baba Tutumları, Çocukla Sağlıklı İletişim Nasıl Kurulur? Çocuklarda Uyum ve Davranış Bozuklukları, Çocuğun Eğitim Başarısını Yükseltmede Ailenin Rolü, Çocuğun Cinsel Eğitimi, Genel Değerlendirme ve Kapanış.

7. Ana-Baba Okuluna Katılan Anne ve Babaların Özellikleri

Ana-Baba Okulunun programlarına katılan anne ve babalara ilişkin demografik özellikleri şu şekilde özetleyebiliriz.

Katılanların Cinsiyet Dağılımı	: %62 Kadın, %38 Erkek
Medeni Durum	: %88 Evli, %6 Boşanmış, %6 Bekâr
Öğrenim Durumu	: %31 Yüksekokul, %30 Lise, %9 Ortaokul, %6 İlkokul, %24 Belirsiz.
Meslek Dağılımı	: %41 Memur, %32 Serbest, %29 Ev hanımı, %25 (İşçi, öğrenci, belirsiz)

8. Ana-Babaların Beklentileri ve Değerlendirmeleri

Ana-Baba Okuluna katılanlardan program sonunda beş sorudan oluşan bir değerlendirme formunu doldurmaları istenmiştir. Değerlendirme formundaki sorular kursa katılanların okuldan beklentilerini, ilgilerini çeken ve onlarda davranış değişikliğine yol açan dersleri, değiştirilmesi ya da eklenmesini istedikleri konuları belirlemek amacıyla oluşturulmuştur.

Ana-Baba Okuluna katılanların çoğunluğu, programın, beklentilerine uygun olduğunu belirtmişlerdir. Hem anket formunda yazılı olarak, hem de değerlendirme oturumunda sözlü olarak belirttikleri istekleri ise şu konularda yoğunlaşmaktadır:

1. Program süresinin daha uzun olması.
2. Uygulamaların artırılması.
3. Temel bilgilerin verildiği bu programa, spesifik konuları içeren derslerin eklenmesi.
4. Bu programa çocuğun eğitiminde etkili olan öğretmenlerin de katılmaları konusunda çalışmaların yapılması.

9. Katılım ve Değerlendirme

1989 yılından bu yana gerçekleştirilen 60 kursta 20.000 anne ve babaya katılım sertifikaları verilmiştir. Ortalama olarak, katılımcıların %60-80'ini anneler oluştururken, %20-40'ını babaların oluşturduğu görülmüştür. Her ilde anne katılımının fazlalığı dikkatimizi çekmiştir. Kurs öncesi ve sonrası kursiyerlere verilen ön test ve son test (PARI Tutum Ölçeği) sonuçları değerlendirildiğinde, 32 saatlik kurslara katılan anne ve babaların çocuklarına karşı "aşırı koruyuculuk" tutumlarıyla "baskıcı ve otoriter" tutumlarında anlamlı şekilde azalma olduğu, buna karşılık "eşitlik ve paylaşma" tutumlarında artma olduğu ve karı-koca arasında çocuk konulu tartışmaların başladığı saptanmıştır.

27 ilde açtığımız ana-baba okulları, hafta sonları 4 öğretim üyesinin katılımıyla 8'er saatlik eğitim programları şeklinde gerçekleştirilmiştir. "Kısa, etkili, uyarıcı eğitim" diye nitelendirebileceğimiz bu çalışmalarda, ebeveyne "farkındalık" kazandırma ve çocuk eğitimi konusunda onu bilgilendirme temel hedefimizi oluşturmuştur.

Ana-Baba Okulumuzdan diploma alan bir anne, çocuğunun kendi başına tırnak kesmesi, banyo yapması ve giyinip soyunmasına ilişkin sorularımızı şöyle yanıtlıyordu: "Ana-Baba Okuluna gelmeden önce bütün bunları biz yapıyorduk. Şimdi kendisi yapabiliyor." Aynı ailenin çocuğundan da benzeri cevaplar aldık. "Bir ay öncesine kadar babam beni dövüyordu. Ana-Baba Okuluna gittikten sonra dövmüyor. Siz galiba oranın müdürüsünüz."

Bu anne ve çocukla aramızda geçen görüşme bile Ana-Baba Okullarının hem amacını açıklamaya hem de başarısını kanıtlamaya yeter sanıyorum.

Ülkemizde Ana-Baba Okulu faaliyetine başladığımız sıralarda Amerika'nın Arizona Üniversitesinde "Nasıl daha iyi büyükanne ve büyükbaba olunur" kurslarının başlatıldığını öğrendik. Bu da diğer ülkelerin hem bu konulara verdikleri önemi, hem de ana-baba eğitimini bir ölçüde çözümlemiş olduklarını göstermektedir.

Sonuç

Ülkemizde anne ve babalar çocuklarına zaman zaman baskıcı, gevşek ya da koruyucu bir tutum içinde davranmayı yeğlemekte, çoğunlukla onlarla sağlıklı bir iletişim kurma yolunu seçememektedirler. Böyle bir ortamda da anne ve babaların çocuklarını dinlemeden aşağılama, suçlama, yargılama gibi kararlar aldıkları çok sık gözlenmektedir.

Zaman zaman anne ve babalar çocuklarının ilgi ve yeteneklerini göz önüne almadan, hayal ettikleri modele uygun bir çocuk yetiştirme çabası içinde görülmekte, bu amaçla da çocukların kapasitelerini aşarak yüksek bir beklenti içinde onları eğitmeye çalışmaktadırlar.

Bu bilgilerden de anlaşıldığı gibi anne ve babalar; bilmedikleri için, çocuklarını geleceğe daha iyi hazırlayabilmek için, ya da çağın ekonomik gereklerine ayak uydurabilmek için bazı psiko-pedagojik yanlışlıklar yapmaktadırlar.

Ana-Baba Okulu Eğitim Projesi kurslara devam eden anne ve babaların yüksek katılımıyla başarılı bir şekilde faaliyetini sürdürmektedir.

Bütün ana-babaların Ana-Baba Okulu kurslarına katılmasının güçlüğünü biliyoruz. Oysa iyi bir çocuk yetiştirmek için her ana-babanın gerekli bilgileri edinmeleri de vazgeçilmez bir şarttır. Bu nedenle, kurslarımıza katılma imkânı olmayan ana-babaları düşünerek bu kitabı hazırladık. Bu kitap, Ana-Baba Okulunda verilen tüm dersleri kapsamaktadır.

Kitabın bu genişletilmiş yeni basımı, bilgi ve makalelerle zenginleştirilmiştir.

Ana-babaların karşılaştığı birçok güçlüğün kökeninde bir uyumsuzluğun olduğu ve bunun çoğu kez yeterince olgunlaşmamış ya da kötü koşullarda gerçekleştirilmiş bir evliliğin sonucu olduğu gerçeğinden hareketle, "Evlilik Okulu" projemizi de hayata geçirmiş ve kitapçığını yayınlamış bulunuyoruz.

Gerek Ana-Baba Okulu çalışmalarımızda, gerekse kitabın yayımlanmasında emeği geçenlere, özellikle kitabın genişletilmiş bu basımını özenle okuyarak düzeltmeleri yapan öğrencim Pınar Taşpınar'a teşekkür etmeyi bir borç biliyorum. Kitabın tüm ana-babalara ve ülkemiz eğitimine yararlı olacağı inancındayım.

Prof. Dr. Haluk Yavuzer

Prof. Dr. Ümit Davasligil
(Maltepe Üniversitesi Öğretim Üyesi)

Bebeklik Dönemi (0-2 Yaş)

Çocuğun eğitimi açısından 0-2 yaş döneminin önemi büyüktür, çünkü gelişimin tüm yüzlerine ilişkin temeller bu dönemde atılır ve bireyler bu dönemdeki bir aksamanın izlerini, eğer herhangi bir önlem alınmazsa, yaşam boyu taşırlar. Bu nedenle, bu dönemde çocuğa sağlıklı bir eğitimin sağlanması büyük önem taşır. Bunun gerçekleşmesi için ise, bu dönem çocuğunun gelişimine bir göz atmakta yarar vardır.

MOTOR GELİŞİM

Yaşamın ilk yıllarında, çocuğun motor, yani hareket gelişiminde iki önemli eğilim görülür. Çocuğun becerilerinde, baştan aşağıya ve bedenin merkezinden dışa doğru bir gelişim seyri görülür. Örneğin, bebeğin oturmadan önce başını tutabilmesi yukarıda sözü edilen birinci gelişim prensibine bir örnektir. Elini ve kolunu hedeflediği nesneye ulaşacak şekilde uzatmadan önce göğsünü yerden yukarıya kaldırması ise, ikinci gelişim prensibine bir örnektir (2, s. 96).

Refleksler

Yeni doğan bir bebek ağlar, nefes alır ve biraz da etrafını seyreder, ama acaba tüm becerileri bu kadar mıdır? Aslında bebekler geniş refleksler topluluğuyla dünyaya gelirler. Bunlar, belirli uyarıcılarla istemsiz olarak harekete geçirilen otomatik fiziksel tepkilerdir. Bunların bir kısmı yetişkinlerde de süregelir. Örneğin, göze üflendiğinde gözün kırpılması veya gözbebeğinin parlak bir ışığa maruz bırakıldığında daralması veya dize vurulduğunda bacağın yukarıya hareket etmesi gibi. İşte bebek ileriki yaşamında süregelecek olan bu reflekslere ek olarak bir dizi ilkel reflekslere de sahiptir ki, bunların bir kısmı yaşamını sürdürebilmesi için gereklidir. Örneğin, bebeğin yanağına dokunulduğu zaman, dokunulan yanak tarafına başını döndürüp emecek bir şey arama refleksi, ağzına bir şey değdirildiğinde emmeye başlama refleksi ve başlangıçta solunumla tam olarak eşgüdüm içinde olmasa da bebeğin beslenmesi için gerekli görülen yutma refleksi gibi.

Ayrıca, bebek ani yüksek bir sese veya yattığı masaya elle vurularak çıkarılan sese maruz bırakıldığında veya bebeğin başındaki destek birden aşağıya çekildiğinde veya bebek kollarda yatar durumdayken kolların aniden 10 cm. kadar aşağıya hareket ettirilmesiyle bebeğin düşer gibi olduğu durumlarda ortaya çıkan bir refleks de vardır. Bebeğin hoşlanmadığı durumlardan alınması için gerekli olan bu reflekste ilk olarak kollar dışa açılır ve sırt yay biçiminde gerilir. Bacaklar uzatılır. Sonra kollar kavuşmaya başlar. Eller başlangıçta açıktır. Sonra sıkı bir yumruk haline getirilir. Bu refleks 6., 7. aylarda kaybolur. Bu refleksin hiç olmaması veya çok zayıf olması merkezi sinir sistemindeki bir bozukluğa işaret eder.

Bir başka refleks baş bir tarafa çevrilip, bir süre öyle tutulunca, ortaya çıkar. Başın çevrili olduğu taraftaki kol ve bacak refleks bir hareketle yana doğru açılır. Diğer taraftakiler ise kıvrık olarak durur. Doğumdan sonraki ilk 10 gün içinde bazen görülmeyebilen bu refleks, yaşamın ilk 6 haftası için de belirgin olarak ortaya çıkar ve sonraları zayıflayarak 3., 4. aydan sonra kaybolur.

Bir başka refleks de bebeğin ayak tabanına topuktan parmaklara doğru bir şey sürüldüğünde görülür. Ayak başparmağı ayağın üst kısmına doğru bir kasılma gösterir, diğer parmaklar ise, içe doğru, yani tabana doğru gerilerek uzatılır. Bu refleks aşağı omurilikte bir yıkımın olması halinde görülmez. Normal bebeklerde birinci yılın sonuna doğru kaybolur.

Otomatik yakalama refleksi ise, bebeğin avuç içine bir çubuk veya parmak bastırıldığında ortaya çıkar. Bebek nesneyi otomatik olarak yakalama davranışında bulunur. 3., 4. aylar arasında kaybolur. Bu refleks 1. ay boyunca artar, sonra yavaş yavaş azalır. 4., 5. aylarda istemli yakalama faaliyeti refleks yakalamanın yerini alır. Benzer yakalama refleksi ayak altına hafif bastırılınca da görülür.

Adım atma refleksi, bebek dik olarak ayağı yere değecek şekilde tutulduğunda görülür. Bebek yürür gibi ayaklarını değiştirerek öne doğru atar. Bu refleks 3., 4. aylarda kaybolur.

Bir diğer refleks de bebek arka üstü yatarken, bebeğin her iki el veya her iki ayak altına aynı anda basıldığında veya el üstü ile avuç içi biraz sıkıldığında veya ayak tabanı ile ayağın üstü beraber sıkıldığında ortaya çıkar. Bebek otomatik olarak ağzını açar, başını sağa, sola döndürmeden tam orta noktada tutar ve bazen de gözlerini hafifçe kapar. Bu refleks 3-4 aylıkken kaybolur. Merkezi sinir sistemindeki genel bir çöküntü halinde bu refleks görülmez (1, s. 119-121, 126; 2, s. 79-80; 4, s. 116-117).

Motor Yeteneklerin Gelişimi

Yeni doğan bebeğin hareket yetenekleri ise reflekslerinin aksine fazla etkileyici değildir. Yeni doğan bebek henüz başını tutamaz. Görme ve uzanma davranışlarını eşgüdüm içinde gerçekleştiremez. Yuvarlanamaz ve oturamaz. Ancak ilk haftalarda hareket yeteneğinde hızlı gelişmeler görülür. Bu gelişim sırasını aşağıdaki şekilde özetlemek mümkündür:

0 ay - Fötal duruşunu sürdürür.
1. ay - Çenesini kaldırabilir.
2. ay - Göğsünü kaldırabilir.
3. ay - Başarısız uzanmalarda bulunur.
4. ay - Destekle oturur.
5. ay - Kucağa oturup nesneleri yakalar.
6. ay - Mama sandalyesinde oturup sallanan nesneleri yakalar.
7. ay - Kendi başına oturabilir.
8. ay - Yardımla ayağa kalkabilir.
9. ay - Sandalyeye tutunarak ayakta durabilir.
10. ay - Emekler.
11. ay - Eli tutulduğunda yürüyebilir.
12. ay - Bir eşyayı tutup kendini çekerek ayağa kalkabilir.
13. ay - Dört ayak üzerinde merdiven çıkabilir.
14. ay - Kendi başına ayakta durabilir.
15. ay - Kendi başına yürüyebilir.

Elle yakalama becerisinde görülen gelişimsel sıra da önemlidir, çünkü bebeğin nesnelerle olan etkileşiminde etkili olur. Küçük bebek ancak eline uyan nesneleri eline alabilirken, daha büyük bir çocuk büyüklük ve şekil açısından farklılık gösteren nesneleri de yakalayabilir. 6 aylık bebek nesneyi bütün eliyle yakalamaya çalışır. 9. ay civarında ise, yakalama davranışı daha çok bütün parmaklar tarafından yürütülür. Ancak 2 yaşında sadece başparmak ile işaretparmağının küçük nesneleri yakalarken etkin olduğu görülür (2, s. 97; 4, s. 132).

ALGISAL GELİŞİM

Bebekler sosyal ve fiziksel çevreleriyle etkileşime girmelerine imkân sağlayan ve geniş dağılım gösteren görsel yeteneklere sahiptirler. Örneğin, doğumdan hemen sonra *parlaklık*'taki değişime duyarlıdırlar ve bu alandaki duyarlılıkları ilk iki ay içinde hızlı bir gelişim gösterir.

Yaşları 24 ile 96 saat arasında değişen bebeklerin ise hareket eden *kesintili ışığı* gözledikleri zaman emme faaliyetini yavaşlattıkları gözlenmiştir.

Ayrıca yeni doğanların görsel bir uyarıcıyı izleme yeteneğine sahip oldukları görülmüştür. Aşağı yukarı 10 cm. çapında kırmızı bir halka, yatay bir yay oluşturacak şekilde sağdan sola ve sonra da yukarıdan aşağıya doğru hareket ettirilmiştir. Doğumdan hemen sonra bebeklerin %26'sının bu uyarıcıyı izleyebildikleri, 12 ile 48 saat arasında değişen bir süre sonra ise, bebeklerin %76'sının bunda başarılı oldukları belirlenmiştir. Ayrıca, yatay olarak hareket ettirilen nesnenin yukarıdan aşağıya doğru hareket ettirilene oranla daha kolaylıkla izlendiği görülmüştür.

Görme Keskinliği.– Yeni doğan bebeklerin beklenmeyen görsel kapasitelere sahip olmalarına karşın, görme keskinlikleri henüz tümüyle gelişmemiştir. Bu gelişim 10, 11 yaşlarına kadar süregelmesine karşın, bu yetenek ilk yılda hızlı bir gelişim gösterir ve 6 ayla bir yaş arasında yetişkin düzeyine yaklaşır.

Ayrıca, yeni doğan bebekler tüm uzaklıklara gözlerini ayarlayamazlar. Ancak 19 cm. uzaklıktaki bir nesneye gözlerini ayarlayabilir ve ancak bu mesafedeki nesneyi net olarak görebilirler. Bu mesafeden daha yakındaki veya daha uzaktaki nesneleri ise, bulanık olarak algılayabilirler. 4 aylıkken normal bir yetişkin gibi tüm uzaklıklardaki nesnelere gözlerini ayarlayabilirler. 4. aya kadar ancak 19 cm.'den net olarak görebilmeleri, kucakta yatar durumdayken annelerinin yüzünü doğumdan itibaren görebildiklerine işarettir. Böylece bebekler sosyal etkileşime ilk günlerden itibaren hazırdırlar.

Renk Algısı.– Bebeklerin renk körü olup olmadıkları da inceleme konusu olmuştur ve araştırma sonuçları, bebeklerin sadece renkleri fark etmekle kalmayıp, bu renkler arasında ayrım yapabildiklerini de göstermiştir.

Şekil Algısı.– Bebeklerin motifler arasında ayrım yapıp yapamadığı araştırılmış ve farklı görsel hedeflere bakma süreleri belirlenmiştir. Bu görsel uyarıcılar insan yüzü, gazete gibi bir basılı materyal, boğa gözü ile düz kırmızı, beyaz ve sarı renkte 3 ayrı disktir. En küçüğü 2 aylık olan bebeklerin en fazla insan yüzüne baktıkları belirlenmiştir. Bunu basılı materyel ile boğa gözü izlemiştir. Aynı deney bir iki günlük bebekler üzerinde tekrarlanmış ve bebeklerin karmaşık şekilleri tercih ettikleri belirlenmiştir.

Bebeklerin yüzün hangi kısmına daha çok baktıkları da araştırılmıştır. Yaşları 5-7 hafta arasında değişen bebeklerin daha çok gözlere baktıkları belirlenmiştir. Bu sonuç, sosyal etkileşim işaretleri olarak gözlerin, bu devrede anlam kazanmış olduğu olasılığını göstermektedir. Bu nedenle, bebekle sağlanan göz teması, bebekle bakıcısı arasında sosyal bağın gelişmesinde önemli rol oynar.

5 aylık bebekler ise, farklı yüzler arasında ayrım yapabilecek düzeye gelirler.

Algısal Değişmezlik.– Bebeklerin nesneleri gerçek dünyada var oldukları şekilde algılama yeteneklerinin nasıl geliştiği konusu da araştırmacıların ilgisini çekmiştir. Yetişkinler bir nesneyi, örneğin bir yemek tabağını çeşitli mesafelerden, çeşitli açılardan görseler de, aynı nesne olduğunu bilirler.

Nesnenin çeşitli mesafelerden, örneğin çok uzaktan da algılansa büyüklüğünü korumasına, *büyüklüğün değişmezliği,* nesnenin değişik açılardan algılansa da şeklinin değişmediği inancına, *şeklin değişmezliği,* farklı loşlukta algılanan renklerin değişmediğine inanma ise *renklerin değişmezliği* olarak geçer. İki aylık bebekler üzerinde yapılmış olan bir deney, onların şeklin değişmezliğine ulaşmış olduklarını kanıtladığı gibi, bir diğer deney de rengin değişmezliği, kavramına 4 aylık bebeklerin ulaşmış olduklarını göstermiştir.

Üzerinde çok çalışılan büyüklüğün değişmezliği *derinlik algısı* ile ilgilidir. Yürüyerek uzaklaşan birinin küçülmediğini derinlik algısı sayesinde anlayabiliriz (2, s. 106-111; 4, s. 122-127).

Derinlik Algısı.– Bebeklerde derinlik algısının ne zaman geliştiğinin incelenmesi için şöyle bir deney düzenlenmiştir. İlk önce, masaya benzeyen bir deney aracı geliştirilmiştir. Bu aracın üst yüzeyi kalın camdan yapılmış olup, bu cam yüzeyin yarısının hemen altına damalı bir zemin yerleştirilmiş ve yaşları 6 ile 14 ay arasında değişen bebekler teker teker bu kısma konmuştur. Cam yüzeyin diğer kısmının altına ise, aynı desenden oluşan zemin bu kez 1 m aşağıda olacak şekilde yerleştirilmiştir. Anneler bu kısmın kenarında durarak, bebeklerini bu derinlik duygusu veren kısma doğru gelmeleri için teşvik ettiklerinde, bebeklerin bunu reddettikleri belirlenmiştir. Bu deney daha sonra yaşları 44 ile 115 gün arasında değişen emekleyen daha küçük bebeklerde tekrarlanmıştır. Bebeklerin, uçurum hissi veren kısma konulduklarında, kalp atışlarında artış olduğu belirlenmiştir. Bu durum bağımsız hareket edebilen bir günlük hayvan yavrularından alınan sonuçlarla da uyum içindedir. Bu yavruların derinlik izlenimi veren tarafa gitmek istemedikleri saptanmıştır. Bu sonuçlar canlılardaki derinlik algısının doğuştan itibaren veya bebeklerde hiç değilse doğumdan bir buçuk-iki ay sonra var olduğu görüşünü akıllara getirmektedir. Ancak çok önceden görülen bu görsel becerilerin sürdürülmesinde canlıların, doğumdan itibaren zengin görsel uyarıcılara maruz bırakılmaları önemli bir noktadır (2, s. 111-113, 4, s. 127-129).

Nesne Kavramı.– Algısal alanda görülen bir diğer gelişim, nesne kavramıdır. Bu kavramın bir yüzü nesnenin sürekliliğiyle ilgilidir. Yani görüş alanından çıkan nesnelerin varlıklarını sürdürdükleri anlayışıdır. Örneğin, anne odadan çıkınca da varlığını sürdürür. Nesne kavramının bir diğer yüzü de *nesnenin aynılığı*'dır. Yani nesnenin bir durumdan diğerine, aynı olma özelliğini koruduğu gerçeğine yükselmesidir. Evdeki anne de, sokaktaki anne de aynı kişidir.

Nesnenin sürekliliği'ne ilişkin ilk kanıt 2 ay dolaylarında kendini gösterir. Bebeğe bir oyuncak gösterilip sonra önüne bir levha tutulup arkadan oyuncak alınıp sonra ekran kaldırıldığında, bebeğin ekranın arkasındaki oyuncağı görmeyince, şaşkınlık geçirdiği görülecektir. Ancak, 2 ay dolaylarında oyuncağı arama davranışında bulunmayacaktır. Arama davranışı 6 ay dolaylarında görülür. Oyuncağını beşiğinin kenarına düşürdüğünde, gözleriyle onu arayacaktır. Hatta eğer oyuncak kısmen görünüyorsa, arama davranışına da girebilir. Tamamen görüş alanından çıkan nesnenin aranması ise, 8 ile 12. aylar arasında gerçekleşir (2, s. 113).

İşitme Duyusu

İşitme Keskinliği.– Araştırma sonuçları yeni doğmuş bebeklerin, yetişkinlere yakın bir keskinlikte duyabildiklerini göstermektedir. Hatta doğum öncesi anne rahmindeki fetüsün işitsel uyarıcıya tepki verdiği belirlenmiştir.

Konuşma Algısı.– Bir araştırmada, doğumdan hemen sonraki günlerde bebeklerin annelerinin seslerini tercih ettikleri saptanmıştır. Bir başka araştırmaya göre, 6-7 aylık bebekler kadın ve erkek seslerini ayırt edebilmektedir (5, s. 143-159). Bir diğer araştırmada ise, 6-7 aylık bir bebek anne ve babasının karşısına oturtulup teypten anne ya da babasının konuşması dinletildiğinde, bebeğin, kimin sesini duyuyorsa onun yüzüne baktığı belirlenmiştir.

Ayrıca bir iki aylık bebeklerin "ba", "ga" gibi sesleri ve bundan hemen sonra da çift heceli sesleri ayırt edebildikleri saptanmıştır.

Özetle, çok küçük bebekler konuşma seslerini algılayabilir ve konuşmacıları çok erkenden ayırt edebilir görünmektedirler. Gerçekten de bebekler anne-babalarının yüzlerini tanımadan önce, onları seslerinden ayırt edebilir gibidirler (2, s. 115).

Koku ve Tat Alma Duyuları

Koku ve tat alma duyuları görme ve işitme duyularına oranla daha az incelenmiş olmalarına karşın, yine de bu duyulara ilişkin temel bilgiler mevcuttur. Yeni doğmuş bebekler kokuları ayırt edebilirler, ancak koku alma duyarlılıkları zamanla daha da keskinleşir, bu duyularına ilişkin gelişimleri aşağı yukarı 6 yaşlarına kadar tamamlanır ve bu gelişimleri bir kez tamamlanınca 94 yaş gibi çok ileri yaşlara kadar koku alma duyarlılıkları aynı düzeyde süregelir (2, s. 115-116, 4, s. 130).

Tat alma duyuları açısından da yeni doğmuş bebeklerin belirli bir gizilgüce sahip olduklarını araştırmalar belirlemiştir. Yeni doğmuş bebekler hem tatlı, ekşi ve biberli gibi tatlara duyarlıdırlar hem de bu tatlar arasında ayrım yapabilmektedirler (4, s. 132).

SOSYAL VE DUYGUSAL GELİŞİM

Sosyal ilişkilerin tartışılmasında kullanılan temel kavram, "bağ"dır. Bebek ile anne-baba arasındaki etkileşimdeki bağ kavramı, iki kişi arasındaki duygusal bir zincir olarak açıklanır.

Anne-Babanın Çocuklarına Geliştirdikleri Bağlar

Anne-baba ile çocuk arasındaki bağın oluşum sürecinde iki adım vardır.

Birinci Adım: İlk Bağlar (Anneler açısından).– Annenin çocuğuna karşı duyduğu bağın oluşmasında kritik bir dönemin varlığı ileri sürülmektedir ki bu da doğumdan hemen sonraki dönemdir. Bu dönemde bebeklerini kucaklarına alıp seven annelerin, çocuklarına daha kuvvetli bağlarla bağlandıkları belirlenmiştir. Bu durumun doğruluğu bir araştırma ile incelenmeye çalışılarak, kısa süreli etkilerin üzerinde durulmuştur. Sonuçlar annenin bebeğiyle erken temasının, bebeğin yaşamının ilk günleri ve hatta haftaları boyunca annenin kendisinde olumlu etkiler bıraktığını göstermiştir.

1. grup anneler, doğumdan hemen sonra en az yarım saat çocuklarıyla temas etme imkânını bulmuşlardır.

2. grup anneler, hem doğumdan hemen sonra bebekleriyle temas imkânını bulmuşlar hem de bebekleri her gün beş saat süreyle kendi yanlarında kalmıştır.

3. gruptaki anneler doğumdan hemen sonra çocuklarıyla birlikte olamamışlar, ancak daha sonra her gün beş saat gibi uzun sürelerle bebekleriyle temas imkânını bulmuşlardır.

4. gruptaki anneler ise, ne erken ne de sonraki günlerde bebekleriyle uzun bir temas imkânına sahip olabilmişlerdir.

Beslenme sırasında çocuklarına şefkat gösterici davranışların sayısı, erken temas grubunda daha fazla bulunmuştur. Bu durum, araştırmacılarca doğumdan hemen sonra annelerin böyle bir bağı kurma konusunda, fizyolojik açıdan hazırlıklı oldukları şeklinde yorumlanmıştır. Bir diğer neden olarak da doğumdan hemen sonra bebeklerin canlı ve uyarıcılara açık oldukları ve annelerin tepkilerine cevap aldıkça, çocuklarıyla şefkat dolu etkileşimi sürdürdükleri ileri sürülmüştür.

Bazı araştırmacıların bulguları, bu erken temas etkisinin iki yaşına kadar devam ettiği şeklindedir. Bebekleriyle erken temas kurma imkânını bulan annelerin, kontrol grubuna oranla daha karmaşık dil kullandıkları ve daha uzun süre bebeklerini anne sütüyle besledikleri ve daha geç işlerine döndükleri saptanmıştır.

Bazı araştırmalarda ise, bu etkinin uzun süreli olmadığı görülmüştür.

İkinci Adım: Bağların Kaynaşması.– İlk hafta ve aylarda anne-baba ile bebek arasında karşılıklı olarak birbirlerine kenetlenme, bağlanma şeklinde davranış örüntüleri gözlenir. Bebek ihtiyaçlarını ağlayarak, gülümseyerek ifade eder. Sakinleşerek veya sokularak kucağa alınma davranışına olumlu tepkide bulunur. Anne-baba kendisine baktığında o da onlara bakarak tepkide bulunur. Bu tepkilere karşılık, anne-baba da, ağladığı zaman yanına giderek, kucaklarına alarak, açlık gibi herhangi bir ihtiyacını fark etmek için bebeğin çevresinde olarak, bebeği gülümsediğinde gülümseyerek, ara ara bebekle göz teması kurarak bebeğin anne-babasına duyduğu bağlara karşı tepkide bulunurlar. Gerçek bir bağın oluşması için zamana ve denemelere ihtiyaç vardır. Hele ilk kez çocuk sahibi olan anne-baba için bebeğin sinyallerini doğru olarak algılayıp uyum sağlamak kolay olmayabilir. Ancak bebeğini izleyen bir anne-baba bebeklerinin bakımını yürüttükçe, onunla oynadıkça, konuştukça bu uyum sağlanabilir. Yavaş yavaş bebeklerini nasıl güldüreceklerini, nasıl kendilerine baktıracaklarını, nasıl sakinleştireceklerini, nasıl besleyeceklerini öğrenirler. Bu süreç sakin bir şekilde yürüdükçe ve anne-baba çocuklarının ihtiyaçlarını sezmeye başladıkça, anne-babalık görevi daha tatminkâr olmaya başlar ve ana-babaların bebeklerine olan bağları kuvvetlenir.

Babaların Bağları.– Bazı araştırmacılar, doğumda bulunan veya doğumdan hemen sonra bebeklerini kucaklarına alıp sevip okşayan babaların, çocuklarına daha güçlü bağlarla bağlandıklarına tanık olmuşlardır. Bu güçlü bağın ne kadar süreyle devam ettiği ise henüz araştırma konusudur.

Ancak babaların çocuklarına olan bağlarının ilk dönemde annelerinkine benzediği, fakat doğumdan birkaç ay sonra, babaların annelerden farklı bir rol üstlendikleri araştırmalarla saptanmıştır. Babalar yeni doğan çocuklarını anneler gibi kucaklarına aldıklarında, onlara dokundukları, konuştukları, sarıldıkları gözlenmiştir. Yani çocuklarına gösterdikleri şefkat dolu davranışların niteliğinde bir fark yoktur. Ancak haftalar geçtikçe, babalarla annelerin davranışları arasında farklılıklar gözlenmiştir.

Annelerin çocuklarının bakımını üstlendikleri gibi, onlarla daha fazla konuştukları ve daha sakin bir etkileşime girdikleri görülmüştür. Babaların ise, daha çok çocuklarıyla fiziksel boğuşma davranışına girdikleri ve daha çok oyun oynadıkları gözlenmiştir.

Rollerdeki bu farklılığın nereden kaynaklandığı araştırılmış ve annelerin daha çok bebeğin bakımıyla ilgilendikleri için oyuna pek vakitleri olmayabilecekleri varsayımı ileri sürülmüştür. Bunun doğruluğunu denemek için, İsveç'te bebeğin bakımını üstlenen babalar üzerinde bir araştırma yapılmıştır. En az üç ay süreyle bebeklerin bakımı babaların tarafından sürdürülen ve bebeklerin yaşı 8 aylık olan aileler ele alınmıştır. Bu ailelerdeki anne ve babaların çocuklarına olan davranışları normal ailelerdeki anne-baba davranışlarıyla karşılaştırılmış ve ilginç bir sonuçla karşılaşılmıştır. Babaların, bebeklerin bakım işini üstlenmeleri, bebekle etkileşim örüntülerinde pek etkili olmamıştır. Anneler ister bakım görevini üstlensinler, ister üstlenmesinler çocuklarıyla daha fazla konuşmuşlar, daha fazla kucaklarına almışlar, daha fazla şefkat göstermişlerdir.

Bebeğin Anne-Babasına Olan Bağlarının Gelişimi

Çocukta gerçek bağların oluşmasının birkaç adımda gerçekleştiği ileri sürülür.

1. Faz: Bağlanma Öncesi.– İlk 3, 4 ay süresince, bebek görüş alanında olan veya kendisini kucağına alan bir kişiye ayrım yapmadan tepkide bulunur. Bu dönemde bu tepkilerin amacı, gereksinimlerini karşılayacak birini yanına getirtmektir.

2. Faz.– 3 ile 5. ayları arasında ise, artık bebek tepkilerini ayırt edici şekilde yapar. Bu nedenle, aşina olduğu bir kişi bebeği daha kolaylıkla sakinleştirebilir. Ancak, henüz birinci sırayı koruyan tek bir favori kişi yoktur. Bu dönemde artık bebek yüzler arasında ayrım yapabilmeye başlamıştır.

3. Faz.– Aşağı yukarı 6, 7 - 11, 12 ayları arasında bebek genellikle tek bir kişiye bağlanır ve bu kişi de genellikle annedir. Bu dönemde bağlandığı kişiyi, dünyayı keşfetmesinde yardımcı olacak güvenli bir dayanak olarak görür ve emeklemeye başladığı için de yetişkinin yanına kendisi gidebilir. Nesnelerin sürekliliği kavramına ulaşmaya başlayan ve 6 ile 8 ayları arasında olan bebeğin, annesinin görüş alanından çıkma durumunu protesto ettiği görülür. Bebeğin annesinden ayrılırken gösterdiği bu tepki, tek bir kişiye olan kuvvetli bağın bir kanıtıdır ve bu tepkiye "Ayrılma Endişesi" adı verilir. Birkaç ay sonra, yani 8-12 ayları arasındaki bebeğin yabancılardan korkma davranışı, yine bu bağı kanıtlayıcı bir tepkidir.

4. Faz.– Tek kişiye karşı geliştirilen bağlar, yaşları 6 ile 12 ay arasında değişen bebeklerde yoğun bir şekilde görülür. Bu dönemden sonra, bebeklerin çoğu bu duygusal bağlarında bir yayılma gösterirler. Daha büyük diğer kardeşlere, babalara, büyükannelere, büyükbabalara, bakıcılara da aynı derecede duygusal bir bağ geliştirebilirler.

12 aylık bir bebek çoğu zaman anne veya bakıcının görüş mesafesinde olmayı yeğler. Fakat 2, 3 yaşlarına doğru artık konuşmaya ve yürümeye başladıkça, yetişkinin muhakkak yakınında olmak istemez, çünkü uzak mesafeden gereksinimini iletebilir ve bu nedenle temasını sürdürebilir (2, s. 248-259).

Çocuklarda Güvenli Bir Bağ Nasıl Oluşturulur?

Annelerine karşı güvenli bir bağ geliştiren bebeklerin annelerinin, çocuklarının bağımsız oyunlarına daha fazla destek sağladıkları, çocuklarının gereksinimlerine daha duyarlı oldukları ve çocuklara şefkatlerini, duygularını daha açıkça belirttikleri bazı araştırmacılarca belirlenmiştir. Bu tür etkileşime giren annelerin, çocuklarından aldıkları ipuçlarına göre davranışlarını sakin bir şekilde ayarladıkları, çocuklarıyla daha fazla oyun oynadıkları, oyun esnasında, tepki göstermeleri için yeterli zaman tanıdıkları ve çocuklarının yanında çok ender olarak sessiz kalıp somurtkan bir ifade taşıdıkları gözlenmiştir.

Çalışan annelerin çocuklarıyla güvenli bağlar oluşturamayacakları şeklindeki inanç artık günümüzde kabul edilmemektedir. Bu tür sağlıklı bir bağın oluşması, anne-çocuk arasındaki sürekli bir teması gerektirmez. Önemli olan anne-çocuk arasındaki ilişkinin niteliğidir. Çalışan annelerin durumunda olduğu gibi, önceden bilinen ve tekrarlanan ayrılıklar, çocuğun annesine olan bağını zayıflatmadığı gibi kalitesini de düşürmez. Ancak bu durumda yuvanın, kreşin kalitesi önem kazanır (2, s. 266-267).

ANNENİN TEPKİLERİNİN ÇOCUKLARIYLA OLAN ETKİLEŞİMİNE ETKİSİ

Annenin Güven Duygusu

Annenin kendine ve annelik rolünü yerine getirdiğine ilişkin duyduğu güvenin derecesi bebeği ile etkileşimini etkiler. Güvensiz anneler genellikle ya da sık sık çocuklarına bakma ve eğitme biçimlerini değiştirirler ya da hiçbir esneklik göstermeden belirli bir rutin içinde hareket ederler, çünkü bu rutin, kendilerinin sahip olmadıkları güven duygusunu sağlar. Ancak, bu tür tutumlar çocuklarda güvensizliğe neden olur.

Annenin Bebeğinin Özelliklerini ve Gereksinimlerini Algılama Derecesi

İkinci olarak, annenin bebeğinin özelliklerini ve gereksinimlerini sağlıklı bir şekilde algılama derecesi, çocuğuyla olan etkileşimini etkiler. Başlangıçta anne hata yapsa da bebeğini dikkatli gözleme sonucunda onun gereksinimlerini anlayabilir ve bunun sonucunda da uyumlu ilişkilere girebilir.

Anneleriyle uyumlu bir etkileşim içinde olan bebeklerin çevrelerine karşı daha ilgili ve daha az ürkek oldukları görülmektedir. Birçok araştırmanın sonuçları, bebeklerin seslendirmelerine tepkide bulunan annelerin bebeklerinin, seslendirmelerine daha az tepkide bulunanlarınkine oranla daha uyanık ve canlı, zihinsel açıdan ise daha olgun olduklarını göstermektedir.

Ağlayan bir bebeğin yanına gitme, gülen bebeğe gülerek tepkide bulunma, kumru gibi ses çıkaran bebeğe ilgiyle bakmak ve o susunca benzer sesler çıkarmak bebeğe yapılan tepkilere birer örnektir. Ayrıca, araştırmalar, daha fazla tepki veren annelerin bebeklerinin, annelerinin isteklerini kolaylıkla yerine getirme olasılıklarının daha fazla olduğunu ortaya koymaktadır.

Yine anneleriyle olumlu sosyal etkileşim içinde olan bebeklerin çevrelerini ve yeni nesneleri keşfetmeye daha açık oldukları belirlenmiştir. Bu tür anneler büyük bir olasılıkla çocuklarının gereksinimlerini keşfedip uygun tepkilerde bulunarak onlar için güvenli bir dayanak oluştururlar. Bu şekilde güven içinde olan çocuklar, kendi tepkilerinin çevre üzerinde etkili olabileceği gerçeğine ulaşarak, daha çok öğrenme isteği taşıyabilirler.

Bebeğin gelişimi açısından, annesi ile arasındaki olumlu sosyal etkileşimin öneminin büyük olmasına karşın, bu tür uyarılmanın da bir sınırı vardır, çünkü sürekli gözetim altında olduklarını hisseden bebekler, anneleri tarafından gelen faaliyet bombardımanı karşısında bunalırlar ve kendi inisiyatiflerini kullanma fırsatını bulamayıp, kendilerini aciz hissederler. Gerçekten de bebekler büyüdükçe, kendi başlarına hareket etme isteğinde olduklarında onları serbest bırakıp aradan çekilmekte ve yetişkinle temasa gereksinim gösterdikleri daha alıcı oldukları devrelerde ise etkileşime girmekte yarar vardır. Ayrıca, annenin tepki dozunu kaçırıp, çocuğunun en hafif sızıldanmalarına gereğinden fazla duyarlı olup tepkide bulunması da anne ile çocuk arasında sembiotik bir bağın gelişmesine neden olur ki, bu da çocuğun bağımsız bir kişilik geliştirmesini engeller.

Annelerin Bebeklerinin Faaliyetlerine Tepki Şekli

Annenin bebeğiyle olan etkileşimine üçüncü etki, annenin bebeğinin etkinliklerine gösterdiği tepki şeklinden kaynaklanır. Örneğin, çocuğu sesler çıkardığında, bir şeye dikkatlice baktığında veya bir oyuncağa uzandığında, anne memnuniyetini belirtici şekilde tepkide bulunur ve daha çok ilgi gösterirse, bebeğini ödüllendirmiş ve bu davranışlarını yinelemesi için cesaretlendirmiş olur. Özetle, annenin gösterdiği tepkinin ödüllendirici olup olmaması bebeğin davranışıyla olan ilişkisi, yani bebeğin gereksinimlerine yanıt verip vermemesi açısından önem taşır. Örneğin, annenin tepkilerinin bebeğin davranışıyla uyumlu olması halinde, bebek neden-sonuç ilişkilerini daha kolay sezecektir.

Ayrıca, bebeğin bir tepki göstermesi halinde anne-babanın buna karşılıkta bulunması, bebeğin yetişkin ile kendi arasında koşula bağlı bir ilişkinin olduğunu anlamasına da yol açacaktır. Bunun sonucunda bebeğin zekâ gelişimi olumlu yönde etkilenecek ve çevre üzerinde etkili olabileceği konusunda olumlu bir beklenti içine girebilecektir. Ağlamalarına zamanında tepki alabilen bir bebek, diğer bireyler ve çevre üzerinde etkili olabileceğini anlayacak, böylece çevre ile etkileşime girmesi için motivasyonu artacaktır.

Annelerin Bebeklerinin Olumlu ve Olumsuz Davranışlarına Gösterdikleri Tepki Şekilleri

Annenin bebeğin olumlu ve olumsuz davranışlarına gösterdiği tepki şekli de önemlidir. Bazı anneler bebeklerinin etkinliklerinden hem memnun olduklarında hem de memnun olmadıklarında tepkide bulunurlar. Bazıları sadece memnuniyetsizliklerini belirtmek için tepki gösterirler. Diğer bir kısmı da hiç tepkide bulunmaz. Annenin tutarlı bir şekilde bebeğin olumlu hareketlerinden memnun olduğunu belirten tepkide bulunması, bebekte bu davranışın yerleşmesini büyük ölçüde kolaylaştıracaktır. Diğer taraftan eğer anne, daima bebeğin olumsuz davranışına memnun olmadığını belirten bir tepkide bulunursa, bu davranışın elemine edilmesinde başarılı olacaktır, fakat diğer davranışları açısından pek etkili olmayacaktır. Eğer anne, bebeğinin davranışına yönelik hiçbir tepkide bulunmazsa ya bebek üzerinde hiçbir etkisi olamayacaktır ya da şaşırtıcı, olumsuz bir etkiye sahip olacaktır. Ancak bebeklerin annelerinden bekledikleri sadece kendi davranışlarına tepki almak değildir. Olumlu davranışta bulunma koşuluna bağlı olmaksızın, annelerinin ara ara gösterecekleri sevgi ve şefkat tezahürlerine de büyük ölçüde gerek duyarlar. Bu şekilde, annelerinin sevgisinden emin olan bebeklerde güven duygusunun da temelleri atılmış olur.

Annelerin İletişim Biçimlerinin Bebeklerin Zihinsel Gelişimine Etkileri

Annenin iletişim şekli, bebeğin sosyal ve duygusal gelişimini etkilediği gibi, zihinsel ve algısal gelişimini de aynı derecede etkiler. Bebeğin genel gelişiminde gösterdiği ilerleme, büyük ölçüde annenin çocuğuyla olan etkileşim şekline bağlıdır. Doğumdan on yaşına kadar süren dönem içinde yapılan bir izleme çalışmasında, çocukların on yaşlarındaki zekâ bölümlerinin kısmen ilk yıl süresince annelerinin bebekleriyle olan etkileşim biçimine bağlı olduğunu göstermiştir. Yani duyarlı ve tepki veren annelerin çocuklarının on yaşlarındaki zekâ bölümleri, duyarsız ve tepkisiz annelerin aynı yaştaki çocuklarının zekâ bölümlerinden daha düşük bulunmuştur (12, s. 198-202; 13, s. 81-87).

KİŞİLİK GELİŞİMİ

Yaşamın ilk aylarında bebek kendini diğer bireylerden ayıramaz. Bebek kendisini annesinin bedeninin bir uzantısı olarak algılar. Oysa, benlik kavramının gelişmesindeki ilk adım, bebeğin kendisini ayrı bir varlık olarak görmesidir. Bu ilk adım, bebekte nesnenin sürekliliği kavramının oluşmaya başladığı, yaşamın ilk altı ayı esnasındaki döneme rastlar. Bebek görüş sahasında bulunmasa da biberonunun günler boyu varlığını sürdürdüğünü fark ederken, kendisinin de diğerlerinden ayrı ve sürekli olarak varlığını sürdürdüğünü kavramaya başlar. Bu ayrılık duygusunun gerçekleşmesi bir dereceye kadar, bebeğin diğer kişilerle olan etkileşimine de bağlıdır. Bu etkileşimde bebeğe gereksinimini belirtmesi için imkân tanınması, kişilik gelişimi açısından çok önemlidir. Ağlayarak acıktığını belirttiği zaman annenin süt vermesi veya çıngırağını düşürdüğünde yine ağlayarak mutsuzluğunu açığa vurduğu zaman, annenin oyuncağını yerden alıp vermesi, bebeğin kendi dışında bir dünyanın var olduğu gerçeğine ulaşmasını kolaylaştırır. Bunun tam tersi olarak, bebeğin ihtiyacını belirtmesine fırsat vermeden otomatik olarak gereksiniminin karşılanması halinde ise, çocukta bağımlı ve pasif bir kişiliğin gelişmesine yol açabilecek bir ortam hazırlanmış olur.

Bebeğin kendi benliğinden haberdar olma derecesinin gelişimi şöyle bir araştırma ile açıklığa çıkarılmaya çalışılmıştır. Bebek aynanın karşısına oturtulur. Deneyci bir bezle çocuğun yüzünü siler gibi yaparken, yanağına rujla kırmızı bir leke yapar. Aynada kendi görüntülerine bakan 9-12 aylık bebeklerin hiçbiri bu lekeyi silmek için kendi yanaklarını ellememişlerdir. 21 aylık çocukların ise, dörtte-üçü aynadaki bu görüntünün kendileri olduğunu fark edebilmişler ve kendi yanaklarını silerek lekeyi yok etmeye çalışmışlardır.

Başka bir deneyde, çocukların dörtte-üçünün aynada kendi görüntülerini görünce, isimlerini söylemelerinin de yine bu döneme rastladığı belirlenmiştir. Özetle, bu deneyler, çocukların çoğunluğunun 21 ile 24 ayları arasında kendilerini açıkça diğerlerinden ayrı bir varlık olarak gördüklerini kanıtlar niteliktedir (2, s. 211-215).

ZEKÂ GELİŞİMİ

Bebekler ilk iki yıl boyunca dış dünyayı duyuları ve hareketleriyle tanırlar.

0-1. ay arası

Yaşamın ilk ayı boyunca doğuştan getirdikleri refleks tepkilerini geliştirirler. Örneğin, emme refleksinde olduğu gibi.

1-4. aylar arası

Bebekler biraz deneyim edinince çevredeki ilginç değişiklikleri keşfetmeye başlarlar. Örneğin, beşiklerinde sallanan oyuncakların bazen hareketsiz kaldığını, bazen sallandığını fark ederler. Artık bebekler hareketleri üzerinde daha istemli bir denetim sağlayabilirler ve onları düzenleme yetenekleri daha fazla gelişmiştir. Örneğin, sesin geldiği yöne bakabilirler. Bu davranışları bir kez yaptılar mı, bunları yinelemekten hoşlanırlar.

4-8. aylar arası

Bu dönemin özelliği, neden ve sonuçları ayırma yeteneğinin görülmeye başlamasıdır. Bu dönemde bebeğin hareketleri dış çevrede yarattığı sonuç üzerinde yoğunlaşır ve bu hareketlerinin temel amacı, sonucu sürdürmektir. Ancak bu sonuca götüren nedenin fark edilmesi, rastlantı sonucu gerçekleşir. Örneğin, bebek beşiğinin kenarında sallanan ipe tesadüfen değdiğinde, oyuncağının hareket ederek ses çıkardığını fark eder. Bu olaya rastlantı sonucu birkaç kez tanık olunca, artık bu sonuca götüren nedeni, yani ipi çekmesi gerektiğini keşfeder. Bu devrede, bastırınca veya sallayınca ses çıkaran veya ipini çekince hareket edip ses çıkaran, yani davranışlarıyla çevre üzerinde etkili olduğunu ve ancak kendisi bir tepkide bulunursa belli bir sonuca ulaşacağını hissettiren yukarıdaki örneklere benzer oyuncaklar vermek ve durumlar yaratmak çocuğun hem zihinsel gelişimini desteklemek hem de bağımsız bir kişiliğin temellerini atmak açısından çok yararlıdır.

Bu devredeki bebekler, sabit duran nesneleri tüm duyularıyla incelerler. Dikkatlice bakıp seslerini dinlerken, nesneleri birçok kez elleri içinde döndürürler. Sadece zevk almak için birçok karmaşık ve ilginç yolu denerler ve böylece de oyun davranışlarına ilk kez girişirler. Ayrıca bu devredeki bebekler, bedenlerinin görebildikleri kısımlarıyla, yani kol ve bacaklarıyla yapmayı başardıkları hareketlerle ilgili olarak, yetişkinler tarafından örneklenen hareketleri taklit edebilirler.

8-12. aylar arası

Bu devrenin en büyük özelliği, daha mükemmel şekilde neden ve sonuçların birbirinden ayrılmasıdır. Arzulanan sonuçla kendi hareketleri arasına bir engel girdiğinde, bu engeli bertaraf etmek için sebat gösterirler. Oyuncağı saklayan yetişkinin elini bertaraf etmek için iterler. Kucağa alınana kadar babalarının pantolon paçalarına veya annelerinin eteklerine asılırlar. Hareketlerinde tamamen kasıt vardır. Bebekler artık amaçlarına götürecek yolları deneyerek veya değiştirerek uygun olanını bulmaya çalışırlar.

Eğer bebekler oyuncaklarının görüş alanından kaybolduğunu görürlerse, daha uzun ve sistematik bir arayış içine girerler. Çünkü, artık görüş alanlarından çıkmış olan nesnelerin varlıklarını sürdürdükleri gerçeğine tamamen ulaşmışlardır. Bu nedenle, bu devrede çeşitli oyuncakların saklanıp bulunması şeklinde bebekle oynanan oyunlar, bebeği hem zihinsel açıdan geliştirecek hem yetişkinle olumlu bir etkileşim içine girmesini sağlayacak hem de eğlendirecektir.

Oyun ve taklit, bu devrede büyük değişime uğrar. Bebek kasıtlı olarak sık sık bir dizi karmaşık aksiyonları yinelemekten hoşlanır. 9-10 aylık bebek kapları istif eder, tekerlekli oyuncakları zevkle ipinden çeker. Artık daha önce hiç yapmadığı yetişkin davranışlarını taklit edebilir, hatta bunlar bedenlerinin hiç görülmedik kısımlarıyla yapılacak taklitler olsa da.

12-18. aylar arası

Bu devrede bebek, aktif deneme yanılma yoluyla sorunların çözümü için yeni yollar keşfeder ve keşfinin sonuçlarını görmeye çalışır. Bu devrede, yerden çeşitli oyuncakları alıp parktan dışarı atmak, bebekler tarafından sıklıkla başvurulan bir davranıştır. Bebek, alıp atma davranışını farklı nesnelere uygulayarak sonuçları görmek ister. Bunların bazısının ses çıkardığını, bazılarının çıkarmadığını, bazılarının kırıldığını, bazılarının kırılmadığını fark eder. Aynı zamanda, bu denemelerle sonuca götürecek yeni yollar keşfedebilir. Örneğin, oyuncağını yerdeki yastık üzerine attığında, yere attığı zamankinden daha az ses çıktığını fark eder. Böylece, oyuncağını nereye atacağına karar vererek, düşen nesneden çıkan sesi denetleme imkânına sahip olur.

Artık bebek bu aylar arasında, görüş alanından çıkan nesneyi sistematik olarak arama davranışı gösterir. Oyuncağın nereye saklandığını görürse, doğru yerde arayacaktır. Nesne seri halinde birkaç yere birden saklanırsa, onu en son saklanan yerde arayacaktır.

Bu arada bebek, karmaşık ve tamamıyla yeni hareketleri artık taklit edebilir. Örneğin abla veya ağabey tarafından yapılan basit hünerleri, hokkabazlıkları tekrarlama veya kitap açıp sayfa çevirmek gibi yetişkinlerin günlük yaşamlarında sık sık yaptıkları davranışları taklit etme çabası içine girebilir. Aynı ilerleme oyun alanında da görülür. Bu aylardaki bebeğin çevresinde gördüğü birçok yeni hareketi taklit ettiği ve onlara oyununda yer verdiği görülür.

Bu devrede bebeğe çeşitli özelliklere sahip her tür malzeme verilerek, onun bunlarla denemeler yapması desteklenmelidir. Örneğin, tahta, lastik, plastik, metal vb. gibi.

18-24. aylar arası

Bu devrede bebek, zihninden sonuca götürecek yollar düşünür. Deneme yanılma içselleşmiştir. Yani, zihinde cereyan eder. Bu devredeki bebek durup zihninden seçenekleri değerlendirir ve o anda amaçladığı sonuca götürecek yeni yollar icat eder. Örneğin yüksekte duran oyuncağını alabilmek için üst üste koyduğu yastıkların üstüne çıkabilir veya kanepenin altına kaçan topunu dışarıya çekmek için oyuncak tırpanından yararlanabilir. Bu örnekler artık bebeklerin aktif olarak düşünebildiklerini, çeşitli sonuçlara götürecek plan ve düşünceler geliştirebildiklerini göstermektedir.

Bu devrenin en belirgin özelliklerinden biri de, artık bebeğin zihinsel semboller kullanmasıdır. Odasında oynarken almak istediği bir oyuncağına ulaşma yolarını zihninden geçirirken, banyodaki bir tabureyi bu amacına ulaşmak için bir araç olarak düşünebilir. Bebeğin sembol kullanma yeteneğinin gelişmesi, nesnelerle olan davranışlarını da etkiler. Saklanan bir nesneyi, nereye saklandığını görmese de artık sistematik bir şekilde arayabilir.

Yine sembol kullanma yeteneğine bağlı olarak, oyunlarında da büyük ölçüde değişiklik görülür. Etkilendiği örnek, görüş alanında bulunmasa bile, örneğin davranışlarını sonradan taklit edebilir. Örneğin, ziyarete gelen yaramaz bir çocuğun davranışlarını misafirler gittikten sonra tekrarlayabilir. Aynı şekilde aile üyelerini de sık sık oyunlarında taklit eder. Böylece taklit dünyayı öğrenmek için önemli bir araç görevini görür. Artık sadece bulunduğu ortamla ilgilenen bir bebek olmaktan çıkarak, çok uzak olmayan geçmiş ve yakın gelecekle ilgilenen ve böylece planlayabilen, anımsayabilen ve olayları başlatabilen bir çocuk niteliğini taşımaya başlar.

Aynı zamanda sembol kullanma yeteneğinin gelişmesiyle, çocuk dili bir iletişim aracı olarak daha anlamlı bir şekilde kullanmaya başlar (3, s. 75-83; 8, s. 51, 91-92, 338; 12, s. 129-136; 13, s. 96-99).

DİL GELİŞİMİ

0-6. aylar arası

Bir yaşından önce, çocuklar dili anlamlı bir şekilde kullanamazlar. Bu süre zarfında geniş ölçüde "*seslendirme*" (vocalisation) faaliyetinde bulunurlar. Ancak, birinci ay süresince bebekte seslendirmelere pek sık rastlanmaz. Bu sürede, sızıldanmalara oranla daha fazla ağlamalar, seslendirmelere oranla ise, daha fazla sızıldanmalar görülmektedir.

Bebekler ağlarken veya sızıldanırken bile, konuşma için gerekli bazı alıştırmaları yapmış olurlar. Kısa ve derin soluk alışlar, uzayan soluk verişler konuşmanın temelini oluşturmaktadır. Çocuk, ağlama esnasında seslerin çıkarılması için gerekli dudak, çene ve dil hareketlerini tekrarlama olanağını bulur, ses ve solunumunu düzenleme becerisini geliştirir. Ancak bu devrede çocuğu sürekli ağlatmak da doğru değildir, çünkü sürekli ağlayan çocuk belirli bazı sesleri çıkarır, diğerlerini geliştirme olanağını bulamaz (11, s. 150-151; 9, s. 74-76).

Yetişkinlerin Çocuğun Seslendirmelerine Karşı Tepkileri.– Anne-baba ve çocuk arasındaki iletişim, bebeklik döneminde başlar. Bu dönemde bebek, bedensel hareketler yaparak, içini çekerek, heceleyerek, gülerek, seslerinin şiddetini değiştirerek çevresiyle iletişim kurmaya çalışır. Bebek, bu iletişim atılımlarına anne-babasından tepki alırsa, bu yoldaki çabalarını ilerde de sürdürür (7, s. 131).

İlk aylardaki seslendirmelerinin büyük kısmını bebek, yalnızken sürdürür ve biri dikkatini çekince kaybolur. Bebek seslendirmede bulunurken, birden yanına koşup, bebeğin konuşmaya hazırlık provalarını kesmemekte yarar vardır. Ancak bu hiçbir zaman anneler ve babaların bebeklerle konuşmaması anlamına gelmemektedir. Bilakis bebeğin seslendirmeleri kesilince, yetişkinin benzer sesler çıkararak, bebeğin bu etkinliğini sürdürmesi için uyarıcı rolü oynaması yararlıdır. Sesli uyarıcıları bol çevrede yetişen bebek, daha fazla seslendirme etkinliğinde bulunmakta ve daha çeşitli sesler çıkarabilmektedir. Nitekim, hem şefkatten yoksun oldukları, hem de yeterince sesli uyarıcılara sahip olamadıkları için, bakımevlerinde yetişen bebeklerin seslendirme faaliyetleri normal çevrede yetişenlerinkine oranla genellikle daha kısıtlıdır. Bu gerilikleri daha ileri gelişim evrelerinde de devam etmektedir.

Biberonla Beslenme.– Bebeklerin biberonla beslenme türleri de ileride sağlıklı bir konuşma gelişimi açısından önem taşır. Genizden konuşanlar incelendiğinde, genellikle bunların sütleri çok yavaş emdikleri, bu nedenle de annelerinin biberon deliğini genişlettikleri şeklinde bir tabloyla karşılaşılmıştır. Sabırsız annelerin bu davranışı, konuşma gelişimi bakımından çok yanlıştır. Biberon deliğinin büyütülmesiyle ağzı birden sütle dolan çocuk, boğulmamak için dilinin arka kısmını yükseltir. Bu çocukların çoğu, konuşmaya başlayınca da dilin bu yükselmiş duruşunu bir alışkanlık haline getirerek sürdürürse, genizden konuşmanın önemli bir nedeni oluşmuş olur. Bu bebekler, normal emme deneyimine de sahip olamazlar. Oysa, emme çocuğu konuşmaya hazırlayan bir faaliyettir, çünkü bebek emerken sadece dudaklarını kullanmaz. Dilin ucu da öne ve yukarıya doğru hareket eder. Birçok sesin çıkarılmasına temel oluşturacak olan bu eşgüdümü çocuğun öğrenmesi gerekmektedir. Ancak yanlış beslenme şekli nedeniyle, bazı bebekler bunu öğrenme şansına sahip olamazlar. Aynı şekilde biberon deliğinin gereğinden küçük olması ise peltek konuşmanın en önemli nedenlerinden biri olarak sayılabilir.

6. Ay.– 6. aydan itibaren bebeğe bir ses verildiğinde, o da bir sesle tepkide bulunur. Bu devrede bebek, kendi başına kaldığı zaman, seslendirme faaliyetine devam eder. Artık başkalarının yanında da bu faaliyeti sürdürmekten hoşlanır. Kendi çıkardığı sesleri dinlediği gibi, karşısındakini de dinlemeye başlar. İşte bu, toplumsallaşmış seslendirmedir.

8. Ay.– 8. ayda çocuğun sesli ifadeleri duygularını açığa vurur. Böylece çocuğun seslendirmelerinden soru, emir, hayret izlenimleri alınabilir.

10. Ay.– 10. ayda çocuk işittiği sesleri taklit etmek ister gibi görünür, ancak bu taklitler hiçbir zaman başarılı değildir. Bu devrede, değişik uyumlar yaparak sözcükler arasındaki ayrılıkları fark etmeye başladığını gösterir.

12. Ay.– Çocuk, ilk anlamlı sözcüğünü genellikle bir yaş civarında söyler. Anne, baba gibi sözcükleri söyleyebilir. Bazı sözcük ve basit emirleri anlar. Örneğin, "Gözlerini göster", "Kulağını göster" gibi. Çocuğun ilk sözcüklerine jestler eşlik eder. İlk sözcüklerin anlaşılması çoğu zaman kolay olmaz, çünkü bu yaştaki bebek, bir fikri ifade edebilmek için, çoğunlukla yeni ses birleşimleri kullanır ve bunları birbiri ardınca sıralar. Bu sözcüklerin anlaşılmaları zor olmalarına karşın, içerikleri duygusal yönden epeyce yüklüdür. Çocuk, bu devrede yetişkinin çıkardığı sesleri papağan gibi tekrarlar. Çıkardığı seslerde, yetişkininkinde olduğu gibi ifadelerine anlam kazandıran, yükselmeler ve alçalmalar mevcuttur. Ancak konuşmalarında anlaşılır bir akıcılık yoktur. Bunun nedeni, çocuğun sözcük dağarcığı ile yetişkinin kelime hazinesi arasında büyük uçurumun olmasıdır. Böylelikle, çocuk, anlaşılmaz sözcükleri sıralamakla yetinir ve bu dönem, çocuğun ifadelerinin ileride akıcılık kazanması için bir köprü ödevini görür.

18. Ay.– 18. ay civarında, çocukların kelime bilgisi artmaya başlar. Bu sözcükler hem tek sözcüklü cümleler olarak kullanılmakta, hem de nesnelerin isimlendirilmesinde genel bir anlam ifade etmektedirler. Örneğin, çocuk ete, ekmeğe, bisküviye ve hatta köpeğin yaladığı kemiğe aynı adı verebilmektedir. "Mama" gibi. Çocuğun bildiği sözcüklerle genelleme yapmasının nedeni, yine, az sayıda kelime bilgisine sahip olmasıdır. Çocuk, zamanla nesneler arasındaki ayrılıklardan haberdar oldukça, bu farkı belirtecek yeni bir terim arayacaktır. Başlangıçta köpekler ve koyunlar arasındaki ayrılığı fark edememiş olabilir. Ancak, koyunların köpeklerden daha büyük olduğunu ve köpekler gibi havlamayıp melediklerini, köpeklerin tüyleri, koyunların ise kumaş yapımında kullanılan yünleri olduğunu, köpeğin bize bekçilik ettiğini, koyunların etinden yararlanıldığını fark edince, yani iki nesne arasındaki farklardan haberdar oldukça, çocuk yeni bir sözcüğe gereksinim duyacaktır. İşte burada, yetişkinlere büyük görevler düşmektedir. Yukarıdaki örnekten de anlaşılacağı gibi, yetişkinler çocuklarına bir nesnenin adını öğretmek istediklerinde, o nesnenin niteliklerini somut örneklerle göstermelerinde, tanımını yapmalarında ve benzerlerinden ne bakımdan ayrılık gösterdiklerine çocuklarının dikkatini çekmelerinde yarar vardır.

İkinci Yaş.– Çocuklar 2 yaşına gelince, iki sözcüklü cümleler kurmaya başlarlar. Bu devredeki ilginç gerçeklerden biri de, çocukların bazı sözcükleri söylemeden atlamalarıdır. Çocuklar bu atlama olayını rasgele yapmazlar, cümlenin anlamı için önemli olmayan takıları, bazı sözcükleri atarlar. Bunların yerine, cümlenin anlamını ifade etmek için gerekli gördükleri sözcükleri korurlar. Hatta, çocuklar, anne-babalarının konuşmalarını taklit ederken bile, bu atlamaları yaparlar. Bu kısaltılmış ifadeleri nedeniyle, ilk konuşmaları anlamca çok açık değildir. "Anne, mama" diyen bir çocuğun ifadesi, "Anne, bana yemek ver", "Annem yemeğimi yediriyor" veya "Bu annemin yemeği" vb. gibi çeşitli anlamlara gelebilir. Bu devrede çocukların sözcük dağarcığı da hızla artmaktadır. Bu yaşta sözcük bilgisi 200'e kadar varan çocuklar vardır. Bunlar, artık çevrelerindeki hemen her şeyi isimlendirebilirler (11. s. 149-160; 9, s. 75-92).

Konuşmayı Geciktiren Öğeler

Bu arada herhangi bir nörolojik, organik ve sağlık bozukluğu olmadığı halde, konuşmayı geciktiren öğelere de değinmek gerekir.

Duygusal Çatışma.– Sevgi, şefkat gereksinmelerinin anne-baba tarafından doyurulmaması, kardeş kıskançlığı, kaza ya da diğer şoklar duygusal çatışmaya yol açarak, çocuğun konuşma gelişimini geciktirebilir (6, s. 74).

Münakaşa.– Dilin sürekli münakaşa etme aracı olarak kullanıldığı bir ortamda yetişen çocuklar, konuşmaya karşı olumsuz bir tutum içine girebilir ve konuşma isteğinde bulunmayabilirler. Bu durumda konuşma gecikebilir.

Aşırı Düşkünlük.– Konuşmayı geciktirebilen diğer bir faktör de anne-babanın çocuğa olan aşırı düşkünlüğüdür. Bu tür çevrede, çocuğa yeterince konuşma fırsatı verilmez. Çocuk daha isteğini sözle ifade etmeden, ihtiyacı yetişkin tarafından fark edilir ve anında karşılanır. Bu koşullar altında, çocuk konuşmak için bir gereksinim duymaz. Böyle bir ortamda yetişen çocuk, üç-dört yaşlarına geldiği halde, hâlâ konuşmayabilir.

İlgisizlik.– Yine konuşmayı geciktiren bir diğer öğe de, anne-babanın çocuğa olan ilgisizliğidir. Yakın çevresindeki kişilerin çocuğun konuşma atılımlarını ödüllendirmemeleri, onunla yeterince konuşmamaları, masal, öykü, kitap okumamaları sonucunda, çocuk sözlü uyarıcı bakımından yetersiz bir çevrede yaşamak zorunda kalır. Bu durumda, dil gelişimi açısından yaşıtlarından daha geri kalacaktır (9, s. 112-119).

Aslında yetişkinlerin sadece sözel uyarıcı temin etmeleri yeterli değildir. Onlarla nasıl bir iletişime gireceklerini de bilmeleri gerekir. İşte özellikle bir buçuk-üç yaş arasındaki çocukların her yönden gelişmelerini destekleyici olan ve yetişkinlerin benimsemesi gereken iletişim şekilleri aşağıda verilmektedir.

İLETİŞİM BİÇİMLERİ

Sözel Tepkilerin Yapılması

Bu iletişim şekillerinden birincisi, çocuğun konuşmalarına yetişkinler tarafından sözel tepkilerin verilmesidir. Bu tür tepkiler, çocuk açısından önemlidir, çünkü çocuk, konuşmalarına yanıt aldıkça, kendine olan güveni artacak, daha fazla atılımda bulunmak için teşvik edilmiş olacaktır.

Mesajın Anlamını Tahmin Etme

Yetişkinin dikkatle üzerinde durması gereken bir başka iletişim şekli de çocuğun mesajının anlamını tahmin etme yoluna gitmesidir. Çocuğun sözel veya sözel olmayan iletişiminin anlaşılması çoğu kez kolay olmadığı için, nasıl tepkide bulunulacağını kesin olarak kestirmek mümkün değildir. İşte bu soruna çözüm getirmek için, annenin çocuğunun iletmek istediği mesajı kendi ifadesiyle yineleyerek, doğru anlayıp anlamadığını denetlemesi gerekir. Örneğin, "Biraz su mu istiyorsun? Susadın değil mi?" gibi. Bu tür yorum ve açıklamalar, çocuğun sonraki iletişimlerinde kendini daha açıkça ifade etmesine yardımcı olacaktır. Ayrıca yetişkinlerden gelen bu tür tepkiler, çocuklara kendi eylemlerinin başkalarının üzerinde etkisi olduğunu hissettirme açısından yardımcı olabilecek, bunun sonucunda da kendi güçlerinden haberdar olabilecekler ve kendilerine olan güvenleri artacaktır.

Duruma Göre Tepki Türlerinin Ayarlanması

Bir üçüncü iletişim şekli olarak üzerinde durulması gereken nokta ise, yetişkinin duruma göre tepki türlerini ayarlamasıdır. Çocukların kendiliğinden olan iletişimleri başlıca 3 sınıfa ayrılır: 1) İstek bildiren iletişimleri, "Kaldır" gibi, 2) Bilgi aktaran iletişimleri, örneğin, "Bak hav hav gidiyor," gibi. 3) Öğrenmeye ilişkin iletişimleri, "Bu ne?" gibi.

Çocukların İstek Bildiren İletişimlerine Tepki Biçimleri.– Çocuğun kendiliğinden yaptığı konuşmalarının üçte birini, istek bildiren iletişimleri oluşturur. Eğer bu istekler kabul edilebilecek gibiyse, çocuğun bu tür iletişimlerine yetişkinin tepkisi yukarıda verildiği gibi yorumlayıcı nitelikte olmalı ve çocuğun amaçladığı hedeflere ulaşması için yardımcı olunmalıdır. Böylece çocuk, amaçlı etkinliklere girebilmek için gereksinim duyduğu güven duygusunu geliştirebilir.

Çocuğun bazı isteklerinin şu veya bu nedenle yerine getirilemeyeceği durumlar da vardır. Bu nedenle, ara ara çocuğa reddedici tepkilerde bulunulması gerekebilir. İşte bu durumlarda izlenecek yol, çocuğun isteğinin yerine geçecek başka olumlu bir şey önerme biçiminde olmalıdır. Gazoz yerine meyve suyu, bıçak yerine çocuk makası önermek gibi.

Konuşmaya yeni başlayan çocuklara, sorunları çözümleyecek birden çok seçeneklerin olabileceğini gösterme açısından, yetişkinlerin bu tür önerileri uygun olur. Ancak çocuk dünyayı tanıdıkça, yetişkinlerin yavaş yavaş devreden çıkarak, sorunlarına kendilerinin çözüm getirmeleri için çocuklarını teşvik edici bir tutumu benimsemelerinde yarar vardır. Böylece çocukların ileri yaşlarda hem her tür sorunu çözebilecek işlek bir zekâya sahip olmaları kolaylaşacak hem de yaratıcılığa açık, üretken bireylerin yetişmesi için ilk temeller atılmış olacaktır.

Çocukların Bilgi Aktarıcı İletişimlerine Tepki Biçimleri.– Çocukların kendiliğinden olan konuşmalarının bir diğer üçte birini, bilgi aktarıcı iletişimleri oluşturur. Küçük çocukların bu tür iletişimlerinin büyük bir bölümü kendi eylemlerine ilişkindir. Sürekli olarak kendi deneyim ve gözlemlerini yetişkinlerle paylaşmak isterler. İstek bildirimlerinde olduğu gibi, bu tür iletişimlerde de yetişkinin tepkisi yorumlayıcı biçimde olmalı ve çocuğun doğru olmayan bir eylemi yaptığını bildirdiği durumlarda ise, bunun yerine geçecek olumlu bir şey önerilerek, dikkat başka yöne çekilmelidir. Bu tür tepkiler, çocuğun kendi başına dünyayı keşfetmesini sürdürmesi ve kendine olan güveninin artması için yararlıdır. Aynı zamanda, basit sözcük ve ifade kullanarak, yasaklamanın nedeni açıklanmalıdır. Bu gibi nedenleri belirterek verilen öğütler, çocuğun davranışlarının sonuçlarını anlayabilmesine yardımcı olur. Böylece çocuk kendini denetleyerek, yasaklama ve öğütlerin yinelenmesine meydan vermez. Bunun sonucunda da yetişkinin baskısını ve kendi güçsüzlüğünü daha az duyar.

Yönlendirme ve Denetleme

Yetişkinlerin, yukarıda verilen tepki türlerinin dışında izleyecekleri bir başka yol da, yönlendirici ve denetleyici iletişim türleridir. Denetleyici konuşmalar olumlu denetimler ("Haydi, çamaşır yıkayalım"), olumsuz denetimler ("Kırılacak, onu masaya koyalım") ve retler ("Şimdi değil") şeklinde üç tür olabilir.

Olumsuz Denetim ve Retler.– Olumsuz denetimler ve retlerin, çocuğun etkin olarak öğrenmesini engelleme, atılımlarını kısıtlama gibi olumsuz etkilere sahip olabileceklerini de akıldan çıkarmamak gerekir. İşte bu nedenle, henüz karmaşık nedenleri anlayamayacak kadar küçük olan iki yaş çocuklarının keşfetme isteklerini kuvvetlendirmek için, bu tür denetleyici konuşmaların elden geldiğince az sayıda yinelenmesine çalışılmalıdır. Bunun gerçekleşmesi için de, çevredeki tehlikeli ve kolay kırılacak nesneler kaldırılarak, çocuğun görüş alanının dışında tutulmalarında ve böylece çocuğun kısıtlanmadan rahat hareket edeceği bir alanın sağlanmaya çalışılmasında yarar vardır. Bu tür önlemlerin yanında yukarıda belirtildiği gibi, yasaklanan davranışların nedenlerinin açıklanması ve yerine geçecek olumlu bir davranışın önerilmesi, çocukların kendi içlerinden doğan keşfetme ve aktif öğrenme isteklerini daha az bastırması ve daha az cesaret kırıcı olması bakımından yararlıdır. Bu hiçbir zaman ileriki yaşlarda çocuklara kısıtlamalar getirmemelidir anlamına gelmemektedir. Daha ileriki yaşlarda nedenleri açıklanan makul kısıtlamalar, aslında neyin doğru neyin yanlış olduğu konusunda çocukları aydınlatacağı için, onların kendilerini güvende hissetmelerine yol açacaktır.

İlgi Doğrultusunda Öğretime Geçme

Çocuklarla olan sözel etkileşimde bir başka önemli yol da çocuğun ilgi duyduğu zaman yetişkinin öğretime geçmesidir.

Tepkisel Öğretim.– Tepkisel öğretim adıyla anılan bu tür öğretimde, çocuğun konuşmalarına verilen bir seri tepki içine, öğretici bir unsur eklenir. Örneğin, eğer, çocuk meyve suyu ister ve yetişkin de bu isteğe, yorumun arkasından bir açıklama veya öğretici bir unsur ekleyerek karşılıkta bulunursa, bu bir tepkisel öğretimdir. "Meyve suyu mu istiyorsun? Al biraz var. Fincana koyalım. Bu sarı bir fincan" gibi. Buna karşıt olarak, yetişkin durup dururken renklere, sayılara ilişkin bir konuşmaya girişirse buna spontane öğretim denir. Tepkisel öğretim, çocuğun kendiliğinden ortaya koyduğu ilgisi doğrultusunda cereyan ettiği için, kendisinin bu bilgiden yararlanma ve ileride bunu kullanma olasılığı artabilecektir. Etkin öğretimin temelinde de, tepkisel öğretim yatmaktadır.

Tepkisel öğretimde, yukarıdaki örneğin dışında, yetişkin herhangi bir ifade türü arasına öğretici bir içerik ekleyebilir. Örneğin, çocuğun oyuncakla ilgili bilgi veren bir ifadesini onaylarken, yetişkinin tepkisi şöyle olabilir: "Doğru, bu taş kamyonu" veya "Doğru, bu bir kırmızı kamyon" gibi. Burada ifade, yeni sözcükler eklenerek zenginleştirilmiştir. Bu tür öğretim teşvik edilmelidir, çünkü dikkat ve motivasyonları konuşmaya ilişkin etkileşim üzerine çekilmişken, çocukların öğretilen şeye ilgi gösterme olasılıkları artacaktır.

Onaylama

Son olarak, söylediği anlaşıldığı ve öğüt verme gereği duyulmadığı zaman, çocuğun bilgi veren konuşmalarına karşı benimsenecek bir iletişim stratejisi de, onaylamadır. Onaylama, çocuğun sürekli atılımlar yapan aktif bir keşfedici olarak kabul edildiğini belirtme açısından önem taşır. Ayrıca, onaylama, çocuğun kendi gözlem ve öğrenme deneyimlerinin geçerli olduğunu anlamasına yardımcı olacaktır.

Başlıca üç tür onaylama vardır:

a) Ego'yu (beni) destekleyici onaylar: "Harika, gerçekten sen bunu çok iyi başardın,"
b) Çocukların bilgi ileten konuşmalarının geçerliliğini onaylama: "Ya, hepsi bitti,"
c) Çocukların öğrenmeye ilişkin konuşmalarının doğruluğunu onaylama: "Evet, bu guguklu saat," gibi.

İşte yukarıda sözü edilen bu iletişim yolları, çocuğun sadece dil ve zekâ açısından gelişimini sağlamakla kalmaz, çocuğun gelişmekte olan egosunu da güçlendirerek kendine güvenen, atılımlardan çekinmeyen, duygusal yönden sağlıklı ve bunların da ötesinde, öğrenmeye karşı güdüsü (motivasyonu) artmış bir birey olarak yetişmesini de sağlar (10, s. 149-196).

KAYNAKLAR

Apak, S., *Gelişim Nörolojisi.* İstanbul Üniversitesi Çocuk Sağlığı Enstitüsü, Rektörlük No. 3231, Enstitü No. 1, İstanbul 1984.

Bee, H. L., S. K., Mitchell, *The Developing Person. A Life-Span Approach* (Second Edition). Harper and Row Publishers. New York 1984.

Gardner, H., *The Quest for Mind* (Second Edition). The University of Chicago Press. London 1981.

Hetherington, E. M., R. D. Parke, Child Psychology. *A Contemporary Viewpoint.* (Second Edition). McGraw-Hill International Book Company. London 1979.

Miller, C., B. Younger and P. Morse, *"The categorization of male and female voices in infancy."* Infant Behavior and Development 1982, 5, 143-159 (Bee, 1984 s. 115'deki alıntı).

Özsoy, Y., *Konuşma Özürlü Çocuklar ve Eğitimleri* (İkinci Basım). Eskişehir İ.T.İ.A. İletişim Bilimleri Fakültesi Yayını, Ankara 1982.

Özyürek, M., *"Kekemeliğin Önlenmesi,"* Eğitim Bilimleri Fakültesi Dergisi. 17 (1-2: 127-141,) 1984.

Piaget, J., *The Origins of Intelligence in Children.* Norton, New York 1963.

Riper, C. V., *Speech Correction: Principles and Methods.* Prentice-Hall, Englewood Cliffs 1962.

Schachter, F.F., *Everyday Mother Talk to Toddlers: Early Intervention*. Academic Press. London 1979.

Sprinthall, R.C., N. Sprinthall, *Educational Psychology: A Developmental Approach* (Second Edition). Addison-Wesley Publishing Co. Inc., Phillipines 1977.

Willemsen, E., *Understanding Infancy*. W.H. Freeman and Company. San Francisco 1979.

Yarrow, L.J., J.L., Rubenstein and F.A. Pedersen, *Infant and Environment. Early Cognitive and Motivational Development*. John Wiley and Sons. London 1975.

Prof. Dr. Ayla Oktay
(Maltepe Üniversitesi Öğretim Üyesi)

Okul Öncesi Dönemi (3-6 Yaş)

İnsan yavrusunun dünyaya gelişini izleyen ilk yıldaki olağanüstü sayılabilecek gelişmesi, birinci yaşın sonunda çocuğun, dış dünyayı tanıması için ona hareket imkânı sağlayan yürümeyi gerçekleştirebilmesine imkân verir. İki yaşında buna eklenen konuşma, artık "iletişimi" yalnızca hareketlerle değil, sözler aracılığı ile de kurabilmesini sağlar. Böylece yeni doğmuş bebeği diğer yetişkinlere olan bağımlılıktan kurtaran iki temel beceri, yürüme ve konuşma çocuğun gelişmesiyle birlikte her gün biraz daha mükemmelleşir.

İkinci yaşın sonunda çocuk, önceki iki yaşta, kazanmaya başladığı tüm becerilerini tekrarlayarak geliştirir ve her geçen gün daha iyi, daha başarılı olmaya başlar. Artık kendi kendine yemeğini yemeye, kendi kendine yürümeye ve arabasının içinde oturmaktansa, onu itmeye heveslidir. Duygusal yönden, annesine bağımlı olan 2 yaş çocuğu yalnız annesinin değil, çevresindeki tüm yetişkinlerin de dikkatini çekmek için çaba sarf eder (Lee, 1982, s. 13).

Üç Yaş

İki yıl boyunca dilde büyük ilerleme kaydeden çocuk, bu yaşta ortalama olarak 200 kelimelik bir söz dağarcığına sahipken, 3 yaşta bilgisi 1000 kelimeye ulaşır (Lucas ve Hendersen, 1985, s. 56). Dil konusunda önemli gelişme kaydetmesine rağmen, kendini ifade etmede bazı güçlükleri de bulunan 3 yaş çocuğunda zaman zaman konuşma bozuklukları da görülebilir.

Uyku uyumak ve temizlik alışkanlıkları üç yaşında artık büyük ölçüde kazanılmış olmakla birlikte, uyumadan önce, anne-baba veya sevdiği bir yetişkinle birlikte olması, kendisine anlatılan bir masal veya hikâyeyi dinlemesi, çok sevdiği bir oyuncağını yanına alması onun uykuya gidişini rahatlıkla gerçekleştirmesine yardımcı olabilir. Aynı şekilde, kendi kendine yemek yemek konusunda ilk yaştan itibaren fırsatlara sahip olan çocuklar, 3 yaşına doğru neredeyse mükemmele yakın şekilde kendilerini beslemeyi başarabilirler. Yetişkinin biraz yardımı ve desteği, faaliyetin başarı ile tamamlanması için yeterlidir. Çocuk, bu yaşta artık bazı öğünleri aile sofrasında da yiyebilir.

Yıkanmak, su ve sabunla oynamak çocuk için hem eğlenceli hem de sakinleştiricidir. Ayrıca sağlıklı bir birey olarak yetişmesi için çocuğun, kendi beden temizliğini ve kendini temiz tutmayı öğrenmesi de bir gerekliliktir.

Çocuğun böbreklerini kontrol etmeyi başarabildiği 2 yaşlarından itibaren başlatılan tuvalet eğitimi, 3. - 4. yaşlarda artık epeyce sonuç vermeye başlamıştır. Bazı ufak tefek kazalara rağmen, çocuk özellikle gündüzleri tuvalet ihtiyacını ifade etmeyi büyük ölçüde başarabilir. Üç yaş çocuğu, ilk iki yaşta olduğu gibi yetişkinlerle beraberlikten büyük zevk almakla birlikte, artık kendi yaşıtı olan çocuklara da ilgi göstermeye başlar. Ancak yaşıtı olan çocuklar, yetişkinlerin hoşgörüsüne sahip olmadıkları için, onlarla olan beraberlikleri her zaman mutluluk verici değildir.

Bu yaş grubundaki çocuklar, son derece ben-merkezcidirler ve çoğunlukla kendi başlarına oynamayı sürdürürler. Diğer çocuklarla beraber olmakla birlikte, bu yaşın ilk yarısında, eğer bir grup içinde büyütülmemişlerse, diğer çocukları birey olarak kabul etmekte güçlük çekerler. Diğer çocukları, çimdikleyerek, ısırarak veya saçlarını yakalayarak annelerini utandırıp tedirgin ederler. Bu davranış, saldırganlık değil, daha çok bir sosyal deneyim olarak kabul edilmelidir. Bu, onun, sanki başka bir çocuğun saçını çektiği zaman, ne olacağını öğrenmesi gibidir (Lucas ve Henderson, 1985, s. 57).

Dil, hareket ve toplumsal gelişim yönünden büyük ilerleme gösteren 3 yaş çocuğu, zengin bir hayal gücüne sahiptir. Hayal oyunları oynar, hayal arkadaşları yaratır ve bunlar sanki gerçek olaylar veya gerçek kişilermiş gibi davranabilir. Bu, çocuğun gerçek olanla olmayanın sınırlarını tam olarak ayıramayan ve daha sonraki yıllarda da devam edecek düşüncesinin bir özelliğidir. Yetişkinin, çocuğun davranışlarında istenen değişiklikleri yapabilmesi yönünden önemlidir.

Üç yaş çocuğu, yetişkinle birlikte olmaktan hoşlandığı halde, zaman zaman yetişkine karşı olumsuz tepki de gösterebilir. Bunu da yetişkinin talimatı karşısındaki, "Hayır" sözcüğü ile ifade eder (Lucas ve Henderson, 1985). Yetişkinlerin giysilerini giymekten, onların davranışlarını taklit etmekten hoşlanan üç yaş çocuğu, ev işlerine yardım etmekten, büyüklerin çeşitli davranışlarını tekrarlamaktan da zevk alır (Lee, 1982; Lucas ve Henderson, 1985).

Konuşma kadar dinlemekten de zevk alan 3 yaş çocuğu çok ayrıntıya girmeyen küçük kısa hikâyelerden hoşlanır. Anne veya baba tarafından kendisine anlatılan hikâyenin resimlerini zevkle izlerken, kalem-kâğıt kullanarak resim yapma konusundaki ilk deneyimlerini de yaşamaya başlar. Resimleri henüz karalamadan öteye gitmemekle birlikte boyalarla, kalemle, kâğıtla yaptığı çalışmalar, onun, daha sonraki yaş dönemlerinde geliştireceği yaratıcılık ve sanatsal etkinliklerle ilk tanışması olarak nitelenebilir.

Dört Yaş

Dört yaşına gelen çocuk, artık üç yaşında olduğundan daha sakin, daha uyumlu ve hareketlerini daha kolay kontrol edebilecek durumdadır (Lucas ve Henderson, 1985).

Artık sürekli gözetim altında bulunan bir bebek değil, kendi kendine hareket edebilen, konuşup soru sorabilen, kendisi hakkında bilgi verebilen bir bireydir (Read, K. 1968; Lee, 1982; Lucas ve Henderson, 1985).

Hareket yönünden önemli gelişmeler gösteren 4 yaş çocuğu, artık rahatça koşmayı, zıplamayı, elini ve parmaklarını kullanmayı da başarabilir.

Kâğıt-kalem-fırça ve boyalar bir önceki yaşta olduğundan daha ustalıkla kullanılmaya başlanmıştır. Henüz resim ile gerçek nesne arasında büyük bir benzerlik bulunmasa da, çocuk, yaptığının ne olduğunu anlatması istendiğinde, çizdiği şekillere kendince bir anlam verir.

Dört yaş çocuğu sürekli olarak çevresini tanıma çabası içindedir ve bu çabasını devamlı olarak sorduğu sorularla açıkça ortaya koyar. "Ne?", "nerede?", "kim?" vb. sorular sorar. Soruları ile ilgili olarak, kendisine verilen açıklamaları dikkatle izler. Burada yetişkinin vereceği cevapların doğru, onun anlayabileceği açıklıkta olmasının önemi büyüktür. Sorulan sorular, çocuğun ilgilerini, çevresini tanıma çabalarını, bir başka deyişle öğrenme isteğini göstermesi açısından önemlidir. Bu nedenle, "büyüyünce öğrenirsin" ya da "babana sor, o anlatsın," türünden geçiştirmeler çocuğun, öğrenme isteğini azaltabileceği gibi, onun yetişkine olan güven duygusunu da azaltarak kırıklığa uğramasına neden olabilir.

Toplumsal gelişim yönünden, yetişkinleri izleyerek onların davranışlarını taklit eden 4 yaş çocuğu, bir yandan yetişkinle olumlu ilişkilerini sürdürürken, diğer yandan kendi yaşıtı olan çocuklarla daha uzun süre birlikte olmaya başlar. Ancak gruplar, henüz çok kolaylıkla dağılabilir niteliktedir. Bu yaş çocuğunda, zaman zaman uzmanların paralel oyun adını verdikleri (aynı mekân içinde herkesin kendi oyununu sürdürmesi) oyun türü görülebilir. Oyun sırasında ortaya çıkan çatışmalar, onun için sosyal birer deneyim yerine geçerler. Çocuğun, arkadaşlarının isteklerine uymayı öğrenmeye başlaması ve bunun için de kendi isteklerinden fedakârlıkta bulunabilmesi, sosyal gelişimi yönünden son derece önemli bir adım olarak nitelenebilir (Oktay, 1987).

4 yaş çocuğu son derece açık sözlüdür. Hoşlandığı ve hoşlanmadıklarını rahatlıkla söyleyebilir. 4 yaş çocuğu, somut düşünür. Kelimeleri öğrendiği basit anlamlara göre değerlendirir. Örneğin, "yüzsüz" denildiğinde, yüzü olmayan bir insanı anlamaktadır. Bu da, yetişkinlerin 4 yaş çocuğu ile konuşmalarında kullandıkları sözcüklerin, onun anlayabileceği şekilde olmasını ve 4 yaş çocuğunun bulunduğu sırada aralarında yapacakları konuşmalarda dikkatli olmalarını gerekli kılmaktadır.

Beş Yaş

5 yaş, çocuğun gelişiminde ilginç dönemlerden biri olarak tanımlanabilir. Bu yaşta çocuk, çevresine ait yeni keşiflerde bulunur, yetişkin desteğine daha az ihtiyaç duyar. Yetişkinin büyük izleyicisi ve tatbikçisi olan beş yaş çocuğu, oyunlarında da genellikle yetişkinin ciddi uğraşlarını konu alır. Oyunlarda otobüs şoförü, öğretmen, anne-baba, bakkal ya da doktor olur. Oyunları dışında da evdeki işlere, yetişkinlerin yaptıklarına ilgi duyan beş yaş çocuğunun bu özellikleri eğer anne ve yetişkinler tarafından iyi değerlendirilebilirse beş yaş çocuğu sofra kurmak, topla-

mak, toz almak ve basit tamir işlerinde sebatlı bir yardımcı haline gelebilir. Böylece çocuk, hem gerçek hayata ait uğraşları, yetişkinin gözetimi altında denemek fırsatını bulur, hem de bir işe başlama, başladığı işi sonuna kadar götürebilme, kısacası "sorumluluk alma" konusunda ilk deneyimlerini de gerçekleştirir. Bu konuda yetişkinin dikkat etmesi gereken temel nokta, verilecek görevlerin, çocuğun tamamlayabileceğinden daha fazla olmamasıdır.

Arkadaşları ile birlikte olmak, beş yaş çocuğu için son derece önemlidir. Grup oyunlarında, gerçek beraberlik artık daha uzundur. Grup üyeleri, oyunun kurallarını birlikte koyarlar. Konulan bu kurallara oyundaki herkesin uymasına özellikle dikkat edilir.

5 yaş çocuğu genellikle canlı, neşeli ve hareketli bir görünüm içindedir, konuşmayı, soru sormayı, hareketli oyunlar oynamayı, masal-öykü dinlemeyi ve anlatmayı sever. Daha çabuk karar verir. Kas hâkimiyeti gelişmiştir. Düzenli cümleler ile insanlarla olan kişisel ve sosyal ilişkileri artmıştır (Yavuzer, 1990, s. 111).

Olayların nedenleri ve niçinleri ile çok yakından ilgilidir. Widmer'in, "Bir hareket ve ses senfonisi" olarak tanımladığı (1968, s. 20) beş yaş çocuğunu, bir başka yazar kitabında şöyle tanımlar: "Ben nedenciyim, sen çünkücüsün" (Ramscy ve Bayless, 1980, s. 11).

"Neden"ci, bir merak yığını, kendiliğinden tepki gösteren, karar vermekten, seçim yapmaktan hoşlanan, bir bilgi arayıcısı olduğu için beş yaşındakilerle çalışan yetişkinlerin gerekli tüm kaynaklara sahip olması ve hepsinden de önemlisi çok dikkatli birer gözlemci olmaları gerekmektedir. (Ramscy ve Bayless, 1980, s. 11).

Özellikle tehlikelere karşı koruma konusunda yetişkinin duyarlı olması son derece önemlidir. Aksi takdirde, çocuk, güçlü öğrenme isteği sonucu çevresindeki olayları daha yakından tanımak ve kendi gücünün sınırlarını öğrenebilmek için kendini tehlikeli durumlara sokabilir. Özellikle, trafiğe açık alanlarda, tüm okul öncesi dönem gibi, beş yaşındakilerin de dikkatle gözetilmeleri gerekmektedir.

Uygun fırsatlar verildiğinde kendi kendine giyinme, yıkanma ve yemek yemek konusunda artık iyice ustalaşmış olan beş yaş çocuğu, resim ve müziğe de ilgi duyar. Gelişmekte olan sayı kavramı ve buna ilişkin olarak öğrendiği sayılarla, saymaktan, işlemler yapmaktan hoşlanır. Kitabın ilgi alanına girmesi ile birlikte yavaş yavaş yazılı sembollerle ses arasındaki ilişkiyi de kavramaya başlayan beş yaş çocuğu, kendisine hikâyeler okunmasından, anne veya babası ile birlikte bir kitabın resimlerine bakmaktan, sembollerden anlam çıkarmaktan hatta daha da ileriye giderek, daha önce birkaç kez kendisine okunmuş olan bir hikâyeyi ezberleyip "sanki okuyormuşçasına" tekrar ederek çevresindekileri şaşırtmaktan büyük zevk alır. Bu, aslında anne-babaların çok kez yanıldıkları şekilde okumayı tam olarak öğrenmiş olmak anlamına gelmemekle birlikte, çocuğun okuma ile ilk tanışması, sembollerle söz arasındaki ilişkiyi kavramak yolunda onun ilk deneyimleridir. Bu deneyimler onun daha sonraki kalıcı öğrenme ilgisinin ve okuma isteğinin de başlangıcı olabilirler (Oktay, 1983).

Önceki yaşlarla kıyaslandığında, pek çok yönden önemli ölçüde gelişmiş görünen "beş yaş çocuğu, hâlâ bakım, güven, devamlılık ve destek ister; çocuk aynı zamanda deneyim kazanmak ve 5 yaşında olmak zorundadır." (Rasmscy ve Bayless, 1980, s. 12).

ÇOCUĞUN EĞİTİMİNDE SEVGİ VE KARARLILIĞIN ÖNEMİ

Okul öncesi dönemde çocuk, sözle anlatılanlardan çok gözlemleri ile öğrendiği için, bu dönemin eğitiminde yetişkinin örnek olması çok önemlidir. Anne-baba ve çocuk arasındaki ilişkilerde sevgi en önemli faktördür. Sevgiden uzak olarak büyütülen çocuk, susuz bırakılan bir bitkiye benzetilebilir. Sevgi ve şefkat eksikliği, çocuğun gelişmesini, her yönü ile etkileyebilir. Sevgi ihtiyacı karşılanmayan bir çocuğun, bu eksikliğini hiçbir şekilde karşılamak mümkün değildir. Sevginin cömertçe verildiği, bireyler arasında karşılıklı anlayış, güven ve saygı bulunan aile ortamları, çocuğun sağlıklı gelişimi için olduğu kadar, toplumsal kurallara kolaylıkla uyum sağlayabilmesi için de uygun deneyim ortamlarıdır. Çocuk, anne-babanın, eğitim konusunda aldıkları ortak makul kararları ve buna uygun pekiştirici tutumlarıyla yetişkinlere ve kendisine güvenmeyi ve kendi gücünün sınırlarını öğrenir. Toplum hayatının temel davranışları olan yemek, uyku, temizlik gibi ilk alışkanlıklarını yine yetişkinlerin kararlı tutumuyla başarı ile kazanır.

Anne-babanın, çocuğun eğitimi konusunda anlaşamadığı, birinin "evet" dediğine, diğerinin "hayır" dediği, ailedeki yakın akrabaların da, onların bu farklı tutumlarını, değişik görüşleri ile daha da karmaşıklaştırdıkları aile ortamlarında yetişen çocukların, ne kendi güçlerinin sınırlarını bilmeleri ne de neyi yapıp neyi yapamayacakları hakkında doğru karar verebilmeleri pek mümkün olamaz.

"Disiplin, insanların bir arada mutlu yaşayabilmeleri, iyi ilişkiler kurabilmeleri için zorunludur. Bunun sağlanması ancak ve ancak, çocuğun gelişme aşamalarının iyi bilinmesine, yaşamının ilk günlerinden başlayarak, kararlı, makul ve duygusallıktan uzak bir yetişkin olarak çocuğa örnek olmamıza, kendi yaptıklarımızla, çocuğa yaptırmak istediklerimiz arasında çelişkilerin bulunmamasına bağlıdır" (Oktay, 1982, s. 77).

Kuşkusuz hepimiz, çocuklarımızı çok seviyoruz. Ama, acaba sevgimizi onlara gereği gibi gösterebiliyor muyuz? Çocuğumuzu sevdiğimiz için onu şımartacak, kusurlarını görmeyecek şekilde değil de her durumda sabır ve anlayışla hareket edebilmek, çocuğumuzun eğitimini pek çok bakımdan kolaylaştıracaktır. Ancak, değişen ruh halimize göre çocuğa bazen aşırı şiddetle bazen de aşırı şefkatle muamele ediyorsak, onun davranışlarında ve duygusal gelişiminde pek çok aksaklıkların ortaya çıkabilmesine zemin hazırlıyoruz demektir.

Oyun

Çocuğun büyümesi ve sağlıklı gelişmesi için nasıl beslenme, bakım ve sevgi gerekli ise "oyun" da en az bunlar kadar gereklidir.

Oyun, okul öncesi çağdaki çocuğun temel uğraşı, öğrenme için kullandığı başlıca yoldur. Oyun, çocuğun sosyalleşmesini sağlar, ayrıca duygularını ifade edebilmesi ve büyümesini yansıtabilmesi için en uygun yoldur. Başlangıçta oyun için kendi bedenini kullanan çocuk, daha sonra yürüme ve konuşmayı başarması ile birlikte, çevredeki eşyaları, kendisine verilen oyuncakları araç olarak kullanır. Dil ile oyuna ilişkin ayrıntıları açıklar, böylece, diğer çocukların ve yetişkinlerin oyuna katılabilmeleri mümkün hale gelir.

Yaşla artan olgunlaşma, çocuğun diğer çocuklarla birlikte oynadığı oyunların sayısını ve çeşitlerini artırırken yetişkinin denetimine olan ihtiyacını da giderek azaltır. Oyun kuralları başlangıçta belirsiz, hatta keyfi denilebilecek özellikler taşırken zamanla, çocuk sosyalleştikçe, grubun kabul ettiği ortak kurallara dönüşür. Çocuğa oyun fırsatı verilmesi ve bu fırsatı gerçekleştirebileceği uygun mekân ve malzemenin sağlanması, çocuğun gelişmesi için ve oyundan gereği gibi yararlanması için önemli bir noktadır. Ancak burada mühim olan, çocuğa alınacak pahalı bebekler ya da elektronik oyuncaklar değil, çocuğun güvenle ve çok amaçlı olarak kullanabileceği oyuncakların öncelikle tercih edilmesidir. Bu açıdan, su, kil, kum vb. doğal malzeme öncelikle tercih edilmeli, ayrıca tahta bloklar, tahta veya kırılmaz plastikten geçme oyuncaklar, mutfak ve diğer ev gereçleri, elbise vb. giyim eşyaları, top, ip, salıncak, kaydıraç, tahterevalli vb. bahçe araçları, çocuğun yalnız ve birlikte oynayacağı oyunlar için uygun gereçler arasında yer alabilir.

Bazen, anne tarafından yapılan bir bez bebek veya baba tarafından yapılan bir tahta at veya araba, onların sevgisini de taşıdıklarından çocuğun oyun gereçleri arasında baş yeri alabilirler. Çocuğun, aletlerin nasıl işledikleri konusundaki aşırı merakı zaman zaman oyuncakların parçalanıp bozulması ile sonuçlanabileceğinden, onun bu konudaki sorularını tatmin edici bir biçimde cevaplayarak merakını gidermek, oyun gereçlerinin daha uzun süre sağlam kalabilmeleri yönünden dikkat edilmesi gereken önemli bir noktadır.

Çağlar boyunca bakım ve eğitim yönünden ailenin sorumluluğunda bulunan okul öncesi dönem, bu özelliğini pek çok dünya ülkesinde bugün de yitirmemiş olmakla birlikte, artık, bu çağdaki çocuğun eğitiminde tek başına ailenin etkili olduğu da söylenemez.

Günümüzde ailenin etkileri ile birlikte, okul öncesi eğitim kurumları ve kitle iletişim araçlarının bu çağ çocuğunun eğitimine etkide bulundukları artık tartışılmaz bir gerçeklik olarak kabul edilmelidir. Bu açıdan ailenin her iki konuda da bilgi sahibi olması ve bu imkânları çocuğun eğitiminde doğru bir şekilde kullanmayı bilmesi önemli bir konudur.

Okul Öncesi Eğitim Kurumları

Okul öncesi eğitim kurumları, günümüz toplumlarında çocuğun giderek artan güvenli oyun imkânı ve yaşıtları ile birlikte bulunma ihtiyaçlarına cevap verebilmek açısından önemli bir görevi yerine getirmektedirler. Ayrıca yine her ülkede sayıları gün geçtikçe artan çalışan kadınların, evden uzak bulundukları süre içinde çocuklarını güvenle bırakabilecekleri bir kuruma duydukları ihtiyaç da okul öncesi kurumların temel kurulma nedenleri arasında yer almaktadır. Ancak ülkemizde özellikle 1960'lı yıllardan bugüne sayıları giderek artan, anaokulları, çocuk yuvaları ve çocuk klüpleri vb. isimleri altında açılan okul öncesi eğitim kurumları, çocukların ihtiyaçlarına gerçekten cevap verebilmek için bazı temel niteliklere sahip olmalıdır. Bu nitelikleri okulun fizik imkânları, öğretmen özellikleri ve program şeklinde sınıflandırabiliriz.

Fiziksel özellikler yönünden, bir okul öncesi kurum "havadar, aydınlık, çocukların rahatça hareket edebilecekleri ve oynayabilecekleri kadar geniş bir alana sahip olmalıdır. Bunun yanı sıra, temiz bir mutfak, sağlık koşullarına uygun bir uyku ve dinlenme alanı ile açık hava oyunları yapabilecek yeterli ve iyi düzenlenmiş bir bahçesi bulunmalıdır. Tuvalet ve musluklar, çocukların rahatça kullanabilecekleri bir boyutta ve kurumdaki çocukların sayısı ile orantılı olmalıdır. Okulun temizliği anne-babanın dikkat etmesi gereken bir başka nokta olmalıdır" (Oktay, 1987, s. 11).

Okul öncesi kurumun fizik şartlarının uygunluğunun yanı sıra kurumda görev yapan öğretmenin çocukları seven, onların gelişim özelliklerini iyi bilen ve bu gelişim özelliklerine uygun eğitimsel yaklaşımları gösterebilecek bilgi ve beceri düzeyine sahip olması da son derece önemli bir noktadır. Okul öncesi kurumdaki öğretmen iyi bir gözlemci olmalı, olabilecek olaylar hakkında önceden tahminler yürütebilmeli ve sınıfındaki çocukların değişen durumlarına karşı duyarlı olmalı, çocuğun eğitimi konusunda aile ile işbirliği yapmaya hazır olmalıdır. Sağlıklı, enerjik, neşeli, bilgi ve beceri sahibi bir öğretmen, okul öncesi çocuğun eğitiminde, çocuğun davranışlarının değerlendirilmesinde ve yönlendirilmesinde ailenin en büyük yardımcısı olabilir.

"Okul öncesi dönemde, çocuk henüz çok sıkı bir programa uymaya, düzenli bilgi almaya hazır olmamakla birlikte, günlük faaliyetlerin belirli bir sıra izlediğini ve okulun herkes için mutlu bir yer olmasında buradaki düzenin rol oynadığını da öğrenmesi gerekmektedir" (Oktay, 1987, s. 12).

Bu nedenle, gün boyu belirli bir düzen içinde art arda gelen çeşitli etkinlikler, çocuğun ihtiyaçlarına cevap verecek şekilde program içinde yer almalıdır. Programın düzeni genellikle bir hareketli faaliyetin ardından, bir sözlü etkinlik veya daha sakin şekilde gerçekleştirilen bir etkinlikler düzeninin gelmesi şeklinde sağlanabilir. Dil etkinlikleri (serbest anlatım, masal, öykü anlatma, kukla oynatma, kitap okuma vb. etkinlikler), müzik ve müzikli oyunlar, yaratıcı sanatsal etkinlikler (resim, kil yapıştırma vb.), bloklarla oyun, evcilik köşesi, fen ve doğa köşesi etkinlikleri, kavram öğrenmeyi sağlayıcı etkinlikler, harekete ilişkin etkinlikler (beden eğitimi, dans vb.), temel alışkanlıkları pekiştirici ve yeni toplumsal davranışlar kazandırıcı etkinlikler bir okul öncesi kurumun programında mutlaka yer almalıdır.

Programın hedefleri, çocuklardaki bireysel gelişmeyi de sağlayacak şekilde belirlenmeli ve programın bu hedefleri gerçekleştirmede ne ölçüde başarılı olduğu, uygun şekilde yapılan değerlendirmelerle ortaya konulabilmelidir. Yapılan değerlendirmelerde ulaşılan sonuçların aile tarafından da bilinmesi açısından ailenin bu konuda bilgilendirilmesi, gelişmenin yetersiz olduğu konuların üzerinde daha dikkatle durulması ve ailenin bu konudaki yardımının sağlanması bakımından önemli bir noktadır.

Kitle İletişim Araçları

20. yüzyılın en hızlı gelişme gösteren buluşları arasında özellikle radyo ve televizyonun, günümüz çocuklarının eğitiminde büyük ölçüde etkili olduğu gözlenmektedir.

"Çocuk, bebeklikten ergenliğe doğru gelirken yalnızca zihinsel yönden değil, sosyal yönden de gelişme gösterir. Çocuk kitle iletişim araçları yoluyla, yeni insanlar, yeni hayat tarzları, kendi ailesinden farklı aileler, kendi ulusundan değişik uluslar hakkında bilgiler kazanır. İletişim araçları bir anlamda, çocuğa kendi dar çerçevesi içinde bizzat karşılaşıp yaşayamayacağı, pek çok toplumsal olaydan kesitler gözleme olanağını verirler. Bu açıdan kitle iletişim araçları, çocuğun sosyal ufkunu genişletme yolunda, önemli katkılar sağlayabildikleri gibi, onun henüz kendi kendine insan davranışlarının gerçek nedenleri hakkında doğru değerlendirmeler yapamadığı bir dönemde, yanlış izlenimler edinerek, gelişimini olumsuz yönde de etkileyebilirler" (Oktay, 1986, s. 107-108).

Yukarıda da belirtildiği gibi kitle iletişim araçları, uygun şekilde kullanıldıkları takdirde, aile ve okulun sağladığı öğrenme fırsatlarını zenginleştirebilirler.

Bugün ülkemizde en çok kullanılan kitle iletişim araçları arasında özellikle kitap, radyo ve televizyon sayılabilir. Kullanım oranı oldukça fazla olan bu üç tür iletişim aracının her biri kendine has özellikleri ile âdeta birbirlerini tamamlayan etkilere sahiptirler.

Kitap.– Okul öncesi çocuk için yetişkinle, özellikle de çok sevdiği anne-babası veya öğretmeni ile paylaştığı, güzel düşünceler, bilgiler, masallar içeren ve çocukta okuma ilgisinin uyanmasına yardımcı olabilecek temel araçlardan biridir. Çocuğun yaşına uygun güzel bir Türkçe ile yazılmış, iyi resimlenmiş, temiz ve itinalı basılmış bir kitap, çocuk için yeni bir dünyanın –çağdaş insanın temel uğraşlarından biri olan– okumaya hazırlanmanın başlangıcı olabilir. Bu nedenle, özellikle çocuğa oyuncak seçerken zaman zaman kaliteli çocuk kitaplarına da yer verilmesi yerinde bir yaklaşımdır. "... kitaplar çocuğa sundukları zengin ve çeşitli bilgilerle onun doğal öğrenme isteğini besleyerek gelişimine büyük ölçüde yardımcı olurlar" (Oktay, 1986, s. 111).

Radyo.– Türkiye'de bugün hemen her evde bulunan ve günün büyük bir bölümünde dinlenilebilen bir iletişim aracıdır. Radyo, günün çok erken saatlerinden itibaren çeşitli konularda yaptığı yayınlarla, evdeki her yaştaki insana seslenir. Radyoda okul öncesi çocuklar için hazırlanmış özel programların sayısı çok fazla olmamakla birlikte, yetişkinler için hazırlanmış olan çeşitli müzik ve söz programlarından küçük çocukların da yararlanmaları mümkün olabilir.

Çocuk, yalnız işitme duyusuna yönelik bu araçlardan gelen mesajları anlayabilmek için dikkatini yoğunlaştırmayı ve dinlemeyi öğrenmek zorundadır. Değişik seslerin çocukta bıraktığı izlenimler çocuğun hayal gücünü geliştirerek, onun yeni yaratıcılıklara –hayal gücünü geliştirmesine– yönelmesine yardımcı olacaktır. Ayrıca ana dili konusundaki becerilerini özellikle çevresindeki yetişkinlerin konuşmalarını izleyerek geliştiren çocuk için radyo aracılığı ile duyduğu başarılı ana dili örnekleri, yakın çevresindeki yetişkinlerin konuşmalarını dinlemek kadar öğretici olabilir. Bu arada radyonun küçük çocuklara yönelik daha çok sayıda yeni ve değişik programlar yaparak, gelecek için iyi bir dinleyici kitlesi potansiyelini oluşturması da göz önünde bulundurulması gereken önemli bir noktadır.

Televizyon.– Giderek daha fazla yaşamımıza giren ve hem göze hem kulağa hitap etmesi açısından daha kolay ve kalıcı iz bırakan bir iletişim aracıdır. Her çağdaki çocuk için olduğu kadar okul öncesi çocuk için de hem bir eğlence hem de bir eğitim-öğretim aracıdır. Ülkemizde son yıllarda değişik yaş gruplarındaki çocuklar için hazırlanan TV programlarının sayısının giderek artmakta olduğu gözlenmektedir. Ancak bu son derece etkili yayın aracının, çocuklar üzerindeki etkilerinin olumlu olması, çocukların izledikleri programların türüne ve izledikleri programları ne ölçüde kavrayıp özümlediklerine de bağlıdır.

Çocukların televizyon izlemeleri ile ilgili olarak anne-babaların dikkat etmeleri gereken temel kurallar şöyle özetlenebilir:

1) Çocukların izleyecekleri televizyon filmlerinin, konu ve işleniş yönünden onların rahatlıkla anlayabileceği türden olması gereklidir.

2) Hazırlanan programlardaki tiplerin olumlu özellikleri daha çok olmalıdır.

3) İzlediği programlar hakkında çocukla konuşmak, ona açıklamalar yapmak, işittiği sözcükleri açıklamak fırsatını verebilmek, televizyon aracılığı ile iyi bir öğrenme gerçekleştirebilmek yönünden önemlidir.

4) Çocuğun tüm programları değil, kendine uygun olan programları belirli sürelerde izlemesi, gelişimi için gerekli olan diğer etkinliklere de yeterince katılabilmesi yönünden önemlidir (Oktay, 1986, s. 114-117).

Görüldüğü gibi son derece etkin bir yayın aracı olan televizyon, iyi kullanıldığı zaman çocuğun yaşadığı dünyayı genişletme açısından pek çok imkânlar sunabilir. Ancak bu aracın kullanımında yetişkinlerin gerekli denetim ve düzenlemeleri yapmaları, bu konuda bazı kurallar koyarak çocuğun bu kurallara uymasını sağlamaları da dikkat edilmesi gerekli bir husustur.

Televizyon, çocuk için ne arkadaşın ne oyunun ne de kitabın yerini alabilir. Okul öncesi dönemdeki çocuğun, anne-babanın güven verici beraberliğine, kendi yaşıtları olan çocuklarla veya yalnız çeşitli oyunlar oynamaya, kitapları ellemeye, kitaplardaki basılı sembollerin nasıl sese dönüşerek güzel bir öykü oluşturduklarını öğrenmeye ihtiyacı vardır. Bunları da ancak bizzat yaşayarak öğrenebilir. Bu bakımdan anne-babaların televizyonu çocuğun bütün gününü başında geçireceği bir araç olarak değil, sadece günlük hayatta karşılaşabileceklerinden çok daha çeşitli konularla ilgili bilgi ve izlenimler edinmesine yardımcı olacak bir araç olarak görmeleri yerinde olur.

KAYNAKLAR

Lee, C., *The Growth and Development of Children.* London, New York 1977.

Lucas; Henderson, *Pre-School Playgroups A Hand book.* George Allen-Unwin. London 1985.

Oktay, Ayla, *"Çocuk Eğitiminde Ailedeki Disiplinin Yeri ve Önemi"* Aile ve Çocuk Dergisi. Ak yayınları. Sayı 2, İstanbul 1982.

Oktay, Ayla, *"Kitle İletişim Araçlarının Okul Öncesi Dönemde Kullanılması"* Yapa 4. Okul Öncesi Eğitim ve Yaygınlaştırılması Semineri. Yapa Yayınları. İstanbul 1986.

Oktay, Ayla, *"Okul, Öğretmen ve Aile Açısından Okul Öncesi Eğitimin Temel Nitelikleri"* Pembe Bağcık. Sayı 4, İstanbul 1987.

Ramscy, E., Marjorie-Bayless, M. Kathleen, *Kindergarten Programs-Practices.* The C. V. Masby Comp. St. Luis-Toranto-London 1980.

Reed, H. K., *The Nursery School.* W.B. Saunders Comp. Phildelphia-London 1968.

Sadström, *Çocuk ve Gençlik Psikolojisi,* Çev. Refia Şemin. Ed. Fak. Yay.

Widmer, E. L., *"Kindergarten" Early Childhood Education Rediscovered* -Joefrost (Ed). New York, Halt Rinehert Wiston 1968.

Yavuzer, Haluk, *Çocuk Psikolojisi.* Remzi Kitabevi, İstanbul 1990.

Prof. Dr. Zuhal Baltaş

Temel İhtiyaçların Kazanılmasında Ailenin Rolü

Çocukların temel ihtiyaçlarını doğru olarak karşılamayı öğrenmeleri, sağlıklı bir hayat sürmelerinde önemli bir rol oynar. Ayrıca bu ihtiyaçların doğru öğrenilmesi, öğrenme süreci içinde ailede stres verici olumsuz yaşantıları ortadan kaldırır.

Çocuk gelişimi esas olarak bedensel, ruhsal, zihinsel ve toplumsal olmak üzere dört alanda gerçekleşir.

Bedensel gelişimin sağlıklı bir şekilde tamamlanabilmesi, çocuğun beslenme, uyku ve tuvalet eğitimlerinin uygun biçimde verilmesiyle mümkündür. Anne, bebeğin doğumundan başlayarak bu ihtiyaçları doyurmaya girişir. Ancak bütün bu temel ihtiyaçlar ruhsal, zihinsel ve toplumsal gelişime paralel olarak değişimler gösterir.

Bu paralelliklerden yararlanmak ebeveynlere ana kalıpların sağlıklı bir biçimde yapılanması konusunda yardımcı olur. Uyku ve beslenme alışkanlıkları ile tuvalet eğitiminin doğru bir biçimde kazanılması, çocuğun ileri yaşlarında sağlıklı bir birey olma şansını artırır ve aile içi etkileşimlerde olumsuz yaşantıları önleyerek, stres verici yaşantıların azalmasında da önemli bir rol oynar.

BESLENME ALIŞKANLIĞININ KAZANILMASI

Açlık ve İştah

Sağlıklı yemek yeme kalıplarının yerleştirilmesinde, açlık ve iştah kavramlarının tanınması anneye yardımcı olur. Bu iki kavram yemek yememizde etkili olan iki durumdur. Açlık; sağlıklı bir kişide kendi kendine işler ve bedenin enerji ihtiyacının fizyolojik anlatımıdır. Açlık duygusu midede meydana gelen kısa aralıklı kasılmaların oluşturduğu gerilimdir. Buna çoğu zaman genel bir huzursuzluk ve halsizlik de katılır.

Bir başka ifade ile, insanı yemeğe yönlendiren uyaranlar beyin ve mideden gelir. İştah; yemek yemeye yönelik psikolojik bir istektir ve kişiye haz veren bir duygudur. Normal olarak açlık iştahı doğurur, fakat iştah bundan farklı olarak da ortaya çıkabilir. Örneğin, açlık olmadığı halde sevilen veya özlenen yemeklerden söz etmek iştah uyandırarak yeme arzusunu doğurabilir. İştah, bireyin geçmiş yaşantılarına dayanır, bilinçli olarak hatırlanmasa da ilk çocukluk günleri ile bağlantılıdır. İlk tecrübelerimizdeki yiyecekler ve yemek ortamındaki duygular ile sosyal özellikler, kişinin beğenilen veya beğenilmeyen temel "bireysel yeme kalıpları"nı oluşturur.

Görüldüğü gibi "iştah" ile "açlık" hem eş anlamlı değildir, hem de bütünüyle farklı yapılardan kaynaklanırlar. İştahı yapılandıran kaynak psikolojiktir. Öğrenilmiş kalıplar ve duygularımız ile iştah arasında kuvvetli bir ilişki vardır. Açlık duygusu bedenin gelişme ve enerji ihtiyacını karşılayacak olan besinleri almak için belirli biyolojik ritimlerle ortaya çıkar. Açlık duygusu bebeklik döneminde bir gün içinde 8 kez görülür, çocukluk ve yetişkinlikte ise 3-5 defaya iner.

İştahı belirleyen özellikler ise yenilen besinlerden zevk almayı yapılandıran, duygusal yaşantı ve sosyal ortamdır. Sevgi, elem, öfke ve hiddet iştahı bozucu etkenlerdir. Çocuklara yemek saatlerinde her zamankinden fazla ilgi göstermek, sevip okşamak veya tam tersine kızmak, öfkelenmek ve gerginlik yaşatmak iştah duygusunu bozucu etkiler yapar.

Ancak yemek hazırlanırken pozitif uyarıcıları kullanmak iştahı harekete geçirerek yemek yeme sürecine katkıda bulunabilir. Yapılandırılmamış veya yanlış yapılandırılmış iştah, yani iştahsızlık, açlık duygusunu bastırır. Böyle bir durumda, sağlıklı beslenme kalıplarından söz etmek söz konusu olamaz. Anne-babalara düşen, açlık ve iştah duygularının sağlıklı bir şekilde gelişmesini ve yemek yeme zamanlarının doğru biçimde yerleşmesini sağlamaktır. Günümüzde şişmanlık zayıflıktan çok daha önemli bir problemdir. Zayıflama kliniklerine başvuranların kişilik özellikleri araştırıldığında, kilo problemleri olanların şüpheci, katı ve olgunlaşmamış bir kişiliğe sahip oldukları saptanmıştır.

Bu kişilik vasıfları, bireyin sevgisizlik içinde kalmasına, duygu ve davranış açısından gerilemesine sebep olur. Böylece kişi bebeklik yıllarının, temel etkinliği olan sık beslenme ihtiyacına yönelir. Bunun sonucunda da, yemek saatleri düzenli olmayan, yemek aralarında sürekli bir şeyler atıştıran, buzdolaplarını çok seven kişiler ortaya çıkar.

Analitik psikoloji, kiloyla ilgili sorunları yukarda anlatıldığı şekilde ele almaktadır. Diğer taraftan, deneysel psikoloji çalışmaları, kilo konusuna daha farklı yaklaşımlar da getirmektedir.

Beslenmenin, çocukluk yaşlarında edinilen kalıplar düzeninde sürmesine karşın kilo alımını belirleyen bireylere özgü "ayar mekanizmaları"nın (set point) varlığı tespit edilmiştir. Geçmiş yıllarda kilonun bir muhasebe işi olduğu, belirli bir kilonun korunabilmesi için alınan kalori ile yakılan kalorinin, birbirini eşitlemesi gerektiği kabul edilirdi. Eğer alınan kalori yakılan kaloriden fazla ise kişi şişmanlar, tersi durumda kullanılan kalori alınan kaloriden fazla olursa kişi zayıflar şeklinde yorumlanırdı.

Son yıllarda, kontrollü beslenme ortamında (hastane, hapishane) yaşayan insanlar üzerinde yapılan çalışmalar, kalori giriş ve çıkışından daha önemli bir kilo kontrol odağının insanların beyin+metabolizma ilişkilerinde olduğunu ve kalıtıma dayalı bireysel özellik taşıdığını göstermiştir. İşte ayar mekanizması olarak adlandırılan bu yapı, her kişi için belirli alt ve üst limitler olduğu düşüncesini getirmiştir. Buna rağmen bir yağ hücresi genişlerse, daha çok yağ depolayabilir. Bizce ideal kilo konusunda hem bireysel ayar mekanizması hem kalori hesapları dikkate alınmalıdır.

Gelişim Evrelerine Göre Beslenmenin Bedensel, Psikolojik ve Sosyal Yönü

Bedensel bir patolojinin bulunmadığı bebeklerde otonom fonksiyonlar doğum sonrasında kendini hissettirmeden sürdüğü halde, iç dengenin sağlanmasında dışa bağımlı olan fonksiyonlar çoğunlukla problem olmaktadır. Beslenme de bu konudaki problemlerin başında gelir. Sorunsuz bir beslenme için çocuğun bütün özellikleri ve ihtiyaçları dikkate alınmalıdır.

Normal olarak emme refleksi, yaşamın başında var olan güçlü bir reflekstir. Bebek, doğumundan itibaren beslenme için bu refleksten yararlanır. İlk ayların beslenme yöntemi meme veya biberondur. Bu yöntemler kullanılırken bedene kulak vermek gerekir. Mide açısından hazım için uygun zaman aralıklarının geçmesine ve bedensel olarak açlık duygusunun oluşmasına dikkat edilmelidir. Bebek ağzına yaklaşan bir objeyi her zaman emmeye yönelir; bu onun acıktığı yani midesinin boşaldığı anlamına gelmez. Psikolojik bir duygu olan iştah ise beden ihtiyacının doğru yakalanabilmesi ile oluşturulur.

Bu konuda dikkat edilmesi gereken bazı önemli noktalar vardır. Anne memesi ile beslenmedeki besleme kolaylığı bazen anneleri çocuklarının her ağlayış ve huzursuzluklarını meme vererek çözümleme yaklaşımına götürebilir. Bu yaklaşım, bebeğin ihtiyaçlarını duygu ve besinle çözme şartlanmasını getireceği için bir sorun zemini hazırlar. Beslenme ile duygu doyumu her türlü zorlanmada başvurulan ilk yöntem haline gelebilir. Ağlama ve huzursuzluk nöbetleri meme ile geçiştirilmiş bebekler, ileri yıllarda, mutluluğu buzdolaplarında aramaya, aç olunmadığı halde yemek yemeye ve yeme düzeninin dışında ufak tefek, besin değeri olmayan ama ağız dolduran ve tat veren besinlere yönelirler.

Öte yandan biberon beslenmesi yapan ebeveynlerin bedensel ihtiyaçlar kadar psikolojik ihtiyaçları da düşünerek, temas duygusunu sık sık kullanmaları gerekir. Eğer bebek, anne sütü ile besleniyorsa, psikolojik ihtiyacı olan sevgi ve güvene emzirme sırasındaki temas durumunda, ayrıca özen göstermek gerekir. Bu konuda en uygun yol, bebeği kucakta sevgi ve ilgiyle tutarken biberonla beslemektir.

Yeni doğan bebek ilk 40 gün, yaklaşık dört saat arayla günde 8 kere beslenmelidir. Bilindiği gibi, bu beslenmenin anne sütüyle olması tercih edilir. Beslenme sayısı, daha sonra meyve suları ve mamalar eklenerek, birkaç ay içinde 5-6'ya iner. Bu dönemde de anne sütü, tercih edilen beslenme türü olma özelliğini korur. Ancak bazı durumlarda anne sütüne yakın besinler ile beslenme zorunlu olarak devreye girmektedir.

Çocuğun bedensel ve psikolojik gelişimi, kendi kendine beslenmeyi ve yemek yeme biçimindeki sosyalleşmeyi etkileyen önemli bir özelliktir. Çocuğun, gelişimi sırasında kendi başına yemek yemeyi başarabilmesi için belirli bir olgunluğa erişmesi gerekir. Bebeklik döneminden başlayarak gelişen ve motor bir beceri olan kavramanın, refleks bir hareket olmaktan çıkarak amaçlı hale gelmesiyle çocuğun yemeğini kendi kendisine yeme süreci başlatılabilir. Altıncı aydan itibaren, kendi kendine mama iskemlesinde oturabilen çocuk, muhallebi veya meyve püresini yemek için kaşık tutmaya başlayabilir. Bu dönemden başlayarak, anne bebeğini beslerken, bebeğin kendisinin ilk yeme denemelerini yapmasına izin vermelidir. Bu dönemlerde belki döke-saça yeme modeli görülecektir ama hiçbir işe mükemmellik noktasından başlanmayacağı unutulmamalıdır. Uygun zamanda düzgün yemeyi başarabilmek için bu basamaklardan geçmek gerekir.

On sekiz aylık bir bebek, mamasının en azından yarısını yiyebilir. Ebeveyn bir başka kaşık veya çatalla ona yardımcı olarak tabağın bitirilmesini sağlayabilir.

Çocuğun kendi yemeğini kendisinin yemesi 2 yaşında mümkün olur. Çocukları 3 yaşına gelmiş ebeveynler çocuklarının kendi kendine yemek yiyecek yaşa geldiğinden emin olabilirler. Çocuklar bu yaşlarında yemek yeme aracı olarak kaşık veya çatalı rahatça kullanabilirler. Birkaç yıl (5-6 yaşlarına kadar) tek araçla kendilerini besleyebilen çocuklarda 6 yaşlarından itibaren daha karmaşık motor beceriler gelişir. Artık çocuk çatalı kavramaz, bir yetişkin gibi tutabilir ve sol elini de kullanabilir. Aynı anda bıçak tutularak, yumuşak besinler kesilerek çatala yerleştirilebilir.

Çocuğun, beslenme gibi temel bir fizyolojik ihtiyacının karşılanmasının aynı zamanda, psikolojik doyumu da sağlayan bir süreç olduğunu gördük.

Yemek yemek, bebeklik yıllarında psikolojik doyum sağlamasının yanı sıra, ileri yaşlarda sosyal ihtiyaçların karşılanması ve sosyal doyum duygusu açısından da büyük önem taşır.

"Ben ve başkası"nın ayrılmaya başladığı 8. aydan itibaren, bebek için yemek yeme faaliyetinin sosyal yönü de gelişmeye başlar. İnsanlar sevdikleriyle birlikte yedikleri bir yemekte, karınlarını doyurmuş olmanın vereceği rahatlığın ötesinde duygular yaşarlar. Ayrıca hayat için önem taşıyan görgü kuralları sofrada öğrenilir. Masa etrafında birlikte yaşanılan ve paylaşılanlar, çocukların en temel duygusal ve sosyal kalıplarını oluşturur.

Motor gelişimin tamamlandığı iki yaşa kadar, sosyalleşme de tamamlanmış olmalıdır. Çocuk ebeveynleri ile veya arkadaşları ile oturup yemek yiyerek sohbet edebilmeli ve sofra adabını uygulayabilmelidir. Çocuklar yaklaşık iki yaşından itibaren aile bireylerini bir araya getiren masa etrafında toplanmaktan çok büyük zevk alırlar.

Beslenme Hataları

Çocuğun, bağımsız yemek yemeye geçinceye kadar çeşitli beslenme bozuklukları olabilir. Bu konudaki ilk sıkıntı annenin meme vermesi ile başlayabilir. Bu dönem hem bebek, hem de anne için bedensel ve ruhsal açıdan önemli değişimleri içerir. Bu dönemdeki küçük aksaklıklar beslenme problemi gibi bir sonucu çok daha çabuk doğurabilir.

Çocuk ilk beslenme kalıplarını alırken, onu çok hızlı beslemek, gürültülü ve huzursuz bir ortamda tutmak, sevmediği şeyleri yemeye zorlamak olumsuz yaşantılara sebep olur.

Çocukların doğal ihtiyaçları olan beslenme ve uyku konularında kazanılacak kalıplar ve sosyal alışkanlıklar, ebeveynin hoşgörü ve becerisi ile dengelenmelidir.

Bu konuda dikkat edilmesi gereken davranışlar şunlardır:

1) Eğitimin sadece sözel olarak yapılmaması

2) Gergin bir duygusal ortamda yapılmaması

3) Yanlış tutumlar karşısında sert engeller oluşturulmaması

4) Yanlış tutumlara karşı tam bir başıboşluk içinde olunmaması.

Eğitimin böyle bir çerçeve içerisinde yapılmaması aile içinde hırçınlık, saldırganlık, bağırma ve ağlama nöbetlerine sebep olabilir.

Beden Ağırlıkları

Sağlıklılık ve normallik, üretkenliğin ve ilişkilerin anlamlı olmasıdır. Bunun önemli gereklerinden biri de normal bir beden ağırlığına sahip olmaktır. Doğumdan 10 yaşa kadar kilo ve boy olarak beden gelişimi ile ilgili ortalamalar arka sayfadaki tabloda verilmiştir.

11. yaştan 18. yaşa kadar dereceli olarak boy ile kilo arasında ± 10 puanlık bir farka ulaşılması beklenir. Yetişkinlik yıllarından itibaren de bu kilonun korunması istenir. Beslenme açısından sağlığı korumanın en önemli belirleyicisi, ideal kiloyu korumaktır. Burada bizce önemli olan kişinin hem kendi ayar sistemindeki sınırları tanıması, hem de alınan ve yakılan kalori miktarına özen göstermesidir. Bundan başka şişmanlık, bazı kronik hastalıkların gelişme ihtimalini artırmaktadır. Genellikle kalp-damar hastalıkları, yüksek tansiyon, şeker, inme riski vb. şişmanlıkla birlikte artmaktadır.

TABLO I: VÜCUT GELİŞİM TABLOSU

Yaş	Ağırlık (gr) Erkek	Kız	Boy (cm) Erkek	Kız
Doğum	3.300	3.200	50	50
1 ay	3.800	3.700	52	52
2 ay	4.900	4.900	55	55
3 ay	5.400	5.400	58	58
4 ay	6.000	6.000	60,5	60,5
5 ay	6.500	6.500	62,5	62,5
6 ay	7.200	7.200	64,5	64,5
7 ay	7.900	7.900	66	66
8 ay	8.200	8.200	67,5	67,5
9 ay	8.600	8.600	69	69
10 ay	9.000	9.000	70,5	70,5
11 ay	9.250	9.250	71,5	71,5
12 ay	9.800	9.800	73,5	72,5
18 ay	11.000	10.500	79,5	78
24 ay	12.500	12.500	85	84
3 yıl	14.500	14.500	93,5	92,5
4 yıl	16.000	16.000	100,5	100
5 yıl	18.000	17.500	107	107
6 yıl	20.000	19.500	112	112
7 yıl	22.000	21.500	118	117
8 yıl	24.000	24.000	124	122
9 yıl	27.000	26.000	127	127
10 yıl	30.000	29.000	133	133

Sağlığı korumak için dikkat edilmesi gereken beslenme özellikleri:

- Çeşitli yiyecekler yemek
- İdeal kiloyu korumak
- Çok yağdan ve kolesterolden kaçınmak
- Karbonhidratlardan çok korkmamak
- Fazla şekerden uzak durmak
- Fazla tuzdan kaçınmak
- İçki içecekseniz makul ölçülerde kalmak… olarak özetlenebilir.

Şimdi iki çocuğunu da emzirerek büyütmüş bir anne olan Eczacı Nesrin Aslan'ın anılarına ve bilgilerine yer vermek istiyorum:

"1984 yılının Eylülü'nde, bebeğimiz Can'ı dünyaya getirmek üzere hastaneye yattığımda oda arkadaşımın varlığına sevindiğimi anımsıyorum. Ne var ki, onun bana ve her iki çocuğumuza bu denli yararlı olabileceğini düşünmemiştim. Bebeğimi emzirmem hakkındaki fikrimi sorduğunda cevabım: 'Eğer sütüm olursa gayret ederim' idi. Sunduğu önerileri, bilgi ve desteği ile beni yüreklendiren, her iki bebeğimle aylar boyunca tadına doyamadığım duygular yaşatan bu arkadaşıma teşekkür borçluyum."

Ben de siz anne ve babalara, anne ve baba adaylarına, birkaç sayfa yazı ile de olsa yardım etmeyi arzu ediyor ve bunu görev sayıyorum.

Emzirmeli mi? Emzirmemeli mi?

Sağlıklı bir annenin, ikinci seçeneği düşünmemesi hiç kuşkusuz yerinde olur. Yazık ki toplumumuzda son yıllarda, anne adaylarının yetersiz veya yanlış bilgiler edinmiş olmaları nedeniyle, kendilerini ve bebeklerini, doğanın bir lütfu denebilecek anne sütünün sayısız yararlarından yoksun bıraktığı bir gerçektir.

Yaygın olan yetersiz veya yanlış düşünceler, gerçekte kolaylıkla çözüm bulunabilecek ayrıntılardır.

Hamilelik ve doğum sonrası, günde 1 litreye kadar süt içilmesi, peynir ve yoğurt yenilmesi yararlıdır. Ancak emziren bir annenin süt içmemesi annedeki süt üretiminin azalmasına neden olmaz. "Ağızdan giren göğüsten çıkar" teorisi geçerli değildir. Emzirmek için dengeli bir beslenme yeterlidir. Yeryüzünde hayvansal bir besin olarak sütün hiç tanınmadığı ama emzirmenin yaygın olduğu toplumların varlığını biliyoruz. Demek ki, süt alerjisi olan veya herhangi diğer nedenle süt içemeyen annelerin bebeklerini kendi sütleriyle beslemeleri mümkündür. Emzirme anında duyulan susuzluğun, kahve dışında, herhangi bir içecekle karşılanması doğru olur.

Anne, anneanne veya kız kardeşin o ya da bu nedenle emzirememiş olması ailedeki diğer bir annenin düşüncelerini kesinlikle olumsuz etkilememelidir. Çünkü organizmanın süt üretimi genetik değildir.

Günümüzde kadınların, genç kızlıktan başlayarak, vücut ölçülerinde şekil ve incelik bozulmaları olabileceği korkusu ile sütlerini bebeklerinden esirgedikleri sıklıkla duyulmaktadır. Ancak bilinmelidir ki emzirme, doğum sonrası rahmin çok daha hızlı kendini toplamasını ve hormon düzeninin de aynı şekilde normal seviyelere ulaşmasını sağlar. Yeterli ve dengeli beslenerek emzirme, annelerin çok kısa sürede, hamilelikle kaybettikleri formlarını yeniden kazanmalarında etkili olur.

Bu konudaki yaygın yanlışlardan biri de bebeğini sezaryen ile dünyaya getiren annelerde görülmektedir. Ne sezaryen ameliyatının, ne de bu ameliyattan sonra kullanılan ilaçların süt üretimine olumsuz bir etkisi vardır. Anne, belki bir günlük bir gecikme ile normal doğumdaki gibi sağlıklı beslenmeyi başlatabilir. Bebek için minik yanağını annesinin göğsüne dayayarak ya da eliyle tutunarak beslenmek büyük bir mutluluk ve doyum sağlayacaktır.

İlk aylardaki sorunlardan biri de göğüslerde oluşabilen düğümlerdir. Bu düğümler bebeği emzirerek, alkol pansumanı yapılarak, kısa sürede çözülebilir.

Günümüzde küvez bebekleri de anne sütünü alma şansına sahiptir. Göğüsten biberona steril şartlarda alınacak anne sütü –tercihen baba tarafından– bebeğe verilebilir. Bu uygulama bebeğe doğru bir beslenme, endişeli anneye ise rahatlama sağlar.

Ayrıca, bebeğini kendi sütleriyle beslemek isteyen annelerin çevrelerinde konuşulan, süt veya emzirme ile ilgili olumsuz söz ve davranışlara kulaklarını tıkamaları yerinde olur.

Emzirmede en önemli etken, her şeyden önce annenin bunu gerçekten arzu ediyor olmasıdır.

Anne sütünün ve anne sütü ile beslenmenin neden "arzu edilir" olması gerektiğini açıklamakta yarar görüyorum.

Anne 9 ay boyunca kan yoluyla yavrusunu besler. Bebek, dünyaya gelince metabolizma doğal olarak bunu sürdürmeye devam edecek, hatta birkaç ay öncesinden hazırlanmaya başlayacaktır. Anne sütü içinde bebeğin gereksinimi olan bütün besin maddelerini vitamin ve mineralleri yeterli ölçüde ve uygun sıcaklıkta bulundurur. Doğumdan sonra göğüsteki ilk süte "kolostrum" adı verilir. Kolostrum, besin değerleri açısından yeni doğmuş bebeğin, doğumda ve sonrasında kaybettiği enerjiyi ve vücut ağırlığını kısa sürede kazanması için yeni doğanın hazırladığı ön süttür. Kalorisi, normal anne sütünün bir katı kadar yüksek değerdedir. Kolostrumun anne sütüyle karşılaştırılması şöyledir:

100 cc'de mg değerleri

Ön süt	Anne sütü	
%3-9	%1.1	Protein
%4	%7.5	Süt şekeri
%0.4	%0.2	Mineraller
1100-1500	700	Kalori

Günümüzde hâlâ bu "ön süt"ün bebeğe verilmeyerek göğüsten çekilip atıldığına rastlanmaktadır. Anne sütü-inek sütü besinsel değerler karşılaştırılmasında yağ yüzdelerinin eşit olduğu, inek sütünün proteinlerce ve anne sütünün süt şekerince (laktoz) daha zengin olduğu görülmektedir. İnek sütünün kalorisi, anne sütünün kalorisine hemen hemen eşittir. Yalnız, inek sütü proteinleri, anne sütünden daha farklıdır. Aşağı yukarı tümü kazeinden oluşur. Bu da bebeklerin sindirim sistemine anne sütünden daha ağır gelir. Anne sütünün temel proteini olan laktalbumin sindirim açısından daha kolaydır. Her iki sütün yağ yapılarında da farklılık bulunur. Anne sütü, bebek tarafından kolay sindirilen yağsı bir madde olan lipazca zengindir. İnek sütünün yağı sterilizasyon sırasında zarar görür ve sindirimi zorlaştırır. Ayrıca inek sütünün vitaminleri de ısıtma ile bozulur. C vitamini bunlardan biridir. Biberon bebekleri C vitaminini ayrıca almak durumundadırlar. Anne sütü ile beslenen bebeklere D vitamini verilmesi gerektiği tezi son yıllarda yapılan araştırmalarda tersi kanıtlanarak değerini kaybetmiştir. Yalnız, bebek, doğduğu ağırlığın 3 katına eriştiğinde, anne sütündeki demir yüzdesi ona yetmemeye başlar. Fakat nasıl olsa ilk üç aydan sonra bebeği diğer besin maddelerine yöneltmek doğru olacağından bu eksiklik kapatılabilir.

Görüldüğü gibi emzirme, daha kolay, daha emin, daha ucuz olduğu gibi fizyolojik ve psişik yönlerden, anne, baba ve çocuk için yararlı ve daha güzeldir.

UYKU ALIŞKANLIĞININ KAZANILMASI

İnsanların, ortalama olarak yaşamlarının üçte biri uyku ile geçmektedir ve uyku düzenimiz genel sağlığımızla yakından ilgilidir. Psikolojik bir sorunumuz veya herhangi bir bedensel rahatsızlığımız olduğunda, bunların izleri uykularımızdaki aksaklıklarda kendini gösterir.

Hayatın bu önemli etkinliğini bebeklik döneminde dış şartlar ile uyumlu bir duruma ulaştırmak için sistemli bir çaba gerekir.

Yeni doğan bebekler için, uyku önemli bir iç stres kaynağıdır. Çünkü hayatın ilk yılında uyku, bebeğin genetik kalıpları ile içinde yaşayacağı çevrenin kültürel ve sosyal özelliklerine göre ebeveyninin bilgi ve becerisi ölçüsünde düzenlenir.

Çocuklar üzerine yazılmış çeşitli kitaplar bebek uykularını anlatırken "Bebekler doğumdan sonraki ilk aylarda eğer karınları toksa, bir sancıları ve ağrıları da yoksa rahatça uyurlar," diye yazar. Düşünce düzeyinde böyle olması çok uygun gelse bile bazen bebeğin ve ailenin yaşantısı ihtiyaçların temini ile böylesine kolayca düzene giremeyebilir. Gelişimlerinin çeşitli dönemlerinde yatağı âdeta protesto eden ve uykuya savaş açmış bebekleriyle başa çıkmakta zorluk çeken aileler azımsanmayacak kadar çoktur.

Doğumdan sonraki günlerde uyku ritmi, doğanın gece gündüz ritmine uyum göstermez ve bebek beslenme amacı ile uyanık olduğu 1,5-2 saatlik araların dışındaki zamanını uyuyarak geçirir. İlk üç ayda günde ortalama 16 saat uyuyan bebekler, 5., 6. aydan itibaren günde ortalama 14 saat uyumaya başlarlar. Bu ortalama uyku süreleri giderek azalır ve iki yaşında 12 saate düşer. Sağlıklı koşullar altında buluğ döneminde 9 saatlik, 30'lu yaşlarda da 7 saatlik ortalama uyku süresi "normal" olarak kabul edilir.

Bebeklik döneminde hem fizyolojik gelişme hem de psikolojik gelişme dikkate alınmalıdır. Fizyolojik olarak bebek rahim içi hayattan rahim dışı hayata geçtiğinde gününün üçte birini uyanık, üçte ikisini ise uykuda geçirir. İlk 40 günden sonra uzun uykuların ağırlıklı olarak akşam saatlerine, özellikle de 23-24'ten sabah 6-7'ye doğru kayması beklenir.

Günlük Ritim

Bitkiler, hayvanlar, insanlar kendi günlük iç zamanlarını düzenleyen vücut saati ile yaşamaktadırlar. Günlük düzen (circadian rhythm), canlının bir gün içindeki uyku ihtiyacının zamanını ve miktarını yönetir.

1960'lardan günümüze kadar organizmanın günlük ritmiyle ilgili çeşitli araştırmalar yapılmıştır. Örneğin, hiç camı olmayan, saatsiz, radyo, televizyonsuz ve zamanı belirleyen hiçbir şeyin bulunmadığı bir ortamda, yemek, uyumak veya uyanık olmak konusunda tamamen serbest bırakılan kişilerin, bu temel ihtiyaçlarını karşılama davranışlarında, gerçek hayattaki gibi hemen hemen tam bir günlük dağılıma uygun etkinliklerde bulundukları tespit edilmiştir. Elektriğin keşfi, televizyonun evlerimizdeki baş köşeyi alarak geç saatlere kadar zamanı işgal etmesi insanın orijinal kalıplarını zorlamaktadır. İç mekanizmalarımız ile dış teknoloji çatışma halinde olmasına rağmen, teknoloji henüz büyük ölçüde insan bedenini değiştirememiştir.

Ayrıca beden ısısı, uyku ve uyanıklık sürelerinde etkili olan içten denetimli bir değişim ritmine sahiptir. Bu değişim kalıpları bir günlük dönüşümler halinde olur. Uykuya gidiş zamanımız beden ısımızın düştüğü zamanla çakışır ve bu dönemde başlayan uyku 7-8 saat sürer. Eğer beden ısımızın en yüksek noktaya vardığı zamanda uykuya başlarsak uyku süresi uzun olur. Yapılan araştırmalar bu sürenin 15 ile 16 saate kadar uzadığını ortaya koymuştur.

Ayrıca deney hayvanları ile yapılan çalışmalar, organizmanın günlük ritminin değiştirilmesinin yaşam sürelerinde %5-%20'lik bir kısalmaya yol açtığını göstermiştir.

Konunun önemi açısından bedenin günlük işleyişindeki iç denge sistemlerine uygun bir dış çevre yaratmanın önemi açık olarak görülmektedir.

Uyku Basamakları

Uykuda bir taraftan metabolizma düşer ve beden fonksiyonlarında genel bir yavaşlama gözlenirken, diğer taraftan sadece uykuda izlenebilen birçok fizyolojik faaliyet ortaya çıkar.

Uyku sırasında ortaya çıkan fizyolojik faaliyetlerin en önemlilerinden biri REM faaliyetidir (Rapid-eye-movement/hızlı göz küreleri hareketi). Uykunun hızlı göz küresi hareketlerinin olmadığı dönemine ise REM'siz uyku anlamında NONREM (NREM) uykusu denir.

NREM uykusunun dört basamağı vardır. Bu basamaklar boyunca uyku giderek derinleşir. Bu dört basamaktan en derin uykunun uyunduğu delta basamağından sonra REM adı verilen (ve çoğunlukla rüyaların görüldüğü) uykuya geçilir. Gecenin ilk rüyası 90 dakika sonra görülmeye başlanır, ilk REM en çok 10 dakikada biten bir basamaktır, tekrar aynı dönüşüm başlar ve yine yaklaşık 90 dakika sonra rüyalı REM basamağına gelinir.

Uykunun birinci, ikinci, üçüncü ve dördüncü basamakları, NREM bölümü, insanın bedensel dinlenmesini sağlar. REM uykusunda ise, psikolojik dinlenme gerçekleşir. Uyku laboratuvarlarında REM'den mahrum bırakılan insanlar üzerinde yapılan çalışmalar, bu kişilerde endişe düzeyinin yükseldiğini, alıngan ve sinirli olduklarını, düşüncelerini toplamakta güçlük çektiklerini göstermiştir. Uyku miktarı, sadece uykuda geçen zamanla değil, biyo-elektrik bir değerlendirme olan uyku derinliği ile de belirlenir. Bir başka biçimde söylersek, gece boyu çeşitli sebeplerle uyuyamaz veya uykuda derinleşemezsek 8 saat uyuduğumuzu düşünsek bile, kendimizi yorgun hissedebiliriz. Çünkü, uykunun çoğunlukla birinci ve ikinci basamaklardan meydana gelmesi ve yüzeysel uyumamız sebebiyle gerçek uyku miktarımız azdır.

Bebekler doğar doğmaz uykularını REM ve NREM basamakları ile uyumaya başlar. Özellikle ilk yıllarda REM uykusu yetişkinlik dönemlerindeki REM uykusunun süresinden çok daha uzundur. Doğumdan sonra ortalama olarak uykuların % 50'sinden fazlası REM 'dir. Bebeklik uykuları kısa dönemler halinde uyunur ve uyku kalıpları yetişkinlik dönemlerinden oldukça farklıdır. Bazı hallerde bebekler uykuya hemen REM ile başlarlar. Biyo-elektrik olarak ilk üç ayda önemli değişiklikler sergilenmektedir. Bu dönemde uyku genel olarak değerlendirilir. İlerleyen aylarla birlikte özellikle 36. aydan itibaren uyku kalıpları yetişkinlik kalıplarına benzemeye başlar.

Rahat Bir Uykunun Temininde Etkin Olan Dış Koşullar

Yukarıda da belirtildiği gibi sağlıklı uyku kalıplarının kazanılmasında birinci ve en temel unsur, kişinin günlük ritmine uygun saatlerin uyku için kullanılmasıdır.

Bunun yanı sıra uykuda etkin olan diğer koşulları şöyle sıralayabiliriz. Uyku sırasındaki gürültü, ışık, oda sıcaklığı, yatağın kalitesi ile uykudan önce alınan besinler.

Sakin Bir Ortam.– Çocuğun uykusu için günlük yaşamın sürdürüldüğü mekânın dışında, sükûnetin temin edilebileceği, ana-babaya ait olmayan ve mümkünse sadece çocuğa ayrılmış bir oda seçilmesi tercih edilir. Gürültünün uykuyu bozduğu, uyanıklığa sebep olduğu veya uyku kalitesini etkilediği bilinmektedir.

Araştırmalara göre gürültü-uyku ilişkisinde etkili olduğu saptanmış altı faktör şunlardır:

1) Uykunun sesten etkilenmesi, uyku basamağına bağlıdır. Uykuda birinci basamağın hafif, ikinci basamağın daha derin, dördüncü basamağın ise en derin uyku olduğunu ve ardından rüyalı uykuya (REM) geçildiğini bir daha hatırlatalım. Bu nedenle derin uyku öncesindeki birinci basamak çok kolay uyanılan bir basamaktır.

REM uykusunda yapılan çeşitli çalışmalar dışarıdan gelen seslere o anda görülen rüya malzemesinin uyum göstermesi halinde 70 Db.e (gürültünün şiddet olarak ölçümü) kadar sesin uyanmaya sebep olmadığını ortaya koymuştur. Örneğin, araçlarla ilgili rüya gören erkek çocuğunun kamyon sesinden uyanmama ihtimali, bebekleriyle oynadığını gören bir kız çocuğundan çok daha fazladır.

2) Uykunun bozulmasındaki bir diğer önemli özellik, gürültünün kişi için özel bir anlama sahip olup olmamasına bağlıdır. Artık uykunun uyanıklığa verilen bir ara olmadığını biliyoruz, bu nedenle yüksek beyin fonksiyonlarının bilinç alanında, bazı faaliyetlerin sürmekte olduğunu söyleyebiliriz. Örneğin, anne yorgunluğundan ve uyku basamaklarından bağımsız olarak, bir başka odada uyuyan bebeğinin sesine uyanır.

3) Gecenin ilerlemiş saatlerinde, sabaha karşı uykunun bütün basamaklarında uyanma eşiği daha düşüktür. Bir başka ifade ile kişilerin uyanma eşikleri gece boyunca biriktirdikleri uyku miktarlarına bağlıdır.

4) Önemli diğer bir faktör de cinsiyet farkıdır. Kadınlar erkeklerden daha kolay uyandırılabilmektedir. Ayrıca duyarlılık bireyden bireye de önemli farklar göstermektedir.

5) Uyanmayı etkileyen önemli bir diğer değişken de yaştır. Hayatın ilk ve ileri dönemleri bu açıdan daha kritiktir. Çocukluk ve gençlik dönemlerine kıyasla bebeklik döneminde sese duyarlılık daha fazladır. Bebeklerde gürültü niteliğindeki ani sesler sıçrama, irkilme, bazen de uyanmaya sebep olabilir. Ses izolasyonu iyi olan, ani ve yüksek Db.li patlamaların duyulmayacağı bir oda bebekler için sağlıklı bir uyku ortamının oluşmasında önemlidir. Uyumun sağlanması ve uykunun sağlıklı bir şekilde gerçekleşebilmesinde ışık düzenine de dikkat edilmesi

yerinde olur. Bebek ve çocuk odalarının gündüz uykuları sırasında aydınlık olmaması, en azından kalın perdelerle ışığın bir ölçüde engellenmesi tercih edilmelidir.

Görüldüğü gibi uykunun gürültüden etkilenmesinde, uyku basamağı, gürültü anına kadar uyunan uyku miktarı, o sesin kişi için taşıdığı özel anlam, cinsiyet, bireysel farklar ve yaş önemli birer faktördür. Bütün bu faktörlere bağlı olarak gürültü, uykudaki dördüncü basamağı ve REM'i azaltmakta, uykunun birinci ve ikinci basamakları ile yüzeyselliği, uyanıklığı artırmaktadır.

Oda Sıcaklığı.– Her canlı için ideal uyku sıcaklığı farklıdır. Yapılan çalışmalar, 17 C'den ve özellikle de 12 C'den düşük oda sıcaklıklarında rüyada duygusal içeriğin arttığını göstermektedir. Ayrıca 24 C'den yüksek sıcaklıklarda da, sık uyanıldığı, uyku süresince hareketlerin arttığı, dördüncü basamak ve REM uykusunda azalma olduğu saptanmıştır. Bu bilgilerden sonra ortaya çıkan sonuç, uyku için en elverişli oda sıcaklığının 17-24 C arasındaki sıcaklıklar olduğudur. Bunun altında ve üstündeki sıcaklıklar uykunun niteliğini ve miktarını olumsuz etkilemektedir.

Yatak Şekli ve Kalitesi.– Çeşitli kültürlerde yatakla ilgili farklı uygulamalar tercih edilmiştir. Yapılan çalışmalarda yatağın cinsi ve bedenin uykudaki duruşunun uyku kalitesi ve miktarından çok, bedenin kas ve iskelet sisteminde etkili olduğu ortaya konulmuştur. Örneğin sert zeminin, beden hareketlerinde ve uyanıklıkta artmaya ve birinci basamakta uzamaya sebep olduğu gözlenmiştir.

Çocuklar açısından önemli olan bedenin S şeklindeki esas yapısını zorlamayacak bir yatak kullanılması ve başa çok az bir yükseklik sağlanmasıdır.

Son yıllarda yeryüzü manyetik alanları ile uyku kalitesi üzerindeki çalışmalar, yatağın yönünün uykuya olan etkisi konularında bazı ipuçları tespit etmiştir. Bu bilgilere göre doğu-batı yönünde konulan bir yatak, sağlıklı uykuya olumlu bir katkı sağlamaktadır.

Yatak düzeninde önemli olan bir diğer konu, yatak ve yorgan çarşaflarının polyester veya naylon kumaşlardan değil, doğal ürünlerden yapılmalarının tercih edilmesidir.

Uykudan Önce Yenilen Besinler.– İyi bir uyku ile son alınan besinler arasındaki ilişki her zaman ilgi çekmiştir. Hazmın uykuya etkisi, sağlıklı uyunmayan uykularla ilgili konularda odak noktası olmuştur.

Alışılmış yemeklerden daha fazla, yenilen güzel yemekten sonraki iç geçmesi, uykululuk hali hemen herkesin yaşadığı bir duygudur. Süt ve bal uykuya geçişi ve uyku derinliğini artıran bazı hormon benzeri maddelerin salınımına yardımcı olur. Bu nedenle çocukluk döneminde uyku öncesi içilen bir ılık süt ve ballı sütün uyku üzerinde olumlu etkisi vardır.

Ayrıca iç salgı bezlerinin, uykudaki solunumunun uyanıklık dönemindekinden farklı olduğu tespit edilmiştir. Örneğin, uykunun büyümede de önemli bir işlevi vardır, çünkü büyüme hormonlarının salgılanışı uykuda artmaktadır.

Ebeveynlere düşen görev, bedensel özellik ve ihtiyaçlardan, fizik koşullara kadar uykuda etkin olacak yapılardan yararlanmak ve doğru uyku sürelerinde, doğru uyku kalıplarını kurmak için çocuklarına öncü ve destek olmaktır.

TUVALET EĞİTİMİNİN KAZANDIRILMASI

Aileler genellikle kendi ebeveynlerinden veya arkadaş çevrelerinden gördükleri bilgilerin doğruluğunu fazla irdelemeden çocuklarının tuvalet eğitimine başlarlar. Oysa tuvalet eğitiminin zamanı ve biçimi doğru seçilmediği takdirde çocuk ve aile için bir sorun kaynağı olur. Kısa sürede doğru ve sağlıklı tuvalet eğitimi verebilmek için çocuğun fizyolojik ve psikolojik gelişimi dikkatlice takip edilmelidir.

Örneğin, fizik kontrolün kurulamadığı, çocuğun henüz külotunu çıkarıp giymeyi başaramadığı, tek başına bir yerden diğerine gidemediği, kendi kendine tuvalet iskemlesine veya küçük çocuk ilavesi yapılmış tuvaletlere oturamadığı aylar eğitime başlamak için çok erkendir. Öte yandan gecikmiş bir tuvalet eğitimi ile, gece ve gündüz farklı eğitimlerin yapılması, ileri yaşlarda altını ıslatan ve tuvalet problemleri olan çocukların ortaya çıkmasına zemin hazırlar.

Tuvalet eğitimine başlarken aile şunlara dikkat etmelidir:

Uygun Yaş

Eğer çocuğunuz 20 aylık olduysa, tuvalet eğitimine başlamak için yeterli olgunluğa ulaştığı düşünülebilir. Ancak, bazı çocuklar bu olgunluğa 18.

ayda, bazıları da 24 ayda ulaşabilirler. Ebeveynin bu bireysel farklılıkları tanıyabilmesi için şu ölçütlerden yararlanması mümkündür:

a) Mesane kontrolü ne düzeyde?
b) Bedensel gelişimi uygun mu?
c) Zihinsel gelişimi nasıl?

Şimdi bu soruların cevaplarını, anne-babanın birlikte bulabilecekleri bazı ipuçlarına değineerek cevaplayalım:

Mesane Kontrolünün Kurulma Koşulları

- Çocuğunuz çişini gün boyunca, defalarca az az yapmak yerine birkaç kere ancak yeterli miktarda yapabiliyor mu?
- Genellikle birkaç saat boyunca kuru kalabiliyor mu? (2-3 saatte bir altını açtıkça bezlerini kuru bulduğunuz oluyor mu?)
- Tuvalete gitme ihtiyacı olduğunu yüzüyle, mimikleri ile veya duruşu ile ifade edebiliyor mu?

Eğer bu soruların ilk ikisine evet cevabı verebiliyorsanız çocuğunuzun artık mesanesini kontrol edebilme gücüne sahip olduğunu düşünebilirsiniz. Çünkü jest ve mimikleri kullanma özelliğine bu dönemde her çocuk sahip değildir.

Bedensel Hazırlık.– El ve parmak koordinasyonu (amaçlı davranıştaki ortak hareketler) çeşitli objeleri kavrayabilecek kadar gelişmiş midir? Legoları takıp çıkartabiliyor mu? Bu ve benzeri sorulara genel olarak "evet" diyorsanız çocuğunuzun bedensel olarak yeterli olgunluğa ulaştığını düşünebilirsiniz.

Zihinsel Gelişim.– Tuvalet eğitimine başlarken çocuğun zihinsel gelişimini mutlaka değerlendirmek gerekir. Çünkü, yapılacak eğitim klasik bir bedensel şartlanma kurmak yönünde değildir. Amaç, bedenin kontrolünü beyne vermektir. Bunun için çocuğun ebeveyninin isteklerini anlamak, cevaplandırmak ve davranışsal tepkiler gösterebilmek konularında yeterli olduğunu belirlemek gerekir. Zihinsel olarak talimatlara hazır olma durumu olarak da tanımlanabilecek bu gelişim düzeyini saptamak için şu konulara ışık tutacak sorular yöneltilmelidir.

- Yüzündeki organlarını gösterebiliyor mu?
- Belirli bir yere kendi kendine gidebiliyor mu (odası, mutfak, tuvalet)?
- Basit işlerde sizi taklit edebiliyor mu?
- İstediğiniz belirli bir oyuncağını getirebiliyor mu?

- Bir objeyi, bir başka yere, yerleşmesi gerektiği gibi yerleştirebiliyor mu?

Eğer çocuğunuz bu beş maddedeki uygulamaları yapıyorsa eğitim için zihinsel olarak da hazır demektir.

TUVALET EĞİTİMİ UYGUNLUK ÖLÇEĞİ(*)

Bu ölçekte, tuvalet eğitiminin verilebilmesi için belirlenen kriterler üç bölümde ele alınmıştır. Her bölümdeki kriterleri okuyup, kriterlerin karşısında bulunan EVET ya da HAYIR cevaplarından, çocuğunuza uygun olanını işaretleyiniz.

I. Bölüm: *Mesane Kontrolü*	EVET	HAYIR
• Çocuğunuz çişini gün boyunca defalarca yapmak yerine birkaç kere ancak yeterli miktarda yapabiliyor mu?	( )	( )
• Genellikle birkaç saat boyunca kuru kalabiliyor mu?	( )	( )
• Tuvalete gitme ihtiyacı olduğunu mimikleri veya duruşu ile ifade edebiliyor mu?	( )	( )

II. Bölüm: *Bedensel Hazırlık*	EVET	HAYIR
• El ve parmak koordinasyonu çeşitli objeleri kavrayabilecek kadar gelişmiş mi?	( )	( )
• Bir odadan diğerine hiçbir yardıma ihtiyaç duymadan gidebiliyor mu?	( )	( )
• Tek başına kendine ait bir iskemlede oturup kalkabiliyor mu?	( )	( )

III. Bölüm: *Zihinsel Gelişim*	EVET	HAYIR
• Göz, el organizasyonu gelişmiş midir?	( )	( )
• Belirli bir yere gitme talimatını yerine getirebiliyor mu?	( )	( )

(*) Zuhal BALTAŞ tarafından geliştirilen ölçek ile ilgili çalışmalar devam etmektedir.

- Basit işlerde yetişkinleri taklit yeteneği gelişmiş midir? ( ) ( )
- İstenilen obje veya oyuncakları getirmeyi becerebiliyor mu? ( ) ( )
- Herhangi bir objeyi başka bir objeye yerleştirmeyi becerebiliyor mu? ( ) ( )

DEĞERLENDİRME

Bu ölçekteki maddelere "evet" cevabını verebiliyorsanız, tuvalet eğitimine başlamak için çocuğunuz hazır demektir. Sadece I. Bölümdeki üçüncü maddeye, mimik ve jest kullanmayanlar "evet" cevabı vermeyebilir. Bu maddedeki "hayır" cevabı tuvalet eğitimine başlamaya engel değildir.

24. ay civarındaki çocukların çoğu bu üç basamaklı testten geçmeyi başarabilir. Eğer sizin çocuğunuz birinci ve ikinci testte tam olarak bu düzeyde görülmüyor ise mesane kontrolü veya bedensel gelişim konularında biraz daha beklemek yerinde olacaktır. Çünkü, her ikisi de basit bir bedensel olgunluğu gerektirir. Birkaç ay içinde büyük bir ihtimalle hem koordinasyon hem de mesane kontrolü gelişecektir.

Birinci ve ikinci testlerde başarılı olduğu halde diğer testte takılıyorsa şu etkenleri düşünmek yerinde olur:

1) *Dil gelişimi.*– Zihinsel gelişim testinin maddelerinde bazı eksiklikler varsa sebeplerden biri, çocuğun dil gelişimindeki yetersizlik olabilir. Eğer problem bu ise, onun büyüyerek bu eksikliğini gidermesini beklemek yerine, siz bu konuda gerekli olan kelimeleri öğretebilirsiniz. Bu eğitim için önemli olan kelimeler; yer, beden parçaları, şahıslar ve tuvalet ile ilgili olan kelimelerdir.

- Yer ile ilgili olarak; burada, orada, ileri, geri, yan taraf gibi kelimeleri ve anlamlarını çeşitli durumlarda anlatın ve kullanın.
- Beden ile ilgili olarak; organlarını ve onlarla ne yaptığını zihninde açık olarak tanımasına yardımcı olun. Ayak, bacak, el, kol gibi organları tanıtın ve ne işe yaradıklarını açıklayın. "Gözümle görürüm", "Külotumu elimle tutarak indiririm", "Bacaklarım beni odaya götürür"...vb.
- Şahıslar; sen, ben, o, çocuklar...vb. "Sen şimdi oyuncaklarınla oy-

nuyorsun", "Ben senin yanına geliyorum" vb. Tuvalet eğitimine başlanıldığı zaman cümlelerde şahıs zamirleri sık sık kullanılacaktır. Bu sebeple günlük konuşmalarda fiil ile birleştirdiğimiz özneleri, şahıs zamirleri olarak ayırmak gerekir. "Geliyorum," yerine, "Ben geliyorum," gibi.

- Tuvalet ile ilgili olarak; bez, ıslak, kuru, külot, tuvalete oturmak vb. kelimeler ile bu konudaki eylemleri açıklayan fiiller öğretilmelidir.

Bu dört kavram ile ilgili kelimelerin öğrenilmesi sağlandıktan sonra artık bu konudaki talimatların anlaşılacağı düşünülerek tuvalet eğitimine başlanabilir.

2) *Kişilik Özelliği.*– Testin üçüncü bölümü olan talimatlara hazır olma konusundaki eksiklik yukarıda açıklanan dil gelişimine bağlı değilse o zaman bu eksikliğin çocuğun bazı kişilik özelliklerinden kaynaklandığı düşünülebilir.

Çocuğunuz, kendisine ne söylendiğini anlıyor fakat talimatlara uymayı reddediyorsa inatçılık ve dikbaşlılık gibi bazı özelliklerin öne çıktığını düşünmek gerekir. Eğer, anladığı günlük talimatları yerine getirmemek için direnç gösteriyorsa, henüz ustalaşmadığı konulardaki talimatlara uyması hiç beklenmemelidir. Bu ancak gerginlik, huzursuzluk ve zorlamaya sebep olur. İnatçılık ve dikbaşlılık gibi olumsuz bir tavır zaman içerisinde kendiliğinden çözülmez. Bu durum gerçek bir problemdir ve ilerleyen yaşla birlikte artar. Bu konudaki sorunu bütünüyle çözmeden tuvalet eğitimine başlamaya girişmemeniz uygundur.

Talimatlara uymamak konusunda direnç gösteren çocuklar için bir psikoloğa başvurmadan önce, anne ve babanın yapabileceği önemli yardımlar vardır. Öncelikle, bu çocuklara günlük yaşamdaki basit düzenlemeleri yapmaları için destek olmak gerekir. Eve girdikten sonra kapıyı kapatması, çağırıldığı zaman gelmesi, istenilen bir şeyi vermesi, oturması, oyuncaklarını toplaması, bir odadan diğerine gitmesi gibi.

Yukarda sıralanan talimatlara uymayı sağlamak için yapılacak egzersizler sırasında 7 basamaklı bir yöntem izlemek gerekir.

1- Talimatı sadece çocuğun yanında, çocukla yüz yüze olduğunuz zaman verin.

2- Talimatı vermeden önce çocuğun dikkatini kendi üzerinizde toplayın (Dikkatini size yöneltmesini bekleyin).

3- Yüz yüze ve yakın bir ilişki kurmak için eğilin veya çömelin.

4- Talimattan birkaç saniye sonra, eğer çocuk harekete geçmemişse siz elinden tutarak talimatın yapılmasına öncülük edin.

5- Hareket tamamlandıktan sonra, hararetli bir şekilde takdirlerinizi bildirin.

6- Birinci talimat ile ilgili davranış tamamlanmadan ikinci talimatı vermeyin.

7- Sizi talimatın uygulanmasından uzaklaştıracak bir huysuzluk nöbetinin ortaya çıkmasına imkân hazırlamayın (46).

Bu kurallara uyarak her gün birkaç deneme yapın. Asla kendi klasik talimat kalıplarınızı kullanmayın. Anlatılan yaklaşım biçimi ile günlük talimatları uygulanır hale getirebiliyorsanız tuvalet eğitimine başlayabilirsiniz.

UYGULAMAYA GEÇİŞ

Çocuğun gelişimi ve olgunlaşması ile ilgili buraya kadar test ettiğimiz üç özelliğin tamamlandığına karar verdikten sonra, eğitimin zihin ve davranış düzeyindeki hazırlığına geçebilirsiniz.

Zihinsel Hazırlık.– "İnsanların idrar keseleri ve bağırsakları dolduğu zaman boşaltılması gerekir, bunun için tuvalete gideriz." Bu bilgi çeşitli kişiler ve objeler üzerinden verilir. Anne ve baba ve eğer varsa kardeşler bu ihtiyacı duydukları zaman "İşte ben şimdi tuvalete gidip birikenleri boşaltacağım," şeklinde anlatarak zihinsel hazırlığı oluşturabilir.

Oyuncak bir bebek, bu hazırlık döneminde iyi bir yardımcı olabilir. Bebeğe biberonla su içirdikten sonra içinin dolduğu ve bunu tuvalette boşalttığı gösterilebilir. Bu beslenme ve boşaltma işlemlerinin çocuk tarafından yapılması yerinde olur.

Davranışlara Hazırlık.– Bu dönemde yapılacak diğer önemli eğitim, tuvalette yapılan hareketlerin yapılması ve gösterilmesidir. Külotun indirilişi, tuvalete oturmak, boşaltımdan sonraki temizlik, külotun çekilişi, erkek çocuklar için pantolonun çekilişi, tuvaletin temizliği ve el temizliği. Bütün bunlar yine bir örnek izletilerek veya bir bebek ile gösterilerek yapılabilir. Eğer evde kendisinden birkaç yaş büyük bir kardeşi varsa bu eğitim konusunda ondan önemli ölçüde yararlanmak mümkündür.

Tuvaleti Çocuk Boyutlarına Göre Düzenleme

Tuvaleti çocuğunuza göre hazırlayın. Bunu birkaç şekilde yapabilirsiniz.

a) Bir basamak yüksekliğinde tahta bir platform hazırlayıp bunu klozetin önüne yerleştirebilirsiniz.

b) Tuvaletin içine bir adaptör koyarak oturma alanını daraltabilirsiniz.

c) Çocuk için bir tuvalet iskemlesi alabilirsiniz. Tuvalet iskemlesi, hem kaplayacağı yer, hem temizliği, hem de bu alışkanlığın bir yıl içinde yeniden değiştirilmesi gerekeceği için çok uygun bir çözüm değildir.

Bu değişiklikleri çocuk ve onun rahatı için yaptığınızı anlatın.

UYGULAMA

Çocuğunuzun bezleri bırakıp tuvaleti kullanmaya başlayacağı gün, onun için çok önemli bir gündür.

Bütün bu hazırlıklar tamamlandıktan sonra, ona; "Bebek bezlerine artık ihtiyacınız olmadığını" anlatın. Uygulamayı yapacağınız günden en az iki-üç gün önce, "bezlerden ayrılacağınızı" söyleyin. Son gün: "Yarın önemli bir gün. Artık benim çocuğum büyüyor, bezlerini kaldırıyoruz ve annesi, babası ve kardeşi Başar gibi o da bizlerle tuvaleti kullanacak," diye aile içinde konuşun.

Uygulamanın olacağı gün kendinizin ve evin sakin bir havada olması için uygun düzenlemeleri yapın.

- Sabah kalkınca bezlerini açın.
- Kirli olanların artık son olduğunu söyleyerek çocuğunuzla birlikte temizleneceği yere bırakın.
- Temiz ve yeni külotunu "Bu artık hep kuru kalacak," diyerek giymesine yardımcı olun.
- Birlikte tuvalete gidin: "Benim vardı yaptım. Bak kardeşinin de gelmiş yapıyor," diye örnekledikten sonra; "Senin de çişin geldi mi?" diye sorun. Cevap "evet" ise, tuvalete oturmasını sağlayın. Cevap "hayır" ise, "Çişin gelince tuvalete tekrar geleceğiz," deyin.

- Çocuğun odasına dönüp, çekmecesindeki temiz olan bezleri birlikte toplayarak bir torbaya koyun ve "artık kullanmayacağınız bu malzemenin bir işe yaramayacağını" tekrar ederek ortadan kaldırın.
- O gün, her 45 dakikada bir tuvaleti hatırlatın.
- Öğle uykusuna yatmadan önce çişini yaptırın.
- O akşam yemekten sonra yatarken tuvalete gitmesini sağlayın. Bu, muhtemelen yedi buçuk, sekiz buçuk arasında bir saat olacaktır.
- Daha sonra 11-12 arası kendiniz yatarken onu bir kere daha tuvalete kaldırın. Sabaha karşı üç-dört sıralarında bir daha götürün.
- Sabaha karşı tuvalete götürme ihtiyacı bu eğitim olgunluğuna gelmiş çocuklar için 1-2 gece ile 6-7 gece arasında devam eder.

Ön koşulları yukarıda anlatıldığı gibi değerlendirdikten sonra, zihin ve davranış düzeyindeki hazırlıkları tamamlayıp uygulamaya geçtiğinizde, tuvalet eğitiminin çocuğa bağlı olarak bir gün ile bir hafta arasında tamamlanması gerekir.

En Temel Fark

Dikkatli bir okuyucu buraya kadar anlatılanların insanın bilinçli oluşu ile ve davranışlarıyla ilgili olduğunu fark etmiştir. Bu eğitimde klasik şartlanmaya dayandırılmış bir yöntem yoktur.

Bezlerin terk edilmesi hem gündüz, hem de gece için geçerlidir. Çünkü insan canlısının öğrenmesinde güçlük oluşturan temel yaşantı uygulamalardaki çifte standarttır. Bazı koşullarda tutmayı (gündüz altı bağlı değilken), bazı koşullarda bırakmayı (akşam altı bağlanınca) çocuklar çok zor öğrenebilir.

Bu tür ikili uygulamaya uyum, çocukları son derece zorlar. Burada verilen eğitim yaklaşımında olgunluk tamamlanınca, uygulama bir bütün olarak başlar.

Çocuğun bir yaş dolayında olduğu dönemde tuvalet eğitimine başlamak son derece sakıncalıdır. Bu dönemde çocuk bedeninin ve kaslarının kontrolünü beynine verecek olgunluğa erişmediği için büyük zorlanmalar sonucu ancak şartlı reflekse dayanan bir öğrenme elde edilir. Ayrıca gece ve gündüz yapılan farklı uygulamalar büyük bir ihtimalle, kısa süre sonra alt ıslatma sorununu da birlikte getirecektir.

Bir Günde Öğrenmeyi Ödüllendirme

Çocuğunuz, mesane kontrolü, bedensel hazırlık ve zihinsel gelişim konularında olgunluğunu tamamladıktan sonra yapacağınız zihinsel ve davranışsal hazırlıkların ardından, karar verilen günde anlatılan biçimiyle uygulamaya geçilir ve çocuğunuz bezlerden kurtularak, altı ıslanmayan bir çocuk olur. Bu gelişimin bir gün veya en fazla bir hafta içinde tamamlanması beklenir.

Bu başarıyı kutlamak, olumlu geribildirimler yapmak ve ödüllendirici yaklaşımların hepsinden yararlanmak yerinde bir davranıştır.

Ödüllendirme işlemlerini dört ana başlıkta toplayabiliriz.

1) *İstediği bir işi yapmasına olanak hazırlayın.* Tuvalet eğitimi için de güzel bir ödül sifon çekmenin çocuğa bırakılmasıdır. "Tuvaletin bittikten sonra sifonu sen çekeceksin". O yaş çocuklarını mutlu edecek oyun özelliği baskın bir iştir. "Ellerini yıkadıktan sonra şu oyuncağını da yıkarsın" vb.

2) *Sözel olarak ödüllendirin.* Sizi niçin memnun ettiğini anlamasını sağlayın. "Durucan'ın kendi kendine tuvaletini yapması temiz ve rahat olmasını sağladı, çok seviniyor", "Başar artık büyük bir çocuk gibi", "Aferin, ağabeyin ve/veya bizler gibi artık sen de en uygun şekli öğrendin", "Artık Orhan da temiz, kuru külot giyiyor".

3) *Davranışla ödüllendirin.* Olumlu duyguların yaşatacağı davranışları dışlaştırın. Başarı karşısındaki sevincinizi davranışlarınızla gösterin. Çocuğunuza sarılın, onu alkışlayın.

4) *Çocuğa yakın olan kişileri kullanın.* Çocukla olumlu ilişkileri ve duygusal bağları olan kişileri kullanın. "Anneanneye artık Durucan'ın kendi kendine tuvalete gittiğinin haberini vereceğiz." "Deden de çok sevinecek.", "Bu sürprizi babaanneye Aslı kendisi söyleyecek." Ödül sistemine katılacak arkadaş, akraba veya dostlar olumlu duygunun alanını genişletir, gücünü artırır.

Uygulanması, öğrenilmesinden çok daha kolay olan bu tuvalet eğitimi tekniğinde annenin cesareti ve bilgiye güveni önemli bir yönlendiricidir.

KAYNAKLAR

Altınel, A., *Çocukluk Dönemi Epilepsileri.* Doçentlik Tezi. İ. Ü. Cerrahpaşa Tıp Fak. Nöroloji Kl., 1979.

Arguner, A., *Bazı Benzodiyazepin Derivelerinin İnsan Uykusuna Etkisinin Poligrafik Metodla İncelenmesi.* Nöropsikiyatri uzmanlık tezi. İ. Ü. Cerrahpaşa Tıp Fak. Nöroloji Kl., İstanbul 1971.

Atkinson, R. M., Ringuette, E.L., *A Survey of Biographical and Psychological Features in Extraordinary Fatness.* Psychosom. Med., Vol. 29, 121-133, 1971.

Azrin N. H., Foxx R.M., *Toilet Training in Less Than a Day.* Pocket Books, New York 1976.

Baltaş, Z., *Bebeklik ve Çocukluk Dönemi Uyku Hijyeni.* İ. Ü. Ed. Fak. Eğitim bilimleri Böl. Yayımlanmamış Ders Notu, 1988.

Benjamin T. Burton, *Obesity and Leannes.* The Heinz Handbook of Nutrition, New York 1965.

Bennett W., Gwin J., *The Dieter's Dilemma Eating Less and Weighing More.* Basic Books, New York 1982.

Bilim-Teknik Eki Cumhuriyet Gazetesi, 105, 1989.

Dahlstrom, G., at all, *An MMPI Handbook,* Univ. of Minnesota Pr. Minneopolis.

Delgada, J. M. R., Anand, B. K., *"Increased Food Intake Induced by Electrical Stimulation of the Lateral Hypothalamus."* Amer, J. Physiol. Vol. 172, 162-168. 1953.

Dement W., Kleitman N., *"Cyclic Variations in EEG During Sleep and Their Relation to Eye Movements, Body Mobility and Dreaming."* Electroencephologr. Clin. Neurophysial. Vol. 9, 673-690, 1957.

Denis Crapdock, John Hunt, *What is Normal Weight; The Psychological Aspects of Obesity.* Obesity and Its Management. 1973.

Fara, J. W., at all., *Visceral and Behavioural Responses to Intraduodenal Fat.* Science, 1966, 110-111, 1969.

Foxx, R. M., Azrin, N. H., Dry Pants: *A Rapid Method of Toilet Training Children.* Behaviour Research and Therapy 1973.

Freud, A., *Normality and Pathology in Childhood.* Penguin Books, London 1973.

Gözükırmızı, E., *Selim Çocukluk Epilepsisi-Uyku İlişkisi Üzerine Klinik Çalışma.* İ.Ü. Cerrahpaşa Tıp Fak., Nöroloji Kliniği, İstanbul 1979.

Hauri P., *The Sleep Disorders.* The UpJohn Comp. Michigan, 1977.

Johnson, L. C., *Are Stages of Sleep Related to Waking Behaviour.* Am. Sci. 61, 326-330, 1973, 1973.

Johnston, M. K., *Mental Health and Mental Illness.* J. B. Lippincott Company, Toronto 1971.

Keesey, R.E., Powley, T.L., *Hypothalamic Regulation of Body Weight*. American Scientist, 63, 558-565, 1975.

Kolata, G., *Weight Reduction May Start in Our Cells, Not Psychis*. Smithsonian, January, 91-97. 1986.

Leighton, D., *The Assessment of Stress*. American J. Public Health, 62, 6, 800-806, 1972.

Le Magnen, J., *Advances in Studies on the Physiological*. 1971.

Moore, Ed. M.C., Sulzman, F.M., Fuller, C.A., *The Clocks That Time Us*. Cambridge, M.A.: Harward University Press, 1982.

Morgan, P.A., *Effects of Noise Upon Sleep*. Institute of Sound and Vibration Research. University of Southampton Operationel Acoustics and Audiology Group. National Technical Information Service, Springfield VA 22150, 1970.

Murphy, L.B., *Some Aspects of the First Relationship*. Int. J. Psycho-Anal., 45: 31-43, 1964.

Papalia, D.E., Olds, S.W., *Psychology*. Second Edition. Mc Graw Hill Inc., USA 1988.

Parmeggioni, P.L., Rabini, C., *Sleep and Environmental Temperature*. Arch. Hal. Biol. 108, 369-387, 1970.

Rechtschaffen, A. at all., *Physiological Correlates of Prolonged Sleep Deprivation in Rats*. Science 221, 182-184, 1983.

Rechtschaffen, A., at all., *Audotory Awakening Thresholds in REM and NREM Sleep Stages*. Persept. Mot. Skills 22, 927-942, 1966.

Rosekind, M., at all, *Effects of Waterbed Surface on Sleep*. Sleep Research. Los Angeles Brain Res. Inst. 5, 132-140, 1976.

Roth, T., at all., *"The Effect of Noise During Sleep on the Sleep Pattens of Different Age Groups."* J. Can. Psychiatr Assoc. 17, 197-201, 1972.

Silverstone, J.T., *Obesity* Proc. Roy. Soc. Med., Vol 61, 371-375, 1968.

Spielberger, C.D., at all., *Manual for Stait Trait Anxiety Inventory*. California Consulting Psychologist Press. 1970.

Spock, B., *Çocuk Bakımı ve Eğitimi*. Bilgi Yay., İstanbul 1976.

Stunkard, A.J., Foch, T.T., Hrubec, Z., *"A Twin Study of Human Obesity."* Journal of the American Medical Association. 256, 51-54, 1986.

Taylor, A., Sluckin, W., *Introducing Psychology*. Penguin Books, London 1982.

Taylor, S.A., *"A Personality Scale of Manifest Anxiety."* J. Abnorm. Soc. Psychol. 48: 285-290. 1953.

Webb, W.B., *Sleep, The Gentle Tyrant*. Englewood Cliffs, N.J.: Prentice Hall. 1975.

Wechselberg, K., Puyn, U., *Anne ve Çocuk*. Remzi Kitabevi, İstanbul 1976.

Weitzman, E. D., at all., *Relationship of Cortisol, Growth Hormone, Body Temperature and Sleep in Man Living in an Environment Free of Time Cues.* Sleep Research. Los Angeles Brain Res. Inst. 5, 219-230, 1976.

Wolff, S., *Children Under Stress.* Penguin Books, London 1978.

Wurtman, R.J., Fernstrom, J.D., *Control of Brain Serotonin by the* Dict. Adv. Neurol. 5, 19-29, 1974.

Yavuzer, H., *Ana-Baba ve Çocuk; Ailede Çocuk Eğitimi.* Remzi Kitabevi, İstanbul 1986.

Zimmerman, W.B., *"Sleep Mentation and Auditory Awaking Thresholds."* Psychophsiology. Vol. 6, 540-549, 1970.

Zung, W.K., *"A Self Rating Depression Scale."* Arch. Coen. Psychiat. 12: 63-70. 1965.

Yrd. Doç. Dr. Hatice Ergin
(İ. Ü. Hasan Âli Yücel Eğitim Fakültesi Eğitim Bilimleri Bölümü Öğretim Üyesi)

Arkadaşlık İlişkileri

Her ebeveyn çocuğunun; arkadaşları olmasını, onlarla oynayıp zaman geçirmesini, kabul edilen ve aranan bir çocuk olmasını ister. Çocukları yalnız dolaştığında, arkadaşları tarafından istenmediğinde, alay edildiğinde, hırpalandığında veya arkadaşlarına fiziksel ya da ruhsal olarak zarar verdiğinde, kendisinden yaşça küçük olanlarla arkadaşlık kurduğunda endişelenir, üzülür. Çocuğu için bir şeyler yapmak ister. Genellikle de ne yapacağını bilemez. Ben böyle değildim, der. Arkadaşlarım tarafından tercih edilir, kimseye zarar vermezdim. Peki çocuğum arkadaşlarıyla niçin zorluklar yaşıyor. Problem ne? Bazı koşullarda yukarıdaki durumlar yaş ve gelişim özellikleri dikkate alındığında kabul edilebilir davranışlardır ve telaşlanmayı gerektirmez.

Örneğin, 2-3 yaşlarında olan çocuğun, akranları ile oynamak yerine onların bulunduğu bir ortamda tek başına oynaması kabul edilebilir. Bu gelişimsel bir özelliktir. Çocuk paralel oyun dönemindedir. Dolayısı ile endişelenmek yersizdir. Çocuğun arkadaşları ile olan ilişkilerinde hangi davranışların kabul edilebilir, hangi davranışların istenmeyen davranış olduğunu ayırt etmek son derece önemlidir. Bu bölümde; arkadaş ilişkilerinin niçin önemli olduğu, hangi çocukların arkadaşlık ilişkilerinde zorluklar yaşadığı, hangi becerilerin yetersizliğinde çocuğun sosyal gelişiminin olumsuz etkileneceği ve çocuğun sosyal gelişiminin nasıl desteklenebileceği ele alınmıştır.

ARKADAŞLIK İLİŞKİLERİ NİÇİN ÖNEMLİDİR?

Olumlu becerilerin gelişmesi ve istenmeyen davranışların önlenmesinde, arkadaşlık ilişkileri çocuğun yaşamında önemli bir yere sahiptir.

Bazen ailenin kazandırmakta zorlandığı birçok davranışı çocuk, akran etkisi ile çok daha kısa sürede kazanabilir. Okullarda birçok istenmeyen davranış arkadaş ilişkileri yolu ile önlenebilir, değiştirilebilir.

Genel olarak akranlarla kurulan ilişkiler aracılığıyla çocuklar, sosyal beceriler kazanırlar, sosyal değerler hakkında ölçütler oluştururlar ve duygusal destek sağlarken aynı zamanda akranlarının kendilerine sunduğu sosyal destekten de faydalanırlar. Akranlar, davranışı pekiştirir, davranışlar için modeller oluştururlar. (Murray ve Greenberg, 2006; Wicks-Nelson ve Israel, 1997).

Oldukça erken dönemlerden itibaren çocuklar; yetişkinler ve çocuklar arasındaki farkları ayırt edebilir ve kendilerine yakın yaşlarda olan bireylerle, yetişkinlerle kurduklarından daha farklı bir ilişki biçimiyle etkileşime girebilirler. Akranlarla kurulan ilişkiler yaşın artması ile birlikte karmaşıklaşır ve önem kazanır (Brownell, 1986; Hartup, 1983; Corsaro ve Eder, 1990). Akranlar yakınlık, ait olma, sadakat, duygusal destek ve güvenlik kaynağıdır. Akranlar arasında kurulan etkileşim, onların kendilerini ve ötekini tanımalarına geribildirimler aracılığıyla normlara göre hareket etmelerine ve ahlaki gelişimlerini sağlamalarına destek olur (Kaner, 2005).

4 yaşından itibaren çocuklar davranışların nedenlerini, insanların ne hissettiklerini ve bir sorunu çözmenin birden fazla yolu olduğunu öğrenirler. Çocuğun arkadaşları ile sağlıklı bir iletişim kurması ve duygularını sözel olarak ifade edebilmesi, saldırgan davranışlarını azaltır. Çocuğun arkadaş edinmesini ve arkadaş grubu tarafından kabul edilmesini kolaylaştırır. Duygu ve düşüncelerini daha kolay ifade edebilmesini sağlar (Bohnert, Crnic & Lim, 2003).

Özellikle anne-babaların her ikisinin de çalışmasına bağlı olarak, çocukların akranları ile birlikte geçirdikleri süre uzamaktadır. Akranlarla kurulan ilişkiler aracılığıyla çocuk; sosyalleşme, bağlılık geliştirme, işbirliğine girme, çatışma çözme, yarışma ve cinsiyet rollerini tanıma ile ahlaki gelişim ve empati gelişimi gibi deneyimler edinir (Wicks-Nelson ve Israel, 1997).

Bireysel farklılıkların rahatlıkla gözlenebildiği okul ortamlarında da bazı öğrencilerin çekingen ve içe kapanık, bazılarının saldırgan ve kavgacı oldukları, arkadaş edinmede güçlük çektikleri, grup etkinliklerine katılmadıkları, sınıfta söz alıp konuşmadıkları, yaptıkları işte güçlük çekmelerine karşın yardım istemedikleri gözlenmektedir. Bu becerilerde yetersiz olan öğrencilerin yanı sıra arkadaşlarıyla oynayan, işbirliği yapan, eşyalarını paylaşan öğrenciler de bulunmaktadır. Öğretmenleri ve anne-babaları tarafından sosyal yönden yeterli bulunan bu çocuklar, okulda ve toplumsal yaşamda da başarılı ve uyumlu olarak tanımlanmaktadırlar (Çifci ve Sucuoğlu, 2003).

Akranlarla kurulan etkileşim onlara, işbirliğini, destek almayı, kişilerarası ilişkiler geliştirmeyi kazandırırken, bu ilişkilerin kurulmasında yaşanabilecek uzun süreli zorluklar çocuğun gelecek yaşantısında sorunlarla karşılaşmasında ve bu sorunların bazı durumlarda daha da yoğunlaşarak davranışsal ya da duygusal problemlerin ortaya çıkmasında belirleyici rol oynayabilir (Parker, Rubin, Erath, Wojslawowicz & Buskirk, 2005).

Literatür genel olarak, zayıf akran ilişkilerine sahip çocukların sonraki dönemlerde karşılaşılabilecek zorluklar konusunda daha fazla risk taşıdıklarını göstermektedir. Özellikle reddedilen çocuklar ve akranlarına saldırganlık gösterenler açısından bu riskler daha belirgindir. Son dönemde yapılan çalışmalarda, çocukluk çağında utangaç olan bireylerin ilerleyen yıllarda da bu özelliğinin devam edebileceği yönünde riskler taşıdıkları öne sürülmektedir (Kagan, 1990).

Sınıfında bulunan arkadaşlarıyla iyi ilişkiler kurabilen çocukların daha az depresif oldukları, okula devam etme oranlarının yüksek olduğu ve okulda bulunmaktan keyif aldıkları belirlenmiştir (Rubin & Thompson, 2002).

HANGİ ÇOCUKLAR ARKADAŞ İLİŞKİLERİNDE DAHA FAZLA GÜÇLÜK YAŞAMAKTADIR?

Aile içinde her istediği gerçekleştirilen ya da her istediğini elde eden çocukların akran ilişkilerinde güçlükler yaşadıkları gözlenmektedir. Çünkü bu çocuklar; öğretmenlerinden, arkadaşlarından ve diğer bireylerden de aynı davranışları beklerler. İstekleri gerçekleşmediği zaman karşısındaki bireye karşı saldırgan davranışlar gösterebilir, daha bencil yaklaşabilir ve bunun sonucunda yaşıtları tarafından daha fazla reddedilebilirler. Ne yazık ki günümüzde sınırsız alınan oyuncaklar, televizyon ve bilgisayar karşısında geçen sınırsız zamanlar, onlara verilen sınırsız özgürlükler, onların sorumluluklarını sınırsız bir şekilde onların yerine yapmaya çalışan yetişkinler bu davranışların pekişmesine neden olmaktadır.

Arkadaş ilişkilerinde aileyle ilgili etkenler arasında; ana-baba tutumunun çocuğun sosyal gelişimini olumsuz yönde etkilemesi, ana-babanın yetersiz sosyal becerilere sahip olması, ana-babanın ruh sağlığının bozuk olması, ailede şiddet veya istismarın yaşanması, ana-babanın çocuğun arkadaş seçimi konusunda aşırı eleştirel tutumu yer almaktadır. Çevresel-sosyal etkenler arasında ise ailenin kırsal, izole bir bölgede yaşaması, ailenin sık sık taşınması, civarda az çocuğun bulunması, ailenin uzun süreli tatillere gitmesi, ailenin kültür veya dile ait farklılığının bulunması, çocukla akran grubu arasında giyiniş, davranış veya diğer farklılıkların bulunması etkili olmaktadır (Yavuzer, 2000).

Otoriter, koruyucu, ilgisiz vb. olumsuz anne-baba ve öğretmen tutumuna maruz kalan çocukların da akran ilişkilerinde güçlükler yaşadıkları görülmektedir. Akranlar arasındaki sosyal konumun, öğretmenin tutumu ya da anne-baba tutumları ile ilişkili olabileceği öne sürülmektedir. Örneğin, popüler çocukların anne-babalarının genellikle demokratik tutum gösterdikleri, reddedilen çocukların ebeveynlerinin ise kısıtlayıcı-otoriter tutuma sahip oldukları bildirilmiştir (Dekovic ve Janssens, 1992). Yine demokratik ebeveyn tutumu gösteren ailelerden gelen çocukların daha özgeci davrandıkları görülmektedir. Bu noktalar dikkate alındığında, anne-baba ile kurulan etkileşimin akranlarla kurulan iletişim üzerinde etkili olduğu öne sürülebilirken, anne-babaların çocuklarına yönelik tutumları üzerinde de çocuğun kişilik özelliklerinin etkisi olabileceği öne sürülmektedir (Wicks-Nelson ve Israel, 1997).

Bazı çocuklar ise zamanlarının çoğunu yetişkinlerle birlikte ev ortamında geçirdiği için akranları ile nasıl etkileşime gireceklerini bilemezler. Çocuğun arkadaşlık ihtiyacını yetişkinler karşılamaya çalışırlar. Ancak çocuk anaokuluna ya da ilköğretime başladığında diğer çocuklardan uzak durma, çekinme veya onları ısırma vb. davranışlar gösterebilirler. Parkta oyun oynarken diğer çocuklar geldiğinde ebeveyninin yanına gelip, ne yapacağını bilmez bir şekilde yardım isteyebilirler.

Diğerlerinin duygularını anlamada, empati kurmada, kendi duygularını düzenlemede, duygularını kontrol etmede ve duygularını uygun şekilde ifade etmede güçlük yaşayan çocukların akran ilişkilerinde problemler yaşadıkları bilinmektedir. Bohnert, Crnic & Lim (2003) tarafından yapılan araştırmaların sonucunda, iletişim becerileri gelişmiş çocukların, yaşıtları tarafından daha kolay kabul edildiği, sosyal mesafeyi daha kolay ayarlayabildikleri tespit edilmiştir. Bazı çocukların arkadaşlarının niyetlerini yanlış anlayabildiği için saldırgan bir tutum sergileyebildikleri görülmektedir. Duyguları sözle ifade edebilme, çocukların duygularını başarılı ve uygun bir şekilde düzenlemelerinin bir yolu olarak kabul edilmektedir. Çünkü, araştırmalar daha fazla saldırganlık gösteren çocukların duyguları düzenlemede daha fazla güçlük yaşadıklarını ortaya koymaktadır. Ayrıca, araştırmalar saldırgan çocukların, olmayanlara göre kızgınlık duygusunu sözel olarak daha az ifade ettiklerini, belirli bir duygunun nedenlerini tanımlamada daha az duyarlı olduklarını ve deneyimlerden daha az yararlandıklarını ortaya koymaktadır.

Sorular sorma, davranışının sonuçlarını kabul etme, ikilem ile başa çıkma, selamlaşma, davranışının sorumluluğunu alma, hatalarla başarılı şekilde baş etme, kendini takdir etme, arkadaş edinme, akranları ile işbirliği kurma gibi sosyal becerileri akranlarına göre daha az gelişmiş çocukların da akran ilişkilerinde güçlükler yaşadıkları ve bu güçlüklerle başa çıkmada zorlandıkları görülmektedir.

Fiziksel gelişimleri akranlarına göre daha az gelişmiş olan, daha ufak görünen çocuklar, özellikle ergenlik döneminde akran ilişkilerinde zorluklarla karşılaşmaktadırlar. Çocuğun itici bir fiziksel görünüşe sahip olması ya da fiziksel bir engelinin olması da onun akran ilişkilerinde reddedilmesine yol açabilmektedir. Ayrıca fiziksel görünüş de çocuğun sosyal açıdan güçlükler yaşamasına neden olabilir. Ergenlik çağındaki kızınızın sınıf arkadaşları etek giyerken, siz onu okul eşofmanı giydirerek okula gönderdiğinizde ya da arkadaşları ince montlar giyerken siz onu üşümesin diye kalın kaban giydirerek okula gönderdiğinizde, çocuğunuz sosyal baskı ile karşılaşabilir. Arkadaşları alay edebilir ve bu durum çocuğunuzun kendine güvenini olumsuz yönde etkileyebilir. Çocuğunuzun saçları bakımsız olduğunda, üzeri kirli, dağınık olduğunda da akranları tarafından reddedilme riski taşımaktadır. Ancak diğer yandan çocuğunuza fiziksel görünüşünün dışında pek çok olumlu özelliği olduğunu hissettirmek, karakterinin iyi olmasının fiziksel görünüşünün iyi olmasından daha önemli olduğunu vurgulamak gerekebilir.

Sosyo-ekonomik ve kültürel açıdan akranlarından farklı ortamda yetişmiş, farklı ahlaki değerlere sahip olan çocuklar da akran ilişkilerinde zorluklar yaşamaktadırlar. Özellikle ergenlik döneminde konuşması, ilgileri akranlarından farklılaştıkça çocuğun grubun dışında kalma ihtimali artmaktadır.

Bilişsel gelişimi akranlarına göre daha geri olan çocuklar, akranları ile iletişim kurmada, onları anlamada, uygun beden dilini kullanmada güçlükler yaşadıkları için akranları tarafından reddedilen çocuklar olabilmektedir.

Prematüre doğan ve bu nedenle uzun süre evden dışarı çıkarılmayan ve eve başka çocukların kabul edilmediği bir ortamda büyüyen ya da benzer şekilde kronik bir hastalığı olduğu için akranlarından uzak kalan çocukların da akranları ile nasıl etkileşime gireceğini bilemeyen çocuklar oldukları görülmektedir.

Bir gruba ait olma gereksinimini olumlu davranışları ile değil de olumsuz davranışları yoluyla gidermeye çalışan çocuklar da akran ilişkilerinde güçlük yaşayan çocuklardır. Çünkü, bu çocuklar olumlu davranışları ile bir gruba ait olmayı, onların dikkatini çekmeyi başaramazlar. Bu nedenle de olumsuz davranışlar göstererek arkadaşlarının ve yetişkinlerin dikkatini çekmeye çalışırlar. Arkadaşları ise olumsuz davranışlarından dolayı bu çocuklardan korkabilir, çekinebilir ve uzak durabilirler. Bazen bu çocuklar kendilerine benzer özellikler taşıyan çocukları da etrafında toplayarak âdeta bir çete oluşturabilirler.

Çocuğun kişilik özellikleri, akran ilişkilerini etkileyen faktörlerden biri olarak kabul edilmektedir. Örneğin, sosyal olarak becerikli, yardımsever, arkadaş canlısı ve düşünceli olan çocukların genellikle kabul gören çocuklar oldukları gözlenmiştir (Dunn ve McGuire, 1992). Peki hangi davranışlara sahip olan çocuklar arkadaş edinmede güçlük yaşamaktadırlar:

- Kişisel sırlarını çok çabuk paylaşan
- Başka arkadaşlarının sırlarını birilerine söyleyen
- Baskın davranan, bir şey isterken rica etmek yerine emir veren
- Herkesten iyi olduğunu düşünen
- "Her şeyi bilirim" havasına bürünen
- Kavgaya karışan
- Hep birinci olmayı isteyen
- Dalga geçen
- Diğer çocukların kendisine taktığını düşünen
- Çevredekileri rahatsız edecek sesler çıkaran

- İstediğini elde etmek için yalan söyleyen
- Eleştiren
- Başkaları konuşurken lafa karışan
- Kendisi değil de arkadaşları kazandığında sinirlenen
- Sakınmadan konuşan
- Başkalarını dışlayan arkadaşlıklar kuran
- Arkadaşlığı hızlandırıp, karşıdakinin paniğe kapılmasına neden olan
- Yanlış şeyler söyleyen
- Diğer çocukların iğreneceği şeyler yapan (örneğın, burun karıştırmak, yemek yerken tuhaf sesler çıkarmak)
- Uygunsuz gruplara girmeye çalışan
- Çok fazla konuşan
- Paylaşmaktan kaçınan
- Uzlaşmaya yanaşmayan (hep kendi istediği olsun diye inatlaşan)
- Arkadaşlarının hatalarını unutmayan ya da onları bu hatalarından dolayı affetmeyen
- Arkadaşlarının dedikodusunu yapan (McEwan, 1998).

Bu tür davranışlar ne yazık ki, çocuğun arkadaşları tarafından tercih edilmemesine, ona güvenilmemesine, sevilmemesine ve arkadaşsız kalmasına yol açabilir. Yukarıda sıralanan özellikler çocuğumuzda varsa ona mutlaka yardım etmemiz gerekiyor demektir.

Yapılan araştırmalarda ortaya konan genel bulgu, davranış bozuklukları yaşayan çocukların, davranış bozuklukları göstermeyen akranlarına göre, akranları tarafından daha az kabul gördükleri yönündedir. Bu yapı incelendiğinde, davranış bozuklukları gösteren çocukların, genellikle diğer bireyleri rahatsız eden saldırgan davranış örüntüleri sergiledikleri, bu davranış örüntülerinin de akran reddine neden olduğu bulunurken, karşılaşılan akran reddi sonrasında davranış bozukluğu olan çocukların saldırgan davranışlarında artış olduğu tespit edilmiştir (Farmer, 2000; Farmer ve Hollowell, 1994; Guevremont ve Dumas, 1994; Akt. Kaner, 2005).

Hiperaktivite ve dikkat eksikliği olan çocukların yaklaşık yüzde ellisinde akran ilişkilerinde sorunlar olduğu rapor edilmiştir (Guevremont & Dumas, 1994). Hiperaktivite ve dikkat eksikliği tanısı almış olan çocuklar, genellikle akranları tarafından gürültücü, sinir bozucu, güvenilmez olma gibi olumlu karşılanmayan özellikler ile grup içinde ön plana çıkarlar. Bu özelliklerden dolayı genellikle akranları tarafından reddedilme riskini taşırlar (Parker & diğ., 2005).

Öğrenme ve dikkatini yoğunlaştıramama güçlüğü çeken çocuklar, sosyal ipuçlarını iyi değerlendiremediklerinden ve sosyal normlara uygun davranışlarda bulunamadıklarından var olan akran ilişkilerinde zorluklar yaşarlar (McEwan, 1996).

Davranım bozukluğu tanısı konmuş çocuklar ise, genellikle oldukça sorunlu akran ilişkilerine sahiptirler ve akranları tarafından reddedilme riskleri oldukça yüksektir. Ancak hiperaktivite ve dikkat eksikliğinden farklı olarak davranım bozukluğu olan çocukların akranları ile yaşadıkları sorunlar temelde saldırgan içerikli davranışlardan kaynaklanmaktadır (Parker ve diğ., 2005). Davranım bozukluğu yaşayan çocuklar, genellikle akranlarına zorbalık yapan, onları kurban konumuna sokarak davranan ve onların haklarını çiğneyen saldırgan davranışlarda bulunurlar. Davranım bozukluğu gösteren çocuklar akranları tarafından reddedilme riski taşımalarının yanı sıra, bu reddedilmenin gerçekleşmesi ve sürekli hale gelmesi ile sonraki dönemlerde zorbalık, akademik başarısızlık gibi olumsuz sonuçlarla karşılaşabilirler (Diener ve Milich, 1997).

Davranım bozuklukları gösteren çocuklar:

1. Sosyal çevredeki yetişkin ve akranlarla uygun etkileşime girmede,
2. Fiziksel ya da duygusal gereksinimlerini uygun biçimde iletmede,
3. Sosyal kurallar hakkında bilgi sahibi olmada,
4. Sosyal durumları doğru olarak değerlendirmede,
5. Şiddet ya da saldırganlık gibi davranışlar aracılığıyla başkalarını rahatsız etmede sorunlar yaşamaktadırlar (Quinn ve diğ., 1999; Akt. Kaner, 2005).

Otizm, Asperger, Rett bozukluğu gibi durumlarda ise çocuklar akranları ile sosyal işlevlerindeki zayıflığa bağlı olarak etkin biçimde etkileşime giremezler. Diğer bireylerin düşünce ve duygulanımlarını fark etme ve sosyal etkileşimlerini bu ilgiler doğrultusunda sürdürme konusunda yetersizlik yaşarlar. Özellikle, Asperger sendromunda çocukların diğer bireylere yönelik saldırganlık içerebilen tavırlarının ardında sosyal bağlamdaki niyetleri algılayamama, ipuçlarını değerlendirememe ve uygun sorun çözme stratejilerini kullanamama sayılabilir (Carothers & Taylor, 2004).

Kaygı bozuklukları yaşayan çocuklarda, özellikle gelişimsel olarak ortaya çıkan sosyal kaygı sorunları zayıf akran etkileşimleri ile ilişkili bulunmuştur (Rubin & Burgess, 2001). Kişilik özelliği bakımından sosyal etkileşimden kaçınan küçük çocuklarda ilerleyen yıllarda, kaçınma davranışının sürdürülmesi ile sosyal becerilerin yeterince gelişmemesi ve akranlarla kurulan ilişkilerin olumsuz yönde etkilenmesi durumu ortaya çıkabilir. Birçok araştırma, sosyal kaygının akran ilişkilerinde reddedilme ve kurban seçilme ile ilişkisini ortaya koymaktadır. Literatürde depresyon ve zayıf akran ilişkileri arasında ilişki olduğu bildirilmektedir. Özellikle depresif duygudurumu akranlarla sorunlara neden olurken, diğer yandan arkadaşlık ilişkisinin depresyondan korunma açısından etkili olabileceği yönünde sınırlı bulgular vardır (Parker ve diğ., 2005).

ARKADAŞ İLİŞKİLERİ NASIL GELİŞTİRİLEBİLİR?

Çocuğun ilk iletişimi ailede başlar. Bu iletişim genellikle anne, baba ve çevresindeki diğer bireylerle gerçekleşir. Sınırlı olan bu sosyal çevre, çocuğun büyümesi ile birlikte genişlemeye başlar, okula başlanmasıyla da gerçek arkadaşlık ilişkilerinin oluştuğu bir sürece dönüşür. Arkadaşlık ilişkileri çocuğun, akranları ile bir araya geldiğinde, onlarla iletişim kurmaya başladığında, onlar tarafından kabul edildiğinde, onlarla paylaşımda bulunduğunda gelişmeye başlar.

Arkadaş ilişkilerinin gelişmesi için öncelikle aile, çocuğun içinde yer alabileceği bir sosyal ortam yaratmalıdır. Bu ortam diğer çocukların eve davet edilmesi, çocuğun akranlarının bulunduğu ortamlara götürülmesi, okul öncesi yıllarda yuvaya ya da anaokuluna başlaması şeklinde olabilir. Okul çocuğa çok sayıda fırsatlar sunar. Bu ortamda çocuk beklemeyi, sıra almayı, paylaşmayı, kendini ifade etmeyi ve daha pek çok beceriyi kazanmaya başlar. Yaşı büyüdükçe özellikle ergenlik yıllarında bir gruba ait olma, o grupla birlikte hareket etme vb. davranışları gelişmeye başlar. Anne-babalar, çocuklarına akran deneyimi kazanabilecekleri fırsatları sunmalı, çocuğun akranları ile bir araya gelebileceği ortamları hazırlamalıdır. Eğer bir çocuk düzenli olarak arkadaşlarıyla görüşme fırsatı bulamazsa arkadaşlık ilişkilerinin gelişmesi zorlaşır.

Anne-babalar kendi arkadaş ilişkileri ile çocuklarına model olmalıdır. Çocuklarına filmler, kitaplar, oyunlar vb. yoluyla doğru modeller sunmalıdır. Her gün saatlerce saldırgan davranışlar gösteren bir film kahramanını izleyen ya da saldırganlık içeren oyunlar oynayan bir çocuğun bu kahramanlardan olumsuz etkilenmemesi mümkün değildir. Özellikle de okul öncesi yıllarda ve ilköğretimin ilk yıllarında çocuklar kendilerini bu kahramanların yerine koymakta ve benzer davranışları akranları üzerinde denemeye çalışmaktadırlar. Bu nedenle çocuklarımıza uygun modelleri sunmak biz ebeveynlere düşmektedir. Bazen anne-babalar çocuklarının, bu kahramanları çok sevdiğinden, oyuncakçıya gidildiğinde maketlerini alma konusunda ısrar ettiğinden ve kendilerinin bu durumla başa çıkmada zorlandıklarından dert yanmaktadırlar. Hatta bazen de anne-babalar "Arkadaşları bu kahramanları tanıyor. Okulda bunlarla ilgili sohbet ediyorlar. Çocuğum dışında kalmasın diye bu tür filmleri izlemesine, oyunları oynamasına izin veriyorum," diyebiliyor.

Çocuğun arkadaş ilişkilerinin olumlu yönde gelişmesi için anne-babaların çocukları ile daha fazla zaman geçirmeleri, onlarla emir verme, tehdit etme, yargılama, küçük düşürme, öğüt verme gibi iletişim engelleri yolu ile değil, etkili konuşma ve dinleme becerilerini kullanarak iletişim kurmaları, çocuğun yaptığı olumlu davranışları pekiştirmeleri gerekmektedir. Özellikle de, çocuğun arkadaş ilişkileri sırasında gösterdiği paylaşma, işbirliği yapma, sırasını bekleme gibi olumlu davranışları önce çocuğa tanımlanmalı, ardından da ödüllendirilmelidir. Örneğin, "Arkadaşınla oynarken sıranı bekledin. Seni kutluyorum," diyebilirsiniz.

Çocukların huzurlu bir aile ortamında yetişmeleri de onların arkadaş ilişkilerinin gelişimini olumlu yönde etkilemektedir. Aile içi ilişkilerde problemler yaşayan ailelerin profesyonel yardım almaları, aile içi ilişkileri düzenlemeleri, çocuğun yanında kavga, tartışma, şiddet yerine uygun şekilde davranmaları, konuşmaları yine çocuğun arkadaş ilişkilerini olumlu yönde etkileyecektir.

Anne-babalar çocuklarını gözlemleyerek onların arkadaş ilişkilerinde zorlandıkları durumları belirleyip, bu durumla başa çıkmalarını sağlamak üzere çocuklarına yardımcı olabilirler. Örneğin, oyun sırasında kaybetmeye tahammülü olmayan çocuklarıyla oyun oynayarak onların kaybetmeye karşı toleranslarını geliştirebilirler.

Çocuklarına arkadaş ilişkilerini olumlu yönde etkileyecek hikâyeler okuyabilirler. Eve kuş, balık gibi hayvanlar alabilirler. Diğer canlılarla, örneğin beslediği balığı ile empati kurabilen çocuğun bu becerisini akranlarına da genellemesi mümkün olabilecektir.

Çocuğunuz kişiliği ve yaradılışı gereği oldukça utangaç olabilir. Kendisini her şeyden çekebilir. İlk adımı atmaktan uzak durabilir. Bu nedenle arkadaşlık kurmakta zorluk çekebilir. Bazı çocuklar da kuralcı, mükemmeliyetçi oldukları için arkadaş edinmede güçlük yaşarlar. Bu özellikteki çocuklar tüm arkadaşlarının kurallara harfiyen uymasını bekler, niçin kurallara uymadıklarını anlamakta zorlanır ve diğerlerini kurallara uyma konusunda zorlarlar. Bu nedenle, diğer çocuklar tarafından tercih edilmeyebilirler. Ama sosyal becerilerde gelişim kaydederek ve aileden aldıkları destekle, utangaçlığın ve kuralcı yapının üstesinden gelebilir.

Bu nedenle, arkadaşları ile etkileşime girme konusunda güçlükler yaşayan çocukların, akran ilişkilerini geliştirmede, sosyal beceri geliştirme eğitimlerine öncelik verilmelidir. Bu amaçla, aşağıda sosyal beceriler ile ilgili bir liste oluşturulmuştur. Bu listedeki tüm becerilerin her çocukta aynı oranda olması beklenemez. Ancak çocuğumuzun hangi becerilerde zorlandığını belirlemek ve bu becerileri geliştirmek üzere hareket etmek ona yardımcı olmamızı sağlayacaktır. Çocuğunuz hangi becerileri yapmakta zorlanıyorsa onun yanına bir işaret koyunuz. İşaretlediğiniz bu becerilerden öncelikle hangisini kazanması gerektiğine karar vererek, bu becerileri sıra ile çocuğunuza öğretmeye çalışabilirsiniz. Bu konuda çocuğunuzun öğretmeninden ve okul psikolojik danışmanından da yardım alabilirsiniz.

1. Diğer bireylerin duygularını anlama
2. Akranları ile uzlaşma
3. Arkadaşlarından gelen istenmeyen davranışlarla baş etme
4. Akranları ile işbirliği kurma
5. Kendine olan güveni geliştirme
6. Dikkatin kendi üzerinde yoğunlaşmasını uygun şekilde sağlama
7. Sırasını bekleme

8. Kızgınlığını kontrol etme
9. İkilem ile başa çıkma
10. Arkadaş edinme
11. Hatalarla başarılı şekilde baş etme
12. Kendini takdir etme
13. Yönergeleri takip etme
14. Dinleme
15. Beden duruşu
16. Davranışının sonuçlarını kabul etme
17. Olumlu geribildirimi alma ve verme
18. Hayır cevabını kabul etme
19. İhtiyacı olan birine yardım etme
20. Başkasını rahatlatma
21. Merhamet gösterme
22. Sorular sorma
23. Duygularını ifade etme
24. Problem çözme becerileri
25. Göz kontağı kurma
26. Paylaşma
27. Farklı durumlara uyum gösterme
28. Jest ve mimiklerini uygun şekilde kullanma
29. Başkasının yolundan gitmek yerine kendi yolunu çizme
30. Ses tonunu etkili kullanma
31. Davranışının sorumluluğunu alma
32. Karşı cins ile etkileşim kurabilme
33. Etkileşimi başlatma
34. Konuşmayı sürdürme
35. Akıcı konuşma
36. Kendi haklarını savunma
37. Reddedilme ile başa çıkma
38. Akran baskısına karşı direnme

Akran ilişkilerini geliştirmede, yukarıda sıralanan sosyal becerilerden birisi olan duyguları ifade etmeyi çocuğunuza nasıl öğretebileceğiniz ile ilgili örnekler sunulmuştur (Berk, 1997; Bohnert, Crnic & Lim, 2003; Gosselin, Warren & Diotte, 2002; Sullivan & Lewis, 2003; Warner & Lynch, 2004):

- Öncelikle, çocuğumuzun duygularını ifade edebilmesi için önce sizin duygularınızı uygun şekilde ifade eden bir model olmanız gerekmektedir. Öfke duygusunu bağırarak ifade eden bir ebeveynin çocuğu da bu duygusunu bağırarak ifade edecektir. Çünkü, çocuklar sözcüklerden değil, davranışlardan etkilenmektedir. Onun yapmasını istemediğimiz davranışları önce bizim *yapmamamız* gerekmektedir.
- Çocuğunuz gün içinde mutlu, üzgün, kızgın vb. duygular gösterdiğinde ona ne hissettiğini tarif ettirmeye çalışabilirsiniz. Örneğin; "Zeynep, üzgün görünüyorsun, ne oldu?"
- Çocuğa yaptığı bir etkinlikten sonra ne hissettiğini sorabilirsiniz.
- Çocuğunuza farklı durumlar anlatıp, bunlar karşısında ne hissettiğini sorabilirsiniz. Örneğin; "Bugün sana en sevdiğin tatlıyı yapsam ne hissedersin?", "Peki bu duygunu bana nasıl ifade edersin/söylersin/gösterirsin?"
- Çocuğunuza kitap okurken "Okuduğumuz kahramanın yerinde olsaydın, sen ne hissederdin? Duygunu sen nasıl ifade ederdin?" gibi sorular sorarak onun duygularını tanımasını ve ifade edebilmesini sağlayabilirsiniz.
- Çocuğunuzdan, mutluluk, kızgınlık ve üzüntü gibi basit yüz ifadelerini çizmesini isteyebilirsiniz.
- Sonra çocuğunuzdan çizdiği yüz ifadelerindeki duyguları tanımlamasını isteyebilirsiniz.
- Çocuğunuzla duygularını ifade etmesini sağlayacak şekilde birlikte kukla oynatabilirsiniz.
- Çocuğunuzun dikkatini, kendi davranışlarının başkalarında yol açtığı duygulara ve başkalarının davranışlarının da kendilerinde yol açtığı duygulara çekebilirsiniz.
  "Sen böyle davranınca,........ne hissetmiş olabilir?" ya da "........olunca sen ne hissettin?" gibi sorular sorabilirsiniz.
- Çocuğunuzun olumlu davranışlarını mutlaka pekiştirin. Ancak yapmak istemediği bir şeyde, duygularını anlamasını sağlamaya ve yapması gerekeni açıklamaya çalışabilirsiniz. Örneğin; *"Oyuncaklarınla oynarken mutluydun. Ancak oyuncakları toplama zamanı geldiğinde kızgın/üzgün hissettiğini biliyorum. Oyuncaklarını topladığın zaman daha sonra onları bulmak, kullanmak daha kolay olacaktır."*

- Çocuğunuzla birlikte bir duygu kitabı oluşturabilirsiniz. Farklı yüz ifadelerini kesip bu kitaba yapıştırabilirsiniz. Çocuğunuz hissettiği bir duyguyu size anlatabilir ve siz bunu duygu kitabına yazabilirsiniz. Böylece duyguların yazı yolu ile de ifade edebileceğini çocuğunuza göstermiş olursunuz.

KAYNAKLAR

Berk, L.E. (1997). *Child Development* (Fourth Ed.). Massachusetts: Allyn and Bacon A Viacom Company.

Bohnert, A.M., Crnic, K.A., Lim, K.G. (2003). Emotional Competence and Aggressive Behavior in School-Age Children. *Journal of Abnormal Child Psychology*, 31(1), 79-91.

Brownell, E.R. (1986). History; Social life and customs. Arizona:Westernlore Press Corsaro, W.A., Eder, D. (1990). Children's peer cultures. *Annual Review of Sociology*, 16, 197-220.

Carothers, D.E., Taylor, R.L. (2004). Social cognitive processing in elementary school children with Asperger syndrome. *Education and Training in Developmental Disabilities, 39*, 177-187.

Çifci, İ., Sucuoğlu, B., (2003). Sosyal Beceri Öğretimi. Ankara: Kök Yayıncılık.

Dekovic M., Janssens J. M. (1992). Parents' child: Rearing style and child's sociometric status." Developmental Psychology. 28(5): 925-932.

Diener, M.B., Milich, R. (1997). Effects of positive feedback on the social interactions of boys with attention deficit hyperactivity disorder: a test of the self-protective hypothesis. Journal of Clinical Child Psychology, 26, 256-265.

Dunn, J., McGuire, S. (1992). Sibling and peer relationships in childhood. Journal of Child Psychology and Psychiatry, 33, 67-105

Gosselin, P., Warren, M., Diotte, M. (2002). Motivation to hide emotion and children's understanding of the distinction between real and apparent emotions. *The Journal of Genetic Psychology*, 163(4), 479-495.

Guevremont, D.C., Dumas, M.C. (1994). Peer relationship problems and disruptive behavior disorders. *Journal of Emotional and Behavior Disorders, 2*, 164-172.

Hartup, W.W. (1983). "Peer Relations." In Handbook Of Child Psychology. Socialization, Personality And Social Development. Edited by E.M. Hetherington. New York: Wiley & Sons.

Kagan, S. (1990). The structural approach to cooperative learning. *Educational Leadership, 48,* 12-15.

Kaner, S. (2005). Duygusal ve davranış bozuklukları olan çocuklar (229-259). A. Ataman (Ed). *Özel gereksinimli çocuklar ve özel eğitime giriş.* Ankara: Gündüz Eğitim ve Yayıncılık

McEwan, E.K. (1998). Kimse Beni Sevmiyor (Çev: Şerife Küçükal). İstanbul: HYB Yayıncılık.

Murray, C., Greenberg, M. T. (2006). Examining the importance of social relationships and social contexts in the lives of children with high-incidence disabilities. *The Journal of Special Education, 39*(4), 220-233.

Parker, J.G., Rubin, K.H., Erath, S. A., Wojslawowicz, J.C. ve Buskirk, A. A. (2005) *Peer relationships, child development, and adjustment: A developmental psychopathology perspective.* 420- 495. Wiley:NY.

Rubin, K.H., Thompson, A. (2002). The Friend-ship Factor: Helping Our Children, Navigate Their Social World. New York: Viking Press.

Rubin, K.H. Burgess, K. (2001). Social withdrawal. In M.W. Vasey & M.R. Dadds (Eds.), *The developmental psychopathology of anxiety.* (pp. 407-434). Oxford, UK: Oxford University Press.

Rutherford R., Chipman, J., DiGangi, S. & Anderson, K. (1992). *Teaching Social Skills.* Ann Arbor: Exceptional lnnovations.

Sroufe, L.A, Cooper, R.G., Dehart, G.B. & Marshall, M.E. (1996). *Child Development.* U. Bronfenbrenner (Ed.). New York: McGraw-Hill, Inc.

Sullivan M.W., Lewis, M. (2003). Emotional expressions of young infants and children:a practitioner's primer infants and young children. [Elektronik nüsha] 16, 120-142. (29.09.2003, proquestmail@il.proquest.com)

Warner, L., Lynch S. A. (2004). Preschool Classroom Management 150 Teacher-Tested Technigues. America. Gryphon House, Inc.

Wicks-Nelson R., Israel, A.C. (1997). *Behavior disorders of childhood.* Prentice-Hall: USA.

Yavuzer, H. (2000). *Eğitim ve Gelişim Özellikleriyle Okul Çağı Çocuğu.* İstanbul: Remzi Kitabevi.

Prof. Dr. Haluk Yavuzer
(İstanbul Ticaret Üniversitesi Psikoloji Bölümü Öğretim Üyesi)

Çocuk ve Ergenlerde Cinsel Gelişim ve Eğitim

İnsan yaşamının sağlıklı bir yönü olan cinsellik, yaşam boyu süren bir gelişimdir. Cinsel gelişim doğum öncesinde başlar ve yaşamın sonuna kadar devam eder. İşte bu önemli gelişim hakkında ailelerin aydınlatılması ve ailede bilinçli ve pedagojik bir yaklaşım içerisinde cinsel eğitimin verilmesi önem taşımaktadır.

Erken gelişim yıllarında verilecek olan cinsel eğitim, belirli fizyolojik ve anatomik bilgilerin aktarılmasından çok, olumlu ana-baba ilişkilerinin öğretilmesini içermelidir.

Bu nedenle cinsel eğitimin ilk ve en temel adımı, çocuğa dengeli, güvenli ve huzurlu bir aile ortamının sağlanmasıdır.

Annesinin babasına karşı olumlu tutumunu, babasının annesine karşı olan sevgi ve saygısını gören çocuk, karşılıklı sevgi alışverişini yaşayarak öğrenmiş olur.

Çocuğun cinsel eğitimi konusu, özellikle ülkemizde yeterince ele alınmamış ve aydınlığa kavuşmamış bir konudur. Bu konuya günümüze değin âdeta tabu (yasak) gözüyle bakılmış ve gerek eğitimciler, gerekse anne ve babalar, çocuklarına karşı nasıl bir yaklaşım içinde olacaklarını bilememişlerdir. Son derece önemli olan bu konuda ana-baba ya da eğitimci tarafından yapılabilecek bir hatanın gelecekte bazı duygusal yaralara ve davranış bozukluklarına yol açacağı gerçeği akıldan çıkarılmamalıdır. Önemli olduğu kadar, böylesine yabancı olduğumuz bu alanda öncelikle ana-baba ve öğretmenlere, çocukta cinsel gelişim ve eğitim hakkında bilgi verilmesi gerekmektedir.

Eğer çocuk, doğum, cinsiyet farkı, anne ve babanın rolü gibi konuları anne ve babasından öğrenemezse, başka kaynaklardan cevaplar aramaya başlayacaktır. O zaman sonuç, hiç de istendiği gibi olmayabilir.

Çocuğun meraklarını yetkili bir kişi karşılamazsa, ortaya çıkacak sorunları bütünüyle çözebileceğimizi söyleyemeyiz. Bugün yalnız orta yaşa yaklaşmış kişiler değil, genç ana-babaların pek çoğu da cinsel bilgilerin "sır"olarak saklandığı bir ortamda yetişmiştir. Ana-babaları onlara, ne doğum olayı, ne de anne ve babanın çocukların oluşmasıyla ilgili rolü konusunda bir şey söylemişlerdir.

Çocukların cinsellikle ilgili sordukları sorulara, eksik ya da kaçamak cevaplar vermek neredeyse bir gelenektir. Bazen bu cevaplar iyi niyetli, ama beceriksizdir. "Nasıl doğduğunu" soran küçük kıza, annesinin, bir çocuğu olduğu zaman duyduğu sevinç yerine, çektiği "korkunç sancıları" anlatması gibi. Leyleğin getirdiği, kapının önünde bulunduğu, lahanadan çıktığı masalları da hâlâ yaygındır. Doktordan ya da "çingenelerden alındığı" masalı da...

Bu tür sorular karşısında yetişkinin mimikleri, ses tonu, kelime seçimi, bedeninin gerginliği ya da gevşekliği ve çocuğu istekli veya isteksiz biçimde dinlemesi, sorularını dürüstçe cevaplaması, çocuğa, ana-babasının duyguları hakkında fikir verir.

Çocuğa, "nereden geldiği" konusunda bilgi verme yasağı kimi zaman da susarak gösterilir. Bu yasak o kadar ağırdır ki, çocuk, soru sormaması gerektiğini bilinçsizce hissedebilir. Sorusuna cevap aldığı kimi zaman da, ana-baba, konuşma biçimleri ve esrarlı ses tonlarıyla kendilerini anlatmada serbest olmadıklarını ortaya koyar. Bu tavır çocuklarca, "Bununla ilgilenmek yasaktır!"diye anlaşılır. Bu da, çocukların meraklarını iki kat artırır, araştırmalarını derinleştirir. Ama ne yazık ki, yaptıklarına hep bir hata yaptığı duygusu karışır. Cinsel bilgi konusunda yardımsız olan çocuk, sonuçta doyumsuz bir merak edinir ve suçluluk duygusuyla yüklenir. En kötüsü, cinsel olayların pek güzel bir şey olmadığı, bu yüzden ilgilenilmemesi gerektiği sonucuna varmasıdır. Sonuçta, ilgilenilen konunun yasak, pis ya da günah olduğu inancı yerleşir. Bilinçaltına itilen bu inanç, birçok yetişkin insanın hayatını etkiler. Çünkü, böyle bir yasak atmosferinde, hata ve utanç kavramlarıyla gelişen cinsel hayat, meraklar ve normal ihtiyaçlar, kişiyi ileride kuracağı evlilikte güzel, sağlıklı, mutlu bir fizik ve sevgi kavramına götüremez.

Cinsel olaylardan hiç söz etmemek, çocuğa bu duyguları daha çok bastırması gerektiği izlenimini verir. Cinsellik "tabu" durumuna gelir, giderek düşünme bile yasaklanır. Çocuk böylece susar, soru sormaktan cayar ve görünüşte bu konulara ilgi göstermez. Ancak içinden, bebeklerin nereden geldiklerini, erkekler ve kızlar arasındaki farkı, niçin yalnız "evli" insanların çocuğu olduğunu sorar durur. Bu durumda en büyük tehlike, bu soruları daha "bilgili" bir arkadaşın cevaplamasıdır. Bu cevaplar, önce çocuğun ana-babasına olan güvenini kaybettirir, ardından çocukta saplantılara yol açabilir.

CİNSEL İLGİLERİN OLUŞUMU

İlk cinsel ilgiler, salt cinsel nitelikli değil, tüm çevreyi kapsayan geniş bir merakın parçasıdır. Diyebiliriz ki, genel merakla cinsel merak birbirine karışır. Serbest ve güvenli ortamda yetişen çocuklar, ilgi ve doğal eğilimlerini gizlemezler. Çocuğun cinsel konulardaki merakı, öteki meraklar gibi yerinde ve sağlıklıdır. Bu dünyayı tanıma ihtiyacından doğmaktadır. Ancak, yetişkin yalan yanıt verir, skandal yaratırsa gelişim bozukluğa uğrar. Bizim bilgi verme görevimizi yönlendirecek olan çocuğun sorularıdır.

Ana-babalar, çocuğun cevapları anlayamayacağını düşünürler. Oysa kısa, gerçek ve net cevaplar bu tehlikeye yol açmaz.

Çocuk, cinselliği anlamaya çalışırken ilk önce fantezilerden yola çıkar. Bunu hipotezler evresi izler. Şüphesiz bu evrede yine fantezilerin izi vardır. Hipotez yaratıcıları, belirli bir yaştan önce, üremenin sindirim sistemi ile ilgili olduğunu düşünürler. Açıklamalar şöyledir: Anne, çocuğu olsun diye ilaç ya da küçük bir tanecik içer veya (babanın rolünü katmak için) babanın idrarını içer. Diğer bir hipotez, çocuğun anüsten çıktığıdır. Bazen yetişkinler de bu açıklamayı daha kolay bulurlar. Kimi yetişkinler, çocuğun, anne kalbinde büyüdüğünü söylemekle annenin çocuğunu ne kadar sevdiğini vurguladıklarını düşünürler.

Bu çocuklar, doğruyu öğrenseler de, engel içinde olduklarından, bazı saçma düşüncelere kapılabilirler. 9 yaşında bir çocuk: "Babanın karnında iki bezi vardır, birinden kız, diğerinden erkek çocuk oluşur. Annede çocuğun çıkacağı üç yer vardır: Küçük, büyük, orta. Bebek, büyüklüğüne göre bunlardan birinden çıkar!"der.

Diğer bir çocuk, ebeveyninin cinsel yaşamını kabul etmek için: "Çocuk, ana-babanın aynı yatakta yatmasıyla oluşur. Gece uyurken sperm babadan çıkarak, gizlice anneye gider!"şeklinde düşünmüştür.

Bir yerden sonra, çocuğun cinsellik ile ilgili hipotezlerine mantık katılır. Çocuk, çevreden aldığı bilgileri rasyonalize eder. Bu bilgiler, parça parça, yanlış ya da çelişkili bilgilerdir. Çocuk, yetişkinden bunların doğru olup olmadığını öğrenemediği için, kendi olanakları, mantığı ve duyarlılığı ile çözmeye çalışır.

Çocuğun duyduğu, gördüğü şeyler, aile içindeki olaylar önemli rol oynar. Salt merakı uyandırmaz, yönlendirir de. Kapalı bir aile ortamındaki tek çocuk, cinsiyet farkı ve doğum gibi olaylar için geç uyarılır. Evin küçük oluşu sebebiyle, daha kolay sezilen ana-babanın cinsel beraberliği, serbest konuşmalar, tartışmalar, çocuğun dikkatini çeker ve çocuğu yorumlamaya götürür.

Çocuk, bilgi edinmeye bazen iç itilim, bazen de dış uyarımla yönlenir. Cinsel eğitim ne çok erken, ne de çok geç olmalıdır. Çocuğun gelişim düzeyine uymayan bilgi, güçlük yaratır. Çocuğa istediği anda basit, kısa, gerçek, endişesiz cevap verilmelidir. Çocuklar bu cevapları unutabilirler, fakat yinelemek gereksizdir. Bilgilerin içselleşmesi için belirli bir zaman gereklidir.

Sözel bilgi, çocuğa bir şey saklandığı izlenimi vermemelidir. Basit, kesin, somut bilgi zihni karıştırmaz. Sözel bilgi verirken önceden hazırlanmış düşüncesi yaratılmamalıdır. Gebelik ve doğum gibi olaylardan dikkatle söz edilmelidir. Bu konuda annenin bilgi vermesi daha uygundur. Doğumun acı veren yönü üzerinde durmak yerine, anne olmanın güzelliği ve sevinci anlatılmalıdır.

Cinsellikle ilgili bilgiyi, annenin kız çocuğa, babanın erkek çocuğa vermesi daha yerinde olur. Böylesi daha doğaldır. Ancak, her zaman sonuç böyle olmayabilir. O zaman çocuk, hangi ebeveyne soru yöneltiyorsa, cevabı veren o ebeveyn olmalıdır. Bilgi veren yetişkinle özdeşleşme, duygusal olgunlaşmayı kolaylaştırır. İlgilerin gelişimine göre, giysi ve saçla oluşturulan cinsiyet ayrımından sonra cinsel organların farklılığı keşfedilir, erkek ve kız kardeşlerin ortak yaşamı bunu sağlar.

Anatomik saptamalar küçük yaştan itibaren açıkça olursa, bu soru hiçbir zaman problem oluşturmaz ve endişe yaratmaz. Ayrıca, özel bir bilgi vermek gerekmez. Bu, önceden hazırlanmış eğitimden daha yararlıdır. Doğrudan gözlem çocuğun kafasını karıştırmaz.

Kız çocuk, erkek çocuğun cinsel organı ile daha erken ilgilenmeye başlar. Kendinde olmadığı için üzüntü duyar ve bunu açığa vurur. Buna tanık olan yetişkinin canı sıkılır. Oysa, açıkça dile getirilen duygular için rahatsız olunmamalı, gereken açıklama yapılmalıdır.

Açıklama: "Kadının çocuk dünyaya getirmesi için böyle bir yapıya ihtiyacı vardır"dan daha karmaşık olmamalıdır. Erkek çocuk, kendi cinsel organından gurur duyar. Bu sebeple kız çocuğunki ile ilgilenmez, çünkü bunu bir eksiklik olarak görür. Bu olaylara çevre aşırı önem vermezse, çocuk da vermez. Çocuk her zaman kendine verilen bilgileri özümseyemez. Burada zihinsel engel yoktur, fakat çocuk bilgileri duygusal olarak benimseyebilir. Çocuklar soru sormuyorsa bunun sebebi, önceki yıllarda reddedilişleri ya da saçma, baştan savma cevapların verilmiş olmasıdır. Bu karmaşa karşısında kimi çocuklar, bu konunun yasak olduğunu, ilgilenilmemesi gerektiğini, kimileri yetişkinlerin kendileriyle ciddi konuşmadığını, kimileri de başka kaynaktan alınan bilgilerin aileden saklanması gerektiğini düşünürler. Kitap ve arkadaş, araştırmaları daha aktif hale getirir. Bu yol, ilgilenmeyi tümüyle engellemekten daha az zararlıdır. Eğer eğitici, anlayışlı görünmüyorsa, çocuk yeni bilgileri benimseme gücünü hissedememe tehlikesi içine girer. Suçluluk ve utanç duygusu cinsel yaşamını kaplar. Aşağılık duygusu sebebiyle bilgileri kabullenemez.

Diğer önemli bir nokta da, çocuğun ana-babaya güven duymasıdır. Yönelttiği sorulara dürüst yanıtlar aldığında, çocuğun güveni desteklenir. Bu, çocukla yetişkin arasındaki sağlıklı iletişim için gereklidir. Eğiticinin rolü, bastırılan gizi ortaya çıkarmak değil, çocuğu bu konuda bilinçlendirmektir. Ancak, yetişkinlerin değişken tutumları ve karmaşık yanıtları bu bilinçlenmeyi bozar.

Çocuk, ana-babasının vücudunun bazı bölümlerini görmeyi ya da onların göstermelerini ister. Bu istek, normaldir. Çünkü çocukların, anne ve babalarıyla, kendi bedenlerindeki farklılıkları değerlendirmeye ihtiyaçları vardır. Reddetme, azarlama şeklinde bir tepki gösterilmemelidir. Çocuk, kendini suçlu hissetmemelidir. Bu sebeple, anne ve babaların, çocuklarının kendilerini banyoda tesadüfen çıplak görmeleri durumunda büyük bir tepkide bulunmamaları gerekir. Bu tür bir davranış, çocuğa bir şeylerin yanlış olduğu, cinsel organların utanç verici olduğu ve başkalarından her zaman gizlenmesi gerektiği düşüncesini verir. Çocuğun önünde çıplak dolaşmamaya özen göstermeli, ancak çocuğun aniden gelmesi halinde giyinmeyi normal bir şekilde sürdürerek yöneltilebilecek bazı soruları cevaplamaya hazır olunmalıdır. Burada önemli olan nokta, olayın doğal olduğunu hissettirmek ve utanmış gibi görünmemektir. Ancak sırf böyle olması gerektiği için de, çocukların karşısında soyunulması ve onlarla birlikte sürekli çıplak olarak banyoya girilmesi, gereksiz olduğu kadar sakıncalıdır da. Bu konuda mahremiyetin korunmasını önermekteyim.

Çocuğunuza, başkalarının mahremiyetine saygı göstermesini ve karşılığında da saygı beklemesini öğretin. Bu nedenle tuvalete gidildiğinde, yatak odasında giyinip soyunurken, yanınızda bulunmamasına özen gösterin. Anaokulunda da bu mahremiyet ilkesine uyulmasını, yöneticilerden bekleyin. Medyanın cinsellik bombardımanı altında büyümekte olan çocuklara, "kendine saygı" ve "mahremiyete saygı" ilkelerini öğretin. Bazı çocuklar, hayvanların doğum ve çiftleşmesini izleme şansına sahiptir. Bu çocuklar için ayrıca ek bir bilgiye gerek yoktur, diye düşünülebilir. Fakat çocuğun hayvanda olanla insandakini bağdaştırması güçtür. Bunun için karmaşık zihinsel işlem gerekir. Sözsüz bilginin varlığı, sözel bilgi verilmemesi anlamına gelemez. Sözel bilgi, sözsüz bilginin daha iyi anlaşılmasını sağlar.

Çocuğun cinsel özdeşimi 3-4 yaşlarından itibaren oluşmaya başlar. Bu yaştan sonra çevrenin çocuğun cinsel kimliğine karşı olan tutumlarının gerçek anatomik yapısına uygun biçimde olması önemlidir. Aksi halde cinsel özdeşimde kararsızlıklar, yanlış algı ve duygu kalıplarının gelişmesi söz konusu olabilir. Bu durum da ilerdeki daha baskın koşullar karşısında özdeşim bozukluklarına (cinsel sapmalara) yol açabilir.

Örneğin, bir erkek çocuğun 3-4 yaşından sonra da kız gibi giydirilmesi, ona kız çocuk gibi davranılması, ya da kız çocuğa erkek çocuk gibi davranılması burada etkili olabilecek durumlardır.

Özellikle anne-babanın beklentilerine uygun olmayan çocukların doğumuyla; erkek çocuğa kız ismi koyma, etek giydirip saçını uzatma ya da tersini yapma yaygın yanlış ana-baba tutumlarındandır. Oysa, bu okul öncesi döneminde çocuk, cinsel kimliğine uygun rolü hem oyunlarına hem de günlük yaşamına yansıtmak ister. Giysilerinden, oyuncak türlerine kadar cinsel kimliğine uygun olması beklenir. Bu bağlamda okul öncesi eğitim kurumlarına giden kız çocuklarına pantolon giydirme alışkanlığının sakıncalı olduğunu, zaman zaman etek giydirilmesinin yararlı olacağını vurgulamak isterim.

Cinsel özdeşimin oluşmaya başladığı 3-4 yaşlarından itibaren cinsel kimliğe model oluşturan ebeveynle iletişim de önem kazanmaya başlar. Örneğin, babanın oğluyla sağlıklı iletişim kuramaması, donuk ve yetersiz ilişkilerin olması, babanın yokluğu ya da aşırı baskılı bir baba modeli, çocuğun özdeşim modeli olarak annesini seçmesine neden olabilir. Bunun sonucunda, annesinin rujunu süren, tüm davranış biçimlerini taklit eden, kadınsı çizgileri egemen bir erkek çocuk oluşabilir.

BEBEKLİKTE CİNSELLİK

Doğumdan sonraki birinci yılda, bebeğin ilk cinsel duyguları, yıkanma ve altının değiştirilmesi sırasında ortaya çıkar. Bebek bezinin, jenital bölgedeki baskı ve hareketi, bebeğin hoşlandığı haz verici duyumsamalardır. Bebek, el ve kol hareketlerini daha iyi kontrol edebilecek kadar büyüyünce, tesadüfen cinsel organına dokunabilir ve haz verici bir duygunun yeniden yaşanmasını istemek çok doğal ve insana özgü olduğundan, bebek yeniden cinsel organına dokunmaya çalışabilir. Erkek bebekler penislerini çekiştirirler, fakat kız bebekler cinsel organlarının gizli olması sebebiyle dokunmakta biraz daha güçlük çekerler, bu sebeple kız bebeklerde cinsel organlarına dokunma daha az görülür. Bazı ana-babalar, bu erken cinsel ilgiden rahatsız olur ve bunun anormal olduğundan endişelenirler. Oysa, bebeklerin bu davranışı tümüyle doğal, normal ve sağlıklıdır. Cinsel eğitim bu noktada başlar.

Ana-babaların akıldan çıkarmamaları gereken nokta şudur: Sizin tarafınızdan çocuğu şaşırtabilecek ve korkutabilecek öfkeli bir tepkinin gelmesi, duygusal gelişim açısından zararlıdır ve henüz ortaya çıkmamış mastürbasyon için de engelleyici değildir.

On sekizinci aydan, iki buçuk yaşına kadar uygulanan tuvalet eğitimi, hem çocuğun, hem de annenin ilgisini yeniden cinsel organlara yöneltir. Bebek, altının ıslak olmaması gerektiğini öğrenirken, mesanesinin dolu olduğunu ve onun yakınındaki organlarda bir tür cinsel duygular uyanmasına sebep olan baskıyı fark etmeye başlar. Tuvalet eğitimi sırasında bezi çıkarılıp oturağa ya da tuvalete oturtulan çocuk, bebek bezi tarafından yalıtılmadığından, baskı ve dokunmayı daha iyi hissedecektir. Şimdi bebek, çişinin idrar yolundan geçişine daha çok dikkat edecek ve bundan hoşlanacaktır. Erkek çocukların akışı kontrol etmek için çiş ederlerken penislerini tutmak hoşlarına gidecektir. Tuvalet kâğıdıyla silinmek, özellikle idrar yolu çıkışının çok duyarlı olan klitoris ve vajinanın hemen yanında bulunması sebebiyle, kız çocuklar için hoşa giden yeni bir duyumsama olacaktır.

Küçük erkek çocuklar, tuvalet eğitimi sırasında, soğuk oturağa oturduklarında husyelerini örten derinin (sktorum) büzülmesi ve husyelerinin refleks olarak yukarı çekilmesinin verdiği garip duyumsama sebebiyle, bu organlarının daha çok farkına varacaklardır.

İLK CİNSEL SORULAR VE CEVAPLANDIRILMALARI

Çocukta cinsiyet farkıyla ilgili sorular 2. yaşta, doğumla ilgili olanlarsa, 3-4 yaşta başlar. Çocuk merak ettiği konuları ana-babayla rahatlıkla konuşabilmelidir. Çocuğa verilecek bilgiler, basit, doğrudan sorulan konuyla ilgili ve yaşına uygun olmalıdır. Açıklama, az sözcükle çok şey anlatmak çabasına yönelik olmalıdır. Söz gelimi, "Ben nereden geldim?" sorusuna yanıt verirken, 4 yaşına kadar, "Annenin karnında oldun ve doğuma kadar orada güven içinde büyüdün," şeklindeki bir karşılık yeterli olabilir.

Aynı soruya 4-5 yaş arasında, "Bütün bebekler gibi sen de babanın bir tohumu ve annenin bir yumurtasından yapıldın. Babanın tohumu ile annenin yumurtası, annenin karnında bir araya geldiler; yani sen çok özelsin. Anne ile babanın çok güzel bir karışımısın," şeklindeki yanıt yeterli olacaktır. Ancak sorular bazen ayrıntılı yanıt gerektirebilir: Örneğin; "Neden benim de ağabeyiminki gibi şeyim yok?" sorusuna, "Kızlar ve erkekler ayrı ayrı yaratılmışlardır. Kızlarda öyle bir şey yoktur ki, onlar büyüdüklerinde anne olabilsinler diye. Sadece anneler, çocuk yapabilirler. Erkeklerin öyle bir şeyi vardır, ama onlar anne olamaz, bebek yapamazlar!"denilebilir. "Babamın neden göğüsleri yok?" sorusuna, "Yalnız annelerin göğüsleri olur ki, yeni doğan bebeklerini besleyebilsinler!"diye bir cevap uygun düşebilir.

"Peki, bebekler nereden gelir?"

"Çocuklar, annenin içinden çıkarlar. Onlar, annenin karnında büyürler. Annelerin içinde çocukların büyümesi için sıcacık bir yer, bir bebek yuvası vardır. Kızlar büyüyünce anne olur, bebek yapabilirler," demek uygun bir açıklamadır. Çocuk, annenin büyüyen karnıyla, gelecek bebek arasında bağıntı kurmalıdır. "Bebek, dünyaya gelecek kadar büyüdüğünde dışarı çıkar." "Nereden?" sorusu civcivin yumurtadan çıkışı olayından yararlanılarak anlatılabilir. "Tavuk yumurtlar, sonra kuluçkaya yatar ve sonra civciv oluşup yumurtadan çıkar. İnsan yavrusu yumurta içinde değil, anne karnında oluşur. Bebek yeniyken çok küçüktür ve annedeki bir delikten kolayca dışarı çıkabilir!"şeklinde açıklanabilir. Sorularına bu gibi cevaplarla karşılık verildiğinde, konuyu henüz pek kavramamış bile olsa, belli bir cevap aldığından ötürü çocuk rahatlar ve bir süre konuyu unutabilir. Sonraki dönemlerde daha iyi anlayabileceği bir biçimde ve dilde bu bilgilerle karşılaştığında, bunları rahat ve kolay kabul edebilecektir.

Eğiten kişi, abartmalı benzetmelerle çocuğun kafasını karıştırmamalıdır. Üreme olayını açıklarken, cinsiyet farkını vurgulamak gerekir. Kız çocuk, anatomisinin bebek dünyaya getirmek için öyle olduğunu daha iyi anlayabilir. (Tabii tersi erkek çocuk için gereklidir.) Bu arada çocuk, bebeğin dışkı yolundan gelmediğine ve üremenin sindirim sistemi ile ilgili olmadığına inanmalıdır. Cinsel merak en sonunda şu soruyu gerektirir: "Çocuk, anne karnına nasıl girer? Baba ne işe yarar?" İyi aydınlatılmazsa, erkek çocuk bu konuya ilgi göstermez, kız çocuk da iğrenç görebilir.

"Bebek, annesinin içine nasıl girer?"

6 yaşındaki çocuğun annesinin cevaplamakta en fazla güçlük çektiği soru budur. Anne, karnının içindeki küçük bir yumurtanın bebeğe dönüştüğünü söyler. Bu tür bir cevapla iki sorun ortaya çıkmaktadır. İlki, çocuk, yiyeceğin gittiği mide ile çocuğun geliştiği yerin aynı olduğunu düşünebilir. İkinci olasılık ise, kız çocuk, vücudunun içinde bir bebeğin büyümesi korkusuyla yumurta yemeye karşı bir tepki geliştirebilir. Daha iyi bir cevap şöyle olabilir: "Tüm kız ve kadınların bedeninde pek çok minik yumurta vardır. Bunlar, kuş yuvalarında gördüğümüz ya da yediğimiz yumurtalara benzemezler. O kadar küçüktürler ki, kalemle çizeceğin bir nokta bile daha büyük olacaktır. Çok küçük olmalarına rağmen, bu yumurtalar çok önemlidirler. Bir kadın çocuk sahibi olmak istediğinde bu yumurtalar uterus (rahim) denen özel yerde bebeğe dönüşmeye başlarlar. Uterus, annenin bedeninin içindedir ama, yiyeceğin gittiği mide ile aynı yer değildir. Bebek uzun bir sürede büyür, gelişir. Bebek doğuma hazır olana kadar bir okul yılı kadar zaman geçer."

Aynı soru karşısında, konuyu açıklamaya önce çiçeklerden de başlanabilir. Belirli bir yaşa kadar yanıtlar tatmin eder. Fakat sonra şu soru sorulur: "Tohum, annenin karnına nasıl girer?" Ya, yine çiçeklerden yola çıkılmalı ya da doğrudan erkek ve dişi hücrenin birleşip bebeği oluşturduğu anlatılmalıdır. "Babanın rolü bu hücrelerden birini anneye vermektir."

Erkek çocuk, kendinde iki bez olduğunu bilir. Fakat kız çocuk bunları bilmediği gibi, kendindekilerin de farkında değildir. Bunların varlığı her iki cinsiyete anlatılmalı ve hücre üretmeleri için bezlerin olgunlaşması gerektiği söylenmelidir. "Olgunlaşma, erkek çocuğun babası gibi bıyığı çıktığı, sesi kalınlaştığı, çalışacak kadar güçlü olduğu, ailesinin kazancını temin edebileceği, çocuklarını koruyabileceği zaman; kız çocuğunsa anne olabilecek kadar büyüdüğü zaman olur."

6 yaş çocuğu genellikle cinsel ilişki konusundaki ayrıntıları almaya hazır değildir. Çocuğa, 7-8 yaşlarına geldiğinde, babanın vücudundan bir tohumun, annenin içindeki minik yumurtayla birleştiği ve bunun, bebeğin gelişimini başlattığı söylenebilir.

Bu birleşmenin nasıl olduğu şeklindeki soru ise, "Ana-babanın yan yana yatması ve sevgi ile dolu olmaları" şeklinde açıklanabilir.

"Annenin karnında, bebek nasıl nefes alır ve yemek yer?"

"Anne karnındaki bebek bizim gibi nefes almaz ve yemek yiyemez. Hava ve yiyeceği annesinin karnından göbek kordonu denen uzun beyaz bir boru aracılığıyla alır. Bebek doğduktan sonra nefes alır ve süt içer. Öyle ki, artık bu kordona ihtiyacı yoktur. Doktor bu kordonu keser. Bu, bebeğe acı vermez, çünkü bu kordonda hiç sinir yoktur."

Kısaca özetlenecek olursa; çocuklar 8 yaşını geçtikten sonra seksin karmaşık mekaniğini anlayabilirler. Bu konudaki fizyolojik ayrıntıyı ise ancak 11 yaşından itibaren algılayabilirler.

Cinsel eğitim, ne çok erken ne de çok geç olmalıdır. Çocuğun gelişim düzeyine uymayan bilgi, güçlük yaratır. Çocuğa istediği anda, doğru, basit, kısa ve rahat bir şekilde cevap verilmelidir. (Ayrıntılı bilgi için, bkz. Yavuzer H., *Ana-Baba ve Çocuk*, Remzi Kitabevi.)

Çocuktaki cinsel davranışlar, kendi vücudunu araştırma ve mastürbasyondur.

MASTÜRBASYON

Mastürbasyon, çocuğun kendi cinsel organına dokunmasıdır.

Mastürbasyon, aslında çocuğun preödipal gelişimi sırasında, fallik dönemde sık rastlanan doğal bir davranıştır.

3-5 yaşlar arasında sık rastlanan bu davranış, çocuğun kendi bedenini tanıma eyleminin bir parçasıdır. Ancak aşırı boyutlara varması ve süreklilik kazanması, çocuğun önemli ruhsal gerilimlerinin veya doyum ihtiyacının belirtisi olarak kabul edilmelidir. Bu durumda, davranış gerisinde yatan "duygusal doyumsuzluk" nedenlerinin belirlenerek giderilmesi gerekir. Bu nedenler, kurumlardaki aşırı ilgisizlik, anne veya babanın evden uzaklaşması ya da yeni bir kardeşin doğumu olabilir. Nedenin ortadan kalkmasıyla sorun da sona erebilir. Örneğin, annesi tam gün çalışan bir kız çocuğunda rastlanan bu davranış, annenin yarım gününü çocuğuna ayırmasıyla sona erdirilmiştir.

Bu eylemin sıklıkla olması halinde çocuğun dikkatini başka etkinlik alanlarına ve oyunlara çekmek yeterli olabilir. Bunları yaparken, sakin olmaya ve çocuğu korkutmamaya özen göstermek gerekir. Anaokulu öğretmeni de bu konuda uyarılarak, işbirliğine gidilebilir. Devamı halinde uzman bir çocuk psikoloğunun yardımına başvurulabilir.

ERGENLİK DÖNEMİNDE CİNSEL GELİŞİM VE EĞİTİM

Cinsellik insan gelişiminin önemli bir parçasıdır. Yaşam boyunca gelişen cinsellik, özellikle bedenin yetişkin özelliklerine dönüştüğü ve üreme yeteneğinin kazanıldığı ergenlik yıllarında daha büyük önem kazanmaktadır (Çok-Kutlu, 2003).

Cinsel ilgiler 7-8 yaş ve buluğ arasında azalır ve cinsel olgunlaşmayla bedensel işaretlerin belirmesi ve genital bezlerin üretime başlamasıyla yeniden canlanır. Freud, 11-13 yaşlarından erişkinlik dönemine kadar süren döneme "genital dönem" adını verir. Bu dönemde, ergenin fizyolojik olgunluğa erişmesi ve bazı hormonlarındaki faaliyetlerinin artmasıyla cinsel dürtüler başta olmak üzere, çeşitli dürtülerin gücü artar (Yavuzer, 1986).

Yaşamın ikinci on yılında, puberte olarak bilenen bir dizi biyolojik gelişim, bireyleri biyolojik olarak olgunluk aşamasına ve cinsel üremeye yeterli hale getirir.

Puberte, hipotalamustan gelen bir sinyalle başlar. Hipofiz bezi, tüm vücuttaki dokuları uyaran büyüme hormonlarının salgılanmasını arttırır.

Hipofiz bezi aynı zamanda, iki gonadotropik hormonunun yapımını sağlayan hormonları daha fazla salgılar. Gonodlar veya "temel" cinsel organlar, kızlarda yumurtalıklar, erkeklerde testislerdir. Kızlarda bu hormonlar, yumurtalıkları, üreme için gerekli olan östrojen ve progesteron hormonu salgılaması için uyarır. Erkeklerde de gonadotropik hormonlar, testisleri ve böbreküstü bezlerini, sperm oluşumunu sağlayan testosteron hormonu salgılaması için uyarır. Östrojen kadınlık hormonu, testosteron erkeklik hormonu olarak bilinse de, her iki cinste de her iki hormon salgılanmaktadır.

Puberte süresince, her iki cinsiyetin de kendi cinsine ait hormonunun salgılanmasında artış görülür.

Ergenliğin başlamasını sağlayan şey, cinsiyet hormonlarının salgılanmasıdır. Genel olarak, üreme yeteneğini kazanmış ergenin cinsel olgunluğa erişmiş olduğu kabul edilir. Bunun belirtileri arasında, birincil ve ikincil cinsiyet özelliklerinin gelişimi, ilk ay hali ve ilk boşalma yer almaktadır (Çok, 1988),

Prof. Çok'a göre, cinsel olgunluğun kazanıldığı erinlik (buluğ) dönemi giderek daha erken yaşanmaktadır. Bu erken gelişimin nedeni gelişen beslenme ve sağlık koşullarına bağlanmaktadır. Yeni araştırmalar, Türkiye'de büyük kentlerde cinsel olgunlaşmanın ölçütü sayılan ilk âdet yaşının 12 yaş olduğunu ortaya koymaktadır. Erkeklerde cinsel olgunlaşmanın ölçütü olarak ele alınan ilk boşalma yaşı 13 yaş olarak ortaya çıkmaktadır (Çok, 2009).

Ergenlikteki cinsel gelişim biyolojik olduğu kadar toplumsal ve duygusaldır. Erkekler için, tipik olarak 12-14 yaşları arasında gerçekleşen testosteron düzeyindeki artış yalnızca gece boşalmalarına ve mastürbasyona yol açmakla kalmaz, aynı zamanda flörte ani bir ilgiyi ve âşık olma eğilimini de doğurur (Higman, 1980, Akt. Lindzey ve diğerleri, 1988).

Hurlock'a (1955) göre, birincil cinsiyet özellikleri, üremeyle doğrudan doğruya ilişkili olan cinsiyet özellikleridir. Erkeklerde birincil cinsiyet özellikleri penis ve testisler, kızlarda yumurtalıklar, klitoris, vajina ve uterustur. İkincil cinsel özellikler, cinsiyete özgü bedensel özelliklerdir. Kızlarda göğüs ve kalçaların gelişmesi, apış arası ve koltukaltındaki kıllanma, ses değişikliği, erkeklerde ise bedenin, yüzün, koltuk altının ve apış arasının kıllanması, kasların gelişimi ve ses değişikliklerinden oluşur.

Brooks, Gunn ve Warren'a (1985) göre, kız ergenin çocuk yapma yeteneğine erişmesinin göstergesi olarak kabul edilen ilk ay hali, biyolojik olarak güvenilir bir ölçüm olması nedeniyle, cinsel olgunluğun ölçülmesinde sıklıkla kullanılmaktadır (Akt. Çok, 1988).

Ancak bedende yaşanan bu biyolojik değişime uyum her zaman kolay olmamakta, bazı ergenlerin bu ilk âdet kanamasına karşı korku, panik, şaşırma, ağlama gibi değişik tepkiler gösterdikleri görülmektedir (Vicdan, 1995). Çocuğa ay halini doğal, iyi ve anne olabilme imkânının mutlu bir belirtisi olarak göstermek çok önemlidir. Vücudu üzerine kuşkuları olan kız çocuk, âdet görmeyi bir yaralanma, aşağılayıcı bir şey veya bir sakatlanma olarak görme eğilimindedir. Bu konuda çocuğunu zamanında yönlendiren anne, ondaki düş kırıklığını azaltabilir. Önceden hiç açıklama yapılmamış kız çocuğu, aybaşıyla karşılaştığında korkar, utanç ve iğrenme duyabilir. Gerekli açıklamaları reddederek içine kapanabilir. Böyle bir anda, yaşadığının doğal bir olay olduğunu söylemek yararsızdır.

Bu konuda, ebeveyn desteği önem taşımaktadır. Çocukluk döneminde sorularına cevap alamayan ya da yanlış cevap alan ergenler, ihtiyaçları olduğunda yardım etmedikleri için, zorda kaldıklarında da anababalarına başvurmazlar. Artık ana-babaya karşı bir güvensizliğin yerleşmesi söz konusudur. Ergen, en zorlu sorunlarında rehbersiz kalmıştır.

Annesinden yanlış bilgi alan genç bir kız, bir uzmana sorununu şöyle dile getirmiştir: "Benimle böyle konuşanlara bir daha hiçbir şey soramam."

Çocukluğunda bilgi verilmeyen ergen, ne yeni bir merakla ortaya çıkan sorununu aydınlatmak için, ne de öğüt istemek için ana-babasına başvurur. Yalnız başına, okuduklarıyla yetinir.

Bir kız ergen, "Bu evrede aile ortamında, kendimi ifade etme yollarının tıkalı olması, kendimi anlama merakımın dışarıya taşmasına neden oldu," derken, bir diğer kız ergen; bu sürecin geçici olduğunu söyleyen annesinin kendisine en büyük destek olduğunu vurguladıktan sonra, "Ergenlik döneminin bitimiyle öğrendiğim en kalıcı şey, kendi kendime yetmeyi bilmek, bireyselliğimin ve özel oluşumun farkına varmak ve kendi ayaklarımın üzerinde durabilecek gücü kazanmak," şeklindeki cümleleriyle yaşadığı dönemi özetlemiştir.

Ergenler bu konudaki sorunlarını şu şekilde dile getirmektedirler:

Erkek ergen: "Cinsel açıdan 'sorun' diyebileceğim bir durumla karşılaşmadım. Bizim cinsellikle ilk karşılaştığımız zamanlarda bu konudaki eğitimimiz daha çok bu konuyla bizden önce karşılaşanlardan aldığımız ve daha çok yalan yanlış bilgilerden oluşuyor. Bu konuda kızlar bizden daha şanslı. Çünkü, onların rahatlıkla konuşabilecekleri bir anneleri var. Erkeklerse bence babalarıyla, kızların anneleriyle konuştukları kadar rahat konuşamıyorlar."

Kız ergen: "Ben buluğ çağına girmeden cinsel konularda hiçbir bilgiye sahip değildim. Daha sonraları annemle bu konularda konuşmaya, bilmediklerimi ona sormaya başladım. Ancak, bazen onun da bilmediği şeyler olduğunu görüyordum. Bunun sebebi de, tabii ki onun anne ve babasından bu konuda hiçbir eğitim görmemiş olması."

Kız ergen: "Bu dönemde benim hiçbir cinsel sorunum olmadı. Fakat çevremde gerçekten çok değişik örneklere rastladım. Buna birkaç örnek vermeden geçemeyeceğim. Bir kız arkadaşım vardı. Tam ergenlik dönemi başında ilk aybaşını yaşadığı zaman, bana şöyle bir soru sordu: "Acaba ben şimdi anneme bunu söylesem, bana kızar mı?" Kendisine, bunun çok doğal bir şey olduğunu anlatmaya çalıştım, fakat annesiyle arasında normal bir bağ olmadığı için, bunu annesine anlatamadı."

Kız ergen: "Gençlik döneminde cinsel konuda bana hiçbir bilgi verilmedi. Sadece kız arkadaş edinmeme izin verdiler, erkek arkadaş edinmeme izin vermediler. Arkadaşlarımla bir yere, gezmeye veya sinemaya gitmeme izin vermezlerdi. Bir zamanlar içedönük olmamın nedenlerinden birinin bu olduğunu şimdi anlıyorum."

Erkek ergen: "Her gencin kendine göre cinsel sorunları vardır. Yetişirken aileden olsun, okuldan olsun yeterli cinsel bilgi alamazsa, bilgisizlik had safhaya ulaşır. Sağdan soldan edindiği yanlış bilgiler, ilerdeki yaşantısında olumsuz etkiler yaratabilir. Bence bu eğitim yapılırken öncelikle ve özellikle erkeklere, kızların sadece cinsel duyguları tatmin edici bir araç olmadıklarını öğretmek gerekir. Bunun yanında, kızlara, erkeklerin korkulacak bir yaratık olmadıkları vurgulanmalıdır. Bu gibi şeylerin önüne geçilmesi için toplumumuzda tabu olarak karşılanan kız-erkek arkadaşlıklarının saygı ve sevgi çerçevesinde ilerlemesi gerekir."

Kız ergen: "Gençlik dönemindeki cinsel sorunlar bence aileden kaynaklanıyor. Bilgiler ergenlere tam olarak verilmiyor, ya da üstü kapalı veriliyor. Günümüzde gençler, cinsel bilgiler edinmek için değişik yollara başvuruyorlar. Bu sakıncalı bilgileri uygularken de kız-erkek arkadaşlığının bozulmasına sebep oluyorlar."

Cinsel kimlik, bireyin kendi bedenini ve benliğini belirli bir cinsiyet içinde algılaması, kabullenmesidir.

Erkek ve kız ergenler hızla oluşan cinselliklerine verdikleri tepkilerde farklılık gösterirler. Erkeklerde cinsel dürtü çok güçlüdür ve başlangıçta mastürbasyon aracılığıyla kolaylıkla tatmin edilir.

Bu durum, cinselliğini yaşamak isteyen ergenin doğal bir deneyim arzusundan kaynaklanmaktadır. Bu fazla abartılıp büyütülmeden geçiştirilmesi gereken bir dönemdir. Yine aşırı artması halinde, bir doyumsuzluk, bir ruhsal sorun söz konusudur ki onun üzerine eğilmek gerekir. Ergenin bu ilgisine doyum sağlamak üzere zaman zaman gizlice başvurduğu kaynakları engellemek, bu nedenle onu cezalandırmak yanlış olur.

Kızların, ergenliğin ilk yıllarında cinselliğe duydukları ilgi, daha çok hayal gücüne dayalı, romantik bir düzeyde oluşur. Onlar için duygu aşırı bir önem taşır. Buna karşılık eyleme daha az önem verilir. Cinsel dürtünün kızlarda daha yavaş geliştiği ve cinsel organlarda yoğunlaşmalarının daha uzun zaman aldığı görülür. Kızlar özellikle pop yıldızlarına veya daha büyük yaştaki ergenlere âşık olurlar ve fantezileri de genellikle bu "ulaşılamayanlar" üzerinde odaklanır. Buna karşılık erkek ergenlerin daha etkin bir cinsel yaşamları olduğu söylenebilir. Ergenin bu dönemdeki en belirgin ihtiyaçlarından biri de uygun kaynaklardan doğru cinsel bilgiler edinmektir. İşte bu noktada "cinsel eğitim" önem kazanmaktadır. Bu konuda ebeveyne önemli bir görev ve sorumluluk düşmektedir.

CİNSEL EĞİTİM

Cinsel eğitimin amacı, yalnızca çocuğu bazı gerekli sosyal kurallara uymaya götürmek değil, insanın sevgi içinde serbestçe gelişimini sürdürmesini ve kendinde bulunan cinsel güçleri olabildiğince düzenlemesini, bunları bilinçli olarak elde tutmasını, kendisinin ve başkalarının mutluluğu (özellikle eş ve çocuklar) için bunlardan yararlanmasını sağlamaktır.

Kadının gelişiminde zevk karşısında ortaya çıkan güçlüğü belirtmek gerekir. Birçok genç kız, cinsel ilişkiyi korkunç ve zorlu bir şey olarak görme eğilimindedir, evlendiklerinde buna boyun eğmeleri gerektiğini düşünürler. Sebebi, yanlış cinsel eğitimle verilen aşağılık duygusu ile güç doğum korkusu ve âdet görmenin başlamasıyla ortaya çıkan aksaklıklar (örneğin, habersiz olması) olabilir. Bu duyguların sevinç ve zevk duygularıyla yer değiştirmesi çok zordur.

Anne ve babalar, çocuklarını kurumsal olarak gerek psişik, gerekse bilgi bakımından evliliğe hazırlamalıdırlar. Genç erkek ve genç kız, evlilik öncesinde cinsel yaşamın teknik ve hijyenini bilmelidir. Evliliğe yanlış hazırlanmış çiftler ve bunun olumsuz sonuçları, çok sık rastladığımız günlük olaylar arasındadır.

Kulaksızoğlu'na (1998) göre cinsel eğitim, çocukların ve gençlerin kendilerini tanımaları ve kendileri hakkında çok yönlü bilgi sahibi olabilmeleri için verilmesi gereken bir eğitimdir.

Çok (2003), cinsel eğitimin, cinsellikle ilgili çeşitli bilgileri ve özellikle sağlıklı cinsel davranışları kazandırmayı amaçlayan her türlü çabayı içerdiğini vurgular. Günümüzdeki "cinsel eğitim" daha önce olduğu gibi sadece biyolojik temele dayanan üreme ve doğum kontrolü konularıyla sınırlı kalmamakta, konunun daha geniş bir bakış açısından yaklaşılıp disiplinlerarası çerçeveden ele alınmasına dayanmaktadır. Bu nedenle karar verme, sorumluluk geliştirme ve iletişim kurma gibi kişisel beceriler, bu geniş çerçeveli anlayışta yer almaktadır (Çok, 2003).

KAYNAKLAR

Constantine Larry L., Martinson, Floyd M. (1981) Children and Sex. Little, Brown and Company, Boston.

Çok, F., Kutlu, Ö. (2003), Ergenlerin Cinsel Eğitimi, Ankara Üniversitesi Basımevi, Ankara.

G., Richard (Dr.) (1941), L'education Sexuelle de nos Enfants, (çev. Jale Minibaş), Payot, Neuchâtel.

İnsan Kaynağını Geliştirme Vakfı (2003), Cinsel Sağlık Eğitimi, Ceren Yayın Dağıtım, İstanbul.

İnsan Kaynağını Geliştirme Vakfı – Türkiye Aile Planlaması Derneği, (1995), Gençlik, Cinsel Eğitim ve Üreme Sağlığı, İstanbul.

Karadam, F., Akman Y., Özvarış, Ş. B., Çağlar, Ş. (2000), Çocukluktan Genç Kızlığa Değişim, Veri Araştırma Yayınları, İstanbul.

Milli Eğitim Bakanlığı, Sağlık İşleri Dairesi Başkanlığı (2000), Ergenlik Döneminde Değişim – Öğrenci kitabı, Ankara.

Selzer, Joae Craham (MD.) (1955), When Children Ask About Sex (A Guide for Parents), Beacon Press, Boston.

Yavuzer, H. (1989), *Ana-Baba ve Çocuk,* Remzi Kitabevi, İstanbul.

Yavuzer, H. (1998), *Çocuk Psikolojisi,* Remzi Kitabevi, İstanbul.

Yavuzer, H. (2003), *Çocuğu Tanımak ve Anlamak,* Remzi Kitabevi, İstanbul.

Prof. Dr. Haluk Yavuzer
(İstanbul Ticaret Üniversitesi Psikoloji Bölümü Öğretim Üyesi)

Çocuk Yetiştirmede Farklı Ebeveyn Tutumları

Çocuğun benlik kavramı, yetişkinlerin ona yönelttikleri tutumların bir yansımasıdır. Bu nedenle, ana-babasından gelen itici tutumlar, çocuğun kendini değersiz bulmasıyla sonuçlanır.

İstenen davranışları gösterdiğinde desteklenmeyen çocuk, onaylanan ve onaylanmayan davranışlarının ayrımını yapmakta zorluk çeker. Sonunda umudunu keserek, ana-babasının onayını sağlama çabalarından vazgeçer.

Buna karşılık, istenen davranışları gösterdiğinde desteklenen çocuk, onaylanan davranışlarının hangileri olduğunu öğrenir. Bu ortam, özgüvenli ve otonom (kendi kendini yöneten) bir çocuk yetiştirmenin ön koşuludur. Bu açıdan bakıldığında erken gelişim döneminden başlayarak anne-çocuk ilişkisinde annenin yaklaşımının büyük bir önem taşıdığı görülmektedir.

Birçok çalışma, sosyo-duygusal gelişim göstergelerinin olumlu yönde seyretmesini, okul öncesi çağda annenin çocuk yetiştirmede kullandığı tutum ve davranışlara bağlamıştır. Bu tutum ve davranışların başında, annenin çocuğuna gösterdiği duyarlılık, duygusunu ifade etme şekli ve disiplin ortamlarındaki güç gösterimi gelir. Örneğin, okul öncesi çağda, annenin çocuğuna gösterdiği duyarlı ve sıcak yaklaşımın çocukta olumlu duygular uyandırdığı ve akabinde çocuğun anneye itaatini artırdığı deneysel çalışmalarla kanıtlanmıştır (Akt. Aksan, 2009).

Eğer anne gerginliğini kontrol ederek anlayışlı bir yaklaşım içinde olursa, çocuğun da onu daha iyi dinlediği ve sakinleştiği görülür. Çünkü çocuklar, ana-babalarının kendi duygularını anladıklarını kabul ettiklerinde, sınırlama ve kısıtlamalara karşı daha olumlu davranırlar.

OTONOMİ

İlgisiz anne

- Kendi arzuları ön plandadır.
- Çocuğuna karşı ilgisiz ve kayıtsız bir tutum içindedir.
- Onunla ortak etkinliklerde bulunmaz, eğitim ve gelişimine katkıda bulunmaz.

Reddeden, ihmal eden anne

- Kendi sosyal yaşamını çocuğundan daha önemli görür.
- İhtiyacı olan ilgi, sevgi ve şefkati çocuğuna göstermez.

Duyarlı, ulaşılabilir, kabul eden anne

- Kendinden emin ve sakindir.
- Dikkatini çocuğa verir, ilgili ve duyarlıdır.
- Çocuğun istek mesajlarını çözümleyerek ihtiyaçlarını hemen karşılayabilir.
- Çocuk sahibi olmanın mutluluğu ve olgunluğuyla çocuğun gelişimini destekler.

Destekleyen, demokrat, işbirlikçi anne

- İstek ve beklentilerini açık ve net bir şekilde dile getirir.
- Anne öyle davranır ki, çocuk onun söylediğinin yapılması gerektiğini, uyuşmazlık durumunda tehdide başvurulmayacağını ve aşağılanmayacağını bilir.
- Çocuğun gelişimine uygun olarak, onunla daha çok görüş alışverişinde bulunmayı tercih eder.

REDDEDİCİ ⟷ **KABUL EDİCİ**

Baskıcı, otoriter anne

- Çocuğun davranışını değiştirmek için onu aşağılama yolunu seçer.
- Disiplin aracı olarak cezayı kullanır.
- Çocuğu sürekli arkadaşlarıyla kıyaslar.

Mükemmeliyetçi anne

- Çocuğu olduğu gibi kabul etmez; onun mükemmel ölçülere göre davranmasını, kapasitesini düşünmeksizin üstün başarı göstermesini bekler.

Aşırı koruyucu anne

- Çocuğun öz bakım becerilerini ve kendi başına yemek yeme ve uyuma gibi ilk temel alışkanlıklarını geliştirmesine fırsat vermez.
- Çocuğa gerektiğinden fazla kontrol ve özen göstererek onu bebekleştirir.
- Arkadaş ilişkilerine fırsat hazırlamaz. Böylelikle onun sosyal gelişimini engellemiş olur.

KONTROL

Çocuklarıyla yaşadıkları sorunları yansıtan pek çok ebeveyn, pedagojik doğruları içeren önerilerime uyarak çocuklarına karşı değiştirdikleri davranışlarının ardından, onların da davranışlarında değişmeler olduğunu dile getirmiştir.

Bu nedenle annenin çocuk yetiştirme tutumu özel bir önem taşımaktadır. Anne-çocuk ilişkisinde, "annenin dediği olur" görüşünden hareketle mutlak itaat beklemeden, soğukkanlı bir şekilde, nedenleri açıklanarak sabırla yapılan anne müdahalelerinin çocukta içten bir itaat ortamı hazırladığı bilinmektedir. Böyle bir etkileşim ortamında çocuklar, ailenin ve toplumun değerlerini yansıtan kuralları içselleştirebilmektedir. Buna karşılık baskıcı ve otoriter bir ortamda, şiddet kullanan, anında itaat bekleyen, nedenlerini açıklama gereği duymayan anne karşısında, çocuğun kuralları içselleştirmede yetersiz kaldığı gözlenmektedir.

Anne-çocuk ilişkisinde yaygın olan anne tutumları (s. 116'da) şematik olarak şu şekilde gösterilebilir:

Anne-çocuk ilişkisinden söz ederken, önemi nedeniyle özellikle üç farklı anne tutumu üzerinde durmak isterim:

Bunlardan ilki olumlu anne tutumlarının başında gelen "duyarlı, ulaşılabilir ve kabul eden anne"dir.

DUYARLI, ULAŞILABİLİR VE KABUL EDEN ANNE

Bu kategoriye giren sağlıklı anne, öncelikle çocuk sahibi olmayı kendisine sunulan bir armağan olarak yorumlayarak, bebekten gelen işaretlere ve iletişim sembollerine olumlu tepki verir. Sağlıklı bir etkileşim ortamı hazırlar. İlerleyen yıllarda da çocuğun tüm iletişim girişimlerini tanır ve belli uzaklıktan da bunları fark eder; dolayısıyla dikkatini kolaylıkla çocuğa çevirir. Bu grupta ilgili, duyarlı, çocuğunu yakından izleyen ve onu kabul eden bir anne tutumundan söz edilmektedir.

Winnicott'un "yeterince iyi anne" kavramıyla açıkladığı, "fiziksel ve duygusal uyumuyla kendisini bebeğinin çeşitli gelişim aşamalarına uyarlayabilen anne tanımlaması", "duyarlı ve ulaşılabilir anne" kategorisine girmektedir.

Winnicott'a göre "yeterince iyi anne", çocuğunun hareketlerini yanıtlayan, çocuğunu mutlak bağımlılık döneminde benliği tehdit eden ilkel kaygılardan koruyan kişidir. O, çocuğu büyüdükçe, karşılaştığı güçlüklerin dozunu ayarlayacak ve onların çocuk için katlanabilir olmasını sağlayacaktır (Akt. Parman, 2007, 18). Daha önce de vurgulandığı gibi, annenin çocuğuna gösterdiği duyarlı ve sıcak yaklaşım, onda da olumlu duygular uyandırmakta ve buna bağlı olarak çocuğun anneye itaatini artırmaktadır.

Kabul eden anne, çocuğuna bakma ve ihtiyaçlarını karşılama sorumluluğunu genellikle üstlenir. Zaman zaman sinirlilik belirtileri gösterebilir. Kuşkusuz burada çocuğun yenidoğan döneminden başlayarak sakin, normal ya da hareketli ve hırçın bir bebek olmasının etkisi büyüktür. Uyku ve beslenme düzeni normal olan, annesine geceleri uykusuzluk yaşatmayan bebekler sakin, mutlu ve huzurlu olduklarından bu durum, annelerine olumlu olarak yansır. Buna karşılık kolay tatmin olmayan, uzun süre ağlayan, karnı tok olmasına rağmen mutsuzluğu süren ve kolay uyumayan zor bebekle annenin doyumlu bir ilişkiye girmesi oldukça güçtür. Ancak her şeye rağmen anne bu doyurucu ilişki zeminini farklı ortamlarda, sözgelimi oyun oynarken ya da banyo yaptırırken yakalayabilir ve sıcak anne-çocuk ilişkisini başlatabilir.

REDDEDEN VE İHMAL EDEN ANNE

Kabul eden annenin aksine reddeden anne, çocuğa karşı sevgi ve şefkatini gölgede bırakan öfke ve içerleme duygularıyla doludur. Çoğunlukla çocuğa sinirlenir ve baskıyla çocuğun üzerinde bir denetim sağlamaya çalışır. Çocuğu kucağına almaz, okşamaz. Çocukla tensel temas kurmaz, onunla bir bakıcının ilgilenmesini sağlayarak, kendi yaşantısını sürdürür.

Sekiz aylık bebeğini isteksiz bir şekilde kucağına alan anne, "Onun bu isteksizliği karşında, bebekte de el ve ayaklarını germek suretiyle irkilme tepkisi gördüğünü," söylüyordu. Böyle bir ortamda büyüyen çocuk, anne sevgisi ve korunma ihtiyaçlarının karşılanmamasından doğan duygusal bir açlık içindedir ve yaşıtlarının canlılığından yoksundur. Çocuğun reddedilmesi, ilerleyen yıllarda annenin ona hırçın davranması, azarlaması ve dayakla cezalandırması şekline dönüşebilir.

Annenin bu itici tutumları, çocuğun kendisini değersiz hissetmesine "düşük benlik saygısının" oluşumuna neden olur.(*)

MÜKEMMELİYETÇİ ANNE

Geçmişteki engellenmiş umutların yansıması olarak aşırı beklenti geliştirmek: Bu tutumu benimseyen anneler çocuğu olduğu gibi kabul etmez, onun mükemmel ölçülere göre davranmasını ister. Bilgi yönünden iyi yetişmiş olmasını istediği gibi, bedensel yönden de mükemmel olmasını ister.

Bu tür anne yaklaşımında, okul başarısı ve diğer etkinlikler konusunda annenin, çocuğun kapasitesinin üzerinde bir beklenti içine girmesi, ölçüt olarak kendi değer ve yargılarını alması ve bu amaçla onu zorlaması söz konusudur. Burada annenin kendi yaşamında yapmak isteyip de yapamadıklarının umudunu çocuklarıyla sürdürmek istemesi önemli bir etken oluşturabilir. Annenin isteklerinin aşırılığı ve gerçekçi olmayan beklentileri karşısında başarısızlığa uğrayan çocuk, bir yandan kendi gözünde değersizleşirken, öte yandan cesareti kırıldığı için, başarı yolunda bir çaba göstermez. Bu beklentilerin gerçekçi olması ve çocuğun ilgi, yetenek ve kapasitesine uygun olması gerekirken, yeteneklerini aşması, duygusal dünyasında bir zorlanmaya neden olabilir. Bu durum çocuğun "bilişsel ve duygusal" istismarıdır.

Çocuklarını OKS sınavlarına hazırlayan bir grup mükemmeliyetçi anne, özel ders aldırdıkları sınıfa çocuklarıyla birlikte girerek arka sırada oturmuş, derste not tutmuş, ardından da akşam evde tuttukları notları çocuklarına aktarmışlardır.

Kolej sınavlarına çocuğunu hazırlayan bir annenin, "Çocuğunun ruh sağlığı bozulsa da adı geçen okula girmesini istediğini," anlatan sözlerini unutamıyorum.

Bu davranışın gerisinde, annenin onur duyarak mezun olduğu okula çocuğunun da mutlaka girmesini istemesi ya da girmeyi başaramadığı o okula çocuğunu sokarak tatmin olması bulunabilir.

Kısaca annenin bu tutumunun gerisinde geçmişte engellenmiş umutlar vardır ve o yansıtılmaktadır.

(*) Ayrıntı için, bkz. Haluk Yavuzer, *Anne Olmak*, Remzi Kitabevi, 2010.

Anne tutumlarını özel olarak değerlendirdikten sonra, şimdi de aile içinde çocuğa yöneltilen yaklaşım biçimlerine, "çocuk yetiştirmede farklı ebeveyn tutumlarına" gelelim:

Çocuk yetiştirmede karşılaşılan ebeveyn tutumları şu şekilde gruplandırılabilir:

BASKICI-OTORİTER TUTUM

Baskıcı ebeveyn, çocuklarının davranışlarını, hiç esnemeyen, mutlak ölçütlere göre biçimlendirme, denetleme ve yargılama eğilimindedir.

Baskıcı ve itaat odaklı bu tür ebeveyn tutumunda, ana-babanın, kısıtlayıcı ve cezalandırıcı bir yol izlediği, çocuklarını kendi kurallarına uymaları ve saygılı olmaları konusunda uyardıkları görülür. Bu tutum, yetersiz sosyal gelişimin nedenidir. Böyle bir ortamda, tartışmaya yer yoktur. Ana-baba düşüncesini, "Bunu sadece benim söylediğim şekilde yapacaksın, o kadar. Ben anneyim/babayım, sen ise çocuksun," cümlesiyle sınırlar ve isteklerinin yapılması için çocuğu zorlar. Çocuğun istek ve gereksinimlerini dikkate almaz.

Böyle bir ortamda büyüyen çocukların, akranlarına kıyasla sosyal ve iletişim becerileri ile girişimcilik yeteneklerinin zayıf olduğu görülür. Bu tür sağlıksız aile koşullarında çocuk, nasıl düşünüp, davranması gerektiğini belirleyen katı kalıplara sokulur. Ana-baba, her şeyin en iyisini ve en doğrusunu kendilerinin bildiği, çocukların da bunu hiç sorgulamaksızın kabul etmesi gerektiği inancıyla, iletişime gerek duymaz. Baskı uygulanarak istenen davranışı yapmak üzere zorlanan çocukta oluşan korku, ona, doğru davranış kalıbını öğrenmesinde yardımcı olmayacak, sadece geçici olarak davranışını değiştirmesine yol açacaktır.

Aşırı otoriter tutumda ana-baba, disiplin aracı olarak cezayı kullanır ve çocuğa karşı öfkesini kolaylıkla ifade eder. Bu da çocukta, kendine güvensizlik, düşük benlik saygısı ve çekingenliğe sebep olur.

DESTEKLEYİCİ-YETKİLİ VE GÜVENİLİR TUTUM

Bu tür ebeveyn yaklaşımında, ana-baba çocuklarını destekler ama bunun yanında sınırlar koymayı da ihmal etmez ve onların hareketlerini kontrol eder. Ebeveyn ile çocuk arasında sözel iletişim kanalları açıktır. İstek ve görüşlerini açık ve anlaşılır bir şekilde dile getiren ebeveyn, çocukla sıcak bir iletişim içindedir. Çocuğuyla bire bir ilişki içindeyken ona karşı ilgilidir ve ona aktif dinleme uygular. Böyle bir ana-baba yaklaşımı, çocuğa başarılı bir sosyal gelişim için gerekli olan ortamı hazırlamış olur. Yetkili ana-baba tavrı (Baumrind, 1989), düzen sağlayıcı denetimi ve sevgiyle birlikte özerkliği de içermesiyle, iki tezat yaklaşım olduğu varsayılan denetim ve sevgiyi bir arada barındırmaktadır (Kâğıtçıbaşı, 2000).

Destekleyici tutum, yakınlık ve ilgi göstermek, sözle ve dokunarak sevgi belirtmek, ortak faaliyetlerde bulunmak anlamını taşır. *Böyle sağlıklı bir aile ortamında, çocuğa, kendi başına karar vermesi ve bu kararın sorumluluğunu yüklenmesi öğretilmiştir.* Çocuğu olduğu gibi kabul eden, onu destekleyip yüreklendiren aile üyeleri, çocuğun benlik saygısının tohumlarını eker. Çocuğun kendisi olarak gelişmesine, kendine özgü anlayış ve görüşlerini ifade etmesine olanak sağlar.

Ana-baba konuya; "Bunu böyle yapmaman gerektiğini biliyordun. Gel şimdi böyle bir sorunla bir daha karşılaştığında, sorunu daha iyi nasıl ele alabileceğini birlikte tartışalım," şeklinde yaklaşır. Böyle bir ortamda yetişen çocuk, sosyal gelişim açısından yeterli, özgüvenli ve sorumluluğunun bilincindedir.

GEVŞEK TUTUM

İhmalkâr ve aşırı hoşgörülü olmak üzere iki farklı boyutu içerir:

İhmalkâr Tutum: İhmalkâr ebeveyn, çocuğun yaşamıyla ilgili değildir. Bu ana-babalar için "kendi sosyal yaşamları", çocuklarından daha önemlidir. Böyle bir ortamda, sosyal yönü zayıf, özellikle benlik kontrolü düşük, bağımsızlığı kolayca elde edemeyen çocuklar yetişir. Bu çocuklar, ana-babalarının kendileriyle ilgilenmesine büyük bir gereksinim duyarlar.

İlgisiz ve kayıtsız aile; saldırganlığı körükler, çocuğun çevresindeki kişi ve eşyaya zarar vermesine sebep olabilir.

Aşırı Hoşgörülü Tutum: Bu yaklaşım içerisinde olanlar, çocuklarının karşısında teslim olan, onların ısrarlı isteklerini yerine getiren, onları şımartan, onlara fazlasıyla özgürlük tanıyan, kolaylıkla boyun eğen, yumuşak başlı ve tutarsız davranan, çok aşırı boyutlarda çocuklarını ihmal eden ve terk edebilen ana-babalardır. Görünürde çocuğuyla çok ilgili olan bu ana-babalar, çocukları üzerinde çok başarısız bir kontrol sergilemekte ve az sayıda talepte bulunmaktadır. Böyle bir ortamda, sosyal gelişim yetersizdir. Benlik kontrolü düşüktür. Aşırı hoşgörülü ana-babalar, çocukları ne isterlerse yapılmasına izin verir. Tabii bunun sonucu olarak, böylesi ailelerin çocukları, hiçbir zaman kendi davranışlarını kontrol etmeyi öğrenemezler. Her zaman kendi yollarının izlenmesini, isteklerinin gerçekleştirilmesini beklerler.

Bu tür çocuk merkezli ailelerde; çocuğun benmerkezciliği körüklenir. Sosyal gelişmesinde gecikmeler görülür. Bir kısım ana-baba, çocuklarını bile bile bu yöntemle yetiştirmeye özen gösterir. Çünkü onlar, böyle bir ortamda yetişen çocuğun özgüvenli ve yaratıcı olacağına inanır. 3 yaşındaki çocuğuyla ilgili olarak, bir anne, içinde yaşadığı durumu şu cümlelerle anlatmaktadır: "Bir çığlık atıyor her dediğini yaptırıyor. Yemek öncesi çikolata istiyor. Kesinlikle vermek zorundayız."

Böyle bir ortamda yetiştirilen çocuk, yetersiz sosyal gelişim sonucu, arkadaşları arasında kabul görmeyen, dışlanan bir birey olur. Nadiren başkalarına saygı duymayı öğrenebilir ve kendi davranışlarını kontrolde zorlanır.

Çocuk, aşırı hoşgörü ve şımartma ortamındaki sınırsız özgürlüğü, kuralların ve sınırlı özgürlüğün olduğu diğer ortamlara, örneğin anaokuluna tercih edebilir. Buna bağlı olarak, okula uyum sağlayamayan, evde ise ana-babasını yönetmeye çalışan, doyumsuz, bencil, kendine güveni olmayan, diğer kimselere aşırı bağımlı bir kişi olabilir.

AŞIRI KORUMACI TUTUM

Ana-babanın aşırı koruması, çocuğa gereğinden fazla kontrol ve özen gösterilmesi anlamına gelir. Bebekleştirme, aşırı korumacı yaklaşımın tipik özelliğidir. 8-9 yaşlarına geldiği halde, yemeğini annesinin yedirmesini bekleyen, 11-12 yaşlarında ana-babasıyla aynı yatağı paylaşan, hatta annesi tarafından yıkanan çocuk örneklerimiz vardır. Böyle bir ortamda, annenin çocukla iç içe geçmiş beraberliği, çocukta bir anne bağımlılığının oluşumuna neden olabilir.

Büyümesine izin verilmeyen bu aşırı korumacı ortamda, çocuğun "toplumsal gelişimi" engellenmiş olur. Bu da onun arkadaş ilişkilerini olumsuz etkileyebilir ve arkadaşları tarafından dışlanmasına neden olabilir.

Gözlemlerimiz, "aşırı korumacı anne"nin, evliliğinde bulamadığı doyumu, çocuklarıyla olan ilişkilerinde aramakta olduğunu göstermektedir. Bu gereksiz ve sağlıksız özverinin faturası, ilerideki yıllarda annenin yüksek beklenti içine girmesiyle, yine çocuğa kesilmektedir.

TUTARSIZ VE KARARSIZ TUTUM

Ana-babanın kararsız ve tutarsız tutumu, neyin uygun davranış olduğu konusunda çocuğu ikileme düşürür. Aynı davranışı yüzünden ana-baba tarafından bir keresinde ödüllendirilir, bir diğerinde cezalandırılırsa ya da bir davranış, anne tarafından farklı, baba tarafından farklı değerlendirilirse, çocuk hangi davranışın uygun olduğunu belirleyemez. Bu farklı tutumlar, çocuğun davranışlarına rehberlik edecek dengeli değer ve yargılarının oluşumunu engeller.

Günümüzün aydın ebeveyni, artık ailesinden gördüğü geleneksel çocuk yetiştirme tutumu yerine, "kendi kendini yönetebilen", "atılgan", "kendi başına karar verip, sorumluluğunu üstlenebilen" çocuk ve gençleri yetiştirmek üzere, bir değişim içine girmiş durumdadır. Bu değişim ve dönüşümün ne yönde olması gerektiğini öğretmek amacıyla açılan "Ana-Baba Okulları", "davranışlarını değiştirmek" üzere gelen binlerce ana-babaya ışık tutmakta, yazdığımız kitaplar, "çağdaş ebeveynin" bilmesi gerekenleri onlara aktarmaktadır. Kısaca, bugünün ana-babası, artık dünü devam ettirmek yerine, modern, aydın ve pedagojik doğrular ışığında çocuğunu yetiştirmeyi amaçlayan bir tavır sergilemektedir. Özlenen de budur.

Bu ayrıntılı bilgileri kısaca özetleyecek olursak:

Ana-baba tutumlarının en belirgin iki özelliği "duygusal ilişki boyutu" ile "denetim boyutu"dur. Duygusal ilişki boyutu incelendiğinde, bu boyutun çocuğu merkez alan kabul edici tutumdan, reddedici tutuma kadar uzanan bir yelpaze içinde farklılaştığı görülür. Aynı şekilde "denetim boyutu" da, kısıtlayıcı tutumdan hoşgörülü tutuma kadar geniş bir alanı kapsar.

Çocuk, sıcak bir etkileşim ortamında ana-babanın onayını alma konusunda isteklidir. Onun sevgisini kaybetmekten korkar. Bu nedenle de onu, sağlıklı bir etkileşim ortamında uygun olan davranış kalıpları doğrultusunda yönlendirirken sert disiplin kurallarına başvurmaya gerek yoktur.

Çocuk sevgi ve ilgi ortamında ana-babanın standartlarına uymak için çaba sarfeder. Böyle bir ortamda anne-babanın çocuğa sık sık akıl yolunu göstererek açıklamada bulunması onun toplumsal kuralları içselleştirmesine ve hangi davranışın uygun olup, hangisinin uygun olmadığını fark etmesine yardımcı olur.

Sevgi ile besleme, çocuğun gereksinmelerine karşı duyarlı olmayla eşanlamda yorumlanır. Ana-babanın sevgisi çocukta, güvenlik, düşük kaygı düzeyi ve yüksek benlik saygısı yaratır. Sevgisiz ya da bedensel cezanın uygulandığı aile ortamlarındaysa yüksek kaygı düzeyi ve gerilim ön plandadır. Cezalandırıcı ailenin yarattığı yüksek gerginlik durumu, çocuğun "toplumsallaşma oyununun" kurallarını öğrenmesini zorlaştırabilir ya da engelleyebilir.

Sıcak, sevgi dolu aile ortamlarındaki anne-babalar, ilgisiz ve sevgisiz anne-babalara oranla çocuklarının davranışlarını, özellikle saldırgan davranışlarını denetlemelerine daha çok yardımcı olurlar.

Saldırganlığı denetlemek için dayak gibi şiddet uygulama yöntemlerine başvuran ana-babalarsa çocuğu hem kırıklığa uğratarak daha büyük öfke nöbetlerine yol açar, hem de ona bir saldırganlık modeli göstermiş olurlar.

Bedensel cezanın uygulandığı çocuk, kendisini eleştiren ve döven ebeveynine karşı evde hemen hiç saldırganlık tepkisinde bulunmaz, ancak o saldırganlığını misilleme tehlikesi daha az olan ev dışındaki arkadaş ve okul ortamlarına taşır.

Çocukların toplumsal ve zihinsel açıdan yetkin bireyler olması isteniyorsa bir ölçüde ana-baba denetimi gereklidir. Unutulmamalıdır ki toplumsallaştırmanın asıl amacı, dış öğeler tarafından yönetilmek yerine kendi kendine yönetimi sağlamaktır. Ana-babanın aşırı kısıtlayıcılığı kadar aşırı serbestliği de toplumsal gelişimi engeller.

Ana-baba davranışlarıyla, çocukların davranışları arasındaki ilişkileri konu alan araştırmalara göre baskıcı olmayan, esnek ve hoşgörülü ana-babalar, çocuklarda olumlu duygusal, toplumsal ve bilişsel gelişmeye yol açmaktadırlar.

Bu ana-babalar engelleyici davranmamakta, çocuklarına makul sınırlar içinde özgürlük tanımaktadırlar. Bütün bunlar çocuğun kaygı ve engelleme olmadan çevresini keşfetmesini, kişilerarası ilişkilerde yetkinliğe erişmesini sağlar. Genellikle, sevgi; ılımlı bir kısıtlayıcılık, benlik saygısı, kendini uyarlayabilme, yetkinlik ve içselleştirilmiş bir denetime yol açar.

Bunun tersine baskıcı ana-babalar, katı, kuvvet uygulayıcı ve çocukların gereksinmelerine karşı duyarsız kişilerdir. Bu gibi ailelerde çocuk çevresini hemen hemen hiç denetleyemez ve çevreden çok az doyum alır. Kendisini kapana kısılmış ve öfke dolu hisseder. Bu sevgisiz ortamda isteklerini dile getirememesi çocukta mutsuzluğa, iç çatışmalı ve sinirli davranışlara yol açar. Bir diğer yaklaşım da, aşırı gevşek ve tutarsız bir disiplin uygulayan ana-babalar, çocukların dürtülerini rahatça dışa dökmelerine izin verdiklerinden, çocuklarda denetimsiz davranışların oluşumuna sebep olurlar.

BAŞARILI ANA-BABA-ÇOCUK İLİŞKİSİNİN KOŞULLARI

Ana-baba, çocuklarını eğitirken, öncelikle gelişim evrelerini bilmeli ve çocuklarının içinde bulunduğu gelişim dönemini tanımalıdır. Başka bir deyişle, ana-baba, çocuklarını tanıyarak işe başlamalıdır.

Ana-baba, çocukların, kendi kopyaları olmadığı gibi, kardeşlerinden ve arkadaşlarından da farklı, bağımsız, kendine özgü zekâ ve kişilik özellikleri olan bir birey olduğu gerçeğinden hareket etmelidirler.

Anne ve babanın çocuklarına, "uygun olan davranışı" öğretebilmeleri, ya da neyin doğru neyin yanlış olduğunu öğretebilmeleri için, gerek kendi aralarında, gerekse çocuklarına yönelttikleri davranışlarda dengeli, tutarlı ve kararlı olmaları gerekir.

Anne ve babanın güvenli bir çocuğa sahip olabilmeleri için, önce kendilerine, sonra birbirlerine, ardından da çocuklarına güvenmeleri gerekir.

Çocuğun, taklit yoluyla her türlü davranış kalıbını öğrenmesi söz konusu olduğundan, ana-baba "istenen-uygun davranış" örüntülerini geliştirmelidirler. Ana-baba, önce kendi içlerinde barışık, huzurlu birer birey ve sağlıklı birer özdeşim modeli olmalıdırlar.

Ana-baba, çocuğundan yaşı ve yeteneklerine uygun isteklerde bulunmalı, çocuğu hayal kırıklığına uğratacak, yaşının üstünde beklentiler içine girmemelidirler. Çocuğun ilgi ve yeteneği onun yönlendirilmesinde esas alınmalı, ana-babanın tutkuları dikkate alınmamalıdır.

Ana-baba, öncelikle çocuğunu bağımsız bir birey olarak kabul eden, ona sevgi ile yaklaşan ve olumlu ilişki kurmaya çalışan kişiler olmalıdırlar. Bilinmelidir ki, sevgi temeline dayanan eğitim, sağlam ve başarılı bir eğitimdir.

Anne ve baba, soyut düzeyde uyarı yerine, somut düzeyde eylemi temel almalıdırlar.

Anne ve baba, öyle bir ortam hazırlamalıdırlar ki, çocuk sanki her zaman anne ve babası yanındaymış gibi kendini güvenli, hiç yanında değilmiş gibi özgür hissetsin.

Ana-baba, çocuğunun kişiliğine saygı duyan, benlik saygısı üstün kişiler olmalıdır ki, çocuklarının benlik saygısı da üstün olabilsin. Ana-babalar, otonom (kendi kendini yöneten) bireyler yetiştirebilmek için gerekli psiko-sosyal ortamı hazırlamalıdırlar. Bunun için de aşırı koruyucu yaklaşımdan kaçınarak çocuğun kendi kendini yöneten bir birey olmasına fırsat vermelidirler.

Kısacası, ana-baba, çocuğa sevgi veren, girişim yeteneğini ve özgüvenini kazanabilmesi için onu destekleyen kişiler olmalıdırlar. Çocuğa yeterli düzeyde desteğin sağlandığı bu ortamda, ana-babanın sağladığı disiplin ve eğitimin nitelikleri olumludur. Çocuğun istemi hiçbir zaman engellenmez. Aşırı davranışları anlayışla karşılanır ve yumuşak bir biçimde düzeltilir. Böyle esnek bir ortamda çocuk, cesaretli ve topluma uyumlu bir insan olarak yetişir. Yaşamını yapıcı çabalar üzerinde kurmayı öğrenir.

İdeal ana-babayı belirlemek zor olmakla beraber, başarılı ana-babalar çocuğun ihtiyaçlarını sezen, onlara uygun yanıtlar veren, aşırı hoşgörülü veya katı olmayıp, çocuğa karşı esnek bir yaklaşım içinde olan, davranışlarında belirli bir devamlılık ve kararlılık sağlayan, karşı çıkmadan önce her zaman çocuğun isteklerini dinleyen ana-babalardır.

Yine başarılı ana-babalar, çocuğun kendi kendisini denetlemesine ya da iç denetim demek olan ahlak gelişimine ortam hazırlayan, çocuktaki sorumluluk duygusunu geliştiren, olayların sonuçlarıyla onları baş başa bırakan, onlara hak ve özgürlüklerinin sınırını öğreten, çocuklarına korku silahını çevirmeksizin, kendi kendilerini disipline eden ve düşüncelerini özgürce anlatabilen birer birey olarak yetişmelerine imkân hazırlayan kimselerdir.

KAYNAKLAR

Gayle Kimbal, (1988). 50/50 parenting. Lexington books. D.C. Heath and Company, U.S.A.

Hugh, Jolly, (1987). Book of Child Care. Unwin Paperbacks, London.

Martin, Herbert, (1987). Behavioral Treatment of Children With Problems. Academic Press Inc. (London) Ltd. London.

Michel, Hersen; Cynthia G. Last, (1988). Child Behavior Therapy Case Book. Plenum Press, New York.

Sidney, H. Weissman; Rebeca, S. Cohen; Bertram, J. Cohler, (1984). Parenthood. The Guilford Press. New York, London.

Yavuzer, H. (1989). *Çocuk Psikolojisi*, Remzi Kitabevi, İstanbul.

Yavuzer, H. (2001). *Anne Olmak*, Remzi Kitabevi, İstanbul.

Yavuzer, H. (2003). *Çocuğu Tanımak ve Anlamak*, Remzi Kitabevi, İstanbul.

Doç. Dr. Oya Güngörmüş Özkardeş
(İstanbul Ticaret Üniversitesi Psikoloji Bölümü Öğretim Üyesi)

Baba Olmak

Yaşam boyunca pek çok farklı kimlik ediniriz, evlat, torun, kardeş, arkadaş, eş, hala, dayı, öğrenci, öğretmen, kadın, erkek, ana-baba vb. Ama bunlar içinde en önemli olanlardan biri ana-baba kimliğimizdir. Neden ana-baba olmak diğerlerinden daha ayrı bir yere sahip?

Birincisi –çoğu kez ya da idealde demek mi daha doğru?– seçerek ve isteyerek bu rolü üstlenmişizdir; ikincisi, hem bize benzeyen hem de bizden bütünüyle farklı özelliklere sahip olan bir bireyin çeşitli dönemlerde artan ya da azalan sorumluluğunu çok uzunca bir süre taşımak zorundayızdır –üstelik bu sorumluluğu çoğu kez bir zorunluluk olarak algılamadan–; üçüncüsü, yaşam boyu edindiğimiz kimliklerin bir bölümünü vazgeçip bırakabiliriz, ama analık/babalık kimliğimiz yaşamımızın sonuna dek bizimle gelir.

Anne olmak ile ilgili çok şey söylendi, çok araştırma yapıldı, birçok filmde, romanda, şiirde vurgulandı, çoğu zaman da yüceltildi. Dilimize bile sözcüklerle (anaokulu, anakara, anayasa, anayol), atasözleriyle (ana gibi yar bağdat gibi diyar olmaz; ağlarsa anam ağlar, gerisi yalan ağlar; anasının kuzusu) ya da deyimlerle yansıdı.

Babalara bakışımız ise daha çelişkili oldu. Kimi dönemlerde toplum tarafından göklere çıkartılırken kimi dönem unutuldu, yok sayıldı.

Annelerin çocukları için niçin babalarından daha önemli olduğuna dair pek çok görüş ileri sürülebilir. İşte birkaç tanesi;

- Babalar yalnızca biyolojik olarak gereklidir.
- Anne dokuz ay karnında taşıdığı için çocuğuyla arasındaki bağ çok özeldir.
- Çocuğun bakımını anne yapmalıdır. Çünkü kadınlar biyolojik açıdan bu konuda daha donanımlıdır.
- Anneler çocuklarıyla daha çok zaman geçirirler.

- Babalar, anneler kadar çocuklarını etkileyemezler.
- Özellikle bebekler için anneler daha önemlidir, çünkü bebeğin her türlü gereksinimini anlayıp karşılayabilir.

Peki bunların ne kadarı doğru? Annelere karşı babalar gibi bir karşılaştırma yapılmalı mı? Babalar yalnızca biyolojik olarak mı gerekli, çocuğuna bakmak için yeterli donanımdan yoksun mu? Buna yanıt vermeden önce aşağıdaki bilgilere bir göz atalım;

√ Bazı kültürlerde doğduğu andan başlayarak çocuğun bütün sorumluluğu babaya verilmektedir.

√ Babaların varlığı annenin doğum anında yaşadığı zorlukları daha hafif atlatmasına yardımcı olmaktadır.

√ Özellikle bebeklerin, anneleri aracılığıyla dünyayı tanıdıkları, öncelikle yalnızca bir ebeveyne bağlandıkları görüşünün doğru olmadığı düşünülmektedir.

√ Bebekler ilk günlerden başlayarak çevrelerindeki yetişkinlerle farklı ilişkiler kurarlar. Örneğin, babalarından gelen oyun oynama isteğine daha olumlu tepki verirler.

√ Doğumdan sonra babalarda da, birtakım hormon düzeylerinde bazı değişiklikler (testosteron ile estradiol düzeyinde düşme, prolaktin ile kortizol düzeyindeyse yükselme) olduğu saptanmıştır.

√ Babalar da, anneler kadar bebeklerin bakımını başarıyla gerçekleştirebilmektedir.

Bu bilgiler, annenin çocuğu için daha önemli ve biyolojik temelli olduğunu açıklamaya yeterli değil, tersine anne ve babanın her ikisinin de çocuk için önemli ve birbirini tamamlayıcı rolleri olduğunu göstermekte.

Gerçi annelerle ilgili yapılmış çalışmalarla karşılaştırıldığında babalarla ilgili yapılmış çalışmaların sayısı hâlâ az. Ancak, özellikle 70'li yıllardan sonra giderek artan bir biçimde çocukların yaşamında babaların ne kadar önemli olduğu yeniden vurgulanmakta.

Artan bu ilginin kuşkusuz en önemli nedenlerinden biri, toplumsal yapıdaki değişimler.

Toplumsal yapının değişimi ise hem ekonomik, siyasi, kültürel faktörlere hem de bu faktörlerin her birinin birbirleriyle olan etkileşimlerine bağlı.

Babalık Rolünü Değişime Uğratan Faktörler

√ Ekonomik alandaki değişimlerin kadın-erkek rollerini etkilemesi.
√ Kadının yüksek eğitim görmesi, eğitilmesi ve iş bulmasının, ekonomik açıdan erkeklerden bağımsız hale gelmesine yardımcı olması.
√ Çalışan ve tam gün çalışan kadın sayısında artışın olması.
√ Kadının çalışmasının, erkeklerin evle ilgili sorumlulukları paylaşmalarında bir baskı unsuru oluşturması.
√ Hem annenin hem babanın dışarıda çalışmasının çocuk bakımı ile ilgili yeni düzenlemeleri zorunlu kılması .
√ Geleneksel aile yapısının çekirdek aileye dönüşmesi ve çekirdek aile içindeki bireye düşen rol ve sorumlulukların değişmesi.
√ Çok sayıda boşanmış ya da dul erkeğin, çocuklarının bakım ve eğitim sorumluluğunu tek başlarına üstlenme konusunda istekli olmaları.

Rollerin değişimini etkileyen faktörleri bir sarmal olarak da düşünmek yanlış olmaz. Çeşitli faktörler toplumsal yapıda değişimlere neden olmakta, bu değişimler kadın ve erkek rollerini etkilemekte, rollerdeki değişimler ise analık ve babalık rollerini biçimlendirip farklılaştırmakta, bunun paralelinde araştırmacıların aile ile ilgili yaptıkları araştırmalarda odak noktaları değişmektedir. Örneğin, 1970'li yıllardan önce, baba-bebek etkileşimi ile ilgili araştırma sayısı yok denecek kadar azken bu yıllardan sonra araştırma sayısı artmıştır.

ANNELER VENÜS, BABALAR MARSTAN MI?

Anne ve babaların birbirlerinden farklı olduğu alanların yanı sıra, birbirleriyle örtüşen pek çok özellikleri de var. Önce farklılıklarına bakalım, sonra da benzerliklerine;

- Anne ve babalar arasındaki önemli ve açıkça gözlemlenen farklardan biri, ev ile ilgili olan görev dağılımında ortaya çıkmaktadır. Anneler daha çok yemek, bulaşık, çamaşır, ütü gibi işleri üstlenirken, babalar tamir, sigorta işleri, araba bakımı vb. işleri üstlenmektedir. Bunun sonucunda 3 yaş dolaylarında çocuklar ev işlerinin cinsiyete göre dağılımının farkında olmaya başlamaktadır.

- Çocukların, özellikle de bebeklerin bakımında anneler daha fazla rol almaktadır. Son yıllarda gelişmiş ülkelerde bebeğin bakımını üstlenen baba sayısında artış olmakla birlikte, genelde bu görevi yerine getirenler çoğunlukla annelerdir.
- Anne ve babaların bebekle kurdukları ilişkilerin arasında da nitelik açısından bazı farklılıklar var. Birlikte oldukları zamanı anneler, daha çok bebeğin bakımıyla ilgili etkinliklerle geçirirken babalar ise daha çok bebekleri tutma, kollarında sallama gibi fiziksel uyarıya neden olan çeşitli oyunlar oynama eğilimindeler. Anne-babanın davranışlarındaki bu farklılığın sonucu olarak bebekler babalarından gelen oyun oynama isteğine, annelerinden gelene oranla daha olumlu tepkide bulunmakta.
- Genellikle babalar, annelere oranla daha az süreyle çocuklarıyla birlikte olmaktadır. Yapılan araştırmalarda, bebeklik döneminde babanın bir gün içinde çocuğuyla birlikte olduğu sürenin bir dakika ile bir saat arasında değiştiği, çocuğun yaşının artmasına paralel olarak bu sürenin de arttığı ortaya konulmuş. Ancak babanın çocuğuyla birlikte olduğu sürenin az olmasından yola çıkarak babanın çocuk üzerindeki etkilerinin de az olacağı sonucuna varmak oldukça hatalı. Çalışan kadınlar ve babalarla yapılmış pek çok çalışma bulgusu, çocukla birlikte olunan sürenin fazlalığından çok, bu süre içinde neler yapıldığının önemli olduğunu açığa çıkartmıştır. İşin özü, birlikte geçirilen zamanın kalitesi daha önemli.
- Anne ve babanın çocuğun eğitiminde üstlendiği rollerde de bir takım farklılıklar var. Babalar disiplini sağlayan, geleceği planlayan, ailenin dışındaki dünyayla etkileşimde bulunan bir birey olarak, anneler ise ailenin bir bütün olmasını sağlayan, kişilerarası ilişkileri düzenleyen bir birey olarak çocuğa model oluşturmakta.
- Bir başka fark da, çocuğun eğitiminde anne ve babanın farklı noktalara dikkat etmeleri. Yapılan bir araştırma (Stolz; Akt. Weinraub, 1979) babaların, çocuğun eğitimi, ahlaki-kişisel değerleri, fiziksel güvenliği ile daha çok ilgilenirken, annelerin çocuk-

ların duygusal uyumları, mutlulukları ve endişeden kurtulmalarıyla ilgilendiklerini ortaya koymuş.

- Çocukların, kendi cinslerine uygun davranıp davranmadıklarına babalar annelerden daha fazla dikkat etmekte.

Örtüşen özellikleri ise şunlar;

- Bebeklerle olan ilişkilerinde farklı oldukları taraflar olmakla birlikte birçok açıdan da benzer davranışlarda bulunurlar. Her iki ebeveyn de ilk günlerden başlayarak bebeğin tepkilerinin ne anlama geldiğini; ağlamasının can sıkıntısından mı, yoksa bir sancısı olduğundan mı kaynaklandığını ayırt edebilmekteler. Bebeği beslemeyi her iki ebeveyn de aynı ölçüde başarıyla gerçekleştirmekte. Hem anneler hem de babalar bebekleriyle konuşurken seslerini incelterek, kısa sözcüklerle ve bol tekrarlı bir konuşma tarzını seçmekteler.
- Doğumdan sonraki ilk saatler ve ilk günler anne-çocuk ilişkisinin oluşması açısından çok önemlidir. Aynı olgu babalar açısından da doğrudur. İlk günlerde bebeklerinin bakımına aktif olarak katıldıklarında, sonraki dönemlerde bebekleriyle daha fazla zaman geçirmekte ve ilgilenmekteler.

BABALAR ÇOCUKLARININ GELİŞİMİNİ NASIL ETKİLER?

Çocuk, doğduğu andan başlayarak büyür ve gelişir. İlk yıllarda çok hızlı olan büyüme ve gelişmeyi tek bir faktörden çok, farklı pek çok faktörün bileşimi etkiler. Genetik miras, doğum sırasındaki faktörler, doğum sonrasında çocuğun içinde bulunduğu ortam, çocuğa sunulan olanaklar ve çocukla girilen etkileşim, bunların her biri çocuğun büyüme ve gelişimini farklılaştırır. Bu yazıda ağırlıklı olarak babanın çocuğunu nasıl etkilediğine odaklanmaya çalışacağız.

Babaların çocuğunun üzerindeki etkisi hem dolaylı hem de dolaysız yollardan olur. Çocuğunun bakım ve eğitimine destek vermesi, çocuğuyla oynaması, onunla ilgili kararlara etkin katılması, çocuğu doğrudan etkiler. Öte yandan, babanın evin geçimini sağlaması, eşi ile arasındaki ilişkinin sağlıklı olması, gerektiğinde çocuklarla ilgili süreçlerde eşine destek vermesi gibi dolaylı etkileri ise aile içindeki uyumun artmasını sağlar.

Peki gelişimin hangi yüzlerinde etkisi var? Babaların çocuklarını nasıl etkilediğine ilişkin pek çok araştırma yapılmış, aşağıda üç önemli gelişim yüzündeki etkilerinin neler olduğuna dair kısa bir özet var.

Zekâ ve Akademik Başarı

Zekâ gelişimini ve akademik başarıyı etkileyen pek çok etmenin yanı sıra, babanın çocuğuna karşı takındığı tavırların da bu iki alanı etkileyebildiği görülmektedir. Özellikle babanın çocuğuna karşı sıcak davranmasının, çocuğuyla kurduğu ilişkinin olumlu olmasının, genelde zekâyı ve okul başarısını olumlu bir şekilde etkilediğini söylemek olası.

Babalarını kendilerine yakın hissetmeyen, aralarında sıcak bir ilişki olmadığını düşünen çocukların hem zekâları hem de okul başarısı bundan olumsuz etkilenmekte. Baba yoksunluğunun da yine her iki alanı olumsuz bir şekilde etkilediğini söyleyen birçok çalışma var.

Babasız olmak ve babasını erken yitirmek, özellikle erkek çocukların zekâsını ve okul başarısını daha olumsuz etkilemektedir. Ayrıca babasız olmak yine özellikle erkek çocuğun bilişsel stilleri üzerinde etkili olmakta. Yapılan araştırmalar babasız erkek çocukların matematik becerilerinden çok, sözel becerilerinin geliştiğini vurgulamakta.

Cinsel Kimlik Gelişimi

Babanın, cinsel gelişim üzerindeki olası etkileri en çok araştırılan konulardan biridir. Özellikle erkek çocuğun kendi cinsine özgü rolleri benimsemesinde babanın büyük bir önemi olduğunu vurgulayan pek çok çalışma vardır. Babanın erkeksiliği, sevgisi ve şefkati, evdeki kuralları koyan kişi oluşu, erkeksi gelişimi etkileyen önemli faktörler olarak karşımıza çıkmaktadır. Ayrıca babaların, çocukların kendi cinslerine uygun davranıp davranmamalarına annelerden daha fazla dikkat etmeleri, yine çocukların cinsel gelişimini daha fazla etkiler görünmektedir.

Babaları ile olan ilişkileri kız çocuklarının da cinsel gelişimini etkilemektedir. Babanın kabulü ve desteği, kadınsı davranışı geliştirmekte, bunun yanı sıra erkeksi ve yetkin bir baba ile etkileşimde bulunmak, kız çocuk için karşı cinsle ilişkisine yansıtabileceği temel bir deneyim oluşturmaktadır. Kızlar babası ile olan etkileşimleri yoluyla bir yandan karşı cinse özgü davranışların neler olduğunu, kendilerine nasıl davranılması gerektiğini öğrenirken, bir yandan da erkeklere nasıl davranması gerektiğini öğrenir.

Babası ile ilişkisi iyi olan kızların, karşı cinsle ilişkilerinin daha sorunsuz olduğu görülmüştür. Bu sonuçlar, kız çocukların babalarına benzer kişilerle evlendikleri yolundaki söylencelerin içinde bir ölçüde doğruluk payı bulundurduğunu düşündürmüyor mu?

Kişilik Gelişimi

Babası otoriter ve az ilgili çocuklarda utangaçlık, çekingenlik gibi kişilik özelliklerine daha sık rastlandığı babası hoşgörülü olan çocuklarınsa, özellikle de erkek çocukların, daha iyi arkadaşlık ilişkilerine sahip, liderlik özelliği olan ve daha uyumlu bireyler olduğu görülmüş.

Kişiliğin merkezinde yer alan bir başka yapı da *benlik kavramıdır.* Kişinin fiziksel, ruhsal, sosyal ve duygusal özellikleri, istekleri ve başarıları hakkındaki inançlarının bütünü olarak tanımlayabileceğimiz benlik kavramı yaşamın ilk yıllarından başlayarak oluşur. Çocuğun yaşamındaki anne, baba, kardeşler, öğretmenler ve arkadaşlar çocuğun nasıl bir benlik kavramı oluşturacağını önemli ölçüde belirler. Araştırmalar babalarınca ret ve ihmal edilen çocukların daha olumsuz bir benlik kavramına sahip olduklarını söylüyor.

İyi Baba Nasıl Olunur?

Her kültürde ya da aynı kültürde, farklı dönemlerde, iyi bir babadan beklenen özellikler farklılaşmakla birlikte, bütün kültürlerde ortak olan iki özellik var.

√ İyi bir baba olmak

√ Çocuğuna bakabilmek

İyi bir baba nasıl olunur? Kime çok iyi bir babadır, denir? İdeal bir baba var mıdır?

İlk bakışta yanıtlanması çok kolaymış gibi görünmesine karşın, yanıtları yaşanan döneme, kültüre ya da kişilere göre değişebilecek bu soruları yanıtlamak o kadar kolay değil.

İyi bir ana-baba olmanın yolu, sevgi, sabır, bilgi ve emekten geçmektedir. Çoğu anne-baba için çocuğunu sevmek, özel bir çabayı gerektirmez. Belki de çocuğumuzu sevmek, işin en kolay yanıdır, ama yeterli değildir. Çocukluğa ve çocuğumuza ilişkin bilgileri edinmek, onun dünyasına açılan pencereye bizi götürebilecek yolları öğrenmek, kendisiyle barışık olması ve olgunlaşması için sabırlı olmak ve emek vermek işin daha zor kısmınıa oluşturur.

EMEKSİZ SEVGİ, BİLGİSİZ EĞİTİM OLMAZ

Mesleğimizi seçmek için yıllarca uzun ve yoğun eğitimler almamıza karşın ana-baba olmak için bir testten geçirilmeyiz, okullara gitmeyiz. Oysa ana-babalık da öğrenilmesi gereken ince bir sanattır.

Bu nedenle çocuk gelişimi, çocukla iletişim gibi alanlarda okumak, bilgilenmek en önemli görevlerimizden biri olan ana-babalığı iyi yapmamız için bize yol gösterir. Son yıllarda ülkemizde, ana-baba eğitiminin öneminin anlaşıldığını, bu konuda yapılan pek çok etkinlik olmasından anlıyoruz. Ülkemizde ana-babalara ve yalnızca babalara yönelik olarak hazırlanmış ve başarıyla yürütülen beş farklı eğitim programından söz etmek istiyorum.

- Birincisi, İstanbul Üniversitesi Eğitim Bilimleri Bölümünce ilk kez 1998 yılında gerçekleştirilen *Evlilik Okulu* programıdır. 34 saatlik bir eğitimden oluşan bu programda, aile yaşam döngüsü, evlilik öncesi ilişkiler, evlilik ve iş yaşamı, evlilikte cinsel yaşam, ana-baba adayları gibi konulardan oluşmuştur.
- İkincisi ise, İstanbul Üniversitesi Ana-Çocuk Sağlığı Bölümünce yürütülen, hamile adayları ve eşlerine yönelik eğitim programıdır. *"Baba Adayı Eğitim Programı"* olarak adlandırılan bu programlarda, gebelik, gebelikte beslenme, doğum, iletişim, bebek sağlığı, bakımı ve beslenmesi, babalık rolü, doğum sonrası aile sağlığı konularında bilgi paylaşımı yapılmaktadır. Baba adaylarını hem bilgilendirmeyi hem de onlara psikolojik destek olmayı sağlayan bu programda, katılımcı sayıları 8-15 kişilik küçük gruplardan oluşmaktadır.
- Üçüncüsü, İstanbul Üniversitesi Eğitim Bilimleri Bölümünce ilki 1989 Ocak ayında açılan, çocuğun gelişim özellikleri ve eğitimi, çocuklar ve yetişkinlerle sağlıklı iletişim kurma, cinsel eğitim, okul, çocukta uyum ve davranış bozuklukları, babanın çocuk eği-

timindeki rolü, eşler arası problem çözme ana başlıkları altında bilgilerin aktarıldığı *Ana-baba Okulları'*dır. Bu programlar bir aylık ya da bir haftalık yoğun programlardır. Ana-baba okullarının temel hedefi, ailenin, çocuğunu yetiştirirken bilginin en önemli güç olduğunu keşfetmesini sağlamaktır.

- Dördüncüsü, Anne Çocuk Eğitim Vakfı (AÇEV) tarafından sürdürülen *Anne Çocuk Eğitim Programı'*dır. 25 haftalık bir eğitim dönemi olan bu programda, ilkokul öncesi dönem çocuklarının eğitimlerine ilişkin bilgi aktarımı, sohbet tarzında sürdürülmektedir.
- Beşincisi ise, yine AÇEV tarafından 1996'da açılan ve doğrudan babaları hedefleyen *Baba Destek Programı'*dır. Bu program 1999, 2003 ve 2010 yıllarında, üç kez yeniden gözden geçirilerek üzerinde değişiklikler yapılmış, 12 hafta süren bir programdır. Programda babanın rolü, önemi, çocuğa olan etkisi, çocuğun gelişim özellikleri, oyunun önemi, aile tutumları, disiplin yöntemi, çocukla zaman geçirmek gibi konulara yer verilmektedir. Bu program da *Anne Çocuk Eğitim Programı* gibi küçük gruplarla yürütülmekte ve babaların bilgilenmeleri yanında, tutum değişikliği yapmaları da hedeflemektedir.

Çocuk gelişimi ve etkileşimi hakkında bilgilenmenin yollarından biri de yayınların izlenmesidir. Sevindirici olan şeylerden biri, çocuk gelişimi ve sağlıklı etkileşimle ilgili olarak son dönemlerde Türkçe yayınlanan pek çok kitap olmasıdır.

İyi baba olmak doğuştan gelen bir yetenek değildir. Öğrenilebilir. Babalık hakkında yazılmış kitaplar, eğitim programları sizin için iyi bir başlangıç noktası olabilir.

*Ama tıpkı çocuklar da olduğu gibi öğrenmenin en etkili yolu, **YAPARAK/YAŞAYARAK ÖĞRENME'**dir.*

KRİTİK DÖNEMLER

Dönem dönem bütün ana-babalar yardıma gereksinim duyabilirler. Bazı zaman dilimleri babalar için özellikle zor olabilir ve desteğe gereksinim duyabilirler. Bu dönemler;

- Hamilelik
- Çocuğun doğumu (Bu özellikle ergenlik döneminde baba olanlar için kritik bir dönem olabilir. Çünkü genç, bir yandan yetişkinliğe bir yandan da ana-babalığa alışmak durumundadır.)
- İlişkiler ve rol değişimleri (evlenme, boşanma, ayrılma, üvey baba olma vb.)
- Hastalık ve yitimler
- İş değişiklikleri (işsizlik, iş değiştirme, eğitim eksikliği, iş becerilerinde yetersizlik)
- Tutuklanma, mahkemeye çıkma, hapse girme vb. durumlar
- Yaşam döngüsündeki değişimler (çocuğun çeşitli gelişim aşamalarından geçmesi, bu dönemlerdeki çocuk ebeveyn ilişkisi)

Çeşitli sıkıntılara gebe olan bu dönemlerin bilinmesi ve bunlarla başa çıkmaya yönelik eğitim programlarının düzenlenmesi babaları daha donanımlı kılmaya yardımcı olacak, bu da çocuğu ile olan etkileşimini olumlu yönde etkileyecektir.

EMEK VERİLEN ŞEYLER SEVİLİR

Daha önce de vurgulandığı gibi, sevgi ve bilgiden sonra iş, sabır ve emeğe kalıyor. Emek verilen şeyler önemsenir ve değeri bilinir. Çocuğunuza emek vermeniz onunla geçirebileceğiniz zamanları yaratmakla başlar. Pek çok çalışmada çocuklarla geçirilen zamanın niceliğinden çok niteliğinin önemli olduğu vurgulanmakta. Ancak bunun için de çocuğunuzla bir arada olmanız gerekmektedir. Tam gün dışarıda çalışan babaların, çocuklarının bakım ve eğitimine katılamamakla ya da onunla zaman geçirememekle ilgili birçok gerekçeleri var:

- İş temposunun içinde nasıl zaman ayırabilirim ki?
- Zamanımı istediğim gibi zaten kullanamıyorum ki!
- Benim eve geldiğim zaman çocuğum çoktan uyumuş oluyor.
- İşten öyle yorgun ve stresli geliyorum ki hemen kendimi televizyonun karşısına atıp dinlenmek istiyorum.
- Bütün hafta çalışıyorum, bir tek pazarım var, onu da canımın istediği gibi geçirmek istiyorum.

Bu listeyi uzatmak olasıdır. Ancak bu noktada yaşamdaki öncelikler sorusu gündeme gelmeli, sorun çözme ve zaman yönetme becerilerinin kullanılması gerekmektedir.

BABALIK DA BİR İŞTİR

- Kendinize *"Babalık etkinlikleri"* adında bir görev tanımlayın ve çocuğunuzla ilgilenmeyi görev olarak aklınıza, ajandanıza, takviminize, telefonunuza, bilgisayarınıza not edin. Kısacası, kendi tarzınıza uygun bir hatırlatma sistemi bulun.
- Ajandanızda çocuğunuz için zaman ayırın ve bu zamanı değiştirmemeye çalışın.
- Kahvaltı saatleri çocuğunuzla birlikte geçirilecek verimli bir zaman dilimi, güne iyi bir başlangıç olabilir.
- Fırsat bulduğunuz zamanlarda, onu okul çıkışında siz alın.
- Gün içinde onu telefonla arayın, gününün nasıl geçtiği hakkında konuşun.
- Okul zamanları dışında iş yerinize götürün, çocuğunuzun evin dışındaki insanlarla nasıl iletişim kurduğunuzu gözlemlemesi için olanak tanıyın.
- Sizi yalnızca evde değil, değişik ortamlarda izlemesine olanak sağlayın. Birlikte alışverişe gidin, spor yapın.
- Onunla ilgili okul etkinliklerine katılın, öğretmeniyle görüşün.
- Hafta sonu ya da yaz tatillerinde birlikte kamp yapın ya da bu tip kamplara katılın.
- Hafta içi çok yoğun çalışıyorsanız hafta sonları çocuğunuzla birlikte ufak tatiller düzenleyin.
- Akşam yemeklerini birlikte yemeye özen gösterin, ama bu yapılamıyorsa ve koşullar uygunsa bazen birlikte öğlen yemeği yiyin, bazen de eğer işyeriniz evinize yakın ise yemeğe gelip tekrar geriye dönmeye üşenmeyin.
- Onunla birlikteyken kulağınızı ve gözünüzü, bütün dikkatinizi ona verin.
- Çeşitli kutlamalar için olanak yaratın.
- Yemek zamanlarında çocuklarınızın öykülerini dinleyin, masadayken sohbet etmek için onları yüreklendirin.
- Akşamları birlikte eğlenceli şeyler yapın. Bunlar her zaman ener-

jinizi çok fazla alacak şeyler olmayabilir. Bazen bir fıkra anlatmak, birlikte boğuşmak, televizyondaki bir çizgi filmi birlikte izlemek bile yeterli olabilir.

- Evin çok ciddi bir yer olmaması için çaba gösterin. Yalnızca kuralları hatırlatan ya da polis konumundaki ebeveyn olma tuzağına düşmeyin.
- Ortak ilgi alanları bulmaya çalışın
- İşyerinde yaşadığınız stresin bir kısmını, onun gelişimine uygun bir dille ve dozda, onunla paylaşabileceğinizi unutmayın.
- Çocuklarınızın onları sıklıkla düşündüğünüzü ve sevdiğinizi bilmeye gereksinimleri vardır. Onu çok seviyor ve düşünüyor olabilirsiniz, ama bunu dile getirmekten de çekinmeyin.
- Çocuğunuzla ne kadar erkenden tanışırsanız aranızdaki bağın da o kadar erken oluşacağını unutmayın.
- Babalığınızla ilgili strateji geliştirin. Sizin için önemli olan değerlerin neler olduğunu ve bunları çocuğunuza nasıl öğreteceğinizi düşünün.
- Sorunlar oluştuğunda o an tepki vermek yerine, bazı durumlarla ilgili planlarınız olmasına özen gösterin. Eğer yalnızca o anda var olan koşullara göre tepki veriyorsanız, çocuğunuzun gerçek gereksinimlerini gözden kaçırıyor olabilirsiniz.

Çocuklar Neye Gereksinim Duyar

- Koşulsuz sevilmek
- Kabul edilmek
- Güven duymak
- Fiziksel becerileri, kişiliği, ahlaki gelişimi, değerleri ve akademik başarısı açısından desteklenmek
- Bir birey olarak değer verildiğini hissetmek
- Çocuklarla birlikte geçirdiğiniz zaman dilimlerinin çocuğun yukarıda sayılan temel gereksinimlerini karşılamak için bir olanak olduğunu aklınızdan çıkartmayın.

İyi Bir Baba Olduğunuzu Nasıl Anlarsınız?

- Eşinizin, yakınlarınızın ve çocuklarınızın görüşleri önemli ancak yeterli değildir.

- Kendi kendinizi değerlendirmek de yararlıdır. Ancak, aşırı eleştirel ve mükemmeliyetçi bir kişiliğiniz var ise, kendinizi daha kötü algılama gibi bir tuzağa düşmeden bunu yapmaya dikkat edin.
- Eğer çocuğunuz sizinle şakalaşıyor, sizi eleştiriyorsa bu iyi bir baba olduğunuzun göstergelerinden biri olabilir. Çünkü, çocuğunuz fikirlerini paylaşacak kadar sizi kendine yakın hissediyor demektir.
- Bütün bunlar size nasıl bir baba olduğunuz hakkında bir fikir verecektir, ama doğruya en yakın bilgileri verecek olanlar bunlar değildir.

İyi bir baba olup olmadığınızı anlamanın en önemli göstergesi çocuğunuzdur.

√ Nasıl davranıyor?
√ Benimsediği değerler nedir?
√ Başkaları ile nasıl ilişki kurar?

Baba Olmak Yalnızca Çocuğunuza Değil Size de Yarar

- İnsanlarla nasıl başa çıkacağınızı öğrenirsiniz. İyi ana-baba olmak, aynı zamanda iyi bir sorun çözücü olmaktır. Hele de, küçük ya da özel eğitime gereksinim duyan çocuklarla yemek yemek, yatmak, giyinmek, ödev yapmak gibi rutinler pek çok soruna gebe olan zamanlar olabilir. Bu tip zorlukları çözebilmek, bu krizleri atlatabilmek için, sorun çözme becerilerimizin de iyi gelişmiş olması gerekir. Ayrıca, çocuğun kardeş ya da arkadaşlarıyla yaşadığı zorluklarla baş edebilmesine yardımcı olmak için de bu becerilere gereksinim vardır. Burada geliştirdiğiniz beceriler size gündelik yaşamdaki başka ilişkilerinizi düzenlemenizde de yardımcı olacaktır.
- İşyerindeki küçük kişilik farklılıkları ya da güçlükler, genellikle daha büyük algılanır. İşyerinin dışına çıkma ve çocuklarla zaman geçirme, örneğin birlikte kamp vb. şeyler yapma, size işe döndüğünüzde daha gerçekçi bir perspektiften bakmanız için olanak yaratır.
- Daha ilginç bir insan haline gelmenize yardımcı olur. Çalışma yaşamı bazen sadece işin konuşulduğu sıkıcı saatlere dönüşebilmektedir. Genel olarak ana-babalar kendi çocukları ile ilgili soru-

ların kendilerine sorulmasından hoşlanırlar. Eğer siz de çocuklarınızla ilgilenen bir baba iseniz sizinle bu konuları konuşmak onların daha fazla hoşuna gidecektir.

- Çalışma arkadaşlarınızın yaşamında neler olduğunun daha çok farkında olabilirsiniz. İş arkadaşlarınızla çocuklarınız ve deneyimleriniz hakkında konuştuğunuzda birbirinizi daha iyi tanıyabilirsiniz.
- Ailesi ile ilgili sorun yaşayan iş arkadaşlarınız ya da çalışanlarınıza bazı açılardan yardım edebilirsiniz. Sizin babalık deneyiminiz ve daha önceden karşılaştığınız sorunlara bulduğunuz çözümler, onların sorunlarını çözmelerine de yardımcı olabilir.
- Daha toleranslı olmayı başarabilirsiniz. Çocuklarla birlikte olmak daha hoşgörülü ve toleranslı olabilme becerinizi arttırabilir.
- Çocuklarınızla daha fazla zaman geçirmek, yalnızca işteki başarınıza katkıda bulunmaz, sizin kendi kişiliğinizin zenginleşmesine de yardımcı olur. Ana-baba ve çocuk arasındaki ilişki karşılıklıdır. Siz onu seversiniz, o da sizi sever; o sizi sevdikçe siz daha çok seversiniz. Siz onun gelişimine katkıda bulunursunuz, ama o da sizin gelişiminize katkıda bulunur.

Unutmayın!

√ Çocuklar duygusal olarak size yakın büyürlerse yetişkin yaşamlarında da size yakın olmayı sürdüreceklerdir.
√ Kendinizi sevmeyi ve kabul etmeyi öğreneceksiniz.
√ Oynamayı yeniden keşfedeceksiniz.
√ Her şeyden önemlisi zengin anılarınız olacak.

KAYNAKLAR

Özkardeş, O. (2010), Baba Olmak, Remzi Kitabevi, İstanbul.

Weinraub, M. (1979), "Fatherhood: The Myth Of The Second-Class-Parent" Edit. J. H. Stephens, M. Mathews in *Mother-Child, Father-Child Relationships* The National Association The Education Of Young Children 2nd Printing.

Yavuzer, H. (2010), *Anne Olmak* Remzi Kitabevi, İstanbul.

PROF. DR. NORMA RAZON

Çalışan Anne ve Çocuğu

Kadının görevleri söz konusu olduğunda, ilk akla gelenler annelik ve ev kadınlığıdır. Oysa, dünya kurulalı beri kadın, annelik ve ev işlerinin yanı sıra üretim hayatına da katkıda bulunmuştur. Kadının üretim hayatında görev alması çok eski bir olgu ise de, evinin dışında ücretli olarak çalışması oldukça yenidir.

Batıda sanayi devrimi ile erkekler, toprak ve çiftlik işlerinden fabrika ve büro işlerine geçerken, kadınlar da kamu hizmetlerinde, büro işlerinde ve sanayi kesiminde görev almaya başlamışlardır. Birinci ve İkinci Dünya Savaşları sırasında da, savaşa giden erkeklerin yerini kadınların almasıyla, çalışan kadın sayısında büyük bir artış olmuştur.

Bizde kadının toprak işlerinde çalışması, aile işletmesine üretici olarak katılması eskidir, ancak ücretli olarak evinin dışında iş alması Kurtuluş Savaşı yıllarına rastlar. Türk kadını, Kurtuluş Savaşı yıllarında erkeklerden boşalan işyerlerine geçmiştir. Savaş sona erince, kadının iyi bir ev kadını, başarılı bir anne ve iyi bir eş olarak evine dönmesi beklenmişse de öyle olmamıştır. Kadınlarımız, çalışma hayatındaki etkinliklerini sürdürmüşlerdir. Cumhuriyet sonrası sanayileşme, göç ve kentleşme gibi etkenler, sanayi kesiminde ve kamu hizmetlerinde çalışan kadın sayısını artırmıştır. Bu dönemde öğrenim gören kadınların da çoğalmasıyla, uzmanlaşmayı gerektiren alanlarda da kadınlar görülmeye başlanmıştır.

Türkiye'de, 1981 yılında 5.912.919 kadın üretim hayatında etkinlik göstermekteydi. Bu kadınların 5.256.484'ü tarım kesiminde, 650.000 kadarı da hizmet alanında, özel sektörde, sanayi kesiminde ve diğer alanlarda çalışıyordu (*İşgücü Dergisi*, 1981, 5-6, s. 147-150).

Yapılan araştırmalar, ülkemizde çalışan kadınların büyük çoğunluğunun ekonomik zorunluluk nedeniyle işgücüne katıldığını göstermektedir. Bizde kadınların çoğu aileyi geçindirmek veya aile bütçesine katkıda bulunmak için çalışmaktadır. Ailesinin yaşam standardını yükseltmek, ailesinin refahını artırmak için çalışanlarla, belli bir alanda öğrenim gördüğü veya belli bir alanda uzman olduğu için çalışanlar azınlıktadır.

Ekonomik zorunluluk nedeniyle çalışan kadınlar, koşulları güç de olsa iş hayatlarını devam ettirmek için zorlanmaktadırlar. Çalışmak zorunda olmayan kadınlar ise aile düzenlerini bozan bir güçlük, annelik görevlerini aksatan bir zorluk ile karşılaştıklarında, iş hayatını, ya belirli bir süre için terk etmekteler, ya da tamamen işten vazgeçmektedirler. Bizde evlilik ve annelik, kadının işini bırakmasında veya çalışma hayatına ara vermesinde başlıca etkenlerdir.

Çalışan kadın, çocuk yapmaya karar vermeden önce kendisine çocuğun bakımında kimin yardımcı olacağını düşünmek zorundadır. Bütün hamileliği de "Çocuğuma kim bakacak?" sorusuna yanıt aramakla geçer. Çocuk sahibi olduktan sonra da kendisini bekleyen birtakım güçlüklerle karşılaşır.

İzin sorunu, çalışan kadının en önemli sorunlarındandır. Gerek doğumdan önce, gerekse doğumdan sonra kadının yasal hakkı olarak kendisine verilen izin süresi çok kısadır. Bizde kadın memura tanınan izin süresi, doğumdan önce üç hafta, doğumdan sonra altı haftadır. Kadın işçilerimiz için bu süre doğumdan önce altı hafta, doğumdan sonra altı haftadır. Bu süreler gerektiğinde doktor tarafından uzatabilmekte ise de, yeterli değildir.

Doğum sonrası izin süresi, annenin kendini toparlaması için yeterli olmadığı gibi, kadının annelik rolünü benimsemesi ve anneliğin zevkine varabilmesi için de yeterli değildir. Çocuğun ilk aylarda gerek biyolojik, gerek psikolojik açıdan annesine duyduğu ihtiyaç büyüktür. Çocuğun anne sütü ile beslenmesi, sağlığı açısından ne kadar önemliyse, duygusal gelişimi için de o kadar önemlidir. Ünlü uzman Bowlby'nin dediği gibi, "yaşamın ilk yıllarında çocuğun beden gelişimi için vitamin ve protein ne kadar gerekli ise, bedensel, zihinsel ve duygusal gelişimi için anne sevgisi de o kadar gereklidir."

İzin süresi dolan annenin asıl sorunu, çocuğun bakımını kime devredeceğidir. Ülkemizde işyerlerine bağlı kreş sayısının çok az olması, devletin açtığı gündüz bakım evlerinin nitelik ve nicelik açısından yetersiz oluşu, özel kurumların da çok pahalı olması, çaresizlik içinde olan anneyi, uygun olmayan çözümler bulmak zorunda bırakmaktadır. Çocuğun bir büyükanneye, bir büyük kardeşe veya bir komşuya teslimi, çocuğun paralı ancak bilgisiz bir bakıcı tarafından büyütülmesi gibi çareler en sık karşılaşılanlardır.

ÇOCUK BAKIMINDA ÇALIŞAN ANNELERİN BAŞVURDUKLARI ÇÖZÜMLER

Annenin çalışmasının zorunlu olduğu hallerde, çocuk bakımının bir büyükanneye, bir yakın akrabaya devredilmesi en uygun çözümlerden biri olarak kabul edilmektedir. Büyükanne, aile ile aynı çatı altında yaşıyorsa, sorun daha kolay çözümlenmektedir. Büyükannenin ayrı yaşadığı hallerde, çocuğu sabah büyükanneye bırakıp akşam evine geri getirmek, hiç değilse çocuğun akşamları birkaç saatini annesi ve babası ile geçirmesini sağlamak da uygun bir çözüm sayılabilir. Büyükannenin bulunmadığı hallerde, bir yakın akraba da aynı işi görebilir.

Uygun Olmayan Çözümler

1) Çocuğun hafta başlarında yedek anneye bırakılıp, hafta sonlarını annesi ve babası ile geçirmek üzere cuma akşamı ve cumartesi sabahı eve alınması,

2) Çocuğun sürekli olarak yedek annenin yanında kalması, anne ile babanın fırsat buldukça iş dönüşü veya hafta sonları çocuklarını görmeye gitmeleri,

3) Çocuğun aynı kentte olmayan veya anne ile babanın bulunduğu yere belli mesafede bulunan anne yedeğine gönderilmesi, fırsat buldukça anne veya babanın hafta sonlarında veya bayram tatillerinde çocuğu ziyarete gitmeleri,

4) Çocuğun uzaktaki bir akrabaya teslimi, çocuğun anne-babadan uzak büyümesi, anne-babanın ancak yıllık izinlerde çocukla beraber olması,

5) Çocuğun okul çağına kadar anne-babadan uzak büyümesi, bir büyükanne yanında kalması, okul çağına gelince annesi ile babasının yanına gelmesi,

6) Çocuğun, bilgisiz veya çocuk sevmeyen paralı bir bakıcı tarafından büyütülmesi veya bakıcıların sık sık değişmesi,

7) Çocuğun kendisinden daha büyük bir kardeş tarafından bakılması, ancak bu kardeşin bazı sorumlulukları kavrayacak kadar büyük olmaması,

8) Çocuğun iyi yetişmemiş, cahil bakıcıların çalıştığı bir kreşe verilmesi,

9) Nihayet, birden fazla çocuğun bulunduğu ailelerde, çocuklardan birinin anne-baba yanında kalması, diğeri için aileden uzak bir çözümün bulunması.

Bu çözümlerin hepsi çalışan annelerin başvurdukları çözümlerdir. Hatta çocuğu evde yalnız bırakmak, kapıyı çocuğun üzerinden kilitleyip çıkarak anahtarı komşuya teslim etmek, komşudan ara sıra çocuğa bir göz atmasını istemek de, bir gecekondu bölgesinde karşılaştığımız çözümlerdendi.

Bu çözümler arasında en uygun gibi görüneni, annenin çalıştığı süre içinde, çocuk bakımının bir büyükanne veya yakın akrabaya devredilmesidir. Bu çözümle, çocuk kendisini seven birisi tarafından büyütüleceğinden, sevgi, şefkat ve ilgiden yoksun kalmayacak, anne ve babasından uzakta büyümemiş olacaktır. Çoğunlukla bu çözüm biçiminde ortaya çıkan bir sorun, büyükannenin çocuğu şımartması veya anne ile büyükannenin eğitim ve disiplin anlayışlarının farklı olmasıdır.

Bazı büyükanneler, annesi çalıştığı için torunlarına acırlar, anneyi suçlarlar, annenin yokluğunu telafi etmek için torunlarını şımartırlar. Torunlarına karşı aşırı hoşgörü gösteren bu büyükanneler "Ben kendi çocuklarımı şımartmadım, ama bu benim torunum, ben şımartırım, anası-babası eğitsin. Beni beğenmiyorlarsa başkasına baktırsınlar," diyerek kendilerini haklı çıkarmaya çalışırlar.

Bazı hallerde de büyükanne ile annenin eğitim ve disiplin konusunda aynı görüşü paylaşmadıkları görülür. Bu hallerde, ya iki kuşak arasında çatışma olur; çocuk da bundan ustaca yararlanır, kime nazı geçiyorsa ona sığınır, ya da anne bulduğu çözümü kaybetmemek için, uygun bulmadığı bir eğitim biçimine boyun eğmek zorunda kalır.

Aynı durum bir bakıcı tutulduğunda da söz konusu olup, anneler bu disiplin kargaşasını ileride telafi edeceklerine inansalar da, çoğu zaman durum böyle olmaz, çünkü çocuğun kişiliğinin gelişmesi, karakterinin oluşumu ilk 5 yılki eğitime, ortama ve uyaranlara sıkıca bağlıdır.

Çocuk eğitiminde ilk yılların önemini savunan uzmanlara göre, –annenin çalışmasının çocuk üzerinde olumsuz etkileri olduğunu kanıtlayan araştırma bulgusu olmamasına rağmen– ideal çözüm ilk ikiüç yılda çocuğun annesi tarafından büyütülmesidir. Tüm eğitimciler ve ruhbilimciler çocuğun gelişiminde ilk yılların çok önemli olduğunu ve bu yıllarda annenin en etkili birey olduğunu vurguluyorlar. Bu nedenle, ilk iki veya üç yılda çocuğun annesi tarafından yetiştirilmesi gerektiği konusunda birleşiyorlar. Eğitimcilerin bir kısmı, ikinci yılda, bir kısmı da üçüncü yılda çocuk için anneden kopmanın daha kolay olacağını söylüyorlarsa da bu durum, çocuktan çocuğa değişmektedir.

Annenin Çalışması Çocuk Açısından Sakıncalı mıdır, Değil midir?

Bu soruya genel bir cevap vermek mümkün değildir, çünkü verilecek cevap duruma göre değişir. Annenin çalışmasının çocuk üzerinde yaratacağı etkiler bazı faktörlere bağlıdır. Bu faktörler; annenin işi, çalışma nedenleri, çalışma koşulları, annenin eğitim düzeyi, anne-çocuk iletişimi, aile içi ilişkiler, annenin yokluğunda çocuğa bakanın özelikleri, sağladığı bakımın uygun ve devamlı oluşu, çocuğun hangi gelişim basamağında bulunduğu, kısaca çocuğun yaşı gibi faktörlerdir. Yaş, üzerinde önemle durulması gereken faktörlerden biridir. Koşullar ne olursa olsun, annenin çalışması 0-3 yaş çocuğu ile 3-6 yaş çocuğunu farklı şekilde etkileyeceği gibi, okul çocuğu ile ergeni de farklı şekilde etkileyecektir. O halde, annenin çalışmasının sakıncalı olup olmadığını farklı yaş dönemlerine göre ele almakta yarar vardır.

0-3 Yaş Çocuğu İçin Durum Nedir?

Eğitimciler, çoğunlukla bu yaşta çocuğu olan annenin çalışmasına karşıdırlar. Bu dönemde küçük çocuğun fizik bakım kadar, sevgi, özen ve ilgiye de ihtiyacı vardır. Bu dönemde, çocuğun yaşamında en etkili birey annedir, çocuk her şeyi annesinden öğrenir. Annenin çocuğuna gösterdiği şefkat ve ilgi, ona verdiği güven, çocuğuna karşı tutumu, benimsediği eğitim ve disiplin anlayışı, çocuğun gelişimini de, kişiliğini de etkiler.

Ünlü uzman Hoffman der ki: "Her ne kadar annelik içgüdüsel bir davranış ise de, bu davranış anne, çocuğu ile birlikte oldukça gelişir". Bu beraberliğe çocuk kadar, annenin de ihtiyacı vardır. Burada, çocuğun da, annenin de, bu beraberlikten zevk alması ve mutlu olması önemlidir.

Yaşı kaç olursa olsun, her çocuğun annesine ihtiyacı vardır. Bu ihtiyacın en şiddetli olduğu dönem, yaşamın ilk yıllarıdır. Gelişimin en süratli olduğu bu ilk yılları, sihirli yıllar olarak nitelendiren eğitimciler vardır. Bu eğitimcilere göre, ilk yıllarda çocuğun temel ihtiyaçları anne tarafından karşılanmalı, ilk yıllarda çocuk annesi tarafından yetiştirilmelidir. Bu nedenle de, ilk iki-üç yılda, zorunluluk olmadıkça anne çalışmamalıdır. Zorunluluk olduğu takdirde anne, yarım günlük (parttime) bir işi tercih etmelidir. Annenin tam gün çalışması gerekiyorsa, annenin yerini dolduracak bakıcının seçimi titizlikle yapılmalı, bu bakıcının aranan özelliklere sahip olması ve değişmemesi sağlanmalıdır. Zaman zaman sorun yaratmasına rağmen, bu durumda en uygun görünen çözüm, bir büyükannenin veya yakın akrabanın çocuğun bakımını üstlenmesidir. Ünlü uzman Bowlby, 0-3 yaş çocuğu söz konusu olduğunda annenin yokluğunda tek yetişkinin çocukla meşgul olmasının, çocuğun kurumda eğitilmesinden daha yararlı olduğunu savunur. Yalnız unutmamalıdır ki, en mükemmel yedek bakıcı bile hiçbir zaman annenin yerini tutamaz. Uzmanlara göre, annenin çalışmasından en çok etkilenen çocuk, 0-3 yaş çocuğudur, bu nedenle yedek bakım iyi ve devamlı da olsa, anne, evde olduğu sürede çocuğunun bakım ve eğitiminde aktif rol almalıdır.

3-6 Yaş Çocuğu İçin Durum

3-6 yaşlarında çocuğu olan annenin çalışmasına gelince: üç yaşından itibaren, normal bir çocuğun bütün gün annesi ile birlikte olmadan da gelişebileceği, rahatlıkla bir okul öncesi kuruma uyum gösterebileceği kabul edilir. Hatta iyi bir yuva veya anaokulunda eğitilmesinin, yaşıtları arasında büyümesinin son derece yararlı olduğu düşünülür.

Okul öncesi dönemde bir kurumda eğitim gören çocuk, arkadaş çevresinde sosyalleşir, annesinden kopmayı öğrenir, bağımsız olmayı başarır; bu da daha sonraki yıllarda, ilkokul çevresine uyumunu kolaylaştırır. Yalnız, çocuğun bir anaokuluna gitmesi ile annenin eğitim işlevi sona ermez. Daha önceki yıllarda olduğu gibi, çocuğun hâlâ annesine ihtiyacı vardır. Bu dönemde sevgi, şefkat ve güven duygularının pekiştirilmesi, anne-çocuk ilişkilerinin geliştirilmesi gerekir. Çocuk, henüz annesinden tam olarak kopmuş değildir, sabahları okula giderken annesi tarafından uğurlanmak, akşamları okul dönüşünde yine annesi tarafından karşılanmak ister. Annesine okulda neler öğrendiğini göstermek, bildiği şiir ve şarkıları söylemek, okulda yaptığı oyunları evde tekrarlamak ihtiyacını duyar. Bu nedenle, anne çocuğu ile oyun oynamak, sohbet etmek, bilgi alışverişinde bulunmak için 3-6 yaş çocuğuna zaman ayırmalıdır.

Burada iki devrede ele alınan okul öncesi eğitim dönemi, anne-çocuk ilişkilerinin temellerinin atıldığı dönemdir. Anne, çalışmasından ötürü ilk yıllarda kuramadığı ilişki ve iletişimi daha sonraki yıllarda telafi edemez, bu yüzden annenin bu ilişkilerin kurulmasına özen göstermesi, buna vakit ayırması zorunludur.

Okul Çocuğu İçin Durum

Okul çağında çocuğu olan annenin çalışması, çocuk açısından sakıncalı sayılmamaktadır. Bu dönemde en uygun çözüm; çocuğun okulda olduğu süre içinde annenin çalışması, okul dönüşü çocuğun annesini evde bulmasıdır. Annenin bulunamadığı zamanlarda çocuğun evde yalnız kalmamasına özen gösterilmelidir. Yaşı küçük olan veya yalnız kalmaya hazır olmayan büyük çocuğun evde tek başına bırakılması uygun değildir. Çocuğun, annesi dönünceye kadar bir yakınıyla veya kardeşleri ile kalması veya annesinin dönüşünü bir arkadaşının evinde beklemesi yerinde olur.

İlkokula başlama çocuğun yaşamında önemli bir olaydır. Çocuğun kendisi için yeni sayılan okul ortamına uyum sağlayabilmesi, sınıf düzenine uyması, çalışma alışkanlığını kazanması için, annesinin desteğine ve teşviğine ihtiyacı vardır. Okul çocuğu, bilgisindeki artışın da, başarısının da ilgi ile izlenmesini ister, başarısızlığa uğradığında kendisine yardım edilmesini bekler.

Çocuğun okula başlamasıyla yeni sorunlar doğar, bunların çözümünde, okul kadar, aileye de birtakım görevler düşer.

Evde ve okulda problemi olmayan, sorumluluk duygusu gelişmiş olan başarılı çocuk, annesi işten dönünceye kadar dersini bitirmeye çalışır, annesi gelince de onunla oyun oynamak veya sohbet etmek için fırsat kollar.

Evde veya okulda sorunu olan çocuk, ders çalışma veya ödev yapma işini annenin dönüşüne bırakır. Bazı hallerde ders ve ödev yoluyla annesinin dikkatini çekmeye çalışır.

Annenin her iki durumda da çocuğun ihtiyaçlarına duyarlı olması, davranışlarını ve zamanını çocuğunun ihtiyaçlarına göre ayarlaması gerekir. Bu iki durumda da, çocuğun anneden beklediği ilgidir, yakınlıktır, anne de bunları çocuğundan esirgememelidir.

Ergen İçin Durum

Ergenlik çağındaki çocuğun artık büyüdüğü, kendini kurtardığı, yetişkinlere muhtaç olmadığı zannedilirse de, bu dönem, çocuğun anne ve babasının özel ilgisine ihtiyaç duyduğu buhranlı bir dönemdir. Ergen, geçirmekte olduğu krizi atlatmak, fizyolojik ve psikolojik yapısında meydana gelen değişiklikleri anlamak için yetişkinin rehberliğine ve yardımına ihtiyaç duyar, anlayış bekler, dertleşmek ve sohbet etmek için fırsat arar.

Ergen, duygu, düşünce ve davranışlarına saygı duyulmasını ister, kendisine yetişkin muamelesi yapılmasını bekler. Aile, ergeni anlayışla ele almazsa, ergenin aile ile kurmuş olduğu ilişkiler bozulur, iletişim kopar. Ergen bu dönemde cinsiyet, kız-erkek arkadaşlığı gibi konularda bilgi edinmek, tartışmak ister, bu ihtiyacı anne yedeği ile karşılayamayacağından, bu konuda anne veya babasından yakınlık bekler.

Tüm gelişim basamaklarında çocuk, onu seven, onu anlayışla ele alan, tanıyarak eğiten, sorunlarına çözüm arayan birer yetişkin olan anne ve babasına ihtiyaç duyar. Ailesi ile kurduğu ilişkilerin etkisinde kalarak mutlu veya mutsuz, doyumlu veya doyumsuz, uyumlu veya uyumsuz olur.

Bazı anneler çocuklarını kendileri yetiştirmek isterler. Çalıştıkları takdirde çocuklarını ihmal edeceklerini, onları yeterince tanıma ve izleme fırsatına sahip olamayacaklarını düşünürler, bu nedenle de çalışmamayı uygun görürler; ya da çalışmaya başladıktan kısa bir süre sonra işten ayrılırlar, çünkü çocuklarının temel ihtiyaçlarını karşılayamamaktan endişe duyarlar.

ANNELERİN ÜZERİNDE ÖNEMLE DURDUKLARI ÇOCUĞUN TEMEL İHTİYAÇLARI NELERDİR?

- Sevgi ve şefkat ihtiyacı
- İlgi ihtiyacı
- Güven ihtiyacı
- Özgürlük ve bağımsızlık ihtiyacı

Sevgi ve Şefkat İhtiyacı

Çocuğun bu ihtiyacı, dünyaya geldiği andan itibaren tatmin olmayı bekler. Birey, sağlıklı yaşayabilmek için sevmek ve sevilmek ihtiyacını duyar.

Çocuğun bu ihtiyacını ilk karşılayan aile bireyi annedir. Annenin verdiği sevgi, devamlı ve karşılıksız bir sevgidir. Bu sevginin niteliği ve niceliği, çocuğun tüm yaşamını etkiler. Şefkat görerek, sevildiğini ve istendiğini hissederek büyüyen çocuk mutlu olur, çevresi ile iyi ilişkiler kurar. Sevgi ve şefkatten yoksun büyüyen çocuğun ise, uyum ve davranış bozukluğu göstermesi olasıdır.

Çocuk gelişiminde en yararlı sevgi, ölçülü olanıdır. Çocuğu çok sevdiğini ileri sürerek onun hata ve kusurlarını görmezlikten gelmek ne kadar sakıncalı ise; onu yeterince sevmemek, her hatasına aşırı duyarlı davranmak da o kadar sakıncalıdır. Çocuklar yaş ve cinsiyet ayrımı yapılmadan sevilmelidir. Özellikle annenin çalıştığı ailelerde, anne sevgisini çocukları arasında eşit şekilde paylaştırırken, zaman ayırma konusunda da çocuklarına eşit davranmalıdır.

İlgi İhtiyacı

Her yaştaki çocuk ailesinden ilgi bekler, kendine, yaptıklarına, anlattıklarına ilgi gösterilmesini ister. Yaşla birlikte çocuğun beklediği ilgi çeşitlilik kazanır.

İlginin de sevgi gibi kararlı ve ölçülü olması gerekir. Bazı anne-babalar çocuğun bir sorunu olduğunda ona aşırı ilgi gösterir, sorunu çözümlenince de gösterdikleri ilgi azalır. Aşırı ilgi de, yetersiz ilgi de çocuğun gelişimini olumsuz şekilde etkiler. Yeterince ilgi görmeyen çocuklar, ilgi merkezi olmak, dikkatleri sürekli üzerlerinde toplamak için her şeyi yaparlar; aşırı yaramazlık, başkaldırma... Hatta bazı çocuklar hastalık anında annelerinin kendileri ile her zamankinden daha çok ilgilendiğini gözler ve zaman zaman hastalığa sığınarak annelerinin dikkatini üzerlerinde toplamaya çalışırlar.

Çalışan anneler, sık sık, çocuklarına diledikleri gibi vakit ayıramadıkları, yeterince ilgi gösteremedikleri için yakınırlar, oysa ilgi, çocukların temel ihtiyaçlarındandır. Anneler, çocuklarına yeterli ilgiyi göstermek için, büyük çaba harcamak zorundadırlar.

Güven İhtiyacı

Dengeli sevgi, ölçülü ilgi, çocukta güven duygusu yaratır. Çocuk sağlıklı büyüyebilmek için, kendini güven içinde hissetmelidir. Sevgi ve şefkat görerek büyüyen, çevresinde sorunlarına çözüm bulan bir yetişkinin varlığını hisseden çocuk, ailesine güven duyar.

Çocukta güven duygusunun uyanması ve gelişmesi, ailenin eğitim anlayışına, tutumuna ve disiplinine bağlıdır. Çocuk, davranışını yetişkinlerin tutum ve davranışları ile değer yargılarına göre ayarlar. Ailede kuralların sık değişmemesi, değer yargılarının kesin olması, ailenin dengeli bir disiplin uygulaması, hem çocuğun istenen davranış modelini kazanmasını, hem de kendini güven içinde hissetmesini sağlar. Güven içinde büyüyen çocuk, çevresine kolay uyum sağlar, çevresindekilerle olumlu ilişkiler kurabilir; bu duygudan yoksun olan çocuk, çekingen ve kararsız olur, kendine de, çevresine de güven duymaz.

Özgürlük ve Bağımsızlık İhtiyacı

Çocuğun ailesine güven duyması kadar, kendine güven duyması da önemlidir. Çocuğun kendine güven duyması ve doğru davranışı özgürce seçebilmesi için, kendi başına bazı işler başarması, başarısı ile kendisini kanıtlaması gerekir. Çocuğa kendini kanıtlaması ve bağımsız olması için fırsat verilmelidir.

Tek başına bir şey yaratmak isteyen çocuk engellenmemeli, hataları sürekli olarak düzeltilmemeli, devamlı eleştirilmemeli; yapıcı ve olumlu tenkitler için uygun zaman seçilmelidir.

Kendine güvenen çocuk bağımsız olmayı öğrenir, her hareketinde yardım ve onay beklemez. Kendine güvenmeyen çocuk ise, sürekli başarısız ve bağımlı olur, özgürce davranamaz.

Anne ister çalışsın, ister çalışmasın, çocuk gelecekteki yaşamına hazırlanmalı, değişen yaşam koşullarına uyum sağlayacak şekilde eğitilmeli, günü geldiğinde ailesinden kopacak şekilde yetiştirilmelidir.

Bazı çalışan anneler, çocuklarına yeterince vakit ayıramadıkları ve onları istedikleri gibi eğitemedikleri için kendilerini suçlarlar. Bu suçluluk duygularını gidermek için çocukları ile birlikte oldukları saatlerde, çocuklarının her dediğini yerine getirir, eğitmekten çok şımartmak diyebileceğimiz bir yöntemle kendilerini çocuklarına hasrederler. Her gün eve ellerinde bir paket, bir oyuncak, bir cikletle gelir, parasal olanaklarının elverdiği oranda çocuklarının her istediğini alırlar. Bu anneler, çocuklarına veremedikleri zaman ve şefkati hediyelerle telafi etmeye çalışırlar. Çocuklarına hiçbir sorumluluk yüklemeden, onları gereğinden fazla koruyarak, yaşı kaç olursa olsun onlara bebek muamelesi yaparlar. Aşırı hoşgörü ve şımartma, çocuğun bazı hallerde hassas, bağımlı ve çekingen olmasına yol açar; bazı hallerde de şımarık, doyumsuz ve isyankâr olmasına neden olur.

Bazı anneler de, bunun aksine, sık sık çocuklarının refahı ve mutluluğu için çalıştıklarını vurgulayarak, çocuklarını suçlarlar. Bu anneler çocuktan özveri isterler, ev işlerine yardım beklerler. Çocuğa yaşının üstünde sorumluluk verir, bu sorumlulukları verirken çocuğa hiçbir hak tanımazlar. Hoşgörülü davranmayan bu anneler, çalışmak zorunda oluşlarının acısını sanki çocuklarından çıkarmaya çalışırlar. Bu şekilde büyüyen çocukların mutsuz oldukları, annelerine ve ortamlarına küskünlük ve düşmanlık duydukları gözlenmiştir.

Baskı, otorite ve katı disiplin ilkeleriyle eğitilen çocuklar, en az aşırı hoşgörü ile şımartılarak büyütülen çocuklar kadar sorun yaratırlar. Bu hatalı davranış modellerinin ikisi de, uyum ve davranış bozukluğuna yol açacak kadar sakıncalıdır.

Gerek disiplin türünün seçiminde, gerekse eğitim ilkelerinin seçiminde, çocuğun özellikleri göz önünde tutulmalı, her çocuğun eğitiminde farklı bir yolun izlenmesi gerektiği hatırlanmalıdır. Aileden beklenen, dengeli ve devamlı bir sevgi, ölçülü bir hoşgörü, ılımlı bir disiplin ile çocuğunu eğitmesi, onu tanıyarak ve anlayarak yetiştirmesidir.

Vakti sınırlı olan ve çalışan anne, çocuğunun temel ihtiyaçlarını karşılamak, onu tanıyarak ve anlayarak eğitmek için zaman bulabilir mi?

Anne işinden dönüşte, her gün çocuğuna veya çocuklarına kısa da olsa bir süre ayırmalıdır. Bu süreyi ev işlerini aksatmak pahasına yaratmalıdır. Çünkü, çocuğun annesinden tek beklediği karnının doyurulması, üstünün temiz tutulması değildir. O nedenle, anne çocuğuna ayırdığı süre içinde onun sorunlarına eğilmeli, dertlerini dinlemeli, çocuğu ile iyi bir diyalog kurmanın yollarını keşfetmelidir.

Anne, çocuğu ile iyi bir diyalog kurmak istiyorsa, çocuğunu dinlemesini de bilmelidir. Bunun için, çocuk konuşurken, anne, çocuğu eleştirmeden, yargılamadan dinlemeli, öğüt vermeden önce düşünce ve davranışlarının altında yatan nedenleri araştırmalıdır. O zaman anne, çocuğunu daha iyi anlayacak ve bu karşılıklı anlayış, çocuğun annesi ile kurduğu ilişkileri olumlu yönde etkileyecektir.

Anne, tüm ailenin genellikle birlikte olduğu akşam yemeği saatini çok iyi değerlendirmelidir. Ailenin sofra başında olduğu bu saatin aile bireyleri için iyi geçmesini sağlamalı, bunun, ailenin ortak sorunlarının dile getirildiği, herkesin kendi düşüncesini ifade ettiği bir mutluluk saati haline gelmesini sağlamalıdır.

Annenin işlerinden arta kalan süre içinde daha pek çok şey yapması istenir: Çocukla oyun oynamak, sohbet etmek, ona kuralları öğretmek, onun ilgi ve yeteneklerini geliştirici faaliyetler bulmak, çocuğun tüm gelişim yüzlerini uyaran ortamı hazırlamak, beden ve ruh sağlığı yerinde bir birey yetiştirmek gibi…

Annenin çocuğunu tanıması ve anlaması için, evinde bulunduğu nadir saatler içinde çocuğuna zaman ayırabilmelidir. Gerekirse, diğer işlerine ayırdığı zamanı azaltarak, çocuğu ile ilgilenebileceği, onu dinleyebileceği, onunla konuşabileceği bir süre bulabilmelidir. Eğer vakti çok sınırlı ise, ev işlerini yaparken çocuğunu karşısına alarak işlerini sürdürmeli veya bunları süratle bitirmek için eğer yapabiliyorsa, çocuğundan yardım istemelidir. Çocuk için önemli olan kendisine ayrılan sürenin uzunluğu değildir. Onun için önemli olan, bu süre içinde annesi ile kurduğu ilişkinin türü, iletişimin niteliğidir.

İlk aylarda annenin çocuğunun karnını doyurması, altını temizlemesi, onu kucağına alması, koklaması, şarkı veya ninni söylemesi yeterli iken, ilk yıllarda bu davranışlar çocuğu tatmin etmez olur. Artık çocuk, annesinin onunla oynamasını, konuşmasını ister. Okul öncesi dönem boyunca çocuk annesi ile oynamak veya ortak bir faaliyette bulunmak için fırsat arar. Okul yıllarında çocuk artık yalnız anneyi dinlemekle de doyuma ulaşmaz, o da konuşmak ve anlatmak ihtiyacını duyar. Annesinin okul öykülerini dinlemesini ister. Annesinden okul başarısını onaylamasını, başarısızlığa uğradığı alanlarda da kendisine yol göstermesini bekler. Gençlik yıllarında da, çocuğun annesine duyduğu ihtiyaç azaltmaz. Her ne kadar arkadaş bu dönemde önem kazansa da, genç, annesinin maceralarını, kahramanlık öykülerini ilgi ile izlemesini ister; sorunlarını açacak, dertleşecek bir anneye sahip olmaktan mutluluk duyar. Farklı gelişim aşamalarında, çocuğun farklı beklentileri vardır, annesi çalışsa da çocuk bunların gerçekleşmesini ister, bazı ihtiyaçlarının annesi tarafından giderilmesini bekler. İyi bir anne, ne kadar yorgun olursa olsun, çocuğunun ihtiyaçlarını giderecek zamanı bulduğu gibi, onunla sohbet edecek, dertleşecek, hatta oynayacak zamanı bile bulur; bu tip bir anne, çocuğu ile geçireceği süreyi heyecanla bekler, bundan zevk alır.

Çalışan anne, çocuğunu ancak günün belirli saatlerinde görebildiği için bu süreden çok iyi yararlanmalıdır. Çocuğuna iyi bir model olmak, doğruyu-yanlışı öğretmek, kuralları tanıtmak, öğrenme ihtiyacını karşılamak, çocuğunun günlük gereksinmelerini gidermek, neden çalıştığını ona anlatmak gibi çocuğun yaşamını şekillendiren tüm bilgiyi, duygusal besiyi anne bu süre içinde verebilmelidir. Anne çocuğu ile işbirliği yapabilmelidir. Onun yardımına zaman zaman başvurmalı, yapabileceği birtakım görevler vererek onu bağımsız kılmalı, sorumluluk ve kişilik sahibi bir çocuk olması için teşvik etmeli, yetenekleri doğrultusunda yönlendirmelidir.

Anneden beklenenleri özetlersek; ideal olan, annenin sıcak ve samimi bir hava içinde çocuğunu yetiştirmeye çalışması, onun olgunlaşmasına yardımcı olması, ölçülü bir sevgi ve belli bir disiplin içinde çocuğunun sorunlarına eğilmesidir. Çocuğun annesi ile kurduğu ilişkilerin, onun duygusal, zihinsel, sosyal, hatta bedensel gelişimini etkilediği unutulmamalıdır. Çocuk, gerek annesi, gerekse anne yerini alan bakıcı tarafından denetim altında olduğunu, başıboş bırakılmadığını hissetmelidir. Çocuk, gelişimi boyunca güvenebileceği güçlü ve şefkatli yetişkinlere ihtiyaç duyar. Bu yetişkinlerin başında da anne ve baba yer alır.

Uzmanlar, ilgi ve şefkat görerek büyüyen çocuklarda topluma kabul edilme, çevre ile iyi ilişkiler kurma eğiliminin kuvvetli olduğunu, ilgi ve şefkatten yoksun olanlarda ise, çevreye karşı ilgisizlik, içedönüklük, bencillik, hatta toplumdan kaçma gibi özelliklerin görüldüğünü kaydederler.

Yapılan araştırmalar annenin çalışmasının tek başına, sözü geçen bu sorunları doğurmayacağını göstermektedir. Annenin yokluğunda uygun eğitim ve denetim sağlandığı hallerde, annenin çalışmasının çocuğu olumsuz yönde etkilemeyeceği doğrultusunda araştırma bulgusu çoğunluktadır. Yeter ki, çalışan anne, duygulu ve bilinçli bir annelik yapabilsin.

Beden ve ruh sağlığı yerinde, kişiliği sağlam bireyler yetiştirmek istiyorsak, çocukluk döneminin, insan yaşamındaki önemini ve annenin bu dönemdeki rolünü göz ününde tutarak, annesi çalışan çocukların sorunlarını çözümlemek için toplumca önlemler almalıyız.

Annenin Yükünü Hafifletmek İçin Toplumdan Beklenenler

- Çalışan anneye verilen izin sürelerinin ayarlanması gerekir. İlk iki yılda, yerine iyi bir yedek bakıcı bulamayan anneye ücretsiz izin verilmeli, bu sürenin bitiminde işinin başına dönmesi sağlanmalıdır.
- Kadınlara yarım günlük (part-time) iş olanakları yaratılmalıdır.
- Tam gün çalışmak zorunda olan annelerin çocuklarını bırakabilecekleri kurumlar açılmalıdır.

Okul öncesi dönemdeki çocuklar için:

- İşyerlerine bağlı kreş ve yuvalar, parasız yuva, anaokulu ve günlük bakım evleri, uzman eğitimcilere sahip okul öncesi eğitim kurumları,

Okul çağındaki çocuklar için:

- Çocukların okul çıkışı gidebilecekleri kitaplıklar, okuma salonları, etüt salonları, sanat atölyeleri, çocuk bahçeleri, oyun merkezleri, spor sahaları ve çocuk kulüpleri,

Ergenlik çağındakiler için:

- Gidip ders çalışabilecekleri, boş zamanlarını değerlendirebilecekleri okuma salonları, iyi denetlenen spor ve gençlik kulüpleri, ilgi ve yeteneklerini geliştirecekleri sanat evleri,
- Annesi çalışan çocuklara öncelikle hizmet verecek, kısa ve uzun süreli tatillerde çocukların gidebilecekleri çocuk ve gençlik kampları açılabilir.

Bütün bu kurumlar ihtiyaca göre açılmalı, tüm yurtta yaygınlaştırılmalıdır.

Bugün Türkiye'de tüm Batı ülkelerinde yaygın olan "baby-sitter" adı altındaki yedek bakıcıların yetiştirilmesi ve bu işin örgütlenmesi büyük bir ihtiyaçtır. Günün belli saatlerinde çocuğunu güvenilir bir bakıcıya bırakma ihtiyacını duyan pek çok anne olduğu gibi, yarım günlük iş arayan pek çok genç kız ve anne de vardır. Bu çözüm, iki farklı ihtiyacın karşılanmasını kısmen de olsa sağlayacaktır.

Özetle, annenin çalışmasının zorunlu olduğu hallerde alınacak önlemler şöyle sıralanabilir:

1) Sıfır-üç yaş çocuğu için tecrübeli bir yedek bakıcı tercih edilmeli, yedek bakıcının bulunmadığı hallerde, çocuk ancak uygun bir kuruma verilmelidir.
2) Annenin yerini dolduracak yedek bakıcı iyi seçilmelidir.
3) Bu yedek bakıcı şefkatli, güvenilir, bilgili, tecrübeli, zeki ve olgun olmalı, çocuk ile iyi bir iletişim kurabilmek için anlayışlı ve duyarlı davranmalıdır. Ayrıca, anne ile bakıcının eğitim anlayışı birbirlerine yakın olmalıdır. Yedek bakıcının eğitimi sürekli olmalıdır.
4) Üç- altı yaş çocuğu için kurum eğitimi yararlı olduğundan, okul öncesi eğitim kurumunun seçimi dikkatli yapılmalıdır.
5) Annenin belli bir çalışma programı olmalıdır. Bu program sık sık değişmemelidir, çünkü çocuk çok sık değişen programa uyum sağlamada güçlük çeker.
6) Annenin çalışması aile bireyleri tarafından, özellikle baba tarafından onaylanmalıdır. Annenin çalışması aile içi ilişkileri zedelememeli, evde tartışma konusu edilmemelidir. Eğer tüm aile bireyleri annenin çalışmasına karşı ise, annenin çalışması ailede huzursuzluk yaratıyorsa annenin çalışması sakıncalıdır,

çünkü bozuk aile düzeni içinde çocuk eğitiminden iyi sonuç alınamaz.

7) Çalışan annenin, görevlerini aksatmadan yerine getirebilmesi için, aile, yakın çevre ve toplum ona yardımcı olmalıdır.
8) Annenin çalışma koşulları ne olursa olsun, anne çocuğuna vakit ayırabilmeli, bu süre içinde çocuğu ile iyi ilişkiler geliştirmelidir. Anne, çocuğun gelişiminde ve eğitiminde en etkili birey olduğunu unutmamalıdır.

KAYNAKLAR

Burchinal, L. G. and Rossman, J. E., Relations among meternal employment indices and developmental characteristics of children. Marriage and Family Living, 1961, 23.

Dits, A. and Cambier, A.: L'absence de la Mère lors du Retour de L'enfant de L'école. Enfance (1), 99, 1966.

Etaugh, C., Effects of maternal empoyment on children. A review of recent research. Merril Palmer Quarterly 1974, 20, (2), 71-98.

Farley, J., Maternal employment and child behavior. Cornell Jour. Social Relations 1968, 3 (2), 58-71.

George, E. E. and Thomas, M., A comparative study of children of employed mothers und unemployed mothers. Psychological studies 1967, Vol.12, 32-38.

Hand, H. B., Working Mothers and Maladjusted Children. J. Educ. Socio 30, 245-246, 1957.

Hoffman, L. W. and Nye, F.I., Working mothers. Jossey-Bass Publishers New-York 1975.

Howell, M. C., Effects of maternal employment on the child (II), Fediatrics, 1973, 52 (3), 327-343.

Maccoby, E. E., Children and working mothers. Children, 1968, 5 (3), 83-98.

Myrdal, A. and Klein, V.: Women's Two Roles; Homeandand Work. Boutledge and Kegan Paul Ltd. London, 1956.

Nye, F. I. and Hoffman, L.W., The employed mother in America, Rand Mc Nally CO Comp., Chicago, 1963.

Renier, E., La Privation de la Prèsence Maternelle du retour de L'ècole. Enfance 4, p.91. 1957.

Siegel, A.E. and Haas, M.B., The working mother: a review of research. Child Dev. 1963, 34, pp.513-5 42.

Stolz, L.M., Effects of maternal employment on children (evidence from research) Child Dev. 1960, 31 (4), 749-782.

Topçuoğlu, H., Kadınların Çalışma Saikleri. Kültür Matbaası, Ankara, 1957.

Yarrow, M.R., Maternal employment and child rearing. Children 1961, 8, 223-228.

Yarrow, M.R., Scott, P., de Leeuw, L., Heinig, C., Child rearing infamilies of working and non-working mothers. Sociometry 1962, Vol.1 89-136.

Doç. Dr. Esra İşmen Gazioğlu
(İ. Ü. Hasan Âli Yücel Eğitim Fakültesi Eğitim Bilimleri Bölümü Öğretim Üyesi)

Ailede Disiplin Anlayışı

Günümüzde birçok ebeveyn çocuklarını ne kadar korumaları, ne kadar özgür bırakmaları gerektiği hakkında düşünmekte ve "Çocuğumun doğuştan gelen ve kendine özgü olan olumlu kişisel özelliklerini koruyarak onu yaşama hazırlarken davranışlarını nasıl toplumca kabul edilen bir şekle dönüştürebilirim? Çocuğumu, zarar vermeden nasıl disipline edilebilirim? Bazı kurallara uymadığında ne yapmalıyım? Uyuşturucu kullanmasını, yalan söylemesini, evden kaçmasını nasıl engelleyebilirim?" gibi sorulara yanıt aramaktadır. Disiplin kelimesi günlük kullanımda, taşıdığı anlamın dışında olumsuz bir kavram olarak ele alınır. Oysa ki disiplin, hayat boyu süren öğretici bir süreçtir. Çocuklar disipline edilirken onlara, istenen davranışı kullanmak, istenmeyen davranışı engellemek öğretilir. Türk Dil Kurumu'na göre disiplin, "*Kişilerin içinde yaşadıkları topluluğun genel düşünce ve davranışlarına uymalarını sağlamak amacıyla alınan önlemlerin bütünü*" olarak tanımlanmaktadır.

Diğer bazı sözlüklere göre disiplin "*Kurallara uygun biçimde davranmayı sağlamak için eğitmek*" olarak tanımlanmaktadır (O'Leary, 1998). Disiplinin anlamı, çocuğa kendini kontrol etmeyi ve kurallara uymayı öğretmektir. Herbert'e göre çocuğu disipline etmek, benlik saygısının gelişimini teşvik eder ve çocuğa özerklik (kendi ayakları üzerinde durabilme becerisi) kazandırır. Kazanılan özerklik, bağımsızlık gelişimi için zemin hazırlar (Campbell, 1992). Disiplin, çocuğun davranışlarını, diğerleriyle ilişkiler, sosyal beceriler, kendi kendine sınır koyma ve sosyal kurallara uymayı göz önüne alarak şekillendirir (Campbell, 1992). Disiplin, çocuğa istenilen davranışı öğretmek, kendi kendini denetleme (iç denetim) demek olan ahlak gelişimini sağlamaktır. Bu, dıştan gelen bir zorlamayla oluşmaz önemli olan içselleşmiş bir sorumluluk duygusu oluşturmaktır (Yavuzer, 1986).

Bu tanımlar göz önüne alındığında, çocuğun toplum ya da aile kurallarını bilmeden dünyaya geldiğinin varsayıldığı görülmektedir. Çocuğun uygun (ya da uygun olmayan) davranışı öğrendiği ve ona bir şeyler öğretmenin çocuk yetiştirmenin bir yönü olduğu kabul edildiğinde, anne-babaların çocuğun eğitiminde anahtar role sahip oldukları görülür (O'Leary, 1998). Ailenin çocuğu sosyalleştirirken yerine getirmesi gereken temel görevler, çocuğu disipline etmek, problem çözmek ve kabul edilir sosyal davranışları pekiştirmektir (Campbell, 1992). Araştırmalar, etkili disiplinin duygusal olarak sağlıklı ve mutlu çocukların yetişmesine katkı sağladığını saptamıştır (Freidman, 1986; Painter ve Corsini, 1990; Trickett ve Kuczynski, 1986). Herbert'e göre, çocuklar bağımsızlık arayışına girmeden önce, açık ve net şekilde koyulmuş kuralların güvenliğine ihtiyaç duyarlar. Disiplin, davranışın doğal sonuçlarını göstererek çocukların benlik saygısının gelişimine katkıda bulunur. Destekleyici ve cesaretlendirici nitellikteki disiplin, problem çözme yeteneğinin gelişimini olumlu yönde etkiler (Curwin ve Mendler, 1990).

AİLE İÇİ DİSİPLİN YAKLAŞIMINI ETKİLEYEN FAKTÖRLER

Aile içi disiplin anlayışının şekillenmesinde birçok sosyal ve psikolojik değişken rol oynar. Buna, anne-babaların kendi çocukluk deneyimleri, eşle olan ilişkiler, sosyo-kültürel çevre, çocuğun özellikleri, ailenin maruz kaldığı stresler ile başa çıkma biçimleri, ailedeki duygusal atmosfer ve cinsiyet gibi birçok değişken, örnek olarak verilebilir. Burada sayılan örneklerden, sadece üçü üzerinde durulacaktır.

Öz, kök ailede yaşananlar: Kişinin kendi çocukluk deneyimleri, anne-babasının ona yaklaşım biçimleri, disiplin yöntemleri seçilirken başvurulan en önemli kaynaklardan biridir. Nitekim Friedman (1986), insanların çocuklarını, anne-babalarının onları yetiştirdikleri biçimde yetiştirdiklerini saptamıştır. Anne-babalar bu kaynağa ne ölçüde başvurduklarını fark etmek için çocukluklarına dönüp ebeveynlerinin onlara yaklaşım biçimlerini hatırlamaya çalışabilirler. Bazıları kendi anne-babalarını çok katı bulurken, bazıları, onların hiçbir zaman çocuklarını anlamadıklarını düşünebilir. Geçmiş hakkında yapılabilecek bir şey yoktur. Hiçbir şey, olmuş olanı değiştiremez. Çocukluklarında maruz kaldıkları davranış biçimlerini bugünün gözüyle inceleyip eleştiren, haklı bulmayan ve çocuklarına asla bu şekilde davranmayacağını belirten bir ebeveyn de geçmişi kendisine referans alır ve neyi yapmayacağına karar verir. Önemli olan, geçmişin geleceği parsellemesine izin vermeyecek davranışlar geliştirebilmek ve anne-babaların davranışlarının, kişilerin kendi ebeveynlik davranışlarına mutlaka kaynaklık edeceğini anlamaktır.

Eşle olan ilişki: Ebeveyn olmak bir tür takım çalışmasıdır. Her bir üyenin kendine ait katkılarının yanı sıra tüm takımlarda olduğu gibi, birlikte iyi şeyler yapmanın temel prensibi takım ruhuna sahip olmaktır. Çocuklarını disipline etmeye çalışan anne-babaların kendilerine ilk olarak şu soruyu sormaları gerekir: "Eşim ve ben çocuk yetiştirme konusunda aynı takımda mıyız?" Bu soruya ayrıntılı cevap verebilmek için Şekil. XX'deki sorular yanıtlanabilir

---

Eşler çocuk yetiştirme konusunda aynı takımda mı?

- Eşler birbirleriyle saygı ve sevgi dolu biçimde konuşabiliyor mu?
- Eşler birbirlerini 'elde bir' olarak görüyor mu? (Diğer insanlara karşı nazik, birbirinize karşı sabırsız davranıyor olabilir misiniz?)
- Eşler bir yetişkin olarak kendi yaşamlarını kontrol edebiliyorlar mı? (Her sabah anahtarları kaybedip, söz verdiğiniz şeyleri unutuyorsanız çocuğunuzun giysilerini okulda unutması çok şaşırtıcı olmamalıdır.) (Hopson ve Hopson, 2001)
- Eşlerden biri, çocuklarla daha fazla vakit geçirdiği için onlar üzerinde daha fazla hakkı olduğunu düşünüyor ve diğer eşten gelen öneri ya da yardımları reddediyor mu? Humenick ve Bugen (1987), annelerin genellikle çocuklarıyla daha fazla zaman geçirdiklerini ve onları disipline eden birincil kişiler olduklarını saptamışlardır. Babalar evde daha az zaman geçirdikleri ve aile üyeleriyle daha az temasta bulundukları için genellikle annelerin disiplin yaklaşımlarına bel bağlamaktadırlar. Curwin ve Mendler (1990), kadınların anne-babalık sorumluluklarına ilişkin daha net bir anlayışa sahip olduklarını ve çocuklarından babalara göre daha yüksek beklenti içinde olduklarını saptamışlardır. Anne-babalık yaklaşımlarında, cinsiyete bağlı bazı farklılıkların olması doğaldır. Buradaki konu, anne ya da babanın diğer ebevey-

nin ebeveynliğini yönetmeye çalışmaması ya da onu çocuk yetiştirme sürecinin dışına çıkartma girişimlerinde bulunmamasıdır.

- Çocuğu disipline etme konusunda her iki eş, bir araya gelip ortak kararlar alıyor ve uyguluyor mu? Yoksa herkes kendi yöntemini mi uyguluyor? (Böyle olduğunda, çocuğunuz size gelip "Babamın sinirlendiğinde sana bağırması büyük haksızlık, bana da sinemaya gitmek istediğimde bağırıyor," dediğinde ve bunun haksızlık olduğunu söylediğinde, siz ve o, bulunmamanız gereken bir konuma doğru çekilebilirsiniz.)
- Çocuğun davranışlarıyla ilgili karar alındığında, her iki eş de önceden planladıkları şekilde davranıyor mu?
- Eşler kendi çocukluklarının, anne-babalarının kendilerine yaklaşım biçimlerini birbirleriyle paylaştı mı? (Bu tür bir paylaşım birbirinizi daha iyi anlamanızı sağlar.)
- Eşin, çocuğun davranışlarına sınır koyma yeteneğine güveniliyor mu?
- Anne-baba olarak çocukla ilgili ortak beklentiler oluşturuldu mu?
- Çocuk istenmeyen bir davranış yaptığında, bunun nasıl ele alınacağı konusunda önceden konuşuldu mu?
- Eşlerden herhangi biri çocuğu disipline ederse, çocuğun onu artık sevmeyeceğini düşünüp kural koymaktan kaçınıyor mu?

Şekil XX. Takım çalışması olarak anne-babalık

Anne-babalar nazikçe, birbirlerini yargılamadan ve birbirlerini destekleyerek istenmeyen alışkanlıkları ortadan kaldırmaya çalışmalıdırlar. *Kimse kimseyi değiştiremez. Yapılabilecek tek şey insanları kendilerini değiştirmeleri için desteklemektir. Takım ruhunu geliştirmek için eş'e yardım edilmelidir.* Kusurları ya da hatalarından dolayı bayağıymış gibi hissetmesine yol açılmamalıdır (Hopson ve Hopson, 2001).

Sosyo Kültürel Çevre: Ailelerin yaşadıkları topluma özgü kültürel unsurlar, onların çocuklarını besleme, giydirme, eğitme vb. alanlarda farklı uygulamalar içerisinde olmalarına yol açar. Bununla birlikte hemen her toplum aileden, çocuklarını sosyal yaşamın gereklerini yerine getiren birer yetişkin olacak şekilde yetiştirmelerini bekler (Campbell, 1992). Günümüzde anne-babaların sorumluluk alanları, toplumdan topluma değişse de, aşağıdaki ebeveyn sorumlulukları pek çok kültürde kabul görebilecek niteliktedir.

Anne-babaların sorumlulukları arasında (Hopson ve Hopson, 2001):

- Çocuğa, yanlışı doğrudan ayırmayı öğretmek,
- Onları üretici, sorumluluk sahibi yetişkinler olacak şekilde yetiştirmek,
- Mutlu, kendine güvenli, cana yakın olmalarına yardımcı olmak,
- Kendilerine ve başkalarına saygı duymayı öğretmek,
- Çocuklara, evin güvenli ortamından ayrılmadan önce sorumluluk yüklenerek nasıl karar alındığı konusunda model olmak; çocukların duygusal, psikolojik olarak büyümeye devam etmelerine yardımcı olmak, sayılabilir.

Sosyo kültürel çevre, hem bir ebeveynden çocuklarıyla ilgili ne bekleneceğine hem de bu beklentilerin nasıl karşılanması gerektiğine karar verirken başvurulan bir kaynaktır. "Kızını dövmeyen dizini döver", "Dayak cennetten çıkmadır" şeklindeki atasözleri yüzlerce yıldır çocukların nasıl yetiştirilmesi ve nasıl disipline edilmesi gerektiğine ilişkin bazı görüşler sunmaktadır. Çok eskilerden kalma bu görüşler hâlâ geçerliliğini sürdürmekte midir? Bir çocuk dövülerek her istenilen yaptırılabilmekte midir? Daha önemlisi, sonuçtan memnun kalınmakta mıdır? Sevgi temeli üzerine kurulmamış bir disiplin gerçekleşemez. Etkili disiplin çocuğa sorumlulukları öğretmektir. Etkili disiplin etkili ebeveynlik aracılığıyla sağlanabilir.

Çocuğun toplumda bir yetişkin olarak yer alabilmesinde, kabul gören yetişkin rollerini üstlenmesinde, etkili ebeveynliğin merkezi bir etkisi vardır (Campbell, 1992). Çocuklar, yetişkinlerden daha az yaşam tecrübesine sahip oldukları için anne-babaları tarafından korunmaya ve aynı zamanda kendi ayakları üzerinde durabilen bir yetişkin olabilmeleri için de erken yaşlardan itibaren özgürleştirilmeye ihtiyaç duyarlar (Akyüz, 2000). Bu iki durumun bir aradaki varlığı, çocukla yetişkinin aile içinde tamamıyla eşit haklara sahip olmasını imkânsızlaştırır. Minuchin'in (1984) ifadesiyle, ailede tam bir demokrasi mümkün değildir. Anne-babalar, çocukları kendi kararlarını hem duygusal hem de hukuksal olarak verebilecek yaşlara gelinceye kadar, onlar hakkındaki bazı temel kararları vermek zorunda olduklarını kabul etmeli ve bu doğrultuda davranmalıdırlar.

Etkili ebeveynlik için öncelikle çocuğun gerçek ihtiyaçlarıyla, evrenin merkezinde olmak gibi gerçek dışı olan ihtiyaçlarını ayırmak gerekir. Bir çocuk sevildiği, ilgi gördüğü için şımarmaz. Eğer anne-baba çocuğun vereceği duygusal tepkilerden korkuyorsa, suçlu hissettiği için ona bir şeyler veriyorsa, imtiyazlar tanıyorsa ve çocuğun davranışları karşında kendini güçsüz hissediyorsa aşırı hoşgörülü bir yaklaşıma doğru gidiliyor demektir (Cohen, 2001; O'Leary, 1998). Eğer bir ebeveyn, çocuğunun iflah olmaz bir yaramaz olduğu için böyle davrandığını düşünüyorsa onun davranışlarına karşı aşırı ve sert tepkiler verebilir. Aslında çocuklarını istismar eden ebeveynlerle çocuklarına aşırı hoşgörülü davranan ebeveynler arasında şaşırtıcı benzerlikler vardır. Çocuklarını istismar eden ebeveynler o ağladığında ya da öfke nöbeti geçirdiğinde çocuklarını sert bir biçimde cezalandırırlar, çünkü ağlamasını duymak ya da öfke nöbetini izlemek istemezler. Diğer taraftan aşırı hoşgörülü aileler çocuğun ağlama ya da öfke nöbetini engellemek için ona ne istiyorsa verirler. Bu durum, çocuk için duygusal şantajın kapılarını açar. Çocuk kolaylıkla isteklerini elde edebilmek için çevresindekileri sömürebilir (Cohen, 2001). Çocukluk yıllarında çok sert ya da aşırı hoşgörülü ebeveyn tutumuyla yetiştirilmek ile yetişkin yaşamda suç işlemek ve saldırganca davranmak arasında ilişki bulunmaktadır (O'Leary, 1998). Çocukları disipline ederken, istenmeyen bu sonuçlardan uzaklaşmak için daha yetkin ebeveynlik davranışları ortaya koymayı sağlayacak bazı yeni yollar aramak gerekmektedir.

DİSİPLİN KONUSUNDA BAZI ÖNERİLER

Çocukları eğitirken kullanılacak tek bir disiplin anlayışından söz etmek pek mümkün gözükmemektedir. Çocuk yetiştirmek, yemek kitabındaki tarife bakarak yeni bir yemek pişirmeye benzemez (Dodson, 2000). Çocukları disipline etmeye ilişkin birçok yöntem vardır. Bu yöntemlerden aileye, anne-babaya, çocuğa ve duruma en uygun olanı seçilmelidir. Her insan gibi her aile de evrende biriciktir. Bir ailede işleyen bir yöntem diğer bir ailede işlemeyebileceğinden yöntemler seçilirken, en baştan, aileye en uygun olabilecek yöntemler konusunda seçici davranılmalıdır. Bu yöntemlerden bazıları aşağıda belirtilmiştir:

1. Disiplinin duygusal temeli olan anlayış
2. Olumlu disiplin yaklaşımı

3. Olumlu bir ödüllendirme sistemi kurmak
4. İstenmeyen davranışı "farkına varmadan" ödüllendirmekten kaçınmak
5. Açık-net kurallar koymak
6. İstenmeyen davranışlarla başa çıkmak

1. Disiplinin duygusal temeli olan anlayış: Çocukla sağlıklı bir ilişki kurabilmek için onu anlamak gerekmektedir. Ancak bugün birçok kişi bu gerçeği hiçe saymakta ve çocukla konuşmaya gerek duymadan ona bazı emirler vererek bunlara uymasını beklemekte ya da çocuğunun kendisini anlamadığından yakınmaktadır. Aslında, çocuğun yapması gerekenlerle ilgili beklentiler zaman içinde değişmektedir. Bebeklik çağında disiplin genellikle hiç düşünülmez, mümkün olan tüm vakitler çocukla geçirilir. Çocuğun yemek saati, uyku saati, banyo saati, oyun saati hep anne-baba kontrolünde onunla birlikte gerçekleştirilir. Çocukla oyunlar oynanır, çocuğa ninniler söylenir. Böylece, çocuk ve ebeveyn birbirlerine bağlanırlar. Çocuğun okula gitme zamanı gelince ebeveynin bazı konulardaki dayatmaları başlar. Anne-baba birçok şeyi kontrol altına almak ister. Çocuk bir anda başlayan ve çoğu zaman anlam veremediği bu tür davranışlara karşı geldiğinde kötü bir şekilde eleştirilir. Anne-baba ve çocuk arasında problemler ortaya çıkmaya başlar. Oysa ki, çocuk okula başladıktan sonra da çocukla ortaklaşa yapılan, hem ebeveynin hem de çocuğun zevk aldığı aktiviteler sürdürülmelidir. Çocuk okula başladığında birden bire büyümez, onun hâlâ oyuna ihtiyacı vardır. Bu nedenle, oyun oynaması ve rahatlaması için gerekli ortamlar hazırlanmalıdır. Çocukla futbol oynandığında, kek pişirildiğinde, yürüyüşe çıkıldığında veya çocuğa kocaman bir dondurma ısmarlandığında, onun yakın ilişkilerle ilgili olumlu davranışlar geliştirmesine katkıda bulunulur, çocukla anne-baba arasındaki duygusal temel güçlendirilmiş olur (Dodson, 2000).

2. Olumlu disiplin yaklaşımı: Olumlu disiplin anlayışının temelinde çocuk istenmeyen bir davranış yaptığında ya da ona yeni bir davranış kazandırırken kaşlar çatılmadan, ses yükseltilmeden ve işaret parmağı çocuğa doğru sallanmadan eyleme geçmek söz konusudur. Olumlu disiplin yaklaşımı hangi amaçla kullanılır?

- Olumlu disiplinin en temel amacı çocuklara sınırları öğretmektir (Örneğin: Çocuk kızabilir ancak kızgınlığı ifade etmenin uygun olan ve olmayan yolları vardır. Birine ona kızdığını söyleyebilirsin, ancak ona asla vuramazsın).

- Olumlu disiplin çocukları bağımsız yaşamaya hazırlayacak becerileri öğretir (Burada amaç, çocuğun kendi kendine iyi ve doğru kararlar vermesini sağlayacak yaklaşımlar içinde olmaktır. Bunun olması için çocuğun kuralları içselleştirmesini, daha sonra kendi başına uygulayabilmesini sağlamak gerekir. Başka bir ifadeyle, olumlu disiplin yaklaşımı uygulandığında amaç, çocuğun sessizce boyun eğmesi ve dış otoriteye koşulsuzca bağlanması değildir. Çocuğun kuralların neden koyulduğunu anlaması, kurala uymayı dışsal bir zorlamadan içsel bir isteğe dönüştürmesi söz konusudur. Buna günlük yaşamdan bir örnek verilecek olursak, arabada emniyet kemerini polis ceza yazmasın diye sadece denetim altındaki yerlerde takan sürücünün zarar görme olasılığı, emniyet kemerinin kendi güvenliği için gerekli olduğunu bilen ve bu bilinçle daima kemer bağlayan bir sürücüden daha yüksek olacaktır).
- Olumlu disiplin duyguları kabul edilir biçimde ifade etmeyi öğretir (Kardeşin oyuncağını elinden çekip aldığı için ona kızabilir ve bunu kelimelerinle ifade edebilirsin ancak ona asla vuramazsın) (Hopson ve Hopson, 2001).

Çocuğun zaman içinde kendi davranışlarının sonuçlarının sorumluluğunu yüklenmesini amaçlayan olumlu disiplinin sağlanabilmesi için aşağıdaki önerilerden yararlanılabilir (Hopson ve Hopson, 2001);

1. Uygun davranışlarla çocuklara model olmak (Duyguları ifade ederken uygun yöntemler kullanılmıyorsa, anne-baba sürekli birbirlerinin sınırlarını zorluyorsa vb., çocuğun yukarıda ifade edilen biçimde disipline edilmesi neredeyse imkânsızlaşır).
2. Olumlu pekiştirme yapmak (Çocuk istenen davranışı gösterdiğinde bu davranışı tekrar etmesini sağlayacak şekilde "aferin" demek, küçük bir şeker vermek vb.).
3. Olumlu düzeltme yapmak (Örneğin; "Kapıyı dank diye açma," demek yerine, "Lütfen kapıyı çal," demek).
4. Aktif görmezden gelme yapmak (Örneğin; oyuncaklarının sadece bir kısmını toplamış olan çocuğa, "Oyuncaklarının büyük kısmını kutuya koymuşsun teşekkür ederim, şimdi geri kalanını da koy lütfen," demek).

5. Pasif görmezden gelme uygulamak (Evde herkesin bir şey okuduğu sırada, çocuk ödev yaparken kalemini masaya can sıkıcı şekilde vuruyorsa, oradan uzaklaşmak hem sakin kalmayı sağlar hem de dikkati rahatsız edici davranıştan uzaklaştırır).
6. İstenen bir davranışı, az istenen bir davranışın arkasına koymak (Örneğin: "Önce derslerini bitir sonra televizyon izleyebilirsin").
7. Fikir alışverişi yapmak (Örneğin: "Hadi ne hissettiğin hakkında konuşalım. Arkadaşın seni incitmiş biliyorum, ancak bir daha onunla hiç konuşmak istemediğine emin misin? Arkadaşınla, ne hissettiğin hakkında konuşabilirsin").
8. Net ve açık beklentiler koymak (Örneğin: "Giysilerini etrafa saçma," demek yerine "kirlileri kirli sepetine, temizleri dolabına kaldır," demek ve en başta çocuğa bunların nasıl yapılacağını göstermek).

3. Olumlu bir ödüllendirme sistemi kurmak: Eğer bir davranış ödüllendirilirse bu davranış büyük olasılıkla tekrar edilir. Temelde iki tip ödül vardır. Birinci tip ödül övgü, öpücük, kucaklama vb. manevi ödüller; ikinci tip ise dondurma, balon, gece geç yatması, TV seyretmesi, oyun oynaması için verilen izinler gibi maddi ödüller. Ödül ya da pekiştirici demek, çocuğa sürekli olarak alınan oyuncaklar ya da ihtiyacı olsa da olmasa da verilen para demek değildir. Manevi ödüller hem yetişkinlerde hem de çocuklarda oldukça etkilidir. Bu ödüller hep el altındadır ve bir o kadar da etkilidir. Böyle olması oldukça iyidir, çünkü çocuklara uygun davranışın kazandırılması için bol bol ödüllendirmeye ihtiyaç vardır. Yaptığımız ve yapmaya devam ettiğimiz birçok davranışı, ödüllendirildiğimiz için yaparız. Ödüller hem çocukların hem de yetişkinlerin davranışlarını biçimlendirir. İnsanlar ödüllendirilen davranışı yinelerler. Çocuğu ödüllendirirken çok fazla maddi ödül kullanmamaya dikkat etmek gerekir. Eğer çocuk, "Anne bak odamı topladım hani dondurma?" derse burada söylenmesi gereken, özel ödüllerin özel zamanlarda verileceğidir. Çocuk bu mesajı almalıdır. O isteyince ödül verilmemelidir. Bu onun devamlı istemesine yol açar. Ödüllerin kontrolü anne-babada olmalıdır. Ebeveyn bu ödülleri uygun yerlerde kullanmalıdır. Bunları kullanırken de dikkat edilmesi gereken birkaç ayrıntı bulunmaktadır (Dodson, 2000);

- Çocuk istenilen bir davranış yaptığında o değil de, yaptığı davranış övülmelidir ("Bugün tüm oyuncaklarını sepete koymuşsun. Bu düzenli davranışa kocaman bir bravo!"). Bu övgü, çocuğun istenen davranışını yerleştirmede daha etkili olacaktır.

- Çocuklar için manevi ödüller maddi ödüllerden daha etkilidir. Ödüllerin etkili olabilmesi için çocuk istenilen davranışta bulunduktan hemen sonra ödüllendirme yapılmalıdır. Eğer çocuk sofrayı toplamaya yardım ediyorsa bu onun her zamanki görevi olsa bile bu işi yaptıktan hemen sonra ona teşekkür edilmelidir. Eğer aradan bir saat geçtikten sonra teşekkür edilirse bunun çok büyük bir anlamı olmayacaktır. Herkes bir davranışta bulunduktan hemen sonra ödüllendirilmek ister. Çocuklarsa bazen istenen davranışta bulunmadan önce ödüllendirilmek isterler. Arada maddi ödül kullanılacaksa mutlaka davranıştan sonra verilmelidir.

4. İstenmeyen davranışı "farkında olmadan" ödüllendirmekten kaçınmak: Disiplin hatalarından biri, çocuğun istenmeyen davranışına olumlu şekilde yaklaşmaktır (O'Leary, 1998). Çocuk ondan yapması beklenen şeyleri yaptığında genellikle ödüllendirilmez. Çünkü bu durum çoğu zaman önemsenmez. Zaten yapması gerekeni yapıyor şeklinde düşünülerek genellikle hiç tepkide bulunulmaz. Bunun tam tersi düşünüldüğünde, diyelim ki çocuk istenmeyen bir şeyler yapıyor, kavga ediyor, evde eşyalara zarar veriyor, ders çalışmıyor vb. ise, bunun sonucunda ne olur? Çocuğun iyi davranışları hiç önemsenmemesine karşın, istenmeyen davranışları bazı tepkiler çeker. Örneğin sert bir eleştiri, bağırma vb. gibi. Çocuk için bu tür olumsuz tepkiler almak, tepki almamaktan daha iyidir. Çocuklar çoğu zaman tepki görecekleri davranışları yapmayı yeğlerler. Sonuç olarak birçok aile, çocuklarına kazandırmak istediklerinin tam tersine doğru yol almaktadır. Bu durum daha açık bir örnekle ortaya konulduğunda; örneğin, *"Yolda gidiyorsunuz, çocuğunuz oyuncakçı dükkânının önünden geçerken bir oyuncak gördü ve oyuncağı istedi. Alacak durumunuz olmadığı için talebini reddettiniz. O andan itibaren çocuğunuz ağlamaya başladı, sesi ve çığlıkları giderek arttı, hatta tepinmeye başladı. Çocuğunuz yolun ortasında bağıra bağıra, tepine tepine ağlıyor. Bu davranışının dayanılmaz bir hale geldiğini düşünmeye başlıyorsunuz. Boyun eğerek geri dönüp çocuğunuzun istediği oyuncağı alıyorsunuz."* Tam bu noktada çocuğun istenmeyen davranışı ödüllendirilmiş olmaktadır. Ağlayıp sızlanmalar, tepinmeler büyük olasılıkla gelecekte de devam edecektir.

Çünkü, aslında oyuncağı almakla onun ağlaması ödüllendirilmiş olmaktadır. Çocuklar bunu, tıpkı uygun davranışın ödüllendirilerek öğrenilmesinde olduğu gibi, öğrenirler. Çoğu anne-baba, "ara sıra" böyle davrandıklarında çocuğun istenmeyen davranışını açıkça ödüllendirmiş olmaktadırlar.

5. **Açık, net kurallar koymak:** Çocukları disipline ederken kullanılan açık, net kurallar, onların güvenli bir biçimde hem sosyal standartları hem de kendilerini kontrol etme becerilerini öğrenmelerine yardımcı olur (Campbell, 1992). Her ailenin kendine ait kurallarının olması son derece doğaldır. Bununla birlikte, tüm aileler için geçerli olabilecek temel kurallardan biri, kendine ve başkalarına zarar vermemektir. Bir diğer kural ise, çocuğun kendisinin ve başkalarının öğrenme deneyimlerini sekteye uğratacak verimli öğrenme koşullarını zedeleyen davranışlarda bulunmasıdır. Bu davranışlar, yapıldıkları her defasında engellenmeli ve istisnanın olmadığı çocuğa hissettirilmelidir. İyi kural, açık ve net olan kuraldır. Örneğin çocuğa, "Anneannene iyi davranmanı istiyorum," demek iyi konulmamış bir kuraldır. İstenenin, anneannenin elini öpmek mi, bir şey ikram edildiğinde teşekkür etmek mi, ikramı yedikten sonra ellerine sağlık demek mi, yoksa hiç konuşmadan oturmak mı vb. olduğu anlaşılmamaktadır. Net kurallar, çocuğun gelişim düzeyi göz önüne alınarak tek tek gerekçeleriyle açıklanmalı, çocuk kuralla ilgili soru sorduğunda cevaplanmalı ve kuralın takipçisi olunmalıdır. Davranış şekillendirilirken başlangıçta, çocuk koyulan kurala her uyduğunda ödüllendirilmelidir.

Çocukların sınırlara, rehberliğe ve yapıya ihtiyaçları vardır. Bunlar sevgi dolu ve rahat bir yaklaşımla sağlanabilir, kızgınlık ve intikam duygusuyla değil. Sevgi ve saygı dolu biçimde konulan sınırlar çocuğa güvenlik duygusu verir (Cohen, 2001). Etkili disiplin yöntemleri gelişime destek verir, çocuğun giderek daha fazla oranda kendi ayakları üstünde durmasına yardım eder ve zaman içinde "doğru" ve "yanlış" ile ilgili bir anlayış geliştirmesine olanak sağlar. Bu açıdan bakıldığında, kullanılan bu yöntemlerin davranış problemleri açısından önleyici bir doğası olduğu söylenebilir. Ebeveynin kullandığı etkili disiplin yöntemleri, bazı zamanlarda, bazı sebeplerden dolayı beklenen etkiyi oluşturamayabilir. Bu durumda anne-babanın gündemi istenmeyen davranışla baş etmektir.

6. **İstenmeyen davranışla baş etmek:** İstenmeyen davranışla baş

etmedeki en önemli hususlardan *ilki,* aile içindeki rolleri gözden geçirmektir. Arkadaş olmakla, anne-baba olmak ayrı şeylerdir. Anne-babalar kural koyar, çocuğun davranışlarına rehberlik eder ve çocuğun ondan ne beklendiğini anlamasına yardım eder, oysa arkadaşların görevi bunlar değildir (Hopson ve Hopson, 2001). Ebeveyn çocuğa arkadaşça yaklaşabilir, ancak onunla arkadaş olmaya çalışmamalıdır. Çünkü çocuğun birçok arkadaşı vardır ya da olmalıdır. Onun ihtiyacı olan, yaşam içinde kendi yolunu bulana dek ona yol gösteren, sevip kabul eden yetişkinlerin varlığıdır. *İkinci* konu, aile içindeki rol tanımlarını gözden geçirmektir. Çocuğu disipline etme görevi sadece bir ebeveyn tarafından yüklenilemez. Bu iki kişiyi gerektiren bir durumdur. Eğer bu gözetilmezse, çocukları disipline etmeye çalışan ebeveyn, zaman içinde eşini de disipline etmeye başlar ki bu daha derin sorunlara yol açabilir. *Üçüncü* konu, çocukların hazzı geciktirmeyi öğrenmelerine yardımcı olmaktır. Bu, kendi kendini disipline edebilmek için büyük önem taşır. Çocukların, "Önce odanı topla, sonra dışarı çıkıp oynayabilirsin," örneğinde olduğu gibi isteklerini erteleyebilmeyi öğrenmeleri gerekir. *Dördüncü* konu, istenmeyen davranışın ilişkili olduğu şeyleri bulmaya çalışmaktır. Çünkü bu tür bir davranış kendiliğinden oluşmaz. Çocuk çoğu zaman bu tür davranışlar aracılığıyla kendini ifade eder; bazen olmak istemediği bir durumdan kurtulmak, bazen fizyolojik olarak onu zorlayan durumlar (açlık, yorgunluk vb.) nedeniyle, bazen de tam olarak ne yapacağını bilmediği vb. için istenmeyen davranışlar gösterebilir. Çocuğun problemli davranışlar sergilemesi, yolunda gitmeyen bir şeylerin ya da karşılanamayan ihtiyaçların bir ifadesi olabilir. Çocuğun problemli davranışları ceza değil, destek verilerek azaltılabilir. Yetişkinler, çocuğun davranışları yoluyla iletişim kurduklarını bir kez anladıklarında daha yapıcı tepkiler ortaya koyabilirler. Çocuklar kendilerine saygı duyulup ihtiyaçları karşılandığında problemli davranış göstermeye gerek duymazlar.

Çocuk istenmeyen davranışlar gösterdiğinde;

- Önce, istenmeyen davranışın tam olarak ne olduğunu tanımlamak gerekir. Hem anne hem de baba, ayrı ayrı hangi davranışın ne şekilde değişmesini istediklerini tanımlamalıdır.
- Bundan sonra, bu davranışın görülmeye başlandığı ilk zamanlar düşünülmeli ve o zaman dilimine ait özellikler gözden geçirilmelidir.

- Bir sonraki adımda ise, istenmeyen davranışı ortadan kaldırmak için bugüne kadar yapılanlar (hem anne hem de baba) gözden geçirilmeli, aynı çözüm yolları tekrar denenmemelidir.
- Sonra, ebeveyn bir araya gelerek hareket planı oluşturmalı ve birlikte hareket etmelidirler. O'Leary'nin (1998) belirttiği gibi, uygun ve etkili disiplin demek, güçlü bir ceza sistemi kullanmak demek değildir. Sık yapılan hatalardan biri, istenmeyen davranış karşısında aşırı ve sert tepki göstermektir.

CEZA

Çocukları disipline ederken ya da istenmeyen davranışla baş ederken ceza kullanılıp kullanılmayacağına karar vermeden önce, "Çocuk yetiştirirken ana amacın, ona boyun eğdirmek mi, yoksa iyi bir muhakeme ve irade sahibi yetişkin olmasına yardımcı olmak mı?" sorusu hakkında düşünülmelidir. Boyun eğdirmek, çocuğun yanında otorite figürü varken "işe yarar"; sadece boyun eğdirilen çocuklar yeni durumlarda ne yapacaklarını bilemezler. Çok fazla ceza alan çocuklar kendilerini yalıtılmış ve güçsüz hissederler. Yeni dünya düzeninde çocukların sadece kuralları bilmeleri yetmez, gelişmiş bir zekâya ve iyi yargılama yeteneğine sahip olmaları da gerekir (Cohen, 2001).

Çoğu ceza biçiminde, temel nokta boyun eğmeyi sağlamaktır. Ceza yöntemi ne kadar çok kullanılırsa çocuk üzerindeki etkisi o denli azalmaktadır. Yakın çevreye bakıldığında çocuklarını disipline ettiklerine inanan birçok kişinin oldukça yoğun ve diğer disiplin yöntemlerini kulanım dışı bırakacak şekilde ceza yöntemini kullandıkları görülmektedir. Neden sıklıkla ceza yöntemi kullanılır? Çünkü olumsuz davranışın kendisi, insanı rahatsız ederek bir şeyler yapılması gerektiğini söyler. Ayrıca cezada genellikle oldukça çabuk sonuç alınır. Ancak ceza;

- İstenmeyen davranışı cezayı uygulayan kişi ortamda bulunduğu sürece engelleyebilir,
- Ceza sadece istenmeyen davranışı belirtir, ancak neyin yapılacağını göstermez,
- İstenmeyen davranışı durduruyor gibi gözükse de, aslında onu pekiştirebilir,

- Çocuklar cezadan kaçınmak için yalan söyleme, aldatma gibi davranışlara başvurabilirler,
- Disiplin yöntemi olarak sürekli cezayla baş başa kalan çocuk, hep başarısızlıkları gündemde olduğu, hep hatalı davranışlarından söz edildiği için hiçbir şeyi iyi yapamayacağını düşünebileceği gibi, anne-babası tarafından sevilmediğine de inanabilir,
- Ceza, uygulayan kişi hakkında nefret kin gibi olumsuz duygular oluşturacağı gibi, çocuğun kendisi hakkındaki düşüncelerini de etkiler,
- Ceza yöntemi çocuk büyüdükçe etkisini kaybeder. Aile çocuğu kontrol altına almak için daha çok ceza verir ve bu yeni cezalar çocuğu daha çok tetikler. Şunu unutmamak gerekir ki, aslında kontrolün kendi dışlarında olduğuna inanan kişiler, daha çok kontrol kullanmak isterler ve bu istek onları hiçbir zaman istedikleri sonuca ulaştırmaz.

Bazı yazarlar çocuklara dayak atmayı fiziksel ceza olarak nitelendirebilmektedirler. Bununla birlikte, çocuğa fiziksel güçle müdahale etme, fiziksel şiddet olarak da ele alınabilir. Yapılan araştırmalar, dayak yiyen çocukların fiziksel güvenlik duygularını ve benlik saygılarını yitirdiklerini, aşağılanma ve utanç duyguları içine girdiklerini, saldırgan davranış göstermeyi öğrendiklerini ve bu saldırgan davranışları arkadaşlarına ya da kardeşlerine karşı gösterdiklerini ortaya koymaktadır. Sürekli dayak atılan bir çocuktan, kendine dayak atan kişileri sevmesi ve saygı duyması istenirse, bu çocuk büyüdüğünde içinde büyük bir özyıkıcılık duygusu taşır ve insanları cezalandırma duygusuyla dolu olur. Yapılan araştırmalar, suç davranışı gösteren çocukların daha çok istismar edilmiş olduklarını göstermektedir (Akalın, 2000; Cebiroğlu ve Yurtbay, 1974; Haapasalo ve Moilanen, 2004; Herrenkohl, Huang, Tajima & Whitney, 2003; İl ve Arıkan, 1994; Konanç ve Günce, 1983; Nofziger & Kurtz, 2005; Uluğtekin, 1991).

Dayaktan daha az zarar vereceği düşünülen ancak en az dayak kadar zarar verici olan yöntemlerden biri de çocuğu duygusal olarak istismar etmektir. Ailesi tarafından sürekli olarak aşağılanan ve "sen ne işe yararsın ki" denen bir çocukta yara ya da morluk görülmez. Ancak çocuğun psikolojik ve duygusal gelişimi, büyümesi ve davranışları bu cümleleri işittiği anda ya da sonrasında ciddi hasarlar görebilir. Çocuğa duygusal açıdan zarar verebilecek ebeveyn davranışları, reddetme, aşağılama, korkutma, yalnız bırakma, suça yöneltme, kendi çıkarına kullanma, duygusal açıdan tepki vermeme ve zamanından önce yetişkin rolü vermek olarak sıralanabilir.

Ceza hiç kullanılmamalı mıdır? Çocuğun istenmeyen davranışı cezalandırılabilir. Ancak ceza çocuğun istediği bir şeyi almamak, onun bir isteğini kısıtlamak vb. şeklinde olmalıdır. Ceza gecikmeden uygulanmalı, çocuk asla uygulanmayacak bir cezayla tehdit edilmemelidir. Çocuk, hangi davranışı nedeniyle cezalandırıldığını açıkça bilmelidir. Ancak hafif ve yerinde kullanılan cezalar etkili olur. Bu tür cezalar arasında *davranışın doğal sonucuyla baş başa bırakma* ya da *mola* gibi yöntemler yer alabilir.

Olayların sonuçlarıyla baş başa bırakma ve sorumluluğu öğretme yönteminde çocuk, olayların doğal sonuçlarından ders almasını öğrenir. Örneğin, annesinin çok sevdiği bir vazoyu kıran bir çocuğun haftalığından arttırdığı paralarla annesine yeni bir vazo alması, dersini yapmayan çocuğun ertesi gün alacağı kötü not ya da öğretmenin tepkisiyle baş başa kalması gibi. Bu disiplin yönteminde çocuk, davranışının sonunda ortaya çıkan zararın ne olduğunu görür ve sebep-sonuç ilişkilerini değerlendirme fırsatları elde eder. Bu da, iç denetim mekanizmasının gelişmesine katkı sağlar. Bu yöntemi kullanan anne-baba, çocuğu olayların sonucuyla baş başa bırakırken yapılan yanlışa eşdeğer ve zararı giderici bir yaklaşımı benimsemelidirler (Örneğin: Evde koşuştururken saksıyı çarpıp düşüren çocuğun, toprakları temizlemesini ve bitkiyi yeni bir yere ekmesini sağlamak).

Mola ya da ara verme yöntemi bir örnekle açıklanacak olursa; İki kardeş birbirleriyle oynarken biri diğerini dövmeye başlıyor. Anne- baba bunu gördüklerinde, "Hasan kardeşine bunu yapmana izin veremem. Bence senin odana gidip beş dakika düşünmeye ihtiyacın var," diyebilir. Burada çocuğun saldırgan davranışı kesilmiş olur. Ancak bu yöntemi kullanırken azarlayıcı cümleler kullanmamaya dikkat edilmelidir. Sakin kalmalı ve beş dakika dolduğunda, sadece zamanın bittiği söylenmelidir (Dodson, 2000). Mola yöntemi kullanılırken, çocuğun yalnız kalacağı yerin karanlık, ürkütücü olmamasına dikkat etmeli ve çocuk asla kilitlenmemelidir. Çocuğun ne kadar mola da kalacağı, yaşıyla orantılıdır. Örneğin, yukarıdaki çocuk beş yaşında olduğu için molada o kadar süre kalmıştır. Altı yaşında olsaydı altı dakika kalabilirdi.

Cezanın etkin bir öğrenme ortamı yaratması için dikkat edilmesi gereken ilkeler şu şekilde sıralanabilir (Cüceloğlu, 2000):

1. Cezalandırılması gereken davranışın ortaya çıkma nedenlerini gerçekçi biçimde anlamak gerekir,
2. Bir davranış cezalandırılırken, yapılması istenen davranışın ne olduğu açık seçik belirtilmeli, istenen davranış her ortaya çıktığında ödüllendirilmelidir,
3. Ceza verilmeden önce cezanın verileceğini belirten ön belirtiler, uyarılar verilmelidir,
4. Bir davranışın niçin cezalandırıldığı, niçin ödüllendirildiği açık seçik ortaya koyulmalıdır.

Olumlu disiplin yaklaşımları ve ceza, birbirlerinden farklı davranışlarla ortaya konsalar da, bu yöntemlerin etkili olmasında ortak bir faktör rol oynar: Tutarlılık. Tutarlılık, çocuğa neyi yapıp neyi yapmaması gerektiğini anlatır. Eğer ebeveynin disiplin anlayışı tutarsızlık içeriyorsa, çocuklar anne-babalarını güvenilmez kişiler olarak değerlendirir ve cezanın yaptıkları davranışa göre değil, anne-babanın o an ki ruh durumuna göre değiştiğine inanırlar. Eğer anne-baba istenmeyen davranışlar için tutarlı bir disiplin anlayışı içinde olurlarsa ve istedikleri davranışları ödüllendirirlerse çocuklar, sosyal açıdan kabul gören ve görmeyen davranışları ayırmayı öğrenirler. Okul öncesi dönemden başlayarak bazı temel alışkanlıkları kazanan, hak ve özgürlüklerini, sınırlılıklarını ve sorumluluklarını öğrenen çocuk, okul döneminde ve sonrasında karşılaşacağı kurallarla baş edebilir. Anne-babaların çocuklarını kendi kendilerini disipline eden bir birey olarak yetiştirebilmeleri gerekir. Ancak bu sayede kendi kendini denetleyebilen, sorumluluk sahibi ve özgüveni olan bireyler yetişebilir.

KAYNAKLAR

Akalın, N. (2000). Çocuğun suça itilmesinde toplumsallaşma öğelerinin etkisi. *I. İstanbul çocuk kurultayı bildiriler kitabı* (524-533). İstanbul: İstanbul Çocukları Vakfı Yayınları.

Akyüz, Emine (2000). *Ulusal ve uluslararası hukukta çocuğun haklarının ve güvenliğinin korunması*. Ankara: Milli Eğitim Yayınları.

Bradshaw, J. (1988). *Bradshaw on: The family*. USA: Healt Communication, Inc.

Campbell, M.J. (1992). Parenting classes: Focus on discipline. *Journal of Community Health Nursing*, 9(4), 197-208.

Cebiroğlu, R., Yurtbay, T. (1974). Saldırgan davranışlı çocuklarda bazı psikososyal etkenler. *10. Milli psikiyatri ve nörolojik bilimler kongresi bilimsel çalışmaları* (309-314). Ankara: Hacettepe Üniversitesi.

Clark, L. (1996). *SOS Ana babalara yardım*. (Çev: Gültekin Yazgan). İstanbul: Evrim Yayınevi.

Cohen, L.J. (2001). *Playful parenting: A bold new way to nurture close connections, solve behavior problems and encourage children's confidence*. MD: Ballantine Publishing Group.

Curwin, R.L. ve Mendler, A.N. (1990). *Am I in trouble? Using discipline to teachyoung children responsibility*. CA: Network Publications.

Cüceloğlu, D. (2000). *İnsan ve davranışı*. İstanbul: Remzi Kitapevi.

Dodson, F. (1998). *Sevgiyle disiplin*. İstanbul: Kural Dışı Yayınları.

Gary, G.N. (1980). *Marriage, family, and intimate relationships*. USA Rand Mc Nally College Publishing Company.

Freidman, M.M. (1986). *Family nursing: Theory and assessment*. CT: Apple-Century Crofts.

Haapasalo, J., Moilanen, J. (2004). Official and self-reported childhood abuse and adult crime of young offenders. *Criminal Justice and Behavior*, 31(2), 127-149.

Herbert, M. (1989). *Discipline: A positive guide for parents*. New York: Blackwell.

Herrenkohl, I., T., Huang, B., Tajima, A., E., Whitney, D., S. (2003). Examining the link between child abuse and youth violence. *Journal of Interpersonal Violence*, 18(1),1189-1208.

Hopson, D.P., Hopson, D.S. (2001). *Team-spirited parenting*. New York: John Wiley & Sons.

İl, S., Arıkan, Ç. (1994). Türkiye'de çocuk eğitim evlerindeki hükümlü gençlerin aile içi şiddete ilişkin değerlendirmeleri. *Aile kurultayı "Değişim sürecinde aile; toplumsal katılım ve demokratik değerler"* (284-294). Ankara: T.C. Başbakanlık Aile Araştırma Kurumu Yayınları.

Konanç, E., Günce, G. (1983). Child abuse in Turkey. In J. E. Lavitt (Ed.). *Child Abuse and Neglect Research and Innovations* (135-149). Boston: NATO ASI Series.

Minuchin, S. (1984). *Family kaleidoscope*. Harvard University Press.

Nofziger, S. & Kurtz, D. (2005). Violent lifes: Lifestyle model linking exposure to violence to juvenile violent offending. *Journal of Research in Crime and Delinquency*, 42(1), 3-26.

O'Leary S.G. (1998). Parental discipline mistakes. In *Readings in educational psychology* A.E., Woolfolk (pp: 94-96). E. NY: Allyn and Bacon.

Onur, B. (1993). *Çocuk ve Ergen Gelişim*. Ankara: İmge Kitapevi.

Painter, G. ve Corsini, R. J. (1990). *Effective discipline in home and school*. IN: Accelereated Development.

Salzman, G. (1991). *Çocuğunuzu Yanlış Eğitiyorsunuz*. İstanbul: Çocuk Vakfı Yayınları.

Trickett, P.K. ve Kuczynski, L. (1986). Children's misbehaviors and parental discipline strategies in abusive and nonabusive families. *Developmental Psychology*, 22(1), 115-123.

Uluğtekin, S. (1991). *Hükümlü Çocuk ve Yeniden Toplumsallaşma*. Ankara: Bizim Büro Yayınları.

Yavuzer, H. (1986). *Ana-Baba ve Çocuk*. İstanbul: Remzi Kitabevi.

Yavuzer, H. (1995). *Çocuk Eğitimi El Kitabı*. İstanbul: Remzi Kitabevi.

Ergenlik Dönemi

Çocuklukla erişkinlik arasında gençlik çağı vardır. Bedensel, ruhsal ve toplumsal değişme ve gelişme süreçlerinin yaşandığı gençlik çağını kapsayan yaş dilimleri; ülkeden ülkeye, yayından yayına farklılık gösterir.

UNESCO, gençlik çağı olarak 12-24 yaş dilimlerini kabul etmiştir. Gençlik çağı, geçmiş çocukluk çağının bedensel ve ruhsal özellikleri, bilgi, deney ve yaşantı birikimi ile insan yaşamının ilerideki erişkinlik ve olgunluk çağlarını etkiler.

Gençlik çağı, bedensel değişme ve gelişmeyle başlar. Bunu ruhsal ve toplumsal değişme ve gelişme izler.

Kızlarda 10-12, erkeklerde 11-13 yaş dilimleri arasında yer alan önerinlik (buluğ öncesi) (prepuberty), kızlarda 13-15, erkeklerde 14-15 yaş dilimleri arasında yer alan erinlik (buluğ) (puberty) dönemlerinden sonra ergenlik (kemal, rüşt) (adolescence) dönemi gelir.

Bu dönem, erişkinlik çağına dek sürer. Kimi yazarlar da, erinlik temel olmak üzere erinlik öncesi, erinlik, erinlik sonrası ve ergenlik sonu olarak ayrım yapmışlardır.

Gençlik çağına giriş, hazırlık, önerinlik (buluğ öncesi) (prepuberty) döneminde, cinsiyetle ilgili iç salgı bezlerinde az miktarda salgılanmaya başlayan kadın ya da erkek cinsel hormonu ile olur.

Erinlik (buluğ) döneminde, kız ve erkek çocukta cinsiyetle ilgili iç salgı bezleri işleve başlar. Böylece kadın ve erkek olmakla ilgili bedensel değişme ve gelişme süreci öncelik kazanır ve hızlanır. Kadın ve erkeğin cinsel kimliğini ve yaşamını sağlayacak olan birincil ve ikincil cinsel değişmeler ortaya çıkar. Cinsel organlar gelişir. Cinsel organların çevresinde ve koltuk altlarında kıllanma olur. Kızlarda göğüsler büyür. Erkeklerde sakal çıkar. Böylece kız ve erkek, çocuk cinsiyetlerine uygun beden yapısını tamamlayarak gençlik çağına girer. Bedensel olan değişme ve gelişmeyle birlikte ruhsal ve toplumsal değişme ve gelişme süreçleri de işlerlik kazanır. Böylece cinsel benlik ya da kimlik kazanılır.

Kızda ve erkekte cinsiyetle ilgili olarak bedende ortaya çıkan birincil ve ikincil değişme ve gelişmeler, gencin başkalarıyla ve çevresiyle olan iletişimini etkiler. Erinlik ve onu izleyen ergenlik dönemleri içinde beden özellikleri ve yapısı gencin ilgi alanının temelini oluşturur. Başka bir deyişle beden, benliğin simgesi durumuna geçer. Kızlarda göğüslerin büyümesi, aybaşı döngüsü; erkeklerde erkeklik organının gelişmesi, sakal çıkması, sesin kalınlaşması; kızda ve erkekte boyun uzaması, kıllanma, yüzde çıkan sivilceler gencin bedenine olan ilgisini artırır. Daha doğrusu gencin ilgisini beden sınırları içinde tutsak eder. Gençte, kendi beden yapısında değişen gelişmelere ilişkin birbirine karşıt, çelişik, değerlendirmeler ve düşünceler ortaya çıkar. Bir yandan, beden yapısının değiştiğini, yüzünün çirkinleştiğini kabul edip kaygı duyar, sıkılıp üzülür. Hatta utanır. İçine kapanır, çevreden uzaklaşır. Öte yandan, bedenindeki değişme ve gelişmeleri ortaya çıkarmak, kazandığı güzellikleri başkalarına göstermek için çaba harcar. Bir yandan göğsünün büyümesinden sıkılan, hatta bundan utanan genç kız, öte yandan da göğüslerinin büyüdüğünü göstermek için sütyensiz, incecik, sıkı gömlek ya da kazak giyip sokağa çıkar. Buna benzer şekilde sakalından iğrenen delikanlı sık sık tıraş olup onları bir an önce büyütmeye çalışır, aynı zamanda da sakal bırakıp erkek olduğunu göstermek ister.

Gencin kendine özgü olarak oluşturduğu çirkinlik ve güzellik kavramı; kaygı ve endişeyle, neşe ve sevinç arasında gidip gelen duygulanım değişmeleri yaratır. Gençlik çağında çirkinlik ve güzellik kavramlarının oluşmasında çocukluk çağı yaşantıları ve ailenin tutumu önemli rol oynar. Bilindiği gibi, çocuğun kendisini ve başkalarını tanıdığı yaşlarda, çirkin-güzel ayrımı başlar. Bedenini, elini, kolunu, gözünü, saçını, yüzünü tanımaya başlayan çocuk, anne ve babasının, çevrenin bunlara ilişkin olarak yaptıkları çirkin ya da güzel değerlendirmesiyle bedenine ilişkin çirkin ve güzel kavramlarını benimser. Gözü için güzel, saçı için çirkin denilen çocuk bu değerlendirmeyi yaşam boyu saklar. Gözü söz konusu olduğunda güzel, saçı söz konusu olduğunda çirkin olduğunu anımsar. Ayrıca çocuğun gözünün, yüzünün, saçının başka çocuklarla karşılaştırılması da bu kavramların benimsenmesinde önemli rol oynar. Siyah gözleri, kumral saçları olan bir çocuğu, mavi gözleri, sarı saçları olan bir çocukla karşılaştırıp bunlardan birinin güzel ötekinin çirkin olduğunu belirtmek de çocukta gözüne, saçına ilişkin değerleri oluşturur. Çocuğun güzel ve çirkin olarak yaptığı değerlendirmelerin, gençlik çağında değişmesi onda bu kavramlarla ilişkili türlü duygulanım durumlarının ortaya çıkmasına yol açar. Genci bedensel görünümüne ilişkin iletilere aşırı duyarlı yapar. Kendisiyle ilgili olan ya da genç tarafından ilgili olduğu biçiminde yorumlanan bir bakış, mimik, jest ya da bir-iki sözcük genci alabildiğine kaygılı, endişeli ya da neşeli, sevinçli yapabilir. Başkalarından gelen bu iletilerin yorumu, çoğunlukla gencin günlük, hatta anlık duygulanım durumuyla bağlantılıdır. Genç kendisini çirkin olarak görüp değerlendiriyorsa, bütün bakışların mimik ve jestlerin dolaylı olarak çirkinliğine ilişkin iletiler taşıdığını sanır. Sözcükleri bu doğrultuda yorumlar. Genç kendisini güzel olarak görüp değerlendiriyorsa, bütün bakışların bu güzelliği izlemek için kendi üzerinde toplandığını, başkalarının kendisine hayran olduklarını, bu hayranlığı türlü mimik, jest ve sözcüklerle açık ve dolaylı olarak anlattıklarını sanır.

Ayna karşısında saatlerce makyaj yapan, giyinip süslenen genç kız; saçını tarayan delikanlı hep başkalarının olası beğeni ve övgü ya da kötüleme ve yergisini tasarlar. Kimi gençte ayna karşısında harcanan zaman, gencin kendi görüntüsüyle kurduğu çirkinlik ya da güzellik değerlerinden kaynaklanan iletişimi olarak saatlerce sürer.

Gençlik çağında beden ölçüleri, şişmanlık ve zayıflık da önemli bir iletişim sorunu ortaya çıkarır. Özellikle, genç kızlar modanın ve değişen güzellik ölçülerinin etkisi altında güzel görünmek, kilo vermek, zayıflamak için aşırı çaba harcarlar. Yemeden içmeden kesilir, bedensel gelişmeleri için gerekli besinleri almaktan sakınırlar. Bu durum, çocukluk çağındaki saplantı ve takıntıların etkisi altında besinlerin tümüyle kesilmesi, aşırı zayıflama ve iç salgı bezlerinde ortaya çıkan bozukluklarla birlikte anoreksi (anorexia) adını alan ciddi bir hastalığa dönüşebilir.

Erinlik (buluğ) ve bu dönemin hemen peşinden gelen bir iki yıl içinde bulunan, değişik kesimlerden, farklı ekonomik ve toplumsal düzeylerden gelen, kız ve erkek öğrenciler üzerinde yaptığımız anket araştırmaları, gözlem ve konuşmalar bunların yüzde otuzunun bedensel değişme ve gelişmeden kaynaklanan iletişim sorunları olduğunu ortaya koymuştur. Bu sorunlar sıklık sırasına göre, aşırı duyarlılık ve coşku, utangaçlık, çevreden uzaklaşma, sorumluluktan kaçma, bilişsel süreçlerde azalma, girişim yetersizliği, ilgisizlik olarak sıralanabilir.

Gençlik çağı, abartılmış, aşırı, çabuk ve kolay değişen duygulanım ve coşkularla yaşanır. Genç kaygıdan mutluluğa, sevinçten sıkıntıya, kızgınlıktan taşkınlığa değişen çeşitli duygulanım ve coşku durumlarından kaynaklanan iletişimler kurar. Başkasının tatlı ve yumuşak bakışı, gülümsemesi, bir iki övgü sözcüğü onu mutlu eder. Asık bir yüz, sert mimik ya da jest, örseleyici bir-iki sözcük onu kaygının, kızgınlığın, umutsuzluğun derinliklerine sürükler. İlgi ve sevgiyle iletişim kurduğu insanlara karşı bir süre sonra kin ve nefret duyar. Kızıp öfkelendiğini, beğenip yüceltir. Çekinip korktuğuna, sokulup yaklaşır.

Gençlik çağına özgü duygulanım ve coşkular, algı, dikkat, bellek, düşünme, mantık, uslamlama gibi bilişsel (bilgiyle ilgili) (cognitive) işlevleri de olumsuz yönde etkiler. Başarı, çalışma, yaratıcılık ve verim düşer. Bilişsel alandaki bu olumsuz değişme, erinlik ve onu izleyen bir iki yıl içinde görülen okul başarısızlığı ve kazaların temel nedeni olarak kabul edilmiştir.

Gencin toplumda rol alması, yer sağlaması ve kimliğini bulması özdeşleşme süreciyle gerçekleşir. Bu süreç, çocukluk çağındaki özdeşleşmeden farklı olup, genci yeni arayışlara sürükler. Bilindiği gibi, çocukluk çağında anne ve özellikle baba başkalarından daha farklı algılanıp değerlendirilir. Onlar düş gücüyle ve gerçek dışı bir görüşle güçlü, üstün varlıklar olarak kabul edilir. Yaşı ilerleyip, çocuk gençlik çağına yaklaştıkça anne-babanın dokunulmazlığı azalır, başkalarıyla karşılaştırılıp gerçekçi olarak değerlendirilir. Bu durum, gençlik çağında hızlanır. Kendisini evrenin merkezinde etkin ve güçlü gören genç, anne-babasını etkisiz, güçsüz, yetersiz görmeye başlar. Belleğindeki anne-baba imgesinin silinmesi gencin onlara duyduğu güveni azaltır. Hatta onları eleştirir, küçümser. Öte yandan ailenin, anne ve babasının, yakın çevrenin uzantısı olmaktan kurtulmak için değişim ve yeni iletişim kaynakları arar. Her ileti gençte olumlu ya da olumsuz iz bırakır, davranış değişikliği yapar. İletişim yaptığı kaynak ve kişilerin özelliğine göre, giyinmesini, oturmasını, yürümesini, çalışmasını, amaçlarını, inançlarını, dünya görüşünü, düşüncelerini etkileyen iletiler alır. Gence her an türlü kaynaklardan gelen iletilerin özdeşleşme süreci kendi içinde bütünleşip, genç tarafından benimsenenleri gencin kimliğini, kişiliğini oluşturur. Bu arada, genç toplum içinde değişik yerlerde değişik roller oynayarak kişiliğini sınar. Böylece özdeşleşme süresinde benimsediği davranışları pekiştirir. Denenmiş, geçerliliği sınanmış davranış kalıplarıyla erişkin olmaya hazırlanır.

Özdeşleşme süreci içinde genç özerklik ve sorumluluk arasındaki dengeyi kurmaya çalışır. Kimliğini, kişiliğini kazandığını sanan, annebabasını, yakın çevresini, başkalarını sürekli olarak eleştiren, küçümseyen genç, kendisi ve çevresiyle ilgili tüm kararlarda, bağımsız ve özgür olmak ister. Buna karşılık içinde bulunduğu ailede, çevrede, kendisine düşen sorumlulukları yüklenmez ya da zorla yüklenip sürüklenirler. Giyeceğine, yiyeceğine, eve geliş gidiş zamanına başkalarının karışmasını istemeyen genç, istediği zaman yemeğin hazır olmamasına kızıp öfkelenirken, sofranın kurulmasına, bakkaldan öteberi alınmasına yardımcı olmaz. Alabildiğine bağımsız ve özgür yaşamak için her türlü çabayı gösterirken ailenin ekonomik durumunu görmezlikten gelir. Çalışmak, başarılı olmak gibi sorumlulukları olduğunu unutur.

Özerklikle sorumluluk arasındaki denge, sağlıklı iletişim ve özdeşleşmeyle kurulur. Böylece genç dengeli, düzenli, tutarlı, gerçekçi davranmayı öğrenir. Özdeşleşme süreci içinde gencin art arda kurup sürdürdüğü iletişimler, denediği roller, kullandığı davranış kalıpları birbirleriyle çatışır, birbirine karışırsa kimlik gelişmesi bozulur. Genç, kendi kimliğini algılayamaz. Kendi kimliğine yabancı kalır. Bu duruma "kimlik karışıklığı" ya da "kimlik bunalımı" (identity confusion, identity crises) adı verilir. Erikson tarafından tanımlanan bu tablo, gençlerin iç dünyalarında kendi benlikleriyle sağlıklı iletişim kuramamalarından kaynaklanır. Genç, davranışları üzerindeki denetimi kaybeder. Aynı anda türlü özdeşlemelerden kazandığı, ancak benimseyip pekiştirmediği davranış kalıplarını kullanmak ister. Hepsini birbirine karıştırır. Erikson, engel ve zorlama karşısında gençlerin bir bölümünde kimlik karışıklığı ve bunalımı olabileceğini belirtmiştir. Ancak bu durum, gençlik çağında ortaya çıkan şizofreninin başlangıç belirtileri arasında da bulunduğundan, önemlidir.

Erinlik döneminin ilk yıllarında genç, duygu ve düşünceleriyle bir düş, düşlem dünyası yaratır ve bunun içinde yaşar. Yazarı, yapımcısı, yönetmeni olarak hazırladığı bir filmde ya da oyunda başrolü oynuyor gibidir. Başkaları bu filmin, oyunun izleyicisidirler. Genç kişiliğinin gerçek sınırlarını çizemez. Gerçekle düşü ve düşlemi kolayca ayıramaz. Kendisini çok önemser. Bütün duygu ve düşüncelerinin benzersiz, tek, kendisine özgü olduğunu düşünür. Kendisinin bütün duyguları en yoğun biçimde yaşadığını, acılarının, elemlerinin, kaygı ve sıkıntılarının derin ve sonsuz; neşesinin, sevincinin, sevgisinin, umudunun aydınlık ve parlak; düşüncelerinin doğru ve kesin olduğuna inanır. Başkalarının kendisini anlamadığı, dinlemediği kanısındadır. Gencin kendisini yarı düş, yarı masal ve öykü kahramanı gibi değerlendirmesi onda ölümsüzlük duygusu yaratır. Gence göre ölüm, başkaları için söz konusu olan, kendisi için beklenilmeyen, düşünülmeyen acı bir sondur. Böylece genç başrolü oynadığı, kahramanı olduğu düş-gerçek karışımı dünyada kendi efsanesini, masalını yaşar. Gencin yarattığı bu masalların, kişisel mitlerin izleri, onun başkalarıyla olan iletişimlerine, özellikle günlük anılarını yazdıkları, "hatıra defterleri"ne yansır. En büyük aşkları o yaşamıştır. En büyük sıkıntıları o çekmiş, beğenilere, övgülere o erişmiştir.

Son yıllarda, ortaöğrenim döneminde bulunan gençler arasında yaptığım anket araştırmalarının sonucu ve okullarda gençlerle söyleşiler sırasında aldığım cevaplardan anladığım kadarıyla, gençlerin üzerinde durdukları konu ve sorunları önem sırasına göre şöyle sıralayabilirim:

Büyüklerin anlayışsızlığı ve baskısı, onur kırıcı konuşmaları; arkadaş edinmekte zorluk; kız-erkek arkadaşlığının olmaması; kız-erkek arkadaşlığının aile ve çevre tarafından anlaşılmaması ve karşı çıkılması; boş zamanları etkin biçimde değerlendirecek olanakların olmaması; evde ve okulda dayağın bir eğitim aracı olarak kullanılması; yoğun yüklü ve ezbere dayanan derslerin okutulması; ders yükü nedeniyle, kültüre, spora zaman ayıramamak; yükseköğrenim ya da meslek seçimi konusunda endişeler; geleceğe güvensizlik; eğitim sisteminde aşırı baskı ve disiplinin geçerli olması; dinlenme ve eğlence için zaman bulamamak; kişiliğine güvensizlik; yalnızlık; sorunlarına yardımcı olabilecek, kişi, kişiler ya da kuruluşların olmayışı.

Dikkat edilirse, gençlerin dile getirdikleri, yakındıkları konu ve sorunların hemen hepsi, onların toplum içinde durumlarını belirleyememiş, gerçek rollerini ve yerlerini alamamış olmalarından kaynaklanmaktadır. Gerçekte gençlik çağı, toplumsal olarak gencin durumunu arayıp bulma, saptama çabasının ortaya çıktığı bir süreçtir.

Gençlik çağının başlangıcında hızla ilerleyen bedensel değişme ve gelişme zamanla yavaşlar ve durur. Bunu ruhsal ve toplumsal değişme izler. Önce bedensel değişmenin doğrudan doğruya ya da dolaylı olarak yarattığı ruhsal değişmeler görülür. Mutlu, uysal, dengeli çocuğun yerini; kaygılı, tedirgin, dengesiz, uyumsuz genç alır. Genç, bocalama ve kararsızlık içindedir, duyguları, ilgileri, çabuk değişir. Coşkuları ölçüsüz, sınırsız ve dengesizdir. Kısacası gençlik çağının başlangıcı ruhsal bakımdan duyguların egemen olduğu, çelişkili düşüncelerin ve davranışların bulunduğu bir geçiş dönemidir. Kimisinde hafif, kimisinde gürültülü geçer.

Bu çağın önemli sorunu, gencin toplumsallaşması, içinde yaşadığı toplumun üyesi olarak, o toplumda yer ve rol almak için çaba harcamasıdır. Kuşkusuz, bu çabada gençlik çağına özgü ruhsal durum etkili olabileceği gibi, toplumsallaşma süreci içinde ortaya çıkan engeller, çelişme ve çatışmalar da gencin ruhsal durumunu etkiler. Kaygı tedirginlik ve bunalımını artırır.

Kişinin içinde doğup yaşadığı, büyüyüp geliştiği toplumun bir üyesi olmasına, toplumsallaşma denir. Bu süre içinde, kişi içinde doğup yaşadığı toplumun dilini, dinini, gelenek, görenek ve törelerini, kültürünü, değerlerini, ortak amaçlarını tanır, anlar, öğrenir ve benimser. Daha önce de belirtildiği gibi toplumsallaşma, bebeklikte başlar. Ufak çocukluk dönemi ve gençlik çağında hızlı bir gelişme gösterir. Gençlik çağında kişiliğin oluşmasına yönelir. Genç, toplum içinde kendini aramaya, kişilik sınırlarını belirlemeye başlar. Kim olduğunu, ne olacağını, nelere değer verip bağlanacağını, amacının ne olduğunu, toplumdaki yerinin neresi olduğunu bulmaya çalışır. Bilinçli ve bilinçsiz olarak kişiliğini oluşturur. Bu oluşum içinde özdeşleşme yapar. Özerkliğinin, özgürlüğünün, sorumluluğunun dengesini kurar.

Kişiliğini ararken ana-babanın etkisinden kurtulmaya çalışır. Gençlik çağının başlangıcına kadar onlara benzemek, onlarla bir olmak, onları benimsemek, onlarca beğenilmek, başka bir deyişle onlarla özdeşleşmek için harcadığı çabayı seçtiği yeni örneklere yöneltir. Çevresinde onu etkileyen kişi ve kişiler, benzemek istediği yeni örneklerdir. Duygusal olarak bağlandığı bu kişilerin iyi ve kötü yönlerini benimser. Bir süre sonra onlardan kopup başka örnekler bulur. Her örnekten kişiliğinde bir iz kalır. Gençlik çağının özdeşleşme sürecini tamamlarken, çocukluk çağında özdeşleşme yaptığı, başka bir deyişle kişiliğinin temelini oluşturan ana-babasını eleştirmeye başlar. Onları yeniden değerlendirir. Çocuklukta, ana-babasıyla yaptığı özdeşleşmenin derecesine ve onlardan edindiği davranış kalıplarının gücüne göre, ana-babasının duygu, düşünce, tutum ve davranışlarına karşı çıkar. Duygularını, sevgilerini, ilgilerini gereksiz görür. Düşüncelerini eskimiş bulur, zamanlarının geçtiğini düşünür. İnançlarını, amaçlarını kuşkuyla karşılar. Davranışlarını yersiz olarak niteler, beğenmez, hatta alay eder. Ana-babadan gelen her öneriye karşı çıkar.

Özdeşleşme süreci içinde genç kendi kendisini değerlendirirken ana-baba da genci bir yönden çocuk gibi değerlendirir, ancak diğer yönden büyük bir insan gibi görmek ister. Bu çelişkili değerlendirme, anababa ve genç arasında ciddi sürtüşme ve çatışmalara yol açar.

Özdeşleşme sürecinde genç, kendi kendisini yönetmeye, başka bir deyişle özerk, bağımsız olmaya çalışır. Evden kopar, çevreye yönelir. Arkadaşlarıyla birlikte olmak ister. Aileden uzaklaşma, çevreden etkilenme arkadaş ilişkisiyle başlar. Çevrede kendini anlayan, seven, destekleyen yaşıtlarını bulur. Onların giyim, süs ve davranışlarıyla kendisi arasında kıyaslama yapar. Onlarla birlikte olmak için onlar gibi davranmayı, kendini kabul ettirmek için olanak ve yeteneklerini kullanmayı, böylece kendisini yönetmeyi öğrenir.

Özdeşleşme süreci içinde aileden, çevreden, toplumdan aktarılan bütün davranış biçimlerine başkaldıran, karşı çıkan ya da bunlara ilgisiz kalan gençler yeni amaçlar, beklentiler, değerler peşinde koşar, yeni bir kültür arayışı içine girerler. Kuşak çatışmasının onarılmaz boyutlara erişmesi, gencin ailesinden ve içinde yaşadığı çevreden yeterince ilgi ve sevgi görmemesi ya da böyle olduğunu sanması, onu başka grupların, çevrelerin içine sürükler. Ailesi ve çevresiyle sağlıklı iletişim kuramayan genç bu gereksinimini doyuracak ilişkiler kurar.

Gençlik çağında, arkadaş grubunun genç üzerindeki etkisi gencin içinde bulunduğu bütün diğer gruplardan daha önde gelir. Çoğunlukla ev, işyeri, okul, mahalle, semt çevresinde oluşan arkadaş grupları, gruba katılan gençlerden birinin ya da ikisinin kazandığı saygınlıkla, ya da çevrede saygınlık kazanmış bir gencin gruba girmesiyle bir iki önder kazanır. Önder çevresinde toplanan grup, ortak amaçları, beklentileri, değerleri, ilkeleri ve iletişim biçimini oluşturur.

Özdeşleşme, bir kimlik arama sürecidir. Kimlik, başka insanlarla iletişim ve etkileşim sonucu elde edileceğinden genç, arkadaş grupları içinde sağladığı uyumla farklı rolleri dener. Bu rollere ilişkin davranışlar sergiler. Böylece grup gence kimlik ve toplumsal çevre kazandırır. Genç, bu ortamdan kopmamak için onun ortak kavramlarını, simgelerini, eylemlerini benimser, özümser. Gruba katılan gençler çevreden uzaklaştıkça gerçeklerden soyutlanır, topluma yabancılaşırlar. Soyutlanma ve yabancılaşma gruba katılan gençlerin grup altkültürü adını alan değişik ve yeni bir kültür yaratmalarına yol açar. Bu altkültürün ailede ve çevrede etkin olan kültürden farklı ortak amaçları, beklentileri, değerleri, inançları, duyguları, düşünceleri, ilke ve kuralları vardır. Özetle değişik ve yeni davranış kalıplarıdır.

Evde ana-babasından anlayış görmeyen, onlarla çatışma içinde olan genç evde bulamadığı güveni arkadaş çevresinde arar. Onlara daha çok bağlanır ve benimser. Onlardan ayrı kalmamak için kendisine aykırı gelen düşünce, tutum, davranış ve eylemleri bile benimser.

Birçok aile kendi uzantıları olarak gördükleri gençlere kendi özlemlerini, beklentilerini, kaygılarını, karmaşalarını, coşkularını yansıtırlar. Kendi kişiliklerinin gençte sürmesini isterler. Böylece ya onları tamamen kendileri gibi yaparlar ya da büyük tepkilerle karşılaşırlar.

Bilinçli olarak gençlerin büyümesini, gelişmesini, bağımsızlığını kazanmasını isteyen birçok aile, gencin kendilerinden uzaklaşıp koptuğunu gördükçe bilinçdışı olarak onların türlü davranışına karşı çıkıp, aradaki sıkı bağları sürdürmeye çalışır.

Gençlik çağında, genel tutum her şeyin hemen orada tümüyle çözüme kavuşması biçiminde özetlenebilir. Beklemeye, karşı çıkmaya, sınırlamaya, engellemeye, sabırları yoktur. Onlara, içinde bulundukları dönemlere ve çevreye göre sorumluluk verilerek; bu tutumlarına toplumsal nitelik kazandırarak gerçekçi uygulama sağlanabilir.

Toplumda kendine bir yer ve rol arayan genç, özerklik ve sorumluluğun sınırını iyi bilemezse, genel olarak dört grupta toplanabilecek davranış ve eylemleri benimser.

Birincisi, tam boyun eğerek içinde bulunduğu çevrenin diğer kişilerine benzer. Onların uzantısı olur. İkincisi, çevreden gelen tüm etkilere karşı çıkar, başkaldırır. Üçüncüsü, çevrenin etkilerine aldırmaz. Alabildiğine özerklik peşinde sorumsuz yaşar. Dördüncü ve en sağlıklı yol olarak da, olumlu bir özdeşleşmeyle özerklik ve sorumluluk sınırlarını iyi belirleyerek çevresiyle gerçekçi ilişkiler kurup kendinin ve toplumun gelişmesinde katkısı olarak bilinçli çaba içine girer. Karşılaştığı engellere ve sınırlamalara gerçekçi çözümler bulmaya çalışır.

Gençlerin sağlıklı gelişmesi için onlarla sürekli ilişki içinde olmak, özelliklerini bilmek, kişiliklerine sevgi ve saygı göstermek yeterlidir. Böyle davranılmadığında, gençlerle erişkinler arasında çatışma başlar. Kuşaklar arası çatışma denilen bu durumda; genç ve erişkin kuşak, kendi değer, inanç ve tutumlarına sımsıkı sarılıp aralarında ilişki kurmak, iletişim ve etkileşim yapmak olanağını bulamazlar.

Gençlerle anne-baba arasında ortaya çıkan ve kuşak çatışmasına yol açan durumları, olayları tanımak amacıyla yaptığım bu araştırmada, bu tür olayları, biçim ve içerik bakımından iki büyük grup içinde topladım.

Biçimsel olarak kuşak çatışması yaratan durumlar, olaylar:

- Eve dönüş ve yemek saati
- Çalışma, eğlenme, gezme zamanı
- Giyinme ve süslenme biçimi
- Sözlü ve sözsüz iletişim biçimi
- Müzik dinlerken ya da iş yaparken gürültü çıkarmak
- Arkadaş seçimi, arkadaş ilişkisi
- Kız-erkek arkadaşlığı
- Büyüklere karşı saygı
- Ekonomik olanaklar, para sorunu

İçerik olarak kuşak çatışması yaratan durumlar, olaylar:

- Özdeşleşme, özerklik, sorumluluk süreçlerinden kaynaklanan düşünceler
- Hak ve görev kavramı
- Gelenek, görenek, din anlayışı ve yorumu
- Geçerli değer yargıları
- Meslek seçimi
- Başarılı ve saygın insanın tanımı
- Müzik türü, dergi, günlük gazete, kitap seçimi
- Dinlenen radyo, izlenen televizyon, seçilen video kasetlerinin türü ve konusuna ilişkin görüşler
- Dünya görüşü, yaşam felsefesi
- Toplumun, ülkenin, insanlığın geleceğine ilişkin görüşler
- Ekonomik, ideolojik ve siyasal görüşler

Kuşak çatışmasının olumsuz, sağlıksız boyutlara erişmesini önlemek sağlıklı bir iletişimle gerçekleşebilir. Bu iletişimi sağlıklı biçimde kurup sürdürebilmek önce erişkin ve yetişkin kuşağın görevi olup aşağıda belirtmeye çalıştığım ilkelere uyulduğunda istenilen amaca ulaşılır.

- Erişkin ve yetişkin kuşak, genci önce bir insan olarak kabul edin. Ona sevgi ve saygı gösterdiğinizi belirtin.
- Gençlik çağına özgü biyolojik, ruhsal ve toplumsal değişme ve gelişmeleri, bunların gencin davranışına ne biçimde yansıdığını bilip tanıyın, gençlik çağının fırtınalı ve zor olduğunu göz önünde tutun.
- Gencin duygulanım değişiklikleri ve düşlemlerden kaynaklanan davranışları karşısında serinkanlı olun. Kırıcı, sert, yıkıcı davranışlarda bulunmayın.
- Genci denetlemek, engellemek veya ödün ya da ödül vermek için tutarlı davranın. Kimi kez ödüle değer bulduğunuz bir davranışı başka bir zaman kötüleyip yermekten kaçının.
- Gencin yaşamı, giyinişi, süslenmesine ilişkin karar alırken durumu gençle tartışmak yerine, onun düşünce ve önerilerine anlayış ve saygı gösterin.
- Aile ve evle ilgili konularda ve sorunlarda gencin de düşünce ve önerilerini alıp onunla konuşup tartışmaktan sakınmayın.
- Konuşma ve tartışmalar sırasında gencin doğru düşündüğü, gerçeği bulup söylediği durumlarda ona hak verin, düşünce ve önerisini gerçekleştirmek için yardımcı olun.
- Gençlerle yapılan konuşma ve tartışmaları onları korkutarak ve yıldırarak kesmeyin.
- Gencin tutum ve davranışlarına biçim ve yön verirken "benim gençliğimde" diye başlayan konuşma ve öğütlerden kaçının.
- Gence bol bol öğüt vermek yerine örnek davranışlar yapın ve örnek davranışları bulup gösterin.

İki kuşak arasındaki iletişimin sağlıklı biçimde kurulup sürdürülmesi için gençlere de düşen görevler vardır.

- "Gençler bilse, yaşlılar yapabilseydi!" deyimine uygun olarak iletişim kurmaya çalışın.
- Bütün amaç, beklenti ve isteklerinizin hemen o anda tümüyle gerçekleşmeyeceğini bilin.
- Her yerde ve her zaman erişkin ve yetişkinlerden öğrenmeniz gereken bilgiler, deneyler olduğunu kabul edin.

- Konuşma ve tartışmalarda kırıcı ve sert olmaktan kaçının.
- Engeller, sorunlar, zorluklar karşısında size destek ve yardımcı olacak insanların anneniz, babanız, yakınlarınız olacağını unutmayın.

Gençlerle erişkin ve yetişkinler arasında sağlıklı iletişim için verilen bütün bu önerileri bir iki tümceyle şöyle özetleyebilirim: Gençler, erişkinler ve yetişkinler; iletişim sırasında duygu sezgisi (empathy) içinde olun. Kendinizi karşı tarafın yerine koyun. Siz genç olsaydınız bu durumda nasıl davranırdınız? Siz erişkin, yetişkin olsaydınız bu durumda nasıl davranırdınız? Bu sorulara içtenlikle cevap verin. Ona göre davranın.

KAYNAKLAR

Ekşi, A., *Gençlerimiz ve Sorunları.* Nazım Terzioğlu Baskı Atölyesi, İstanbul 1982.

Köknel, Ö., *Ailede ve Toplumda Ruh Sağlığı.* Hür Yayınlar, İstanbul 1981.

Köknel, Ö., *Kişilik.* Altın Kitaplar Yayınevi, Bilimsel Sorunlar Dizisi, İstanbul 1982.

Köknel, Ö., *Alkolden Eroine Kişilikten Kaçış.* Altın Kitaplar, Bilimsel Sorunlar Dizisi, İstanbul 1983.

Köknel, Ö., Özuğurlu K., *Tıpta Ruhbilim.* İ.Ü. İstanbul Tıp Fakültesi Yayınları, İstanbul 1984.

Köknel, Ö., *İnsanı Anlamak.* Altın Kitaplar, İstanbul 1986.

Köknel, Ö., *Zorlanan İnsan.* Altın Kitaplar, İstanbul 1987.

Özuğurlu, K., *Evlilik Raporu.* Altın Kitaplar Yayınevi, Bilimsel Sorunlar Dizisi İstanbul 1987.

Yavuzer, H., *Çocuk ve Suç.* Remzi Kitabevi, İstanbul 1987.

Yavuzer, H., *Çocuk Psikolojisi.* Remzi Kitabevi, İstanbul 1987.

Yörükoğlu, A., *Çocuk Ruh Sağlığı.* Türkiye İş Bankası Kültür Yayınları, Ankara 1978.

Yörükoğlu, A., *Gençlik Çağı,* Türkiye İş Bankası Kültür Yayınları, Ankara 1985.

Yrd. Doç. Dr. İlkay Demir
(İstanbul Üniversitesi, Hasan Ali Yücel Eğitim Fakültesi
Eğitim Bilimleri Bölümü Öğretim Üyesi)

Ergenlik Dönemi Problemleri ve Anne-Babalar

Genellikle ergenlik döneminden bahsedilince akla problemler gelir, hatta günümüzde bu durum o kadar yaygındır ki herhangi bir yetişkinden ergenlik dönemini tanımlaması istendiğinde, cümlelerin içinde çoğunlukla sorun, dert, problem gibi kelimeler geçmektedir. Ergenlik döneminde şiddet, saldırganlık, madde kullanımı, akademik başarısızlık, riskli davranışlar, depresyon, intihar, duygusal bozukluklar gibi bir dizi sorunun varlığı sıklıkla vurgulanır (Currie, 2005). Smetena'nın (2011) da işaret ettiği gibi, ana-babalara tavsiye vermeye yönelik kitapların birçoğunda, bebek ya da çocuklara yönelik ana-babalık daha olumlu yönleriyle ön plana çıkarılırken, ergenlere yönelik ana-babalık çoğu zaman zorlayıcı, çatışmalı ve tehlikelerle dolu bir sürece uyarıda bulunur.

Ergenlik döneminde, anne-babaların karşılaşabilecekleri olumsuzluklara odaklanan bakış açısı, büyük ölçüde bu dönemi "fırtına ve stres" yaklaşımıyla açıklayan ve hâlâ bir ölçüde yaygınlığını koruyan anlayışa dayanmaktadır. Ergenlik döneminin fırtınalı ve stresli olduğu inancı, ergenlik kavramını ilk ortaya atan Stanley Hall'den beri popülerliğini korumaktadır. Yapılan çalışmalar, ergenlik dönemine ilişkin toplumsal algının da bu bakış açısından etkilenmiş olabileceğini göstermektedir.

Anne-baba ile ergen arasındaki ilişkilerin azaldığına, çatışmaların ön plana çıktığına ve ergen-ebeveyn sorunlarının arttığı savına dayanan bu türde genel bir algının aksine, farklı kültürlerde yapılan çalışmalar ergenlerin, anne-babalarıyla ilişkilerinin yansıtıldığı kadar olumsuz algılama eğiliminde olmadığını göstermektedir (Laursen & Collins,

2009). Aksine, ergenlerin büyük bir bölümü ailelerini olumlu biçimlerde tanımlamakta ve onlarla ilişkilerinden memnun olduklarını ifade etmektedir. Buna paralel olarak ergenlik dönemine ilişkin ailelerin bakış açısı, aynı zamanda aile ve ergen arasındaki gerçek fırtına ve stresin düzeyini de belirlemektedir. Örneğin Buchanan ve Hughes'un (2009) çalışmasında, ergenlik döneminde fırtına ve stresin ön planda olacağını düşünen ailelerin, ergenlerle daha fazla çatışma yaşadıkları bulunmuştur. Bu duruma, bir tür kendini gerçekleştiren kehanet gözüyle bakılabilir. Yani ne beklersek, ona göre davranırız ve sonucunda beklediğimizi yaşarız.

Günümüzde toplumsal algıda olmasa bile, gelişimsel psikoloji çevrelerinde "fırtına ve stres" yaklaşımı büyük oranda eleştireye maruz kalmaktadır. Son yıllarda pozitif psikoloji akımının da etkisiyle "ergenlik döneminde görülen sorunları nasıl çözebiliriz?" sorusu yerini, "ergenlerin olumlu gelişimlerini desteklemek için ne yapabiliriz?" sorusuna bırakmıştır. Buradan yola çıkarak araştırmacıların ilgilendiği konularda da bazı değişiklikler ortaya çıkmıştır ve ergenlerin zayıf yanlarının değil, güçlü yanlarının vurgulanması ve geliştirilmesi temel hedef haline gelmiştir. Bu yaklaşımla hedeflenen, ergenlik döneminde sorunların varlığını görmezden gelmek değil, bu dönemin aslında enerjik, dinamik, yenilikçi, eğlenceli, zengin ve güçlü bir dönem olduğunun altını çizmektir. Ayrıca bu yaklaşımla genç bireyler, kendi gelişimsel süreçlerinin aktif ve eşit ortakları olarak görülmektedir (Bornstein, 2008).

Benzer biçimde, bu bölümde de ergenlik döneminin bireylerin yeni arayışlara girdikleri, yaşamlarını nasıl yaşayacaklarına, nasıl bir görünümü, ilişkileri, mesleği arzuladıklarına karar verdikleri; yeni ve çok sayıda alternatifi barındıran hayaller ve planlarla zengin bir dönem olduğu düşüncesi ön planda olacaktır. Aslında ergenlik döneminin stresli bir dönem olup olmaması, stresi nasıl tanımladığımıza, fırtına ve stres derken neyi kastettiğimize ve hangi ergenlerden bahsettiğimize göre değişmektedir. Elbette hayaller ve planlar, hayal kırıklıklarıyla birlikte vardır ve insan yaşamının hiçbir dönemi problemlerden, çatışmalardan ve endişelerden bağımsız değildir. Bu nedenle, bu bölümde ergenlik döneminde anne-babaların karşılaşabilecekleri sorunlarla nasıl baş edebileceklerinden bahsedilecek, ancak, problemlere odaklı bir bakış açısı yerine, olumlu gelişim ve etkileşime odaklı bir bakış açısını ön plana almaya özen gösterilecektir.

ERGENLİK DÖNEMİ PROBLEMLERİ

Genel olarak ergenlik döneminde görülen problemler içe yönelim ve dışa yönelim problemleri olarak iki grup altında toplanmaktadır. İçe yönelim problemleri, ergenlerin sorunlarının kendi benliklerine yönelik olarak ortaya çıkmasıdır (depresyon, intihar düşünceleri, yeme bozuklukları gibi), dışa yönelim sorunları ise ergenlerin yaşadıkları sorunların dış dünyaya yönelik olarak ortaya çıkmasıdır (davranım bozuklukları, şiddet, suç gibi) (Meyer, 2003). Bu bölümde, ergenlik dönemi problemlerinden bahsederken aslında yalnızca içe yönelim ve dışa yönelim sorunları değil, gündelik yaşamda anne-baba ve ergen arasında endişe, çatışma ve anlaşmazlıklara neden olabilecek (akranlarla ilişkiler, kurallar, sorumluluklar ve akademik başarı gibi) çeşitli sorun alanları da kastedilmektedir. Dolayısıyla anne-baba ve ergen ilişkileri, ciddi ya da geçici nitelikteki çeşitli sorunlar çerçevesinde değerlendirilmeye çalışılacaktır.

Ergenlik dönemi problemlerinin doğasına ilişkin, anne-babaların bilmesi gereken iki temel başlık vardır. İlki, problemlerin genelde tek başına değil, birbirleriyle ilişkili olarak bir arada görülme eğiliminde oldukları, ikincisi ise ergenlik dönemindeki bireylerin yaşadıkları problemleri anne-babaların fark edebilmelerinin her zaman kolay olmadığıdır. Birinci olarak, ergenlik döneminde, özellikle müdahale gerektiren madde kullanımı, antisosyal davranış, risk alma ve akademik başarısızlık, depresyon, içekapanma gibi sorunlar birbirleriyle yüksek düzeyde ilişkilidir ve çoğunlukla biri diğerinin nedeni ya da sonucu olarak ortaya çıkmaktadır. Bu nedenle de bu sorunların tümü genel bir problem başlığı altında değerlendirilebilir (*Kumpfer vd., 1998*). İkinci olarak, ergenlik dönemi her ne kadar bazı problemlerin ortaya çıkma olasılığının arttığı bir süreç olarak görülse de, aslında okul hayatını ve sosyal ilişkileri olumsuz etkileyecek düzeydeki depresif duygu durumu, aşırı alınganlık ve öfke gibi sorunların bu dönemde sıklıkla görülmesinin normal olduğunu söylemek mümkün değildir. Oysa, ergenin yaşantısını başarılı biçimde sürdürmesini engelleyen bu gibi problemleri, aileler bazen ergenlik dönemine has, normal bir süreç olarak algıladıklarından önlem almayı ihmal edebilmektedir. Çoğunlukla bu tip problemler, ergenlik döneminin özelliklerinden değil, bu dönemden çok daha önce var olan çeşitli bireysel ve sosyal etmenlerden kaynaklanmaktadır (Graber, 2009). Ebeveynler ergenin yaşadığı sorunlarla karşılaşınca (özellikle de depresyon ve kaygı gibi içe yönelim sorunlarında) çoğunlukla problemin ergenlik döneminin normal bir sonucu mu, yoksa ciddi bir sorun mu olduğu konusunda kararsızlığa düşmektedir. Sourander, Helstela ve Helenius'un (2007) yaptığı çalışmada, ergenler anne-babalarından daha fazla problem bildirmiştir. Yani, ergenin kendi yaşadığını bildirdiği problemlerle, anne-babanın ergenin yaşadığını bildirdiği problemler arasında ciddi bir fark bulunmaktadır. Bu durum, özellikle kızlardaki içeyönelim problemlerinde çok daha fazladır. Genellikle ergen kızların depresif belirtilerini fark etmek anne-baba için daha zordur, çünkü kızlar oğlanlara göre daha duygusal, hassas ve içekapanık olarak görüldüklerinden, bu özellikler depresyon belirtilerini maskeleyebilmektedir. Yani ergenlerin bir bölümü psikolojik müdahaleye ihtiyaç duydukları halde, sorun anne-babaları tarafından fark edilmediğinden gerekli yardımı alamamaktadır.

Çoğunlukla, bilim insanları, ergenlik dönemindeki problemlere yol açabilecek risk faktörlerini ve problemleri önleyebilecek ya da azaltabilecek koruyucu faktörleri anlamaya çabalamaktadır. Bu bölüm, problem davranışlar ve anne-baba konusuna ayrıldığı için risk faktörleri ve koruyucu faktörlerden bahsederken yalnızca ailelerle ilişkili olanları ele aldığımız gözden kaçırılmamalıdır. Gerçekte, insan yaşamının herhangi bir döneminde görülebilecek olan hiçbir problem, tek bir faktöre indirgenerek incelenemez ve ergenlik dönemindeki problemlerin de tek kaynağının aile ile ilgili özellikler olduğunu düşünmek hatalıdır.

Ergenlik döneminde görülen sorunlara ilişkin risk faktörlerinin başında genetik etkiler gelir. Yani aile geçmişinde (özellikle anne-baba gibi yakın aile bireylerinde) antisosyal davranış, alkolizm, depresyon ve benzeri sorunlar gösteren üyeler varsa, ergenlerde bu sorunların görülme olasılığı artmaktadır. Ayrıca, ergenler çeşitli davranışları ailelerinden görerek benimseyebilmektedir, dolayısıyla ailede şiddet, madde kullanımı, kendine zarar verme gibi davranışlar sıklıkla yaşanmaktaysa, ergenin kendi yaşantısında bu davranışları göstermesi beklenebilir (Kumpfer vd., 1998). Genetik faktörlerin yanı sıra, düzenli bir aile yaşantısının olmaması, anne-baba arasında yaşanan çatışmalar, ergenle birlikte geçirilen zamanın ve paylaşımın yetersizliği, tutarsız ya da aşırı denetimci ebeveynlik, ihmalkâr anne-baba tutumları, ergene yönelik gerçekçi olmayan yüksek beklentiler, ailede yüksek düzeyde stresin varlığı, ailenin sosyal destekten mahrum olması, ergenin duygusal, fiziksel ya da cinsel istismara maruz kalması, ailelerde en sık görülen risk faktörlerinden bazılarıdır (Merikangas, Dierker & Fenton, 1998). Aile ile ilişkili koruyucu faktörler ise; tutarlı, demokratik disiplin, ergen ve ebeveyn arasındaki güçlü, sıcak bağlar, etkili izleme ve denetim, destekleyici anne-babalık, ergenin ailede söz ve karar hakkına sahip olması, ergene yeterli düzeyde davranış özerkliği tanıma ve ailede sosyal destek kaynaklarının varlığı olarak sıralanabilir (Etz, Robertson & Ashery, 1998).

Görüldüğü gibi ergenlik döneminde karşılaşılan problemlerin çeşitli nedenleri vardır ve her neden bir diğeri ile etkileşim halinde ortaya çıkmaktadır. Örneğin, ailenin sosyo-ekonomik düzeyi ve olanakları, problem davranışları etkileyen en önemli belirleyicilerden olmasa da dolaylı belirleyicilerden biridir. Düşük ekonomik düzey, ailelerin büyük bir çoğunluğu için olanakların sınırlılığı, uyum problemleri, işsizlik, olumsuz iş koşulları, beslenme ve sağlık yetersizlikleri, yüksek duygusal stres, güvensiz muhit ve yaşam koşulları, dolayısıyla yüksek problem riski anlamına gelmektedir (McLoyd, 1998). Ailenin ekonomik koşulları, ergenle ilişkilerini etkilemekte, ergene sunabildiği olanakları etkilemekte, bu da ergenin becerilerini ve problem davranış olasılığını etkilemektedir. Aynı zamanda, olumsuz sosyo-ekonomik koşullar, ebeveynlerde iş yükünü, çalışma koşullarını ve yaşam biçimini olumsuz etkilemekte, bu durum ebeveynin daha stresli, kaygılı ve mutsuz olmasına yol açmaktadır. Anne-babanın stresli olması ise, hem birbirleriyle hem de ergenle ilişkilerinde, daha fazla çatışma yaşamalarına neden olmaktadır. Ayrıca stres altındaki anne-babalar daha fazla öfkeli, cezalandırıcı ve otoriter davranmakta, ergeni etkili biçimde denetleyememekte ve daha az destekleyici, ilgili ve sıcak davranmaktadır. Bu türden olumsuz ebeveyn davranışları ise, karşılığında, ergenin daha fazla kaygı, depresyon yaşamasına, düşmanca ve saldırgan davranışlar göstermesine ve akademik başarısının düşmesine yol açmaktadır (Peterson, 2005).

Ebeveynin ergenle ilişkisi, onların birbiriyle ilişkisinden de büyük oranda etkilenmektedir. Bir çiftin birbiriyle ilişkisindeki uyum, stres, paylaşım düzeyi ya da sorunlar, aynı zamanda onların çocuklarına gösterdikleri ilgi, destek, tepki biçimini de büyük ölçüde etkilemektedir. Özellikle anne-babanın birbirine destek olması, çocukların yetiştirilmesinde ortak sorumluluk alması, her ikisinin de daha az stresli olmasına ve ergene daha fazla ilgi gösterip zaman ayırmasına olanak sağlamaktadır.

Ergenin yaşayabileceği sorunları etkileyebilecek bir diğer unsur da, anne-babanın ergeni nasıl algıladığıdır. Ergeni zor ve sorunlu olarak gören ebeveynler, onun sorunlarına daha az duyarlılık göstermekte ve stresli durumlarda daha az olumlu tepki geliştirmektedir. Anne-babanın bu tutumu ise, ergenin yaşadığı problemlerin derinleşmesine yol açmaktadır (Putnam, Sanson & Rothbart, 2002). Grolnick ve arkadaşlarının (1996) yaptığı araştırmada, ergen çocuklarını sorunlu olarak tanımlayan annelerin, çocukları üzerinde aşırı denetim kurdukları bulunmuştur. Onlara göre, annelerin aşırı denetimi ergenin özerklik ve yeterlik duygularını zedelemekte ve kendi sorumluluğunu üstlenmesini engellemektedir. Diğer yandan, ergenlerin bazı alanlarda (özellikle akademik alanda) yetersizlikleri, anne-babaların onları yetersiz olarak algılamasına yol açmakta; bu da onlara daha fazla karışmalarına, sorumluluklarını onların yerine yapmalarına ve iyi niyetli olsalar da, sürekli kendilerine bağımlı hale gelmelerine neden olmaktadır. Anne-babanın ergeni aşırı denetim altında tutması ve koruyucu davranması, yaşadıkları dünyayı nasıl bir yer olarak algıladıklarıyla ilgilidir. Gurland ve Grolnick'in (2005) araştırmasında, dünyayı tehdit edici, belirsiz, güvenilmez ve tehlikeli bir yer olarak algılayan annelerin ergenlerine aşırı koruyucu ve denetimci yaklaştıkları, onlara özerklik gelişimi için daha az fırsat tanıdıkları bulunmuştur.

Anne-babanın ergenle ilişkisindeki bir diğer önemli nokta da, ergenlik döneminin yalnızca ergenlerde yarattığı etkiler değil, anne-baba üzerindeki etkisidir. Örneğin, Silverberg ve Steinberg (1990), ergenlik dönemine geçişle birlikte, ebeveynlerde daha fazla orta yaş problemi, düşük yaşam doyumu, depresif belirtiler ve yüksek stres görüldüğünü belirtmiştir. Bu durum, özellikle anne-babalık rollerini yaşamının merkezine koyan ve diğer yaşamsal uğraşları arka plana atan ebeveynlerde daha fazla görülmektedir. Yani kariyer, ilgi alanları ve diğer yakın çevresine çok fazla önem vermeyen anne-babaların, çocukları ergenlik dönemine girdiğinde daha fazla stres yaşadıkları görülmektedir, çünkü bu dönemde yaşanan değişimleri çok daha fazla hissetmekte ve gündelik problemleri çok daha kalıcı ve önemli olarak görüp algılamaktadır.

Ergen ve anne-baba ilişkilerini etkileyen bir diğer önemli etmen anne ve babanın uzun çalışma saatleri nedeniyle ergeni denetleme olanaklarının azalmasıdır. Ergenin etkin izlenmesinde geleneksel cinsiyet rolleri nedeniyle en fazla tartışılan sorun, annenin çalışmasının ergeni izlemesini etkileyip etkilemeyeceğidir. Yapılan araştırmalar, annelerin çalışmasından çok, çalışmaktan ve yaptıkları işten memnun olup olmamalarının ergenle ilişkilerini daha fazla etkilediğini göstermektedir. Yani, çalışmak istemediği halde ekonomik gerekçelerle çalışmak durumunda olan, düşük nitelikli, az gelirli ve yoğun stresli işlerde çalışan ve çalışma yaşantısından mutsuzluk duyan annelerin, yaşadıkları stres ve gerginliği, ergenle ve diğer aile üyeleriyle ilişkilerine yansıttığı görülmektedir. Böyle durumdaki anneler, ergene destek ve rehberlik vermek, birlikte zaman geçirmek ve ergeni izlemek konusunda daha fazla sorun yaşamaktadır. Bu durum yalnızca anneler için değil, babalar için de geçerlidir. Burada önemli olan, çalışan anne-babaların, ergenin okul sonrası tek başına, herhangi bir yetişkin gözetiminde olmadan geçirdikleri zamanı olabildiğince denetleyebilmeleridir. Ergenin çok uzun bir süre boyunca yalnız kalmasını önlemek için, ergeni okul sonrası etkinliklere, faaliyetlere ya da ilgilerine yönelik kurs, çalışma ya da hobi gruplarına katılması için desteklemek etkili bir yöntem olarak kullanılabilir (Peterson, 2005).

ÇATIŞMA VE PROBLEM DAVRANIŞLARA ANNE-BABANIN TEPKİ BİÇİMLERİ

Ergenlik döneminde görülen sorunlarla başa çıkabilmek için anne-babaların neler yapabileceklerine ilişkin, uzun yıllar içerisinde kapsamlı bir akademik birikim ortaya çıkmış olsa da, henüz bilim insanlarının bu konuda, araştırmalara dayalı kesin bulguları olduğunu söylemek mümkün değildir. Dolayısıyla anne-baba ve ergen davranışlarıyla ilgilenen araştırmacıların bugün için söyleyebildikleri en doğru şey, ebeveynin problem davranışlar karşısında ne yaptığı ve bunun sonuçlarının neler olduğudur. Elbette bu bilgiler bizleri bazı çıkarımlar ve yorumlar yapmaya götürebilir, ancak anne-babaların, bu çıkarım ve yorumların zamana, kültüre, koşullara, beklentilere ve yorumlayan kişiye göre değişebileceğini akılda tutması gerekir (Kerr, Stattin & Pakalniskiene, 2008b).

Kerr ve arkadaşları (2008b) problem karşısında ne yapılması gerektiğinden çok, gerçekte anne-babaların nasıl tepkilerde bulunduklarını inceleyerek, süreci anlamaya çalışmıştır. Genellikle ergenin okuldan kaçma, şiddet, olumsuz akran ilişkileri gibi problem davranışları karşısında, anne-babalar iki farklı biçimde tepki vermektedir: Birinci tür tepkiler, güvensizlik, duygusal desteği azaltma ve endişe gibi duygusal tepkilerdir. İkinci tür tepkiler ise, ergenden bilgi almaya, davranışlarını kontrol etmeye ve sınırlar-kurallar koymaya yönelik izleme çabalarıdır. Diğer yandan sanılanın aksine, eğer ergen ev dışında suç gibi ciddi problem davranışlar gösteriyorsa, anne-babaların zaman içerisinde izleme ve denetim çabalarını azalttıkları bulunmuştur. Kerr ve arkadaşlarına (2008b) göre bu durumun en önemli nedeni, yüksek düzeyde problem davranış gösteren ergenlerin, anne-babalarının yaşadıkları yoğun stresle başa çıkmak için sorundan uzaklaşma çabalarıdır. Diğer bir neden ise, yüksek düzeyde problem davranış gösteren ergenlerin, anne-babalarına karşı mesafeli tavırlarının, anne-babaların da onlardan uzaklaşmasına yol açmasıdır.

Anne-babaların problemlere yönelik verdikleri tepkilerle ilgili bir diğer soru, izleme ve denetim çabalarının problemin çözümüne katkı sağlayıp sağlamadığıdır. Genel olarak bakıldığında izleme çabalarının problemin düzelmesine katkıda bulunmadığı görülürken, durum kız ve erkek ergenler açısından incelendiğinde biraz daha farklılaşmaktadır. Kerr ve arkadaşlarının (2008b) bulgularına göre, anne-babanın izleme ve kontrol çabalarını arttırması, erkek ergenlerin uzun vadede daha fazla problem davranış göstermelerine neden olurken; kız ergenlerin problem davranışlarının azalmasını sağlamaktadır. Yani ergene vereceğimiz tepki, onun cinsiyetine göre farklı sonuçlara yol açıyor diyebiliriz. Yapılan çalışmalar, erkek ergenlerin kızlara göre anne-babanın denetimine daha fazla olumsuz tepki gösterdiklerini ve bağımsız davranmaya daha eğilimli olduklarını göstermektedir (Grusec, 2008). Bu durumun en önemli nedeni ise, toplumsal cinsiyet rolleridir. Küçük yaşlardan itibaren kız çocukları uyumlu olma ve söz dinleme konusunda daha duyarlı olarak sosyalleşirler, dolayısıyla anne-babanın problem karşısında koyduğu sınırları kabul etmeleri daha olasıdır.

Ailelere olumsuz davranışlarla başa çıkmak için tam olarak ne yapmaları gerektiğini söylemek mümkün olmasa da, yapmamaları gerekenler konusunda uyarıda bulunmak için elimizde çeşitli bilimsel kanıtlar bulunmaktadır. Örneğin, anne-babaların problem karşısında gösterdikleri sorundan uzaklaşma, duygusal desteği azaltma, endişelenme gibi tepkilerin nedeni ne olursa olsun, bu tepkilerin sorunun düzelmesine katkı sağlamayacağı açıktır. Alanda bu konudaki tartışma ve önerilere değinmeden önce, ebeveynlerin problemlere tepki verme biçimlerinin hangi faktörlerden etkilendiğini anlamaya çalışmak faydalı olacaktır.

PROBLEM DAVRANIŞLARA TEPKİ BİÇİMLERİNİ ETKİLEYEN FAKTÖRLER

Anne-babaların problemler karşısında ne tür stratejiler izleyebilecekleri aslında onların anne-babalık hedefleriyle doğrudan ilişkilidir. Yani ergenden ne beklediğimiz, ona nasıl tepki verdiğimizi büyük ölçüde belirlemektedir. Grusec'in (2008) aktardığına göre, anne-babaların ergenlere ilişkin amaçları üç kategoride değerlendirilmektedir: Anne-baba odaklı hedefler (itaatkâr olmak, söz dinlemek gibi), çocuk odaklı hedefler (çocuğa çeşitli değerleri ve becerileri aşılamak) ve empatik hedefler (çocuğun duygusal ihtiyaçlarını karşılamaya çabalamak). Çocuk odaklı hedeflerle empatik hedefler arasındaki temel ayrım, çocuk odaklı hedeflerin ergen için uzun vadeli sonuçları ve faydalarının olması, empatik hedeflerin ise ergenin kısa vadeli ihtiyaç ve arzularını gidermeye odaklanmasıdır. Ayrıca, güvenlik merkezli hedefler de (ergenin sağlığı, iyi oluşu ve fiziksel zarar görmemesi) birçok ebeveyn için önemlidir. Özellikle Türkiye gibi ilişkisel değerlerin ön planda olduğu ülkelerde bir diğer kategori de ilişki-merkezli hedeflerdir. Burada ebeveynin temel hedefi ailenin yakın sıcak ilişkilerini geliştirmek, arttırmak ve zarar görmesini engellemektir. Bu bağlamda anne-babanın en temel beklentisi ergenle hem fiziksel hem de duygusal yakınlığı korumaya çalışmak ve aile üyelerinin yakın iletişimde bulunmalarını desteklemektir. Anne-babaların problem karşısındaki tepki biçimleri onların bahsedilen ebeveynlik hedefleriyle ilişkilidir. Örneğin, zorlama/güç kullanma yöntemiyle sorunları çözmeye çalışan anne-babaların daha fazla ebeveyn merkezli hedefleri olduğu, tartışma ve müzakere yönteminin, çocuk merkezli hedefleri olan anne-babalar tarafından daha sık kullanıldığı ve işbirliğine dayalı tepkilerin, ilişki hedefli anne-babalık hedefleri ile daha fazla ilişkili olduğu bulunmuştur (Grusec, 2008).

Yani, çocuklarımızı yetiştirirken merkeze aldığımız hedefler, onlara verdiğimiz tepkilerde büyük rol oynamaktadır. Buradan yola çıkarak, "çocuğumun sorunlu davranışlarına nasıl tepki veriyorum ya da vermeliyim," diye soran bir anne-babanın öncelikle çocuğunu yetiştirirken hangi hedefleri temel aldığını ayrıntılı bir biçimde gözden geçirmesi gerekmektedir. Eğer ebeveynler olarak çocuğumuzun bizim koyduğumuz kurallara uyması, bizi daha az endişelendirmesi ya da bizim düşünme biçimimizi benimsemesi gibi hedeflere sahipsek, çocuklarımızın sorunlu davranışlarına daha katı, cezalandırıcı ya da daha az destekleyici tepkiler vermemiz söz konusu olabilir. Eğer, ebeveynler olarak bizim için çocuğumuzun kısa vadeli mutluluğu ve istekleri ön plandaysa sorunlu davranışlarına daha fazla görmezden gelerek, izin verici olarak ve denetim uygulamayarak tepki veririz. Son olarak çocuğumuz için gelecekte sahip olacağı değerleri, standartları ve becerileri olabildiğince geliştirmek gibi bir hedefimiz varsa, sorunlu davranışına tepki verirken onunla daha fazla tartışma, akıl yürütme, fikir alışverişinde bulunma ve rehberlik etme gibi tepkiler vermemiz söz konusudur. Hiçbir ebeveyn yukarıda bahsedilen hedeflerin yalnızca birine sahip değildir; her hedef tüm anne-babalarda bir dereceye kadar bulunur. Burada önemli olan, çocuklarımızla ilişkilerimizde hangi hedefin daha fazla ön planda olduğunu değerlendirmek ve bu hedefleri yeniden gerçekçi bir biçimde gözden geçirerek değiştirebilmektir.

Grusec'e (2008) göre, anne-babaların çocukların problem durumlarında verdikleri tepkiler, aynı zamanda çocuğun içinde bulunduğu gelişim dönemine göre de farklılık göstermekte ve farklı sonuçlara yol açmaktadır. Bazı anne-baba tutumları özellikle ergenlik dönemiyle birlikte etkisiz, hatta zararlı hale gelebilmektedir. Örneğin, katı ve aşırı kuralcı bir anne-baba tutumunun çocuklara nazaran ergenlerde daha fazla problem davranışın görülmesine yol açtığı tespit edilmiştir. Bu durumun en önemli nedeni, ergenlik dönemiyle birlikte çocukların annelerinin aşırı sert ve katı tutumlarını, kendi bağımsızlıklarına bir tehdit ve engelleme olarak görmeye başlamalarıdır. Bir başka çalışmada ise çocuklara verilen ödül-ceza ya da pekiştireç gibi yöntemlerin çocukluk döneminde etkili olduğu, ancak ergenlik döneminde, ergenin izlenmesi ve bilgi paylaşımının daha etkili bir başa çıkma yöntemi olduğu bulunmuştur.

ÇATIŞMA VE PROBLEM DAVRANIŞLARLA BAŞA ÇIKMADA AİLELERE ÖNERİLER

Ergenlik yılları boyunca ebeveynler, ergenin hâlâ en önemli destek kaynağıdır. Bu durum, ergenlik döneminde anne-babalar ile ergenler arasında çatışma ya da problem yaşanmadığı anlamına gelmemektedir. Yapılan çalışmalar göstermektedir ki, ergen-ebeveyn çatışmaları dinsel, politik, felsefi inançlar, dünya görüşü, mesleki meseleler gibi temel konularda değil, gündelik yaşama ve yaşam tarzına ilişkin daha geçici meselelerde yoğunlaşmaktadır. Geçmişte, ergen ve ebeveyn arasında farklı zamanlardan kaynaklanan temel düşünce ayrılıkları olduğu öne sürülmekte ve "kuşak çatışması" kavramı üzerinde durulmaktaydı. Günümüz çalışmaları ise böyle bir kuşak çatışmasının söz konusu olmadığını göstermektedir. Yapılan çalışmalar ergenlerin dünya ve gelecek algılarıyla, anne-babalarınınkinin büyük ölçüde örtüştüğünü göstermektedir. Çatışmaların yoğunlaştığı alanlar ise dersler, ev işleri, gündelik eğlence alışkanlıkları, giyim tarzı, arkadaş ilişkileri, müzik ve benzeri ilgi alanları olmaktadır. Bu yeni araştırma bulguları ışığında, ergenlik dönemini inceleyen bilim insanları, ebeveyn-ergen arasındaki gündelik konulara dair çatışmaların, aslında ergen ve ebeveynin ilişkilerini yeniden düzenleme olanağı sunan geçici sorunlar olduğunu öne sürmektedir (Smetena, 2011). Çünkü bu çatışmalar, ergenlik döneminde karşımıza çok yoğun biçimde çıkan güç dengesi meselesinin bir ürünüdür ve ergenlik dönemi, aslında her ilişkide var olan güç savaşının yeniden gözden geçirilerek yapılandırıldığı bir ilişki dönüşümü sürecidir.

Ergenlik dönemindeki temel görevlerden biri, diğerleri tarafından yönetilmek ve denetlenmekten çıkıp, kendi kendini yönetebilmek becerisini kazanmaktır. Ergenlikte davranış kontrolünün anne-babada mı, yoksa ergende mi olması gerektiği, aslında bu dönemde, anne-baba ve ergen ilişkilerinin altta yatan ana gündemini oluşturmaktadır. Yaşanan belirli bir sorun alanında ergenin nasıl davranması gerektiğine ilişkin kararın kimde olacağı, sorunun hangi konuda ortaya çıktığına göre değişebilmektedir. Ebeveynler genellikle karar alma sürecini kademeli olarak ergene bırakmakta ve ilk aşamada bireysel konulardaki (giyim, arkadaşlık, ilgi alanları, odasının düzeni vb.) kontrol yetkisini ergene bırakma eğilimindedirler. Bu alanın ardından zaman geçtikçe diğer konularda da (değerler, hedefler, yaşam planları vb.) giderek ergene daha fazla kontrol yetkisi verirler. Ancak özellikle ergenin sağlığını, iyi oluşunu ve güvenliğini etkileyecek olan konularda kontrol yetkisini kendi ellerinde bulundurmaya devam etmeyi tercih ederler (Smetana & Asquith, 1994).

Anne-babaların davranış kontrolünü kademeli olarak ergene bırakma eğiliminde olmasına karşın, çok şiddetli olmasa da, çatışmalar ergen ve anne-babaların gündelik yaşamlarında sıklıkla görülmektedir. Ergen ve ebeveynler ortalama üç günde bir, çeşitli nedenlerle çatışma içine girmektedir. Bu çatışmaların en sık görüldüğü dönem ilk ergenlik yıllarıdır ve zamanla son ergenlik dönemine yaklaştıkça çatışmaların sıklığı ve şiddetinde önemli ölçüde bir azalma gözlenmektedir. Erken ergenlik yıllarında, çatışmaların daha yoğun olarak yaşanmasının en temel nedeni, ergenin aile içerisinde bir birey olarak daha anlamlı bir rol oynamak istemesi, anne-babanın ise henüz çocuklarındaki bu değişimi kabul etmeye hazır olmamasıdır (Peterson, 2005). Her ne kadar ergenle anne-baba arasındaki çatışmalar gündelik meselelerden kaynaklansa da, ebeveynin bakış açısına göre, bu yüzeysel, gündelik meseleler güvenlik ve sağlık gibi sorunlara davetiye çıkarabilecek riskli konular olarak görülebilmektedir. Örneğin, ebeveyn ergenin arkadaş ilişkileri ve boş zaman etkinlikleri gibi daha fazla bağımsızlığa ihtiyaç duyduğu konularda bu bağımsızlıktan endişelenmektedir, çünkü ergenin alabileceği hatalı kararların, uyuşturucu kullanımı, ehliyetsiz araç kullanma gibi riskli davranışlara yol açabileceğini düşünmektedir. Ergen ise aksine, boş zamanını nasıl geçireceğini ya da kimlerle arkadaş olabileceğini bireysel bir seçim olarak görmekte ve bu konularda anne-babanın müdahalesini, özerkliğinin ve bireysel tercihlerinin kısıtlanması olarak değerlendirmektedir (Smetana & Asquith, 1994). Yani çatışmalar genelde, aynı konuya ebeveynin ve ergenin farklı anlamlar yüklemesinden kaynaklanmaktadır. Çünkü içinde bulundukları gelişim dönemi anne-baba ve ergenlere farklı öncelikler getirmektedir. Ergenlik döneminin önceliği bireysellik ve özerklik kazanımıyken, orta yaş dönemi sorumluluk ve sorumluluğu altında bulunanların güvenliği, başarısı ve iyi oluşu anlamına gelmektedir. Bu iki farklı öncelik ergen ve anne-babanın olayları farklı yorumlamasına yol açmaktadır (Peterson, 2005).

Ergen ve anne-baba arasında yaşanan çatışmalar, özellikle ebeveynleri ciddi biçimde endişelendirmektedir; ancak, bu çatışmaların aslında olumlu bir yanı olduğunu da akılda tutmak önemlidir. Çatışmalar ergen ve anne-babaların birbirlerinden beklentilerini yeniden gözden geçirmelerini ve özerklik ile yakınlık arasında nasıl bir denge ve esneklik sağlayabileceklerinin yollarını aramalarını sağlamaktadır. O halde gündelik ilişkilerimizde ergenle yaşadığımız orta şiddetteki çatışmaların, onunla ilişkilerimizi düzenlemeye katkıda bulunduğunu ve ergenin kendi ayakları üzerinde durma çabalarının bir parçası olarak algılanması gerektiğini düşünebiliriz. Ancak, her zaman her çatışmaya benzer bir biçimde yaklaşmak mümkün olmayabilir, özellikle sıklıkla yaşanan şiddetli çatışmalar, ergen ile anne-baba arasındaki ilişkilerin giderek gerilmesine, iki tarafın birbirinden uzaklaşmasına ve zamanla sorunların derinleşmesine neden olabilir ve bu nedenle göz ardı edilmemelidir. Bu tür durumlarda, anne-babaların çatışmaları, etkili iletişim ve çatışma çözme stratejileri ile çözmeye çalışması gerekmektedir. Ergen-ebeveyn arasındaki herhangi bir çatışma, sürekli olarak bir tarafın boyun eğmesi ya da geri çekilmesi biçiminde sonuçlanıyorsa, bu durum, daha büyük çatışmalara kapı açabileceği anlamına gelmektedir. Bu nedenle karşı tarafın duygularını, isteklerini, ihtiyaçlarını görmezden gelen hiçbir çözüm sağlıklı bir ilişkiyi ifade etmemektedir. Yapıcı bir çatışma, her iki tarafın da makul oranlarda tavizde bulunarak sorunun çözümünde rol oynadığı bir süreçtir. Bu anlamda ebeveynler, hiçbir çatışmada tamamen kendi bakış açıları doğrultusunda bir çözüm beklememelidir (Peterson, 2005).

Günümüzde ergen ve anne-babalarına problem karşısında ne yapmaları gerektiğini söyleyebilecek açık, kesin ve tutarlı bilimsel bulgulara henüz tam olarak ulaşamamış olsak da, hemen hemen tüm araştırmacılar, mantıksal akıl yürütmeye dayalı müzakerenin, makul düzeyde kuralların, etkili izleme/denetimin, özerklik tanımanın, sıcaklık, ilgi, anlayış ve duygusal desteğin problemler karşısında ergen ve anne-babalarının izleyebilecekleri en doğru yol olduğu konusunda hemfikirdir (Grusec, 2008; Peterson, 2005).

Ebeveyn ve ergen arasındaki ilişkilere odaklanan yaklaşımlardan aile sistem yaklaşımı, ebeveyn-ergen ilişkilerinde istikrarın önemine vurgu yapmasına karşın, aile içerisinde yerleşik iletişim örüntülerinin zaman zaman değişmesinin, aile sistemi ve üyelerinin gelişimi için önemli olduğunu öne sürmektedir. İşte, bu iletişim örüntülerinin ciddi biçimde sarsıldığı ve değişime zorlandığı en önemli zamanlardan biri, ailedeki çocukların ergenlik dönemine girmesiyle ortaya çıkmaktadır. Bu dönemle birlikte hem ergen hem de ebeveyn, birbirleriyle kurageldikleri ilişkilerde değişimler yaşamak durumundadır ki, her iki taraf da yeni gelişimleri sağlıklı biçimde karşılayabilsin. Bu yeni ilişki biçimi yalnızca ergenle anne-babasının değil, aile dışındaki yakın ilişkilerin de dönüşümünü ifade etmektedir. Ergenler, daha fazla bireysel karar verme, daha fazla özgüven ve kimlik arayışı için daha fazla özgür alana ihtiyaç duymaktadır. Özerklik ve bireysellik için yaratılan fırsatlar, aynı zamanda ebeveynin yardım, destek, rehberlik verme, iletişim kurma ve güven verme gibi temel görevleriyle bir arada sürdürülebilmelidir (Peterson, 2005). Yani bu yaklaşıma göre, ergenin sağlıklı gelişimi ve problemleriyle başa çıkabilmesi için ergenlik dönemi boyunca ailelerin ergene kademeli olarak özerklik, karar yetkisi ve sorumluluk verebilmeleri gerekmektedir. Bahsedilen bu önerileri daha ayrıntılı olarak inceleyecek olursak:

Mantıksal akıl yürütme yoluyla müzakere: Akıl yürütme ya da tümevarımsal düşünmenin kullanılmasında en önemli gerekçe, ergenin neden kuralların gerekli olduğunu anlamasına yardımcı olmak, olumsuz davranışlarının neden kabul edilemez olduğunu görmelerini sağlamak ve davranışlarının hangi yollarla kabul edilebilir hale gelebileceğini anlamalarını sağlamaktır. Bu akıl yürütme yöntemini kullanan ebeveynler, ergenler üzerinde otorite kurmak değil, onların gönüllü işbirliği ve doğru karar alma becerilerine güvenmeyi önemli bulmaktadır. Akıl yürütme yoluyla müzakere, ebeveyn otoritesinin aşırı düzeyde vurgulanmadığı ılımlı bir denetim biçimidir, bu nedenle de ergenlerde anne-babaya yönelmiş bir öfke duygusuna yol açmaz. Müzakereyi ergenin davranışlarını düzenlemek için kullanmanın en önemli gerekçelerinden biri de, bu tarz bir denetim biçiminin ergendeki soyut düşünme becerisine hitap etmesidir. Soyut düşünme becerisi ergenlikle birlikte gelişmeye başlamaktadır, dolayısıyla anne-babaların baskı ve itaate zorlama gibi yöntemlerdense, akıl yürütmeye dayalı bir iletişim ve denetim yöntemini tercih etmeleri, ergenin soyut düşünme alışkanlıklarına katkı sağlamakta, aynı zamanda akıl yürütme yoluyla ahlaki gelişim, çevreye uyum ve farklı bakış açılarını anlayabilme becerilerini arttırmaktadır. Diğer yandan ergenler, mantıksal tartışmalar yaparak davranışlarını düzenleme konusunda çok daha isteklidirler, çünkü bu yöntem düşünme ihtiyaçlarına cevap vermekte, daha olgun olma ve olgun bir birey muamelesi görme isteklerini karşılamakta, diğerlerinin düşünce ve bakış açılarına olan merak duygularını gidermektedir (Peterson, 2005).

Ergenlik döneminde anne-babanın ergenle yaşadığı çatışmalarla ilgili vurgulanan önemli bir unsur, karşı tarafın bakış açısını doğru biçimde anlayabilme becerisidir. Özellikle, yaşanan çatışmada ergenin ana hedefi, anne-babanın yanlış düşündüğünü kanıtlamak ya da onların düşüncelerini değiştirmeye çalışmaksa, yaşanan çatışma çok daha yoğun ve sert hale gelmektedir. Bu durumda anne-babanın yapması gereken, ergenin bakış açısını çok iyi öğrenmek, anlamak ve tartışmayı onun bakış açısı üzerinden sürdürmektir. Eğer anne-baba yalnızca kendi bakış açılarına odaklanarak tartışmayı sürdürür ve ergenin düşünme biçimini yok sayarsa çatışma derinleşmekte ve ergeni farklı biçimlerde düşünmeye ikna edebilmek zorlaşmaktadır (Grusec, 2008). Çeşitli araştırmalarda, ergenlerin anne-babalarıyla tartışmalarının, fikir alışverişinde bulunmalarının, gelecek planlarıyla ilgili karşılıklı değerlendirmeler yapmalarının hem problem davranışların azalmasında, hem de akademik başarıda önemli bir etmen olduğu bulunmuştur (Hill & Taylor, 2004).

Ergenle müzakere yoluyla yapılan tartışmalar, anne-babanın onu daha iyi tanımasında ve ona en uygun disiplin stratejileri geliştirmesinde de etkilidir. Davidov ve Grusec (2005) yaptıkları bir çalışmada, ergenlere çeşitli anne-baba tutumları ve disiplin yöntemleri konularında görüşlerini sormuşlar, ardından bu ergenlerin annelerinden, çocuklarının verdikleri yanıtları tahmin etmelerini istemişlerdir. Çocuklarının çeşitli alanlarda ne düşündüğüne ilişkin daha isabetli tahminleri olan annelerin, ergenle çatışmalı bir durum yaşadıklarında daha iyi başa çıktıkları ve daha uyumlu bir çözüm bulabildikleri bulunmuştur. Yani ergene verdiğimiz tepkilerin, ergen tarafından nasıl algılandığını biliyorsak, tepkilerimizi ona göre yeniden düzenleyebiliriz ve uygun tepki biçimlerini geliştirebiliriz.

Etkili ana-baba izlemesi: Etkili izleme, ebeveynin ergenin gündelik etkinliklerini, arkadaş ilişkilerini, nerede, kiminle, ne zaman, ne yaptığını bilmesi ve kontrol edebilmesi anlamına gelmektedir. Anne-babalar ergenleri flört ve arkadaş ilişkileri konusunda tavsiyelerde bulunarak, olumsuz arkadaş gruplarıyla ilişkilerini denetim altına alarak, ev ödevi ve benzeri okul görevlerini takip ederek, ilaç kullanımı, stres ve benzeri sorunlar konusunda ipuçlarına duyarlı olarak etkin biçimde izlemiş olmaktadır. Yani etkili ana-baba izlemesi, ebeveynin ergenin etkinlikleri ve davranışları konusunda ne ölçüde bilgi sahibi olduklarını göstermektedir (Peterson, 2005). Aile sistem yaklaşımı da, aile ilişkilerinde en fazla ergen ile anne-baba arasındaki bilgi alışverişinin açıklığı üzerinde durmaktadır. Açık bilgi alışverişi ebeveyn ile ergen arasında sürekli bir iletişimi ve dolayısıyla daha yakın bağları, sorunların önlenmesini ya da yapıcı çözümünü, çatışmaları daha sağlıklı yönetmeyi ve sağlıklı gelişimsel değişimleri ifade etmektedir. Başarılı bir izleme, aynı zamanda anne-babanın, ergenin eve geliş saati, arkadaşlarıyla etkinliklerini ne zaman sonlandırması gerektiği ve gitmesinin yasak olduğu yerlerin nereler olduğu gibi konularda açık ve net kurallara sahip olması ve bunu ergene anlatabilmesi anlamına gelmektedir. Yani anne-baba izlemesinin temel amacı, ergeni problemli akran ilişkilerinden, riskli davranışlardan ve sağlıklı gelişimini engelleyebilecek etkinliklerden korumaktır (Peterson, 2005). Ergenlerin gündelik etkinlikleri ve yapıp ettikleri hakkında bilgi sahibi ebeveynlerle ergenler arasında daha fazla bağ ve yakınlık duygusu gelişmektedir, yani yakınlık bilgiyi getirmekte, daha fazla bilgi ise daha yakın ilişkilerin kurulmasına yol açmaktadır. Örneğin, anne-babanın ergenin eğitim yaşantısıyla yakından ilgilenmesi, ergenin akademik yeterlik ve başarısının yükselmesini sağlamaktadır (Grolnick, Beiswenger & Price, 2008).

Kerr, Stattin ve Engels'e (2008) göre, aslında etkili ana-baba izlemesiyle ilgili yapılan araştırmalar ve kavramsallaştırmaların dikkate almadığı bazı noktalar vardır, bu nedenle bu konu ailelere tavsiyede bulunurken ayrıca açıklığa kavuşturulmalıdır. Etkili ana-baba izlemesinden bahsedilirken söylenen en temel şey, ailelerin ergenin nerede, kiminle, ne zaman, ne yapıyor olduğuna ilişkin bilgisinin olması gerektiğidir. Oysa anne-babanın ergen hakkında sahip olduğu bilgi ancak ergenin verdiği kadardır. Zaten yapılan araştırmalar da göstermektedir ki anne-babanın ergenin ne yaptığına ilişkin çabaları değil, ergenin kendisiyle ilgili neyi, ne kadar anne-babasına anlattığı ergen hakkında daha fazla bilgi sahibi olmada önemli rol oynamaktadır. O halde, anne-babanın bilgilenmiş olması, onların çabalarından çok, ergenin bilgi verme konusundaki istekliliği ve tercihlerine bağlıdır (Kerr vd., 2008a; Tilton-Weaver & Marshall, 2008).

Ergenler, genellikle nerede ne yaptıkları konusunda anne-babalarına bilgi verip vermemeye karar verirken üç noktaya dikkat etmektedir: Yapacakları etkinliğin evden uzaklığı, evden uzakta olacakları süre ve yapacakları etkinliğin ne ölçüde risk taşıdığı. Buna göre ergenler, evden birkaç saatten daha uzun süre uzakta olacaklarsa, uzun bir yola gitmeleri gerekiyorsa ya da geceyi bir akraba/arkadaşta geçirmek istiyorlarsa bunu anne-babalarına anlatmaktadır; eğer alışverişe gitmek, birkaç saati sinemada geçirmek ya da kısa süreli başka etkinlikler söz konusuysa bunu güvenli olarak algıladıklarından anne-babalarıyla paylaşmak ihtiyacını daha az hissetmektedir. Ergenlerin yalan söylemeleri ya da gerçeği gizlemelerinin en önemli nedeni, anne-babadan gelecek olan olumsuz tepkilerden kaçınmaktır (Tilton-Weaver & Marshall, 2008). Ergenlerin neden bazı bilgileri ailelerinden gizledikleri konusunda yapılan bir araştırmada, %39'u ebeveynlerin vereceği olumsuz tepkilerden kaçınmak için (öfke, söylenme, azarlama, ceza, izin vermeme vb.); %37'si duygusal sonuçlarından kaçınmak için (anne-babanın endişelenmesi, kendilerini anlamaması, kendilerinin utanması vb.); %24'ü ise konunun anne-babalarını ilgilendirmediğini düşündükleri için (karar vermesi gerekenin kendileri olması, anne-baba ne önerirse önersin kendi kararlarında ısrar edeceklerini düşünmeleri) ebeveynlerinden çeşitli bilgileri sakladıklarını ifade etmişlerdir. Ergenlerin yaptıkları etkinlikler ve arkadaşları hakkındaki bilgilerin tamamını ya da bir kısmını gizlemelerinin en önemli sebeplerinden biri de, özellikle diğer cinsiyetten arkadaşların varlığıdır. Özellikle kız ergenler, erkek arkadaşlarını ya da onlarla zaman geçireceklerini anne-babalarından gizlemektedir (Tilton-Weaver & Marshall, 2008).

Anne-babanın ergeni etkin biçimde izlemesi ya da takip etmesinin önemli bir boyutunu denetim stratejileri oluşturmaktadır: Genellikle iki tür denetim üzerinde durulmaktadır: Psikolojik denetim ve davranışsal denetim. Psikolojik denetim, ebeveynin çocuklarının psikolojik ve duygusal gelişimine (düşünme süreçleri, kendini ifade etme ve ebeveyne bağlanma gibi) müdahale çabaları olarak tanımlanmaktadır. Davranışsal denetim ise ebeveynin çocuğun davranışlarını düzenleme çabası olarak tanımlanmaktadır (ev dışındaki davranışlarının izlenmesi, bazı konularda karar alırken müdahale etmesi gibi). Yani aslında denetim, bazı standartlar ve kurallar koymak ya da ergenle ilgili olmak anlamında kullanıldığında olumlu; ergenin psikolojik yaşantısını bozma anlamında kullanıldığında olumsuz bir kavramdır. Genel anlamda kullanıldığındaysa ergene yönelik müdahaleci, kısıtlayıcı ve boyun eğdirici tüm davranışlar, olumsuz denetim biçimleridir (Grolnick vd., 2008).

Barber'a (1992; Akt. Grolnick vd., 2008) göre, psikolojik denetimin varlığı ve davranışsal denetimin eksikliği, anne-babaların ergen problemlerinde geliştirebilecekleri en zarar verici iki yaklaşımdır. Psikolojik aşırı kontrolde, anne-baba ergenin kendini tanımlamasında zorlayıcı yaklaşır, ergenin duygularını yönetmeye çalışır ve böylece onun psikolojik özerkliğine müdahalede bulunmuş olur. Davranışsal denetim eksikliğinde ise, anne-baba herhangi bir çerçeve, kural, standart çizmeyerek, ergenin davranışları konusunda karar verirken bir kriterden yoksun kalmış olur, onunla ilgili çok az bilgiye sahiptir, davranışlarına ve hayatına karşı ilgisizdir. Araştırmalar, psikolojik denetimin içe yönelim problemlerine; aşırı ya da eksik davranışsal denetimin ise, dışa yönelim problemlerine yol açma eğiliminde olduğunu göstermektedir.

Ergenden beklentilerin neler olduğunun belirgin olması, kuralların olması, davranışların çeşitli sonuçlarının neler olabileceğinin bilinmesi ve bunların ergenle tartışılması, onun, davranışlarına karar verirken neleri dikkate alması gerektiğini netleştirir. Farkas ve Grolnick (2006; Akt. Grolnick vd., 2008) çalışmasında, erken ergenlik dönemindeki ergenler arasında, evde net kural ve beklentilerin olmasının daha az anti sosyal davranış ve akran baskısına karşı koyma gibi sonuçları olduğu bulunmuştur.

Ergen davranışını denetim altında tutmak konusundaki öneriler, sıklıkla anne-babalarda, bu denetimin sınırlarının nereye kadar olması gerektiğine ilişkin bir kafa karışıklığına yol açmaktadır: Acaba ergeni az mı kontrol ediyorum, yoksa aşırı mı kontrol ediyorum? Elbette bu soruya yanıt vermek kolay değildir, çünkü daha önce de bahsettiğimiz gibi ergen denetimi, bizim beklentilerimiz, içinde yetiştiğimiz kültür ve değerlerimiz gibi çok sayıda etmenle ilişkilidir ve bu durum bir denetim tarzına doğru ya da yanlış demeyi zorlaştırmaktadır. Yine de aşırı denetim ya da cezalandırıcılığın genel olarak ne anlama geldiğinden bahsedilebilir.

Aşırı denetim/cezalandırıcılık: Anne-babaların ergenin çeşitli özelliklerini ya da davranışlarını, sözel ya da fiziksel olarak keyfi biçimlerde engellemeye ya da etkilemeye çalışmaları anlamına gelmektedir. Bu eylemlerin ortak özellikleri, ebeveynlerin kendi görüşlerini herhangi bir akıl yürütme, tartışma olanağı sunmadan ergene empoze etmeye çalışmalarıdır. Cezalandırıcılık, davranışları sürekli olarak söylenmek, isim takmak, azarlamak, bağırmaktan, fiziksel ceza ya da şiddete kadar uzanan bir grup davranışı içerir. Bu tür davranışlar, ergenlerde düşmanca duygulara, dirence ve uzun vadede ebeveyn otoritesini tamamen reddetmeye yol açmaktadır. Ayrıca genellikle ergenler, anne-babaların bu türden cezalandırıcı davranışlarına, kendi cezalandırıcı davranışlarıyla karşılık verme eğilimindedir (Peterson, 2005). Aşırı psikolojik denetimde ise, anne-babalar ergene o kadar fazla karışmaktadır ki ergenlerin psikolojik bağımsızlık duygusu ve duygusal gelişimleri zedelenmektedir. Anne-babalar, aşırı psikolojik denetimi, ergenin duygularını hiçe sayarak, kendini ifade etmesini engelleyerek, soğuk ve uzak davranarak ya da ergende suçluluk duygusu yaratarak gerçekleştirirler. Bu yöntemleri sıklıkla kullanan anne-babalara sahip ergenlerin; depresyon, içe çekilme, yalnızlık, düşük benlik saygısı, yeme bozuklukları ve bağımlı kimlik gelişimi gibi sorunları daha fazla yaşadığı görülmektedir (Peterson, 2005). Denetimin bu aşırı biçimini açıkladıktan sonra, biraz da özerklik tanıma konusunu açıklığa kavuşturmaya çalışalım.

Özerlik tanıma: Anne-babaların zorlayıcı/baskıcı olmayan davranışları, demokratik disiplini ve ergenin bireyselliğini ifade etmesini ne ölçüde desteklediğini anlatmaktadır. Ergenlere daha fazla bağımsızlık vermekle, onların ne yapıp ettiklerini takip etmek ve kural koymak birbirine zıt davranışlar gibi algılanabilir. Ancak, aslında daha fazla karar verme hakkı tanımakla, ilgili olmak ve ergeni izlemek birbiriyle çelişen tutumlar değildir. Bir diğer kafa karıştırıcı durum, ergenlik döneminde, özerkliğin desteklenmesi konusunda yazılan bunca şeyden yola çıkarak, bazen ebeveynlerin ergene karışmamak gerektiği sonucuna varmalarıdır. Oysa ergenin yaşamıyla ilgilenmek, onunla bilgi ve fikir alışverişinde bulunmak ve ona bazı kurallar ve çerçeveler sunmak, bu dönemde anne-babaların temel sorumlulukları arasındadır. Ergene özerklik sağlamak, kendi eylemlerinin sorumluluğunu alması, seçenekleri olduğunu hissetmesi ve herhangi bir karar ya da davranışa zorlanmadığını düşünmesi anlamına gelmektedir. Bu biçimde bir özerklik; akademik başarıyı, okul sonrası aktivitelere katılmayı, çalışma alışkanlıkları ve akran ilişkilerini olumlu yönde etkilemektedir. Ayrıca davranışsal özerklik, hem akademik başarıda hem de madde kullanımını önlemede, uyumsuz davranışları azaltmada ve depresyon-kaygı gibi sorunlarda etkili sonuçlar vermektedir. (Grolnick vd., 2008).

Ergende özerkliğin gelişimi, içinde bulunulan ortamların (özellikle aile ve okul) ergene özerklik için destek verip vermemelerine bağlıdır. Özerkliği destekleyici ortamlar, ergene girişimlerinde cesaret verir ve aktif problem çözmesi için yardımcı olurken, özerkliği sınırlayıcı ortamlar ergenin girişimlerini sürekli engeller ve problemleri onun yerine çözmeye çalışır. Destekleyiciliğin yanı sıra, içinde bulunulan ortamın yapısı da özerklik gelişimi için önemlidir. Yapıdan kasıt, ailenin ya da okulun ergenin kendisini yönlendirebilmesine imkân verecek net ve belirgin kurallara, beklentilere ve hedeflere sahip olup olmamasıdır. Yani eğer ergene kendi eylemlerinin nedenleri ve sonuçlarıyla ilgili bir çerçeve sunulursa ergen kendi davranışlarını ve tercihlerini bu çerçeveden yola çıkarak yönlendirebilir (Grolnick vd., 2008).

Ergenler, ailelerinin özerkliklerini destekleyici tutumlar gösterdiğini düşündüklerinde, yaşamlarına karışmaları konusunda şikâyetçi olmazken, ailelerinin aşırı denetimci olduğunu düşündüklerinde, yaşamlarına karışmalarından daha fazla hoşnutsuzluk duymaktadır. O halde özerkliği destekleyerek denetimi sürdürmenin, yalnızca kontrol ederek özerklik ihtiyacını geri plana atmaktan çok daha iyi bir yol olduğu söylenebilir. Özetleyecek olursak, ergenlerin özerklik kazanmasını desteklemek için anne-babaların onların bakış açısını anlamaları, karar sürecinde onlara aktif rol vermeleri, kendi sorunlarını çözmelerine olanak tanımaları, evde ve ev dışında tutarlı ve net kuralar koymaları ve etkin bir bilgi paylaşımında bulunmaları önerilebilir.

Ebeveyn sıcaklık ve desteği: Dokunma, sarılma, öpme, cesaret verme, övme ve ergenle etkili zaman geçirme gibi davranışları içermektedir. Ayrıca, ihtiyaç duyduğunda yanında olma, zor ve stresli durumlarda cesaretlendirme, kafası karıştığında karar vermesine yardımcı olma, hedefleri için motive etme, ona inandığını ve güvendiğini hissettirme ve rehberlik etme, ebeveyn sıcaklık ve desteğini ifade etmektedir. Annebabalarından bu tür desteği daha fazla alan ergenlerin, daha düşük düzeyde kaygı, depresyon ve davranış sorunları gösterdikleri çeşitli araştırmalarca ortaya konmuştur (Peterson, 2005).

Sıcaklık, yakınlık, destek, müzakere, özerklik, etkili izleme ve denetim ergenlik dönemindeki problemlerle başa çıkmada en etkili stratejilerdir. Ancak bazı durumlarda aileler, daha yapılandırılmış ve ne yapmaları gerektiğini açıkça takip edebilecekleri önerilere ihtiyaç duyabilirler. Özellikle sorunun kronikleştiği ve anne-babaların çaresiz hissettiği durumlarda stres, endişe ve belirsizlik duygularıyla başa çıkmak için Ralph ve Sanders (2002) davranışsal kontratlara başvurulabileceğini belirtmektedir.

Davranışsal kontrat (anlaşma): Özellikle 1970'lerde bilimsel çevrelerde sıklıkla dile getirilen ve ergenlik dönemindeki problem davranışlarla başa çıkmak için ailelere önerilen müzakere, ödül, ceza ve pekiştirmeye dayalı bir modeldir. Her ne kadar günümüzde yapılan çalışmalar ödül-ceza ve pekiştirmeye dayalı ebeveyn yöntemlerinin, ergenlerden çok, çocuklar için daha uygun olduğunu ortaya koysa da, bu teknik müzakere ve karşılıklı anlaşmaya dayalı olduğundan doğru kullanıldığında ergenlerde olumlu sonuçlar gösterdiği görülmektedir.

Davranışsal kontrat, iki ya da daha fazla birey arasında pekiştireç alışverişini planlama yöntemidir. Kontratlar karşılıklı alışverişi düzenlemeye yarar ve bunu kim, ne yapacak, kim için yapacak ve hangi koşullar altında yapacak gibi soruları netleştirerek gerçekleştirir. Bu biçimde, tüm tarafların beklentilerini açıkça ortaya koymalarına ve söz konusu kontratın kendilerine getireceği yarar ve zararları hesap ederek bir davranışa karar vermelerine olanak sağlar. Kontratlar bireylerin çeşitli hakları değil, ayrıcalıkları olduğu fikrine dayalıdır. Çünkü hak sorgulanamaz, değiştirilemezken, ayrıcalık koşullu bir durumu ifade eder. Stuart (1971), bu durumu şöyle örneklendirmektedir: Bir ergenin okuldan sonra arkadaşlarıyla birkaç saat zaman geçirmesi bir ayrıcalıktır ve bu ayrıcalığı tanımak anne-babanın sorumluluğudur. Anne-baba bu ayrıcalığı tanıma karşılığında ergenden okula devamsızlık yapmamasını isteyebilir, ancak bu ayrıcalığı verdikten sonra da, okul sonrası arkadaşlarıyla geçirdiği zamanda ne yaptığını bilmek koşulunu getirebilirler (verilen ayrıcalığın istismar edilmesini önlemek için). Burada önemli olan bir diğer sorumluluk, ne yaptığını ya da ne yapmayı planladığını öğrendikten sonra, bu kabul edilemez bir şey dahi olsa, ergenin şiddetli bir biçimde üstüne gitmemektir. İki taraf arasındaki anlaşmalarda bir diğer önemli kural, anlaşmanın karşılıklılık ilkesine dayanmasıdır. Yani her iki tarafın da hem bazı istekleri hem de bazı sorumlulukları olmalıdır. Tek taraflı tavizlerin olduğu durumda, anlaşmaya varmak mümkün olmayacaktır. Son olarak, her anlaşmada hem ayrıcalıklar hem de beraberinde getirdiği sorumluluklar bulunmalıdır, böylelikle birey kendini özgür hissedecektir. Stuart (1971), bunu şöyle örneklendirmektedir: Bir ergene okul sonrası arkadaşlarıyla zaman geçirmesi için izin vermek bir ayrıcalık vermektir, ancak bu iznin süresi belirsizse sorumluluk verilmemiş olur. Bu durumda ergen, eve bir gün saat yedide geldiğinde, ebeveynleri sıcak karşılar; ertesi gün altıda geldiğinde görmezden gelebilir, sonraki gün sekizde geldiğinde cezalandırıp ayrıcalığını kaldırabilir. Ergenin arkadaşlarıyla çıkma özgürlüğünü sürdürebilmesi için bunun karşılığında ne yapması gerektiğini bilmeye ihtiyacı vardır. Yani, saat altıda evde olmak koşuluyla arkadaşlarıyla çıkmaya devam edebileceğini bildiğinde, ergen seçme özgürlüğüne sahip olur: Ya sorumluluğunu yerine getirecek ve çıkma özgürlüğünü sürdürecektir; ya da yerine getirmeyecek ve ayrıcalığını yitirecektir. Koşullar net ve anlaşılır olduğunda ergen, ne yapmasının daha doğru olacağına karar verirken zorlanmaz, koşullar belirsizse karar vermek zorlaşır ve anlık isteklere göre hareket etme olasılığı artar.

Kontratlar için önce problemin netleştirilmesi gerekir. Genellikle anne-babalar, ergenin davranışlarından şikâyetçi olduklarında bazı adımlar atarlar, bu adımlar işe yaramadıkça problem artar, karmaşıklaşır ve ergen-ebeveyn ilişkisi de ciddi bir biçimde hasar görür. Bu durumda anne-baba neyle başa çıkacağını bilemez ve sorunu tanımlayamaz hale gelir. Oysa yalnızca ergenler için değil, yetişkinler ve çocuklar için de geçerli olan en önemli kural, problemi açık, somut ve kesin bir biçimde tanımlamaktır (eve geç gelmek, sorumluluklarını aksatmak, kavgaya karışmak, okuldan kaçmak, dersleri ihmal etmek gibi). Çoğunlukla sorunlar tek başına görülmezler, örneğin eve sıklıkla geç gelen bir ergenin okuldan kaçma ve akademik başarıyla ilgili sorunları da olabilir. Ancak yine de her sorunu bir anda çözebilmek mümkün olmadığı için en önemli görülen iki ya da üç temel problem davranışla işe başlanması daha uygundur. Problemi bu şekilde tanımladıktan sonra, sorunun çözümü için ne yapılacağı konusunda tek başına karar vermek mümkün değildir. Ergen de sorunun bir parçası olduğundan çözüme aktif katılımını sağlamak gerekir. Bunu sağlamaksa ancak müzakere ile mümkündür (Ralph & Sanders, 2002).

Kontratta, öncelikle her iki tarafın da, kendi sorumluluklarını yerine getirdikten sonra beklediği ayrıcalığın ne olduğunun ayrıntılı biçimde tanımlanması gerekir. Genelde ergenlere tanınan ayrıcalıklar; akranlarla zaman geçirme, harçlık, istediği bir şeyi alabilme, belirli bir aktiviteye katılma biçimindedir. İkinci olarak, her kontratta, sahip olunan ayrıcalığın sürmesi için yerine getirilmesi gereken sorumluluklar tanımlanmalıdır. Bu sorumluluklar ise, odanın düzeni, ödevlerin yapılması, belirlenen saatlere uymak, anne-babaya bilgi vermek biçimindedir. Anne-babaların sorumluluklar konusunda dikkat etmeleri gereken önemli bir nokta şudur: Eğer ergenden beklenen sorumluluklar giderek arttırılır, fakat karşılığında ayrıcalıkları arttırılmazsa, ergen yeni sorumluluklara uymak için çaba göstermemeye başlar. Bu nedenle bir ayrıcalık için çok fazla sorumluluk tanımlamak anlaşmaya varmayı engeller. Sorumluluklarla ilgili bir diğer önemli nokta da, sorumlulukların ebeveynler tarafından izlenebilir, görülebilir olmasıdır. Yani, eğer bir ayrıcalık karşılığında beklenen davranışın, anne-baba tarafından izlenmesi, görülmesi mümkün değilse, bu durum istismar edilebilir. Dolayısıyla ebeveynlerin takibini yapamayacakları sorumluluklar tanımlaması işe yaramayacaktır. Örneğin, ergenin okulda hangi arkadaşlarıyla görüştüğü, dışarı çıktığında ne yaptığı gibi koşullar, kolaylıkla takip edilemeyeceği için kontrata dahil edilmesi fazla işe yaramayacaktır. Ayrıca sorumluluk yerine getirilmediğinde ergenin karşılaşacağı cezanın da kesin ve ayrıntılı olarak tanımlanması gerekir. Ergen anlaşmaya varılan eve geliş saatini geçirdiğinde, tam olarak nasıl bir yaptırımla karşılaşacağını bilmelidir. Ergene, "eğer eve altıdan sonra gelirsen bir ay boyunca dışarı çıkamazsın," demek, doğru bir yaptırım biçimi değildir. Bu tehdit karşısında ergen, "nasıl olsa ne kadar geç kaldığımın bir önemi yok, sonuçta haftalarca çıkamayacağım," diye düşünerek çok daha geç saatlerde eve gelebilir. Dolayısıyla yaptırımın farklı durumlara göre artması-azalması ve çok uzun bir zaman dilimini kapsamaması gerekir. Kontratlarda fazladan bazı ödül veya ek ayrıcalıkların yer alması da ergen için özendirici olacaktır. Örneğin, belirli bir zaman dilimi boyunca anlaşmaya sadık kalmak ve sorumlulukları aksatmadan yerine getirmek karşılığında, ergene arkadaşlarıyla geziye gitmek, anlaşılan miktardan biraz fazla harçlık vermek ya da eve her zamankinden biraz daha geç gelmesine izin vermek gibi ek bir ayrıcalık vermek, ergenin sorumluluklarına titizlikle bağlı kalmasını sağlayacaktır (Stuart, 1971).

Kontratta her kural ve sonucu ayrıntılarıyla yer almalı ve ne kadar süreyle olduğu belirtilmelidir. Kurala uyulmadığında hangi yaptırımın uygulanacağına karar verirken ergeni iyi takip etmek gerekir. Kimisi için bilgisayar oyunları, kimisi için internet, kimisi için arkadaşlarla dışarı çıkmak, kimisi için cep telefonu, kimisi içinse televizyon daha önemlidir. Onun hayatında değeri olan aktiviteleri yaptırım olarak kullanmak, kontrata uymasını kolaylaştırır. Ayrıca anne-baba, kontratın her zaman umdukları gibi yürümeyeceğini, süreç içerisinde pek çok sorun yaşanabileceğini bilmeli ve hazırlıklı olmalıdır. Özellikle her iki tarafın da karşılıklı tavizlerle anlaşmaya varmalarına karşın, çoğunlukla ergenler ilk günler sorunsuzca kontrata uygun davransalar da, zamanla çeşitli bahaneler, nedenler ve koşullar öne sürerek kontratı delmeye ya da yok saymaya başlayabilirler. İşte bu nedenle, ek ayrıcalıkların ve ödüllerin olması gerekir ki ergen kendini kapana kısılmış, hapsedilmiş ya da mekanik bir döngünün içerisine sıkışmış gibi hissetmesin (Ralph & Sanders, 2002).

Tanımlı problem davranışlarda tutarlı ve iyi müzakere edilmiş, iyi yapılandırılmış davranış kontratları işe yaramaktadır. Ancak, problemlerin üstesinden gelmek için sürekli bu tür kontratlar kullanmak her zaman en doğru yol olmayabilir. Çünkü, yaşamlarımız her zaman bir kontratta öngöremeyeceğimiz istisnai durumlar, zorluklar ya da gelişmelerle şekillenir. Önemli olan, bu durumlarla karşılaşıldığında her zaman, ergenle yeni koşulları karşılıklı tartışıp yeni çözümler için bir ortaklık ve destek duygusunu koruyup geliştirebilmektir.

ERGENLİK DÖNEMİ SORUNLARI VE ANNE-BABALARA İLİŞKİN YENİ YAKLAŞIMLAR-YENİ TARTIŞMALAR

Şimdiye dek ergenlik dönemi problem davranışları ve anne-babalara ilişkin, alanda yaygın olarak benimsenen yaklaşımlardan bahsettik. Ancak, yeni araştırmalar ve bakış açıları ortaya çıktıkça, bu yaklaşımların da kendi içinde bazı eleştirilere maruz kalması kaçınılmazdır. Örneğin anne-baba ve ergen ilişkilerine odaklanan yaygın yaklaşıma göre, anne-babalar duygusal destek sağlayan, değer aşılayan, model olan ve ergeni yöneten, şekillendiren bireylerdir. Bu "yukarıdan aşağıya" bakış açısı, çocuk ve ergenin gelişiminde anne-baba ya da sosyal çevre gibi faktörlerin etkisi üzerinde durmakta ve ergeni yalnızca dış kaynaklardan etkilenen pasif bir alıcı olarak değerlendirmektedir (Smetena, 2011). Bu yaklaşıma dayalı araştırmalar da, uzun zamandır, anne-babaların çeşitli davranış ve tepki biçimleri ile ergenin davranışlarını pekiştirdiği ve eğer anne-babalar doğru biçimlerde davranırlarsa ergenleri problemlerden uzak tutabilecekleri savına dayanmaktadır (Kerr vd., 2008b).

Günümüzde ise, ergen davranışları ile anne-babalık tarzları arasında tek yönlü bir ilişki değil, karşılıklı çift-yönlü bir ilişki olduğu kabul edilmektedir. Yani, ergenler yalnızca anne-babaları ve çevrelerinden aldıkları mesaj ve normları içselleştirip sosyalleşmemekte, kendileri çeşitli kaynaklardan aldıkları mesajları kendi bakış açılarına göre yorumlayarak, tartışarak ve deneyimleyerek sosyalleşmektedir. Bu yeni bakış açısı ergeni pasif bir alıcı değil, aktif bir araştırmacı olarak görmekte ve ergen davranışlarını bu karmaşık süreç bağlamında değerlendirmektedir. Bu durumun bir sonucu olarak, ergen-ebeveyn ilişkisi hem bir süreklilik hem de bir değişim içerisindedir; ilişkilerinde sürekli bir anlam ve değer paylaşımı vardır, ancak zaman içerisinde hem ergen hem de ebeveyn bu anlam ve değerleri kendilerine göre yorumlayarak değiştirmekte ve dönüştürmektedir (Peterson, 2005).

Diğer bir yaygın yaklaşım da ergenlik döneminde anne-baba ile yaşanan çatışmalarla ilgilidir. Bu yaklaşım, ergen-ebeveyn arasındaki çatışmalar ile ergenlik döneminde yaşanan problemler arasında yüksek düzeyde ilişki olduğunu öne sürmektedir. Buna göre, ergenlik döneminde anne-baba ile yaşanan çatışmalar, ergenin başka alanlarda da problem yaşamasına yol açmaktadır, oysa, ergenin farklı alanlarda yaşadığı problemlerin de anne-baba ile çatışmalarını arttırdığı görülmektedir. Bu durum ergenlik dönemindeki problemlerin tek başına anne-baba ile ilişkilerden kaynaklanmadığını açıkça göstermektedir. Anne-baba ilişkileri ve ergenlik dönemindeki problemler arasındaki ilişkileri inceleyen araştırmalarda, son yıllarda özellikle üzerinde durulan bir diğer nokta da, ergenlerin problemlerinin anne-babalar üzerindeki etkileridir. Günümüze dek yapılan çalışmalar genellikle anne-babanın davranışlarının ergenler üzerindeki etkileri üzerine odaklanırken, son yıllarda bu sürecin çift yönlü doğası üzerinde daha fazla düşünülmeye başlanmıştır. Yani ebeveynler, ergenin davranışlarını etkilerken aynı zamanda onların davranışlarından etkilenmektedir; dolayısıyla anne-babalık hem bir etki hem de bir tepki sürecidir (Kerr vd., 2008a).

Bu yeni yaklaşımlardan hareketle, artık hangi anne-babalık stili ergen gelişimini nasıl etkiler sorusu yerine, ergen gelişimi sürecinde ergen ve ebeveynlerin karşılıklı etkileşim içinde oynadığı roller nelerdir sorusu gündemdedir. Ayrıca, bu alanda çalışan araştırmacıların büyük bir kısmı anne-babalık stilleri üzerinde çok fazla durmanın diğer alanların ihmal edilmesine yol açtığını öne sürmektedir (Kerr vd., 2008a). Anne-babanın ebeveynlik stilinin ergen üzerindeki etkisini gereğinden fazla vurguladığımızda aslında ergenlerin güçlü zihinsel becerilerini ve onların ana-babalarından aldıkları mesajları, kendi düşünme biçimlerine göre yorumlamadaki ustalıklarını hafife almış oluyoruz. Ayrıca, anne-babalık tarzlarına ve bunun çocuklar üzerindeki etkisine odaklanmak, çocukluk dönemi için uygun bir yaklaşım olsa da, ergenlik dönemindeki anne-baba-çocuk ilişkilerine ışık tutmada yetersiz kalmaktadır. Çünkü ergenlik dönemindeki bireylerin, daha küçük yaştakilere göre; yüksek soyut düşünebilme becerisi, daha kapsamlı ilişki hafızaları, geniş sosyal algıları ve daha fazla deneyimleri vardır. Bu durum, ergenlerin ebeveynlerinin bilgeliği, birikimi, deneyimleri, becerileri ve sonuçta da otoritelerini daha karmaşık biçimde değerlendirebildikleri anlamına gelmektedir. Örneğin ergenler, anne-babalarını ne ölçüde bilgili, olgun ya da beceri sahibi gördüklerine göre onlardan etkilenmekte ve onları otorite figürü olarak kabul edip etmemeye karar verebilmektedir. Yani ergenler, aslında, kendi anne-babalarının becerilerini ve birikimlerini değerlendirebildikleri için onların hangi yorumlarını, önerilerini, hedeflerini ve kurallarını dikkate alıp hangilerini almayabileceklerine de kendileri karar vermektedir (Kerr vd., 2008a).

Son olarak, çok sayıda araştırmacının ergenlerin gerçeği gizlemelerini ya da yalan söylemelerini uyumsuz bir davranış biçimi olarak açıklamalarına karşın, bazı araştırmacılara göre de, ebeveynlere neyi anlatıp neyi anlatmamayı öğrenmek ergenlik döneminin gelişimsel görevlerinden biridir. Aile sistem yaklaşımından bakıldığında, aile bireyleri arasındaki sınırlar, ailelerin farklı kuşakları ve bireyleri arasındaki ilişkileri düzenlemek için önemlidir ve ergen ile anne-babası arasındaki aşırı iç içe geçmiş, ayrışmamış ilişkiler ergenlerde duygusal uyum sorunlarına yol açmaktadır. Dolayısıyla uygun düzeylerde sır saklama ya da bilgi saklama, ergenlerin bireyselliklerini ve ayrı bir özel yaşam anlayışını kazanabilmeleri için gerekli ve doğal bir süreç olarak görülmektedir (Tilton-Weaver & Marshall, 2008).

Görüldüğü gibi, ergenlik döneminde yaşanabilecek sorunlara yönelik ebeveynlerin kullanabilecekleri yöntemler, çok sayıda birbiriyle ilişkili faktörlere göre değişiklik göstermektedir, üstelik elimizde hangi yöntemlerin kesin olarak hangi sonuçları doğuracağına ilişkin sınırlı sayıda veri bulunmaktadır. Buna ek olarak, önerilen farklı stratejiler de zaman içerisinde eleştirilere maruz kalmakta ya da yeniden gözden geçirilerek değiştirilmektedir. Anne-babaların ergen davranışları üzerindeki etkisine odaklanan araştırmalar ise, günümüzde böyle tek taraflı bir etkinin söz konusu olamayacağını ve anne-babaların ergen üzerinde ancak sınırlı bir etkisi olduğunu vurgulamaktadır. Dolayısıyla ergenlik döneminde problemlerle karşılaşıldığında anne-babalar, kendilerini suçlamak ya da ne yapabileceklerini kendi aralarında tartışmak yerine; sıcak, ilgili ve destekleyici tutumlarını yitirmeden, sorunu ergenle birlikte ele alarak öncelikle ortak bir bakış açısı geliştirmek, ardından da ayrıntılı müzakereler, karşılıklı tavizler ve sorumluluklarla bir çözüm planı yapmak durumundadır.

KAYNAKLAR

Bornstein, M.H. (2008). Positive parenting and positive characteristics and values in children. In M. Kerr, H. Stattin & R.C. Engels (Eds.) What can parents do?: New insights into the role of parents in adolescent problem behavior (pp. 259-285) UK: John Wiley & Sons.

Buchanan, C.M. & Hughes, J. L. (2009). Construction of social reality during adolescence: Can expecting storm and stress increase real or perceived storm and stress? *Journal of Research on Adolescence, 19*, 261-285.

Currie, E. (2005). *The Road to Whatever: Middle-class Culture and the Crisis of Adolescence.* New York: Metropolitan Books, Henry Holt.

Davidov, M. & Grusec, J.E. (2006b). Multiple pathways to compliance: Mothers' willingness to cooperate and knowledge of their children's reactions to discipline. *Journal of Family Psychology, 20*, 705-708.

Etz, K.E., Robertson, E.B. & Ashery, R.S. (1998). Drug abuse prevention through family based interventions: Future research. In R.S. Ashery, E.L. Robertson & K.L. Kumpfer (Eds.) Drug abuse prevention through family interventions (pp. 1-11) MD: National Institute on Drug Abuse.

Graber, J.A. (2009). Internalizing Problems During Adolescence. In R.L. Lerner & L. Steinberg (Eds.), *Handbook of adolescent psychology* (3rd ed., pp.587-626). New York: John Wiley & Sons.

Grolnick, W.S., Weiss, L., McKenzie, L. & Wrightman, J. (1996). Contextual, cognitive, and adolescent factors associated with parenting in adolescence. *Journal of Youth and Adolescence, 25,* 33–54.

Grolnick, W.S., Beiswenger, K.L. & Price, C.E. (2008). Stepping Up without Overstepping: Disentangling Parenting Dimensions and their Implications for Adolescent Adjustment In in M. Kerr, H. Stattin & R.C. Engels (Eds.) What can parents do?: New insights into the role of parents in adolescent problem behavior (pp. 213-238) UK: John Wiley & Sons.

Gurland. S.T. & Grolnick, W.S. (2005). Perceived threat, controlled parenting, and children's achievement orientations. *Motivation and Emotion, 29,* 103-121.

Grusec, J.E. (2008). What is the nature of effective parenting?: It depends. In in M. Kerr, H. Stattin & R.C. Engels (Eds.) What can parents do?: New insights into the role of parents in adolescent problem behavior (pp. 239-258) UK: John Wiley & Sons.

Hill, N.E. & Taylor, L.C. (2004). Parental school involvement and children's academic achievement: Pragmatics and issues. *Current Directions in Psychological Science, 13,* 161-164.

Kerr, M., Stattin, H. & Pakalniskiene, V. (2008b). Parents react to adolescent problem behaviors by worrying more and monitoring less. In M. Kerr, H. Stattin & R.C. Engels (Eds.) What can parents do?: New insights into the role of parents in adolescent problem behavior (pp. 91-112) UK: John Wiley & Sons.

Kerr, M., Stattin, H. & Engels, R.C. (2008a). Introduction: What's Changed in Research on Parenting and Adolescent Problem Behavior and What Needs to Change? In in M. Kerr, H. Stattin & R.C. Engels (Eds.) What can parents do?: New insights into the role of parents in adolescent problem behavior (pp. 1-9) UK: John Wiley & Sons.

Kumpfer, K.L., Olds, D.L., Alexander, J.F., Zucker, R.A. & Gary, L.E. (1998). Family etiology of youth problems. In R.S. Ashery, E.L. Robertson & K.L. Kumpfer (Eds.) Drug abuse prevention through family interventions (pp. 42-77) MD: National Institute on Drug Abuse.

Laursen, B. & Collins, W. A. (2009). Parent child relationships during adolescence. In R.L. Lerner & L. Steinberg (Eds.), *Handbook of adolescent psychology* (3rd ed., Vol. 2, pp. 3-42). New York: John Wiley & Sons.

McLoyd, V.C. (1998). Socioeconomic disadvantage and child development. *American Psychologist, 53,* 185-204.

Merikangas, K.R., Dierker, L. & Fenton, B. (1998). Familial factors and substance abuse: Implications for prevention. In R.S. Ashery, E.L. Robertson & K. L. Kumpfer (Eds.) Drug abuse prevention through family interventions (pp. 12-41) MD: National Institute on Drug Abuse.

Meyer, A.L. (2003). Risk-taking in adolescence. In T.P. Gullotta & M. Bloom (Eds.), *Encyclopedia of Primary Prevention and Health Promotion* (pp. 895-900). New York: Kluwer Academic/Plenum Publishers.

Peterson, G. (2005). Family influences on adolescent development. In T.P. Gulotta & G.R. Adams (Eds.) Handbook of adolescent problem behaviors: Evidence based approaches to prevention and treatment (pp. 27-56) NY.: Springer.

Putnam, S.P., Sanson, A.V. & Rothbart, M.K. (2002). Child temperament and parenting. In M.H. Bornstein (Ed.), *Handbook of Parenting Vol. 1 Children and Parenting* (2nd edn, pp. 255-277). Mahwah, NJ: Lawrence Erlbaum Associates.

Ralph, A. & Sanders, M.R. (2002). The positive parenting program: An early intervention to improve personal relationship between teenagers and their parents. In N.N. Singh, T.H. Ollendick & A.N. Singh (Eds.) International perspectives on child and adolescent mental health V.2, (pp. 101-132). NY: Lawrence Erlbaum.

Silverberg, S.B. & Steinberg, L. (1990). Psychological well - being of parents with early adolescent children. *Developmental Psychology, 26,* 658-666.

Sourander, A., Helstelä, L. & Helenius, H. (2007). Parents' and adolescents' reports of problems. Social Psychiatry and Psychiatric Epidemiology 34 (12), 657-663.

Smetana, J.G. & Asquith, P. (1994). Adolescents' and parents' conceptions of parental authority and personal autonomy. *Child Development, 65,* 1147-1162.

Smetena, J.G. (2011). *Adolescents, families and social development: How teens construct their worlds.* NY: Wiley-Blackwell.

Stuart, R.B. (1971). Behavioral contracting within the families of delinquents. *Journal of Behavior Therapy and Experimental Psychiatry, 2,* 1-11.

Tilton-Weaver, L. & Marshall, S.K. (2008). Adolescents' agency in information management. In M. Kerr, H. Stattin & R.C. Engels (Eds.) What can parents do?: New insights into the role of parents in adolescent problem behavior (pp. 11-42) UK: John Wiley & Sons.

Yrd. Doç. Dr. Çare Sertelin Mercan
(İ. Ü. Hasan Âli Yücel Eğitim Fakültesi Eğitim Bilimleri Bölümü Öğretim Üyesi)

Çocuk ve Ergenlerde Sosyal Kaygı

Kaygı, nedeni bilinmeyen bir sebepten ötürü hissedilen belirsiz korku, endişe ve sıkıntı ile kendini gösterir. Bireyde kötü bir şey olacağına ve bunu engelleyemeyeceğine ilişkin bir düşüncenin belirmesiyle ortaya çıkar (Anthony ve Swinson, 2000). Sosyal kaygı ise, özellikle yabancılar ve otorite figürlerinin olduğu ortamlarda görülür. Topluluk içinde bireysel performans gösterme, örneğin tüm öğrencilerin içinde şiir okuma ya da geniş bir dinleyici kitlesine hitaben konuşma yapma, bireyde sosyal kaygıya neden olabilir. Bazıları için yeni tanışmalar, iş görüşmeleri, sözlü sınav ya da mülakatlar gibi başkalarının değerlendirmesine maruz kalma da sosyal kaygı yaratan başlıca durumlar arasında sayılabilir. Yine, kişinin özellikle önem verdiği veya çekici bulduğu bireylerle iletişim kurması da sosyal kaygıya neden olabilir. Bu durumların ortak noktası, başkalarının ilgisinin bireyin üzerinde toplanmasıdır. Sosyal kaygı, bireyin, başkaları tarafından nasıl algılandığına ve başkaları tarafından nasıl değerlendirildiğine ilişkin kaygı duymasıyla başlar. Sosyal kaygı, yaşayan bireyler, başka insanların kendilerini yargıladığı ve olumsuz değerlendirdiği düşüncesi ile yetersizlik, aşağılanmışlık hisseder ve hayal kırıklığına uğrarlar. Yanlış bir şey yapacak, söyleyecek ve sanki insanlar onunla alay edecek, onu yadırgayacak, aşağılayacak, herkesin içinde rezil olacak gibi hissederler. Konuşurken herkes ona bakıyormuş gibi gelir. Yaptıkları en ufak hatalar gözlerinde çok büyür ve rezil olduklarını düşünürler. Birey sadece başkaları tarafından izlenirken ve değerlendirilirken değil, bunun olma ihtimali söz konusu olduğunda da sosyal kaygı yaşar. Dolayısıyla sosyal kaygı, kişi yalnız kaldığında da ortaya çıkar, başkalarının onun hakkında ne düşüneceği fikri kaygının ortaya çıkması için yeterlidir.

Sosyal kaygı düzeyi yüksek olan bireylerde, eleştirilmeye, olumsuz değerlendirilmeye, reddedilmeye aşırı duyarlılık, hakkını savunmada güçlük çekme, düşük benlik saygısı veya özgüven eksikliği de görülebilir. Başkaları tarafından onaylanma ihtiyacı yüksek olan bireyler, daha fazla sosyal kaygı yaşarlar. Başkaları üzerinde özel bir etki yaratma çabası içinde olmayan bireylerin, sosyal kaygı yaşaması için bir neden yoktur (Leary ve Kowalski, 1995).

Sosyal kaygısı yüksek olan bireyler, bu duyguları yaşamamak için sosyal ortamlara girmekten veya sosyal ortamlarda kendilerini göstermekten kaçınırlar. Kaçınma, kişilerin evde, işte, okulda ve diğer sosyal ortamlarda performansını düşürmekte ve ilişkilerin bozulmasına yol açmaktadır. Bunun sonucunda, okul başarısı düşmekte, işte verim azalmakta veya arkadaş edinmekte ve bunu sürdürmede güçlük yaşamaktadırlar. Ortaya çıkan sosyal izolasyon, kişinin kendini çoğu zaman mutsuz ve yetersiz hissetmesine neden olur. Bu duruma özgüven eksikliği de sıklıkla eşlik eder.

Sosyal kaygı bozukluğu, kişinin toplumsal ortamlarda küçük düşmekten, olumsuz değerlendirilmekten korkmasıdır. Korkulan durumlarda kişinin kendine yönelik dikkatinde artış ve bununla birlikte çarpıntı, terleme, titreme, yüz kızarması gibi fiziksel kaygı belirtileri görülür. Eleştiriye karşı aşırı duyarlılık, düşük benlik saygısı, toplumsal ilişki becerilerinde eksiklik, girişkenlik gerektiren durumlarda yaşanan güçlükler sosyal kaygı bozukluğunun önemli belirtileridir. Sosyal kaygısı olanlar, konuşmayı başlatamazlar, göz göze gelmekten kaçınırlar, diğer insanlara göre daha az konuşurlar, daha uzun süre sessiz kalırlar, cevap vermekte gecikirler, konuşmaya eşit ölçüde katılamazlar, bazen meslekleri gereği insanlarla ya da toplum önünde konuşmak zorunda olduklarında da, yeterli ya da rahat görünmek için fazla çaba harcarlar. Dikkatleri kendilerine yönelmiş durumdadır; diğer insanların kendileriyle ilgili ne düşündüğüyle fazla meşguldürler. Sosyal kaygının bedensel belirtileri ise, genellikle yüz kızarması, çarpıntı, terleme, titreme, gerginlik, midede rahatsızlık, ağız kuruluğu, nefes almada güçlük, bayılma hissi, baş dönmesi ve kulak çınlaması şeklinde kendini gösterir (Demir, 1997).

Yukarıda sosyal kaygı olarak tanımladığımız durumların utangaçlık, sıkılganlık, içedönüklük veya çekingenlik gibi kavramlarla karışma olasılığı oldukça yüksektir. Çünkü, bunların pek çoğunda benzer özellikler, ortak noktalar mevcuttur. Aşağıda bu kavramlar detaylı olarak incelenmektedir.

Sosyal kaygıyla birlikte sık rastlanan kavramlardan biri utangaçlıktır. Utangaç bireylerle sosyal kaygısı yüksek olan bireylerin, başta sosyal durumlarda sıkıntı yaşamaları olmak üzere, pek çok ortak noktalarının bulunması ve her ikisinin de bireyin hayatında benzer sonuçlar doğurması sebebiyle, bu iki kavram sıklıkla yan yana, hatta bazen birbirinin yerine kullanılabilmektedir.

Lazarus (1982), utangaçlığın bir kişilik özelliği, bir durum olduğuna ve bireyi tanımlayıcı yönüne vurgu yapar. Utangaçlık, duygusal bir sorundan ziyade, daha çok mizaç olarak çekingen bireyleri tanımlayan bir kavramdır. Utangaçlık, aşırı benmerkezci meşguliyet, yani kişinin dikkatinin kendine fazlaca yönelmesi, ve sosyal değerlendirme, yani başkaları hakkımda ne düşünüyor fikri ile aşırı ilgili olma sonucunda ortaya çıkar; bu da sosyal ortamlarda kendini tutma, sosyal etkileşimlerden geri çekilme, sosyal kaçınma davranışına neden olur (Handerson ve Zimbardo, 2001) ki, bu özellikler bakımından sosyal kaygıya oldukça benzerdir.

Araştırmacılar, birbirinden farklı iki utangaçlık tipi üzerinde durmaktadır (Buss, 1980; Aspendorf, 1987). Birinci tip utangaçlık, kişinin kendisini sosyal durumlarda rahat hissedemediği bir kişilik özelliği şeklinde tanımlanabilir. Buna örnek olarak, çocukların alışık olmadıkları bir sosyal durumla karşılaştıklarında, ilk önce olup biteni veya olayı incelemeleri ve zamanla ortama ısınmaları verilebilir. Bu sağlıklı bir durumdur, çünkü çocuğu ona zarar verebilecek kişilerden korur (Zimbardo ve Radl, 1981; Hillard, 2005).

Utangaçlığın diğer biçimi, değerlendiriliyor olmakla yakından ilgilidir. Utangaçlığın bu tipi, sosyal kaygı ile son derece benzer bir tablo ortaya koyar. Sosyal kaygı, başkaları tarafından incelenme ve değerlendirilme korkusuyla ilişkili rahatsızlık duygusunu ifade eder. Utangaçlık ise bazı araştırmacılar (Mills ve Rubin, 1993) tarafından sosyal kaygının, davranışsal karşılığı olarak ele alınmıştır. Hillard (2005), utangaçlığın fobi (kaygı bozukluğu) gibi duygusal bir durum olmadığına, fakat bir davranış, kaygıdan kaçınmak için bir girişim olduğuna vurgu yapmıştır.

Asendorpf (1987), erken çocukluk yıllarında görülen utangaçlığın, yeni sosyal durumları yadırgamak, daha az sosyal olmaya eğilimli genetik miras, aşırı tedbirli davranış veya aşırı hassasiyet gibi faktörlerden dolayı ortaya çıkarken daha büyük çocuklarda (4-5 yaş) görülen utangaçlığın, yabancılarla karşılaşıldığında, dikkatin odağı olduklarında veya akranla birlikte olunduğunda ortaya çıktığını vurgular. Utangaçlık, 15-16 yaşlarına gelindiğinde tepe noktasına ulaşır; bu dönemde görülen utangaçlık kendine yönelik ilgi, bir sosyal nesne olarak kendini fark etme veya düşük benlik saygısı gibi nedenlerle ortaya çıkar.

Utangaç çocuklar, başkalarının varlığında çekingen davranırlar (Cheek, Carpentieri, Smith, Rierdan ve Koff, 1986). Zimbardo ve Radl (1981), anaokulu öğrencileri ile gerçekleştirdikleri çalışmada, utangaç çocukların utangaç olmayanlara göre daha az arkadaşları olduğunu; sosyal kaygılı ve çekingen çocukların, diğerlerine göre daha az popüler olduğunu saptamışlardır.

Utangaçlık ile ilgili tanımların çoğu, sosyal kaygıda olduğu gibi, rahatsızlık ve rahatsızlık yaratan durumdan kaçmak için yüksek motivasyonu içerir. Aradaki önemli bir fark, utangaçlığın sosyal kaygıyı bir bileşen olarak kapsayabilmesidir. Utangaçlık ile sosyal kaygı, fizyolojik, davranışsal ve bilişsel boyutları ile birbirine çok yakın kavramlar olmakla birlikte, aralarındaki fark sadece derece farkı değildir (Carducci, Hutzel, Morrison, Weyer, 2001).

Sosyal kaygı ile ilişkili kavramların bir diğeri ise sıkılganlıktır. Sosyal kaygısı yüksek bireylerin özellikleri arasında sıkılganlık oldukça yaygın görülür. Sıkılgan bireylerde de sosyal açıdan kaygılı bireylerde olduğu gibi, diğerlerinin kendisi hakkındaki görüşlerine ilişkin yönelmiş yoğun bir ilgi söz konusudur. Başkaları tarafından nasıl görüldükleri ve nasıl değerlendirildikleri önem kazanır ve başkaları üzerinde istenmedik bir izlenim bırakacağı düşüncesi bireyin sıkılganlık ve kaygı yaşamasına yol açabilir (Miller, 1995). Sıkılganlık, şaşkınlık, telaş ve hayal kırıklığı ile kendini gösterir. Sıkılganlık başkalarının istenmeyen dikkati ile ilgilidir, genelde birey hatalı veya nazik olmayan bir davranışta bulunduğunu düşündüğünde ortaya çıkar, ancak utanılması gereken bir davranış olmasa bile insanların dikkatini üzerinde hissetmesi de bireyin sıkılmasına neden olabilir. Bireyler çok fazla iltifat aldıklarında, herkesin gözü onların üzerinde olduğunda da sıkılganlık yaşarlar. Kişinin sıkılganlık yaşadığı, etrafındakiler tarafından kolaylıkla fark edilebilir. Sıkılganlık yaşayan bireyler gözlerini çevredekilerden kaçırırlar, başlarını öne eğerler, elleriyle ağız, burun, kulak gibi belli noktalara dokunurlar ve bunların tamamı yaklaşık beş saniye sürer (Keltner, 1995).

Sosyal kaygı, utangaçlık ve sıkılganlıkla ilişkili bir başka kavram ise içedönüklüktür. Utangaçlık ve içedönüklük kavramları genellikle bir arada kullanılır. Ancak, bu iki kavram tanım olarak bire bir örtüşmezler. İçedönük bireyler, enerjilerini kendi içlerinden alan kişilerdir. Kendi düşünce dünyalarında olmaktan zevk alırlar. Kendileriyle vakit geçirmeyi severler. Utangaç olmayan içedönük bireyler ise başkalarıyla etkileşimleri esnasında güçlük yaşamazlar. Kısa bir süre için yüksek düzeyde bir sosyal enerjiyi çevresine yayabilir, fakat bu süre uzadıkça sıkılır ve kendi kendisiyle kalıp, enerjisini tekrardan depolayabileceği daha sakin bir yerde olma isteği belirir. Utangaç ve bununla birlikte içedönük olan bireyler de enerjilerini kendi içlerinden alırlar, ama sosyal etkileşimler söz konusu olduğunda utangaç olmayanlar kadar rahat değildirler. Genelde tercihleri evde oturup kitap okumak, müzik dinlemek ve bilgisayar başında vakit geçirmektir (Hillard, 2005). Utangaç olmayan bir dışa dönük ise enerjisini diğer insanlardan alır. Başkalarıyla birlikteyken son derece mutludur ve onlarla mümkün olduğunca çok vakit geçirmek ister. Utangaç bir dışadönük de enerjisini diğer insanlardan alır, fakat kendini başkalarıyla iken rahat hissetmesi biraz zaman alabilir. Sosyal çevresine alıştığı ve insanlara ısındığı zaman kendini evinde gibi hisseder, rahat konuşur ve sosyal durum devam ettikçe enerjisinde artış olur. Sosyal toplantıdan en son ayrılan kişilerden biridir (Hillard, 2005). Bu kategorileri çok kesin çizgilerle ayırmak doğru olamayabilir. Bir kişi için bunlardan birine daha yakın denilebilir veya durumdan duruma değişebilir.

Çekingenlik, akranlarla normalden daha az oranda veya daha az süreyle ilişki kurmak olarak tanımlanabilir; tek bir kelime ile ifade edilecek olursa, yalnızlık da denebilir. Ancak buradaki yalnızlık, arkadaşlar tarafından reddedilme veya izole edilmeden farklı olarak düşünülmelidir. Çekingen çocuklar, kendilerini akranlarından uzak tutarlar. Çekingenlik; içedönüklük, utangaçlık, sosyal kaygı veya depresyon gibi çok çeşitli nedenlerle ortaya çıkabilir ve yaşam boyu sosyal uyum zorluklarına neden olabilir (Rubin ve Aspendopf, 1993).

Son yıllarda yapılan çalışmalar, erken çocukluk yıllarında çekingen olan çocukların, sosyal ve akademik yaşamlarında uyum zorluklarıyla karşılaştıklarını ortaya koymuştur. Çekingen çocukların daha sosyal akranlarla karşılaştırıldığında, daha yoğun kaygı belirtileri gösterdikleri, akranları tarafından dışlandıkları, öğretmenlerinden aşırı ilgi beklediklerі saptanmıştır (Coplan, Gavinski-Molina, Lagace-Seguin ve Wichmann, 2001; Gazelle ve Ladd, 2003).

ÇOCUK VE ERGENLERDE SOSYAL KAYGI

Çocukluk korkuları, normal gelişimin birer parçasıdır. Ancak çocukluk döneminde görülen normal gelişimsel korkularla, patolojik kaygıları birbirinden ayırabilmek, çocuğun ruh sağlığı açısından önemlidir. Gelişimsel açıdan normal kabul edilen korkuların, geçici olması ve çocuğa az sıkıntı vermesi beklenir. Eğer korku zaman içinde yok olmuyorsa, çocuğun yaşamındaki önemi, çocukta yarattığı sıkıntı azalmıyorsa ve çocuğun günlük fonksiyonlarına zarar veriyorsa, patolojik korkudan söz edilebilir (Albano, DiBartolo, Heimberg ve Barlow, 1995).

Çocukta sosyal kaygının gelişimi, çocuğun kendisine birincil bakım veren kişileri diğerlerinden ayırmaya başlaması ile ortaya çıkar. Sonraki gelişimi ise sosyal obje olarak kendini fark etmesi veya kendine yönelik ilginin artmasıyla gerçekleşir (Leary, 1983). Çocukta sosyal etkileşimlerin yapısını anlama ise zihinsel kapasitenin gelişimiyle gerçekleşir. Bu yapıyı anlayacak zihinsel kapasiteye ulaşması ve kendine yönelik olumsuz dikkat geliştirmesiyle, başkalarının olumsuz değerlendirmelerinden korkmaya başlar. Sosyal kaygı, tüm çocuk ve ergenlerde görülebilecek gelişimsel bir olgudur. Ancak eğer bu kaygı çocuğun uyumunda ve gelişiminde belirli aksamalara yol açıyorsa o zaman müdahale edilmesi gerekebilir

SOSYAL KAYGISI YÜKSEK ÇOCUK VE ERGENLERİN ÖZELLİKLERİ

Sosyal kaygı ve sosyal kaygı bozukluğu gösteren çocukların çok çeşitli özelliklerinden bahsedilebilir. Bu bölümde sosyal kaygısı yüksek çocukların özellikleri ile ilgili literatür gözden geçirilerek özetlenmeye çalışılmıştır.

Yüksek sosyal kaygısı olan çocukların en karakteristik özelliği, tanıdık olmayan kişilerin varlığında ya da başkalarının gözü kendilerinin üzerindeyken korku duyması ve kaçınma tepkisi vermesidir. En çok korkulan durumlar; başkalarının önünde konuşma, yeni insanlarla tanışma, girişken davranışta bulunma, otorite konumundaki kişilerle konuşma olarak saptanmıştır (Rapee, 1995).

Sosyal kaygı bozukluğu gösteren bireyler sosyal ilişkilere olumsuz yüklemeler yapar, kendi davranışlarını abartılı biçimde olumsuz değerlendirir, hoş ya da olumlu durum ve olayları önemsiz kabul edip bir yana koyarken; yetersiz, doyumsuz yaşantıların üzerinde daha çok dururlar, sosyal ilişkilerinde hoş olan durumlarda kendileri dışında nedenler ararken, hayal kırıklığı yaratan durumların nedenini kendilerinde ararlar (Emmelkamp ve Scholing, 1997). Çocuk ve ergenlerde olumsuz sosyal değerlendirilme korkusu, erişkinlerde olduğu kadar belirgindir. Sosyal kaygısı yüksek olan çocukların, sosyal ilişkilerinin az olması nedeniyle yaşıtlarına göre değişik ilgileri olabilir. Bu çocuklar tarihsel savaşlar, bilgisayar programlama, hava durumunu izleme gibi yaşıtlarından farklı ilgi alanlarına sahip olabilirler (Demir, 1997). Ayrıca ilgi alanlarındaki bu kayma, olağan yaşa uygun etkinliklerden kaçınmanın bir aracı haline gelebilir. Yaşıtlarından farklı ilgi ve uyarı kaynaklarına sahip sosyal kaygılı çocuklar, arkadaşlarından yeterli sosyal geribildirim alamamaktadırlar. Sonuçta, toplumsal işlevsellikleri beklenen düzeyin altında kalabilir, bireysel etkinlikleri tercih etme ve sosyal ilişkilerden kaçınma, sosyal becerilerin gelişmesini engelleyebilir (Albano ve diğ., 1995). Yaşadığı sosyal kaygı sonucu, geniş arkadaş gruplarına katılmaktan ve yeni sosyal deneyimlerden kaçınan çocuklar yeni sosyal becerileri kazanma şansını da yitirirler. Sosyal beceriler konusunda kendilerini yetersiz hissetmeleri, yaşadıkları kaygının artmasına neden olup, kendilerinde sıkıntı yaratan sosyal ortamlardan uzak kalırlar, böylece bu olumsuz döngü kendini tekrar eder. Bu nedenle, sosyal kaygıyı azaltmaya yönelik müdahalelerin yanı sıra, çocuğun sosyalleşmesine imkân verecek ortamları yaratma ve bu konuda onu motive etme konusunda ebeveynin desteği son derece önemlidir.

Beidel, Turner, and Morris (1999), sosyal kaygı bozukluğu tanısı almış 7-13 yaşları arasındaki 50 çocuğu korkuları açısından inceledikerinde, çocuklarda kaygı yaratan durumlar şu şekilde sıralanmıştır: Sınıfta yüksek sesle bir metni okumak, müzikal veya sportif bir performans göstermek, bir sohbete katılmak, yetişkinlerle konuşmak, sınıfta tahtaya yazmak, danslı, etkinlikli partilere katılmak, sınıfta sorulan bir soruyu cevaplamak, diğer çocuklarla çalışmak veya oynamak, öğretmenden yardım istemek, beden eğitimi dersinde bulunmak, fotoğraf çektirmek, arkadaşlarını birlikte vakit geçirmek için davet etmek. Sosyal kaygısı yüksek pek çok çocuk, başkaları tarafından izlenmelerine neden olacak durumlardan kaçınma davranışı göstermektedir, örneğin sınıfta, kafeteryada grup aktivitelerinden kaçınma gibi (Kearney, 2005). Bunlara ilaveten, sosyal kaygısı yüksek gençler, karşı cinsle arkadaşlık kurma ve iş görüşmesine katılma durumlarında da sıklıkla korku yaşamaktadırlar. Ayrıca bu gençler pek çok durumda başkalarının dikkatini çekmekten ve başkaları tarafından olumsuz değerlendirilmekten korkarlar (Albano, Chorpita, ve Barlow, 2003).

Tanıdık olmayan durumlar karşısında iki yaşlarındayken aşırı korkma belirtisi gösteren içedönük çocukların yedi yaşına geldiklerinde çok sessizleştikleri ve sosyal kaçınma davranışı gösterdikleri bilinmektedir (Kagan, Reznick, ve Snidman, 1988; Akt. Leary ve Kowalski, 1995).

SOSYAL KAYGIYA NEDEN OLAN FAKTÖRLER

Sosyal kaygıya neden olan faktörler, genel olarak iki kategoride ele alınabilir. Bunlardan ilki, bireyin genetik yatkınlığı; ikincisi ise içinde bulunduğu sosyal çevre ve buna bağlı etkenlerdir.

Genetik Yatkınlık

Sosyal kaygı bozukluğu olan kişilerde genetik yatkınlık genellikle kalıtım, mizaç ve diğer biyolojik değişkenlerle açıklanır. Kaygı bozukluklarında genetik mirasın etkisini inceleyen pek çok araştırmadan söz edilebilir. Yetişkinlerle yapılan çalışmalarda, sosyal kaygı bozukluğu olan bireylerin ailesinin diğer üyelerinde de, sosyal kaygı bozukluğuna yatkınlık olduğu gözlenmiştir (Kearney, 2005).

Kaygı bozukluğu olan ebeveynlerin çocuklarında kaygı, depresyon, çekingenlik gibi sorunlara, kaygı bozukluğu olmayan ebeveynlerin çocuklarına oranla daha fazla rastlanmaktadır. Bu bulgu, genetik mirasın bir sonucu olabileceği (Eley, 2001) gibi, kaygı bozukluğu olan ebeveynin, çocuğuna gösterdiği (veya yeterince gösteremediği) ilgi, çocuk yetiştirme biçimi, disiplin yöntemleri, model oluş biçimi gibi pek çok faktörün de etkili olabileceği düşünülebilir.

Albano ve arkadaşları (2003), kaygı bozukluğu olan çocuklarla ilgili verileri inceleyerek, genetik bir risk faktörünün kaygı ve depresyon üzerinde etkili olabileceğini, ancak bu psikopatolojinin gelişiminin belirlenmesinde çevresel faktörlerin öneminin de göz ardı edilemeyeceğini ifade etmişlerdir. Genetik yatkınlıklar ve çevresel faktörlerden hangisinin ne kadar etkili olduğunu tespit edebilmek araştırmacıları zorlayan bir konudur. Sosyal kaygı bozukluğuna etki eden genetik yatkınlıklar henüz kesin bir şekilde kanıtlanamamakla birlikte, sosyal fobiye ilişkin mizaç özellikleri önemli bir faktör olarak ortaya çıkmaktadır (Kearney, 2005).

Çevresel Faktörler ve Aile Ortamı

Sosyal kaygıya etki eden etmenlerin sadece genetik yatkınlıkla açıklanamayacağı, bunun aynı zamanda çevresel faktörlerin de bir sonucu olduğu bilinmektedir. Çevresel faktörler aile, arkadaş ortamı, okul ve diğer sosyal ortamları kapsamaktadır. Çocuğun her açıdan gelişiminde, aile ortamının ve anne-baba tutumunun etkisi pek çok araştırmanın konusunu oluşturmuştur. Bu bölümde ebeveyn tutumlarının ve aile ortamının sosyal kaygı ile ilişkisine değinilmektedir.

Ebeveyn Tutumları ve Aile Ortamı

Ebeveyn, çocukla direkt etkileşimi sonucu çocuğun sosyal davranışını etkileyebildiği gibi, çocuğun sosyal etkileşimini de kendi sosyal çevresini yapılandırış biçimi ile etkileyebilmektedir.

Yapılan çalışmalar kaygılı çocukların ebeveynlerinin özelliklerini şu şekilde ortaya koymaktadır: aşırı kontrol kuran, aşırı düşkün, fazla müdahaleci, yeterli şefkat ve sevgi gösteremeyen, fazla talepkâr, çocuğun kaçınma davranışını destekleyen, olumlu sosyal davranışları cesaretlendirmeyen tutumların yanı sıra kaygılı, içedönük ve çekingen kişilik özellikleri gösteren ebeveynler olarak tanımlanmaktadırlar (Barrett, Dads ve Rapee, 1996; Dadds, Barrett, Rapee ve Ryan, 1996; Dumas, LaFreniere, ve Serketich,1995; Rapee, 1997).

Dekovic ve Janssens (1992), çocuğun akranları arasındaki statüsü (reddedilme ve popülerlik) ile çocuk yetiştirme stillerini incelediği çalışmasında, popüler çocukların ebeveynlerinin yetkili etkileşim stiline sahip olduğu (kuralların nedenlerinin açıklanması, çocuğun kendini sözel olarak ifade etmesinin cesaretlendirilmesi, karar verme sürecine çocuğun dahil edilmesi, destek sağlanması...) reddedilen çocukların ebeveynlerinin ise çocukla etkileşiminde otoriter (çocuğun davranışlarını eleştiren, emirler veren, fiziksel cezalara başvuran ve olumlu duyguları daha az yansıtan) ebeveynler olduğunu saptamıştır.

Ebeveynin yönlendirmesi açısından konu ele alındığında, çocuklarının oyun etkinliklerini zorlayıcı, baskıcı stratejilerle kontrol eden ebeveynler ile aşırı talepkâr olan, kabul edici olmayan ebeveynler, daha az atılgan ve akranlarıyla etkileşiminde ben odaklı (sık sık "ben" vurgusu yapan "aşırı talepkâr" ifadelere sahip) çocuklar yetiştirmektedirler. Bu çocuklar aynı zamanda akran ilişkileri yeterliliği, akranlar tarafından kabul ve okul uyumu açısından da düşük puanlar almaktadırlar (Putallaz, 1987). Gözlemlenen oyun seansları süresince çocuğuyla daha uzun süre oynayan anneler, akranları arasında daha popüler çocuklara sahip olmaktadırlar.

Hoşgörülü disiplin stili (çocuğa çeşitli kurallar koyan ve çocuğun uyması gereken kuralların nedenini açıklayan) olumlu sosyal davranış ve akranlar arasında popüler statüye sahip olma ile ilişkili bulunurken (Hart, Ladd, ve Burleson, 1990; Zahn-Waxler ve ark., 1979), çocuğa yönelik fiziksel ceza, tehdit ve ebeveynin saldırgan davranışları akranlar tarafından reddedilme ile ilişkili çıkmıştır (Dishion, 1990; Hart ve ark., 1990). İçedönük çocuklar, ebeveynlerini suçlayıcı bulmaktadırlar ve anne-babalarının başkalarının yanında onların utanmalarına neden olan davranışlar sergilediklerini belirtmişlerdir. İçedönüklük azaldıkça, ebeveynler de tolerans sahibi olarak algılanmaktadır. Sosyal kaygı bozukluğu olan yetişkinler, çocukluklarında ebeveynleri tarafından korkularının üstesinden gelemedikleri, aileyi mahcup durumda bıraktıkları ve başkalarıyla konuşamadıkları için eleştirildiklerini ifade etmişlerdir (Bruch, Heimberg, Berger, ve Collins, 1989).

Kearney (2005), sosyal kaygıya neden olan ebeveyn ve aile ortamına ilişkin bazı durumları çeşitli araştırmalara dayanarak şu şekilde derlemiştir.

- Çocuğu sosyal aktivitelerden mahrum bırakma,
- Başkalarının fikirlerini ve olumsuz değerlendirmelerini aşırı önemseme,
- Ailenin sosyal ilişkilerinde zayıf olması ve sosyal durumlardan kaçınması,
- Çocuğa karşı aşırı korumacı, sıcaklık ve ilgiden yoksun tutum,
- Çocuğun reddedilmesi,
- Değişkenlik / dengesizlik / istikrarsızlık: yetişkinlerle yakın ilişkilerin yokluğu, ebeveynler arası evlilik çatışması, ebeveynde zihinsel bozukluk öyküsü, sık taşınma, kanunlarla sorun yaşama, evden kaçma, fiziksel ve cinsel istismar, okul başarısızlığı, okulu bırakma, özel eğitim gereksinimi.

Melfsen ve arkadaşları (2000), sosyal kaygısı yüksek çocukların annelerinin, sosyal kaygısı yüksek olmayan çocukların anneleriyle karşılaştırıldığında yüz ifadelerinin kullanımı açısından farklılıklar olduğunu tespit etmişlerdir. Sosyal kaygısı yüksek çocukların annelerinin, mimik ve jestleri, duygularını ifade ederken daha az kullandıkları görülmüştür ve araştırmacılar bu şartlarda çocuğun da belli sosyal durumlarda mimik ve jestlerin kullanımında zorluk yaşayabileceğini ve diğerleriyle iletişiminde zaaf oluşabileceğini ifade etmişlerdir.

Caster ve arkadaşları (1999)'nın yaptıkları çalışmada, sosyal kaygısı yüksek olan ergenler, ebeveynlerini, başkalarının fikirlerine aşırı önem veren, gencin utangaçlığından ve zayıf performansından mahcubiyet duyan kimseler olarak ifade etmişlerdir. Sosyal kaygısı yüksek olan ergenler, diğerlerine göre, kendilerini ve ebeveynlerini sosyal açıdan daha az aktif bulmuşlardır. Bogels ve arkadaşları (2001), 8-18 yaşlarında sosyal kaygısı yüksek çocukların aile ortamlarını nasıl algıladıklarını incelemiş ve annenin sosyal kaygısının, çocuğun sosyal kaygısının habercisi olduğunu ortaya koymuşlardır.

Erkan (2002b)'ın, lise ikinci sınıf öğrencileriyle yaptığı çalışmanın bulgularına göre koruyucu-talepkâr ve otoriter ana-baba tutumlarına maruz kalan ergenlerin, olumsuz değerlendirilmekten korkma ve sosyal kaçınma düzeyleri, demokratik ana-baba tutumuna sahip öğrencilerden yüksektir.

Otoriter, aşırı koruyucu ebeveyn tarzlarının, sosyal kaygının meydana gelmesinde önemli bir rol oynadığı görülmektedir. Sınırlayıcı ve aşırı koruyucu ebeveyn tarzı, çocuğun bağımsızlığını, otonomi ve yeteneklerini kısıtlamakta ve bu durum da ebeveyne bağlılık olarak geri dönmektedir. Ebeveynin ilgisiz ve dışlayıcı tavırları, çocuğun güçlü bir şekilde onaylanma ve kabul görme ihtiyacı duymasına neden olabilmektedir. Anne-babanın, çocuğun ihtiyaçlarına önem vermemesi çocukta yanlış değerlendirilme korkusunun gelişmesine neden olabilmektedir.

Olumsuz değerlendirilme korkusu, sadece sosyal kaygının temel nedeni değil, ayrıca çekingen bireylerin de bir özelliğidir. Ebeveynlerin çocuklarının dış görünüşlerine ve tavırlarına aşırı önem vermesi, çocuğun, devamlı dışardan izleniyor ve eleştiriliyormuş hissine kapılmasına neden olabilmektedir (Buss, 1980).

Erkan (2002a)'ın lise öğrencileri ile gerçekleştirdiği çalışmanın bulgularına bakarak, sosyal kaygı düzeyi yüksek öğrencilerin ailelerinde, sosyal kaygı düzeyi düşük öğrencilerin ailelerine göre demokratik tutumların görülme oranının daha az, koruyucu ve otoriter tutumların görülme oranının ise daha fazla olduğu söylenebilir.

Anne-Çocuk Bağlanması

Erken dönemdeki anne-çocuk etkileşiminin, çocuğun sosyal ve duygusal gelişimi üzerindeki önemli belirleyicilerden biri olduğuna ilişkin düşüncenin oldukça uzun bir tarihçesi vardır. Bu ilişki sadece Freud ve psikanalitik teorisyenlerde değil, aynı zamanda Bowlby ve bağlanma teorisyenlerinin çalışmalarında da yerini bulmuştur. Bowlby ve takipçilerine göre sosyal yeterlilik, güvenli anne-bebek bağlanması sonucu gerçekleşir. Güvenli bağlanma, bebeğin ona bakım veren kişiye yönelik güven duygusu geliştirmesine olanak sağlar. Bu güvenin kurulması, çocuğun sosyal dünyasını keşfetmesi, sosyal beceriler geliştirmesi ve karmaşık bir sosyal dünyaya uyum sağlayabilmesi için gerekli olan yeterlilik duygusunu geliştirebilmesi açısından önemlidir. Diğer taraftan, güvenli olmayan bir bağlanma stiline sahip çocuk, bakım veren kişiye karşı bu düzeyde bir güven duygusu geliştiremeyecektir. Eğer çocuğun annesi güvensiz bağlanma stiline sahipse, çocuğun yeterlilik duygusunu geliştirmesini sağlayacak duyarlılığı gösteremeyecek ve çocuğu yeterince cesaretlendirip ödüllendiremeyecektir. Birincil bakım veren kişiyle güvenli bağlanma ilişkisi kuramamış olmak ve güven duygusunun oluşmaması, sosyal becerilerin ve sosyal yeterliliğin gelişimini geciktirebilir veya risk altına sokabilir. Böylece, güvenli bağlanmayı gerçekleştirememiş, sosyal beceriler açısından yetersiz, sosyal yeterliliği eksik olan çocuk, sosyal durumlarda korkak davranacağı gibi zaman içinde de bu durumlara hiç girmemeyi tercih edip, sosyal ortamlardan kaçınma olasılığı artacaktır (Cohn, 1990; Jacobson ve Wille, 1986; Sroufe ve Fleeson, 1986). Söz konusu araştırmaların bulgularına göre güvensiz bağlanma stili, düşük sosyal yeterliliğin ön habercisidir ve bununla ilişkilidir.

Bebekle bakım veren kişi arasındaki bağlanmanın kalitesi ile çocuğun akranlarıyla sosyal etkileşimi arasındaki ilişkiyi inceleyen pek çok araştırma yapılmıştır. Sosyometrik ölçümler sonucu bebeklik döneminde güvenli bağlanma sergileyen, sıcak ve ihtiyaçları karşılayabilen ebeveyne sahip olan çocukların, ileriki dönemlerinde, güvensiz bağlanan bebeklere kıyasla arkadaşları tarafından daha popüler algılandıkları görülmüştür. Bu çocuklar, sosyal becerileri sergilemede etkin, akranlarıyla etkileşim başlatmada lider konumda olup, olumlu arkadaşlıklar kurabilmektedirler (Cohn, Patterson ve Christopoulos, 1991; Sroufe, 1983).

Bebeklik döneminde anneleriyle güvenli bağlanma gerçekleştirmiş çocuklar, anneleriyle güvenli bağlanma gerçekleştirmedikleri tespit edilmiş çocuklara oranla sosyal beceriler açısından daha yetkin bulunmuşlardır. Her iki ebeveynle güvenli stilde bağlanma yaşayan çocukların sosyal açıdan en yetkin çocuklar olduğu görülmekle birlikte, tek bir ebeveyni ile güvenli bağlanan çocuklar orta düzeyde sosyal açıdan yeterliyken, her iki ebeveyn ile güvensiz bağlanma yaşayan çocuklar sosyal açıdan en az yeterli grubu oluşturmaktadırlar.

Lieberman (1977), duyarlı ve yanıtlayıcı annelerin, güvenli bir bağlanmanın gelişmesini teşvik ederken, aynı zamanda, erken akran etkileşimini arttırmak için fırsat yaratmaya çalıştıklarını da saptamıştır. Güvenli bir bağlanma ilişkisine sahip olmak, çocuğun başkalarına karşı olumlu tavırlar göstermesine ön hazırlık olarak kabul edilebilir. Bununla birlikte akranlarla daha fazla etkileşim ortamına sahip olmak doğrudan sosyal becerilerin gelişimini kolaylaştırıcı etkiye sahiptir (Cohn, Patterson ve Christopoulos, 1991).

Bakım veren kişinin bebeğin ihtiyaçlarına ilişkin duyarlılığındaki kişisel farklılıkların, çocuğun sonraki dönemlerde aile dışındaki sosyal ilişkilerini etkilediği düşünülmektedir. Çünkü çocuğunun gösterdiği belirtilere duyarlı ebeveynler, çevrelerini keşfetmek için ihtiyaçları olan güven temelini onlara sağlamaktadır. Otonomi geliştirmesi için desteklenen, duygusal ihtiyaçlarının karşılanacağına güvenen çocuklar akran ilişkilerine yaklaşımlarında kendilerini güvenli hissedecek ve yetkin göreceklerdir (Silverman ve Kurtines, 1996).

Sosyal Bağlam Üzerinde Ebeveynin Kontrolü

Bebeklikten yaklaşık altı yaşına kadar çocuklar, sosyal etkileşim fırsatlarını yaratmak açısından ebeveynlerine bağımlıdırlar (Masia ve Morris, 1998). Ebeveynin kendi yakın arkadaşlıkları, çocuklarının kendilerini mutlu değerlendirmesi, arkadaş ilişkileri, okula gösterdikleri uyum ve sosyal becerileri ile ilişkilidir (Homel, Burns, ve Goodnow, 1987). Ladd ve Golter (1988)'ın anaokulu çocukları ve ebeveynleriyle yürüttükleri çalışmada da akranlarıyla iletişim kurmada daha etkin olan ebeveynlerin çocuklarının daha çok sayıda oyun arkadaşı ve daha istikrarlı arkadaşlıkları olduğu saptanmıştır.

Sosyal kaygı bozukluğu tanısı alan bireyler böyle bir tanı almamış olanlarla karşılaştırıldığında, ebeveynleri ile ilgili olarak sosyal durumlardan kaçınma ve daha az sosyalleşmeden söz etmektedirler; ayrıca, ebeveynlerinin sosyalleşme konusunda cesaret kırıcı ve onları yalnızlığa sevk edici tavırlarından bahsetmektedirler (Bruch ve diğ., 1989). Ebeveyn çocuğun sosyal davranışına sosyal etkileşimler sırasında nasıl davranacağına yönelik tavsiyeleri ile de katkıda bulunur.

Ebeveynin Yönlendirmesi ve Tavsiyeleri

Ebeveynin oyunlara ve gruplara katılma konusunda çocuğu yönlendirmesi ile popüler olma ve akranlar tarafından gruplara kabul edilme arasında olumlu ilişki vardır. Süregiden bir oyun aktivitesine entegre olabilen çocukların, akranları tarafından daha kolay kabul edildiği, süregiden bir oyun aktivitesini izleyen, sessizce yaklaşan çocukların ise akranları tarafından görmezden gelindiği görülmektedir (Putallaz ve Wasserman, 1989). Russell ve Finnie (1990) ebeveynlerin, tanımadığı iki çocuğun oyununa katılması konusunda çocuklarına nasıl tavsiyelerde bulunduklarını gözlemlemişlerdir. Popüler çocukların annelerinin, çocuğu süregiden aktiviteye hazırlayıcı nitelikte, grup odaklı talimatlar verdikleri görülmüş; akranları tarafından ihmal edilmiş çocukların annelerinin ise, minimum düzeyde gruba katılımla ilgili talimat verirken daha çok oyun materyaline yönelik talimatlarda (bloklarla neler yapabileceğine ilişkin vs.) bulundukları gözlemlenmiştir. Dadds, Heard and Rapee (1992)'ye göre kaygılı olan çocuğa, dikkatli olma, sosyal riskleri almaktan kaçınması konusunda tavsiyelerde bulunma, risklerden bahsetme, sosyal yeterlikleri konusunda şüphe yaratma ve kaçınma davranışını onaylama gibi ebeveyn yaklaşımları, gruplara girme konusunda pasif davranışın yerleşmesine neden olur.

Annenin Kişilik Özellikleri

Annenin kişiliğinin, çocuğun sosyal gelişimi üzerindeki etkisi pek çok araştırmaya konu olmuştur. Depresif annelerin bebekle etkileşim halindeyken daha az olumlu duygu hali sergilediği, daha az uyaran sağladığı ve daha az teşvik edici olduğu bilinmektedir. Annenin duygu durumu, çocuğa geçmektedir. Depresif annelerin çocukları duygusal açıdan daha az olumludur ve daha huzursuzdur (Cohn ve Tronick, 1989).

Annenin kişiliği, çocuğun utangaçlığı üzerinde de önemli bir role sahiptir. Engfer (1993), kapsamlı çalışmasında özellikle kızlar için, yaşamın ilk 6 yılında, annenin kişilik özellikleriyle çocukluk dönemindeki utangaçlık arasında tutarlı bir ilişkinin varlığından söz etmektedir. Annenin sinirlilik, depresiflik, asabiyet ve çekingenlik dereceleri ile 6 yaşındaki kız çocukların gözlenebilir utangaç davranışları arasında ilişki tespit edilmiştir. Annenin sinirli, depresif, asabi, nörotik olması kızlarında görülecek çekingen kişiliğin ön habercisidir.

Ebeveynin Sosyal Kaygı ve Kaçınma Konusunda Model Oluşturması

Kaygılı çocukların ebeveynleri, kaygı ve kaçınma davranışı konusunda sıklıkla çocuklarına olumsuz model olmaktadırlar (Dadds ve diğ., 1996; Kashdan ve Herbert, 2001). Sosyal kaygısı yüksek ergenlerin ebeveynlerinin de sosyal kaygısı yüksek bulunmuştur. Bu ebeveynlerin daha müdahaleci, disiplin açısından sert ve eleştirici, çocuğun sosyalleşme deneyimlerini desteklemeyen ve çocuklarını, ısrarlı biçimde, başkaları tarafından değerlendirmeye açık ortamların tehlikelerine karşı uyaran ebeveynler olduğu saptanmıştır.

Öğrenme Deneyimleri

Çocukluk döneminde korkunun öğrenilmesi model alma, bilgi aktarımı ve direkt koşullanmaya bağlı olarak gerçekleşir (Rachman, 1977). Sonraki yıllarda, son çocuklukta ve ergenlikte; korkunun gelişmesi sosyalleşme ve başkaları tarafından değerlendirilmekten kaçınma, model alma ve bilgi aktarımı öğrenmede etkili olan faktörler olarak ortaya çıkmaktadır (Dadds ve ark., 2001). Ebeveynler sosyal kaygılı davranış açısından etkili birer model teşkil edebildikleri gibi, çocuğun sosyal davranışlarının ve oyun etkinliklerinin biçimlenmesinde de önemli role sahiptirler. Sosyal kaygı bozukluğu olan yetişkinler, model olarak, davranış ve tutumlarından çocuğa yansıyan aktarımlarla çocuklarda da sosyal kaygı bozukluğunun gelişmesinde önemli bir etken olabilmektedir (Ost ve Hughdahl, 1981).

Çocuklarda, başkaları tarafından değerlendirilme ve sosyal korkuların oluşması farklı öğrenme olasılıklarına dayalı olabilir. İlk olarak, ebeveynler istemeyerek veya bilerek çocuklarındaki sosyal kaygılı davranışı övüp sempatilerini belli ederek onları cesaretlendirmiş olabilirler (Eisen ve Kearney, 1995). İkincisi, çocuk başkaları tarafından değerlendirilmeye açık ve sosyal durumlardan sürekli kaçıyor olabilir. Bu kaçış sonrasında kaygının azaldığını hissetmesi, kaçışın olumsuz pekiştireç olarak işlev görmesine ve kaçma davranışının yerleşmesine neden olabilir (Delprato ve McGlynn, 1984). Üçüncüsü, sosyal ortamlara karşı gösterilen yaklaşma tepkisinin cezalandırılması, özellikle sosyal beceri zaaflarını içeren yetersiz yaklaşma çabaları, bundan sonraki çabaların gerçekleşmesine engel olabilir (Vasey ve Dadds, 2001). Dördüncüsü, aşırı genelleştirmeler, duyulan korkunun farklı sosyal durumlara genelleştirilmesine neden olabilir (McNeil, Lejuez, ve Sorrell, 2001). Süregiden öğrenme deneyimleri çocuğun gelişimine paralel olarak gelişen ve zaman içinde ortadan kalkacak bu korkularla yüzleşmesini, dolayısıyla onlarla baş edebilmesini engelleyebileceği gibi, korkulan sosyal deneyimlerle yüzleşmesine de engel olacak ve tatmin edici sosyal becerilerin gelişmesine imkân vermeyecektir (Vasey ve Dadds, 2001).

SOSYAL KAYGIYI AZALTMAYA YÖNELİK PROFESYONEL YAKLAŞIMLAR

Sosyal kaygıyı azaltmaya yönelik psiko-sosyal yaklaşımlar genellikle bilişsel davranışçı yaklaşımı, psiko-eğitimi, somatik kontrol alıştırmalarını, bilişsel terapiyi, sosyal beceri ve atılganlık eğitimlerini, maruz kalma deneyimlerini içermektedir. Burada açıklanan yaklaşım biçimleri, konunun uzmanı profesyonellerin müdahale stratejileri hakkında kısaca bilgi vermektedir.

Psiko-Eğitim

Sosyal kaygısı yüksek gençler için kullanılan sağaltım tekniklerinden biri psiko-eğitimdir. Psiko-eğitim, genci ve genellikle aile üyelerini, kaygının doğası ve fizyolojik, bilişsel ve davranışsal bileşenleri hakkında bilgilendirmeyi içerir. Ayrıca çocuk ve aile üyeleri kaygının nasıl başladığı ve devam ettiği hakkında bilgilendirilirler (Birmaher ve Ollendick, 2004). Bilgi aktarma esnasında, gencin kendi deneyimlerinden belli örnekler kullanılabilir. Ek olarak, bireye özel kaygının sonucunda gelişen tepkisel bileşenler de çocuğa kaygının zaman içinde nasıl oluştuğunun gösterilmesi için kullanılabilir.

Kişisel Kontrol

Psiko-eğitim ile birlikte, kişisel kontrol, sosyal kaygı ile ilişkili olarak ortaya çıkan rahatsız edici psikolojik belirtileri, irrasyonel düşünceleri ve kaçınma davranışını anlamlandırabilmek için kullanılan bir yöntemdir (Ginsburg ve Walkup, 2004). Günlükler kişisel kontrolü sağlamanın etkili yollarından biridir ve gencin belli bir zaman sürecinde yaşadığı korku ve kaygının spesifik dönemlerine odaklanmasını sağlayabilir. Kişisel kontrol, danışmana ve çocuğa bu dönemlerin öncesinde ve sonrasında olan önemli noktaları tanıma fırsatı verir ve farklı durumlarda ortaya çıkan kaygıyı anlamaya yardım eder.

Somatik Kontrol Egsersizleri

Kaygının istenmeyen psikolojik semptomlarını kontrol etmeye yardımcı olması amacıyla somatik kontrol egzersizleri kullanılabilir. Bu egzersizlerin bilinen iki biçimi gevşeme egzersizleri ve nefes egzersizleridir. Talep gören gevşeme egzersizi prosedürü, farklı kas gruplarının gerilmesini ve serbest bırakılmasını kapsar. Kaygıyı arttıran durumlarda söz konusu prosedürlerin düzenli olarak kullanılması istenir; ayrıca genç, evde de alıştırmalar yapması için yönlendirilir (Ollendick ve Cerny, 1981).

Bilişsel-Davranışçı Yaklaşım

Sosyal kaygı bozukluğu da dahil olmak üzere genel kaygı bozukluğu olan çocuk ve gençler için, az da olsa bireysel ve grup terapilerinden söz etmek mümkündür. Bu tür çalışmalardan elde edilen sonuçlar, sosyal kaygılı çocuklar üzerinde bilişsel-davranışçı yaklaşımın önemini desteklemektedir (Sweeney ve Rapee, 2001). Kaygıya neden olan işlevsel olmayan düşünceleri kontrol edebilmek için bilişsel terapi bir bütün halinde veya bilişsel terapi teknikleri ayrı ayrı da kullanılabilir (Kearney, 2005).

Bilişsel davranışçı terapi, zaman sınırlaması olan, şimdiki zamana odaklı bir yaklaşım olup, bireylerin kişilerarası ilişkilerinde ve iç dünyalarındaki fonksiyonlarını uyumlu biçimde gerçekleştirmelerinde ihtiyaç duyacakları bilişsel ve davranışçı yeterlilikleri kazandırmaya çalışan bir psikoterapi yaklaşımıdır (Heimberg ve Becker, 2002).

Bu süreç bazı temel adımları içerir; örneğin, çocuğu bilişsel çarpıtmaların türleri hakkında eğitmek, kaygı yaratan durumda görülen irrasyonel düşünceleri tanımlamak ve sınıflamak, yansıtma ve sorgulama teknikleri ile bu düşünceleri değerlendirmek, olaylara daha gerçekçi bakabilmek ve rasyonel olmayan düşünceleri uyum sağlayıcı biçimde modifiye etmek gibi. Bunları yaparken kullanılabilecek bazı teknikler ise şunlardır; psiko-eğitim, bilişsel kişisel kontrol, belli düşüncelerin nedenlerini inceleme, felaketleştirmeme, yeniden adlandırma, etiketlememe ve bilişsel deneme (Bond ve Dryden, 2002; Friedberg ve McClure, 2002).

Bilişsel davranışçı sağaltım, maruz kalma tekniği ile dikkati negatif ipuçlarından çekerek bilişsel yeniden yapılandırma ve hedef belirlemeye yöneltir. Bilişsel davranışçı terapilerde grup formatı kişinin performansına ilişkin geribildirimlerle zihinsel temsilleri değiştirmek için fırsat sağlayabilir, çünkü yapıcı olan olumlu sosyal etkileşim imkânı grup oturumlarında söz konusudur (Coles, Hart, Heimberg, 2001).

Bilişsel davranışçı grup terapisi, bilişsel duygusal ve davranışsal kısır döngüsünü iki temel teknikle kırmayı amaçlar. Bunlardan biri korkulan duruma maruz kalma, diğeri ise bilişsel yeniden yapılandırmadır. Bu teknikler bireyin kaçınma ve güvenli davranış kalıplarının üstesinden gelmesine, olumsuz bilişleri yüklenmeden kişinin kaçındığı durumlardaki davranışlarının kalitesini geliştirmesine, kişinin kendisine ilişkin zihinsel temsili, diğerlerinin algıladıkları şekilde düzenlemesine, sosyal durumlarda kişinin kendisine ve var olan olumsuz yargılarına alternatif düşünceler oluşturmasına olanak sağlar.

Maruz Kalma Alıştırmaları

Kaygıya bağlı olarak gelişen kaçınma davranışı ve diğer problem davranışların kontrolünü sağlamak amacıyla maruz kalma teknikleri kullanılır. Maruz kalma, sosyal kaygıya yönelik sağaltımlarda anahtar bileşen olarak kabul edilir (Albano, Detweiler ve Longsdon-Conradsen, 1999). Başarılı maruz kalma deneyimlerinde, kaygı yaratan durumlara ilişkin yanlış işleyen süreçlerin değerlendirilmesi gibi tekniklerle, kaygı yaratan durumlarla ilgili çocuğun öz yeterliliğinin yükseltilmesi için çalışılır.

Maruz kalma alıştırmaları genellikle, somatik kontrol alıştırmaları, bilişsel terapi ve sosyal beceri eğitimi ile birleştirilerek kullanılır. Bu sağaltım yaklaşımının genel amacı, gencin kaygıyla ilgili psikosomatik ve bilişsel kontrol ile sosyal becerileri kullanmasını ve başkaları tarafından değerlendirilmeye açık farklı sosyal ortamlarda daha az kaygı yaşamasını sağlamaktır. Gencin, sosyal kaçınma davranışının uyumsuz bir tepki olduğunu anlaması, benzer uyumsuz tepkilerin uyum sağlayıcı davranışlarla değiştirilmesi hedeflenir.

Maruz kalma alıştırmaları genellikle psiko-eğitim ile başlar, kaygı/kaçınma hiyerarşisi oluşturulur veya sosyal durumlar en az kaygı yaratandan en çok kaygı yaratana doğru sıralanır (Silverman ve Kurtines,

1996). Maruz kalma düşünsel olarak başlar ve terapistin sözel olarak ifade ettiği sosyal durum sahnelenir. Grup ortamında sahnelenen olayla çalışılır ve hafiften ağır kaygı yaratan durumlar, gerçek yaşam içinde maruz kalma alıştırmaları yoluyla deneyimlenir (Kearney ve Albano, 2000; Akt. Kearney 2005). Gerçek yaşamdaki maruz kalma alıştırmaları, çocuğun kaygı yaratan durumlar hiyerarşisine dayanır ve uyum sağlayıcı davranışların gerçek yaşamda korku ve kaygı yaratan durumlarda sergilenerek deneyim kazanılmasına çalışılır (Beidel, Turner ve Morris, 2000).

Bilişsel davranışçı terapilerin birçoğunda, maruz kalma, temel bileşenlerin biri olarak bulunur. Maruz kalma tekniklerinin etkisinin daha fazla olması için danışanın korkulan durumu aynen yaşaması önemlidir. Tüm dikkatini duruma vermesi ve bu durumu sonuna kadar deneyimlemesi, kaygı yaratan durumdan kaçmak yerine o kaygıyı sonuna kadar yaşaması önemlidir (Foa ve Kozak 1986). Son verilere bakıldığında kişinin korkulan duruma odaklanmasını sağlayan yönlendirmelerin, maruz kalma tekniklerinin etkililiğini arttırdığını ortaya koymaktadır (Wells ve Papageorgiou 1998).

Bilişsel Yeniden Yapılandırma

Pek çok deneysel araştırma, kişinin korkulan duruma ilişkin düşüncelerini ve onların altında yatan inançlarını incelemesinin önemine vurgu yapmaktadır. Sosyal kaygıya ilişkin son modeller (Clark ve Wells 1995; Rapee ve Heimberg 1997) sosyal durumlar tarafından sunulan potansiyel tehlikelerle ilgili yanlış inançlara, bu durumların sonuçlarına ilişkin olumsuz varsayımlara ve sosyal durumları algılayıştaki önyargılar üzerine vurgu yapar. Bilişsel yeniden yapılandırma tekniği; bireylere kaygı yaratan durumdan önceki, kaygı yaratan durum esnasındaki ve kaygı yaratan durum sonrasındaki düşünceleri fark edebilme, düşüncelerin geçerliliğini değerlendirebilme, edinilen bilgilere göre alternatif mantıklı düşünceleri kullanabilme gibi basamaklardan oluşur. Bilişsel yeniden yapılandırma teknikleri maruz kalma bileşenini kapsar, ancak burada maruz kalmanın odağı kişinin korkulan duruma maruz kaldığında oluşabilecek riskin derecesi ile ilgili yargılarını yenilemesine fırsat verecek bilgilerin edinilmesine ilişkindir (Heimberg, 2002).

Sosyal Beceri ve Atılganlık Eğitimleri

Sosyal kaygısı olan çocuk ve gençlerle çalışılırken sık kullanılan bir başka teknik, sosyal beceri eğitimidir. Bu teknik gençlere çeşitli sosyal durumlarda sergiledikleri yanlışları gösterme ve içinde bulundukları duruma daha uygun davranabilmeleri konusundaki eğitimi kapsar (Kearney, 2005).

Sosyal kaygı bozukluğu olan bireylere sosyal beceri eğitimi verme, bu kişilerin davranışsal eksiklikleri olduğu (göz kontağı kurmada güçlük, zayıf sohbet becerileri) ve bu eksiklikleri nedeniyle diğer bireylerden olumsuz tepkiler aldıkları, bunun sonucunda da sosyal etkileşimlerin birey için cezalandırıcı ve sosyal kaygının ortaya çıkmasını tetikleyebileceği fikrinden hareketle ortaya çıkmıştır (Heimberg, 2002).

Sosyal beceri eğitimi programlarında yer alan konular genellikle, kendini tanıtabilme, sohbet başlatabilme ve sohbeti sürdürebilme, uygun problem çözme yöntemlerini çalışma, kaygı oluşturan durumlarla başa çıkabilme, yazılı ve sözlü sunumlar yapabilme, duyguları uygun biçimde ifade edebilme, başkaları ile etkin biçimde işbirliği içinde bulunma becerisine ilaveten atılganlık eğitimi olarak bilinen önemli sosyal davranışları sergileyebilmeyi kapsar (örneğin, adres sorma, ev ödevi hakkında bilgi isteme, atılgan davranış gösterebilme, veya başkalarını istenmeyen davranışı konusunda uyarabilme) (Emmelkamp ve Scholing, 1997).

Sosyal beceri eğitiminin kaygıyı azaltmaya yönelik faydası genellikle bilişsel süreçlerin işe dahil edilmesiyle kendini gösterir. Korkulan sosyal durumların tekrarının gerçekleşmesi, korkulan durumla bireyin karşılaşma sahnesinin yaşanması, kişinin davranışı hakkında olumlu geribildirim verilmesi gibi bilişsel teknikler sürece dahil edilir. Sosyal beceri eğitimi, bilişsel yeniden yapılandırma ve maruz kalma gibi başka tekniklerle de kolaylıkla birleştirilebilir (Heimberg, 2002).

Sosyal beceri ve atılganlık eğitimi metotları; model olma ve rol oyunu süreçleri, önemli sosyal davranışların provasını sağlar, sosyal ve performans becerilerini geliştirebilecek geribildirim sağlar, gerçek yaşantısal durumlar sergilenerek bunlar üzerinde çalışma imkânı tanır (Cartledge ve Milburn, 1995).

Bu profesyonel müdahalelerin yanı sıra ebeveynin de çeşitli ortamsal koşulları ayarlayarak sosyal kaygının oluşmamasına veya azalmasına katkıları olabilir. Çocuğun sosyal kaygısını azaltmak, onun sosyal ortamlarda daha girişken, kendinden emin, özgüveni yüksek ve kararlı bir birey olarak yer alabilmesi için ebeveynin dikkat edebileceği hususlar aşağıda özetlenmiştir.

Ebeveynin Model Olması

Çocukluk öğrenmelerinin çok büyük bir kısmı, çocuğun çevresindeki yetişkinlerin, özellikle anne-babasının davranışlarını gözlemlemesi sonucu oluşur. Çocuk çok iyi bir taklit ustasıdır. Duyduğu bir kelime, gördüğü bir el hareketi, bir gülüş biçimini kaydeden çocuk, bunları kullanmak için uygun ortamı bekler ve tıpkı bir yetişkin gibi jest ve mimiklerde bulunup kelimeler sarf edebilir. Çocukluğun ilk yılları çocuğun öğrenme kapasitesi bakımından bir süngere benzetilir. Çocuk çevresinde görüp duyduğu her şeyi âdeta sünger gibi emer. Anne ve baba çocukla hem daha fazla bir arada olduklarından hem de çocuğun hayatındaki en önemli yetişkinler olduklarından, onların tavır ve hareketleri, konuşma biçimleri çocukları tarafından çok daha fazla taklit edilir. Her ebeveyn çocuğuna yemekten önce elini yıka, yalan söyleme, arkadaşlarınla iyi geçin gibi yönlendirmeler yapar. Ama annesinin yemekten önce elini yıkamadığını gören, onun söylediği yalana şahitlik eden veya huzursuz ve kavga dolu bir ev ortamında yaşayan bir çocuk için sözle yaptığımız uyarıların hiçbir önemi kalmayacaktır. Önemli olan, çocuğunuzun nasıl davranmasını istiyorsanız ona davranışlarınızla örnek olmanızdır. Çünkü yaşantılar sözlerden çok daha somut ve gerçektir.

Bu durumu utangaçlık, çekingenlik gibi kişilik özellikleri ve sosyal kaygı gibi duygusal durumlarda da sıklıkla görürüz. Çocuğuna, hakkını araması, sınıfta parmak kaldırması, başka çocuklarla tanışıp arkadaşlık etmesi veya gördüğü turistle pratik yapıp yabancı dilini geliştirmesi konusunda baskı yapan ebeveynlerin davranışlarına dikkat ettiğimizde aslında çok benzer çekingenlikleri kendilerinin de yaşadığını gözlemleyebiliriz. Anne-babası sosyal ilişkilerinde çok rahat çocuklar da rahat sosyal ilişkiler kurma konusunda deneyim kazanır. Sosyal beceriler de gözlem ve taklit yoluyla gelişim gösterir. Bu nedenle çocuğunun çekingen tavırları ile ilgili sıkıntı yaşayan ebeveynlerin bu konuda önce kendilerine ilişkin farkındalık kazanmaları, sonra da çocuklarına davranışlarıyla model olmaları son derece önemlidir.

Ebeveyn Tutumları

Anne-babaların çocuklarına yönelik tavır ve davranışları son derece geniş bir yelpazede farklılıklar göstermektedir. Anne-babanın aşırı koruması, çocuğa gereğinden fazla kontrol ve özen göstermesidir (Yavuzer, 1997). Anne-babanın yapamaz, beceremez veya bilemez gibi kaygılarla çocuğun yapması gereken işleri onun yerine yapması, çocuklarını kendilerine bağımlı hale getirirler. Hayatını sürdürmek için pek çok deneyimden yoksun kalan bu çocuklar, bağımsız, kendi ayakları üzerinde duran, kendine güven duyan bireyler olma şansını da yitirirler. Anne-babanın fazla baskıcı tutumu da çocuk üzerinde olumsuz etkilenmelere neden olabilir. Fazla kısıtlanan, sıkı kurallara ve "çocuklar lafa karışmaz, sen sus" sözlerine maruz kalan çocuklar da çekingen, başkalarının etkisinde kolay kalabilen, aşırı hassas bir kişilik yapısına sahip olabilir (Yavuzer, 1997). Yine anne-babanın çocuğunu olası kötülüklerden korumak adına, insanlara güvenmemesi gerektiği konusundaki telkinleri de çocuğun sosyal ortamlardan kaçınmasına neden olabilmektedir. Kendi ayakları üzerinde durabilen, özgüveni yüksek, kendini ifade edebilen, sosyal becerileri gelişmiş bir çocuk, annesi-babası tarafından koşulsuz kabul gören, kendisine değerli olduğu hissettirilen, söz hakkı tanınan aile ortamlarında yetişir. Bu ortam kuralların olmadığı, her şeyin serbest olduğu bir ortam anlamına gelmez elbette. Demokratik tutum olarak adlandırabileceğimiz böyle bir ortamda da kurallar vardır, ancak çocuk kuralların anlamı konusunda bilgilendirilir ve nedeni açıklanır. Aileyi ilgilendiren bir kararda çocuk da fikrini dile getirir. Ailenin en önemli psikolojik işlevlerinden biri de sevgi ve şefkat ortamını sağlamasıdır. Böyle bir ortamda yetişen çocuk ben önemliyim, değerliyim duygusunu geliştirir. Böylece özgüveni yüksek, kendinden emin bir birey olarak yetişmesi için gerekli ortam hazırlanmış olur.

Ailenin Sosyal Çevresi

Ailenin sosyalleşme düzeyi ile çocuğun sosyalleşme düzeyi de birbiriyle ilişkilidir. Ailenin toplumsal açıdan izole yaşadığı ortamlarda çocuk da gerekli sosyal becerileri kazanma konusunda zorluk yaşar ve sosyalleşme için yeterli deneyim yaşayamaz. Ailenin sosyal çevresinin geniş olması, eve misafir davet etmek, misafirliğe gitmek, tiyatro, sinema, konserlere katılmak, bir restoranda yemek yemek çocuğun sosyal yaşantılarını arttıracak, ortama uygun sosyal becerilerin gelişmesinde etkili olacaktır. Anne-babanın çocuğu sosyal ortamlara katılma konusunda motive etmesi de son derece önemlidir. Ailenin başkalarının düşüncelerine fazla önem vermesi, "Konu komşu ne der?... Ayıplar bizi!" şeklindeki düşüncenin çok ön planda olması da başkaları tarafından değerlendirilme kaygısının gelişmesine yol açar.

Sosyal kaygı, bireyin çeşitli sosyal ortamlarda sıkıntı yaşamasıyla kendini gösterir. Sıkıntıya neden olan ortamsal özellikler kişiden kişiye farklılıklar göstermekle birlikte, genellikle, çekingenlik, başkaları tarafından olumsuz değerlendirme korkusu yaygın olarak mevcuttur. Sosyal kaygının genetik faktörlerle ilişkili olduğu bilinmekle birlikte, sosyal çevre de, özellikle aile ortamı ile anne-baba tutum ve davranışları, çocuklarda ortaya çıkan sosyal kaygının nedenleri arasında sayılabilir. Ebeveynin kaçınma ve kaygı konusunda olumsuz model oluşturması, çocuğa karşı aşırı koruyucu tutum sergilemesi, ailenin sosyalleşme deneyimlerinin az olması, ebeveynin çocuğa sevgi, şefkat göstermemesi, aile içinde çocuğun fikirlerine değer verilmemesi çocuğun kendine ilişkin algısını olumsuz etkiler ve sosyal kaygıya neden olabilir.

Bu nedenle bebeklikten itibaren sevgi şefkat ortamında yetişen, kendisine değer verildiğini hisseden, aile içinde düşünceleri ve duyguları önemsenen, bağımsız hareket etmesi desteklenen, farklı sosyal ortamlara katılması için motive edilen çocuklar daha az sosyal kaygı yaşarlar.

KAYNAKLAR

Albano, A.M., Chorpita, B.F. ve Barlow, D.H. (2003). Childhood anxiety disorders. E.J. Mash ve R.A. Barkley (ed.), *Child psychopathology* (sf. 279-329). New York: Guilford.

Albano, A.M., Detweiler, M.F., Longsdon-Conradsen, S. (1999). Cognitive-behavioral interventions with socially phobic children. S.W. Russ ve T.H. Ollendick (ed.), *Handbook of psychotherapies with children and families* (sf. 255-280). New York: Kluwer Academic/Plenum.

Albano, A.M., Di Bartolo, P.M., Heimberg, R.G., Barlow, D.H. (1995). Children and Adolescents: Assessment and treatment. R.G. Heimberg, M.R. Liebowitz,

D. A., Hope, ve F. R. Schneier (ed), Social phobia: Diagnosis, assessment and treatment (sf. 387-425). New York: The Guilford Press.

Antony, M. M., Swinson, R. P. (2000). *The Shyness and Social Anxiety Workbook*. Oakland, New Harbinger.

Aspendorf, J. B. (1987). Videotape reconstruction of emotions and cognitions related to shyness. *Journal of Personality and Social Psychology, 53*, 542-549.

Barrett, P. M., Dadds, M. R., ve Rapee, R. M. (1996). Family treatment of childhood anxiety: A controlled trial. *Journal of consulting and clinical psychology, 64*, 333-342.

Beidel, D. C., Turner, S. M. ve Morris, T. L. (1999). Pscychopathology of childhood social phobia. *Journal of the american academy of child and adolescent psychiatry, 38*, 643-650.

Beidel, D. C., Turner, S. M. ve Morris, T. L. (2000). Behavioral treatment of childhood social phobia. *Journal of counsulting and clinical psychology, 68*, 1072-1080.

Birmaher, B., Ollendick, T. H. (2004). Childhood-onset panic disorder. T. H. Ollendick ve J. S. March (ed), *Phobic and anxiety disorders in children and adolescents: A clinician's guide to effective psychosocial and pharmacological interventions* (sf. 306-333). New York: Oxford University Press.

Bogels, S. M., Van Oosten, A., Muris, P. ve Smulders, D. (2001). Familial correlates of social anxiety in children and adolescents. *Behaviour research and therapy, 39*, 273-387.

Bond, F. W., Dryden, W. (2002). *Handbook of brief cognitive behaviour therapy*. New York: Wiley.

Bruch, M. A., Heimberg, R. G., Berger, P. ve Collins, T. M. (1989). Social Phobia and perceptions of early parental and personal characteristics. *Anxiety research, 2*, 57-65.

Buss, A. H. (1980). *Self-consciousness and social anxiety*. San Franscisco: Freeman

Caster, J. B., Inderbitzen, H. M., Hope, D. (1999). Relationship between youth and parent perceptions of family environment and social anxiety. *Journal of anxiety disorders*, 13, 237-251.

Cartledge, G., Milburn, J.F. (1995). *Teaching social skills to children and youth: Innovative approaches*. Boston:, MA: Allyn and Bacon.

Cheek, J. M., Carpentieri, A. M., Smith, T. G., Rierdan, J. ve Koff, E. (1986) .Adolescent shyness. W. H. Jones, J. M. Cheek, ve S. R. Briggs (ed.), *Shyness: Perspectives on research and treatment* (pp. 105-115). New York: Plenum.

Clark, D., Wells, A. (1995). A cognitive model of social phobia. Heimberg, R. G., Liebowitz, M. R., Hope, D. A., ve Schbeier, F. R. (ed.), *Social Phobia: Diagnosis, Assessment, and Treatment* (sf. 69-93). New York: Guilford.

Cohn D., Patterson, C., ve Christopoulus, C. (1991). The family and children's peer relations. *Journal of social and personal relationships*, 8, 315- 346.

Cohn, D.A. (1990). Child – mother attachment of six year olds and social copmpetence at school. *Child development*, 61, 152-162.

Cohn, J., ve Tronick, E.Z. (1989). Specificity of infants' response to mothers' affective behavior. *Journal of the American Academy of Child and Adolescent Psychiatry*.

Coplan, R.J., Gavinski-Molina, M.H., Lagace-Seguin, D.G. ve Wichmann, C. (2001). When girls versus boys play alone: Nonsocial play and adjustment in kindergarden. *Developmental Psychology*, 37(4), 464 – 474.

Dadds, M.R., Barrett, P.M., Rapee, R.M. ve Ryan, S. (1996). Family process and child anxiety and agression: An observational analysis. *Journal of abnormal child psychology*, 24, 715-734.

Dadds, M.R., Heard, P.M. ve Rapee, R.M. (1992). The role of family intervention in the treatment of child anxiety disorders. Some preliminary findings. *Behavior Change*, 9, 171-177.

Dekovic, M., ve Janssens, J. (1992). Parents' child-rearing style and child's sociometric status. *Developmental Psychology*, 28, 925-932.

Delprato, D.J. ve McGlynn, F.D. (1984). Behavioral theories of anxiety disorders. S.M. Turner (ed), *Behavioral treatment of anxiety disorders* (pp. 63-122). New York: Plenum.

Demir, T. (1997). Çocuk ve Ergenlerde Sosyal Fobi: Epidemiyolojik Bir Çalışma. Yayınlanmamış Doktora Tezi, İstanbul Üniversitesi İstanbul Tıp Fakültesi.

Dishion, T. (1990). The family ecology of boys's peer relations in middle childhood. *Child Development*, 61, 874-892.

Dumas, J.E., LaFreniere, P.J. ve Serketich, W.J. (1995). "Balance of power": A transactional analysis of control in mother-child dyads involving socially competent, aggressive, and anxious children. *Journal of Abnormal Psychology*, 104, 104-113.

Eley, T.C. (2001). Contributions of behavioral genetics research: Quantifying genetic, shared environmental and nonshared environmental influences. M.W. Vasey ve M.R Dadds (ed.), *The developmental psychopathology of anxiety* (pp. 45-59). New York: Oxford University Press.

Eisen, A.R., Kearney, C.A. (1995). *Practitioner's guide to treating fear and anxiety in children and adolescents: A cognitive-behavioral approach*. Northvale, NJ: Jason Aronson.

Emmelkamp, P.M.G. ve Scholing, A. (1997). Behavioral treatment strategies for panic disorder, social phobia, and obsessive-compulsive disorder. J.A. denBoer (ed.), *Clinical management of anxiety* (sf. 79-108). New York: Dekker.

Engfer, A. (1993). Antecedents and consequences of shyness in boys and girls:A 6-year longitudinal study. K.H. Rubin ve J. Aspendorf (ed.), *Social withdrawal, inhibition, and shyness in childhood* (pp. 49-79). New Jersey: Erlbaum.

Erkan, Z. (2002a). "Sosyal Kaygı Düzeyleri Yüksek ve Düşük ergenlerin Ana-baba Tutumlarına İlişkin Nitel Bir Çalışma". *Çukurova Üniversitesi Sosyal Bilimler Enstitüsü Dergisi*, 10, 120-133.

Erkan, Z. (2002b). "Ergenlerin sosyal kaygı düzeyleri, ana-baba tutumları ve ailede görülen risk faktörleri üzerine bir çalışma", Yayınlanmamış Doktora Tezi, Çukurova Üniversitesi Sosyal Bilimler Enstitüsü.

Foa, E. B., Kozak, M. J. (1986). Emotional precessing of fear: Exposure to cognitive information. *Psychological Bulletin*, 99, 20-35.

Friedberg, R. D., McClure, J.M. (2002). *Clinical practice of cognitive therapy with children and adolescents:The nuts and bolts*. New York: Guilford.

Gazelle, H., Ladd, G. W. (2003). Anxious solitude and peer exclusion: A diathesis-stress model of internalizing trajectories in childhood. *Child Development*, 74(1), 257-278.

Ginsburg, G. S., Walkup, J.T. (2004). Specific phobia. In T. H. Ollendick ve J. S. March (ed.), *Phobic and anxiety disorders in children and adolescents: A clinician's guide to effective psychosocial and pharmacological interventions* (pp.175- 197). New York: Oxford University Press.

Handerson, L., Zimbardo, P. G. (2001). Shyness as a Clinical Condition: The Stanford Model. W. R. Crozier ve L. E. Alden (ed.) *International Handbook Of Social Anxiety*. New York: Wiley.

Hart, C. H., Ladd, G. W. ve Burleson, B. R. (1990). Children's expectations of the outcomes of social strategies: Relations with socimetric status and maternal disciplinary styles. *Child Development*, 61, 127-137.

Heimberg, R. G. (2002). Cognitive-behavioral therapy for social anxiety disorder: Current. status and future directions. *Biological Psychiatry*, 51, 101–108.

Heimberg, R. G., Becker, R. E. (2002). *Cognitive behavioral group therapy for social phobia*. New York: The Guilford Press.

Hillard, E. B. (2005). *Living Fully with Shyness and Social Anxiety*. New York: Marlow.

Homel, R., Burns, A. ve Goodnow, J. (1987). Parental social networks and child development. *Journal of Social and Personal Relatipnships*, 4, 159-177.

Jacobson, J. L., Wille, D. E. (1986). The influence of attachment pattern on developmental changes in peer interaction from the toddler to the preschool period. *Child Development*, 57, 338-347.

Kashdan, T. B., Herbert, J. D. (2001). Social anxiety disorder in childhood and adolescence: Current status and future directions. *Clinical Child and Family Psychology Review*, 4, 37-61.

Kearney, C. A. (2005). *Social Anxiety and Social Phobia in Youth*. New York: Springer.

Kertner, D. (1995). Signs of appeasement: Evidence for the distinct displays of embarrassment, amusement and shame. *Journal of Personality and Social Psychology*, 68, 441- 454.

Ladd, G.W., Golter, B.S. (1988). Parent's management of prescholers' peer relations: Is it related to children's social competence? *Developmental Psychology*, 24, 109-117.

Lazarus, P.J. (1982). Incidence of shyness in elementary school age childeren. *Psychological Reports*, 51, 904-906.

Leary, M.R., Kowalski, R.M. (1995). *Social Anxiety*. Newyork: Guilford Press.

Leary, M.R. (1983). *Understanding social anxiety: Social, persanality and clinical perspectives*. Beverly Hills, Ca: Sage.

Liebermann, A. (1977). Prescholers' competence with a peer: Relations with attachment and peer experience. *Child Development*, 48, 1277-1287.

Masia, C.L., Morris, T.L. (1998). Parental factors associated with social anxiety: Methodolohical limitations and suggestions for ıntegrated behavioral research. *Clinical Psychology: Science and Practice*, 5, 211-228.

March, J.S., Ollendick, T.H. (2004). Integrated psycosocial and phamacological treatment. T.H. Ollendick ve J.S. March (Ed.), *Phobic and anxiety disorders in children and adolescents: A clinician's guide to effective pschosocial and pharmacological interventions*. (pp.141-172). New York: Oxford University Press.

McNeil, D.W., Lejuez, C.W. ve Sorrell, J.T. (2001). Behavioral theories of social anxiety and social phobia: Contributions of basic behavioral principles. S.G. Hofmann ve P.M. DiBartolo (ed.), *From social anxiety to social phobia: Multiple perspectives* (pp. 235-253). Needham Heights, MA: Allyn and Bacon.

Melfsen, S., Osterlow, J. ve Florin, I. (2000). Deliberate emotional expressions of socially anxious children and their mothers. *Journal of Anxiety Disorders*, 14, 249-261.

Mills, R.S.L., Rubin, Kenneth, H. (1988). Parental beliefs about problematic social behaviors in early childhood. *Child Development*, Vol. 61, 138-151.

Miller, R.S. (1995). On the nature of embarrassability: Shyness, social skill, and social-evaluation. *Journal of Personality*, 63, 315-339.

Ollendick, T.H., Cerny, J.A. (1981). *Clinical behavior therapy with children*. New York: Plenum.

Ost, L.G., Hughdahl, K. (1981). Acquisition of phobias and anxiety response patterns in clinical patients. *Behaviour Research and Therapy*, 16, 439-447.

Putallaz, M., Wasserman, A. (1989). Children's naturalistic entry behaviors and sociometric status: A developmental perspective. *Developmental Psychology*, 25, 297-305.

Putallaz, M. (1987). Maternal behavior and children's sociomteric status. *Child Development*, 58, 324-340.

Rachman, S. (1977). The conditioning theory of fear acquisition: A critical examination. *Behaviour Research and Therapy*, 15, 375-387.

Rapee, R.M. (1995). Descriptive Pschopathology of social phobia. Heimberg R.G., Lieboewitz, M.R., Hope, D.A., Schneier, F.R., (ed.), *Social Phobia. Diagnosis, Assesment and Treatment*. (41-66). New York: The Guilford Press.

Rapee, R.M. (1997). Potential role of childrearing practices in the development of anxiety and depression. *Clinical Psychology Review*, 17, 47-67.

Rapee, R.M., Heimberg, R.G. (1997). A cognitive-behavioral model of anxiety in social phobia. *Behavior research and therapy*, 35, 741-756.

Rubin, K.H., Aspendorpf, J. (1993). *Social withdrawal, inhibition and shyness in childhood*. Hillsdale, NJ: Erlbaum.

Russell, A., Finnie, V. (1990). Preschool children's social status and maternal instructions to assist group entry. *Developmental Psychology*, 26, 603-611.

Silverman, W.K., Kurtines, W.M. (1996). *Anxiety and phobic disorders: A pragmatic approach. New York: Plenum.*

Sroufe, L.A. (1983). Individual patterns of adaptation from infancy to preschool. M. Perlmutter (ed.), *Minnesota symposium on child psychology: Vol. 16: Development and policy concerning children with special needs* (pp. 41-81). Hillsdale, NJ: Erlbaum.

Sroufe, L.A., Fleeson, J. (1986). Attachment and the contructionsof relationship. W. Hartup ve Z. Rubin (ed.), *The nature and development of relationships*. Hillsdale, NJ: Erlbaum.

Yavuzer, H. (1977). *Çocuk Psikolojisi*, İstanbul: Remzi Kitabevi.

Wells, A., Papageorgiou, C. (1998) Social Phobia: effects of external attention on anxiety, negative beliefs and perspective taking. *Behavior therapy*, *29*, 357-370.

Zahn-Waxler, C., Radke-Yarrow, M., King, R.A. (1979). Child rearing and children's prosocial initiations toward victims of distress. *Child Development*, 50, 319-330.

Zimbardo, P.G., Radl, S.L. (1981). *The shy child*. New York: McGraw-Hill.

Doç. Dr. Timuçin Oral
(İstanbul Ticaret Üniversitesi Psikoloji Bölümü Öğretim Üyesi)

Kimlik Bocalamasından, Şizofreniye: Neden Her Şey Ergenlikte Ortaya Çıkar?

Bu çağın uyumsuzluğu
sağlık belirtisi sayılmalıdır
Anna Freud

Bir yandan Anna Freud'un veciz biçimde tanımladığı şekliyle, hiç de şaşırtıcı olmayan sıkıntıları, diğer yanda, önemli ruhsal rahatsızlıkların başlangıç evresi olması özelliğiyle, ergenlik dönemi gelişim dönemleri içinde ayrı bir önem taşır. Bu dönemde görülen ruhsal rahatsızlıkları üç grupta değerlendirmek mümkündür: Çocuklukta başlayan bazı uyum ya da gelişim bozukluklarının ergenlikteki görünümleri, doğrudan ergenlik döneminde ortaya çıkan ve ergenlik dönemine özgü sorunlar ve erişkin dönemde görülen ruhsal rahatsızlıkların erken dönem veya başlangıç belirtileri. Bu bölümde ilk iki gruptan çok kısaca söz edilse de, en çok üçüncüsü üzerinde durulmuş ve önemli bazı rahatsızlıkların bu dönemde başlama nedenleri ele alınmıştır.

Çocukluğun sonu ve erişkinliğin başlangıcı arasında, bir ya da iki yıllık bir dönem vardır. En hızlı büyüme ve gelişim dönemi bu aralıkta olur. Bu dönemde kız çocukları daha kısa ve hafif olmalarına karşın, birden büyüme atağına girer ve erkek çocuklarını geçerler. Kızlarda 10-12 yaşları arasında başlayan büyüme 17-18 yaşlarına kadar sürer. Erkek çocuklarda ise ortalama 14 yaşında (10-16 arası) başlayan büyüme 18-20 yaşları arasına kadar yavaşlayarak sürer. Elbette bedensel büyümeye zihinsel gelişim de eşlik etmektedir. Bu dönem gençler bedensel özelliklerini benimsemek, cinsel-toplumsal bir rol geliştirmek, kişilerarası ilişkilerini olgunlaştırmak, duygusal bağımsızlığını gerçekleştirmek, mesleğe ve aile yaşamına hazırlanmak, toplumsal açıdan sorumlu davranış geliştirmek gibi ödevler yüklenirler. Bunları yaparken de bir davranış rehberi oluşturacak değerler geliştirmek durumundadırlar. Bireyler, yaşamlarının hiçbir döneminde bu dönemde olduğu kadar kendilerine odaklanmazlar; öte yandan, yaşamın pek çok alanında karar vermek ve kendi kendilerini yönetmek durumunda kalırlar. Günümüzün kentli yaşamında bu dönemi; yirmili yaşların başında evlenmek ve ana-baba olmak gibi rollerle belirlenen "yetişkinliğe" geçmek yerine, bu geçişleri en az yirmili yaşların sonuna kadar erteleyen ve bu dönemi kendini keşfetmekle ve aşk, iş ve dünya görüşü gibi kimlik konularında farklı olanakları denemekle geçirdikleri bir genç erişkinlik dönemi izlemektedir. Yani, çocukluk ve ergenlik sonrası yetişkinliğe kadar, "beliren yetişkinlik" adı verilen yeni bir dönem oluşmuş görünmektedir. Beliren yetişkinliğin yalnızca, yetişkin rol ve sorumluluklarını yirmili yaşların sonuna kadar ertelenmesine izin verilen kültürlerde görüldüğü ileri sürülmektedir. Bu nedenle evlenme yaşının yüksek olduğu, çeşitli seçeneklerin var olduğu, liseden sonra eğitime ve lisansüstü eğitime devam eden kişilerin çokça olduğu çevrelerde görülmektedir. Ülkemizde bu dönem 19-26 yaş arasında yaşanıyor görünmektedir ve bu kişiler yetişkinliğe ulaşma ölçütü olarak, en çok "kendi sorumluluğunu almak ve bağımsız kararlar verebilmek" ölçütlerine önem vermektedirler.

Gençler bencil ve maddeci düşünmekle birlikte, aynı zamanda çeşitli ülkülerle de doludurlar. Genellikle duyguları iyimserlik ve kötümserlik arasında gidip gelir ve aniden ilkel dürtüsel davranışlara da girebilirler. On dört yaş sonrası, yirmili yaşların başlarına kadar olan gençlik grubunun dörtte biri bu dönemi fırtınalı geçirir. Hızlı büyüme, cinsel dürtü artışı, benliğin henüz tam olgunlaşmamış olması, toplumsal yerin henüz kesinleşmemesi ve aileye bağımlılığın sürmesi gibi etkenler de kuşkusuz bu fırtınanın hazırlayıcılarıdır. Ergenlik, bireyin yetişkine özgü ayrıcalıklarının kendisine tanınmadığını hissettiğinde başlayan ve yetişkinin tüm gücü ve konumu toplum tarafından kendisine verildiği zaman sona eren bir gelişim evresidir. Bu nedenle ergenliği, bir tür potansiyel stres dönemi olarak da düşünebiliriz. Kişinin özdeğerlik duygusunun düşük ya da yüksek olmasının ergenlikteki önemi de kimliğin gelişimi ve kendilik duygusunun kazanılması açısından büyük önem taşır. Kimlik duygusu sağlıklı bir biçimde gelişmezse kimlik bocalaması ve bunun daha sonra yol açabileceği bazı geçici psikotik durumlar dahi ortaya çıkabilir. Bu anlamda, ergenlikte görülen davranış bozuklukları, aslında, özdeğerlik duygusundaki düşüşe karşı tepki olarak ortaya çıkan tutumlar olarak tarif edilir. Gençlerin yaklaşık yarısında duygusal dalgalanmalar ve mutsuzluk hissi, dörtte birinde ise düşük benlik saygısı görülmesi bu nedenle şaşırtıcı değildir. Hatta, bu, biraz da beklenen bir durumdur. Nitekim, Türkçedeki "delikanlılık dönemi" tanımlaması bu açıdan çok yerinde bir gözleme işaret etmektedir. Öte yandan, ergenlikte ortaya çıkan tüm patolojilere "geçici" gözüyle bakmak da yanıltıcı olabilir. Ergenlik, birçok ciddi psikiyatrik bozukluğun ilk kez ortaya çıkma dönemi olduğu için ve hastalıkların başlangıç yaşı bu döneme rastladığı için, özellikle önem verilerek ve bu gözle de değerlendirilerek ele alınması gereken bir dönemdir. Kaygı bozuklukları, duygudurum bozuklukları, yeme bozuklukları, şizofreni ve diğer psikotik durumlar ile madde kullanım bozuklukları ergenlik döneminde ortaya çıkar. Kimliğin yerleşmekte olduğu, kişinin kendisi ve dünya ile ilgili her şeyi ve cinsel-sosyal-biyolojik her türlü kimliği sorguladığı bu dönemde, çeşitli davranış bozukluklarıyla başvuranların bir bölümünde, hastalık ya da bozukluktan çok, ergen kimlik bocalamasının bir parçası olarak rahatsızlıklar ortaya çıkar. Bir yandan bağımsız olmak isteyen, diğer yandan anne-babaya bağımlılığın etkisi altında kalan ergenin bocalamalarının nedeni ve şiddeti, genel olarak önceki dönemleri sağlıklı geçirip geçirmemiş olmasına, biyolojik alt yapısına, aile ve toplum tutumlarına göre değişebilir. Kimlik bunalımı ve kimlik bocalamasını ağır ruhsal hastalıklardan ayırt edebilmek için sabırla izlemek ve ergenin dünyasını tanımaya çalışmak gerekir. İnsan beyninin bu dönemde önemli bir gelişim evresinden geçmekte olduğu ve bütün bu ruhsal belirtilere ciddi biyolojik değişikliklerin eşlik ettiği de unutulmamalıdır.

Son 15-20 yılda beyin gelişimi ve işlevleri konusunda inanılmaz bilgi birikimi gerçekleşmiştir. Bu dönemde, görüntüleme yöntemlerindeki gelişmeler, çağlardan beri bilinen ergenlik döneminin yaşa özgü değişikliklerini görsel olarak da izleme şansı oluşturdu. Örneğin, artık, beyin kabuğundaki hücre çekirdeklerinin oluşturduğu, adına gri ya da boz madde denilen yapının çocukluk döneminde çok kalınlaştığını, ergenliğin hemen öncesinde en kalın seviyesine ulaştığını ve bu dönemde azaldığını biliyoruz. Üstelik bunun beynin kişilik ve kendinin farkında olma ile ilgili diyebileceğimiz ön ve yan (frontal ve parietal) bölümlerinde olurken, daha çok beden işlevlerini ilgilendiren alt ve iç bölümlerinde (temporal) böyle olmadığını da saptayabiliyoruz. Öte yandan beyin kabuğunun hemen alt kısmındaki beyaz ya da ak maddenin de kalınlaştığını ve değiştiğini görebiliyoruz. Bunun anlamı, bu hücrelerin miyelin kılıfı dediğimiz yapısının güçlenmesi, hücre uzantılarının çaplarındaki kalınlaşma, hücre işlevlerinin netleşmesi ve olgunlaşmasıdır. Bu da, bir anlamda karar alma ve ayırt etme gücünü kazanmak demektir. Bütün bu değişimi sırasında beynin yaşam boyu farklılaştığını, bedenin diğer organları kadar yoğun olmasa da, hücrelerin yenilendiğini, bazı hücrelerin ise işlevini kaybettikleri için budanma yoluyla atıldıklarını biliyoruz. Bu değişikliğin en yoğun ve en belirgin olduğu dönem ise ergenlik dönemidir; yukarda söz edilen gri madde azalmasının temel nedenlerinden birisi de budur. Bu dönemdeki değişikliklerin beyindeki en önemli izdüşümü, sinir hücrelerindeki, aslında yaşam boyu süren, budanmanın, ergenlik döneminin işlevsel değişikliklerine bağlı olarak, görece daha yoğun olmasıdır. Ergenlik döneminde, sinir yapısındaki bu değişiklikler sonucu, yüksek bilişsel işlevler, muhakeme ve kişilerarası etkileşim ile duygularımızın, risk alma davranışımızın, ödüllendirilme ve motivasyonumuzun da yönetimi sağlanır. Bu değişimde sorun yaşandığı ve yeterince başarılı olunamadığında, önemli bazı hastalık tablolarının ortaya çıkması hiç de sürpriz olmayacaktır. Budanma tamamlandığında, beyin daha hızlı ve etkin çalışacak, onarım sürerken de doğal olarak iyi işlev göremeyecektir. Burada asıl soru bu işlevsel değişikliklerin dönemsel mi, yoksa kalıcı bir rahatsızlığın yerleşik belirtisi mi olduğu gerçeğidir.

Gençlik döneminde başlayan şizofreni ve benzeri ağır, sürgit seyirli psikotik bozukluklar değerlendirilirken başlangıç tanısında esnek olunmalı ve tanının yarı yarıya değişebileceği unutulmamalıdır. Bazen bu bozukluk ağır bir anksiyete ile başlayabilir. Tutarsız konuşmalar, dürtü denetleme zorlukları, uygunsuz gülmeler ve tuhaf fantezilerin yoğunlukta olduğu düşünce bozuklukları veya öfke patlamaları görülebilir. Erişkinlerde psikotik tablolar dışında nadir olan bu belirtiler, ergenlikte diğer psikiyatrik tablolarla ve yukarda söz edilen kimlik bocalamaları ile karışabilmektedir. Psikoz, dar bir tanımlamayla, kişinin gerçeği değerlendirme yetisinin bozulması, düşünce bozukluğu göstermesi, sanrı ve varsanılarının olması demektir. Daha eskiden kullanılan geniş tanımıyla ise uzun vadede iyi huylu olmayan, kişide yeti yitimine yol açan sürgit ve yozlaştırıcı seyirli bir hastalığı anlatmaktadır. Günümüzde, psikoz bir hastalık adı olmaktan çok bir sendroma, yani belirtiler bütününe karşılık gelmektedir. Psikozun bir belirtiler toplamı olarak ortaya çıktığı zamanlarda hastalık seyri, endişe verici olsa da ve sanki şizofreni gibi önemli bir hastalığın ortaya çıktığını düşündürse de, kimi zaman gençlik döneminin olağan çalkantısı içinde bir geçişe ya da aşağıda söz edilecek "sınırda" durumlara bir örnek oluşturuyor olabilir.

Önceleri yaygın gelişimsel bozukluklar (otizm vb) ile psikotik bozukluklar ruhsal sınıflandırma metinlerinde aynı grupta ele alınıyordu. Bugün bunların tamamen ayrı ve ayırt edilebilir bozukluklar olduğu düşünülerek ayrı ayrı tanımlanmaktadırlar. Bu ikisi arasında geniş bir alan "sınırda" bozukluklar olarak ele alınır. Erişkin hastalarda iyi tanımlanmış bir bozukluğu anlatan "sınırda" (borderline) terimi, çocuk ve ergenlerde birçok değişik karşılık için kullanılır. Sınırda zihinsel işlevsellik, sınırda psikotik durumlar, "borderline sendrom" olarak adlandırmalarla karşılaşırız. Nitekim, borderline sendrom için belirtilen tanımlayıcı özellikler şizofreni ile karışabilir. Genç, düşüncede, gerçekliğin değerlendirilmesinde, duygudurum denetiminde ani gerilemeler, stresle dağılmaya varan aşırı duyarlılık, çocuksu haller, şiddetli ayrılık kaygısı ve kaygıyla başa çıkma zorlukları yaşar. Gelişiminde sınırlanma, fantezi dünyasında yaşama ve ilişkilerinin kopması yanında, bazen aşırı öfke ile denetim kaybı, ilişkilerinde arzu doyumunu esas alarak doyumu erteleme güçlükleri yaşaması gözlenebilir. Bütün bunlar gerçekten yeni başlayıp gelişmekte olan bir ciddi psikiyatrik rahatsızlığın habercisi olabileceği gibi, aslında gençlik dönemindeki zorluklarla başa çıkmanın göstergeleri de olabilirler. Yine de karıştırılmaları çok olasıdır ve ayırım için dikkatli bir psikiyatrik muayene gerekmektedir. Örneğin, Amerika'da Ulusal Ruh Sağlığı Enstitüsü'nün yürüttüğü bir çalışmada, hastalık ön tanısı ile yönlendirilen 1300 çocuktan yalnızca 64'üne şizofreni tanısı konulmuştur. Genel olarak, hastalık öncesi işlevselliğin düşük olması, psikotik belirtilerin uzun sürmesi, gidişin kötü olması ve ailede şizofreni öyküsünün varlığı şizofreni lehine kanıt oluşturmaktadır. Yine, Asperger hastalığındaki bazı belirtiler, şizofreni belirtilerini hatırlatırsa da, bu hastalıktaki işlevsellik daha iyi, gidiş daha istikrarlıdır. Belki de en çok dikkate alınması gereken farklılık seyirle ilgilidir ve erken başlayan diğer psikotik bozukluklara göre şizofreninin prognozunun daha olumsuz olmasıdır. Ayırıcı tanı yapılırken beynin yapısındaki bazı bozukluklara bağlı gelişmiş olan psikoz tabloları ve madde kullanım bozuklukları da akılda tutulmalıdır; genellikle bunların ayırt edilmeleri çok zor değildir. Şizofreni hastalarındaki sinir sistemi bozukluğunun, ya anne karnındaki gelişim sırasında ya da normal beyin gelişimi sırasında çevresel etmenler ve bağımsız genetik etmenlerin sonucunda oluştuğu düşünülür. Belirti sergilemeyen fakat risk altındaki kişilerde var olduğu düşünülen hastalık durumunun, çocukluk sırasında açıkça gözlenmediği ama bazı zihin işlevleri ile sosyal ve motor yeteneklerde bazı eksiklikleri içerdiği düşünülür. Şizofreni hastası olan yetişkin bireylerin çocukluk videoları izlendiğinde, sosyal etkileşim ve bazı gelişim işaretleri açısından bu çocukların diğerlerinden bazı farklılıklar gösterdikleri görülmüştür. Yani, geriye dönük yapılan bu değerlendirmeler sonucunda, çocukluk döneminde kimin şizofreni hastası olacağını öngöremesek de, yetişkin dönemde hastalık tanısı alan kişilerin çocukken bazı davranış farklılıkları gösterdiklerini biliyoruz. Hastalığın biyolojik temeli ile ilişkili bilgilerimiz bugün hâlâ çok yeterli değil; ancak, günümüzde şizofreninin bir beyin yapı ve işlev bozukluğu olduğuna ilişkin veriler hemen hiçbir kuşkuya yer bırakmayacak kadar açıktır. Dolayısıyla, şizofreni ciddiyetindeki psikiyatrik hastalıkların ergenlik döneminde başlaması, bu kişilerde büyük olasılıkla genetik biçimde var olan yatkınlığın olduğu ve ortaya çıkmak için yalnızca uygun koşulların oluşmasını beklediğini düşündürmektedir. Bu durumda yalnızca gençlik yaşantısının, ya da sadece ana-baba tutumunun ciddi ve ağır bir hastalık tablosunun ortaya çıkmasına neden olacağını iddia etmek olanaksızdır. Nitekim, buna ilişkin daha net kanıtları ülkemizi de pek çok kez ziyaret eden ünlü Amerikalı psikiyatrist Henry Nasrallah şu biçimde sıralamaktadır: Şizofreni hastalarının yaşam öykülerinde doğum öncesi, sonrası ve gebelikle ilişkili sorunlara daha sık rastlanır; beyin görüntüleme yöntemleri ile saptanan bazı yapısal anomaliler bulunur; beynin hücre mimarisinde saptanan bozukluk, merkezi sinir sisteminin gelişimi ile ilişkili olabilecek bir genetik programlama bozukluğunu akla getirir; yapılan çalışmalarda beyin ve sinir dokusunda hastalığın sonradan ortaya çıkması durumunda görülmesi beklenen tamir edici hücre yapısına rastlanmamaktadır ve yetişkin dönemde başlayan şizofreni tablolarında çocukluk dönemlerine ilişkin biyo-psiko-sosyal bozukluklar saptanır.

Burada dikkatle değerlendirilmesi gereken bir diğer bozukluk ise daha yaygın biçimde manik depresif hastalık adıyla bilinen ikiuçlu (bipolar) duygudurum bozukluğudur. Bu hastalığın çocukluk ve ergenlik döneminde görülen biçimi, yetişkinlerden farklı özelliklere sahip olduğu için zaman zaman yanlış tanı konulabilmektedir. Ergen başlangıçlı manide yanlış tanı konulmasının en önemli nedenlerinden biri psikotik özelliklerin varlığıdır. Hastalık, olguların üçte birinde ergenlik döneminde başlar. Mani tablosunda huzursuzluk, tartışmacılık, duygudurumun hızlı değişimleri, kızgınlık, saldırganlık, aşırı cinsel davranışlar ve aşırı büyüklenme ön plandadır. Bu sayılan belirtiler dikkatle ve yukarda yazılanlardan bağımsız olarak okunduğunda neredeyse ergenlik döneminin en önemli özellikleri gibi görünmektedir; bu nedenle de ergen kimlik bocalaması ile karışması doğaldır. Keza aynı karışıklık, bu dönemde risk almak konusunda daha fütursuz olan ve yenilik arama davranışı gösteren ergenin keyif verici maddeleri daha kolay kullanması durumu için de geçerlidir. Bir yandan, madde kullanımı ve bağımlılık davranışının en çok başladığı yaş ergenlik dönemi olduğu için, bunları hastalığın erken belirtileri olarak değerlendirmeli; öte yandan, kimlik bocalaması içindeki gencin her deneme davranışını ille de madde bağımlılığı kapsamında bir hastalık tablosu olarak görülmemelidir. Madde kullandığı düşünülen gencin, sadece bu alanda çalışan bir profesyonele yönlendirilerek davranışının olası sonuçları hakkında bilgilendirilmesi bile bazen yeterli olacaktır. Madde kullanımı için geçerli olan, davranışın durumsal ve sürekli olması arasındaki fark ve bunun hastalık belirtisi olarak değerlendirilip değerlendirilemeyeceği gerçeği, yeme bozuklukları için de aynı biçimde yinelenebilir. Gençlerin hemen yarısı, yaşları ve gelişimleri gereği beden görünümleri ya da kilolarıyla meşgul olmakta ve zaman zaman ciddi diyetler yapmaktadırlar. Ülkemizde yapılan bir çalışmada 15-17 yaş arası kızlar için bu oran %33.6, erkekler içinse %6.3 bulunmuştur. Kızların %43'ünün, erkeklerin de %18.3'ünün zayıf olmayı istedikleri bildirilmiştir. Bu durumu yine bu yaşlarda başlayan anoreksiya gibi yeme bozukluğu tablolarından ayırt etmek ve bunun geçici bir davranış kalıbı olabileceğini unutmamak gerekir. Döneme ilişkin kimlik ve beden algısı özelliklerinin yanı sıra, medya aracılığıyla ve reklamlar yoluyla verilen çekicilik mesajlarının rolü de mutlaka sosyolojik olarak değerlendirilmelidir. Örneğin, 20 yıl önce yapılan bir Amerikan Ulusal Yeme Bozuklukları Derneği çalışmasında bile, ortalama bir ergenin yılda 5,260 "çekicilik mesajına maruz" kaldığı ve aslında amacın kendilerini beğenmeyerek "soruna" çözüm aramaları olduğu gösterilmiştir. Bugün bu bombardımanın ne derecede olduğunu, kaç misli katlanmış bulunduğunu tahmin etmek bile mümkün değildir.

Sonuç olarak, ergenlik önemli nörobiyoloji ve davranış değişikliklerinin gerçekleştiği bir dönemdir. Bu değişiklikler genellikle bireyin çıkarı doğrultusunda ve kişinin daha iyi işlev görmesi amacıyla oluşurlar ama, aynı zamanda bazı psikopatolojik değişikliklerin yani, bazı ruhsal bozuklukların ortaya çıkmasına karşı da yatkınlık sebebidirler. Bu ilişkiyi saptayabilecek teknolojik gelişmelere yavaş yavaş sahip olmaktaysak da, henüz bu gelişimin hangi bireyde hangi değişikliği, nasıl ortaya çıkaracağını öngörmemize yetecek düzeyde yaygın kullanım aşamasında değildir. Şimdilik elimizdeki en önemli silah, ergenlik döneminin kimlik bocalaması olarak karşımıza çıkabilecek bu değişim dönemini, gelişmekte olan ciddi ruhsal hastalıkların ön belirtilerinden ayırt edebilmek için sabırla ve telaşa kapılmadan izlemek ve bu sırada ergenin bu çok zengin iç dünyasını soğukkanlı biçimde tanımaya çalışmak gerçeğidir. Öncelikle ergeni dinlemek ve ne dediğini anlamaya çalışmak, ergen olmaktan kaynaklanan çalkantıya ailedeki iletişim bozukluğunun eklenmesiyle oluşan "huysuzluk halinin" var olan hastalık belirtilerini örtmesini, ya da her iletişimsizliğin hastalık belirtisi sayılmasını engeller.

KAYNAKLAR

Andreasen N.C., Arndt S., Swayze V., Cizadlo T., Flaum M., O'Leary D, Ehrhardt J.C., Yuh W.T., Thalamic abnormalities in schizophrenia visualized through magnetic resonance imaging averaging. Science 1994; 266, 294-296.

Atak H., Çok F. İnsan Yaşamında Yeni Bir Dönem: Beliren Yetişkinlik. Çocuk ve Gençlik Ruh Sağlığı Dergisi 2010;17(1):39-50.

Bemporad J.R., Hanson G., Lofgren D., Borderline disorders of childhood. Handbook of Child and Adolescent Psychiatry Vol. 2 içinde. Noshpitz J.D, editör. John Wiley & Sons, New York, 1997: 647-656.

Bemporad J., Schizoid spectrum disorders. Handbook of Child and Adolescent Psychiatry Vol. 2 içinde. Noshpitz J.D, editör. John Wiley & Sons, New York, 1997: 641-646.

Calderoni D., Wudarsky M., Bhangoo R., Dell ML, Nicolson R., Hamburger S.D., Gochman P., Lenane M., Rapoport JL, Leibenluft E., Differentiating childhood-onset schizophrenia from psychotic mood disorders. J Am Acad Child Adolesc Psychiatry. 2001 Oct; 40(10):1190-6).

Çuhadaroğlu F., *Ergenlerin Psikiyatrik Değerlendirilmesi.* Ege Psikiyatri Sürekli Yayınları 1997; 2(3): 365-376.

Freud, A. (1963). The Concept of Developmental Lines. Psychoanal. St. Child, 18:245-265.

Kandel E. R., A new intellectual framework for psychiatry. Am J Psychiatry 1998; 155:457–469.

Kılıç E. Z., Ergenlik Döneminde Psikiyatrik Yaklaşımlar. TPD 15. Bahar Sempozyumu Sunumu, Antalya 2011.

Köknel Ö., Ergenlik Dönemi. *Ana-Baba Okulu,* 14. Basım. Remzi Kitabevi Yayınları, İstanbul, 2006, s. 89.

McClellan J., McCurry C., Snell J., DuBose A., Early-onset psychotic disorders: course and outcome over a two year period. J Am Acad Child Adolesc Psychiatry 1999; 38: 1380-1388.

NEDA, Amerikan Ulusal Yeme Bozuklukları Derneği Sitesi, [Erişim Tarihi: 23.06.2011]. www.nationaleatingdisorders.org/nedaDir/files/documents/handouts/MediaBI.pdf.

Oral E. T., Yeni Antipsikotikler=Yeni Duygudurum Dengeleyiciler mi? Duygudurum Bozukluklarında Atipik Antipsikotik Kullanımı içinde (Ed. S. Vahip) Okuyanus Yayınları, İstanbul, 2001:65.

Öztürk M. O., *Psikanaliz ve Psikoterapi,* 11. Baskı, Ankara. Nobel Tıp Kitabevleri, 1989.

Örsel S., Canpolat B. I., Akdemir A., Özbay M. H., Diyet yapan ve yapmayan ergenlerin kendilik algısı, beden imajı ve beden kitle indeksi açısından karşılaştırılması. Türk Psikiyatri Dergisi, 2004; 15(1):5-15.

Yavuzer H., Yaygın Anne-Baba Tutumları. *Ana-Baba Okulu,* Remzi Kitabevi, İstanbul, 2006, s. 115.

Prof. Dr. Emine Zinnur Kılıç
(Yeditepe Üniversitesi Tıp Fakültesi Çocuk
ve Ergen Psikiyatrisi Anabilim Dalı Başkanı)

Çocuk ve Ergenlerde Ruhsal Sorunlar

Kişilerin içinde yaşadıkları çevre ile uyumlarını sağlayan, ruhsal yapılarıdır. Ruhsal yapıyı kısaca "algılarımız, belleğimiz, duygu, düşünce ve davranışlarımız ve bunları düzenleyen sistemler; bu sistemler arası ilişkiler" olarak tanımlarsak görürüz ki bunların tümü beynimizin işlevleridir.

Bu işlevler insan yavrusunun doğumundan itibaren, içine doğduğu çevre ile etkileşim içerisinde gelişmesini ve varlığını sürdürmesini sağlar.

Ruhsal yapının gelişimi ve işleyişinde ortaya çıkan problemler gelişimi ve uyumsal süreci bozar. Bu bozukluklar çocuk ve ergenler söz konusu olduğunda daha önemli olur, çünkü gelişen bir yapıdaki bozulmalar kişinin tüm geleceğini etkileyebilir.

Çocukların ruhsal sorunlarının varlığını kabullenmek erişkinler için oldukça güçtür; çünkü çocukluk, tarih boyunca masumiyetin ve mutluluğun sembolü olarak kabul edilen bir dönem olmuştur. Bu nedenle de, çocukların ruhsal sorunları uzun süre görmezden gelinmiştir.

Günümüzde artık çocukların da ciddi ruhsal sorunlar yaşayabildikleri ve bu sorunların çocuğun ruhsal gelişimini etkilediği kabul edilmektedir.

Çocuklarda görülen ruhsal sorunlar iki ana grupta toplanabilir:

A. Gelişimsel bozukluklar

B. Çocukluk ve ergenlik başlangıçlı ruhsal bozukluklar

Bu bölümde bu sorunların çocuklarda sık görülen tipleri özetlenecektir.

GELİŞİMSEL BOZUKLUKLAR

Gelişimsel süreç, biyolojik etkenlerin ve çevresel etkenlerin birlikte rol oynadığı bir süreçtir. Bebeğin, doğduğu andan itibaren, bir yandan beyin ve sinir sistemi gelişimi sürerken bir yandan da çevreden öğrendikleri ile beyindeki sinir hücreleri arasındaki bağlantılar düzenlenmeye başlar. Örneğin, çocuk görmeye hazır bir sistemle dünyaya gelir. Bu sistem, görme duyusu organı olan gözleri ve gözlerin beyinde bağlandığı görme alanını içerir. Doğum sonrasında sistemin çevreden aldığı uyaranlar, bu sistemi şekillendirir ve geliştirir. Böylece çocuk çevresini görerek algılayabilir ve giderek tanıyabilir, ayırt edebilir hale gelir. Benzer şekilde, beyinde dil öğrenmeye ve kullanmaya hazır yapılar çocuğun çevreden duyduğu dille şekillenir ve çocuğun çevresinde konuşulan dili anlaması ve kullanmasını sağlayacak biçimde programlanır. Bu süreçte önemli olan, çocuğun biyolojik altyapısının çevreden gelen uyaranları almaya hazır ve yeterli hale gelmesi ve hazır olduğunda da çevreden uygun uyaranları alarak şekillenmesidir. Örnek verecek olursak, doğuştan işitme ile ilgili organlarda hasar olduğunda, çevredeki sesleri duymadığı için çocuğun dil gelişimi gecikecek ve bu onun çevresindeki kişilerle ilişki kurmasını zorlaştıracaktır. Diğer taraftan işitme organlarında ve beyin alanlarında hasar olmasa bile çocuğun çevresinde, yeterli ve uygun iletişimini destekleyecek bir ortam olmadığında çocuğun dil gelişimi yine bozulacaktır. Bu demektir ki, çocuğun doğuştan getirdiği biyolojik özellikleri kullanmasını sağlayacak uygun çevre olmadığında, uygun alt yapı olsa bile, bazı becerilerin gelişmesinde sorunlar olabilir. Gelişimsel bozuklukları bu etkileşim çerçevesinde değerlendirmek gerekir.

Yaygın Gelişimsel Bozukluklar

Yaygın gelişimsel bozukluk terimi, karşılıklı sosyal etkileşim ve iletişim alanında görülen problemlerle sınırlı, basmakalıp, tekrarlayıcı ilgi ve hareketlerin görüldüğü bir grup bozukluğu tanımlamakta kullanılır. Bu grup içinde yer alan bozukluklar içinde en bilineni otizmdir. "Sosyal etkileşimin bozukluğu ya da yokluğu", yaygın gelişimsel bozukluk tanısının en öncelikli özelliğidir. Sosyal etkileşim bozukluğu; sosyal ve duygusal karşılıklılık yokluğu, sözel ve sözel olmayan iletişimin yokluğu ya da çok farklı oluşu anlamına gelir. Otizm grubu bozukluklar, birbirinden çok farklı tablolarla ortaya çıkabilir. Belirtilerin sayısı ve şiddeti, olgular arasında farklar gösterir.

Otizm belirtileri genellikle yaşamın ilk aylarından itibaren fark edilebilir. Normal bebekler ilk andan itibaren sosyal uyaranlara, yüzlere, seslere, duygusal ifadelere ilgi gösterirken, otizmi olan bebeklerin sosyal uyaranlara ilgi göstermediği görülür. Bebekte karşılıklı göz iletişiminde yetersizlik, sosyal gülmenin olmaması, kucağa alınmayı istememe hali ve çevredeki insanlara tepkisizlik belirgindir. Normal bebekler ilk günden itibaren çevrelerindeki insanlar ve cansız nesneleri ayırt etmeye başlarken, otizmde bu özellik görülmez.

Olguların yaklaşık üçte birinde ise ilk yıl içindeki gelişim normal sürdükten sonra, ortalama olarak 16 ay civarında kazanılmış becerilerde gerileme ile otizm tablosunun geliştiği görülür. Önce dil becerilerinde, daha sonra sosyal ilgide azalma ile giderek tipik otizm tablosu yerleşmiş olur.

Otizm tanısı alan çocukların bir bölümünde, zekâ düzeyi normalin altında bulunmuştur. Zekâ düzeyi normal sınırlarda olan grupta dil gelişimi, normal eğitim sistemine devam etme, çok beceri gerektirmeyen işlerde çalışma ve kendine bakım becerileri geliştirme olasılığı daha yüksek olmakla birlikte tamamen normal bir yaşam sürdürme olasılığı yine de düşüktür.

Yapılan çalışmalar, otizm tablolarında genetik etkenlerin en önemli rolü oynadığını göstermektedir. Ancak genetik yatkınlığa eşlik eden çevresel etkenlerin de otizmin ortaya çıkışında rolü olabileceği düşünülmektedir. Çevresel uyaranların azlığı, geçirilen hastalıklar, annenin depresyonu ve dil gelişimini bozan diğer etkenlerin altta yatan genetik yatkınlığı tetikleyebileceği ileri sürülmektedir.

Otizm tedavisinde erken tanı çok önemlidir. Belirtiler ne kadar erken fark edilirse düzelme oranı o kadar fazladır. Tedavide psikiyatrist ve psikologlar, aile ve eğitimciler bir arada çalışır. Çocuğun iletişimini arttırmaya yönelik düzenlemeler yapılır. Yaygın gelişimsel bozukluklar içinde otizm belirtileri gösteren ancak dil gelişimi tam olarak bozulduğu için sosyal açıdan akranlarından farklı gelişen tablolar da yer alır. Asperger Sendromu ya da Atipik otizm olgularında belirtiler daha hafif seyredebilir.

Zihinsel Engelli Çocuklar

Zihinsel gelişim geriliği ya da zekâ geriliği olarak tanımlanan tabloların ortak özelliği, bilişsel gelişim sürecindeki yavaşlık ve gecikmedir. Doğuştan zihinsel engelli olan çocuklarda hem sözel becerilerin hem de motor becerilerin akranlarına oranla daha geç ve yetersiz geliştiği görülür.

Zihinsel gelişim geriliklerinin üçte ikisinin nedeni belirlenebilir. Kromozomsal bozukluklar ve diğer genetik aktarılan hastalıklar, gebelikte annenin kullandığı ilaçlar, geçirdiği hastalıklar, uygunsuz koşullarda yapılan doğumlarda bebeğin beyninin zedelenmesi, doğum sonrasında bebeğin geçirdiği hastalıklar, ateşli havaleler, bebeğin beyninin normal gelişimini bozarak zihinsel engelliliğe yol açabilir. Zihinsel gelişim geriliklerinin bir grubunu ise belli tıbbi sorunlara bağlamak mümkün olmaz.

Öğrenmedeki yavaşlık, ailesel olarak aktarılan ve çocuğun içinde yaşadığı ortamdaki uyaranların yetersizliğinden kaynaklanan bir durum olarak ortaya çıkar. Bu grup çocuklar yavaş ve zor öğrenen çocuklar olduklarından eğitim yaşamında sorun yaşarlar ve eğitim yaşamını destek alarak sürdürebilirler. Ancak öğrenmedeki yavaşlık dışında sorunları olmadığından kendilerine bakım, aile yaşamı ve iş yaşamı normal süreçte devam eder.

Zihinsel engellilik, çocuğun sosyal uyumunu bozar. Arkadaşları ve ailesiyle ilişkilerinde sorunlara neden olur.

Orta ve ağır düzeyde zihinsel engelli çocuklar sürekli bakım ve korunmaya gerek duyarlar.

Hafif düzeyde zihinsel engelli gruba ise özel bakıma gereksinimi olmasa bile eğitim desteği ve yönlendirme gereklidir.

Eğitim bir yandan çocuğun var olan kapasitesini geliştirmeye yönelik planlanmalı, buna karşılık yine de kendini yetersiz hissederek benlik saygısını düşürecek biçimde zorlanmasına yol açmamalıdır. Çocuğun yetenekli olduğu alanlar ön plana çıkarılmalı ve desteklenmelidir.

Çocuk, kendini yetersiz hisseder, benlik saygısı düşer, aşağılanır ya da dışlanırsa depresyon, davranım bozukluğu ya da başka psikiyatrik bozuklukların gelişme riski yüksektir.

ÇOCUKLUK VE ERGENLİK BAŞLANGIÇLI RUHSAL BOZUKLUKLAR

Dikkat Eksikliği Hiperaktivite Bozukluğu

Dikkat eksikliği hiperaktivite bozukluğu (DEHB) çocuklarda oldukça yaygın görülen bir sorundur. Okul yaşındaki çocukların yaklaşık %10 kadarında görülen bu sorun tedavi edilmediğinde gerek okul yaşamında gerekse sosyal ilişkilerde ciddi zorluklar yaratır. Çocuk; arkadaş ilişkilerinde, ödevlerini tamamlamada ve sınavlarda sorunlar yaşar. Bu sorunlar çocuğun anne-baba ile ilişkilerini de etkiler. Karşılıklı gerginlikler, suçlamalar, eleştiriler hem çocuğu hem anne-babayı yıpratır.

Dikkat eksikliği hiperaktivite bozukluğu olan çocuklarda sorunlar, genellikle bebeklikten itibaren ortaya çıkar. Uyku ve yeme sorunları, öfke nöbetleri bu çocuklarda daha sık görülür. Ancak çoğu zaman çocuğun aşırı hareketliliği aile içinde idare edilir, yaramazlık diye değerlendirilir ve geçilir. Bazen de yanlış olarak çocuğun "fazla zeki" oluşuna, ya da ailenin şımartmasına yorulur. Ancak okula başlaması ile birlikte çocuktan beklentiler artar. Düzenli olması, ödevlerini yapması, öğretmeni dikkatli dinlemesi gibi becerileri geliştirmiş olması beklenir. Oysa DEHB tanısı alan çocukların dikkati toplama ve sürdürmede; görevlerini planlama ve yerine getirmede, eşyalarına sahip çıkmada ciddi sorunları vardır. Üstelik söz almadan konuşmamak gerektiğini, sıralarını beklemeleri gerektiğini bilseler de yapamazlar. Unutkanlık, eşya kaybetme, derste konuşma, dikkat çekici davranışlar sergileme gibi sorunlar da eklenince; sıklıkla ilköğretim döneminde aileler, bazen kendileri, bazen de öğretmenlerin yönlendirmesi ile çocuk psikiyatrisine başvururlar.

Ergenlik döneminde, aşırı hareketlilikte bir miktar azalma olur. Bu nedenle de uzun yıllar belirtilerin ergenlikle birlikte kaybolduğu yanılgısı yaşanmıştır. Oysa son dönemde yapılan çalışmalar, dışarıdan görülen hareketliliğin azalmasıyla birlikte belirtilerin ergenlikte de iç huzursuzluk, heyecan arama davranışlarında artış, dikkat sorunları, planlama güçlükleri ile sürdüğünü göstermektedir. Ergenlikle birlikte ortaya çıkan bir diğer durum, DEHB'nin neden olduğu ikincil sorunların artmasıdır. Ergenlik dönemine kendisini başarısız, yetersiz, sevilmeyen, dışlanan bir kişi olarak algılayarak gelen çocuk, bu döneme yaşıtlarına göre kendine güveni daha az, daha yalnız, daha hırçın ve öfkeli olarak girer. Bu ergenlerin aile içinde çatışma yaşama, riskli davranışlarda bulunma, alkol, madde, sigara kullanma gibi sorunlar yaşama olasılığı artmıştır. Genelde arkadaş olarak da, kendilerine benzer kişileri seçtikleri için grup içinde paylaşılan davranışlar risk almayı kolaylaştırır.

ABD'de yapılan çalışmalar DEHB'li çocukların üçte birinin lise okuyamadığını; ehliyetsiz araç kullanma, aşırı sürat nedeniyle kaza yapma risklerinin çok artmış olduğunu; madde kullanma riskinin bu grupta normalin iki katına çıktığını; adli sorunların daha sık yaşandığını; dörtte birinin ergenlik döneminde en az bir kere tutuklandığını göstermektedir.

Çocuklukta DEHB tanısı alan erişkinlerle yapılan çalışmalar, DEHB tanısı alan çocukların %60'ının erişkinlikte de sorunlar yaşamaya devam ettiğini göstermektedir. Ancak erişkinlikle birlikte, sorun alanları değişmektedir. Çocuklukta daha çok akademik alanda sorunlar yaşanırken erişkinlikte iş ve kişisel ilişki alanlarında sorunlar yaşanır.

Erişkin DEHB olan kişilerin sorunları ailelerine de yansır. Dikkatsizlik ve günlük işlerdeki unutkanlık hem işyerinde hem de ilişkilerinde problemlere neden olur. Çabuk sıkılan, işleri sürekli erteleyen, sabırsız, sıra bekleyemeyen, öfkesini kontrol etmede güçlüğü olan, zamanını iyi kullanamayan kişilerdir. Bu belirtiler, işle ilgili pek çok sorun yaşamalarına neden olur. En önemli sorun ailede çıkar. Yapılan çalışmalar, erişkin DEHB belirtileri gösteren kişilerde boşanma sıklığının 3-4 kat artmış olduğunu göstermektedir. Aile içi şiddet, alkol kullanımı, evlilik dışı ilişkiler daha sık görüldüğü gibi, dikkat eksikliği ve hiperaktivitenin neden olduğu sabırsızlık, aşırı ve dinlemeden konuşma hali, sorumluluk almaktan kaçınma, plan yapamama, çabuk sinirlenme gibi belirtiler hem eş hem de çocuklarıyla ilişkilerini bozmaktadır.

DEHB, %80 oranında genetik geçişli bir bozukluktur. Yapılan çalışmalar, DEHB tanısı alan çocukların birinci derecede yakınlarında DEHB sıklığının %25-40 civarında olduğunu göstermektedir. DEHB'nin nedenini anlamaya yönelik çok sayıda araştırma vardır. Bu araştırma bulguları, DEHB tanısı alan kişilerde, beyinde dikkat ve davranış kontrolünü düzenleyen sistemlerde yetersizlik yaşandığını ortaya koymaktadır.

Bu bilgilerle, dikkat eksikliği hiperaktivite bozukluğunun, kişinin bir davranışı gerçekleştirme öncesinde durup düşünmesini sağlayan fren sistemindeki bir yetersizlik olduğu düşünülebilir. Genellikle

DEHB tanısı alan çocuklar zekâ sorunu olmayan, ne yapması gerektiğini doğru biçimde bilen kişilerdir. Bu çocukların sorunu, bir şeyleri bilememek değil, doğru bildikleri şeyi davranışlarında uygulayamamakla ilgilidir. Örneğin, DEHB tanısı alan çocuklar ve gençler ders çalışmaları gerektiğini bilirler, ancak zamanı iyi kullanamadıkları, yapacakları işleri sıralayamadıkları, yeterince konsantre olamadıkları için ders çalışmakta çok zorluk çekerler. Bunun gibi erişkinler de, iyi ebeveyn olmak için ne yapmaları gerektiğini çok iyi bilseler bile özellikle de duygusallığın arttığı dönemlerde duygularını kontrol edemez ve davranışlarına yansıtmadan duramazlar. Bunun sonucu da daha sonra pişman olacakları davranışlardır.

DEHB'ye sıklıkla başka sorunlar eşlik eder. Bunların başında özel öğrenme güçlükleri gelir. Özel okuma bozukluğu (disleksi), özel matematik öğrenme bozukluğu (diskalküli) tabloları DEHB'ye eşlik ettiğinde, eğitim yaşamına ilişkin sorunlar artar. DEHB belirtilerinin yaşamda yarattığı sorunlara ikincil olarak depresyon gelişme oranı, özellikle kızlarda çok yüksektir. Olumsuz etiketlenme, başarısızlık duygusu, dışlanma, benlik saygısı düşüklüğü depresyona neden olarak tabloyu daha da ağırlaştırır.

DEHB, gerek kişinin ve çevresinin yaşamını zorlaştırması nedeniyle gerekse alkol ve madde bağımlılıklarına neden olup sağlık sorunlarını arttırması nedeniyle, tanınması ve tedavi edilmesi gereken bir bozukluktur. DEHB tedavisinde en etkili tedavi biçiminin, ilaç tedavileri ile birlikte psikoterapi ve ailenin eğitimi olduğu büyük ölçekli araştırmalarda gösterilmiştir. Bu araştırmaların gösterdiği bir başka konu, ilaç kullanmadan uygulanacak tedavilerin çok fazla işe yaramadığıdır. DEHB tedavisi, ilaç tedavisine ek olarak, sorunların çocuk ve aile ile birlikte gözden geçirilmesine; ailede, çocuğun yaşamında ve eğitiminde uygun düzenlemelerin yapılmasına odaklanmalıdır.

Karşı Çıkma/Karşı Gelme Bozukluğu

Bu tanı, çocuk ve ergenlerde görülen sürekli olarak olumsuz, öfkeli, düşmanca ve başkaldırıcı tutumlar, kin tutma, karşı çıkma halini tanımlamakta kullanılır. Bu durumun bir psikiyatrik sorun olarak kabul edilmesi için bu davranışların uzun süreli kalıcı olması ve çocuğun uyumunu ciddi biçimde bozması gereklidir. Genelde başkaldırı otorite figürlerine yöneliktir. Evde aileye karşı öfkeli tutumlar sürekli görülürken, arkadaş grubunda sorun yaşamazlar. Büyüklerle tartışan, kurallara uymayı reddeden, kolay hiddetlenen, kendi hataları için başkalarını suçlamaya eğilimli, alıngan çocuklardır. Çoğu zaman haksızlığa uğradıklarını düşünürler, kızgın, küskün ve gücenik bir tablo çizerler.

Karşı çıkma ve kurallara uymayı istememe davranışları normalde de çocuklarda 2-3 yaşlarında veya erken ergenlikte sık görülür; ancak geçicidir. Karşı çıkma/karşı gelme bozukluğunda ise problemler genelde ilkokula başlama yaşında ortaya çıkar ve süreklilik gösterir. Kurallara uymayı reddetseler de suça yönelik davranış sergilemezler, ancak özellikle anne-baba ile ilişkileri ileri derecede bozulur.

Karşı çıkma/karşı gelme bozukluğunda, altta yatan birçok neden vardır. Bunların başında çocuktaki dikkat eksikliği hiperaktivite bozukluğunu sayabiliriz. Bu grup çocuklarda, karşı çıkma davranışları daha sık görülür. Anne-baba ve çocuk ilişkisindeki sorunlar; çevredeki, özellikle de ebeveynlerdeki benzer davranış şekillerini model alma; sosyal beceri yetersizlikleri bu bozukluğa neden olabilir. Aile işlevlerinin yetersizliği, kalabalık aileler ve çocuğa yanlış model olunması sık görülen etkenlerdir.

Davranım Bozukluğu

Çocuk ve ergenlerde görülen anti-sosyal davranışları içeren tablolar bu tanı grubu altında ele alınır. Belirtiler dört grupta toplanır: insan ve hayvanlara yönelik saldırganlıklar; kandırma ve çalma; kuralların ciddi biçimde çiğnenmesi; başkasının malına zarar verme.

Şiddete yönelik davranışlar bebeklikten itibaren dikkati çekebilir. Belirtiler genellikle ergenlikle birlikte iyice ortaya çıkar. Suç işlemeye yönelik davranışlar görülür. Erişkinlikte de devam ettiğinde anti-sosyal kişilik bozukluğu tanısı alırlar. Başkalarının temel haklarını ihlal eden, insanlara ve hayvanlara şiddet uygulayan, acımasızca davranan çocuklardır. Eğitim yaşamı başından itibaren problemlidirler ve çoğu okulu bırakır. Genellikle aile çevresinde de suça yönelik davranışlar gösteren kişiler vardır. Aile içi şiddet, çocuğa yönelik ihmal bu çocukların ailelerinde daha sık görülür. Belirtiler on yaş öncesinde başladığında tablo daha ağır seyreder ve genellikle gençlik döneminde ciddi suçlara karışırlar. Davranım bozukluğu tablosunun ortaya çıkmasında birden fazla etken bir arada rol oynar. Çocuğun doğuştan getirdiği özellikler içinde kendini kontrol etme zorluğu, dikkat ve öğrenme ile ilgili problemler yer alır. Ailesel nedenler içinde en önemlileri, aile içi şiddetin varlığı ve şiddetin bir sorun çözme yöntemi olarak kabul edilmesidir. Çocuğun içinde yaşadığı arkadaş grubu ve daha geniş ölçekte toplumda da, aynı görüşü içeren mesajlar yaygın ise çocuk da bu yöntemi benimser ve kullanır. Bu açıdan davranım bozukluğunun önlenmesinde ailelere olduğu kadar medyaya, eğitim kurumlarına ve diğer toplumu düzenleyici organlara da rol düşmektedir.

Anksiyete (Bunaltı) Bozuklukları

Anksiyete (bunaltı), insanlarda tehlike algısı durumunda ortaya çıkan ruhsal ve fiziksel belirtiler bütününü tanımlamakta kullanılan bir terimdir. Vücudumuzun tehlikeyi haber veren ve önlem almaya yönelik hazırlık yapmasını sağlayan bir sinyal sistemi olduğu söylenebilir. Bu sinyal sistemi devreye girdiğinde kişi kaygı, korku, endişe, heyecan, huzursuzluk gibi duygulara kapılır. Aynı zamanda kalbi hızlı çarpar, sık soluk alıp verir, midesi kasılır, kasların gerginliği artar. Bedende ortaya çıkan bu değişiklikler kişiyi tehlikeli durumla mücadele etmeye hazırlama amaçlıdır. Ancak sinyal sistemi bazı kişilerde aşırı çalıştığında, yanlış durumlarda devreye girdiğinde sorunlar yaşanır. Yanlış çalışan sistem kişinin uyumunu bozar ve anksiyete bozuklukları grubu altında ele alınan farklı belirtilerin görülebildiği ruhsal hastalık tabloları ortaya çıkar.

Normalde de çocuklarda kaygı ve endişe çok sık görülür. Normal, gelişimsel olarak yaş dönemine uygun endişeleri, korkuları ve utangaçlığı çocuğun işlevlerini belirgin biçimde bozan anksiyete bozukluklarından ayırt etmek gereklidir. Örneğin, bebekler tipik olarak yüksek seslerden, ani hareketlerden ve yabancı kişilerden korkarlar. Küçük çocuklar hayali yaratıklardan, karanlıktan, ayrılıklardan korkarlar. Okul dönemi çocukları hastalıktan, kendilerinin ya da sevdiklerinin ölümünden, çeşitli felaketlerden korkarlar. Daha büyük çocuk ve ergenlerin de okul başarısı, sosyal yeterlilikleri ve sağlıkları konusunda gelip geçici kaygılar duyması normaldir. Çocukluk korkuları normal bir gelişimsel geçiş sürecinin parçalarıdır, ancak işlev bozukluğu yaratması ve kalıcı olması durumunda tedavi edilmeleri gerekir.

Çocuk ve ergen anksiyete bozuklukları tüm çocuk ve ergenlerin

%6-18 inde görülen, sıklığı en yüksek olan ruhsal bozukluklardır. Bu bozukluklar çocuğun gelişimini, okul ve ev yaşantısını önemli ölçüde etkileyebilirler. Çocuklarda en sık görülen anksiyete bozuklukları: ayrılık anksiyetesi bozukluğu, fobiler, yaygın anksiyete bozukluğu ve sosyal fobidir. Günümüzde giderek artan araştırmalar anksiyete bozukluklarında ailesel geçiş oranının yüksek olduğunu göstermektedir. Uzun dönemli çalışma sonuçları ise erişkin anksiyete bozukluklarının pek çoğunun çocuklukta başladığını göstermiştir.

Anksiyete bozukluğu olan çocukların aileleri ile yapılan çalışmalar bu ailelerde tehlikeleri abartan mesajların daha sık verildiğini ve çocuğa tehlike algıladığı durumlarda kaçınmasının, uzak durmasının daha fazla hatırlatıldığını göstermektedir. Anksiyete bozukluğu olan çocukların anne-babaları sıklıkla kendileri de aşırı kaygılı kişiler olduklarından çocuğun başına gelebilecek olumsuz durumlara karşı çok hassas ve koruyucu olurlar. Bu tutum çocuğun korktuğu durumlarla yüzleşmesini ve korkusunu yenmesini zorlaştırır. Böylece çocuğun korkusu ile başa çıkma deneyimini yaşama olasılığı azalır.

Çocuklarda görülen anksiyete bozuklukları çoğunlukla kısa süreli ve geçicidir. Ancak uzun süreli ve şiddetli olduğunda, hem çocuğun hem de ailenin yaşamı kısıtlanır. İşlev bozukluğuna neden olur ve erişkinlikte devam etme olasılığı artar. Anksiyete bozukluğu olan çocukların yeni anksiyete bozuklukları geliştirme, depresyon gibi ek belirtiler yaşama olasılığı yüksektir. Ergenlikte, anksiyete bozukluğu ve depresyon yaşandığında erişkin dönemde de yaşanma riski üç kat artmaktadır. Tam tanı ölçütlerini karşılamasa bile eğer anksiyete bozukluğu belirtileri çocuğun ya da gencin işlevlerini bozuyor ise tedavi gerektirir. Tedavinin bireysel terapiye ve ilaç tedavisine ek olarak aileyi de kapsaması gerekir. Anne-babaların farkında olmadan çocuğa sürekli "dünyanın tehlikelerle dolu bir yer olduğu" mesajı verdiklerini fark etmeleri gerekir. Çocuğun korkusu ortaya çıktığında onu zorlamadan korkusu ile başa çıkabilmesi için yönlendirmeyi öğrenmeleri çok önemlidir.

Anksiyete bozuklukları gösterdikleri belirtilere göre farklı isimler alsalar da aslında bu grup altında yer alan bozukluklar genel bir yatkınlığın ortaya çıkışının değişik biçimleridir. Yatkınlığı olan çocuklarda, yaşamın farklı dönemlerinde, ailenin tutumları ya da o dönemde yaşanan ve çocuğu etkileyen olaylar, altta yatan yatkınlığın farklı belirtilerle su yüzüne çıkmasına neden olur. Belirtiler, okula başlangıçta okul fobisi, ergenlikte sosyal fobi, erişkinlikte panik bozukluğu şeklinde ortaya çıkabilir. Tümünü, kişilerin tehlike sinyali sistemindeki aşırı çalışma hali olarak yorumlamak çok da yanlış olmayacaktır. Bu yatkınlık kişinin doğuştan getirdiği bir özellik olabileceği gibi sonradan yaşanan travmalara bağlı olarak da gelişebilir. Çocuklukta yaşanan fiziksel ya da cinsel istismar ya da felaketler, trafik kazası gibi durumlarda yaşanan aşırı korkular da sinyal sistemini bozarak, anksiyete bozukluğu tablolarının ortaya çıkmasına neden olabilir.

Ayrılma Anksiyetesi Bozukluğu

Çocuklarda ortaya çıkan anksiyete bozukluklarının en önemli belirtisi okula gitme ile ilgili problemlerin ortaya çıkmasıdır. Ayrılma anksiyetesi bozukluğu adı verilen tabloda çocuk okula gitmeyi reddeder veya okula gidebilse de çok büyük sıkıntı ile okulda durmayı başarır. Okula gitme zamanı yaklaştığında ya da okula gitme konusu konuşulduğunda büyük bir korku ve sıkıntı yaşar. Korku ve sıkıntı genellikle bedensel belirtilerle bir arada görülür. Midesi bulanır, karnı ağrır, hatta kusabilir. Bu belirtiler gerçektir ve çocuğun yaşadığı kaygının fiziksel belirtileridir. Çocuk okula gitmediğinde rahatlar ve belirtiler kaybolur.

Ayrılma anksiyetesi bozukluğu tablosunda, aslında belirtiler okula başlamadan çok önce başlamış, ancak fark edilmemiş olur. Bu çocuklar bebekliklerinden beri kolay huzursuzlanan, çoğunlukla aşırı tutuk, kaygılı ve temkinli, ebeveynlerine aşırı bağımlı çocuklardır. Yeni bir kişi ya da ortamla karşılaştıklarında uzak durma eğilimi gösterirler. Kolay huzursuzlanır, akranlarıyla ilişki kurmada aşırı çekingen davranırlar. Evden veya bağlandıkları, güvendikleri kişilerden ayrılmalarını gerektiren durumlarda yaşlarından beklenmeyecek korku belirtileri gösterir, ağlar, sızlanır ve paniğe kapılırlar. Anne, babadan ayrı oldukları zamanlarda sürekli "sevdiklerinin başına kötü bir şey gelebileceği" fikri kafalarını meşgul eder ve rahat edemezler. Bazen de kendilerine kötü bir şey olabileceği ve anne-babanın uzakta olduğu için yardımcı olamayacağı; anne-babasının kendilerini okulda unutabileceği, terk edebileceği gibi gerçek bir temeli olmayan korkuları vardır. Yalnız uyumakta zorluk çekerler, sıklıkla bedensel belirtiler gösterirler. Evden ya da ebeveynlerden ayrılmak istememe, ayrılma olasılığı olduğunda da tekrarlayan baş ağrıları, karın ağrıları, ayrılma ile ilgili kötü rüya görme sık görülür. Okul reddi bu tablonun bir parçasıdır. Okul çağı çocuklarının %3-4 kadarında görülür.

Okul reddine en sıklıkla iki farklı yaş grubunda rastlanır. İlk dönem 5-7 yaş, yani okula başlangıç dönemidir ve çocuğun ebeveynlerinden ayrı olduğu sürede kendisine ya da ebeveynlerine kötü bir şey olacağına ilişkin korkularıyla ilgilidir. İkinci grup ise 14-16 yaş döneminde okula gitmeyi reddeden ergenlerdir. Bu grupta sorun genellikle ergenin okuldaki yaşantısını kendi benlik saygısına yönelik tehdit olarak algılaması ile ilgilidir. Sorun, ders başarısızlığı, arkadaş ilişkisi sorunları ya da öğretmenin aşağılayıcı bir tavrından kaynaklanmış gibi görünse de genelde altta yatan sorun bir anksiyete tablosudur.

Yaygın Anksiyete Bozukluğu

Okul, sosyal ilişkiler, aile, sağlık, dünya olayları, doğal felaketler gibi birçok alanda kronik aşırı endişe yaşama halidir. Sıklıkla baş ağrıları, karın ağrıları gibi bedensel belirtiler eşlik eder. Çoğunlukla mükemmeliyetçi, onay arayan çocuklardır. Endişeleri belli durumlarda ortaya çıkan türden bir kaygı değildir. Her konuda aşırı endişelidirler. Gençlerde arkadaş ilişkileri konusundaki kaygılara, performansları ile ilgili endişelere sık rastlanır. Genellikle bu çocukların ebeveynleri de mükemmeliyetçi ve beklenti düzeyi yüksek, kendileri de aşırı kaygılı insanlardır. Ailede küçük sorunlar büyütülebilir, fiziksel sağlık, temizlik konularında aşırı hassasiyet gösterilebilir. Çocuk sürekli hata yaparsa başına kötü bir şey geleceği endişesi ile yaşar, çünkü aile içinde bu mesajlar çok sık verilir. Hatalar büyütülür ve gelecekte sonuçları açısından yanlış bağlantılar kurulur. Örneğin; "elini yıkamazsan mikrop yutarsın, hasta olursun, ölürsün!" gibi; bir davranışın gelecekteki olası olumsuz sonuçlarını abartan mesajlar bu ailelerde çok sıktır.

Çocuklarda yaygın anksiyete bozukluğu genellikle fark edilmez; çünkü başarı yönelimli, ebeveynleri memnun etme kaygısı taşıyan, sorun yaratmamaya özen gösteren çocuklardır. Anksiyetenin fiziksel belirtilerinin neden olduğu baş ağrısı benzeri problemlerle hekime getirilmeleri daha sıktır. Tıbbi olarak nedeni belirlenemeyen fiziksel belirtilerle başvuran çocuklarda, çocuk hekimleri altta yatan bir psikolojik sorun olabileceğini düşünerek bu çocukları çocuk psikiyatrisine yönlendirirler.

Panik Bozukluğu

Tekrarlayan, aşırı, nedensiz korku atakları şeklindedir. Sıklıkla çarpıntı, terleme, titreme, nefes alamama, boğulma hissi, kusma, baş dönmesi gibi belirtiler eşlik eder. Kişinin aklına, öleceği, bayılacağı, boğulacağı gibi korkular gelir ve bu durumdan kaçınmaya çalışır. Panik bozukluğu, çocuklarda nadir görülür. Çocuklarda panik atakları ortaya çıksa bile; daha çok ayrılık anksiyetesi ile bağlantılıdır. Ergenlikten itibaren ise erişkinlerdekine benzer şekilde panik tabloları ortaya çıkabilir. Panik atağı geçiren hastalar, genellikle kalp krizi veya başka bir fiziksel hastalık zannedilerek psikiyatri dışındaki hekimlere başvururlar. Yapılan değerlendirme sonrasında, fiziksel bir hastalık saptanmadığında çocuk psikiyatrisine yönlendirilirler. Özellikle, ergenlik döneminde ortaya çıkan panik bozukluğunun tedavisi önemlidir, çünkü bu sorunu yaşayan gençler giderek çevreden uzaklaşma, gündelik işlerini yürütememe, panik geçireceği korkusu ile evden dışarı çıkamamaya kadar varan tablolar geliştirebilirler.

Özgül Fobiler

Çocuklarda yaş dönemlerine göre değişen korkulara sık rastlanır. 4 aydan itibaren bebekler yabancı kişilerin yaklaşmasına, huzursuzluk belirtileri ile tepki vermeye başlarlar. Bu dönem 3 yaşına kadar yabancı korkularının normal olduğu dönem olarak kabul edilir. 3-5 yaş arasında karanlık korkuları, hayalet, canavar korkuları, hayvan korkuları görülür. 5- 6 yaşından sonra ölüm kavramının gelişmesi ile birlikte, çocuk kendisinin ya da yakınlarının ölümünden, hastalıktan, savaş gibi felaketlerden korkmaya başlayabilir. Ergenliğe doğru başarısızlık, alay edilme, utanılacak bir durumda kalmaya ilişkin korkular görülür. Bu tür korkular çok sıktır ve genellikle geçicidir. Ancak, bazı çocuklarda korkunun şiddeti fazla olur ve çocuğun yaşamını kısıtlayacak düzeye gelebilir. Çocuk, korkacağı bir durumla karşılaşma ihtimaline karşı önlem almaya çalışır; kaçınma davranışları geliştirir. Örneğin; köpekten korkan bir çocuk karşısına köpek çıkabileceği olasılığını düşünerek evden çıkamaz hale gelebilir. Bu durumlarda artık basit bir korkudan söz edilemez. Çocuğun, "korkmaktan korkar hale gelmesi" fobi tablosunun gelişmekte olduğunu düşündürür. Basit korku ve fobi arasındaki en önemli ayrım budur. Çocuk korkabileceğini düşünerek önlem almaya başlıyorsa ve bu önlemler onun hayatını kısıtlıyorsa psikiyatrik yardım alınması uygundur.

Belli bir nesne ya da duruma karşı gelişen fobiler genellikle travmatik bir olay yaşanması gözlenmesi ya da duyulması sonrasında ortaya çıkar. Örneğin, kendisinin bir köpek tarafından ısırılması çocukta köpek fobisine yol açabileceği gibi televizyonda bir köpek saldırısı sonucu kuduz olan bir çocuktan bahsedilmesi de çocukta fobiyi tetikleyebilir. Yediği bir yemeğin boğazına takılması çocukta yutma ya da boğulma fobisi başlatabilir. Bazen de anne-babanın belli durumlarda gösterdiği aşırı korku tepkileri, model alarak öğrenmeye yol açabilir. Çocuklardaki fobinin erişkinden farkı, erişkinlerin korkularının aşırı olduğunun farkında olmalarına karşılık, çocuğun korkusunun aşırı ve mantıksız olduğunu kabul etmemesidir. Çocuklarda en sık görülen fobiler arasında hayvan fobileri, palyaço gibi kılık değiştirmiş karakterlere karşı fobiler; kusma, hastalık bulaşması, boğulma gibi sonuçlara neden olabilecek durumlara karşı geliştirdikleri fobiler sayılabilir. Çocuk bu durumlarla karşılaşmamak için önlem alır ve ne pahasına olursa olsun kaçınmak için elinden geleni yapar.

Fobiler ile baş etme konusunda ailenin tutumu çok önemlidir. Çocuğun korku duygusunu yok saymamak gerekir. Bu duygunun herkes tarafından yaşanabilecek, kabul edilebilir ancak geçici bir duygu olduğu mesajı verilmelidir. Korktuğu için çocuğu suçlamak ya da ayıplamak yerine korkmanın normal olduğunu ancak bu korkuya dayanabileceğini söylemek; zorlamadan onu korkusunun üstüne gitmesi için desteklemek uygun bir yaklaşım tarzıdır. Çocuğun korktuğu duruma aşamalı olarak yavaş yavaş alıştırılması gerekir.

Sosyal Fobi

Bir ruhsal hastalık olarak sosyal fobi, "bireyin, alışık olmadığı sosyal durumlarla karşılaşmaktan veya kendi davranışlarının eleştirilebileceği veya aşağılanabileceği durumlara düşmekten aşırı biçimde korkması ve bu yüzden bu tür durumlardan kaçınmasıdır." Sosyal fobik birey, sosyal durumlarla karşılaştığında, anksiyete belirtilerinin ortaya çıkmasından ve bu belirtilerin başkaları tarafından fark edilmesinden, bu nedenle aşağılanmak ya da küçük düşmekten aşırı biçimde korkar.

Elinden geldiği kadar bu durumlardan kaçınmaya çalışır, kaçınamadığında ise aşırı bir sıkıntı ve kaygı yaşar. Giderek bu durumlara düşme korkusu ile yaşamını kısıtlar, sosyal etkileşimlerden uzak durma eğilimi gösterir.

Sosyal fobi sıklıkla ergenlikte başlayan bir ruhsal sorundur. Sosyal fobik ergenlerin çocukluktan itibaren kaygılı, çekingen, utangaç kişiler oldukları, sosyal korkuların yanında başka korkularının da olduğu, tutukluklarının çocukluktan başlayan bir sorun olduğu bilinmektedir. Çocuklar bu özellikleri taşıyarak ergenliğe girdiklerinde arkadaş grupları içinde büyük sıkıntı yaşamaya başlarlar.

Ergenlik döneminde zaten tüm çocuklarda kendine dikkat etme hali artmıştır. Kendilerinin daha çok farkındadırlar ve çevredeki bütün gözlerin kendi üstlerinde olduğunu zannederler. Eğer ergen çocukluktan itibaren tutuk ve endişeli bir kişi ise eleştirilerden aşırı biçimde korkar, herkesin gözünün kendi üstünde olduğunu ve onu eleştirerek izlediğini zannetmeye başlar. Tedirgin olur, kasılır, elini ayağını nereye koyacağını bilemez hale gelir. Bu durumunu fark etmek onu daha da gerer. Bu duruma düşmemek için de sosyal ortamlardan uzak durmaya başlar. Eğer bu tür özellikler taşıyan bir ergen sosyal bir ortamda ya da örneğin sınıfta derse kalktığında arkadaşlarının alayları ve gülmeleri ile karşı karşıya kalırsa, bundan sonrasında sosyal fobik özellikler belirginleşir ve ergen kendisini zor durumda hissettiği ya da gözlerin kendi üstünde olduğunu hissettiği bütün durumlardan kaçınır. Böylece sosyal fobi, gencin yaşamını kısıtlamaya başlar.

Sosyal fobik ergenlerin genelde sosyal becerileri yetersizdir, kendine güvenleri azdır. Okul başarıları düşük olabilir, çünkü sınavlarda aşırı kaygılanır; sözlüye kalkma ya da sunum yapma gibi durumlardan kaçınırlar. Sınıfta derslere katılmaz, söz alıp konuşmazlar. Sosyal fobik ergenler, sıklıkla derse kalktıklarında hata yapmaktan, kekelemekten, yüzlerinin kızarmasından, seslerinin titremesinden yani heyecanlarının dışarıdan belli olmasından aşırı biçimde rahatsızlık duyar, bu belirtileri gözlerinde büyütürler.

Genellikle heyecanlı olduklarına ilişkin belirtiler çevreden çok az fark ediliyor olsa bile, onlar bu durumlarının herkes tarafından fark edileceği ve kendileriyle dalga geçileceği korkusu yaşarlar. Korku, onları daha da tutuklaştırır, daha fazla heyecanlanmalarına ve giderek daha fazla kaçınmaya başlamalarına neden olur. Bu tür korkuların aşırıya varması bazı ergenlerin okula gidememesine yol açar. Ergen, sürekli olası küçük düşme durumlarını düşünür, bunları gözünde büyütür, arkadaşlarının her davranışını kendisini alaya alma, küçük düşürme gibi yorumlar. Sosyal fobinin bu biçimde okul fobisine dönüşmesi ve ergenin tamamen okuldan kopması ortaokul ve lise dönemindeki okul reddi olgularının en önemli nedenidir.

Sosyal fobi, ergeni bu şekilde yalnızlaştırıp becerilerini kullanamaz hale getirdiğinde depresyon ortaya çıkar. Depresyon, sosyal fobinin en önemli komplikasyonlarından birisidir. Bir diğer sosyal fobi komplikasyonu ise alkol bağımlılığıdır. Çünkü, bazı sosyal fobik ergenler alkolün sosyal ortamlarda kendilerini rahatlattığını fark eder ve bu tür ortamlarda bunaltı belirtilerini ortadan kaldırmak için giderek daha yüksek dozlarda alkol almaya başlarlar. Böylece depresyon ve alkol bağımlılığının da eklenmesi ile sosyal fobi, gencin yaşamını ve gelişimini ağır biçimde sekteye uğratan bir sorun olur.

Ergenlik dönemi, akran ilişkilerinin büyük önem kazandığı, karşı cinse yönelik ilginin ve karşı cinsle arkadaşlıkların ilk denemelerinin yaşandığı ve okul başarısının, sınavların çok önemli olduğu bir dönemdir. Bu dönemde ortaya çıkan sosyal fobi, ergenin gelişimini ağır biçimde sekteye uğratır. Bu nedenle, sosyal fobik eğilimlerin erken dönemde tanınması ve psikiyatrik yardım alınması gereklidir. Sosyal fobik ergenlerin bazıları korkularının saçma olduğunu bilir, bazıları ise bilmezler. Bu ergenlerle çalışırken psikiyatristler hem onlara bu korkularının bir temeli olmadığını anlamaları için yardımcı olur, hem de ilaçlar yardımı ile aşırı olan kaygılarının bir miktar yatışmasını sağlarlar. Korkuları yatıştığında ergen, daha önce ortaya koymaktan aşırı biçimde korktuğu becerilerini ortaya koyma ve deneme fırsatı yakalar. Böylece kendine güveni artar ve içine düştüğü kısır döngüden kurtulur.

Sosyal fobi belirtileri gösteren ergenlerle ilgili olarak ailelerin genelde yaptığı en büyük yanlış, onları çekingenliğinden ya da beceriksizliğinden ötürü eleştirmeleri ve böylece düzeleceğini zannetmeleridir. Çünkü genellikle tam tersi olur ve ailenin eleştirileri ergenin, zaten az olan kendine güveninin iyice azalmasına, kendisine daha fazla dikkat etmesine ve kendini eleştirir gözlerle izlemesine yol açar. Bu durum hareketlerindeki doğallığı bozar, kaygısını arttırır.

Ailenin yapabileceği en iyi şey ergene kendi sosyal becerilerini geliştirebileceği ortamlar sağlamaktır. Bu ortam, kendisini daha güvenli hissettiği yakın arkadaş çevresi ile bağını güçlendirmesini destekleyerek, kendisini güvenli hissettiği alanlara yönlendirerek sağlanabilir. Örneğin, sosyal becerileri yetersiz olan ama sporda başarılı olan bir ergen spor yapmaya yönlendirildiğinde, sporda başarılı olması kendine güveninin artmasını sağlayacak ve bu da sosyal ortamlarda da daha güvenli davranabilmesine yardımcı olacaktır. Ailelerin özellikle çekingen çocuklarını eleştirerek düzeltebilecekleri yanılgısından mutlaka kurtulmaları gerekir.

Obsesif Kompülsif Bozukluk

Tıpta obsesif kompülsif bozukluk adı verilen tabloya takıntı hastalığı adını vermek de mümkündür. Bu hastalıkta kişinin zihnine tekrarlayıcı biçimde giren, aşırı kaygı, korku ve endişe yaratan düşünceler ve bu düşüncelerin yarattığı korku ile baş etmek için geliştirilen tekrarlayıcı davranışlar vardır. Çocukluk korkularının sık yaşandığı okul öncesi dönemde bazı çocuklarda anksiyeteyi yatıştırmak için bu tür davranışların görülmesi sıktır. Örneğin, gece korkuları ile baş etmek için bazı çocuklar tekrarlayıcı biçimde "iyi geceler" deme gereksinimi duyarlar. Bu, onların gece olabilecek tehlikelere karşı bir tür önlem almasıdır. Bu dönemde büyüsel düşünce egemendir. Büyüsel düşünce belli bir eylemin olası tehlikelere karşı kişiyi koruyacağına ilişkin inançlardır. Örneğin, kötülük gelmesin diye nazar boncuğu takmak, tahtaya vurmak gibi davranışlara gündelik yaşamda da her zaman rastlanır. Alınan önlemin olası tehlikelerle ilişkisi olmasa bile insanoğlu, her zaman, bu tür törensel davranışlarla, nedenini bilemediği korkutucu durumlara karşı önlem aldığı düşüncesi ile kendini rahatlatma yoluna gider. Bazı çocuklar da dünyadaki olumsuzlukların ve tehlikelerin farkına varmaları ile birlikte bu tür yöntemler geliştirirler. Şanslı sayılar, bazı nesnelerin uğuruna inanma, bazı davranışları aynı biçimde tekrarlama bu çabanın bir ürünüdür.

Obsesif kompülsif bozukluk, normalde de görülen bu korkulara karşılık, düzenleme, önlem alma, davranışının hastalık biçimine dönmüş şeklidir. Korku, kaygı, utanç ya da rahatsızlık veren düşünce istemsiz olarak akla gelir ve kişi mantıksız olduğunu bilse de bu düşüncenin yarattığı rahatsızlıktan kurtulmak için kendini bazı davranışları tekrarlamak zorunda hisseder. Çocuklarda bu tablo en sık ergenlik öncesi dönemde başlar ve erkeklerde daha sık görülür. Mikrop bulaştığı, hastalanacağı, öleceği, başarısız olacağı, hırsız girebileceği ya da sevdiği birine zarar gelebileceği gibi korkular çocuğun aklına istemsiz biçimde geldiğinde çocuk bu durumlara karşı önlem almak için bazı davranışlar geliştirir. Bu davranışlar tekrarlayıcı yıkanmalar, el yıkamalar, sayı saymalar, içinden ya da dışından bazı sözcükleri tekrarlamalar biçiminde olabilir. Aşırı titizlik, evdeki eşyaların belli bir düzende olmasında ısrarcı olmak, eşya biriktirmek, anne-babayı belli davranışları tekrarlama ya da bazı sözcükleri söyleme konusunda zorlamak kompülsiyonlar arasında sık görülenlerdir. Obsesyonlar ve kompülsiyonlar, çocuğun ve ailenin işlevlerini ileri derecede kısıtlayabilir.

Obsesif kompülsif bozukluklu çocuklarla yapılan çalışmalarda aile üyelerinde obsesif kompülsif bozukluk sıklığında artış görülmesi hastalığın genetik bir kökeni olduğu düşüncesini ortaya çıkarmıştır. Bu ailelerde hastalık düzeyinde olmasa da temizlik, düzen, kontrol konularında daha fazla kaygı ve uyarı vardır.

Depresyon

Depresyon, kişinin kendisini sürekli çökkün, üzgün, keyifsiz, mutsuz, ümitsiz hissetme; günlük yaşama ilişkin istek ve ilgi kaybı ve hiçbir şeyden zevk alamama halinin uzun süreli olarak yaşandığı ruhsal bozukluklara genel olarak verilen isimdir. Bu tablo erişkinlerde iyi tanındığı halde çocuklarda depresyon olabileceği uzun süre kabul edilmemiştir. Bunun bir nedeni, çocukların duygularını erişkinler gibi sözle ifade etmede yetersiz kalmalarıdır. Oysa yapılan çalışmalar, çocuklukta depresyonun hiç de nadir görülen bir durum olmadığını; ergenlikte ise bu oranın daha da yükselerek % 10'lara çıktığını göstermektedir.

Çocuklarda depresyon belirtileri çok erken yaşlarda hatta bebeklikte bile görülebilir. Erken dönemde ortaya çıkan depresyon düzelmez ve uzun süreli devam ederse çocuğun fiziksel gelişimini ve kişilik gelişimini de bozar.

Bebek, kendine bakım veren kişi ile yakın ve bağımlı bir ilişki içindedir. Genellikle bebeğe ilk bakım veren kişi, annedir. Bu yakın ilişki, bebeğin temel güven duygusunu oluşturur ve dünyayı tanımanın ilk adımıdır. Bu yüzden bu dönemde bebekler, annelerin duygusal durumunu hisseder ve bu durumlardan etkilenirler. Annede depresyon olduğunda bebekte de depresif belirtiler, uyku ve yeme sorunları, hırçınlık, ağlamalar, bebeğin genel canlılığında azalma görülebilir. Anne depresyonda olduğunda, içe kapandığında ve bebekle ilişkisinde kopukluk yaşadığında bebekte de donukluk, çevreye ilgisizlik gibi durumlarla karşılaşılabilir.

Okul öncesi çocuklarda depresyon genellikle oyun oynamada isteksizlik, en küçük şeylere bile ağlama, arkadaşlardan uzaklaşma, içe kapanma gibi belirtilerle görülür. Nedeni anlaşılmayan fiziksel belirtiler, bu yaş grubunda sıklıkla depresyon belirtisi olabilir. Yeme ve uyku uyumada sorunlar ortaya çıkabilir. Bu yaş grubu çocuklar ilk kez kendilerini güvenli hissettikleri ev ortamından dışarı çıkarlar. Bazı çocuklarda bu durum güvensizlik doğurur. Yuvaya giden çocuklarda, yuvada karşılaştıkları olumsuz davranışlar depresyona neden olabilir. Genelde yaşadıkları zorlukları sözel olarak pek az ifade ederler. Bunun yerine, çeşitli nedenlerle yuvaya gitmek istememe gibi belirtiler gösterirler. Aile içi sorunlar da bu yaş grubu çocukları etkiler. Ailede hastalık, ayrılık, şiddet gibi durumların yaşanıyor olması, çocuğun aileden uzak geçirdiği saatleri daha kaygılı geçirmesine neden olur. Kardeş doğumu, kendisinin daha az sevildiği düşüncesi de bazen çocukların benlik saygısının azalmasına ve depresif belirtilerin ortaya çıkmasına neden olabilir.

Okul çağı çocuklarında moral bozukluğu, hırçınlık, içe kapanma şeklinde belirtiler görülür. Derslere ilgisi azalır, ders başarısı düşer. Arkadaş ilişkileri azalır; oyun oynamak, dışarı çıkmak gibi daha önce yaptığı şeylerden zevk almamaya başlar. Bunlara karşı isteksizdir. Genel bir durgunluk hali vardır. Kolay ağlar. Enerjisi azaldığı için daha çok, televizyon karşısında, daha pasif bir konumda vaktini geçirir. Okul çağında, okul başarısızlığı depresyon nedeni olabilir. Aynı zamanda çocuktaki depresyon da; dikkat ve konsantrasyon bozukluğuna, isteksizlik ve enerji yokluğuna neden olarak okul başarısını düşürür. Etkileşim iki yönlüdür, depresyondaki çocuk derslerle daha az ilgilenebilir, derslerle daha az ilgilenince de okul başarısı düşer ve bu da depresyonun daha da derinleşmesine neden olur. Okulda başarısız olması kendi benlik saygısını zedelediği gibi ailenin bu konuda eleştirileri ve suçlamaları da değersizlik duygularını arttırır. Sık sık tekrarlayan fiziksel yakınmalar görülür. Karnı ağrır, başı ağrır, midesi bulanır. Bunlar genelde bütün gün sürer ve tedaviye cevap vermez. Yemek yemeye karşı isteksizdir. Genelde depresyona kaygı belirtileri de eşlik eder. Sürekli kötü bir şeyler olabileceği endişesi taşır; örneğin küçük bir yaranın kansere dönüşebileceği, anne-babasının trafik kazası geçireceği ya da derslerinde başarısız olup sınıfta kalacağı gibi korkuları olur. Zihni sürekli olası olumsuz durumları kurmakla meşguldür. Bazı çocuklar bu konularda sorular sorarlar, bazıları ise sormadan içinde saklar. Kendisini beğenmez, kimsenin kendisini sevmediğini düşünür. Başarılarını başkasına bağlama eğilimindedir. Sınavda iyi not alsa öğretmenin kolay sorduğunu söyler. Buna karşılık başarısızlıkları için kendisini aşırı suçlar.

Kolay hırçınlaşır, aşırı tepki gösterir. Küçük şeylere kolayca ağlar. Bazen ağlamalar hiç nedensiz de olabilir. Alıngandır, küçük bir uyarıyı bile kendisinin sevilmemesi, değerli olmaması ile ilişkilendirir. Alınganlık yüzünden arkadaş ilişkileri bozulur, çünkü arkadaşlarına hırçın davranmaya başlar. Ailenin ve öğretmenin eleştirileri, aşırı tepki göstermesine ve daha da isteksiz olmasına neden olur.

Ergenlik döneminde ortaya çıkan depresyonu tanımak da çok kolay olmayabilir. Çökkünlük yerine, aşırı hırçınlık ve sinirlilik görülebilir. Bazen aşırı yeme ve uyku görülebilir. Derslere ve arkadaş ilişkilerine karşı ilgide azalma söz konusudur. Ergen depresyonunda en belirgin özelliklerden birisi, tahammülsüzlüktür. En ufak bir şeyde, bardak taşmaya hazır gibidir ve büyük tepkiler verirler. Ayrıca çocuklukta pek sık görülmeyen kendine zarar verme davranışları da ergen depresyonuna eşlik edebilir. Bunlar, kendini yaralama davranışları şeklinde olabileceği gibi intihar düşüncesi ya da denemeleri düzeyine de varabilir. Alkol ve madde kullanma eğilimi de depresif ergenlerde daha fazladır. Kendilerini beğenmezler. Kolay arkadaşlık kuramazlar. Başkalarına karşı tahammülsüz oldukları gibi kendilerini de aşırı derecede eleştirirler. Ergen depresyonu maskeli bir biçimde de ortaya çıkabilir. Ergen hiçbir şeyi umursamayan bir ifade takınır. Geleceğe dair beklentisi ve planları yoktur, ancak bu durumu hiç umursamıyor gibidir. Bu şekilde, umutsuzluk duygularını gizleyebilir. Bütün mutsuzluğunu bir öfke tablosu içinde gizleyerek ve aile ile çatışarak uzun yıllar geçirebilir.

Kişiliğin geliştiği çocukluk ve ergenlik döneminde gelişen depresyon, yaşamın diğer dönemleri açısından da önemlidir. Çocuklukta depresyon geçiren kişilerde, erişkinlikte de depresyon ortaya çıkma olasılığı çok yüksektir. Çocukluk ve ergenlikteki depresyon düzelmez ve kalıcı olursa kişiliğe yerleşir ve depresif bir kişilik tablosu ortaya çıkar. Bu kişiler, genel olarak karamsar, mutsuz, benlik saygısı düşük, ilişkilerinde sorun yaşayan, yaşamdan zevk almayan kişiliğe sahiptir.

Çocukluktaki depresyon, genellikle gözden kaçar, çünkü bu çocuklar okulda sessiz ama uyumludurlar, sorun yaratmazlar, öğretmenlerin gözüne batmazlar. Evde ise içe kapanık, pek problem çıkarmayan çocuklardır. Çoğu zaman çevredeki erişkinlerin, çocuğun depresyonundan haberi olmaz. Bu nedenle çocukluk depresyonu çoğunlukla tedavi edilmeden kalır. Ailelerin çocuklardaki huy değişiklikleri, içe kapanma gibi belirtilere karşı daha duyarlı olması gerekir. Çocuğun okul başarısı düştüğünde, suçlayıcı olmadan bunun nedenlerini araştırmaları ve altta yatan depresyonun tedavisine yönelmeleri gerekir. Depresyonun altında yatan nedenleri anlamak için çocuğun ve ailenin bir çocuk psikiyatristi tarafından ayrıntılı bir değerlendirmesinin yapılması gereklidir. Çocukla ve anne-baba ile ayrı ayrı görüşme yapılır. Küçük çocukların duygularını ifade edebilmelerini sağlamak için oyun ve çizim yöntemlerine başvurulur. Ailenin ve çocuğun yaşamında son dönemlerde ortaya çıkan değişiklikler, çatışmalar, hastalık ve yas gibi yaşam olayları araştırılır.

Çocukların depresyonunda da erişkinlerde olduğu gibi antidepresan ilaç tedavisi bir seçenek olmakla birlikte, genellikle ilk seçenek değildir, çünkü çocuklardaki depresyon çevresel düzenlemelerle kolayca düzelebilir. Derslerinde sorun yaşıyorsa bu konuda yardımcı olunması ya da arkadaş ilişkilerinde yaşadığı sorunlar için sosyal becerileri üzerinde çalışılması bazen yeterli olacaktır. Çocuğun depresyonu, aile içi sorunlarla bağlantılı ise tedaviye mutlaka aile terapisi de eklenmelidir. Çocuk ve ergen depresyonunun tedavisinde, sadece var olan depresyonun tedavisi ile yetinilmez. Gelecekte tekrarlamasını önlemek açısından altta yatan nedenlere yönelik de önlem alınmalıdır.

Yeme Bozuklukları

Bebeklik ve Erken Çocukluk Döneminde Görülen Yeme Bozuklukları

Annelerin çocuklarının yemek yemediği ya da az yediğinden yakınması çok sık karşılaşılan bir durumdur. Ancak bu yakınma ile başvuran ailelerin çoğunun çocuğunda kilo normal ya da normale yakındır.

Bebeklikte ve erken çocuklukta yeme sorununun bir psikiyatrik bozukluk olarak kabul edilmesi için çocuğun fiziksel gelişiminin duraklaması ya da kilosunun beklenen ortalamadan çok düşük olması gerekir. Ancak çocuğun kilo sorunu yoksa bile bu yakınma ile başvurulması, anne-bebek arasındaki ilişkide bir zorlanmaya işaret eder. Çocuğun kilolu olmasının bir annelik başarısı olarak görüldüğü toplumlarda yemekle ilgili çatışmalar yaygındır.

Çocukta kilo alamama ile sonuçlanan yeme bozukluklarının birçok nedeni olabilir. Bu yüzden öncelikle ayrıntılı bir fiziksel muayene yapılması ve çocuğun gelişimini engelleyen bir bedensel hastalık varsa saptanması gereklidir. Bedensel bir hastalığın bulunmadığı durumlarda anne ve bebek arasındaki ilişki, yemek yedirme tutumları üzerinde durulur. Annedeki ruhsal sorunlar, anne ve bebeğin dış dünyadan uzak ve yalnız uzun saatler geçirmesi, eşler arası ilişkideki problemler, annenin kontrolcü ya da aceleci yapısı, bazen de iş yoğunluğu nedeniyle yedirme işlemi sırasındaki zorlayıcı ve sinirli tutumları bebek ile anne arasındaki yeme ilişkisinin bozulmasına neden olabilir. Bazen sorun bebeğin çabuk yorulan halsiz ya da aşırı hareketli, huzursuz bir yapıda olması olabilir. Bu tür durumlarda yemek saatleri her iki taraf için de gitgide daha zor geçmeye başlar. Yemek zamanlarında hem anne hem de bebek daha gergin ve endişeli olurlar. Karşılıklı yükselen kaygı ve gerginlik bir kısır döngüye neden olur. Bebekte gelişimsel yavaşlama ile seyreden ciddi bir yeme bozukluğu tablosu mutlaka profesyonel yardım almayı gerektirir. Bebekte gelişimsel yavaşlama olmadığı halde annenin bu konuda kaygıları varsa bu kaygının altında yatan nedenlerin anlaşılması önemlidir. Yemek saatleri, savaş durumu gibi algılanmamalıdır. Annenin endişelerini yatıştırmak için destek alması gerekebilir.

Ergenlik ve Gençlik Döneminde Görülen Yeme Bozuklukları

Ergenlik dönemi, kişinin kendi bedenine yönelik ilgisinin arttığı, dış görünüşün önem kazandığı, ergenin başkalarının gözünde nasıl göründüğü üzerinde daha çok düşünmeye başladığı dönemdir.

Akran ilişkileri ön planda tutulur. Bu ilişkilerde yakınlık ve rekabet bir aradadır. Popüler olmak, karşı cins tarafından beğenilmek çoğu ergen için önemlidir. Bu dönemde toplumsal değer yargıları şişmanlığı çirkinlik ve zayıflığı güzellik ile eş tuttuğunda, özellikle kız ergenlerin kilo konusunda aşırı hassas olmaya başlamaları yaygın görülen bir durumdur. Kilo alma korkusunun toplumsal bir takıntıya dönüşmesiyle birlikte ergen kızların %50'si sorulduğunda sürekli diyet yaptıklarını, %70'i kendi bedenlerini beğenmediklerini söylemektedirler. Yeme bozuklukları, bu zemin üzerinde aşırıya varan diyet uygulamaları ile gelişen ruhsal hastalıklardır. Çoğunlukla kızlarda görülür; nadir olarak erkeklerde de ortaya çıkabilir.

Anoreksiya nervoza adı verilen yeme bozukluğunda yemeyi giderek azaltma sonucu ergenin gelişimi durur veya aşırı kilo kaybı ortaya çıkar. Vücut kitle indeksinin 17.5kg/m^2 olması ya da beklenen kilonun %85'inden aşağıda olması ile hastalık tanısı konur. Kilo alma korkusuna ek olarak ergenin kendi beden algısında da bozukluk vardır. Çok zayıflamış olduğu halde kendini kilolu algılamaya, göbeğinden ya da poposunun büyük olduğundan şikâyet etmeye ve diyet yapmaya devam eder. Hormon salgısında ortaya çıkan bozukluklar nedeniyle adet döngüsü bozulur.

Anoreksiya nervozanın başlangıcı genellikle kilo verme amacıyla yapılan diyetlerin giderek daha sıkılaştırılması ve gitgide günlük kalorinin azaltılması ile olur. Aileler önceleri diyeti destekliyor olabilirler, ancak yeme kısıtlaması aşırıya varmaya başladığında kaygılanır ve çocuğu yemesi için zorlamaya başlarlar. Bu durumda aile ile çatışma, inatlaşma, bazen de şiddete yönelik davranışlar ortaya çıkabilir. Genellikle kişilik olarak mükemmeliyetçi, kuralcı, başarı yönelimli gençlerdir. Aynı özellikler ailede de görülebilir.

Bulumia nervoza adı verilen tabloda ise kilo normaldir, ancak yemek düzeni bozuktur. Dönemsel olarak aşırı yeme ve kusma atakları ile seyreden bu bozukluk daha büyük yaşlardaki gençlerde görülür. Yeme atakları, kusma veya laksatifle çıkarma atakları törensel şekilde yerine getirilir. Aileden ve arkadaşlardan gizlenir. Bu sorunun ortaya çıktığı grup, genelde yaşamın birçok alanında dürtüsel davranan ve bu nedenle sorunlar yaşayan kişilerdir.

Her iki tabloya da genelde depresyon belirtileri eşlik eder. Sosyal ilişkilerden uzaklaşma, içe kapanma, uyku bozukluğu, konsantrasyon bozukluğu, sinirlilik görülür.

Ergenlerde ve gençlerde görülen yeme bozuklukları, uzun süreli, gözden kaçan, çevre tarafından fark edilmeyen tablolardır, çünkü hastalar kendi durumlarını çevreden gizlerler ve şikâyetçi olmazlar. Genellikle ailenin durumun farkına varması ile psikiyatrik tedaviye başvururlar. Tedavide ilaç tedavisi, bireysel ve aile terapisinin bir arada kullanılması gerekir.

Dışa Atım Bozuklukları

İdrar Kaçırma (Enürezis)

Çocukların %90'ında tuvalet eğitimi, 1 ile 4 yaş arasında tamamlanır. Ancak erkeklerin %20'si, kızların %10'u 7 yaşında hâlâ gece kaçırmaya devam eder. Gündüz kaçırma ise çok daha nadir görülür. Enürezisli çocukların %70'inin ebeveynlerinden birinde çocuklukta gece yatak ıslatma öyküsü olması, bu tablonun nedeninin genetik bir gelişimsel gecikme sorunu ile ilişkili olduğunu düşündürmektedir.

Genel olarak uykusu ağır, zor uyandırılan çocuklardır. Aşırı yorgunluk ya da stresli yaşam olayları gibi uyku-uyanıklık düzenini bozan durumlarda gece yatak ıslatma daha çok görülür.

Bazı çocuklarda, tuvalet eğitimi tamamlanıp bir süre kuru kaldıktan sonra enürezis ortaya çıkar. Bu durumun nedeni, genellikle çocuğu etkileyen yaşam olaylarıdır. Bunların başında da, kardeş doğumu gelir. Kardeş doğumu sonrasında ortaya çıkan enürezis; çocuğun kendini daha küçük algılaması, evdeki değişikliğin yarattığı gerginlik, kendine güveninin azalmasının yarattığı stresle bağlantılı olabilir. Özellikle, kız çocuklarında okula başlama ile birlikte ortaya çıkan, enürezis tablolarına rastlanabilir. Bu çocuklar, genellikle aşırı kaygılı ve titiz olduklarından okulda tuvalet kullanma konusunda isteksizdirler. Bu yüzden de okul saatlerinde idrarlarını tutmaya çalışır ve sonunda kaçırırlar. Bu durum uzun süre devam ederse idrar yolu enfeksiyonları ve mesane işlev bozuklukları ortaya çıkabilir. Enürezisli çocuklarda genellikle, diğer ruhsal sorunlara da sık rastlanmaktadır. Yaklaşık olarak yarısında dikkat eksikliği hiperaktivite bozukluğu da tabloya eşlik eder.

Yedi yaş öncesinde enürezis tedavisi gün içindeki tuvalet düzenini ve uyku düzenini sağlamaktan ibarettir. Yedi yaş sonrasında enürezis devam ediyor ve çocuğun yaşamını kısıtlıyor, kendine güven kaybına neden oluyor ya da aile ile çatışmalar yaratıyorsa, davranışçı terapi yöntemleri ile tedavi uygundur. Yaşam düzenini çok etkileyen inatçı enürezis olgularında ilaç tedavisi de tedaviye eklenir.

Genetik ve psikolojik etkenler iyice araştırılmadan ayrıntılı tıbbi işlemler yapılması uygun değildir. Çocuğun ve ailenin bu konu ile ilgili hassasiyetini arttırır ve travmatik etki yaparak sorunun daha da kalıcı olmasına neden olur.

Aile içinde çocuğun enürezis nedeniyle suçlanmaması, alay ve aşağılamalara maruz kalmaması çok önemlidir. Kuru kaldığında överek teşvik etmek, bu konudaki sorumluluğu kendisinin almasını sağlamak çoğu zaman sorunun kısa sürede çözümlenmesini sağlar.

Dışkı kaçırma (Enkoprezis)

Dört yaşına kadar çocukların dışkı kontrolünün tamamlanmış olması beklenir. Dört yaş sonrasında tekrarlayan dışkı kaçırma tablolarına enkoprezis adı verilir. Enkoprezis iki türlü ortaya çıkar. Birinci grupta kronik kabızlığı olan ve barsak işlevlerinin bozulması sonucu istemsiz olarak taşma şeklinde dışkı kaçırma tabloları yer alır. Bu çocuklar genellikle kaygılı, titiz, hatta takıntılı çocuklardır. Dışkıdan, dışkının bulaşmasından, yabancı tuvaletlerden aşırı derece iğrenirler. Yeme düzeni ve tuvalet düzeni bozuktur. Uzun süreler tuvalete gitmeyi reddederler ve sonunda az miktarda bulaşma şeklinde, bazen de barsağın alt bölümünde oluşan balonlaşma nedeniyle çok miktarlarda dışkıyı iç çamaşırlarına kaçırırlar. Ebeveynlerde de titizlik ve aşırı kaygılılık hali sık görülür. Çocuğa mikrop bulaşması, hastalık gibi konularda sürekli uyarılar yapan ebeveynlerdir. Çocuk bu durumundan dolayı aşırı derecede utanabilir ve benlik saygısı düşebilir. Yemek yediğinde tuvalet ihtiyacı ortaya çıkacağı korkusuyla yemekten kaçınmaya kadar varan davranış sorunları ortaya çıkabilir.

İkinci grup dışkı kaçırma ise dikkat eksikliği hiperaktivite bozukluğu, davranım bozukluğu gibi tablolara eşlik eden dışkı kaçırmadır. Dışkı kaçırma öfke ve saldırganlığın ifadesi olabilir ya da çocuk bu durumu umursamayabilir. İstemsiz olarak, oyuna daldığı durumlarda ortaya çıkabilir ya da istemli olarak belli yerlerde yapabilir. Bu tablolarda aile ilişkileri ileri derecede bozuktur. Genellikle ev ortamında ihmal ya da şiddete yönelik davranışlar vardır. Çocuk aşırı biçimde cezalandırılıyor ya da aşağılanıyor olabilir. Bu durumlarda çocuk tepkisini bu davranışıyla ortaya koyar.

Tik Bozuklukları

Tikler ani, sıçrayıcı, tekrarlayıcı ve istemsiz olarak ortaya çıkan hareketler veya seslerdir. Tek bir hareket veya birden fazlası bir arada olabilir. Göz kırpma, boyun döndürme, omuz silkme, öksürme, boğaz temizleme, burun çekme gibi tikler tek başına olduklarında basit tik adını alırlar. İlkokul döneminde, daha sıklıkla erkeklerde görülür. Çocukların %5-10 kadarında tik bozukluklarına rastlanır. Bir bölümüne obsesif kompülsif bozukluk ve dikkat eksikliği hiperaktivite bozukluğu da eşlik eder.

Çoğunlukla bir yıldan az sürer ve kendiliğinden kaybolur. Ailenin çocuğu tekrar tekrar uyararak bu konuya dikkatini çekmesi sorunu arttıracaktır.

Karmaşık tiklerde ise yüzüyle değişik mimikler yapma, zıplama, sağa sola belli şekilde dokunma, koklama, bazı kelimeleri tekrar tekrar uygunsuz biçimde söyleme türü davranışlar görülebilir. Birden fazla hareket tiki ve ses tiki bir arada uzun süreli olarak ortaya çıktığında, bu tablo tik bozukluklarının özel bir tipini oluşturur. Tourette bozukluğu olarak adlandırılan bu tabloda hareket tikleri ve ses tikleri giderek artan ve rahatsız edici nöbetler halinde bir arada ortaya çıkar. Tikler genellikle uykuda ortaya çıkmaz; bazen gün içinde okulda çocuk uzun süreli olarak tikleri baskılayabilir, ancak gizlice yapma yolları bulur ya da evde yapar.

Tik bozukluklarının beyindeki davranış koordinasyonunu düzenleyen çekirdeklerde ortaya çıkan sorunlarla bağlantılı olduğu araştırmalarda gösterilmiştir.

Bu sorunlar geçici ya da Tourette bozukluğunda olduğu gibi kalıcı olabilmektedir. Özellikle beta hemolitik streptokokların neden olduğu boğaz enfeksiyonları sonrasında bu tür bozukluklarda artış olması bu grubun enfeksiyon gibi etkenlerle de bağlantılı olabileceğini düşündürmektedir.

Tik bozuklukları çocuğun yaşamında zorluklara neden olur. Aileden ya da arkadaşlardan uyarı almak çocuğun huzursuzluğunu ve tiklerini arttırabilir, bu nedenle de çocuğun yaşamında sorunlara neden olduğunda tik bozukluklarının tedavisi önemlidir. Çocuğun tikleri isterse kontrol edebileceği düşüncesi ile azarlama, suçlama yoluna gidilmemelidir.

Uyku Bozuklukları

Çocuklarda uyku ile ilgili problemlere oldukça sık rastlanır. Çocukların %10 kadarında karanlık korkuları ve uyku öncesi törenler, %15 civarında da uykuda konuşma gibi davranışsal belirtiler görülür. Uykuya dalma güçlüğünün en yüksek sıklıkta yaşandığı dönem 1-2 yaş arasıdır ve ortalama beş çocuktan birisi uyku saatlerinde yatağa gitmede zorluk çıkarır. Çocukların %10'unda gece uyanmaları sürer. Uykuya dalma güçlüğü ya da gece uyanmaları bazen başka sorunlarla birlikte görülebilir. Çocuğun genel stres düzeyini arttıracak çevresel problemlerin ya da çocuğun anksiyetesinin veya zor mizaç özelliklerinin bir parçası olarak da ortaya çıkabilir. Ancak en sık ortaya çıkan uyku-uyanıklık döngüsünün fizyolojik olarak gelişiminin tamamlanmamış olmasından kaynaklanan problemlerdir. Ayrıntılı bir değerlendirme yapılması sonrasında eğer başka bir problem olmadığına karar verilirse, aile tutumlarının değişmesi, uyku saatlerinin düzenlenmesi, anne-babanın ortak bir tutumu sürdürmesi ile uyku problemi ortadan kalkar.

Gece Kâbusları

Çocuğun, gördüğü bir rüya sonrasında korku ile uyanmasıdır. Çocuk uyandığı anda bilinci tamamen açıktır, gördüğü rüyayı hatırlar, bazen anlatabilir. Hemen bütün çocuklar zaman zaman bu tür korkulu rüyalar görürler. Kâbusların en sık olduğu dönem 5-6 yaşlardır. Kâbuslar genellikle o gün yaşanan korkutucu bir olay ile ilgili olur. Çocuk televizyondaki bir görüntüden ya da anlatılan bir olaydan etkilenmiş olabilir. Kâbusların sıklığı artar, haftada ikiden fazla ortaya çıkarsa altta yatan nedenin araştırılması gerekir.

Gece Terörü, Uykuda Yürüme

Genellikle uykuya daldıktan iki saat kadar sonra ortaya çıkar. Çocuk korkulu bir ifade ile oturur ya da ayağa kalkar, bazen konuşur ve yürür. Bilinç açık değildir, anne-babanın yatıştırma çabaları işe yaramaz. Anne-babalar için oldukça korkutucu olan bu tablolarda çocuk aslında rüya görmeye devam etmektedir. Bu durum genellikle birkaç dakika sürer ve sonrasında çocuk uyumaya devam eder. Daha sonrasında da genellikle bu olayı hatırlamaz. 5-12 yaş arası çocukların %15 kadarında en az bir kez bu tabloya rastlandığı bildirilmiştir. Gece terörünün en sık görüldüğü yaş 4-7 arasıdır. Bu belirtinin görüldüğü çocukların ailelerinin % 50'sinde ebeveynlerden en az birinin de çocuklukta aynı sorunu yaşadığı bilinmektedir. Bu da sorunun kalıtımsal bir yönü olabileceğini düşündürmektedir. Genellikle gün içinde yaşanan stresli bir yaşam olayı sonrasında uyku-uyanıklık döngüsünün bozulmasıyla ilişkili olduğu düşünülmektedir. Hastalıklar ve kullanılan bazı ilaçların da bu tür tablolara neden olabileceğini akılda tutmak gerekir. Tekrarlayan durumlarda ve idrar kaçırma belirtisi ile birlikte ortaya çıktığında, uyku EEG'si çekilmesi gerekli olabilir. Eğer sorun altta yatan bir başka nedene bağlı değilse çocuğu sakinleştirerek uykuya döndürmek yeterlidir.

PROF. DR. ACAR BALTAŞ

Eğitim Başarısını Yükseltmede, Sağlıklı ve Mutlu İnsanlar Yetiştirmede Ailenin Rolü

İster ilkokula, ister üniversiteye gitsin bir çocuğun eğitim başarısını yükseltmek konusunda anne ve babaya önemli görevler düşmektedir.

Burada çocuğunuzun eğitim başarısını yükseltmenize katkıda bulunacak bazı pratik öneriler yer almaktadır. Ancak, anne ve babanın çocuğunun eğitim başarısı konusunda yapabileceklerinin "katkı" ve "yardım" olduğunun akıldan çıkartılmaması gerekir. Bütün yardımlar için geçerli olan temel kural bu konuda da geçerlidir. Yardıma ihtiyacı olanın "yardım istemesi". Eğer çocuğunuz ilkokulun birinci ve ikinci sınıfında değilse, bu kural sizin çocuğunuz için de geçerlidir. "Çocuğunuza rağmen" ona yardım edemezsiniz.

Bir başka ifadeyle söylemek gerekirse, onun isteği olmaksızın veya onun karşı çıkmasına rağmen çocuğunuza yardımcı olmanız ve eğitim başarısına katkıda bulunmanız mümkün değildir. Bu sebeple, yapmak istediğiniz yardımlarda onunla işbirliği içinde olmanız, onun söylediklerini ve yapmak istedikleriniz konusunda ikna olması ve yapılacak düzenlemelere inanması esastır.

Yapılacak bütün düzenlemeler ve atılacak bütün adımların, öğrenmenin şu ön şartları ile uyuşması gerekir.

Öğrenmenin ön şartları

- Uyanıklık
- Dikkat
- Motivasyon
- Aktif katılım

- Geribildirim (mümkün olan en kısa zamanda sonuçlardan haberdar olmak).

Yatılı Okullarda Başarı

Yapılan araştırmalardan elde edilen sonuçlara göre yatılı okullarda eğitim başarısı, gündüzlü okullara kıyasla daha yüksektir. Bunun üç sebebi vardır.

- Programlı ders çalışma düzeni,
- Ders çalışma ortamının zihnin dağılmasına sebep olacak uyaranlardan arındırılmış olması,
- Gece yatmadan önce ve sabah kalktıktan sonra girilen etütlerde yapılan tekrarların, insan beyninin öğrenilen malzemeyi kaydetmesine imkân vermesi.

Yatılı okulların eğitim başarısının, gündüzlü okulların eğitim başarısından yüksek olmasının arkasında yatan sebep, yatılı okul şartlarının öğrenmenin önkoşulları ile uyum içinde olmasıdır. Siz de evinizdeki şartları, aşağıda anlatılacağı gibi yatılı okulların şartlarına yaklaştırabildiğiniz ölçüde, çocuğunuzun eğitim başarısında apaçık bir fark olduğunu göreceksiniz.

Daha sonra ayrıntılı olarak anlatılacağı gibi geçmişte başarı için bir tek reçete sunulurdu. "Çalışmak", "çalışmak" ve "yine çalışmak." Oysa bugün çağdaş başarıya ulaşmak için önerilen "çok çalışmak" değil, "etkili çalışmak"tır. Etkili çalışmak, zamanı, belirlenmiş öncelikler doğrultusunda programlı olarak kullanmaktır.

Etkili çalışma programı içinde dinlenmeye, eğlenmeye, arkadaşlarla birlikte olmaya her zaman yer vardır. Bu sebeple etkili çalışma insanın hayatını daraltıp sadece ders çalışmaktan ibaret bir duruma getirmez. Sanıyorum bu nokta birçok öğrencinin okumaktan bezmesine ve eğitimden uzaklaşmasına yol açan temel sebeplerden biridir.

Günün uyanık olduğu 16 saatin 12 saatini zihninde ders çalışma düşüncesiyle, 6 saatini masada ders başında geçiren, bunun ancak 3 saatinde çalışan ve sonunda yarım saatlik bir yarar sağlayan gencin okumayı sevmesi mümkün değildir. Bu durum dibi delik bir kovayı doldurma çabasına benzetilebilir. Bu kadar az ödüllendirici bir etkinliği severek yürütmek mümkün değildir.

Şunu hiçbir zaman unutmamak gerekir ki, eğitim başarısı ders başında ne kadar zaman geçirildiğine değil, çalışılan malzemeden öğrencide geriye ne kaldığına bağlıdır. Bunun için de "öğrenmeyi öğrenmek" gerekir. Öğrenme sinir hücreleri arasında yeni bağlantılar kurulmasıyla gerçekleşen biyo-kimyasal bir olaydır. Bu sebeple insan beyninin özelliklerini bilerek çalışmak, dibi delik kovayı doldurmaya çalışmaktan çok daha farklı sonuçlar verir.

HAFIZANIN ÖZELLİKLERİ VE ÖĞRENME

Öğrenme, sinir hücreleri arasında protein zincirlerinin kurulmasıyla gerçekleşen biyokimyasal bir olaydır. İyi öğrenebilmek ve öğrendiğinden yararlanabilmek için hafızanın özelliklerini bilmek yerinde olur.

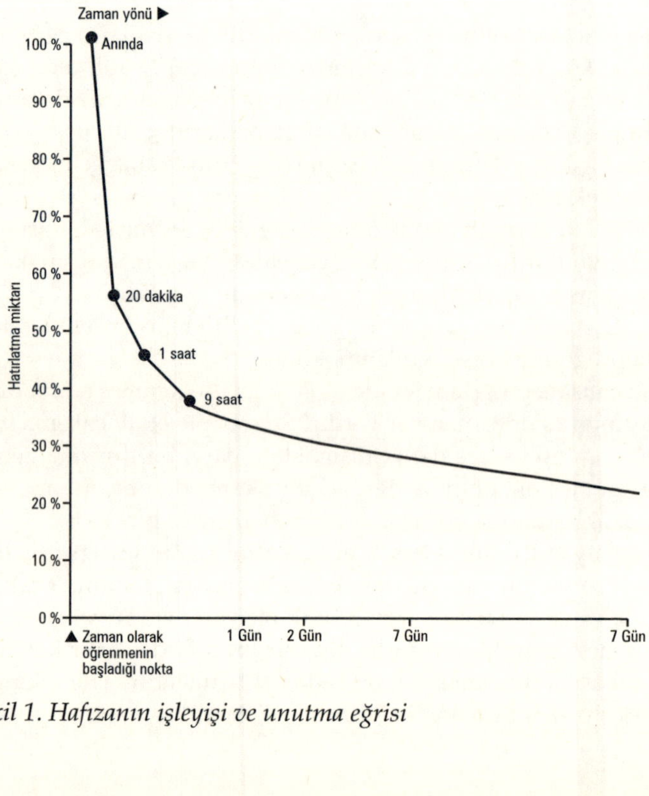

Şekil 1. Hafızanın işleyişi ve unutma eğrisi

İnsan anladıklarının ve öğrendiklerinin yarısına yakın bölümünü 20 dakika içinde unutur.

Bir de insanın dinlediğini ve okuduğunu yeterince anlayamadığı durumlar olduğunu düşünürsek, hatırda kalacak miktarın daha da azalacağı kendiliğinden ortaya çıkar.

Hafızanın özellikleri ve insanın sinir hücrelerinin yapısı açısından en uygun çalışma süresi 20-40 dakika arasındadır. İyi bir ders çalışma seansı 20-40 dakika çalışma, 10 dakika çalışılanların tekrarı 10 dakika dinlenme aralığından oluşur.

Çalışma İle İlgili Önemli İlkeler

- Problem çözerken, çözüme ulaşıncaya kadar ara vermemek gerekir.
- Daha uzun süreli çalışmalarda hatırlama eğrisi hızla düşer.
- 20-40 dakika çalıştıktan sonra 10 dakikalık bir tekrar yapmak gerekir (Metodun hayati parçası budur).
- Her çalışma seansından sonra 10 dakika dinlenme arası vermek gerekir.
- Bu dinlenme sırasında öğrenci aklına gelen her şeyi yapabilir. Bunlar ödülüdür (Televizyondan uzak durun).
- On dakikalık dinlenme aralığında beden gevşer, zihin öğrendiklerini sağlamlaştırır.
- Bir öğrenme seansından sonra verilen ara sırasında, beyin öğrenilenleri ayırıp yerleştirirken hatırlama eğrisi yükselir.
- Hiç tekrarlama yapılmazsa öğrenilmiş olanın % 80'i unutulur.
- Notların tekrar yazılması veya çalıştıktan sonra notların tekrar, hızla gözden geçirilmesi, hatırlamayı güçlendirir.
- Öğrenilenler hafıza bankasında yerleşinceye kadar daha seyrek olarak düzenli tekrarlar yapmak, yüksek hatırlama düzeyini korumaya yardım eder.
- Düzenli tekrarlar, zaman çizelgesi üzerinde planlanmalıdır.
- Gece yatmadan önce gün içinde öğrenilenleri 10 dakika süreyle tekrarlamak, sabah kalkınca aynı bilgileri bir kere daha gözden geçirmek bilgiyi pekiştirir.

20-40 dakikalık bir çalışma seansı birçoklarına kısa gelebilir. Ancak bu yöntem tekrarlama ve dinlenme aralıklarıyla düzenli olarak uygulanırsa, öğrencinin hem çalışma isteğinin artacağı hem de eğitim başarısının yükseldiği görülecektir.

Bu konu, *Üstün Başarı* (Remzi Kitabevi, 28. basım, 2011) kitabında daha ayrıntılı olarak anlatılmıştır.

ÇOCUĞUNUZUN HAYATTAN ZEVK ALMASI İÇİN

İster önemli bir sınava hazırlansın, ister eğitimin ara basamaklarında gündelik ders yükü karşısında olsun, bir öğrencinin sahip olması gereken en önemli ilke ders başında geçirdiği süreyi makul düzeyde tutmak, ancak bu süreden en üst düzeyde yararlanmaktır. Çünkü öğrencinin kendisini ders başında oyalaması, onun hayattan aldığı zevki azaltır. Bu durumda genç kendisine, arkadaşlarına, duygusal ilişkilerine, hayallerine ve boş zaman etkinliklerine zaman ayıramaz. Veya bunlara zaman ayırdığı takdirde, ders çalışması gereğinin duyurduğu vicdan azabı ve suçluluk sebebiyle, bu etkinliklerden yeterince zevk alamaz. Aldığı zevk de boğazında düğümlenir kalır.

Çalışma Ortamını Düzenlerken

Öğrencinin çalışma ortamını düzenlerken dikkat edeceği bazı ilkeler, onun çalışmaya ayırdığı süreden alacağı verimi önemli ölçüde etkiler.

Ders çalışma ortamını düzenlemeye başlamadan önce büyük gruplar üzerinde yapılan gözlemler ve uzun araştırmalar sonucunda elde edilmiş değerli iki bilgiden yararlanın:

1) Çalışma, sadece ve sadece çalışma odasında yapılır. (Çalışma odanız yoksa, yukardaki cümlede yer alan "çalışma odası" yerine "çalışma köşesi" koyun ve ilgili paragrafı dikkatle okuyun.)
2) Ne tür olursa olsun, çalışma sandalyede oturarak, çalışma masası başında yapılır.

Çalışma Masası ve Sandalyesi

Eğer imkânınız varsa çalışma odasını özel olarak döşeyin. Çalışma masasını cam kenarına yerleştirmeyin. Böylece dışardan gelecek ses ve hareketin dikkati dağıtmasını ve gürültünün sizi yormasını önlemiş olursunuz, ayrıca yazın sıcaktan, kışın soğuktan korunmak mümkün olur.

Çalışma masasını, ışığı karşıdan alacak şekilde yerleştirin. Işığın arkadan gelmesi, gölgenin çalışma malzemesi üzerine düşmesine ve gözlerin yorulmasına sebep olur. Eğer mümkünse masa lambası kullanılmalıdır.

İnsanın yazılı bir bilgiyi öğrenebilmesi için mutlaka belirli bir düzeyde gerginliğe ihtiyacı vardır. Bu hem ruhsal açıdan, hem de bedensel açıdan geçerlidir. Uzanarak, yatarak veya koltukta yayılarak çalışmak bir süre sonra gevşemeye yol açacağı için, öğrenmek için gerekli olan gerilim düzeyinin kaybolmasına sebep olur.

Ders çalışmak için en elverişli durum, kollar ve dirsekleri masa üzerine yaslamaya imkân verecek bir sandalyede oturarak çalışmaktır.

Çalışma Odası Olmayanlar

Eğer öğrenci çalışma odasına sahip olacak kadar şanslı değilse, kendisine sabit bir çalışma köşesi düzenlemesi gerekir.

Çalışma köşesinde masa ve sandalyenin yanı sıra, el altında bulunması gereken kitap ve yardımcı malzemeyi koymaya imkân verecek ek bir üniteye daha ihtiyaç vardır.

Eğer bir çalışma köşesinde kullanılan masa aynı zamanda yemek vb. gibi daha farklı işler için de kullanılıyorsa, çalışma amacıyla kullanılmaya geçerken mutlaka temel bir değişiklik yapmak gerekir. Örneğin farklı bir örtü örtmek, üzerine bir çiçek saksısı yerleştirmek bu konuda önerilebilecek değişikliklerdir. Çalışmaya başlarken masanın üzerine hep aynı örtüyü örtmek yerinde olur.

Çalışmaya Başlamayı Kolaylaştırın

Buraya kadar anlatılanların ortak özelliklerinden biri, belirli bir mekânla ders çalışma davranışı arasında şartlı refleks türünden bir ilişki kurma yönündedir. Böyle bir tutum, çalışmaya başlamayı kolaylaştırır.

"Çalışma masasının çalışmayı başlatması" şeklinde bir ilişki kurmayı zorlaştıran en önemli sebep, çalışma masasının çalışma dışındaki amaçlar için de kullanılmasıdır.

Her ne sebeple olursa olsun, çalışmayı, çalışma için ayrılmış alanın dışına kaydırmamak gerekir. Öğrenci mekân değişikliği ile kendisine farklılık aramamalıdır. Ne kadar sıkılırsa sıkılsın, çalışma ve tekrarlar çalışma masasında sürdürülmelidir. Eğer sürdürülemiyorsa ara verilmeli ve masadan kalkılmalıdır.

Çalışma Masasında Sadece Çalışılır

Yemek yemek, hayal kurmak, mektup yazmak, uyumak veya uyuklamak, çay içmek, müzik dinlemek, kitap ve gazete okumak gibi etkinliklerin hepsi ait oldukları yerlerde yapılmalıdır. Asla çalışma masasında değil.

Şu altın bir kural olarak benimsenmelidir. "Çalışma masası sadece çalışmak içindir." Çünkü ancak böylece, çalışma masasına oturulduğu anda, çalışma davranışını kendiliğinden başlatacak alışkanlık kurulabilir.

Gözlemlerimiz, öğrenciler arasındaki bazı çalışma davranışlarının, öğrenmenin şartları ile uyuşmadığı yönündedir. Bu sebeple öğrenci öğrenmeye ayırdığı zaman ölçüsünde başarılı olmamakta, eğitimden kopmakta ve ümitsizliğe sürüklenmektedir. En yaygın yanlış çalışma davranışlarına birlikte göz atalım:

YANLIŞ ÇALIŞMA DAVRANIŞLARI

Yatarak/Uzanarak Çalışma

Ne kadar iyi niyetli ve istekli olursanız olun, yatarak veya uzanarak çalışmaya başladıktan bir süre sonra gevşediğinizi ve okuduklarınızı anlamamaya başladığınızı fark edersiniz. Çünkü, beyin sapında bulunan bir merkeze gevşemeyle ilgili bilgiler gelmeye başladığı zaman, uykuyu başlatacak olan hormonlar salgılanır.

Öğrenci için böyle bir çalışma girişimi, özelikle akşam saatlerinde ve günün yorgunluğu üzerindeyse, büyük çoğunlukla uykuyla sonuçlanır. Bir ihtimal uyumasa bile, öğrenemeyecek kadar gevşer.

Uzanarak gazete, macera romanı ve dergi okunabilir, ancak bu pozisyonda öğrenmek için gerekli olan biyokimyasal düzenlemenin gerçekleşmesi mümkün değildir. Çünkü, bu şekilde çalışmak hem uyanıklığı bozar, hem de yatan bir insanın not alması, başka kaynağa yönelmesi mümkün olmayacağı için aktif katılımı imkânsız hale getirir.

Bu sebeple çalışmanın çalışma masasında ve kolları olmayan, orta sert minderli sandalyenin üzerinde yapılması, çalışmaya ayrılan zamandan en iyi şekilde yararlanmaya imkân verir.

Müzik Dinleyerek Çalışmak

Öğrenmenin ön şartlarından bir diğeri dikkattir. Öğrenmek için gerekli olan biyokimyasal düzenleme aynı anda bir faaliyete yönelindiği takdirde gerçekleşebilir. Aynı anda gazete veya dergi okuyabilir ve müzik dinleyebilirsiniz. Ancak ders çalışmak için gerekli olan dikkatin müzikle bölüşüldüğü durumlarda, ders çalışmak için ayrılan zamandan yeterince yararlanmak mümkün olmamaktadır.

Eğer öğrenci müzik dinlerken ders çalışıyorsa, emin olabilirsiniz ki müzik dinlemeye ayırdığı değerli zamanı ziyan ediyor demektir. Hiç şüphesiz bunun tersi de doğrudur.

Birçok gencin bu noktada şöyle düşündüğünü biliyorum. "Ama ben ders çalışmaya başladığım zaman, bir süre sonra müzik sesini duymuyorum." Bu bütünüyle doğrudur. Ve zaten en başta bu sebeple ders çalışırken müzik dinlememek gerekir. Çünkü "duyulmayan ses", bir süre sonra yorgunluk yapmaya başlar ve çalışma verimini düşürür.

Bu sayılan sebeplerden ötürü, öğrenci mutlaka müzik dinlemek istediği saati programında belirlemeli ve bunu ders çalışma faaliyeti ile çakıştırmamalıdır. Öğrenci dinlemek istediği müziğin keyfini çıkarmalı, ancak ondan sonra da çalışmak için ayırdığı sürede sadece çalışmalıdır.

Posterlerin Bulunduğu Bir Ortamda Çalışmak

Yatılı okullarda eğitim başarısının yüksek olmasının üç sebebi olduğu belirtilmişti: Birincisi programlı ders çalışma düzeni, ikincisi ders çalışma ortamının dikkat dağıtıcı öğelerden arındırılmış olması, üçüncüsü gece ve sabah etütleriyle verilen tekrar imkânı.

Başka hiçbir faktör ders çalışmaya ayrılmış değerli zamana, her gencin odasında asılı bulunan posterler kadar zarar vermez.

Çalışırken kafasını dersten kaldıran öğrencinin, karşısında gördüğü yakışıklı delikanlı veya cazip genç kızla ilgili hayallere sürüklenmemesi mümkün müdür? Veya kafasını kaldırdığında taraftarı olduğu takımın posterine bakan gencin, takımının boşu boşuna kaybettiği puanlar olmasa, sıralamada daha iyi bir yerde olacağını düşünmemesi mümkün müdür?

Şimdi sözümüz gençlere;

Sevgili gençler, ders çalışmaya ayırdığınız zaman çok çok değerli bir zamandır! Kabul etmek güç de olsa, odalarınızda asılı olan sevgili posterleriniz bu değerli zamandan yeterince yararlanmanızı engellemektedir. Odanız sizin egemenlik alanınız, bir anlamda bağımsız cumhuriyetinizdir. Her genç odasını dilediği gibi düzenlemelidir. Ancak ders çalışılan ortamın kişiye mümkün olduğu kadar az çağrışım yaptıracak şekilde düzenlenmesi başarıyı artırır. Yatılı okullarda yüksek olan eğitim başarısının arkasındaki sebeplerden birisinin de bu olduğunu biliyoruz. Bunun için egemenlik alanınız içindeki düzenlemeyi gönüllü olarak kendinizin bir kere daha gözden geçirmenizde yarar vardır.

Belki şöyle bir düzenleme yapmakta yarar olabilir. Ders çalışma masasının tam karşısına gelen yere, 30 cm genişliğinde 1 metre uzunluğundaki bir kartonun üzerine üniversitede hangi bölüme gitmek istiyorsanız, yazarak duvara asın. Ders yılı süresi içinde masanızın karşısında, örneğin "BEN ELEKTRİK MÜHENDİSİ OLACAĞIM" yazısı asılı dursun, tatiliniz sırasında ise poster ve afişleriniz.

Buraya kadar anlatılanları özetlersek, etkili bir çalışma programı uygulayabilmek için öğrencinin önce çalışma ortamını düzenlemesi, sonra da insan beyninin özelliklerini bilerek bir günlük yaşama ve çalışma programı hazırlaması gerekir.

SINAVA HAZIRLANAN ÖĞRENCİNİN ANNE VE BABASINA DÜŞEN GÖREVLER

Sınava hazırlanan bir öğrencinin anne ve babasına önemli görevler düşmektedir. Anne ve babaya düşen önemli görevler, ailenin bütçesinin sınırlarını zorlayarak çocuğuna en iyi eğitim imkânlarını sunmak ve ona çalışma şartlarını hazırlamakla sınırlı değildir.

Koleje veya üniversite giriş sınavlarına hazırlanan bir öğrencinin yaşadığı kaygının iki sebebi vardır. Birinci sebep bütünüyle gerçek ve akılcı bir temele dayanır. Sonuçları hayatın akışını etkileyecek büyük bir yarışta yer alacak olmaktan kaygı duymak, doğal ve yerinde bir durumdur. Ancak ikinci sebep, birincisi gibi gerçek ve akılcı bir temele dayanmaz. "Anneme-babama ne diyeceğim?" "Arkadaşlarımın yüzüne nasıl bakacağım?", "Akrabalarımın önüne nasıl çıkacağım?", "Tanıdıklarıma karşı mahcup olacağım..." gibi düşünceler sınavlara hazırlanan öğrencinin kaygısını yükseltir.

Her konuda olduğu gibi sınavlarda da başarılı olmak için belirli bir düzeyde kaygıya gerek vardır. Giriş sınavlarına hazırlanan bir genç – çok ender rastlanabilecek çok az sayıda kişi hariç– öğrenme ve başarı için gerekli olan düzeyde kaygıya sahiptir. Öğrenmeyi, akıl yürütmeyi ve sınav başarısını olumsuz yönde etkileyen, temelinde öğrencinin kendine güvensizliği yatan yüksek kaygıdır. Gencin kendisine güvensizliği ise önemli ölçüde anne ve babasının bilerek veya bilmeyerek uyguladığı eğitim ve yaklaşımların sonucudur.

Anne-babanın çok küçük yaştan başlayan yüksek başarı beklentisi, çocuğun hatalarını düzeltmek için onu eleştirmesi, çocuğun dayak, hırpalama gibi cezalarla eğitilmesi, yargı ifadesi taşıyan olumsuz sıfatlarla nitelemesi (haylaz, tembel, sorumsuz, dağınık, pısırık, yavaş vb.) çocuğun kendine olan güvenini zayıflatır. Bunun sonucu ortaya çıkan kaygı, başarıya olumlu katkısı olmayan kaygıdır ve bununla başa çıkmak çok zordur.

Çocuğunuzun Kaygısını Artırmayın

Çocukların sınava hazırlandıkları sırada anne-babalara düşen en önemli görev, çocuklarının çalışma isteğini artırmak ve onu çalışmaya teşvik etmek için kaygı yükseltici yaklaşımlardan kaçınmaktır. "Bu kadar çalışmayla kazanamazsın...", "Bu kafayla gidersen zor kazanırsın...", "Amcanın oğlu Robert Lisesi'ni kazandı, bakalım sen ne yapacaksın...", "Teyzenin kızı tıbbı kazandı, çalımından, havasından yanına varılmıyor, aman bizi mahcup etme..." türünden yaklaşımlar genci çalışmaya teşvik etmez; tam tersine, yükselen kaygı sebebiyle onu âdeta "kıpırdayamaz" duruma getirir.

Korku-Kaygı

Kaynağı belirsiz "korku"ya kaygı denir. O zaman akla, "Korku nedir?" sorusu gelmektedir. Korku insanın canının, malının, sevdiklerinin, inançlarının ve toplum içindeki yerinin tehdit edildiği durumlarda yaşanan, bedensel belirtilerin eşlik ettiği duygusal bir tepkidir.

Korku sırasında duygusal tepkinin şiddeti, tehditle orantılıdır ve tehdidin var olduğu süreyle sınırlıdır. Korku sırasında insan, bedensel ve zihinsel güçlerini, korku yaratan tehdidi ortadan kaldırma amacına yönelik olarak uygun biçimde kullanır. Bu sebeple korku normal bir tepkidir.

Kaygı durumunda ise duygusal tepkinin şiddeti hem tehditle orantılı değildir hem de tehdidin varlığından bağımsız olarak devam eder. Bu durumda da insan bedensel ve zihinsel güçlerini korku yaratan tehdidi ortadan kaldırma amacına yönelik olarak kullanamaz.

Sınav Kaygısı

Sınav kaygısı Türkiye'de toplumun çok geniş bir bölümünü ilgilendirmektedir. Her yıl bir milyon dolayında öğrenci ortaokul veya üniversiteye girmek için sınava girmektedir. Bu sınavlara hazırlığın da en az iki yılık bir süreyi içine aldığı düşünülürse her yıl iki milyon aile (yaklaşık 8-12 milyon kişi) doğrudan ve dolaylı olarak sınavın ve sınav kaygısının doğurduğu sonuçlardan etkilenmektedir.

İşte bu sebeple sınav kaygısını, öğrenme ile aynı başlık altında ele aldık. Çünkü, dilimizden düşürmediğimiz "öğrenme"nin ne olduğunu bilmeden, sınavın neden kaygı doğurduğunu anlamak pek mümkün değil. Son yıllarda basın ve kamuoyunda, öğrenmenin bizzat kendisinin sağlığa zararlı olduğu, çok öğrenmenin sağlık üzerinde, "gencecik beyinler" üzerinde yıkıcı etki yaptığı, bu "genç beyinleri" doldurduğu gibi bilimsel gerçek olgularla bağdaşmayan bir hava yaratılmıştır.

Öğrenmenin Esasları

Öğrenme, tekrarlayarak veya bir yaşantı sonucu davranışta ve bilgi düzeyinde meydana gelen oldukça devamlı bir değişikliktir.

Öğrenme konusunda mutlaka bilinmesi gereken, öğrenmenin soyut bir olay veya durum olmadığıdır. Öğrenme, beyindeki sinir hücreleri arasında kurulan protein zincirleriyle meydana gelir.

Öğrenme konusunda bu iki temel adımdan sonra, konunun en can alıcı noktasına gelelim. Sinir hücresi, sahip olduğu özellikler gereği kas hücresinden bütünüyle farklıdır. Birçok ayrılığın yanı sıra, bilimsel adı "cevapsızlık süresi" olan bu farktan ötürü, koşan bir atletin veya ağır yük taşıyan birinin kaslarında meydana gelen yorulmaya benzeyen bir yorgunluğun, "çok çalışmak" sonucu beyinde meydana gelmesi söz konusu değildir.

Çünkü, bilimsel araştırmalar hassasiyet kazandıkça görülmektedir ki, beynin sınırlarına ulaşmak bugün için pek mümkün gözükmemektedir. Bu sebeple öğrenme yoluyla beynin "dolması" ve "yorulması" imkânsızdır.

Sınavlara hazırlığı at yarışlarına benzetmek, çok çalışmanın, antrenman fazlalığı anlamına gelen "sürantrene" olma durumu yaratacağını düşünmek, konunun bilimsel temel ve esaslarından habersizliğin işaretidir.

Öğrenme sırasında yorgunluk olmaz mı? Olur tabii. Ancak öğrenme sırasında meydana gelen yorgunluk, ya bedeni belirli bir biçimde tutmaktan kaynaklanan kas yorgunluğudur, ya da başka bir şey yapmak isteğinden kaynaklanan duygusal yorgunluktur. Yoksa öğrenme sırasında meydana gelen olayların hiçbiri yorgunluk yapmaz. Veya daha açık ifade edersek, öğrenme sırasında beyinde meydana gelen yorgunluğu atmak için on dakikalık düzenli dinlenme aralıkları vermek yeterlidir.

SINAVDAN KORKMAK-SINAV KORKUSU

Sınavdan korkmakla, sınav korkusu arasında büyük fark vardır. Sınavdan korkan bir öğrenci yaklaşan sınava göre zamanını programlayarak çalışır ve zaman geçtikçe de korkusu azalır. Hiç şüphesiz öğrenci sınavdan hemen önce bir heyecan duyar, ancak bu heyecan onu başarıya götürecek, canlı ve diri tutacak ölçüde olan olumlu ve gerekli bir duygudur.

Sınav korkusu olan bir öğrencinin ise sınav yaklaştıkça korkusu ve telaşı artar. Bu korku öğrencinin çalışmasına ve öğrenmesine engel olur ve sınav gelip çattığında ise tutulur kalır.

Öğrenmek İçin Stres Gerekli

Gerçekte sağlıklılığın korunması ve aşama yapılması için belirli bir düzeyi aşmayan stres vericilere ihtiyaç vardır. Ancak bu düzeyin kişiden kişiye büyük değişiklik gösterdiğini unutmamak gerekir.

Kaygı temelde kişiye rahatsızlık veren olayın kendisinden değil, o olayın kişi için taşıdığı anlamdan kaynaklanmaktadır. Birçok öğrenci sınavla birlikte, kendi kişiliğinin ve varlığının değerlendirildiğini düşünür. Böyle bir değerlendirmenin doğurduğu kaygı sırasında, beden kimyasında meydana gelen değişiklikler, beyinde öğrenme için gerekli olan protein zincirlerinin oluşumunu engeller. Daha açık bir ifadeyle kaygı; akıl yürütme ve soyut düşünme yönündeki zihinsel faaliyeti bozar. Bu sebeple yüksek sınav kaygısı, öğrenci başarısızlığına yol açan en önemli faktörlerden biridir.

Araştırmalar, yüksek kaygının özellikle orta zekâlıların başarısında olumsuz rol oynadığını ortaya koymuştur.

Araştırmalar, çok başarılı öğrencilerin başarılarının kaygının yüksek veya düşük olmasına bağlı olmadığını gösteriyor. Aynı şekilde az başarılı öğrencilerin başarısı da kaygıdan fazla etkilenmiyor.

Ancak tehdit edici faktörlerin varlığı yüksek kaygılıların başarısını daha da olumsuz yönde etkilemektedir. İşte bu cümle, konunun can alıcı bir noktasını ortaya koymaktadır. Çünkü ana-babalar ve öğretmenler, çocuklarının veya öğrencilerin güdüsünü artırmak, onları kamçılamak için sürekli olarak kaygı artırıcı yaklaşımlarda bulunmaktadır.

Sınava hazırlanan öğrenciler sık sık, ana-babalardan "Kazanamazsan, herkese rezil oluruz", "Âlemin yüzüne nasıl bakarız", "Verdiğim emekleri helal etmem", öğretmenlerden; "Bunları çalışmazsan sınavı nasıl kazanırsın?", "Bu kadar çalışmayla kazanamazsın", "Bu kafayla bu işi başaramazsın" türünden sözler duymaktadır. Çocuklar için tehdit edici olan, sağlıklarını bozan bu yöndeki yaklaşımlardır.

Sınava Hazırlanmak Stres Yaratır mı?

Ortaokullara hazırlığın ülkemizde böylesine büyük bir rekabet doğurması, bundan 15 yıl önce hiç kimsenin aklına gelmeyecek gelişmelere sebep olmuştur.

Eğer olaya psikologların elindeki klasik ölçme ve değerlendirme araçları açısından bakacak olursak, çocuklar kronolojik yaşlarının ötesinde bilgilerle yüklenmektedirler. Örneğin, klasik zekâ testlerinden Stanford-Binet'in 12 yáşındaki çocuklardan bekledikleri, bugün 10 yaşındaki çocukların programında yer almaktadır. Hem de özel hazırlık kurslarında değil, ilkokul programlarında.

Buna karşılık psikolojideki yeni öğrenme çalışmaları, çocukları mümkün olan en erken yaştan başlayarak alabilecekleri kadar bilgiyle yüklemenin, onların zihin gelişiminde büyük hamleler yapmalarını sağladığını düşündürmektedir. O zaman da kronolojik yaş ve kazanılabilecek bilgilerin bu gelişimler ışığında yeniden gözden geçirilmeleri ve yorumlanmaları gerekmektedir.

Bir Araştırmanın Ortaya Koydukları...

Zuhal Baltaş bundan yıllar önce ilkokul beşinci sınıflar üzerinde sınavın ne ölçüde stres verici etki yaptığını araştırdı. Bunun için, İstanbul'daki kendi öğrencilerine sınavsız ortaokula devam etme hakkı veren bir okulun öğrencileri, denek olarak araştırmaya alındılar. Böylece benzer sosyo-ekonomik ve benzer sosyo-kültürel şartlara sahip ailelerin çocuklarında, sınava hazırlanmaya ve hazırlanmamaya bağlı olarak ortaya çıkan etkiler ve stres faktörü incelendi. Ve hayretle stres puanlarının sınava hazırlananlarda değil, hazırlanmayanlarda daha yüksek olduğu görüldü.

Muhtemelen sınava hazırlanan çocuklar kendilerine benimsetilmiş yolda hazırlık içinde olmaktan ötürü fazla şikâyetçi değildiler. Buna karşılık sınava hazırlanmayanlar, –belki de– kendilerinin böyle bir yarışa layık görülmemiş olmalarından ötürü, daha yüksek bir strese sahiptiler.

Burada üzerinde durulması gereken en önemli nokta, yüksek stres doğuran durumun sınava hazırlanmak, yoğun eğitim programları içinde bulunmak olmadığıdır. İlkokul çocukları için stresi doğuran anababaların ve eğitimcilerin davranışlarıyla şekillenen bakış; üniversite adayları için yukarıdakilere ek olarak, öğrencinin olayı algılayış ve yorumlayış biçimidir.

Bu noktaya tekrar dönmek üzere bir önemli konuyu daha belirtmek istiyoruz. Ortaokula hazırlanan öğrenciler konusunda ana-babaların ve eğitimcilerin kaygı duymalarını gerektiren bir durum gerçekten vardır. Kaygı duyulmasını gerektiren, çocukların sınav sonrasındaki durumlarıdır. Sınavlara hazırlık süresince çok yüksek bir antrenman düzeyinden, sınav sonrası okul eğitiminde çok düşük bir antrenman düzeyine inen çocuklar, bir boşluk içine düşmektedirler. Bu boşluk özellikle sınavı kazanamayıp normal okullara giden öğrenciler açısından daha belirgindir.

Çocuğunuzun Sınırlarını Zorlamayın

Kendi özlemlerinizle çocuğunuzun sınırları arasında gerçekçi bir denge kurun. Çocuğunuz girebilse İstanbul Erkek Lisesi'nde okuyabilir veya kazanabilse tıp fakültesini bitirerek iyi bir doktor olabilir. Ancak çocuğunuzun kapasitesi binlerce kişi arasından sıyrılarak bu yerlere ulaşmaya yeterli olmayabilir. Bu iki durumu birbirinden ayırın ve içinizden veya yüksek sesle çocuğunuzun "beceriksiz" olduğunu düşünmeyin. Çünkü, bu düşüncenizi çocuğunuz bir şekilde hisseder veya duyar.

Çocuğunuzun sınırlarını anlayabilmek için bir uzmanın görüşüne başvurabileceğiniz gibi, bu konuda kendiniz de gerçeğe çok yakın bir tahminde bulunabilirsiniz. Bunun için kullanacağınız ölçüt, çocuğunuzun okul hayatında ve okul dışı faaliyetlerinde göstermiş olduğu başarı düzeyidir.

Çocuğunuz sınıfında ders başarısı açısından ön sıralarda yer alan, sosyal faaliyetlerinde girişken ve liderlik özelliği olan, belirli bir ders veya alandaki başarısı öğretmenlerinin veya çevresindekilerin takdirini kazanan biriyse ne mutlu size. Bu durumda çocuğunuzla ilgili beklentilerinizi yüksek tutmakta gerçekçi sebepleriniz var demektir.

Eğer çocuğunuz sınıflarını "ancak" geçebildiyse, sınıfını geçerken çeşitli yardımlara ihtiyaç duyduysa, öğretmenleri kendisini, "Biliyor ama bildiğini ortaya koyamıyor", veya "Çalışsa yapar, ancak çalışmıyor," diye değerlendirdilerse, okul dışı hayatında dikkat çekecek hiçbir özel başarı göstermediyse, çocuğunuzun uyumlu bir insan olması ve meslek hayatında başarı göstermesi mümkündür. Ancak okul veya üniversite seçiminde beklentilerinizi çok yüksek tutmamanızda yarar vardır.

Bir cümleyle özetlemek gerekirse, çocuğunuzla ilgili beklentilerinizi kontrol edin ve ideallerinizin onun sınırlarını zorlamasını önleyin.

Sınavda Başarılı Olamazsa Yaşayacaklarını Bir Ceza Gibi Göstermeyin

Bir düşünür "Hayat, büyük olayları beklerken arada geçen zamandır," demiş. Bu sözden bir pişmanlık payı çıkartmak da mümkündür. Hayatı bir süreç gibi değil de bir durum gibi görürseniz, önünüzdeki olayların önemini abartırsınız.

Çocuğunuz istediğiniz –veya kendi istediği– kolejin veya üniversitenin giriş sınavında başarılı olamazsa, gideceği okulu bir ceza gibi göstermeyin. Çünkü istediği okulu kazanamadığında alacağı eğitim de, hayatı açısından büyük önem taşır. Bu eğitimi alabilmesi ve, yararlanması ancak okulunu ve eğitimini sevmesiyle mümkündür. "...Eğer kazanamazsan, falan okula gidersin" veya "...Eğer ...fakültesine giremezsen, filan fakülteye girer ancak filan olursun," gibi sözler onun gideceği okulu, yapacağı işi sevmesine imkân bırakmaz. Bu tür yaklaşımlar çocuğun hayatı ve kendisini sevmesini de engeller ve kendine olan güvenini temelden sarsar.

Kendinize "Hayatın Amacının Ne Olduğunu" Sorun

Hayatın amacı kendine yeten bir insan olmak, yaşadığından memnun olmak ve bu memnuniyeti yakın çevredeki insanlarla da paylaşabilmektir. Sınavda başarılı olmak, diploma sahibi olmak bu temel amaca yönelik araçlardır. "Okumak", "yükseköğrenim görmek" hayatın seçeneklerinden biridir. Neyse ki, hayatın seçenekleri bu kadar sınırlı değildir. Eğer amaç para kazanmaksa mutlaka falan okula gitmeden veya filan üniversiteyi bitirmeden de bunu sağlamak mümkündür. Eğer amaç hayattan alınan zevki artırmaksa, müzik ve sanat bu zevki ve coşkuyu insanlara dolu dolu yaşatabilir. Bütün bu sebeplerden ötürü hayatı bir tek seçeneğe "...falan okulun giriş sınavını kazanmaya" indirgemek konuyu bir "ölüm-kalım" olayı durumuna getirir. Bu da hem ailenin hem de çocuğun kaygısını yükseltir ve çocuğun başarısını tehdit eder.

Anne-baba olarak görevinizin çocuğa iyi bir eğitim vermek olduğu kadar, ona hayatı sevdirmek ve yaşama sevincini aşılamak olduğunu da göz ardı etmeyin.

Birbirinize Bağlılığın Amaç, Sınavın Araç Olduğunu Unutmayın

Ders çalışmak ve sınav kazanmak uğruna çocuğunuzla olan yakınlığınızı tehlikeye atmayın. Önündeki sınavda başarılı olsa da, olmasa da önemli olan çocuğunuzla aranızdaki sıcaklığın tehdit edilmemesidir. Çocuğun sınavda başarılı olması uğruna yapılan mücadele bazen aileyle çocuk arasına soğukluk girmesine ve duygusal açıdan uzaklaşmaya sebep olmaktadır.

Eğer çocuğunuzla ilişkiniz genel olarak iyi ve yumuşak ise, ölçülü miktarda "çalış" uyarısı ve çalışma şartlarının hazır edilmesi biraz sıkıcı gelse de çocuğunuza sorumluluğunu hatırlatacaktır. Kaç yaşında olursa olsun birçok kişinin çalışmaya başlamak için bu tür bir uyarıya ihtiyaç duyduğu bilinir.

Ancak çocuğunuzla ilişkiniz iyi gibi gözükse de sık sık sertleşiyorsa, o zaman "çalış" uyarıları aranızdaki gerginliğin dozunu artırmaktan başka bir işe yaramayacaktır. Böylece birbirinize kızmak için özel bir sebebe ihtiyacınız kalmayacak, eğitim ve diplomadan daha önemli olan bir şeyi, yani çocuğunuzla aranızdaki sıcaklığı bütünüyle kaybedersiniz.

Sizin Değer Verdikleriniz Nelerdir?

Yukarda anlatılanlardan, çocuğunuza "çalış" demeyin, anlamını çıkarmayın. Çocuğunuzun başarısı için maddi-manevi fedakârlık yaptığınız ve gayret gösterdiğiniz doğrudur. Bunun karşılığını beklemeniz de son derece doğaldır. Ancak çocuğunuzun elinden geleni yaptığına inanın. Eğer sonuç istediğiniz gibi olmazsa çocuğunuzun elinden gelenin bu kadar olduğunu da kabullenin.

Siz sofrasında kitaplardan konuşan, güzel sanatlardan söz eden, –eğitim düzeyiniz ne olursa olsun– kendisini yetiştirmeye çalışan ve okuyan bir insansanız, büyük bir ihtimalle çocuğunuzun başarısızlığı da geçicidir. Bu defa olmasa da gelecek defa başarılı olacaktır.

Siz okumak için elinize gazeteden başka bir şey almıyorsanız, çocuğunuz büyürken bir kitapla ilgili tartışmaya tanık olmamışsa, sofranızda sadece artan fiyatlar, alınan ve satılanlar, kazanılan ve kazanılamayan paralar konuşuluyorsa, o zaman o da "başarı" konusunda sizi örnek almış demektir.

Ancak siz kendinizi birinci grupta değerlendirebilir ve buna rağmen çocuğunuzun gayretini yeterli görmeyebilirsiniz. Bu ender rastlanan bir durum değildir. Bu durum pek çok ailenin başına gelmektedir. Çünkü, bazı çocuklar hayat başarısını "okumak" ve eğitimin dışında görürler. Bunu da çocuğunuzun "seçimi" olarak görmeniz yerinde olur. Bu noktada olgun insanın tanımını hatırlamakta yarar vardır: "Olgun insan, sonucunu değiştiremeyeceği olayları kabul eder."

Anne ve babaların kabul etmeleri gereken bir şey vardır ki, kimse kimseye yaşamayı öğretemez. Herkes hayatı kendisi yaşayarak öğrenir. Anne ve babalar kendi gençliklerini düşünürlerse, kendi yaptıkları birçok hata konusunda kendilerinin de büyükleri tarafından daha önce uyarılmış olduğunu hatırlayacaklardır.

Genç insan hata yaparak dünyanın ve bu dünya içinde kendi gücünün sınırlarını tanır. Bu anlamda her hata gelişme yolunda bir aşamadır. Bunun için iki şart vardır. Birincisi, hatalardan ders alarak ileriye doğru bir adım atılması ve aynı hatanın tekrarlanmaması; ikincisi, bütün hayatı içine alacak ve hayatın akışını olumsuz yönde etkileyecek hatalar yapılmaması. Bu tür hatalara örnek olarak uyuşturucu kullanımı, erken yaşta hamilelik verilebilir. Bütün anne ve babalar bu iki şartı göz önünde bulundurarak çocuklara ve gençlere "kendi hatalarını" yapma ve sonuçlarını yaşama ile hayatı öğrenme şansı verilmesi gerektiğini içlerine sindirmelidirler. Bunun için anne ve babalar adına da cesaret ve sabır gereklidir. Büyümek ne kadar zorlu ve acılı bir süreçse, çağdaş anne ve baba olabilmek de aynı ölçüde zor bir süreçtir.

AİLE İÇİNDE UYUM, YENİLENMEYE AÇIK OLMAKLA MÜMKÜNDÜR

Anne-babaların kabul etmeleri gereken temel gerçeklerden biri, gençlik döneminin uzamış olmasıdır. Birçok başka sebebin yanı sıra, sadece bu özellik bile, anne-babaların çocuklarına kendi gençlikleriyle ilgili kıyaslamalar yapmasının yerinde olmadığını anlatmalıdır.

Yirminci yüzyılın son çeyreğini yaşadığımız dönemde, gençlik dönemi, geçmişe kıyasla uzamıştır. 14-18 yaşlarını içine aldığı düşünülen gençlik dönemi, UNESCO'nun gençlik yılı kutlama programında 26 yaşa kadar uzatılmıştır.

Günümüzde teknolojinin ileri derecede uzmanlaşmayı gerektirir olması, biyolojik ve ruhsal gelişimin önüne çeşitli engelleme, bekletilme ve "toplumsal gereklilikler" koymuştur.

Gençlik döneminin iki temel özelliği vardır. Birincisi, hızlı bir psikolojik ve fizyolojik gelişim; ikincisi, ailenin etki alanından çıkarak akranlarının etki alanına giriş.

Gerek hızlı bedensel gelişim, gerekse akran etki alanına giriş gencin davranışlarında değişikliğe yol açar. Bu sebeple ailelerin bu gelişmeye hazırlıklı olmaları, gence karşı sert ve katı bir tutum izlemelerine engel olarak çatışmaları önler.

Stres, bedensel ve ruhsal sınırların zorlanması ve zorlayan duruma karşı yapılan bir uyum çabasıdır. Bu sebeple gençlik dönemi özü gereği stresli bir dönemdir. Çünkü gençlik döneminde yeni duygusal bağlar kurulmakta, meslek ve iş seçiminde önemli kararlar alınmakta ve genç, hayatını etkileyecek yarışmalara girmektedir.

Gençlik döneminin en büyük stresi kimlik arama problemidir. Genç insan bir taraftan farklı olma çabası içinde, diğer taraftan modaya uyarak bir grubun içinde erime isteğindedir. Bu kimlik arayışı içinde farklı olma çabası, bir gruba ait olma ihtiyacı ve bağımsızlık isteği vardır. Bağımsız olma isteği bir taraftan da, bağımsızlığın gerektirdiği sorumlulukları yüklenme zorunluluğunu da beraberinde getirir. Bu durum gencin ciddi olarak bir ikilem yaşamasına sebep olur. Çünkü genç bağımsız olmak istemekte ancak bağımsızlığın gerektirdiği sorumluluğa hazır bulunmamaktadır.

Genç insan bir taraftan kendisini zorlayan ve değişim gösteren beden imajına uyum sağlamaya çalışırken diğer taraftan cinsel rolüne ve bunun toplumsal kalıplarına uygun davranmaya zorlanır.

Bütün bu sayılanlar, gençlerin kendileriyle ilgili uyum güçlükleri ve çatışmaları olmasının ne kadar doğal olduğunu ortaya koymaktadır. Gençlerin kendi içlerindeki bu çatışmanın ailelerine ve çevrelerine yansıyıp anne-babalarıyla ve öğretmenleriyle çatışma, kısacası bir önceki kuşakla çatışma şekline dönüşmesi kaçınılmazdır. Gençler ve halk arasındaki yaygın inanç, iki kuşak arasında ciddi fikir ve tutum farklılıkları olduğu ve bu farkın yarattığı ayrılıkların da "kuşak çatışması" şeklinde ortaya çıktığıdır.

Akran Baskısı

Gençlerin en büyük şikâyetleri, ailelerinin kendi üzerlerindeki baskısıdır. Oysa yapılan araştırmalar, gençler üzerindeki en büyük baskının akran baskısı olduğunu ortaya koymaktadır. Gençler akran gruplarının etkisiyle en başta sigara ve alkol kullanmaya başlamaktadırlar. Yine gençler akranlarında gördükleri gibi giyinmekte, kendilerine özgü bir konuşma biçimi geliştirmekte ve saç modellerine birbirlerinden etkilenmektedirler.

Kuşak Çatışması Masalı

Anne-baba ve çocukların anlayış farklarından doğan çatışma, yeni değildir. Mısır tabletlerinde, antik dönem yazıtlarında gençlerin söz dinlemez ve asi oldukları yazılıdır. Goethe ve Schiller'in saçlarının uzun olmasının sebebi, bir önceki kuşağın değerlerini protesto etmek içindi.

Gençlerle yapılan kültürlerarası araştırmalar, gençlerle anne-babaları arasındaki "kuşak farkı"nın basın-yayın organlarınca abartıldığı ölçüde büyük olmadığını ortaya koymuştur. Gençlerle aileleri arasında çatışma, daha çok yüzeysel ve şekilsel sebeplerle olmaktadır. Bu sebepler arasında en sık rastlananların; dinlenen müziğin niteliği ve sesinin yüksekliği, giyim ve saç modellerinin biçimi, konuşmada özel bir argonun kullanılışı ve kullanılan aksesuarlar olduğu görülmüştür. Bu sebeplerin hepsi gözle görülen, sanki evde yaşayan insanlar arasında büyük bir fark varmış izlenimi veren ve esnekliği az olan anne-babalarda kolayca çatışmaya ve kopmalara gidebilecek, günlük hayatın her anında karşılaşılabilecek faktörlerdir.

Buna karşılık gençler ahlak değerlerini çok önemli ölçüde ailelerinden almakta, gençlerle anne-babaları arasında sosyal ve ahlaki konularda büyük ölçüde uyum bulunmaktadır. Bu uyum belki 16-19 yaşlar arasında tam olarak ortaya çıkmamakta, ancak 20 yaşından sonra ilerleyen yaşla birlikte açıkça görülmektedir.

Gençlerle aileleri arasındaki tek gerçek çatışma sebebi, cinsellikle ilgili konular ve karşı cinsle olan ilişkilerdir. Bu durum özellikle genç kızların aileleri ile ilişkilerinde zorlanmalarına sebep olmaktadır. Cinsellik ve karşı cinsle ilişkiler dışında, gençler farklı toplumlardaki gençlerle evrensel bir uyum içinde olmaktan çok, kendi anne ve babalarının ahlak ve sosyal değerlerini almakta ve onların önceliklerini benimsemektedirler.

Eğer anne-baba çatışma konularının bu özelliğini fark edip yumuşak bir tutum izleyerek anlaşmazlıkları derinleştirmez ve gerginliği artırmazlarsa, genç, yaşamak istediklerinde doyum sağladıktan sonra, ailenin değerleri doğrultusunda davranmaya devam eder.

Ailelerinin Dışına Düşen Gençler

Ancak bilinmektedir ki, bazı ailelerde durum böyle olmayabilmektedir. Bazı gençler ailelerinin sahip oldukları değerlerden bütünüyle farklı değerler benimsemekte ve yabancılaşma içine girebilmektedirler.

Bu Sonucu Doğuran Sebepler Nelerdir?

Gencin, ailenin temel değerleri dışındaki değerleri benimsemesi ve hatta ailesinden kopması, esas olarak aile tarafından dışlanmasından kaynaklanmaktadır. Küçük yaştan başlayarak çocuk, anne ve babası tarafından önemsenmediği, beğenilmediği, duygusal olarak dışlandığı ve sevilmediği inancını geliştirirse, gençlik döneminde aileden kopmakta ve ailenin temel değerleri dışında değerlere bağlanmaktadır.

Eğer genç ailesi tarafından kabullenilmezse veya ailesinden yeterli ilgi görmezse, aile değerlerinin dışında değerler geliştirme ihtimali artmaktadır. Bu sebeple çocuklarımızı eleştirirken onlara doğruları göstermeyi amaçlarken, onları kendimizden uzaklaştırdığımızı unutmamamız gerekmektedir. Daha önce de belirttiğimiz gibi, çocuklarımıza hata yapma, hatalarının sonuçlarını görme ve bu sonuçlardan ders alma fırsatı verecek kadar sabırlı ve tahammüllü olmaya gayret etmek, bu konudaki en uygun yaklaşımdır.

Daha önce de belirttiğimiz gibi, gençler üzerindeki en büyük baskı, akran baskısıdır. Ancak bilinmektedir ki bazı gençler akranlarının etkisinde daha fazla kalmaktadırlar. Akran etkisi gencin evde yetersiz ilişki içinde olması ve ilgisizlik görmesiyle artmaktadır. Genç birey ne kadar kendisine güvenliyse, akran grubu normlarını kabul etme ihtiyacı da o ölçüde azalmaktadır.

Kendisine güven duyan gencin akran grubu baskısına direnmesi kendi değer ve yaklaşımlarını bağımsız ve özgürce sergilemesi mümkün olmaktadır.

Sıcaklık ve vericilik, çocuğun ve gencin özdeşleşme ve benzeme isteğini artırmaktadır. Özdeşleşme döneminde genç yumuşak ve verici insanlara benzeme eğiliminde olmaktadır. Sert ve katı tutumlar genci aksi yönde tepki vermeye yöneltmektedir.

Otoritenin Dayanacağı Temel

Sonuç olarak, anne-babanın kendi otoritelerini hangi temele dayandıracaklarına karar vermeleri gerekir. Otoritenin dayandığı temel, "güç" olabilir. O takdirde böyle bir otoritenin araçları ceza, ödül, korkutma ve tehdittir. Bu araçların kullanılması, insanları otoriteyi kullanana mesafe koyma ihtiyacına yöneltir ve kişi, güce dayalı otorite kullanan kişiden uzaklaşır. O zaman da anneler-babalar, çocukları kendilerine yaklaşmıyor, kendileriyle konuşmuyor diye şikâyet ederler.

Otoritenin dayandığı temel, "bilgi" olabilir. Bilgiye dayanan otoritenin aracı "bilgi", anlayış ve hoşgörüdür. Bilginin bir otorite aracı olarak kullanılması, insanları otoriteyi kullanan kişiye yaklaştırır. O zaman da anneler-babalar çocuklarının kendilerine yakınlaştığını, ihtiyaç duyduğu zaman başvurduklarını ve fikir sorduklarını görürler.

İşte bu sebeple, anne-babanın kendi otoritesini hangi temele dayandıracaklarına karar vermesi büyük önem taşır. Unutmamak gerekir ki, çocuklarıyla yakınlaşmak ve ona yardımcı olmak istiyorlarsa, otoritenin dayanacağı temel "bilgi"dir.

En İyi Çocuk Yetiştirme Metodu

"Çocuklara nasıl davranılırsa, onların başarılı ve mutlu bireyler olarak topluma uyum sağlamalarına yardımcı olunur?" sorusu psikologların en çok cevap aradıkları sorulardan biri olmuştur.

Çocuk yetiştirme metotlarıyla sonraki davranış arasındaki ilişkiyi inceleyen araştırmalardan birbirleriyle çelişen sonuçlar alınmıştır. Bu araştırmaların ortak bulgusu, ebeveynin temel tavrının özel yetiştirme metotlarından daha önemli olduğu yönündedir. Çocuk yetiştirme metotlarında ebeveynin temel tavrı, özel yetiştirme metotlarının her türünden daha önemli ve belirleyici bir rol oynamaktadır.

Anne-babanın temel tavrının en önemli yönü ise, çocuklarıyla kurdukları duygusal ilişki ve çocuğu –ve dolayısıyla getirdikleri problemleri– kabullenme biçimi ve düzeyidir.

Ebeveyn çocuk ilişkisinde sıcaklık ve duygunun eksikliği nevrotiklik, saldırganlık, çekingenlik, güvensizlik gibi istenmeyen kişilik özelliklerinin gelişmesine sebep olmaktadır.

ÇAĞDAŞ BAŞARI

Başarılı bir hayat, "uyumlu ve doyumlu" yaşanan bir hayattır. Geçmişte başarı için tek şey önerilirdi. "Çalışmak, çalışmak ve gene çalışmak." Veya "çok çalışmak". Oysa çağdaş başarı kavramı içinde "çok çalışmak" yerini "etkili çalışma"ya bırakmıştır.

"Etkili çalışmak", zamanı belirlenmiş amaçlar ve saptanmış öncelikler doğrultusunda programlı olarak kullanmaktır. "Etkili çalışma" programı içinde eğlenmeye, dinlenmeye, aileye, sevdiklerine zaman ayırmaya ve hobilere daima yer vardır.

Başarılı olabilmek için mutlaka amacın açık ve net bir tanımının yapılmış olması, kişinin buna inanması ve bu amaca yönelik yıllık, aylık ve haftalık programların düzenlenmesi ön şartlardır. Günlük ve haftalık program içinde amacına zaman ayırmayan kişi "amaç sahibi" değil, "hayal sahibi" bir kişidir. Unutmamak gerekir ki amaçlar davranışları başlatır, sonuçlar bu davranışları sürdürür.

Amacını açık ve net olarak tanımlayan kişinin bunu düşünmesi yetmez. Eğer amacınız bilgiyasar mühendisi olmaksa çalışma masanızın karşısına bir kartona "BEN BİLGİSAYAR MÜHENDİSİ OLACAĞIM" diye yazarak asmak yararlıdır. Böyle bir tutum, insanın hayallere dalmasını önlemesi ve boş zaman etkinliklerini planlaması açısından çok yerinde olur.

Başarılı bir insan, belirlediği amaçlarına belirli bir zaman dilimi içinde ulaşmış olan kişidir.

Başarı Programla Gerçekleşir

Başarı, birey için anlamlı olan amaçların yapılmış günlük programlarla adım adım gerçekleşmesidir. Belirlenmiş "kişisel amaçlar" olmadan başarılı olmak mümkün değildir. "Herkes istiyor" diye, herkesin amaçladığını istemek, gerçekten bir "amaç" sahibi olmak demek değildir. "Genel amaçlar" peşinde olmak, hem insanın enerji ve gayretini yoğunlaştırmasını engeller, hem de ulaşıldığında insanı mutlu etmez.

Amacını açık-seçik belirlememiş kişi, dümeni olmayan bir gemiye benzer. Gemi sürekli yol alır, içindekiler çalıştıklarını zanneder; ancak geminin akıbeti şansa ve kadere kalmıştır. Böyle bir gemi kayalara çarparak parçalanabileceği gibi, hiç ilgisiz bir limana da gidebilir.

Bütün başarılı işletme ve kurumlar amaçlarını belirlemek ve bu amaçların nasıl gerçekleşeceği konusunda plan yapmak için zaman ve enerji harcarlar. Ancak gözlemlerimiz çok az sayıda insanın bunu yaptığı yolundadır. Fakat hayatta başarıya ulaşmış bütün insanlar amaçlarını saptamış ve bu amaca yönelik bir plan yapmış olanlar arasından çıkar.

Gerçek Bir Diyalog

Bu ders yılının başında, öğrencilerimizden birine hangi fakülteye girmek istediğini sorduğumuzda; "Benim isteğimin ne önemi var, nereyi kazanırsam oraya..." dedi. "İsteğin önemsiz olur mu, sen nereye girmek istiyorsun?" diye ısrar ettiğimizde, "Boğaziçi Elektronik Mühendisliği" cevabını aldık. Bunun üzerine; "Yazın ne yaptın?" diye sorduk. Sorumuza şaşırmış gibi yüzümüze baktı; "Ne yapacağım," dedi, "Mayıs sonunda yazlığa gittik. Eylül sonuna kadar tatil yaptım, şimdi de kursa geldim."

İstek-Hayal

Birçok öğrencinin yanılgısını yansıtan bu diyalog, "istek"le "hayal" arasındaki ilişkiyi açık-seçik ortaya koymaktadır. Bu öğrenci, insanın istediğine "kendiliğinden" ulaşabileceğine veya istediğini elde etmenin bir "şans işi" olduğuna inanmaktadır. Eğer bu öğrenci amacının Boğaziçi Elektronik Mühendisliği olduğuna açıkça karar vermiş, buna inanmış ve bu amacını gerçekleştirmek için kendisine aylık, haftalık ve günlük programlar yapmış olsaydı, amacına ulaşma şansı çok daha fazla olacak ve isteği bir "dilek" olmaktan öteye geçerek gerçekçi bir amaç haline gelecekti.

Bu noktada bir konuya açıklık getirmekte büyük yarar vardır. Yukarda anlatılan öğrenci bütün söylenenleri yapmış da olsa, Türkiye bütününde %1'lik dilim içindeki bu bölüme girmesi yine de mümkün olmayabilirdi. Bu size bir çelişki gibi gözükmesin, çünkü amaca ulaşmak için en başta o amaca inanmak ve yukarda anlatıldığı gibi şartlarını yerine getirmek gerekir. Her insan amacına ulaşmayabilir, fakat amaçlarına ulaşanlar mutlaka amaçlarına inanan, amaçları doğrultusunda mücadele eden ve şartlarını yerine getirenler arasından çıkar.

Cehalet Şansa Olan İnancı Artırır

Üniversiteye giriş aşamasındaki öğrenciler arasındaki yaygın tavır, girecekleri bölümün önemli ölçüde "şans" tarafından belirleneceği yolundadır. Oysa sistem şansa hemen hemen yer bırakmayacak biçimde düzenlenmiştir. Yapılan araştırmalar göstermiştir ki, "Cehalet şansa olan inancı artırmaktadır". Toplumun en dinamik kesimi olan gençlerin bu tür yanılgılardan uzak durmaları gerekir. Çünkü ancak bu şekilde, önlerindeki kavşak noktasına akılcı ve gerçekçi bir yaklaşım içinde girmeleri mümkün olur. Bu tutum kendileri ve ülkenin geleceği açısından son derece yararlıdır. Bir Rus atasözü; "Şans kuvvetliden yanadır" der. Bu durumda yapılacak olan, kuvvetli olabilmek ve şansı yanımıza çekebilmek için gerekli önlemleri almaktır.

Hayatın tek ve son amacı "okumak", "yükseköğrenim görmek" değildir. Okumak ve yükseköğrenim görmek yaşananın farkına varılmasını sağlar ve "yaşantının kalitesini" yükseltir.

"Bir Diploma almak" İçin Okumak

"Bir diploma sahibi olmak..." üniversite giriş sınavlarına hazırlanmanın ve 4 yıl yükseköğrenim yapmanın sebebi olamaz. Oysa gözlemlerimiz ve tecrübelerimiz üniversite eşiğindeki birçok gencin sadece "bu sebeple" yüksek öğrenime yöneldiğini bize göstermektedir.

Aynı şekilde ortaokula giriş aşamasındaki anne-babaların büyük çoğunluğu kendi çocuklarını, "herkes" çocuğunu kolej giriş sınavlarına hazırladığı için sınav maratonuna sokmaktadır.

"Herkes" yöneldiği için yönelinen amaçlar, insanların zamanlarının boşa harcanmasına ve mutsuz olmalarına yol açar. Çünkü "genel amaç" diye bir şey olamaz. "Başarı" sadece tek bir faktöre, hayatta ilerlenebilecek tek bir yöne bağlı değildir. Herkesin gönlünde kendince değişik bir "başarı" kavramı olmalıdır. Bu sebeple başarıyı bütün toplum için tek bir seçeneğe indirgemek hem gerçekçi değildir, hem insanları mutsuz eder, hem de verimliliklerini azaltır.

Anadolu Liseleri Dramı

Bin bir emek ve zahmetle Anadolu Liselerine giden çocukların büyük bir bölümü ders yılını ya boş derslerle, ya Türkçe okutulan fen dersleriyle geçirmektedir. Bu durum çocuklarını büyük zorluk ve fedakârlıkla Anadolu Liselerine sokmuş anne-babalar arasında büyük hayal kırıklıklarına sebep olmaktadır. Oysa anne-babaların çocuklarını ne için yarışa soktuklarını baştan düşünmeleri daha yerinde olur.

"Herkes" katılıyor diye yarışa katılmak akıldışı bir tutumdur ve ne yazık ki milyonlarca aile bunu hayatın doğal bir parçası olarak görmektedir.

Bir yabancı dil öğrenmek, bir yabancı kültürü özümsemek için bir araçtır. Kişi yabancı dil aracılığı ile farklı bir kültürün değer yargılarını kendi kültürünün değer yargıları ile bütünleştirerek yeni bir yorum yapar. Bunu yaparken de, yabancı dili öğrendiği hocalarından, o kültürün değerlerinin canlı uygulamasını görür. Yabancı dil, yabancı hocalardan fen derslerini de içine alacak yaygınlıkta öğrenilmezse bu tür eğitimden beklenen yarar önemli ölçüde azalır. Bu sebeple yabancı dille eğitim verdiğini ileri süren eğitim kurumlarının gerçek şartları bilinmeksiniz, astarı yüzünden pahalı mücadelelere girişmemek pek çok açıdan daha hayırlıdır.

Yukarda sayılan niteliklere sahip okulların sayısı bir elin parmaklarını geçmemektedir. Bu sebeple anne-babaların çocuklarını "herkes" katılıyor diye yarışa sokmak yerine, kendi çocuğunun kapasite ve düzeyi konusunda gerçekçi bir değerlendirme yaparak, buna göre karar vermesi daha yerinde olur. Böyle bir değerlendirmeden sonra, belki çocuğu Anadolu Liselerine hazırlamak yerine, genel eğitim sistemi içinde takviye etmek, düzenli ders çalışma alışkanlığını kazanmasını sağlamak ve bunu uygulaması için teşvik etmek uzun vadede daha iyi sonuçlar verebilir.

Üniversite Eğitimi Meslek Kazandırmalıdır

Üniversite giriş sınavları ve üniversite eğitimi için de durum çok farklı değildir. Birçok genç "herkes" yöneldiği için üniversite eğitimine yönelmekte, esas ve son amaç "bir diploma sahibi olmak" durumuna gelmektedir. Oysa üniversite eğitiminin, kişiye uygulayarak hayatını kazanacağı bir meslek vermesi beklenir. Üniversiteler ve yüksekeğitim programları ile ilgili broşürler incelendiğinde birçok bölümün; "mezunlarına iş bulacak beceriler vermediğini", bölümlerinin amacının "konuyla ilgilenenleri bilgilendirmek" olduğunu açık açık yazdıkları, görülür.

Birçok genç tercih listelerine yazdıkları bölümlerin kendileri için nasıl bir gelecek hazırladığı konusunda hiçbir bilgi sahibi olmaksızın, 4 yıl okuyacakları yükseköğrenim programını seçmektedir. Bu gençler bir veya iki yıl gibi kısa bir süre sonra eğitimleri sırasında edindikleri bilgilerin hayatlarını kazanmalarına yetmediğini fark etmektedirler. Ancak bu sırada da, "Başladık bir kere, hele şu okul bir bitsin," diye düşünülmektedir. Dört yıllık eğitim sırasında, ancak geçer notlarla veya "hocam bu son hakkım, geçemezsem okuldan atılıyorum, n'olur geçirin..." ricalarıyla veya gelenek haline gelen öğrenci aflarından yararlanarak okuldan mezun olanlar, derhal iş bulma güçlükleri yaşamaya başlamaktadırlar.

Günümüz ileri uzmanlaşma ve kalite çağıdır. İş bulmak ve rekabet ortamında sivrilmek için uygulamaya dönük bilgi vermeyen 4 yıllık bir eğitimi, orta sıralarda tamamlamak yetmemektedir. Üniversiteye girip 4 yıl okuyarak kendini büyük bir fedakârlık yapmış olarak gören kişi, ister istemez bunalıma sürüklenmektedir. Şanslı olup iş bulanlar, iş zorsa işin kendilerinden beklediklerini yerine getirememekte, iş kolaysa bir süre sonra sıkılıp "iş tatminsizliği" yaşamaya başlamaktadırlar.

Bütün bu anlatılanlardan ötürü, uyumlu ve doyumlu bir hayat yaşamak, ancak insanın ne istediğini önceden bilmesi ve bu yönde adım adım ilerleyen bir program doğrultusunda amacına yaklaşmasıyla mümkündür.

Başarıya Ulaşmak İçin

Başarı değişken bir kavram olduğu için genel-geçer bir tanımını yapmak mümkün değildir. Ancak başarı genel bir çerçeve içinde "uyumlu ve doyumlu" yaşamak olarak tanımlanabilir.

Başarılı olmak için çok çalışmak değil, etkili çalışmak gereklidir. Etkili çalışmak ise zamanı, belirlenmiş amaçlar ve saptanmış öncelikler doğrultusunda programlı olarak kullanmaktır. Başarılı olmak için amacın açık ve net bir tanımının yapılmış olması ve bu amaca yönelik yıllık, aylık ve haftalık programların yapılması temel şarttır.

Çeşitli ölçüler kullanılarak başarılı oldukları belirlenmiş kişiler üzerinde yapılan araştırmalar başarılı kişilerin şu özelliklere sahip olduklarını ortaya koymuştur:

Durumunu değerlendirme özelliği: Bu kimseler güçlerinin, niteliklerinin ve yeteneklerinin sınırlarını bilen ve sahip oldukları imkânlardan haberdar olan insanlardır.

Zamanı iyi kullanma özelliği: Birçok kimsenin şikâyet ettiği gibi, zaman "çok hızlı" değil, sabit bir hızla geçer. Başarılı ve başarısız insanlara eşit ve demokratik olarak verilmiş tek şey zamandır. Herkesin günü 24 saat, haftası 7, ayı 30 gündür.

Başarılı olanlar zamanlarını kendi seçtikleri amaçlar doğrultusunda planlı ve düzenli olarak kullananlardır. Başarılı insanlar, önemli olanla önemsiz olanı birbirinden ayırır, zamanlarını daha az önemli işler ve ayrıntılar ile değil, "olmazsa olmaz" niteliğindeki öncelikli işlerden başlayarak kullanırlar.

Amacı belirleme özelliği: Amaç, belirli bir zaman dilimi içinde ulaşılması istenen noktadır. Bunun için –daha önce de belirtildiği gibi– amacın açık ve kesin olarak tanımlanması ve bunun yazıya geçirilmesi gerekir. Ayrıca bu amaca giden yolun bölümlere ayrılması ve belirli zaman dilimleri içinde ne kadar mesafe geçildiğine bakılması yararlıdır. Bu değerlendirme sırasında sebepler ve mazeretler üzerinde değil, somut sonuçlar üzerinde durmak gerekir.

Dinleme ve gözleme özelliği: Etkili konuşmak hiç şüphesiz çok önemli bir niteliktir. Ancak dinleyecek ve müdahale etmeden sükûnetle gözleyecek sabra sahip olmak, kişiye birçok durumda etkili konuşmaktan daha önemli avantajlar sağlar.

Dinlemek ve gözlemek, sorulacak birçok sorunun cevabının kendiliğinden ortaya çıkmasına yardımcı olduğu gibi, olayların doğal akışının bozulmamasına ve böylece edinilecek bilginin gerçeğe daha yakın olmasına imkân verir.

Susmasını bilme özelliği: Bu özellik dinlemek ve gözlemekle birçok açıdan benzerlik gösterdiği halde bütünüyle aynı değildir. Susmak, insanı sonradan pişman olacağı ve telafi etmek için çaba harcayacağı durumlardan kurtarır. Özellikle problem sırasında ve gerginliğin yaşandığı durumlarda, kişinin ağzından kaçırdıkları sebebiyle sonradan güç durumda kaldığı bilinir. Bir düşünürün söyledikleri bu konuya ışık tutmaktadır: "Söylediğim birçok söz yüzünden başım çok derde girmiştir, ancak şimdiye kadar söylemediğim herhangi bir söz sebebiyle pişmanlık duyduğumu hatırlamıyorum."

Yardım isteme özelliği: Başarılı insanların önemli özelliklerinden birisi gerekli olan yerde ve zamanda yardım istemeyi bilmeleridir. Çok basit ve doğal görüldüğü halde, yardım istemeye cesaret etmek, bunun yerini ve zamanını doğru olarak seçmek ve uygun kişiden yardım istemek gerçekten önemli bir özelliktir.

Bazı kimseler "yardım istemeden başarıya ulaşmayı" önemli bir özellik olarak görürler. Bu kimselerin unuttukları nokta, başarının tek ve sabit bir nokta olmadığıdır. Yardım isteyen kişi yolunu kısaltır ve var olan enerji ve becerisini daha ileriye gitmek için kullanır. Bu sebeple yardım istemek ve karşılığında çıkacak faturayı beklemek ve kabullenmek başarıya ulaşmış insanların ortak özelliklerinden biridir.

Sebepleri Dışında Değil İçinde Aramak

Başarılı olanlar şartlardan şikâyet etmek, pişmanlık duymak ve hayıflanmak yerine önlerindeki problemi nasıl çözeceklerine bakarlar. Dünyayı ve şartları değiştirmek yerine kendilerini değiştirmeye gayret ederler. Çünkü dış dünyayı değiştirmek için imkânlarımızın ve gücümüzün sınırlı olmasına karşılık, değişikliği kendimizde yapmak konusunda çok daha büyük bir şansa sahibiz. Bir başka ifadeyle başarılı insanlar sebepleri kendi dışlarında değil, kendi içlerinde ararlar ve sonucunu değiştiremeyecekleri durumları kabul edip, problemi çözecek yeni alternatif yollara yönelirler.

Başarılı olan insanlar benzer şartların benzer sonuçlar doğurmayacağını bilirler. Ancak cansız maddeler, laboratuvarda benzer şartlarda benzer sonuçları doğurur. Bunun insanlar için geçerli olduğunu sanmak son derece yanıltıcıdır. Böyle bir yaklaşım insanın iradesini ve yaratıcılığını yok sayar. Eğer bu doğru olsaydı, aynı mahallede yetişen herkesin aynı ölçüde eğitim görmesi, aynı parayı kazanması, mutluluk ölçeğinde aynı noktada bulunması gerekirdi.

Çevredeki diğer insanların elde ettikleri olumlu ve olumsuz sonuçları "şans" veya "kader" olarak değerlendirmek kişinin olaylara yaklaşımını ve alacağı sonucu olumsuz yönde etkileyen önemli bir faktördür. Gerçekten de, şans insan hayatında çok az rol oynar. "Şans, doğru zamanda doğru açıda durmaktır". Kişi hayatla ilgili ne kadar çok sorumluluk alırsa ve hayatın kontrolünü elinde tutmak için ne kadar çok çaba harcarsa, kendi etkinliği de o ölçüde artar; yani şansın rolü azdır. Daha önce de belirtildiği gibi cehalet ve güçsüzlük şans ve kadere olan inancı artırır.

Kişiyi başarılı kılan en önemli faktörlerden biri, sorumluluk almasıdır. Sorumluluk almak, tek başına hareket ederek problemi çözecek güce sahip olduğuna inanmak demektir.

Düzenli Bir Aile Hayatı

Başarı konusunda önemli faktörlerden bir tanesi de düzenli bir aile hayatıdır. Stres ölçeğinde insan hayatına en büyük yükü getiren 14 olayın 12 tanesi aile hayatıyla ilgilidir. Kişi uzlaşma içinde olduğu bir aile hayatı sürdürmüyorsa, sağlığını koruması ve enerjisini işine yönelterek yaratıcı ve başarılı olması mümkün değildir. Başarılı olmanın temel şartlarından birinin uyumlu bir aile hayatı olduğunu söylemek son derece yerindedir.

"İyi'nin Düşmanı Mükemmel"

Başarılı olanların büyük çoğunluğunun ortak özelliklerinden biri de "mükemmel"in soyut bir kavram olduğunun farkında olmalarıdır. Böylece "mükemmel" onlara yol gösterir. Fakat onlar ancak iyi'ye ulaşabileceklerini bilirler. Bunun sonucu olarak da gereksiz gerginlikleri yaşamaz, işleri geciktirmez, enerjilerini verimli bir şekilde kullanırlar.

Hedef olarak alınması gereken, önce "ulusal" düzeyde "iyi"ye ulaşmak; bu gerçekleştikten sonra da, uluslararası düzeyde "iyi"ye yönelmektir. "İyi"ye ulaşmak için insan, enerjisinin %80'ini harcarsa, mükemmele ulaşmak için bir %80 daha harcamak gerekir. Ayrıca yine de hiç kimsenin kusur bulamayacağı bir sonuç elde etmek mümkün değildir. Çünkü, elimizde başkalarının kafasının içini yönlendiren düğmeler yoktur. Bu sebeple "mükemmeli" hedeflemek gerginlik doğuran bir tutumdur.

Başarı "Olmak" Değil "Yapmak"tır

Başarı, bir yere gelmek değil, bir şey olmak değil, "yapmak"tır. Kişinin başarısı konusunda zamana dayanıklı olan ölçü, o kişinin aldığı unvan ve rütbeler değil, "yapmış oldukları" ve bunlardan geride kalandır. R. Oxton Bolt'un Thomas Moor'un hayatını anlatan, "Her Devrin İnsanı" adlı eserdeki diyalog bu fikri çok güzel sergilemektedir. T. Moor eşine sorar: "Bu adam nedir?", eşi hayretle cevap verir, "O, Başbakanımızdır." "O bulunduğu mevki. Ben nedir diye soruyorum." Bunun üzerine çevresindekiler, "Kasaptır" cevabını verirler. Gerçekten de dönemin başbakanı olan o kasaptan geride zulüm ve baskı kalmıştır.

Kendini Tanıma

Başarılı olan insanlar, becerilerinin, ilgilerinin ve sınırlarının farkında olan insanlardır. Böylece ilgi duymadıkları bir alana yönelmedikleri gibi, kendilerini "yeterli" hissettikleri alanlardan da en "iyi" olduklarına yönelirler. Böyle bir tutum, herhangi bir işi, "başladık bir kere..." diye sürdürmenin: "Ne yapalım, önümüze bu iş çıktı..." diye bağlanmanın tam tersi bir durumdur. Çağdaş başarı da, uygarlık gibi seçici olmakla ve nüansların hakkını vermekle mümkündür.

İlgi duyduğu alanda, becerebileceğine yönelen kişinin kendisine güveni artar, kendisine saygı duyar ve kendinden hoşnut olur. Kendilerinden memnun olan insanlar, iyi sonuçlar yaratırlar.

Evrensel Bir Boyut Olarak Başarı

Çağdaş başarı kavramı içinde tek bir alanda kalıcı ürünler vermenin ötesinde, hayatın her alanına yayılan bir inceleme vardır. Sanata ve edebiyata ilgi duymakla ulaşılır. Eğitiminde bu etkinliklerin yer almadığı kişi, belirli bir alanda nereye varırsa varsın, yüzeysellikten ve tekdüzelikten kurtulamaz. Bu sebeple çağdaş başarı iyi yemek, iyi müzik dinlemek, sanata ve edebiyata zaman ayırabilmekle gerçekleşir. Bu sayılanların maddi imkânlarla mümkün olabileceğini düşünmek doğru değildir. Örneğin, iyi yemekle kastedilen pahalı lokantadaki bir yemek değil; öğle yemeğinde bir dilim beyaz peynirin, temiz bir tabakta, ütülü ve kolalı örtülü bir masada, bir dal maydanozla süslenerek yenmesidir.

Yaşadığının anlamına varan ve yaşadığından zevk alan insan, çevresindekilere karşı da hoşgörülüdür. Hoşgörü karşımızdakini istediği gibi mutlu edebilmektir. Böyle bir yaklaşım, çevredeki insanları bizim istediğimiz gibi davranmaya isteklendirir. Çevreyle bu yönde ilişki kuran kişinin verimliliği artar, aldığı doyum yükselir.

STRESE KARŞI DİRENÇLİ AİLELER

Çeşitli olayların insan hayatına getirdiği stres yükünü ölçen Holmes ve Rahe'nin geliştirdikleri ölçeğe bakıldığı zaman, insana en büyük stres yükünü getiren 14 olayın 12 tanesinin aile ilişkileri ile ilgili olduğu görülür. Bu durum, aile ilişkilerinin bireyin sağlığını ne kadar yakından ilgilendirdiği ve bu ilişkilerin kişinin hayatında ne kadar önemli rol oynadığı konusunda kolayca fikir vermektedir.

Bazı ailelerde gerek dış dünyadan kaynaklanan streslerin aile hayatına yansıyan olumsuz etkileri, gerekse aile bireylerinin kendi aralarındaki ilişkilerden kaynaklanan çatışmalar, hem aile hayatını, hem de ailedeki kişilerin sağlığını tehdit etmektedir. Oysa bazı ailelerde bunun tersi olmakta, aile hem dış dünyaya karşı daha dirençli olmakta, hem de kendi ilişkilerini sağlıklı ve çatışmasız sürdürmektedir.

Aileler arasındaki bu farkı belirleyen özellikleri bulabilmek için yapılmış olan araştırmalardan elde edilmiş sonuçlar şu faktörlerin önemini ortaya koymuştur:

1- *Aile üyelerinin ortaklaşa paylaştıkları inanç ve değer sistemlerinin varlığı:* Ailenin dayanıklılığını sağlayan çok önemli bir özellik, ortak inanç ve değer sistemlerine sahip olmaktır. Hiç şüphesiz aileyi oluşturan kuşaklar arasında farklı görüşler olacaktır. Ancak "Aile İçinde Uyum" bölümünde "kuşak çatışması" başlığı altında anlatıldığı gibi, anne-babanın şekilsel ve yüzeysel bazı farklılıklara takılıp kriz yaratmamaları yerinde olur. Büyüklerin gösterdikleri esneklik veya katılık çocuklara da yansır. Bu sebeple aile üyelerinin katı kişilik yapısına sahip olmamaları uyumu kolaylaştırır. Aynı şekilde görüş ve inançların tartışılabilir, gözden geçirilebilir ve yenilikler yapılabilir olması ve farklılıklara saygı gösterilmesi aile içi uyumu kolaylaştırır.

2- *Aile bireylerinin aktif, insiyatif sahibi ve birbirlerine bağlı olmaları:* Sürekli okuyan ve kendini geliştiren kişiler, karşılarındaki kişilerin de gelişmesine imkân hazırlarlar. Sahip oldukları enerjileri ev içine ve dışına dengeli bir biçimde bölüştürebilen kimseler, anlaşmazlıkları çatışmalara dönüştürmeden çözümleyebilirler. Böyle kişilerden oluşan ailelerde akıl ve beden sağlığının daha yüksek olduğu, bireylerin hayata bağlı, yaşamayı seven, sağlıklı kimseler oldukları görülmüştür.

Kişinin başı sıkıştığı zaman yardım isteyecek birinin var olduğuna inanması, streslerle başa çıkmayı kolaylaştıran çok önemli bir özelliktir. Yüksek stres altında olan ve yakın çevrelerinden gördükleri desteğin yetersiz olan kadınlarda, hamilelik ve doğum komplikasyonuna rastlama ihtimalinin çok yüksek olduğu araştırmalarla ortaya konmuştur. Buna karşılık yüksek stres altında olan kadınlar, eğer eşlerinden, anababalarından veya kardeşlerinden duygusal ve ekonomik destek göreceklerine inanıyorlarsa, hamilelik ve doğum komplikasyon düzeyi son derece düşük olmaktadır.

Bu anlatılan araştırma sonuçlarını daha açık bir şekilde özetlemek gerekirse ailenin verdiği "duygusal destek" insanları hayatın getirdiği streslerin etkilerinden koruyabilmektedir. Bunun için önemli olan, kişinin sevildiğine ve ailesi tarafından kayıtsız şartsız kabul edildiğine olan inancıdır.

3- *Kuşakları açık-seçik belirleyen bir yapının varlığı:* Böyle bir yapı ile eşlerin ve çocukların katı hiyerarşik bir sıra içinde dizilmeleri ve babanın bütün eve, annenin çocuklara, büyük çocukların küçüklere hükmettiği bir düzen kastedilmemektedir. Kuşakları açık-seçik belirleyen yapı, eşlerin birbirlerine duygusal olarak bağlı, bütünleşmiş ve eşit ilişki içinde olmalarıyla kurulabilir. Böyle bir yapı içinde çocuklar kararlara katılır; ancak hiçbir zaman aileyi yönetemezler.

Anlatılan aile yapısı içinde, kurallar şekilsel değildir; özüyle uygulanır. Büyükler "bir kere" ağızlarından çıktığı için hatalarında ısrar etmez, yanıldıklarını kabul ederlerse otoritelerini kaybedeceklerini düşünmezler. Aile üyelerinin hepsi birbirlerinin duygu ve düşüncelerini önemser ve hesaba katarlar. Sadece kendi problemleriyle yaşamak yerine, kendi dışlarındaki problemlere karşı da duyarlı olurlar.

4- *Problemlerin inkâr edilmek yerine kabul edilmesi:* Var olan bir problemin aile üyelerinden biri veya hepsi tarafından fark edilmemesi veya yokmuş gibi davranılması, bir süre rahatlık verir. Gerçekte ise bir problemi gidermek üzere yaşanması gereken rahatsızlık, anne tarafından fark edilir ancak çoğunlukla bunu babaya anlatmak mümkün olmaz. Baba çok kere durumu annenin "kuruntusu" veya "yok yere problem çıkartması" olarak değerlendirir. Bu durumlarda çok kere problemler ağırlaşmış olarak ailenin bütünlüğünü zorlar ve "çözümü" güçleştirir.

Bu sebeple sağlıklı bir aile yapısı içinde, problemler inkâr edilmek yerine kabul edilir ve çözüm yolları aranır. Böylece aile stresli bir durumu, gelişme yolunda bir fırsata çevirerek daha da güçlenir.

Problemlerin kabul edilmesini kolaylaştıran temel yaklaşım, birbirini seven ve değer veren insanların arasında da çatışma ve anlaşmazlık çıkabileceğinin kabullenilmesidir. Anlaşmazlık çıkması, aile üyelerinin birbirlerini sevmedikleri anlamına gelmez. Ancak çatışmanın kişilikler üzerinde değil, problem olan konu üzerinde yürütülmesi, suçlama, yargılama ve "sen zaten her zaman......" türünden genellemeler içermemesi gerekir.

5- *Dostlarla, toplumla ve çeşitli topluluklarla çok sayıda ilişki ve bağın sürdürülmesi:* Yapılan araştırmalar, yaptığı işten, katıldığı sosyal faaliyetten zevk alan insanların daha sağlıklı ve mutlu olduklarını ve streslerle daha iyi başa çıktıklarını ortaya koymuştur. Çok sayıda arkadaş ve makul ölçüde dosta sahip olmak; fakat onlarla iç içe yaşamak yerine, belirli bir mesafe içinde görüşerek beraberlikleri sürdürmek kişiye yalnız olmadığı duygusunu yaşatır. Aile dışında bir insanla iç içe yaşayarak, sürekli beraber olma isteği, olgunlaşmamış ve bağımsızlığa geçemeyen, yalnızlığından korkan kişilik yapısının "birlikte olma" isteğidir ve burada anlatılmak istenenden farklı bir durumdur.

Kişilerle sürdürülen tekli dostlukların dışında, mahalle, ilkokul, lise, üniversite ve askerlik arkadaşlarıyla yılın belirli günlerinde bir araya gelme imkânı veren toplantılara katılmak, kişinin geçmişle olan bağlarını sürdürmesini kolaylaştırır. Böylece insan nereden geldiğini, nereye gittiğini daha kolay görebilir ve duygusal açıdan kendisini arkadaşları yanında güçlü hissedebilir.

"CEZA"NIN EĞİTİMDE YERİ

Ceza istenmeyen davranışı ortadan kaldırmak üzere yapılan bir uygulamadır. Birçok anne-baba çocuklarına ceza verip vermemek veya nasıl bir ceza vermek konusunda kararsızlığa düşmektedir.

Yapılan araştırmalar her türlü eğitim için ödülün cezadan daha iyi sonuçlar verdiğini göstermiştir. Bu sebeple eğitim amacıyla cezayı kullanırken çok dikkatli ve ölçülü olmak, cezanın aşağıda sıralanacak özelliklerine dikkat etmek, cezanın doğuracağı problemlerden haberdar olmak ve bunlara hazırlıklı olmak gerekir.

Ceza Nasıl Sonuç Verir? (Veya Vermez)

Ceza büyük çoğunlukla hemen uygulanırsa iyi sonuç verir. Cezanın uzun dönemli etkileri ise tartışmalıdır. Cezanın etkili olmasını veya olmamasını belirleyen "zamanlama" ve "tutarlılık" (istikrar)tır.

Zamanlama.– Ceza istenmeyen davranıştan sonra ne kadar erken verilirse, o kadar iyidir. İstenmeyen davranışla ceza arasındaki zamanın kısalığı, cezanın etkisini artırır. Çocuk yapmaması istenen bir şeyi yaptığında ceza istenmeyen davranışı ne kadar çabuk izlerse, aynı hareketin tekrarlanma ihtimali, o ölçüde azalmaktadır. Bu sebeple: "Akşam baban gelince söyleyeceğim, o zaman görürsün," uygun bir yaklaşım değildir. Hiç şüphesiz, cezanın her zaman istenmeyen davranışı derhal izlemesi mümkün olmaz. Ancak bu durum cezanın etkinliğini azaltan önemli bir faktördür.

Tutarlılık (istikrar).– İstenmeyen davranış ne ölçüde tutarlı olarak cezalandırılırsa o ölçüde etkili olur. Aynı davranışa bazen kayıtsız kalmak, bazen ceza vermek, istenmeyen davranışı bütünüyle cezasız bırakmaktan daha kötü sonuç verir. Babası Ali'yi üç harfli malum kelimeyi kullandığı için bazen cezalandırır, bazen bir tebessümle karşılar, bazen de duymazlıktan gelirse; Ali'yi bu kelimeyi kız kardeşinin kelime haznesine kazandırması konusunda cesaretlendirmiş demektir.

Çocukların devamlı olarak yanında bulunmak pratik olarak mümkün olmadığına göre, onların istenmeyen davranışlarının cezasız kalması kaçınılmazdır. Aynı şekilde gerçek dünyada tutarsızlık kaçınılmaz olduğu için cezanın etkinliğinin azalması da kaçınılmazdır.

Başka Bir Davranış Yolunun Varlığı.– Ceza esas olarak "ne yapmamak" gerektiğini öğretir. Oysa öğrenme ilkeleri açısından, bir davranışın kazanılması için "ne yapmak" gerektiğinin gösterilmesi gerekir. Üç yaşındaki Ayşe, parmağını annesinin gözüne soktuğunda, ona annesini sevmek için yanağını nasıl okşaması gerektiği gösterilir ve bunu yaptığı zaman da "sevmeyi öğrenmiş bir abla olduğu" söylenebilir ve öpülerek ödüllendirilebilir. Böylece Ayşe insanların hoşuna gidecek davranışın ne olduğunu öğrenmiş olur.

Büyük çoğunlukla ceza, yapılmasını istenen davranış yolunu işaret etmez. Bu da cezanın eğitimde kullanılmasını uygunsuz duruma getiren problemlerden biridir.

CEZAYLA İLGİLİ PROBLEMLER

Cezanın kullanılması için bütün şartlar elverişli olsa bile, aşağıda sıralanan problemler cezanın iyi bir eğitim aracı olarak uygulanmasını güçleştirir.

Öncelikle, yukarda söylediğimiz gibi, ceza, istenen davranışın ortaya çıkmasına yol açacak davranış yollarını göstermez. Ceza ne yapılmaması gerektiğini gösterir ve çocuğa bildiğini ve yapmakta olduğunu "bastırmayı" öğretir. Hatta, davranış sadece ceza veren kişinin varlığı sırasında bastırılır. Ceza veren kişinin ortamda bulunmaması durumunda, istenmeyen davranış çok daha şiddetle tekrarlanır. Annebabalarının yanında sakin olup, onlar gittiğinde tanınmayacak kadar yaramaz olanlar, böyle "bastırılmış" olan çocuklardır.

Cezayla ilgili ikinci önemli problem, çocukta bastırılmaya çalışılan isteğin çok güçlü olması durumunda ortaya çıkar. Eğer bastırılmak istenen duygu çok güçlü ve çocuğun veya gencin bunu yapması durumunda yaşayacağı haz veya duyacağı zevk çok fazlaysa, ceza çok sert olsa da, sonuç vermez.

Genç kız, erkek arkadaşıyla buluşmak için o kadar güçlü bir istek duyabilir ki, sonunda alacağı ceza onu durdurmaz. Yaşanacak heyecanın vereceği haz, alacağı cezadan daha ağır basar.

Cezanın istenmeyen davranışı ortadan kaldırmak için etkili olduğu durumlarda bile, cezanın doğuracağı bazı yan etkilerin ortaya çıkması kaçınılmazdır.

Örneğin, çocukluk veya ilk gençlik yıllarında cinsel eğilim ve davranışları sebebiyle cezalandırılmış olan kişiler, yetişkin hayatlarında sağlıklı bir cinsel hayat oluşturmakta ve karşı cinsle sağlıklı bir beraberlik kurmakta güçlüklerle karşılaşırlar.

Meraklı oldukları, soru sordukları ve fazla konuştukları için cezalandırılan –eleştirilen, azarlanan vb.– çocuklarda geri çekilme davranışı gözlenir, zihinsel gelişmeleri yavaşlar. Bu çocukların donuk olması, girişimciliklerinin olmaması ve herhangi bir alanda beceri geliştirememeleri kaçınılmaz olur.

Çocukluk dönemindeki doğal dürtülerin bastırılması, yetişkin hayatında suçluluk duygusuna, utanmaya, çeşitli korkulara ve duygusal problemlerin yaşanmasına sebep olur. Örneğin, doğal hareketlilikleri "yaramaz"lık olarak değerlendirilen ve cezalandırılan çocukların yetişkinliklerinde çeşitli fobiler ve depresyon geliştirme ihtimalleri artmaktadır.

Anne-babaları tarafından sık sık cezalandırılan ve dayak yiyen çocukların, kendi çocuklarına da aynı uygulamaları yaptıkları bilinmektedir.

Sonuç olarak, cezanın iyi bir eğitim aracı olmadığını düşünmek yerinde olur. Yapılan araştırmaların ve gözlemlerin sonucu olarak artık "dayağın cennetten çıkma" olmadığını kabullenmek ve çocuklarımızı eğitmek için yeni yollar bulmaya gayret harcamak zorundayız. Dövülen çocukların çekingen, güvensiz ve saldırgan olduklarını biliyoruz. Değil dayağın, dayağın dışındaki cezaların bile eğitimde istenen sonuçları elde etmeye yetmediği anlaşılmıştır.

Ancak unutmamak gerekir ki, anne-babalar da eğitimciler de, insandır ve onların da sabırlarının sınırları vardır. Sabırlarının zorlandığı durumlarda sert tepkiler veya ceza verebilirler. Yukarda anlatılanlar bu durumları değil, cezanın bir eğitim aracı olarak görüldüğü anlayışı kapsamaktadır.

YARATICI İNSANLAR YETİŞTİRMEK İÇİN

Yaratıcılık, olayları yeni ve değişik bir açıdan görebilmek ve problemlere alışılmadık çözümler getirebilmek becerisidir. Türk toplumunda yaratıcılık sık rastlanan bir özellik olmadığı için, bu niteliği geliştiren şartları incelemeyi yararlı bulduk.

Yaratıcı insanları yetiştiren çevrenin özelliklerini ve bu tür insanların ailelerinin sahip oldukları nitelikleri inceleyen araştırmalardan çıkan sonuçlar şöyledir:

1- *Yaratıcı bir çevre:* Yaratıcı insanlar, büyük çoğunlukla yaratıcı bir çevre ve aile ortamından gelmektedirler. Kendi çevrelerinde yaratıcılığı gören veya bu yaratıcılığın desteklendiğini fark eden çocuklarda yaratıcılık eğilimi güçlenmektedir. Boyalarla veya renkli macunlarla oynadığı zaman üstünü ve çevreyi kirlettiği için azar işiten çocuğun, bu alanda yaratıcılığını geliştirmesi beklenemez. Aynı şekilde çok konuştuğu veya değişik fikirler ileri sürdüğü için "susması ve saçmalamaması" söylenen çocukta yaratıcı izler bulmak gittikçe güçleşir.

2- *"Olumlu"nun vurgulanması:* Çocuğun yanlışlarının değil, doğrularının görüldüğü bir çevre, temelde var olan yaratıcılığı cesaretlendirir. Bir davranışı elde etmek istiyorsak, onun yapılmasını söylemekten çok daha etkili bir yol, yapılması istenene benzeyen bir davranışla ilgili olumlu geribildirimde bulunmaktır: "Bak öyle yaptığın zaman ne güzel oldu!" gibi.

Yapılan araştırmalar, çocuğun doğrularının görüldüğü ve onunla ilişkide bu doğruların öne çıkartıldığı bir çevrede yetişen çocukların içlerindeki yaratıcı potansiyeli ortaya koyabildiklerini göstermiştir.

Olumsuzlukların konuşulduğu, ceza, korkutma ve tehdidin yer aldığı aile çevrelerinde çocukların kendilerine güvenlerini geliştiremedikleri bilinmektedir. Yaratıcılık ise en başta kendine güven gerektirir.

3- *Çocuklara kendileri gibi olma imkânının verilmesi:* Yaratıcılık konusundaki en önemli faktör belki de budur. Her çocuğun farklı ve bağımsız bir insan olduğunu kabullenmek ve bu farklılığa saygı duymak, anne-babanın yaratıcılık açısından çocuğuna verebileceği en iyi eğitimdir.

Bu yaklaşımın tam karşı kutbunda yer alan tutuma örnek olarak şu ifadeler verilebilir: "Dünyanın neresinde görülmüş...", "Sana mı kaldı?", "Bacak kadar boyunla...", "Boyundan büyük laflar etme...", "Senden akıllısı yok mu?", "İcat çıkartma"... Bu sözleri duyan çocuk, içindeki farklılık ve dolayısıyla yaratıcılık potansiyelini hiç çıkarmamak üzere derinlere gömer ve başını derde sokmamak için herkese benzemeye gayret eder.

4- *Akran baskısından korumak:* Daha önce de belirtildiği gibi çocuklar ve özellikle gençler üzerindeki en büyük baskı, sanıldığı gibi anne-baba baskısı değil, akran baskısıdır. Çünkü çocuk, eğitim hayatı başladıktan sonra zamanının önemli bir bölümünü akranlarıyla geçirir. Özellikle 15-16 yaşlarından sonra gençler ailenin etki alanından çıkıp akran grubunun etki alanına girerler. Bu dönemde birçok istenmeyen davranış ve içki, sigara gibi madde kullanımları akran grubunun etkisi olarak gence yansır. Bu baskı, aynı zamanda, çocukta ve gençte var olan farklılık eğilimlerinin de bastırılmasına yol açabilir. Çünkü; akran grupları alay ederek, grup dışı bırakarak arkadaşları üzerinde acımasız bir baskı oluştururlar. Farklılık ve orijinallik de bu acımasız oklardan nasibini alır.

Akran gruplarının bu özelliklerinden haberdar olmak ve çocukları buna hazırlamak, onları bu baskıdan korumayı mümkün kılabilir. Ancak bilinmektedir ki, çocuğun özgüveni ne kadar yüksekse akran grubu baskısına karşı kendisini koruma şansı da aynı ölçüde artmaktadır.

5- *Sıcak destekle, şımartmak arasında denge:* Birçok anne-baba çocuğu üzerinde kurmak istediği disiplini nasıl bir dengeye dayandırması gerektiğini bilememektedir. "Çocuğumun istediklerini yaparsam, ona yumuşak davranırsam, onun gevşek bir insan olmasına mı sebep olurum?" veya "Çocuğumu sıkı sıkıya kurallara uymaya zorlasam, ona başarı için gerekli olan disiplini aşılayabilir miyim?" soruları bütün anne-babaların zihnini meşgul etmiştir.

Oysa herkes gözlemlerine dayanarak bilmektedir ki, gevşek yetiştiği için sorumluluk alamayan ve başarılı olamayan birçok kişiye karşılık, hoşgörülü bir eğitim aldığı halde yaratıcı ve başarılı birçok kişi de vardır. Bunun tam tersine, sıkı bir disiplin içinde yetiştiği için girişimciliğini ve otonomisini kaybetmiş, renksiz ve sıkıntılı birçok insana karşılık; kurallara bağlı bir eğitim aldığı halde düzenli, programlı, sorumluluk taşıyan ve üzerine aldığı işi mutlaka sonuçlandıran birçok kişi de vardır.

Esas olan, çocuğun ailesinin desteğinin arkasında olduğunu bilmesi, anne-babasının sevgisinden şüphe etmemesi, kendisine fazla müdahale edilmeden kendi gücünü sınaması, hatalarından bir şeyler öğrenmesine imkân verilmesi, kurallardan haberdar edilmesi, bu kuralları bilmeden veya kazayla zorladığı durumlar ile bilerek bozduğu durumlarda kendisine verilen tepki arasında fark olmasıdır.

Bu sayılanları uygulamanın yazmak kadar kolay olmadığı muhakkaktır. Her anne-babanın ve çocuğun kişiliği farklıdır. Herkes kendine uygun bir yorum yapacaktır. Ancak önemli olan, bu sayılanların aileye ışık tutması ve davranışların bu yönde gelişmesidir.

6- *Geleneksel cinsiyet rollerinin vurgulanmaması:* Bu ifade ile anlatılmak istenen kızların erkek, erkeklerin kız gibi davranmasının hoşgörüyle karşılanması veya teşvik edilmesi değildir. Hızla değişen bir dünyada yaşıyoruz. Geçmişte erkeklerin yaptığı birçok iş, bugün kadınlar tarafından başarıyla yapılabilmekte; yirmi-otuz yıl önce kadınlara özgü olduğu düşünülen işler aynı başarıyla erkekler tarafından yürütülmektedir.

Sağlıklı beraberlikler erkeklerin mutlak egemenliği yerine, paylaşmaya ve eşit ilişkiye dayanan tutum ve anlayış temelinde kurulmaktadır. Çağdaş dünya, cinsiyet, milliyet, yaş gibi kişinin elinde olmayan faktörlerin insana avantaj sağlamadığı bir yaklaşım çerçevesinde toplanmaktadır. Bu sebeple çocuklara cinsiyet rollerinden ötürü avantajlı ve dezavantajlı olduklarını vurgulamak, onların hareket ve düşünce alanlarını sınırlamak anlamına gelir.

7- *Kültürel farklılığa açık olmak:* Bir önceki paragrafta cinsiyet için ortaya konan yaklaşım, kültürel farklar için de geçerlidir. Hiçbir kültür üyesi, sadece o kültürün mensubu olmaktan ötürü ya da sadece o kültürden olmadığı için bir başkasına göre üstün veya aşağı değildir. Her ulusun ve kültürün, kendi kültür mirası içinde gurur duyacağı olaylar ve özellikler mutlaka vardır.

Herhangi bir konudaki gelenek ve görenekler, farklı kültürlerde çeşitlilikler gösterir. Bizim yaptığımız gibi yapmayan ve düşünmeyenlerin hatalı ve saçma olduğunu düşünmek ve bunu çocuklara aşılamak, onların düşünce ufuklarını sınırlandırmak ve dünyaya bakış açılarını daraltmak anlamına gelir. Tam tersine, çocuklara çeşitli kültürlerdeki farklılıkların olumlu yönlerini vurgulamak, onların farklılıkları algılamak ve hoşgörmek yönünde gelişmelerine yardımcı olur. Böyle bir özellik hem zihinsel, hem de kişilik gelişmesi açısından olumlu sonuçlar verir ve çocuğun uyum gücünü yükseltir.

Bu yöndeki zihin ve kişilik gelişimi, giderek küçülen bir dünyada, evrensel insanlık kültürünü anlayacak, uyum sağlayacak ve ona katkıda bulunacak bir bireyin yetişmesine imkân verir.

8- *Erken yaşlarda yaratıcı örneklerin gösterilmesi*: Çocuğun erken yaşlardan başlayarak çevresinde yaratıcı örnekler görmesi, bu örneklere benzeme isteğini doğurur. Taklit kişilik gelişiminin önemli bir aşamasıdır. Sadece dar anlamda bile olsa, yaratıcılığı taklit, çocukta kişilik ve zihin gelişimi açısından olumlu izler bırakır. Bu sebeple aile çevresinde yoksa bile, çocuğu yaratıcı örneklerin bulunduğu ve bunların desteklenip cesaretlendirildiği bir ortamla temas halinde tutmak yerinde olur.

Sonuç

"OLGUN İNSANLAR YETİŞTİRMEK İÇİN"

Olgun insanlar yetiştirebilmek için her şeyden önce anne-babanın kendilerinin olgunlaşma yolunda önemli adımlar atmış olmaları gerekmektedir. Olgunlaşmanın tanımı içinde, en başta geniş bir benlik duygusuna sahip olmak vardır. Geniş bir benlik duygusuna sahip olmak demek, yapabileceklerinin ve yapamayacaklarının sınırlarını bilmek demektir. Olgun insan diğer insanlarla hem yakın ilişkilerde hem de genel ilişkilerde sıcak bağlar kurma yeteneğine sahiptir. Olgun insan dış gerçeklerle bağlantı içinde düşünür, eylemde bulunur ve hayatı uyum içinde yaşayacak bir "hayat felsefesi" geliştirir. Olgun insan durağan değildir, sürekli değişim içindeki dünyaya kendi de değişerek katılır ve uyum göstererek kendini yeniler.

Olgun insan, değiştiremeyeceği durumu kabul eden ve probleme o noktadan yeni bir çözüm arayan kişidir.

Çocuklarımıza karşı insaflı olmamız ve bizim bu tanıma uygunluğumuz ölçüsünde, onların da olgunlaşma şanslarının olacağını içimize sindirmemiz gerekir.

Daha önce yazdığımızı tekrarlamak pahasına belirtmeliyiz ki, hoşgörü karşımızdakini istediğimiz gibi olmaya zorlamak değil, kendi istediği gibi mutlu olmasına imkân verme büyüklüğüdür.

Unutmayın ki, kendi varlıklarından memnun olanlar iyi sonuçlar yaratırlar.

Yrd. Doç. Dr. Tamer Ergin
(İ.Ü. Hasan Âli Yücel Eğitim Fakültesi Eğitim Bilimleri Bölümü Öğretim Üyesi)

Bilişsel İşlemlerin Akademik Becerilere Dönüşmesinde Ebeveyn Rolü

Çocukların doğumlarından itibaren gördükleri, işittikleri, dokundukları şeylerle ilgili olmaları ve bu şeylere dikkatlerini daha uzun süre yoğunlaştırabilmeleri, hiç kuşkusuz tesadüfi bir durum olmayıp bizim onlar için yarattığımız uyarıcı ortamla ilgilidir. Uyaran zenginliği olan bir ortam yaratıldıkça, bu ortamın bilişsel içerikli tepkilerin yoğunluğunu artırması beklenir. Çocukların gelişiminde doğal bir ortam olan evin sunduğu böylesi bir uyaran yoğunluğu ile erken ve kapsamlı dil gelişimi, meraklı olma ve sürekli soru sorma gibi özellikler, ilk yıllardan itibaren dikkati çekmeye başlar. Çocukların bu merak dolu sorularının hem cevapsız kalmaması hem de yaşına uygun olarak açıklanması, biz yetişkinlerin sorumluluğundaki bir konudur. Oluşturulan bu yaşam deneyimi yoğunluğu sayesinde, keşfetmeye meraklı olma, hızlı öğrenme ve bundan hoşlanma, canlı hayal gücü, kolaylıkla kavram oluşturabilme ve güçlü bir kavram formasyonuna sahip olma gibi özellikleri çocuklarımıza kazandırabiliriz. İletişim kurma, sohbet etme, kitap okuma gibi aktivitelerle de zengin kelime hazineleri oluşturma ve düşüncelerini akıcı hale getirme açısından fırsatlar sunmuş oluruz. Bu tanımlanan etkinliklerle çocuk, akademik hayata hazırlık için bilişsel anlamda uyarılmış olur. Bu uyarılma akademik hayata hazırlığı kapsayan okul öncesi dönem ve akademik hayatın başlangıcı olan ilköğretimin ilk yıllarından itibaren çocuğun; sözel ifadelerinde, okuma becerilerinde ve yazma etkinliklerindeki performansı ile dikkat çekmesine neden olacaktır. İlköğretimin ilerleyen yıllarında ise çocuklar; yüksek düşünce süreçlerini çalıştırıcı şekilde bilgilerin aktarılmasından hoşlanarak, yeni kazandıkları bilgileri analiz etmede ve bilgiler arasında ilginç bağlantılar kurarak yeni yeni ilişkiler tanımlamada ve bu yeni bağlantıları görebilmeleri sayesinde de senteze ulaşma ve yaratıcı fikir üretmede yüksek performans sergileyebilme becerilerini kazanmış olacaklardır. Bu sürecin başlangıcındaki bir çocuğu faaliyet örneği olarak ele almak gerekirse, resim yaparken; neyin resmini yapacağına karar verdiğinde, ilk çizgileri oluşturmaya başladığında, bu çizimler sırasında dilini ısırır gibi yapıp kâğıda hafif yan yatarcasına vücudunu bükerek ve esnek bilek hareketleriyle bir nesnenin görüntüsünü oluşturan şekiller meydana getirmeye başladığında ve bu planlı işlemler sırasında dikkat dağıtıcı uyaranları göz ardı ederek önündeki resim defterine odaklandığında, çevresindeki yetişkinlere *"top patlasa duymaz"* tanımını yaptıracaktır. Çünkü, o bu sırada çizimlerine konsantre olmuştur. Kendisine yarattığı sihirli dünyadaki olayların birbiri ardına sıralanışını keyifle oluşturup olayın bütünlüğünden kopmamaya, konudan konuya atlamamaya ve hikâyeleştirmeye çalıştığı şekillerin örüntüsünü anlamaya çalışacaktır. Böylece çizimleri anlamlı bir bütüne dönüşecek ve iç dünyasındaki asıl vurgulamak istediği görüntüyü doğal bir biçimde bizlere yansıtacaktır. Bu durum bir akademik beceri için örneklenecek olursa, "Çocuk ne okuyacağına karar verdiğinde, ilk sayfanın bulunmasında ve her kelimenin çözülmesinde *"Planlama"* işlemini kullanacaktır. *"Dikkat"*, bu okuma işlemi sırasında dikkat dağıtıcı şeylerin göz ardı edilmesi ve uygun uyarıcıya odaklanabilmesi için gereklidir. *"Eşzamanlı Bilişsel İşlem"*, cümlenin bir bütün olarak görülmesinde yer alır. *"Ardıl Bilişsel İşlem"* ise kelimeleri çözmek, olayların dizilimi veya anlamına dayanan bilgileri kavramak için kullanılır...". Her ebeveynin ilk yıllardan itibaren çocuğunda görmek isteyebileceği bu bilişsel becerilerin kazanımı tesadüfen oluşmaz. Bu becerilerin kazanımı için anne-babaların yapabilecekleri konusunda ve bilginin işlenme temelini oluşturduğu kabul edilen ve resim yapan ya da kitap okuyan çocuk örneğinde özetlenen "Planlama", "Dikkat", "Eşzamanlı" ve "Ardıl Bilişsel İşlem" alanları konusunda bilgi sahibi olmaları ve neler yapabileceklerini bilmeleri önemlidir. Çünkü, bu tanımlanan dört bilişsel işlem akademik beceriler sırasında bilgiyi işlemenin doğal bir zeminini oluşturmakta, birbirinden etkilenmekte ve birbirini de etkileyebilmektedir. Bu nedenle anne karnında başlayan, okul öncesi yıllarda hızlanarak devam eden ve ilköğretimde akademik yaşantının ayrılmaz bileşenlerini oluşturan bu dört önemli bilişsel işlemin gelişimi tesadüflere bırakılmamalıdır. Bu bilişsel alanlardaki beceriler sadece akademik alanda değil, yaşamın tüm alanlarında karşılaşılabilecek problemlere karşı etkili stratejiler üretmede gerekli olacaktır. Çocuğun yaşam kalitesini de belirleyen bu bilişsel işlemlere ilişkin ortam yaratılması için ebeveynin bilinçli olması gerekmektedir.

BİLİŞSEL BİR ORGANİZASYON SÜRECİ: PLANLAMA

Das, J.P., Naglieri, J.A. ve Kirby, J.R. (1994)'ye göre, planlama bireysel karar vermeyi, problemlerin çözümlerine ilişkin en uygun stratejiyi seçmeyi ve doğru karar vermeyi, bunun yanı sıra verilen kararın doğruluğunu ve yanlışlığını değerlendirmeyi içeren bilişsel bir işlemdir. Çocuk bu bilişsel işlem sayesinde günlük yaşamında karşılaşabileceği her türlü probleme ilişkin çözümlerini belirler, en uygununu seçer, uygular ve uygulamalarının doğruluğunu ve yanlışlığını değerlendirebilir. Bu süreç sadece akademik içerikli bir probleme çözüm bulma sırasında değil, sosyal bir durumda yaşanan probleme çözüm üretme sırasında da benzer şekilde işler. Kısacası bir çocuğun arkadaşı ile yaşadığı probleme çözüm üretmesi ve bulduğu çözümün etkililiğini değerlendirmesi ile bir matematik problemi için çözüm yöntemleri üretmesi ve bulduğu çözümün doğruluğunu değerlendirmesi, organizasyon becerisi olarak tanımlayabileceğimiz ve "Planlama" olarak kavramsallaştırabileceğimiz bilişsel işlem performansı ile açıklanabilir. Buna örnek vermek gerekirse, bir öğrenci matematik problemine çözüm ararken bilişsel farkındalığı düşük bir şekilde işlem yapıyorsa, niçin çarpma/bölme/çıkarma ya da toplama işlemine karar verdiğini açıklayamaz ve çözümü de mekanik olur. Matematik problemi karşısında sergilediği bu bilişsel davranış örneğini, bu öğrenci, sosyal bir durumda yaşadığı probleme ilişkin ürettiği çözümlerde de gösterebilmektedir. Bilişsel farkındalığı yaşamaktan uzak tepkilerde bulunarak ürettiği çözüme ilişkin seçtiği davranışın nedenini açıklamakta da zorluk yaşayabilmektedir. Bu durumdaki çocuklar sosyal açıdan onaylanan davranışlara yönlendirilmelidirler. Sosyal beceriler için gerekli olan bu farkındalık desteğine, akademik beceriler için de ihtiyaçları vardır. Bu bilişsel altyapıyı oluşturan bilişsel kavram "Planlama" dır. Örneğin, çocuk bir matematik problemini okuduğunda ne yapacağına doğru karar veremiyorsa ya da bir yetişkin bu problem karşısında ne tür bir işlem yapmaya karar verdiğini çocuğa sorduğunda, "çarpma işlemi yapacağız, yok galiba böleceğiz ..." gibi kararsız ifadelerde bulunuyorsa, bu bilişsel işleme ilişkin kontrolsüzlük ve ne yaptığının farkında olamama durumunu yansıtacaktır. Buna benzer tepkiler yaşamın diğer alanlarında da aynı sonuçları doğuracaktır. Örneğin, bir arkadaşı merdivende yanlışlıkla ona çarptığındaki tepkisi de, özür dilenmesini beklemeksizin istenilmeyen bir tepkide bulunma şeklinde olabilecektir. Oysa her ebeveynin çocuğunda görmek istediği şey, sosyal yönden onay gören davranışları seçmesi, sergilemesi ve seçiminin doğru olup olmadığının farkında olmasıdır.

Bir Bilişsel İşlem Olarak Planlamanın Bileşenleri: Naglieri, J. ve Das, J.P. (1997)'a göre planlamanın bileşenleri şu şekilde ele alınabilir:

Problem çözme: Problem çözerken plan yapma ve strateji kullanma, bir problemin veya sorunun nasıl çözüleceğine dair karar vermede çevredeki değişkenleri de değerlendirme becerisidir.

Strateji kullanma: Planlamaya geçmeden önce problemi tanımlama, uygun stratejiyi seçme ve problemi çözmek için planladığı çözümü uygulama, stratejiyi veya planı daha etkili olması için gerektiğinde değiştirebilme becerisidir.

Plan geliştirme: Faaliyetlerin nasıl yapılacağı konusunda karar verme ve bir plan oluşturma becerisidir.

Dürtülerin kontrolü, oto kontrol: Davranışları, dürtüleri ve zihinsel aktiviteleri kontrol etme, oto kontrollü davranış becerisidir.

Bilişsel işlemin kontrolü ve *bilişsel farkındalık*: Ödevin uygun şekilde tamamlanıp tamamlanmadığının farkında olma ya da sergilediği herhangi bir davranışın duruma uygun olup olmadığının farkında olma, yani kısacası bilişsel farkındalık becerisidir.

Üst biliş: Bilişsel sürecin farkında olma ve bu süreci bilme anlamındadır ve planlamanın anahtarı konumundadır. Eğitimde başarısızlık durumu nedenlerinden biri olarak, sıklıkla üst biliş, yani ne yaptığının farkında olamama durumu gösterilmektedir. Öğrenciler, bilgilerini etkin bir şekilde kullanmadıkları ve bilişsel farkındalıktan yoksun oldukları için bilginin önemini kavrayamamakta ve bilgiyi kazanamamaktadırlar. Bilgiyi kazanma ya da kavramaya ilişkin beklenti, sadece akademik alanla sınırlı olmayıp diğer yaşam becerilerine de aktarılabiliyor ve uygulanabiliyor olmalıdır.

Çocuklarda Planlamayla İlgili Olarak Ortaya Çıkan Problemler: Kirby, J. R. ve Williams, N. H. (2000)'de planlamaya ilişkin problemler şu şekilde ele alınmıştır:

- Organize edilmeden yarım yamalak tamamlanmış ya da tamamlanamamış ev ödevleri,
- Okul ödevlerinin yönergelerini anlama ve uygun stratejiyi kullanmada başarısızlık,
- Okunanın doğru yorumlanmasında başarısızlık,
- Problem çözerken kullanılan matematik kurallarında, ilgisiz uygulamalar yapma,
- Günlük yaşam içinde karşılaşılan sorunlara, yetişkinleri şaşırtan tepkilerde bulunma,
- Okul ödevleri için gereken materyallerde eksik hazırlanma,
- Ödevlere nasıl veya nereden başlayacağına dair emin olamama,
- Zaman sınırlamasının farkında olamama ve zamanını etkili kullanamama,
- Çalışmaları tamamlamak için izlenilmesi gereken sırayı takip edememe,
- Özellikle akademik çalışmalar sırasında önceliklerini belirleyememe ve gereksiz ayrıntılarla zaman geçirme,
- Eşyalarını sıklıkla kaybetme,
- Dağınıklığın farkında olmama.

Planlamanın Bilişsel Bir Beceriye Dönüşmesi İçin Öneriler: Naglieri ve Pickering (2000); Kirby, J. R. ve Williams, N. H. (2000) ile IBO (2009) planlamaya ilişkin önerilerini şu şekilde sıralamaktadır:

- Öğrenciler ev ortamında akademik faaliyetlerini nasıl yapacakları konusunda kendilerinin karar verebildikleri ve edilgenleştirilmedikleri bir ortamda olmalılar.
- Öğrenciler bir problemin veya konunun nasıl çözüleceğine dair karar vermede çevrelerindeki diğer değişkenlerin farkında olmalı ve onları da değerlendirebilmelidirler. Aile bu amaçla çocuklarının çözümlere kolay ulaşabilmesi için zengin uyarıcı ortam yaratmalıdır. Planlama gerektiren bir sınıf faaliyetinde, sırası ile nelerin yapılması gerektiğini ebeveyn sorabilir, bu yolla çocuğunun konu hakkında düşünmesini sağlayabilir, konu ile ilgili olarak çocuk ihtiyaç duyuyorsa yönlendirme de yapılabilir; ancak planlama çocuk tarafından yapılmalıdır.

- Problem çözerken öğrenciler, plan veya stratejiyi kullanmayı, geliştirmeyi, seçmeyi ve değerlendirmeyi bilmeliler. Ebeveyn ise öğrencinin stratejilerini ve çözüm önerilerini paylaşması için iyi bir dinleyici olabilir.
- Öğrenci kullandığı stratejiyi veya planı daha etkili olması için gerektiğinde değiştirebilmelidir; bu konuda ebeveyn yönlendirici ve rehber role geçebilir.
- Bir öğrenci ödevin uygun şekilde tamamlanıp tamamlanmadığına karar verebilmelidir. Bu amaçla kendini değerlendirmesi için konuşulabilir.
- Öğrenci öğrenme sürecinde davranışlarını, dürtülerini ve zihinsel aktivitelerini kontrol edebilmelidir.
- Planlamanın sadece akademik becerilerin organizasyonunda değil, sosyal içerikli durumlarda da doğru karar vermeyi gerektirdiği kabul edilirse, sosyal beceriler hakkında bir tartışma konusu açıp ("Arkadaşlığın önemi", "İlk arkadaşlık ilişkisini nasıl başlatmalıyız?", "Sürdürürken nelere dikkat etmeliyiz?") paylaşmak, iyilik yapmak, güçlü olmak, adil olmak, gururlu olmak, mutlu olmak, nezaket göstermek vb. gibi soyut konuları irdeleyebilirsiniz. İyi bir arkadaşın özelliklerini çocuğun kafasında biçimlendirebiliriz.
- Öğrenci problemi tanımlayabilmeli ve problemi çözmek için planını uygulayabilmelidir. Başladığı etkinliği tamamlamaktan keyif alması sağlanmalıdır.
- Öğrencilere planlamaya ilişkin beceriler aile tarafından öğretilmeli, planlamanın önemi hakkında konuşulmalı, ödevleri zamanında bitirmek gibi organizasyon gerektiren konularda neler yapılabileceği tartışılmalıdır.
- Çocuk çalışma sırasında dikkat dağıtıcı unsurları engelleyebilmelidir. Bu amaçla her yerde değil, belirli bir yerde ve tanımlanmış bir zaman diliminde çalışmalarını sürdürmeyi başarabilmelidir. Öğrencinin bu gibi organizasyon içerikli davranışları pekiştirilmeli, teşvik edilmelidir.
- Öğrencilerin kendi stratejilerini geliştirmeleri, kullanmaları ve değerlendirmeleri için cesaret verilmeli, bu konuda fikirlerini dile getirmeleri için teşvik edilmelidirler.
- Çocuğun bir işe başlamadan önce o işi nasıl yapacağını tasarlamak için mutlaka 2 dakika ayırmasını sağlayabilirsiniz. O işi ta-

mamladıktan sonra da yaptığının kalite kontrolü için yine biraz zaman verebilirsiniz, bu konu üzerinde sohbet edebilirsiniz.

- Planlama işlemi, çocukların bilişsel içerikli birçok faaliyeti tamamlamak için kullandıkları stratejileri içerir. Örneğin, bir hikâye oluşturmak isteyen bir çocuk için bu stratejiler; hikâye konusunun oluşturulması, hikâyenin detayları, bilginin nasıl sunulacağının düşünülmesi ve yazı bütünlüğünü oluşturan detayların miktarını belirlemek olabilir.
- Başarılı bir matematik işlemi gerçekleştirmek için planlama; problemin nasıl tamamlanacağı konusunda karar verme, hata yapmamak için probleme odaklanma, matematiksel kuralları hatırlama, uygulama ve cevabı değerlendirme gibi işlemleri içerecektir. Çocuğunuzun konuşmaları sırasında bu ve benzeri içerikte duyacağınız açıklamaları önemsediğinizi gösteren pekiştireç niteliğindeki tepkileri sıklıkla kullanın.
- Anne-babalar, çocuklarının günlük rutinlerini planlamalarına yardımcı olmak adına pekiştireçlerden yararlanabilirler.
- Organize olmakta zorlanan öğrenciler için materyallerin ev ve okul için ayrı ayrı edinilmesi gerekebilir.
- İstenilen davranışlar ödüllendirilirken, olumsuz davranışlara ilgi gösterilmemelidir.
- Betimlemeyi geliştirmek için yaratıcı çalışma yapılandırılır ki bu da belirli aktiviteleri içerir. Betimleme; planlı hareketler ve düşünce için gereklidir, öğretmen öğrencilerinin hem yapılandırılmış hem amaç-odaklı hem de yaratıcı ifade aktivitelerine olan ihtiyacını göz önünde bulundurmak zorundadır. Serbest çizim tüm çocuklar için gereklidir, özellikle de yapılandırılmış materyallerle çalışanlara. Harekette, müzikte, yeni oyunlar yaratmakta yaratıcılık ve hayal gücü yüksek oyunlar teşvik edilmelidir.
- Akademik içerikli çalışmalar sırasında çocuklara kendi kendini yönetme becerisi kazandırma, öncelikli ödev olmalıdır. Kendini yönetmenin önemi, materyallerinin çoğunu kendi kendine düzeltme ve kendi kendine yönlendirme gibi özellikler içeren Maria Montessori tarafından vurgulanmıştır. İyi kaslar için tavsiye edilen materyaller bu türdendir. Örneğin, eğer bir blok, bir bütündeki parçayı tamamlamak için yanlış büyüklükte ya da şekildeyse çocuk ilk bakışta hatasını görür ve kendi hatasını düzeltme yoluna gider.

- Akademik çalışmalar için öğrenci ile birlikte rahat hareket edebileceğiniz uygun ortam ve zaman belirlenebilir.
- Aile bireylerinin planlamaya teşvik için şu diyalogları sıklıkla kullanıyor olması önerilebilir:

Bu başarılı çalışmayı veya ödevi yaparken nasıl bir yöntem izledin?
Bu keyifli çalışmaya başlamadan önce bir plan yaptın mı?
Geçen sefer ne yapmıştın? İşe yaramış mıydı?
Neden bu şekilde yapmayı tercih ettin?
Bunu yapmanın daha iyi bir yolu veya başka bir yolu var mı?
Hangi strateji senin için daha uygundu?
Gelecek sefere farklı bir şeyler yapıyor olacak mısın?
Doğru olup olmadığını görmek için ödevini nasıl kontrol ediyorsun?

Planlama kavramı ile ele aldığımız bilişsel işlem içerik olarak organize olma, kendini kontrol, fikir oluşturma bakımından üretken olma gibi üst düzey ve sadece insana özgü işlevlerle ele alınırken diğer bilişsel işlemlerden bağımsız değildir. Örneğin "Dikkat", çocuğun "Planlama" performansını hem etkileyebilmekte hem de "Planlama"dan etkilenebilmektedir.

UYARANLARA SEÇİCİ YÖNELME İŞLEMİ: DİKKAT

Her ebeveynin çocuğunda gözlemlemekten keyif alacağı ve önemsediği bir bilişsel işlemdir "Dikkat". Ancak bu bilişsel işlemin ebeveynlerce tanımlanması ile ilgili olarak genelde bir sıkıntı gözlemlenir. "Canı istediğinde çok iyi çalışır", "Sevdiği şeylerle uzun süre ilgilenebilir, dikkatini verir, ancak sevmediği konularda uzun süre çalışamaz", "Aslında çok zeki ama biraz kendini vererek çalışması lazım, biraz kendini verse çok başarılı olacak," vb. gibi serzenişleri ebeveynden sıklıkla duyarız. Oysa dikkat sanıldığı gibi öğrencinin canı istediğinde sergilediği, canı istemediğinde ise sergilemediği bir bilişsel davranış biçimi değildir. Anne-babaların, dikkat konusundaki en büyük yanılgıları, bu durumda yaşanılan problemleri öğrencinin canının bir faaliyeti yapmak isteyip istememesine bağlamalarıdır. Elbette motivasyonla ilgili bu durum öğrencilerin dikkat performansını etkiler. Ancak bu yüzden bir öğrencide dikkat problemi olduğunu iddia edemeyiz. Oysa her insan için geçerli olan bir başka genel bilgi vardır ki bizler güçlük yaşadığımız şeylerden uzak dururuz ve onlara yaklaşmak istemeyiz. Zorlandığımız şeyleri çabuk unuturuz, isteksiz davranırız, elimize almak istemeyiz. O zaman şu sorunun yanıtını tam olarak verebilmeliyiz: Çocuğumuz bazı akademik içerikli çalışmaları yapmak mı istemiyor? Yani sanıldığı gibi istese yapabilecek durumda mı? Yoksa yapmaya çalışırken yaşadığı güçlükler nedeniyle ya da kendisinin bile kontrol edemediği yoğunlukta hata yaptığı için mi uzak durmaya çalışıyor? Bu noktanın ciddiye alınması çocukların doğru anlaşılması açısından oldukça önemlidir. Hatta bu soruların doğru olarak cevaplanabilmesi için gerektiğinde uzmanlardan destek almaktan kaçınılmamalıdır. Çocukların bu alanlardaki performanslarının profesyonelce değerlendirilmesi günümüzde oldukça kolaylaşmıştır.

Das, J. P., Naglieri, J. A. ve Kirby, J. R. (1994)'ye göre, bilimsel anlamdaki tanımıyla dikkat; belirli bir uyarıcı üzerinde düşünmeye odaklanmayı ve diğer uyaranları göz ardı edebilmeyi içeren bilişsel bir işlemdir. Dikkat, çocuklara duyduğu ya da gördüğü şeylere seçici odaklanmayı ve konu dışı görüntü veya seslerle dağılmaya direnmeyi sağlar.

Dikkatin Bileşenleri; Naglieri, J. ve Das, J. P. (1997)'a göre dikkatin bileşenleri şu şekilde ele alınabilir: *"Odaklanmış dikkat"*, bir şey üzerinde konsantre olmaktır. *"Seçici dikkat"*, dikkatin dağılmasına direnmeyi ve odaklaşmanın zaman içinde devam etmesini desteklemeyi kapsar. Bu kapsam içinde *dikkatteki devamlılık* becerisi oldukça önemlidir. Dikkatle ilgili bu alt boyutlar birlikte çalışarak çocuğun, dikkat performansını belirler. Özetle bir çocuk sıklıkla, dışarıdan gelen sesleri duyup faaliyetini bırakıp cama koştuğunda ya da faaliyetini yarım bırakıp başka bir oyuncakla oynamaya başladığında yukarıdaki tanımlamanın dışında davranışlar sergiliyor demektir.

Dikkatle İlgili Olarak Ortaya Çıkan Problemler: Kirby, J. R. ve Williams N. H. (2000) ile IBO (2009)'da dikkate ilişkin problemler şu şekilde ele alınmıştır:

- Bir şey üzerinde birkaç dakikadan fazla çalışmada kısıtlı beceri,
- Ödevlerle ilgili bakış açısında genelde isteksizlik,
- Çalışma ortamındaki dikkat dağıtıcılara direnmekte güçlük yaşama ve her türlü uyarandan kolaylıkla etkilenme,

- İşlem hızında yavaşlık ya da çoğu zaman başladığı faaliyeti yarım bırakma,
- Zaman zaman yüksek motivasyonla çalışmaya başlama, ancak çabanın sürdürülememesi sonucunda tamamlanmamış işler yapma,
- Çalışma süresi uzadıkça dikkat performanslarında düşme ve hata oranında artış yaşama,
- Eksik bilgilerle sorulara cevap verme eğilimi: Bu eğilim nedeniyle eksikleri tamamlama yerine suçlu aramaya yönelebilirler (ya soruların yanlış olduğunu iddia etmek ya da öğretmenin kendisine taktığını düşünmek gibi). Bu nedenle asıl yapmaları gerekenden uzaklaşabilirler,
- Sorulan soruları yanlış anlama ya da soruya yanlış cevap verme eğilimi,
- Ayrıntıları dinleyememe ya da yönergeleri unutma, verilen yönergelerin ya da çalışma sayfalarının unutulması ya da kaybedilmesi yüzünden ödeve başlamada sorun yaşama,
- İç ve dış uyaranlar tarafından kolayca dikkatin dağılması,
- Akademik çalışma sırasında, vücut duruşunu kötü kullanma, yatarak faaliyet yapma, sık sık sandalyeden düşme ya da sık sık elindeki kalemi yere düşürme, çalışma sırasında değişik sesler çıkarma ya da şarkı söyleme...

Dikkat İçin Öneriler:

Dikkati ve konsantre olmayı geliştirici stratejik yaklaşımlar ve öneriler Naglieri ve Pickering (2000), Kirby, J. R. ve Williams N. H. (2000) ile IBO (2009)'da şu şekilde ele alınmıştır:

- Çocukların dikkatleri belli bir noktada dağılmaya başlar. Bu noktaya henüz gelinmeden çalışmayı bölmeyecek küçük molalar vermelerine izin verilebilir. Örneğin, konu ile ilgili bir anekdot veya bir fıkra anlatma, konu ile ilgili bir deney yapma, birlikte basit bir fiziksel egzersiz yapma ("hadi elma ağacından elma toplar gibi yapalım" gibi) ya da çocuk çalışırken konu ile ilgili minik sürprizler hazırlayabilirsiniz. Örneğin, aniden konuyla ilgili bir nesneyi ortaya çıkarmak, konuyla ilgili bir öykü anlatmak gibi,

- Başarılı bir çalışma için öğrenciye çalışma sırasında rehberlik edilmelidir. Hata varsa düzeltmelerin anında yapılması, hatanın tekrarlanmaması açısından önemlidir. Ancak nasıl düzeltilmesi gerektiği söylenmeden yapılan "Bu yanlış" gibi yargılayıcı ifadelerden kaçınılmalıdır. Bunun yerine yetişkinler "Cem, sayfanın şu kısmına bak, sanırım oradaki gibi yapabilirsin" ya da "Bence yazdığın harfler biraz daha büyük olmalı, hadi hemen deneyebilirsin," diyebilirler. Yahut da "Mert, sayfanın şu kısmına bak (alıştırma örneklerini göstererek) ve önce parmağınla onların üzerinden geç." (Hatta öğrenciler harf yazımında zorlansın ya da zorlanmasın, yüzeyleri pütürlü harf kalıplarına öğrenciler dokundurularak hissettirilmelidir),
- Çocuklarınıza öğrenmeye çalıştıkları ünitelerin günlük hayatlarında nelere yarayacağını anlatabilirsiniz. Böylece öğrenme motivasyonları artabilir ve konuya ilgi duyabilirler,
- Çocuğunuzun olumlu davranışlarını hiç kaçırmadan fark ettiğinizi hissettirebilir ve güzel sözler söyleyerek pekiştirebilirsiniz,
- Öğrencilerin çalışma alanlarını düzenli tutmalarını sağlayabilirsiniz,
- Uyaranlardan uzak bireysel çalışma alanı oluşturabilirsiniz,
- Çocuk, belirli bir düzende olan şeylerle çalışmaya teşvik edilebilir. Çevre düzenlemesinden tutun da gündelik yaşam düzenine kadar her türlü düzen bu noktada önemli olabilir,
- Çocuğunuza bir şey aktarırken sesinizin tonunu monotonluktan kurtarmaya çalışmanız faydalı olabilir. Sesinizdeki iniş çıkışlar, konuşmalar arasındaki vurgulamalar dikkati uyanık tutabilir, çocuğunuz ilişkinizi canlı ve sempatik algılayabilir,
- Bir çalışmanın üzerine odaklanmada yaşanılan güçlük: Çoktan seçmeli testler, çocuğun karşılaşabileceği bu ve benzeri aktivitelerin çeşitliliğine mükemmel örnekler sağlar. Örneğin, farz edelim ki çocuk bir matematik problemini şu şekilde tamamlamış olsun: $1.1^{1}11= 12.1$. Çoktan seçmeli sorunun seçenekleri de;
  A) 121 B) 12.1 C) 11.1 D) 1.21 olsun.
  Cevaba (12.1) çok benzeyen (1.21) seçeneklerden birinin seçilmemesi için sayıların her birinin dikkatlice incelenmesi gereklidir. Seçeneklerin benzerliği kayda değer ölçüde dikkat gerektiren bir durum yaratmaktadır. Sorunun eksik ya da yanlış okunması, al-

tı çizili ya da koyu tonlamada yazılmış olmasına rağmen sorunun "hangisi değildir?" yerine "hangisidir?" şeklinde okunması da bu gibi dikkat gerektiren durumlara örnek verilebilir. Bu ve benzeri hataların yoğunluğu ya da sürekliliği genelde çocuğun sınav sırasında hız ve güç dengesini kuramaması ile ilgilidir. Bu dengenin kurulamaması durumunda öğrenci gereğinden fazla hızlı işlem yaparak hata miktarını arttırmakta ya da "hata korkağı olma" durumunu yaşadığı için soruları tekrar tekrar okuma eğiliminde olma ve fazla süre kaybedebilmektedir. Bu tür durumlarda çocukların kendi başlarına çalışamadıkları, çalışmalar sırasında "onay bağımlı" tepkilerde bulundukları gözlemlenebilmektedir. Bu bağımlılığa engel olmak için çocuğunuzu kendi çalışmalarını değerlendirebilmesi için teşvik edebilirsiniz.

BİLGİNİN HAFIZADA ORGANİZE OLMASI: ARDIL BİLİŞSEL İŞLEMLER:

Das, J. P., Naglieri, J. A. ve Kirby, J. R. (1994)'ye göre, ardıl bilişsel işlemler çocuğun bilgileri belirli bir sırada kullanmasını içeren bilişsel bir işlemdir. Bu bilişsel işlem ile bilgiler bir sırada organize edilir. Böylelikle her bir bilgi parçacığı bir parçadan diğerine geçen halkalar şeklinde kısa süreli hafızada yer alır. Bu bilişsel işleme dayalı hazırlanmış aktiviteler çocuğun bilgilerin nasıl art arda koyulduğunu görmesini sağlar. Hafızada doğru sırada bilgi saklamak istendiğinde bu süreç gereklidir. Örneğin, ardıl bilişsel işlemleri iyi olan çocuklar genelde sözlü talimatları takip etmekte iyidirler. Ardıl bilişsel işlemler, seslerin düzeni ve hareketlerin sırasını içerdiği kadar bilgileri sırayla hatırlamayı da içerir. Bu nedenle, ardıl bilişsel işlemler, dilin söz dizilimi kadar kelimeleri biçimlendirmek için kullanılan ses karışımlarını da içerir.

Ardıl Bilişsel İşlemlerin Bileşenleri: Naglieri, J. ve Das, J.P. (1997)'ye göre ardıl bilişsel işlemlerin bileşenleri şu şekilde ele alınabilir:

- Belirli bir düzende olan şeylerle çalışmak (sesleri ve kelimeleri düzenleme),
- Düzene dayalı olayları anlamak, uyaranları sırasıyla algılamak,
- Hareketleri sırasıyla uygulamak,

- Kelimeleri veya sesleri sırasıyla hatırlamak,
- Bir metindeki ve bir konuşmadaki olayları sırasıyla algılamak.

Ardıl bilişsel işlemlerle ilgili yaşanan problemler: Kirby, J.R. ve Williams N. H. (2000)'de ardıl bilişsel işleme ilişkin problemler şu şekilde ele alınmıştır:

- Söz dizim yapısını anlamada güçlük,
- Kelimeleri telaffuz etmede ve kelime ayrım sırasını doğru yapmakta güçlük,
- Sıra takibinde zorlanmak ve problem çözerken bazı basamakları atlamak,
- Hikâyedeki olayların sırasını anlamakta zorlanmak.

Ardıl İşlemleri Geliştirme Stratejileri: Naglieri ve Pickering (2000), Kirby, J. R. ve Williams N. H. (2000) ile IBO (2009)'da öneriler şu şekilde ele alınmıştır:

- Öğrenmesi gereken sıralı kavramları (örneğin, günleri, sayıları vs.) şarkıya, tekerlemeye veya şiire dönüştürerek, sırasının daha kolay farkına varılmasını sağlayabilir ve böylece hafızaya düşen yükü hafifletebilirsiniz,
- Sıraya koyması gereken şeyleri zihinde kolayca canlandırmak için çizerek öğretebilir, görsel materyal ve kitaplar kullanabilir, resimli hikâye haline getirilmiş afişler, çizelgeler hazırlayabilirsiniz,
- İzlediği filmleri, okuduğu kitapları olayların akış sırasına göre anlattırmak, çocuğun sıralama becerisini geliştirecektir,
- Sayıların sırasına dayalı "sayı bulmacaları" ardışık düzenleme becerisini geliştirecektir,
- Sevdiği bir oyunun nasıl oynandığını sıra ile anlattırabilirsiniz,
- Okulda sınıf kütüphanesini düzenleme, sınıf panosunu yerleştirme gibi işlerde ona sorumluluk vererek nasıl yapılacağını adım adım öğretebilirsiniz,
- Çocuğa bir faaliyeti bitirmek için adım adım organize etmesi gerektiğini öğretebilirsiniz,
- Alfabedeki harfleri ve sayıları sırasıyla söyleme, yazma ve şiir okuma, şarkı söyleme yoluyla hafızanın etkin kullanımını sağlayabilirsiniz,
- Sıralı bir hikâyedeki olayları tekrarlatma, belirli sıralı yönergeleri takip ettirme, günlük yaptığı aktiviteleri sırayla yazdırma vb. gibi ardışık işlemlerden yararlanabilirsiniz.

BİLGİ KRİSTALLEŞTİRME İŞLEMİ: EŞZAMANLI BİLİŞSEL İŞLEMLER:

Das, J.P., Naglieri, J.A. ve Kirby, J.R. (1994)'ye göre, eşzamanlı bilişsel işlem, çocuğun farklı bilgi parçalarını gruplara ayırmak ya da parçaların bütün ile ne kadar ilişkili olduğunu bulmak için kullandığı zihinsel bir işlemdir. Eşzamanlı bilişsel işlem genellikle blokları kullanarak bir şekil oluşturma, geometri, örüntüleri sayı olarak görebilme, bir grup harfleri kelime olarak görebilme, kelimeyi bütün olarak görebilme, bir cümleyi paragrafın bir parçası olarak görebilme ve okuduğunu anlama gibi uzamsal ilişkileri içeren faaliyetlerde karşımıza çıkar.

Bilişsel işlemlerin uzamsal boyutu, gördüklerini bütün olarak algılamayı ve gördükleri arasındaki örüntüyü algılamayı ve anlamlandırmayı içerir. Eşzamanlı bilişsel işlem kelime ilişkilerini tonlamayı, ekleri anlamayı ve bütünleştirmeyi kapsayan kavramayı da içermektedir. Böylece kişi, bütün fikre dayalı anlamı çıkartabilir. Eşzamanlı bilişsel işlem performansı iyi olan çocuklar, "bütünü" kolayca görebilir ve bilgideki gizli anlamı ya da verilmek istenen asıl mesajı, yani ana fikri kolayca anlayabilir. Diğer bir değişle "tüm bu bilgiler bize neden veriliyor"u kolaylıkla kavrar. Eşzamanlı işlem bazı şeyleri bütün olarak algılama ve bir fikir bütünlüğünü yakalama becerisini gerektirir. Örneğin, bir çocuk okuduğu hikâye ile ilgili resim çizdiğinde hikâyede verilenleri anladığını göstermiş olur. Çocuğun okuduğu hikâyenin içindeki bilgiler simgeyi, okuduğunu resmetmesi de imgelem gücünü gösterir. Simgelerin imgeye dönüştürülebiliyor olması, eşzamanlı bilişsel işlem olarak tanımlanabilir. Bunun için canlı bir hayal gücü gerekmektedir.

Eşzamanlı bilişsel işlemin bileşenleri: Naglieri, J. ve Das, J.P. (1997)'ye göre eşzamanlı bilişsel işlemlerin bileşenleri şu şekilde ele alınabilir:

Uzamsal ilişkilerle çalışabilmek (Uzamsal yetenekler ve imgelem): Uzamsal yeteneği, şekillerin akılda tutulması ve zihinde canlandırılması sonucu oluşan bazı dönüşümler olarak tanımlamak mümkündür. Bu bilişsel işlem için görsel canlandırma önemlidir (şekillerdeki simetriyi çözmek, herhangi bir kelimedeki harfleri hatırlamak, bir arkadaşın yüzünü hatırlamak, haritada bir yönü takip etmek, koltuğun oturma odasının diğer köşesine uyup uymayacağını kestirebilmek, tarif edilen adresi gözünde canlandırabilmek vb. gibi). Uzamsal betimleme, sözel alana aşırı yüklenmeyi önleyip beyni bütün kullanmayı sağlar. Bu yolla sözel içerikli bilgilerin ikinci kez kodlanması sağlanır ve hatırlama kolaylaşır. Soyut içerikli bilgilerin şemalaştırılarak somutlaştırılması öğrenmeyi kolaylaştırır.

Anlamsal İşlemler: Uzam alanında görsel içerikli bilgi parçalarının anlamlı bir bütüne nasıl dönüştüğünü görebilmek ve ilişkileri anlamak için yukarıda verilen örneklere benzer örnekler sözel alanda kullanılan eşzamanlı bilişsel işlemler için de bulunabilir. Çocuk kelimelerden oluşan bir listeyi zihinsel olarak kategorize ederken (yiyecek, hayvan, mobilya vs.) eşzamanlı bilişsel işlemleri kullanmaktadır. Bu kategorize işlemi sırasında masa, sandalye gibi birbirinden farklı kelimeler anlamsal olarak analiz edilmekte ve sahip oldukları ortak özelliklere göre uygun şekilde sınıflandırılmaktadır. Bu bilişsel işlem, kavramlarının etkili kullanımı ile gözlemlenebilir. Bu nedenle çocuklardaki kavramsal donanım önemlidir.

Muhakeme: Kelimeleri bütünle bağdaştırma, kelimeler, resimler veya fikirler arasındaki ilişkiyi anlamaktır. Okunan bir metnin bütününün ne ile ilgili olduğu, ana fikrinin bulunması veya bir matematik probleminde verilenlerden yola çıkarak istenene ulaşılması bu bileşen ile ilgilidir. Analitik düşünme becerisi ile bu bilişsel işlem performansı desteklenebilir.

Eşzamanlı Bilişsel İşlem ile İlgili Problemler: Kirby, J.R. ve Williams N. H. (2000) ile IBO (2009)'da eşzamanlı bilişsel işleme ilişkin problemler şu şekilde ele alınmıştır:

- Kelimelerin görünümlerini kolay tanıyamamak ve yoğun okuma hataları yapmak: Harf sıralarının ses analizi yapılmaksızın, görsel olarak tanınması gereken kelimeleri tanımada başarısızlık ve hatta tanıdık kelimeleri dahi hızlıca okuyamama,
- Kelimeleri, cümleleri ve metinleri yorumlamada zorluk yaşamak: Kelimenin, cümlenin ya da paragrafın anlamını yorumlamada, ana fikri seçmede ve temayı yapılandırmada başarısızlık,
- Uzamsal faaliyetlerle çalışırken ya da kelimelerin şekillerini görmeye çalışırken zorluk yaşamak,
- Kâğıt üzerindeki iki boyutlu geometrik bir şeklin üç boyutlu olarak algılanmasında güçlük,

- Matematik problemlerinde ya da metnin içindeki örüntüyü görmede zorluk, matematik problemlerini anlamada zorluk ve yönerge alamamak,
- Matematik işlemlerinde, sayıları ve sembolleri tanımada başarısızlık, temel işlemlerin hesaplanmasında yavaşlık, hane değerlerinde hatalar vb.

Eşzamanlı Bilişsel İşlemleri Geliştirmek İçin Öneriler: Naglieri ve Pickering (2000); Kirby, J.R. ve Williams N. H. (2000) ile IBO (2009)'da öneriler şu şekilde ele alınmıştır:

- Zıtlıkları içeren eşleme ve sınıflandırma oyunları (resimler, kelimeler vs.),
- Farklı perspektiflerden şekillerin rotasyonunu anlamak ve simetri çalışmaları,
- Yapbozlar, içinde saklanmış resimler olan çalışma sayfaları ve üç boyutlu nesneler inşa etme,
- Yapboz oyunları oynayarak mekânsal düzenleme becerisini geliştirme,
- Ders çalışma sırasında kavram haritaları kullanma,
- Hikâyeler ve makaleler özetleme,
- Labirent tarzında düzenlenmiş bulmacalar çözdürme,
- Tanıdığı, bildiği mekânların krokisini kâğıt üzerine çizdirme,
- Ayrıca çocuğun bedenini tanımasını ve kullanmasını sağlayacak, yön duygusunu geliştirecek spor, beden, sanat faaliyetlerine katılması yararlı olacaktır. Okulda maket yapımı, satranç, tavla, tenis, masa tenisi, jimnastik, bale, dans, piyano vb. gibi alanlarda aktiviteler varsa, çocuğu bu aktivitelere yönlendirebilirsiniz.

KAYNAKLAR

Das, J.P., Naglieri, J.A. & Kirby, J.R. (1994). *Assessment of Cognitive Processes: The PASS Theory of Intelligence.* Massachusetts:Allyn and Bacon A Division of Simon ve Schuster Inc.

Das, J.P. (2001). Reading Difficulties & dyslexia. J.P. Das Developmental Disability Centre.

University of Alberta, Canada, www.ibo.org/

Kirby, J. R. ve Williams N. H. (2000). Learning Problems: A Cognitive Approach. Toronto: Kagan ve Woo Limited.

Naglieri, J. & Das, J. P. (1997). *Cognitive Assessment System Interpretive Handbook.* Itasca, Illinois: Riverside Publishing..

Naglieri, J. & Das, J. P. (1997). *Cognitive Assessment System Administration and Scoring Manual.* Itasca, Illinois: Riverside Publishing.

Naglieri, J. A. (1999). Essentials of CAS Assessment. New York: John Wiley ve Sons, Inc.

Naglieri ve Pickering (2000). Intervention Handouts for Teachers and Parents. www. mypsychologist.com

Dr. Nilgün Peker
Klinik Psikolog

Sınava Hazırlanan "Kaygılı" Çocuğunuza Yardımcı Olabilirsiniz

Çocuğunuz ister *SBS*'ye ister *ÖSS*'ye hazırlanıyor olsun, sizler, anne-baba olarak, çocuğunuzun geleceğini etkileyeceğine inandığınız bu sınavlarda, onlara yardımcı olmak ve onların yanında olmak istersiniz. Bunun için de elinizden gelen maddi ve manevi fedakârlığı yaparak, "en iyi" kursları ve "en iyi" yardımcı öğretmenleri araştırabilirsiniz. Hatta evdeki yaşantınızda ve aile hayatınızda da önemli değişiklikler yaparak âdeta sizler de çocuğunuzla birlikte kampa girebilirsiniz. Tatillerinizden bir seneliğine vazgeçip, bu dönemde eve misafir kabul etmeyen ailelerden bile olabilirsiniz. Sırf, sınava hazırlanan çocuklarının konsantrasyonu bozulmasın ve ders çalışma konusunda motivasyonu devam etsin diye!... Sizler, en iyi ders çalışma ortamını sağladığınıza ve en iyi motivasyonu yaptığınıza inanırken, çocuklar çalıştığı halde *sınav kaygısı* yüzünden istediği başarıyı elde edemeyince, haliyle üzülüp "Ben bu çocuğa nasıl yardımcı olabilirim? Bildiği halde heyecandan yapamıyor!..." diye onlar adına da tedirgin olabilirsiniz.

KAYGI NEDİR? KORKUDAN FARKI NEDİR?

Sınav kaygısına geçmeden önce kaygı ve korku arasındaki farkı bir görelim: *Korku,* gerçek bir tehlike anında yaşanır. Azgın ve vahşi bir köpek bizi kovalarsa kaygıdan ziyade korku hissederiz ve korkmamız için "somut" bir nedenimiz vardır. Oysa *kaygı,* kişiliğimize karşı olduğunu "sandığımız" bir tehdit karşısında hissedilir. Kişinin herhangi bir uyaranla karşı karşıya kaldığında yaşadığı fiziksel, zihinsel ve davranışsal değişimlerin duygu durumudur. Kaygının öğrenme ve başarı üzerinde olumsuz etkisi vardır. Yüksek kaygının dikkat ve öğrenmeyi parçalayıcı etkisi vardır.

HİÇ KAYGI YAŞAMAMAK MI GEREKİR?

Kaygının ne olduğunu öğrendikten sonra, acaba hiç kaygısız olmak daha mı iyi, hiç kaygı yaşanmamalı mı, diye düşünebilirsiniz. Herhangi bir alanda başarılı olabilmek için kaygı yaşamamak mı gerekir? Hayır! Her duygu gibi kaygı da kişinin yaşamını sürdürebilmesi için ve yaşamdan doyum alabilmesi için gereklidir. Öyleyse amaç, kaygıyı tümüyle ortadan kaldırmak değil, kaygıya yenik düşmemek ve yaşanan kaygıyı belli bir düzeyde tutarak onu kendi yararımız için kullanmaktır. Normal düzeydeki bir kaygı kişiye, istek duyma, karar alma, alınan kararlar doğrultusunda enerji üretme ve bu enerjiyi kullanarak performansını yükseltme açısından yardımcı olur. Hiç kaygı yaşamadığımız durumlarda ise, yapılacak olan işi elden geldiğince iyi yapmak için içimizde bir istek oluşmadığından sonuç genellikle olumsuz olur. Ancak yaşanan kaygı çok yoğun ise, kişinin enerjisini verimli bir biçimde kullanması, dikkatini ve gücünü yapacağı işe yönlendirmesi engellenir. Kişi potansiyelini tümüyle kullanamaz ve istenen performansa erişemez.

KAYGININ BELİRTİLERİ NELERDİR?

Kaygı sırasında kişide; fizyolojik düzeyde, düşünce düzeyinde ve davranış düzeyinde farklılıklar oluşur. Kalp çarpıntısı, hızlı nefes alıp-verme, terleme ya da üşüme, mide şikâyetleri, karın ağrısı, baş dönmesi, göz kararması ve yorgunluk *kişide fizyolojik düzeyde görülen değişimlerdir.*

Sınav durumları hakkında olumsuz düşünceler, kontrolün kaybedileceği hissi, endişe, huzursuzluk, ümitsizlik, mutsuzluk, tedirginlik ise *kişide düşünce düzeyinde görülen değişimlerdir.*

Kişide davranış düzeyinde ise kaygı yaratan durumdan kaçma ya da savaşma tepkisi görülür. Kaçma davranışı rahatlamayı sağlar, rahatlama kaçma davranışını pekiştirir ve sınav korkusu oluşur.

SINAV KAYGISI NEDİR?

Sınav öncesinde öğrenilen bilginin, sınav sırasında etkili bir biçimde kullanılmasına engel olan ve başarının düşmesine yol açan yoğun kaygıya sınav kaygısı denir. Sınav kaygısı, endişe ve yoğun duygulanım olarak iki boyutta ele alınabilir.

Endişe, performansa yönelik zihinsel bir süreçtir. Sınav sonucuna ilişkin olumsuz düşünce, inanç ve beklentilerden oluşur. Yoğun duygulanım, kaygının yarattığı fizyolojik uyarım sonucu bedenden gelen ve bedenin olağan işleyiş dengesinin dışına çıktığı mesajını veren sinyallerdir.

SINAV KAYGISI NASIL ÖLÇÜLÜR?

Sınav kaygısı, geliştirilmiş olan kaygı envanterleri ve detaylı bir görüşme ile ölçülebilir. 1960'larda Charles Spielberger ile başlayan sınav kaygısı araştırmaları, 1980'lerde Sınav Kaygısı Araştırma Grubu (STAR) ile hız kazanmış, 1995'ten sonra Stres ve Kaygı Araştırma Grubunun kurulması ile günümüze kadar çeşitli araştırmalar yapılmıştır. 40'tan fazla ülkede benzer araştırmaların yapılıyor olması, bize kaygının evrensel olduğunu ve sadece bizim ülkenin çocuklarının değil, sınava giren diğer ülkelerdeki çocukların da sorunu olduğunu gösteriyor. Araştırmaların bize gösterdiği diğer önemli bir sonuç da, kaygı ile başa çıkmanın mümkün olduğu! Bunun için de olumlu duygular geliştirmek çok önemli!!!

SINAV KAYGISI NE ZAMAN GÖRÜLÜR?

Sınav kaygısı ile başa çıkmadan önce, buna nelerin neden olduğuna bir bakalım. Eğer engelleri bilirsek, bunlarla nasıl başedeceğimizi saptamak ve detaylı bir eylem planı oluşturarak hemen uygulamaya geçmek daha anlamlı olabilir:

- *Kötü çalışma alışkanlıkları:* Verimli ve etkin çalışmak yerine, ezberci olmak,

- *Yüksek beklenti düzeyi:* Hedef belirlerken çıtayı çok yüksekte tutmak,
- *Mükemmeliyetçi yaklaşım:* "En iyisi olmalıyım!" yaklaşımı,
- *Görev ve sorumluluklarını erteleme:* Plansızlık ve programsız çalışma,
- *Başarısız olma ve değerlendirilme korkusu:* Hatasız olmaya çalışmak, sonuçlardan ders çıkaramamak...

ANNE-BABA OLARAK ÇOCUĞUMA NASIL YARDIMCI OLABİLİRİM?

Nasıl yardımcı olacağınıza geçmeden önce, çocukların neler yaşadıklarına ve neler düşündüklerine bir bakalım. Sınav kaygısı yaşayan çocuklarla sohbet edildiğinde, çoğunlukla birbirine benzer hikâyeler anlatırlar:

"Üç soruyu peş peşe yapamayınca, yüzüme ateş basıyor, yanaklarım, kulaklarım alev alev yanıyor, terliyorum. Bu zor bir sınav, yapamayacağım, diyorum kendime..."

"Daha önceki başarısız geçen sınavları düşünüp heyecanlanıyorum, ellerim titriyor ve ilk soruda takılınca, diğer sorular da zor geliyor. *Yapamayacağım, başarısız olacağım,* diyorum ve gerçekten de başarısız oluyorum..."

"Bu sınavda yüksek bir puan almalıyım, yoksa ailem mahvolur. Onların yüzüne nasıl bakarım, öğretmenim benden çok şey bekliyor, kazanamazsam, bana kızar. Bu sefer de olmazsa rezil olurum!" gibi birbirine yakın iç konuşmalar sıralanabilir.

Bu örneklere baktığımızda görüyoruz ki, öğrenciler, sınavda başarısız olmak ve kaygı duymak için ne gerekiyorsa yapıyorlar! Geçmiş kötü deneyimlere takılmak ve sürekli zihinde bu başarısızlıkları canlandırmak ya da böyle kötü bir deneyim yoksa bile, *"başaramazsam ne olur?"* diye olumsuz sonuçları düşünmek otomatik olarak öğrencide olumsuz duyguları çağrıştıracak ve bunlar da refleks halinde olumsuz davranışlara neden olacaktır.

Sınav kaygısını oluşturan sebeplerden biri, kişinin kendini sınav sırasında zorlanırken hayal etmesidir. Zihninde, sınavda ne kadar sıkıntı çekeceğini ve ne derece başarısız olacağını canlandırmasıdır. Bir diğer sebep ise, sınavda *"başarısız"* olduğu takdirde, ne tür sonuçlara ulaşacağını düşünmesidir. *"Eğer başarısız olursam, beni neler bekliyor?"* diye düşünerek başkalarının kendisini nasıl algıladığını ve kendisine nasıl davrandığını zihninde görmesi, başkalarının aşağılayıcı ve sitemkâr sözlerini duyması ve bütün bunlar karşısında kendisinin yaşadığı sıkıntı ve ezikliği hissetmesidir.

Bütün bunlardan yola çıkarak diyebiliriz ki, çocuklar bir tek *"sınav"* sözcüğü ile kendilerinde bunca kaygıyı yaratabiliyorlarsa, bunun tam tersini de yapabilirler! Sınava herhangi bir yere gider gibi gidebilirler. Sınava gereğinden fazla *"anlam yüklemeden"*, sınav boyunca kendilerinin olumlu görüntülerini düşünebilirler.

Böylece düşünce gücü ile kendilerine olan inançlarını geliştirebilirler. Bu da zamanla davranışlarına yansıyabilir. Zira, zihin ve beden aynı sistemin parçalarıdır ve birbirlerini etkileyebilirler. İnsan ne düşünürse veya neye inanırsa, öyle davranır; ya da nasıl davranırsa, öyle düşünüp öyle inanır. Bu da gösteriyor ki, kişiler ihtiyaç duydukları kaynaklara sahiptirler. Nedir bu kaynaklar? Kendi iç-sesleri ve iç-görüntüleri. Eğer kendilerini zihinlerinde sınavı başarırken görebilirlerse; kendi kendilerine *"bu sefer olacak, çok iyi çalıştım, her şeyi biliyorum ve iyi bir sonucu hak ediyorum,"* diyebiliyorlarsa; ve kendilerini rahat, emin ve huzurlu hissedebiliyorlarsa çok daha rahat bir sınav yaşayabilirler.

Çoğu öğrencinin geçmişinde kendini *rahat hissettiği,* yaparken mutlu ve başarılı olduğu, kendini sakin bulduğu durumlar vardır. Ya da ufak bir kaygı duysa da, kendini yatıştırabildiği ve sakinleştirebildiği anlar... Bu durumlar, basket maçında faul atışı öncesi olabilir, bir penaltı atışı, voleybolda maçın kaderini belirleyecek bir servis atışı ya da okul tiyatrosunda sahnelenen bir performans olabilir.

Bazen de kırık not aldığı bir derste, hatalarından yola çıkarak, "Ne yaptım da bu sonucu elde ettim? İstediğim sonuca ulaşmak için neyi değiştirmeliyim? Neyi farklı yapmalıyım? Neyi farklı düşünmeliyim ve neye inanmalıyım?" diye düşünebilir öğrenci ve böylece bir şeyleri değiştirerek başarıyı yakalayabilir. Geçmiş başarılarını örnek alarak, aynı düşünce ve davranış stratejisini modelleyerek, başka başarılara ulaşabilir.

Böyle bir durumda çocuğunuz kendini daha iyi ve daha sakin hissetmek için ne gibi iç konuşmalar yapıyor, kendini nasıl sakinleştiriyor, ona bakabilirsiniz.

Örneğin: "Ben yüzme öğrenirken, defalarca zorlanmama rağmen hiç pes etmedim, sabah erkenden kalkıp hoca ile derse gittim ve ders sonrası onun gösterdiği hareketleri defalarca tekrarlayarak iyice öğrendim, ta ki bu hareketler bir refleks haline dönüşünceye dek!

Bu arada iyi yüzen başka insanlara baktım ve onlar ne yapıyorsa, nasıl yapıyorlarsa onlar gibi yapmaya çalıştım, yapabildiğimi görünce de kendime olan inancım arttı ve ben de onlar kadar iyi yüzebilirim! Çünkü çok çalıştım ve iyi bir performans gösterebilirim!" diyebiliyorsa, bu düşünce ve inanç sistemini model alarak sınav süresince de uygulayabilir. *"Çalıştığım zaman yapabiliyorum. Uzun zamandır bu sınava hazırlandım ve çok tekrar yaptım, başaracağım!"* diyor ve başardığında nelere ulaşacağını zihninde canlandırabiliyorsa, sınav gerçekten de şölene dönüşecektir!

Sınavda son derece *rahat* olan öğrencilere baktığımızda, onların bu durumla ilgili *stratejilerini* konuştuğumuzda, *kendilerini yeterli hissettiklerini, başaracaklarına inandıklarını* ve başarıyı hayal ettiklerini, sınav sonrası alacakları iyi sonucun onlara yaşatacaklarını zihinlerinde canlandırdıklarını görüyoruz.

Bir öğrenci durumu şu sözlerle özetliyor: "Sınav boyunca neyi, nasıl yapamayacağımı değil de, daha çok sınav boyunca, bildiğim ve çalıştığım soruları ne kadar *rahat* ve *sakin çözebildiğimi* düşünüyorum. Soruyu gördüğüm anda cevabı işaretlediğimi, âdeta bir refleks olarak doğruyu bulduğumu zihnimde canlandırıyorum. Hatta sınav sonunda, dışarda beni bekleyen aileme, sınavın iyi geçtiğini müjdelediğimi ve bunu hep beraber kutladığımızı düşünüyorum. Bu da beni çok sakinleştiriyor. Süreçten ziyade sonuca odaklanıyorum!"

Demek ki, birileri bunu yapabiliyorsa, diğerleri de yapabilir. Kaygı duymayan öğrenciler neyi, nasıl yapıyorlar da bu kadar sakin ve rahat olabiliyorlar? Onların düşünce yapısını, inançlarını ve davranışlarını model alarak, sınav kaygısı yaşayan öğrenciler de kaygı ile başetmeyi öğrenebilirler.

Dolayısıyla, sizler anne-baba olarak sınava hazırlanan çocuklarınıza, sakin ve rahat durumlarda, ne yaptıkları, nasıl yaptıkları ve niçin yaptıklarını *zihinlerinde canlandırmalarına* yardımcı olabilirsiniz. Aslında kendilerini sınav boyunca nasıl görmek istediklerini, neler duymak ve neler hissetmek istediklerini konuşarak bu duygu durumuna girmelerini sağlayabilirsiniz.

Kısacası, yaşayacakları güzel anları ve duyguları *hayal etmelerine* ve bu hayallerine ulaşmaları için ne gibi bir *program uygulamaları* gerektiği konusunda *farkındalık yaratarak*, bu programı bir antrenör sabrı ve desteği ile hayata geçirmelerini sağlayarak katkıda bulunabilirsiniz!

Böylece düşüncelerin, davranışları nasıl etkilediğini yaşatarak, olumlu düşünmenin sınav boyunca *sakin* ve *rahat* olmalarına nasıl etki edeceğini gösterebilirsiniz.

Tabii bunu yaparken, kullandığınız *dil kalıpları* ve *ses tonunuz* "ikna başarınızı" etkileyecektir. İlk yapmanız gereken, kaygı duyan çocuğunuzla *eşleşmek*tir.

Diğer bir deyişle, empati ile dinlemek ve duyduğu kaygıyı kabul ederek anladığınızı göstermek. "Canım heyecanlanacak ne var? Çalışmadın mı? Çalıştınsa yaparsın! Heyecanlama!" çocuğunuzun en son duymak isteyecekleri sözlerdir. Bunun yerine "Yeterince çalışmadığını düşünebilirsin, zamanını iyi ayarlayamayacağını ve yetiştiremeyeceğini, bir soruya takılıp kolay sorulara bakacak vaktinin kalmayacağını söyleyebilirsin, hatta birkaç zor soru görünce tüm sınavın çok zor olduğuna inanabilirsin..." derseniz, onun duygularını anladığınızı ve ne tür *endişeler* yaşadığını paylaşmış olursunuz. Çocuğunuz, "Hah, beni anlıyor ve neler hissettiğimi biliyor!" diye düşünmeye başlar ve sizinle daha derin konuşarak duygularını ifade ettiği gibi, sizden gelecek önerileri de dinlemeye hazır olur.

Siz de konuşmalarınıza, mümkün olduğu kadar çok seçenek sunarak devam edebilirsiniz: "*Belki* de geçmiş başarılarını kendine örnek alabilirsin. Tıpkı yüzmede yaptığın gibi, çok çalıştığını ve iyi bir sonucu hakettiğini düşünebilirsin.

Denemelerde iyi sonuçlar alabiliyorsan, bunu sınavda da başarabilirsin. Hatta sınav boyunca kendine bunu tekrarlaman ve hatırlatman, sınavının çok daha *rahat* ve *sakin* geçmesini sağlayabilir. Kendine güvendiğinde, istediğin başarıyı elde edeceksin!" diyerek olumlu bir "niyet" ile konuşmanızı bitirebilirsiniz.

Bütün bu söylenenlerden anlaşıldığı gibi, zihin ve beden bir bütündür ve sınav öncesi üretilen *olumlu düşünce* ve *inançlar* sayesinde, çocuğunuz da sınavla ilgili olumlu tepkiler verecek ve çok daha sakin, rahat ve huzurlu olacak, böylece istediği(niz) başarıya ulaşacaktır.

KAYNAKLAR

Berg, I.K. & Szabo, P., *Brief Coaching for Lasting Solutions*, W.W Norton & Company, Inc., NY, 2005.

Cüceloğlu D., *Başarıya Götüren Aile*, Remzi Kitabevi, İstanbul, 2006.

Özakpınar Y., *Verimli Ders Çalışmanın Psikolojik Koşulları*, Remzi Kitabevi, İstanbul, 2001.

Özer A.K., *Kaygı, Sınanma Duygusuyla Baş Edebilme*, Sistem Yayıncılık, İstanbul, 2002.

Doç. Dr. Oya Güngörmüş Özkardeş
(İstanbul Ticaret Üniversitesi Psikoloji Bölümü Öğretim Üyesi)

Okul Başarısını Etkileyen Önemli Sorunlardan Biri: Özel Öğrenme Güçlükleri

Aşağıdaki ilk paragrafı okuyun, sonra gözlerinizi kapatıp sahneyi bütün ayrıntılarıyla gözünüzde canlandırmaya çalışın.

"Uzun zamandır dinlemeyi hayal ettiğiniz grubun konseri için günler öncesinden biletinizi aldınız ve sonunda konser günü geldi çattı. Siz konser saatinden oldukça erken –bir sorunla karşılaşmayasınız diye– bir saatte konser salonuna geldiniz, önden ikinci sırada ortadaki yerinize oturdunuz. Bütün salon yavaş yavaş dolmaya başladı. Ve nihayet konser saati geldi ama beklediğiniz grup bir türlü çıkmıyor, beş dakika on dakika derken biri size yaklaşıp grubun gecikeceğini söyledi, bunun anonsunu da sizin yapmanızı rica etti ve okumanız için elinize bir kâğıt tutuşturup sizi sahneye davet etti. Şaşırdınız ama birden kendinizi sahnenin ortasında buluverdiniz. Kâğıdı açtınız bir baktınız ki kargacık burgacık, ufak puntolarla yazılmış ve içinde bilmediğiniz bir dilde bir sürü sözcük de var, üstelik okuma gözlüklerinizi de evde unutmuşsunuz."

Şimdi de şu soruları yanıtlayın.

- Ne hissederdiniz?
- Ne düşünürdünüz?
- Ne yapardınız?
- Başkaları sizin hakkınızda ne düşünür, ne hisseder, ne yapardı?

Bu canlandırmayı öğretmen/ana-baba eğitimleri sırasında pek çok öğretmene ve ana-babaya sorduğumda çok az kişi bunu hoşa giden, heyecanlı bir deneyim olarak adlandırdı. Çoğu ise kendisini kapana kıstırılmış, öfkeli, çaresiz, panik içinde, stresli hissedeceklerini söylediler. Oradan kaçıp giderim, dalga geçerim, şaklabanlığa vururum ise yapılacaklar arasında ilk sıradaydı. Yine, çok azı, bu durumun benim hatam olmadığını söyler ve gerçeği anlatırdım, dedi. Başkaları senin hakkında neler hissederdi sorusuna ise aptal olduğumu düşünür, bana kızar ve beni telaşlandırırlardı, biçiminde verilen yanıtlar ilk sıralarda yer alıyordu.

Özel Öğrenme Güçlüğü (ÖÖG) olan çocuklar bizim birkaç dakika için hissedebileceğimiz bütün bu duyguları –neredeyse yaşamlarının üçte birlik zamanlarının geçtiği okul ortamında çok yoğun bir biçimde olmak üzere– günün 24 saati yaşamaktalar, eğer uyku zamanlarını da sayarsanız.

Bu sorun çoğu kez aileler, öğretmenler tarafından farklı değerlendirilebilmektedir. Rastladığım bazı değerlendirme örnekleri;

- "Başka şeylerde cin gibi ama ders deyince aptala dönüyor."
- "Kitap okuma alışkanlığı sıfır, biz okumasak haydi neyse; ama evde bizi sürekli görüyor."
- "Konuşurken o kadar güzel kelimeler kullanan çocuğun yazı yazarken yerine başkası geliyor sanki."
- "O kadar okuttuğum halde okuması ve yazması hâlâ yavaş, hiç hızlanamadı."
- "Çok tembel, iki satırı zor yazdırıyorum, hemen kolum ağrıyor, elim ağrıyor diye söylenmeye başlıyor."
- "5. sınıfa geldi hâlâ yazısı kargacık burgacık."
- "6. sınıfta hâlâ çarpım tablosunu bilemiyor."
- "Defalarca dün, bugün kavramını öğrettim, bir olayı anlatırken hâlâ yarın gitmiştik, diyor."
- "8. sınıfa geldi hâlâ saate bakıp söylerken karıştırıyor."
- "O kadar dikkatsiz ki akşam bütün tarihleri ezberlemişti, sınavda hiçbirini doğru yapmamış."
- "Ailesi çok şımarttığı için ders çalışma alışkanlığını hâlâ kazanamadı."
- "Çok akıllı ama dikkat etmiyor, yapmak istemiyor. Bir istese, bir kendini verse!"
- "Neyi tutsa düşürür, her zaman geç kalır, bir günde vaktinde çıkabilsek."
- "Eli işte, gözü oynaşta."
- "Yemeği o mu yer, yerler mi belli değil."
- "Söylenenler bir kulağından girip öbür kulağından çıkıyor keratanın."

- "Her şeyi benden bekliyor, kazık kadar oldu hâlâ ayakkabılarının bağcıklarını doğru düzgün bağlayamıyor."

Yukarıdaki ifadeler bu çocukların belki de her gün duyduğu eleştirilerden yalnızca birkaçı. Aileler, öğretmenler –belki de çaresizlikle– sürekli şikâyet eder; çocuk neden hata yaptığını bilemez; kendini suçlar, umursamaz görünür, haylazlığa vurur ya da uygun olmayan başka bir yolla kendince idare etmeye çalışır. Sorun giderek büyür büyür, aileyi, çocuğu hatta bazen okulu bile ezen bir çığa dönüşür. Oysa sorunun mümkün olan en kısa dönemde tanınması hem aile ve okulun çocuğa karşı takınacağı tutum ve yapacağı yardımlar açısından hem de çocuğun yanlış gidenin ne olduğunu anlaması ve bununla baş edebilmesi için uygun stratejileri geliştirmesi açısından çok önemlidir.

Peki Nedir Özel Öğrenme Güçlüğü? Çocukların ve yetişkinlerin bütün yaşamlarını ama ağırlıklı olarak da okul yaşamını etkileyen bu farklılığın özellikleri neler? Farklılık diyorum, çünkü bazı araştırmacılar bunu bir sorun olmaktan çok bir farklılık olarak nitelendiriyor. Anne-baba olarak yapabileceklerimiz neler? Bu yazıda bu soruları bir miktar yanıtlamaya çalışacağız.

OKULDA BAŞARI-SIZLIK

Okul, çocuğumuzun yaşamında karşılaştığı ikinci büyük kurum, aile gibi ama ondan biraz daha karmaşık, kalabalık, kuralları ve istekleri daha fazla olan, yaşam boyunca kullanacağı okuma, yazma, matematik gibi bilgilerle tanıştığı kurum. Okul başarısının neredeyse yaşam başarısına eşit gibi algılandığı günümüzde –ki bunun tersini kanıtlayan pek çok kanıt olmasına rağmen– çocuğumuz okulda başarılı olamadığında hem çocuk hem aile için sıkıntılı, yorucu ve çoğu zaman da yıpratıcı bir süreç başlıyor.

Okulda başarıyı, dolayısıyla başarısızlığı da etkileyen pek çok faktör var.

Küçük ve kalabalık sınıflar, ergonomik olmayan sıra ve masalar, yetersiz ya da fazla olan ısıtma ve aydınlatma, kaynak odanın olmaması, okulun bulunduğu çevre gibi fiziki koşullar okul başarısını etkileyebilir. Ayrıca okulun uyguladığı eğitim programı, farklı öğrenme özelliklerine sahip çocuklar için yaptığı düzenlemeler ve değerlendirme sistemi de okul başarısını etkileyebilir.

Okul başarısını etkileyen başka bir etken de öğretmenlerdir. Öğrettiği alana hâkimiyeti, kullandığı öğretim yöntemleri, sınıf yönetimi, öğrencilerle olan iletişim tarzı, sorun çözme becerisi öğrencinin başarısını önemli ölçüde etkileyebilir.

Ailenin sosyo-ekonomik ve kültürel düzeyi, çocuğuna sağladığı eğitim olanakları, ebeveynlik tarzı, okula ve öğretmene karşı olan tutumları, başarı konusundaki beklentisi, zamanı etkili kullanma, sorumluluklarını yerine getirme, okuma gibi konularda çocuğuna model olması da çocuğun okul başarısını etkiler. Ayrıca yeni bir kardeşin doğumu, ciddi hastalıklar, ölüm, şiddetli geçimsizlikler ya da boşanma gibi stres artırıcı koşullar da başarı açısından önemlidir.

Tabii bunların yanında bir de çocuğun kendi özellikleri, okul başarısının önemli belirleyicilerindendir. Kalıtımsal olarak getirdiği özelliklerin yanında genel sağlık durumu, özellikle de görme ve işitme sorunları ya da okula devamını etkileyebilecek kanser, epilepsi vb hastalıklarının olması, zihinsel, duygusal ve sosyal gelişiminin okulun beklentilerini karşılayamaması, özel öğrenme güçlükleri, dikkat eksikliği/hiperaktivite bozuklukları, karşıt davranım bozuklukları, depresyon gibi nöropsikolojik sorunlarının olması başarısını doğrudan etkileyebilir.

Bir iki paragrafta özetlenmeye çalışılan bu nedenlerin her biri için ayrı bir yazı yazılabilir kuşkusuz. Ama daha önce de söylediğim gibi bu yazıda yalnızca ÖÖG'ye odaklanıp onu biraz tanımaya ve eğer çocuğumuzun böyle bir özelliği varsa bu konuda ana-baba olarak neler yapabileceğimizi özetlemeye çalışacağım.

NASIL ÖĞRENİYORUZ?

Özel öğrenme güçlüklerinin nasıl bir sorun olduğunu anlayabilmek için önce öğrenmenin nasıl gerçekleştiğini kavramak gerekir. *Öğrenme sürecinde neler olur?* Öğrenmeyi açıklayan pek çok farklı kuram var; davranışçılar, gestaltçılar, bilişselciler, bilgi işlemciler...

Bilgi işlem kuramcıları öğrenme sürecini bir yanıyla bilgisayarın işlemesine benzetmekteler. Öğrenmenin olabilmesi için öncelikle uyarıcıların olması, bireyin duyu organlarının bu uyarıcıları alması, anlamlandırması, belleğinde tutabilmesi ve daha sonra uygun tepkiyi vermesi gerekir. Kuşkusuz bütün bu sürecin hepsinin uygun ve etkili bir biçimde gerçekleşip gerçekleşmediğine dikkat etmek, kontrol etmek ve bu süreci yönetmek gereklidir.

Tatmak, koklamak, görmek, duymak, dokunmak ve tattığımızı, kokladığımızı, gördüğümüzü, duyduğumuzu ve dokunduğumuzu algılamak ve anlamlandırmak farklı süreçlerdir, birbirlerini tamamlar.

Örneklemek gerekirse; kırmızı bir topu görebilmek ve diğer kırmızı toplardan farkını anlayabilmek için yalnızca gözümüzün görmesi ve bu bilgiyi beynimize iletmesi yetmez. Beynimizde bu bilginin işlenmesi, diğer toplarla benzer ve farklı yanlarının ayrımlaştırılması, bir top olarak anlamlandırılması gerekir.

"*a*" harfinin "*o*" dan hem biçimsel olarak farklı olduğunu hem de farklı bir ses çıkarttığını görsel ve işitsel algımız sayesinde anlarız. Bizden "*a*" yazmamızı istediklerinde ise bu iki algı sisteminin yanında dokunma ve hareket algısı da devreye girer. Okul öncesi dönemde bilgileri almak için en çok kullandığımız iki duyu sistemi dokunma ve hareketken –çünkü bu sistemler çok erken yaşlarda gelişimini tamamlar– ilköğretim dönemindeki öğrenmeden söz ettiğimizde, ağırlıklı olarak kullandığımız duyu organları ise görme ve işitmedir.

Bilgiler duyu kanalları ile alındıktan sonra –bazı araştırmacılar bu süreci duyusal bellek olarak da adlandırmaktadır– ileride kullanılmak üzere depoya konulmalıdır. Yani belleğimize kazınmalıdır. Belleğin de farklı türleri var. Çevremizden binlerce bilgi akar; bunlardan bazılarını görerek, duyarak, dokunarak vb. fark eder ve saliselerle aklımızda tutarız (anlık ya da duyusal bellek). Bu türden binlerce bilgiyi fark ederiz; ama fark ettiğimiz hızda da unuturuz. Unutulmaması için bir biçimde bizim dikkatimizi çekmesi gerekir. Ancak dikkat ederek seçtiğimiz bu bilgileri aklımızda tutma süremiz o kadar uzun değil, yaklaşık 20 sn (kısa süreli bellek). Kısa süreli belleğimizde bilgi, duyusal belleğimize oranla daha uzun süre kalmaktadır ama saklayabildiğimiz bilgiler sınırlıdır. Ortalama olarak 7 (± 2) birimlik bir bilgi akılda tutulabilmektedir. Bir başka deyişle bir seferde yalnızca ortalama olarak 7 farklı sayıyı (en az 5, en çok da 9) aklımızda tutarız (çocuklar 2 yaşındayken 2 birimlik, 5 yaşında ise 4 birimlik bir sayıyı tekrarlayabilirler). Aklınıza şöyle bir soru gelebilir? 1 dakika içinde yalnızca 7 tane mi bilgi öğreniyoruz? Kuşkusuz hayır. Yeni gelen bilgiler gruplandığında daha çok şeyi hatırlayabiliriz. Bunu bir örnekle açıklamaya çalışayım.

Şu sayıları aklınızda tutmaya çalışın:

3.1.9.4.8.2.7.

Şimdi de şu sayıları aklınızda tutmayı deneyin:

11.22.33.44.55.66.77.88.99.111.222.333.

Hangi gruptaki sayıları aklınızda daha kolay tutabildiniz? Büyük bir olasılıkla 2. gruptakileri, hem de sayıları daha fazla olmasına rağmen anımsadınız. Çünkü, gruplayarak verildi. Dolayısıyla bilgileri eğer gruplayabilirsek bir seferde 7 tane bilgiden daha fazla bilgiyi aklımızda tutmamız mümkün. Henüz araştırmacılar gruplama yaparak bu birimleri ne kadar genişletebileceğimiz sorusuna tam bir yanıt bulamadılar. Kısa süreli belleğimizde yaptığımız tekrarlar, bu bilgilerin uzun süreli belleğe aktarılmasına yardımcı olurlar. Uzun süreli bellek de, tıpkı anlık bellek de olduğu gibi binlerce bilgiyi depolar, kapasitesi sınırsızdır. Ancak anlık/duyusal bellekten farklı olarak unutmaz. Uzun süreli belleğin de çeşitleri –işlemsel ve ifade edici– vardır. İşleme dayalı bellekte sözel açıklamalara gerek yoktur. Araba ve bisiklet kullanmayı öğrendiğimizde kullandığımız bellek türü işlemsel bellektir. Ancak ifade edici bellek söze, açıklamaya dayalı bir bellek türüdür ve iki farklı türü vardır. Biri anılarımızı (anısal bellek), diğeri ise tanım, kural, formül vb. bilgileri (anlamsal bellek) saklamaya yarar. Örneğin, neşeyi bana tanımla dediğinizde anlamsal belleğimizi, neşeli olduğun bir gününü anlat dediğinizde ise anısal belleğimizi kullanırız.

Sakladığımız bilgileri durum gerektirdiğinde, yeri geldiğinde kullanmamız yani hatırlamamız gerekir. Nasıl hatırlarız peki? İki yoldan ya birbiriyle ilişkili olarak ya da bir strateji kullanarak. Bunlara bir örnek vermek gerekirse; kendi istediğimiz bir konuyu anlatırken bir kavram bize başka bir kavramı, o da başka bir kavramı hatırlatır, böylece çok güzel anlatabiliriz. Ama birisi marttan sonra ne gelir dediğinde, yanıtlayabilmek için önce bunun bir ay olduğunu, daha sonra da ayların sırasını hatırlamak zorundayızdır. Yani bir strateji kullanmamız gerekir.

Hatırladıktan sonraki aşamada ise bu bilgilere ya hareketle ya da sözel olarak ifade ederek bir tepkide bulunuruz.

Bu sürecin başından başlayarak her bir aşamasında ise, yönetici işlevler devreye girmektedir. Yönetici işlevler beynin CEO'su gibidir. Birçok faaliyeti gerçekleştirir. Dikkat, planlama, organize olma, başladığımız işi sürdürme vb.

Dikkat, içinde pek çok farklı beceriyi barındıran bir kelime. Çevredeki uyarıcıları fark edebilmemiz için beynimizin belli bir uyanıklıkta olması gerekir. Hangi uyarıcılara önem vereceğimizi belirleyen ise seçici dikkatimizdir. Bir taraftan öğretmeni dinlerken bir taraftan da not tutabilmek gibi iki şeyi aynı anda yapabilmemiz içinse, dikkatimizin bölünebiliyor olması gereklidir. Ayrıca yaptığımız işe odaklanabilmek ve sürdürebilmek de dikkatin bir fonksiyonudur.

Yönetici işlevlerin en önemli fonksiyonlarından bir diğeri, yapacağımız işlerle ilgili olarak plan ve organizasyon yapmaktır. Bu beceri sayesinde işe nereden ve nasıl başlayacağımıza karar verebiliriz.

İşleyen bellek de bir başka yönetici işlev fonksiyonudur. Özellikle okul başarısını etkileyen önemli bir beceri olan işleyen bellek, 22+18 aklından topla, bu parçadaki soruları yanıtla, gibi görevler verildiğinde devreye girer. Bu tarz bir görevi yerine getirebilmek için bir yandan uzun dönemli bellekteki bilgilerimizi hatırlamamız gerekir (toplamayı nasıl yapacağımızı, metindeki soruları nasıl yanıtlayabileceğimize ilişkin stratejilerimizi hatırlamamız gerekir), bir yandan kısa süreli belleğimizi çalıştırmamız (şu anda bize verilen sayıları aklımızda tutmamız), bir yandan da toplamanın hangi aşamasında kaldığımızı hatırlamamız ya da metindeki bilgileri ve soruları hatırlayıp yanıtlamamız, hangi soruda kaldığımızı fark etmemiz, cümleye nasıl başladığımızı unutmamamız gerekir. Görüldüğü gibi işleyen bellek, pasif olarak bilgiyi akılda tutmaktan çok onları kullanır, değiştirir, dönüştürür.

Diğer önemli bir görev ise yaptığımız iş sırasında kendimizi gözlemleyip değerlendirmektir. Meta biliş olarak da adlandıracağımız bu beceri sayesinde bir konuyu iyi öğrenip öğrenmediğimize, öğrenmediysek başka neler yapmamız gerektiğine karar verebiliriz.

Ayrıca işi ertelemeden başlayabilmek, gerektiği zaman planımızda değişiklikler yapabilmek, işi tamamlama sırasında çevredeki çeldiricilere kendimizi kapatabilmek, içimizden gelen duygu ve isteklerden o sırada gerekmeyenleri baskılayabilmek de yönetici işlevlerin görevleri arasındadır.

Görüldüğü gibi öğrenme çok karmaşık olan ve hem birbirini etkileyen hem de birbirleriyle etkileşen pek çok alt sistemin bir arada uyumlu çalışmasıyla mümkün olmaktadır.

Öğrenme güçlüğü yaşayan çocuklar ise bu süreçlerin birinde ya da birkaçında çeşitli düzeylerde sıkıntılar yaşamaktadır.

ÖZEL ÖĞRENME GÜÇLÜĞÜ NE DEMEK?

Özel öğrenme güçlüğü okul başarısızlıklarının temelinde yatan en önemli nedenlerden biri. İlk kez 1672 yılında tanımlanan (okuma alanındaki güçlükler) ve o zamandan günümüze araştırmacıların dikkatini çokça çeken ve çok fazla araştırılan bir konu olmakla birlikte, öğrenme sorunları hakkında hâlâ yanıtlanması gereken pek çok soru var.

ÖÖG'yi bir şemsiye gibi düşünmek çok yanlış olmaz. Dil, okuma, yazma, matematik ve motor alanda yaşanan sorunları bu şemsiye altında toplamak olasıdır. ÖÖG olan çocuklar bu alanların bir ya da birkaçında çok çeşitli ve kendilerine özgü sorunlar yaşarlar.

ÖÖG, pek çok farklı isimle anılabilir. Özgül öğrenme bozuklukları, özgül öğrenme güçlüğü, öğrenme bozuklukları gibi daha genel isimler yanında, ağırlıklı olarak sorun yaşanan alt alanlara yönelik tanımlar da yapılabilmektedir. Disleksi, okuma bozukluğu, okuma güçlüğü; disgrafi, yazma bozuklukları; diskalkuli, matematik bozuklukları; dispraksi, gelişimsel koordinasyon sorunları, sözel olmayan öğrenme güçlükleri gibi.

DSM-IV-TR (2000) tanı kitapçığı bu sorun alanlarını şöyle tanımlamış:

OKUMA BOZUKLUĞU

Bireysel olarak standart okuma ya da kavrama testi uygulandığında ve kişinin kronolojik yaşı, ölçülen zekâ düzeyi ve yaşına uygun olarak eğitim aldığı göz önünde bulundurulduğunda; okuma başarısının beklenenin önemli ölçüde altında olması durumudur. Bu bozukluk okul başarısı ya da okuma becerileri gerektiren günlük yaşam etkinliklerini önemli ölçüde bozmaktadır.

MATEMATİK BOZUKLUĞU

Bireysel olarak standart testlerle ölçüldüğünde ve kişinin kronolojik yaşı, ölçülen zekâ düzeyi ve yaşına uygun olarak eğitim aldığı göz önünde bulundurulduğunda; matematiksel becerilerinin beklenenin önemli ölçüde altında olması durumudur. Bu bozukluk, okul başarısı ya da matematik becerileri gerektiren günlük yaşam etkinliklerini önemli ölçüde bozmaktadır.

YAZILI ANLATIM BOZUKLUĞU

Bireysel olarak standart testlerle ölçüldüğünde ve kişinin kronolojik yaşı, ölçülen zekâ düzeyi ve yaşına uygun olarak aldığı eğitim göz önünde bulundurulduğunda; yazma becerilerinin beklenenin önemli ölçüde altında olması durumudur. Bu bozukluk okul başarısı ya da yazılı metin derlemeyi gerektiren günlük yaşam etkinliklerini önemli ölçüde bozmaktadır.

GELİŞİMSEL EŞGÜDÜM (KOORDİNASYON) BOZUKLUĞU

Devinimsel eşgüdüm gerektiren günlük etkinliklerdeki yeterlilik, kişinin kronolojik yaşı, ölçülen zekâ düzeyi göz önünde bulundurulduğunda; beklenenin önemli ölçüde altında olması durumudur. Bu bozukluk okul başarısı ya da günlük yaşam etkinliklerini önemli ölçüde bozmaktadır.

Yukarıda ayrı ayrı verilen bu sorunların hepsinin bazen ayrı ayrı, bazen de birlikte olabileceği akıldan çıkartılmamalıdır.

ÖÖG olan çocuklar öğrenme süreçlerinden birinde ya da birkaçında zorlanırlar. ÖÖG olan çocukların kısa süreli bellek, anlamsal bellek ve işleyen bellek ile ilgili sıkıntılarının olduğunu, görsel işitsel algılamalarında farklılıkların, motor ve dil alanında zorluklarının, dikkati sürdürme ve meta bilişsel alanlarda çeşitli düzeylerde güçlüklerinin olduğunu bildiren pek çok araştırma var.

ÖÖG olan çocuklar, bu sorunu olmayan akranlarından ya daha farklı yollarla öğrenirler ya da çarpım tablosu, saat öğrenme, hızlı ve akıcı okuma gibi alanlarda yaşam boyu zorlanabilirler. Bazıları yetişkinlik döneminde bile sağını solunu karıştırır, ayakkabılarını bağlayamayabilir. Ancak yaşadıkları bu zorluklar yüksek öğrenim görmeleri ya da başarılı bir iş yaşamlarının olamayacağı anlamına da gelmemelidir. Birçoğu başarılı doktor, mimar, sanatçı vb olabilir. Einstein, Walt Disney, Leonardo da Vinci ise hem özel öğrenme güçlüğü olan hem de başarılı olmuş ünlü isimlerden yalnızca birkaçı.

ÖÖG HAKKINDA BİLMEMİZ GEREKENLER

- *ÖÖG dil, din ve ırk farkı gözetmez.* Araştırmalardan edindiğimiz bilgiler ÖÖG'nin bütün kültürlerde karşımıza çıkan bir sorun olduğunu göstermekte. Örneğin, okumadaki zorlukları ele alalım. Okuma bozuklukları alanındaki çalışmalar ağırlıkla alfabetik bir dil olan İngilizce hakkında yapılmıştır. Ancak son yıllarda Çince, Japonca gibi alfabetik olmayan dillerde de okuma bozukluğunun varlığı tanınmaya başlanmış. İşin özü bu sorun, bütün kültürlerde görülmekle birlikte yazılı dillerdeki kültüre bağlı değişiklikler, okuma yazma sorunlarının da o kültüre özgü bazı özellikler göstermesine yol açmakta. İngilizce, Fransızca gibi dillerde yaşanan sorunlar ile Çince, Japonca gibi dillerde yaşanan sorunlarda farklılaşmalar olabilmektedir.
- *Bütünüyle nörolojik temellidir.* Son yıllarda beynin görüntülenmesi ile ilgili olarak detaylı tekniklerin geliştirilmesi (MR, fMR testleri vb.) ÖÖG'nin beyindeki yapısal ve fonksiyonel değişikliklere bağlı olarak ortaya çıktığı görüşünü kuvvetlendirmektedir. Anne-baba ya da öğretmen olarak çocuğunuzu çok şımartmanız ya da baskı altına almanız, aile içinde yaşanan gerginlikler, yeni bir kardeşin gelmesi ya da boşanma özel öğrenme güçlüğünün oluşmasına yol açmaz. Bu sıkıntılar da çocuğun okula uyumunu ve başarısını etkileyebilir kuşkusuz; ancak özel öğrenme güçlüklerinin kendine özgü nedenleri vardır. Bunların, geneldeki okul sorunlarından ayırt edilmesi gerekir. Gevşek bir disiplin anlayışı ya da aşırı baskıcı bir tutum ancak var olan sorunları biraz daha ağırlaştırabilir.
- *Genetik yatkınlığın olduğu bir sorundur.* Çeşitli ülkelerde yapılmış

olan araştırmalar ÖÖG'nin toplumda görülme oranının yaklaşık %5-10 düzeyinde olduğunu göstermektedir. Ancak ÖÖG olan çocuğun birinci dereceden yakın akrabalarında bu türden bir sorun varsa çocukta görülme riski çok daha fazla olmaktadır.

- *Riskli hamilelikler, doğumlar, doğum sonrası travmalar, sık yinelenen orta kulak iltihapları, bağışıklık sisteminin kuvvetli olmaması gibi sorunlar* ÖÖG olan çocukların öyküsünde daha sık karşımıza çıkmaktadır.
- *ÖÖG olan çocuklar bilgi işleme süreçlerinden biri ya da birkaçında sorun yaşarlar.* Yukarıda sözünü ettiğimiz öğrenme süreçlerinde öğrenme güçlüğü olan çocukların, çeşitli düzeylerde zorlukları olmaktadır. Yapılan araştırmalar, ÖÖG olan çocuklarda, olmayan akranlarına oranla daha çok algısal ve motor sorunların olduğunu; kısa süreli ve uzun süreli, özellikle de anlamsal bellek ve işleyen bellek ile ilgili çeşitli düzeylerde sorunların olduğunu; yönetici işlevlerdeki sorunlarına bağlı olarak etkili çalışma alışkanlıkları geliştiremediklerini göstermekte.
- *ÖÖG olan çocukların zekâsı normal ya da normalin üstündedir.* ÖÖG olan çocukların zihinsel kapasiteleri ile okul başarıları arasında kolayca açıklanamayan önemli bir fark vardır. Zekâ bölümü 130 ve üstünde olmasına rağmen ÖÖG nedeniyle okumayı sökememiş, bölmeyi, toplamayı yapamayan, 9-10 yaşında bilgisayar dahisiyken ayakkabılarını bağlayamayan örnekler ne demek istediğimi daha iyi açıklayabilir sanıyorum.
- *Bir çocuğa ÖÖG diyebilmemiz için görünür bir sorunun olmaması gerekir.* Daha önce de belirttiğim gibi, sosyo ekonomik ve kültürel açıdan elverişsiz bölgelerden gelme, duygusal sorunlar, görme, işitme, ortopedik engelin olması ya da belirgin nörolojik sorunların olması (epilepsi, serabral palsi vb.) da okulda sorunlara yol açar. Ancak ÖÖG bunlardan tamamen ayrı bir sorun alanıdır.
- *Bilgiyi işlemleme aşamasında zorlukları vardır.* ÖÖG olan çocukların görsel/işitsel ve/ya da dokunma-hareket algısında, bilgiyi depolamada ya da hatırlamada çeşitli düzeylerde ve yoğunlukta zorlukları olur.
- *Tek bir belirti değil, bir belirtiler demetidir.* Çeşitli yazılarda ÖÖG belirtilerini gördüğünüzde bu belirtilerin kendinizde ya da çocuğunuzda olduğunu düşünebilirsiniz. Bunu bir örnekle açıklamak

sanırım daha kolay olacak. Örneğin, rakamları ters yazma ÖÖG belirtilerinden biridir. Ama aynı zamanda gelişimsel olarak çocukların önemli bir kısmı 5-6 yaş dolaylarında rakamları, harfleri tersten yazabilir. Eğer çocuğunuz 5 yaşında ve yalnızca zaman zaman harfleri, sayıları ters yazıyorsa bunu gelişimin doğal bir akışı olarak düşünebiliriz. Ama aynı çocuk bir yandan konuşmaya geç başlamış, renkleri, sayıları öğrenirken daha fazla zorlanmış ve boyamaları akranlarından daha kötü ise, bu ÖÖG açısından bir ön haberci olarak düşünülebilir.

- *Birbirine tıpatıp benzeyen iki ÖÖG olgusu yoktur.* ÖÖG olan çocukların yaşadıkları belirtiler ve sorunlar birbirinden çok farklı olabilir. Kimisi yalnızca yavaş okurken, okuyup harfleri birbirine karıştırırken, kimisi düşündüklerini kâğıda dökmekte zorlanır. Kimisi çarpım tablosunu öğrenemez, işlemleri yapamaz; bir diğeri ise sağını solunu sürekli olarak karıştırır. Kimisi akranları gibi hareketleri akıcı biçimde gerçekleştiremez. Bazıları yalnızca okuma, yalnızca yazma ya da yalnızca matematikte sorun yaşayabildiği gibi, bazı çocuklarda bütün bu sorunların hepsi birden görülebilir. Ya da her iki çocukta yalnızca matematik alanında sorun görülebilir ama sorunun şiddeti farklı olabilir. Bu nedenle de her çocuğun özelliklerini kendi içinde değerlendirmek, kuvvetli ve zayıf olduğu alanları saptamak, yapacağımız yardımın nasıl olacağını belirlemek açısından yaşamsal bir önem taşır.
- *Büyüme örüntüleri farklıdır.* Akranlarından daha geç yürüyebilir, emeklemeden yürüyebilir ya da daha geç konuşabilirler vb. Basit kavramları öğrenmekte zorlanıp daha zor olanı kolayca kavrayabilirler.
- *Her iki cinste de görülür.* ÖÖG her iki cinste görülen bir sorun olmakla birlikte erkek çocuklar; kızlara oranla daha riskli grupta görülmektedir.
- *Okul başarısızlıklarına neden olan sorunlar arasında ilk sıraları almaktadır.*
- *Çoğunlukla okul çağında fark edilirler, ama ÖÖG yaşamın çok erken dönemlerinde ortaya çıkar.* ÖÖG'nin nörolojik bir sorun olduğundan söz ettik. Sorun çoğu kez hamilelik döneminde ya da sinir sistemi gelişiminin çok hızlı olduğu ilk yıllarda ortaya çıkar. Fakat ağırlıklı olarak akademik alanlarla ilgili bir sorun olması nedeniyle

daha çok okulun ilk yıllarında fark edilir. Ancak ÖÖG olan çocukların önemli bir bölümü okula başlamadan önce de, konuşmanın ve/veya yürümenin gecikmesi, renklerin, şekillerin ve sayıların isimlerini zor öğrenmek gibi sorunun ön habercileri olan belirtileri gösterirler. Eğer çocuğunuzun erken dönemdeki belirtilerinden birkaçına sahip olduğunu düşünüyorsanız en kısa zamanda bir uzmanla işbirliğine girmenizde yarar vardır.

- *ÖÖG yaşam boyu devam eder.* ÖÖG geçen ya da iyileşen bir sorun değildir. Verilen destekler sorunların hafiflemesine yardımcı olur.
- *Bireyin içinde bulunduğu gelişim dönemine bağlı olarak gözlemlenen belirtilerde de farklılaşmalar olabilir.* Örneğin, okul öncesi dönemde geç konuşan çocuk, 1. sınıfta okuma ve yazmayı akranlarından daha geç öğrenir, liseye geldiğinde kitap okumaktan, kompozisyon yazmaktan hoşlanmaz.
- *ÖÖG sorunlarına çoğu kez DEHB de eşlik eder.* ÖÖG çoğu kez DEHB ile birlikte görülmektedir. Bu nedenle ÖÖG sorunu olan çocukların DEHB belirtileri açısından da değerlendirilmesi ve gerekli önlemlerin alınması önemlidir. Bazı çalışmalarda disleksisi olan çocukların yaklaşık %75'inde DEHB'nin olduğu, DEHB olanların %84'ünde ise disleksi, dispraksi (gelişimsel koordinasyon sorunları) ya da her ikisinin birlikte olduğu bildirilmektedir. Eğer çocuğunuzda DEHB belirtilerinin de olduğunu düşünüyorsanız (bu yazıdan hemen sonra gelen) Dr. Yeşim Sercan'ın yazısı da size yol gösterebilir.

AĞAÇ YAŞKEN EĞİLİR/ERKEN TANININ ÖNEMİ

ÖÖG tanısının konulabilmesi için çocuğun öncelikle okuma, yazma ve sayılarla tanışması gerekmektedir. Dolayısıyla ilköğretimdeki ilk iki yıl bu çalışmalar yoğun biçimde yapıldığından çocukta ÖÖG olup olmadığının (özellikle okuma, yazma ve matematik zorluklarının) kesin olarak tanılanması da bu dönemde olur.

Ancak yukarıda da değindiğimiz gibi ÖÖG'ye yatkınlık, sinir sisteminin geliştiği hamilelik döneminde ve doğum sonrası ilk yıllarda oluşmaktadır.

ÖÖG iyileşen ya da önlenebilen bir sorun olmamakla birlikte pek çok araştırma bulgusu, ÖÖG riski olan çocukların erken dönemde tedavi edici eğitim çalışmalarına katılmalarının, hem bu programlardan yararlanmasını arttırdığını hem de sonraki aşamalarda karşılaşacakları güçlükleri daha aza indirgemeye yardımcı olduğunu vurgulamakta. Bu nedenle erken çocukluk dönemindeki belirtileri iyi değerlendirip risk grubunda olan çocukları izlemek ve gerekli müdahalelerde bulunmak, okul başladığında yaşanabilecek zorlukları en aza indirebilmemizi sağlar.

Erken tanılama ve destekleyici eğitim programlarını uygulama, ayrıca çocuğun gerekli desteği alamamasına bağlı olarak gelişebilecek olan motivasyon eksikliği, olumsuz davranışlar, özgüven eksikliği, depresyon, kaygı gibi duygusal ve davranışsal sorunlarının önlenmesine de yardımcı olmaktadır.

Ayrıca erken tanılama/destekleme, emek ve maliyet açısından da daha ekonomik olabilir.

ÖÖG DEDEKTİFLERİ

Erken tanılamanın bu denli önemli olması, hepimize bu konuya duyarlı yaklaşılması konusunda bir sorumluluk yüklüyor. Özellikle erken dönemde çocukla teması olan çocuk sağlığı ve hastalıkları uzmanlarına, aile hekimlerine, pedagoglara, konuşma terapistleri ve gelişim psikologlarına, okul öncesi öğretmenlerine ve tabii ki ailelere çok iş düşmektedir.

Ayrıca, Sağlık Bakanlığı ile Milli Eğitim Bakanlığı'nın, basın/yayın organlarının ve öğretmen yetiştiren kurumların, sivil toplum örgütlerinin, halkın ve çocukla çalışacak olan personelin farkındalığının artırılması için çalışmalar planlamasının önemi tartışılmazdır.

ÖÖG'NİN ERKEN DÖNEM BELİRTİLERİ

ÖÖG'nin erken dönem belirtilerini bilmemiz, erken tanılama ve alınacak önlemler açısından çok önemli olduğundan, olası risk faktörlerinden bazılarına kısaca göz atmamızda yarar var.

- *Genetik yatkınlık ve ailenin diğer bireylerinde ÖÖG, DEHB türünden sorunların olması.* Araştırmalar kardeş, anne, baba, hala, dayı, amca, teyze gibi birinci dereceden akrabalarda ÖÖG var ise çocukta görülme riskinin arttığını vurgulamaktadır. Bu nedenle ailesinde bu türden sorunları olan çocukların gelişimleri daha yakından incelenmeli ve gerekiyorsa okul öncesi dönemden başlayarak çocuğun zayıf olan yönleri desteklenmelidir.
- *Konuşma alanındaki sorunlar.* Konuşma alanındaki farklılıklar ve zorluklar, özellikle de okuma yazma alanındaki öğrenme güçlükleri açısından önemli bir risk faktörü olarak düşünülmektedir. Konuşma alanında dikkatimizi çekmesi gereken olası sorunlar örneklenmiştir:

√ Geç konuşma,
√ İsimlendirme zorlukları,
√ Sözcüklerdeki harfleri düzgün söyleyememe,
√ Düzgün cümle kuramama, sözcükleri atlama,
√ Uyaklı sözcükleri fark edememe,
√ Konuşmaktan hoşlanmama,
√ Yaşına göre daha kısa cümlelerle konuşma,
√ Sözcük dağarcığının kısıtlılığı,
√ Kelimeleri söylerken hecelerin yerlerini karıştırma (hayvan yerine havyan),
√ Yazılı materyallere, kitaplara ilgisizlik,
√ Sağ/sol, yukarı/aşağı, önce/sonra, ileri/geri, dün/yarın gibi yöne ilişkin kavramları ve sözcükleri karıştırma,
√ Sözcüğün başındaki, sonundaki harfi bulmakta zorlanma,
√ Dilin melodisini, tonlamasını kavrayamama.

- İşitsel hafıza sorunları:

√ Tekerlemeleri, çocuk şarkılarını ezberleyememe,
√ Kendisine söylenen kısa mesajları aklında tutamama,
√ Birkaç aşamadan oluşan yönergeleri hatırlayamama,
√ Şarkılarda ritim tutamama,
√ Sayı, sözcük, cümle tekrarlarını yapamama,
√ Alfabe, haftanın günleri, günün hangi zamanı, gelecek hafta gibi kavramları öğrenememe, özellikle de geriye doğru sayamama.

- Görsel alandaki sorunlar:

√ Göz hareketlerinin iyi olmaması nedeniyle bir sayfa içindeki benzer şekilleri taramada zorlanma,
√ Nesnelerin benzerliklerini ve farklılıklarını ayırt edememe,
√ Nesnelerin duruşlarına ilişkin farkları bulamama. Sağ taraftaki yıldız, soldaki kuş vb. ya da b/d gibi harfleri karıştırma,
√ Görerek öğrenmede zorlanma.

- Motor alandaki sorunlar:

√ Emeklemeden yürümeye başlama ya da geç yürüme,
√ Denge gerektiren hareketlerde zorlanma,
√ Lateralizasyonun belirmemesi (iki yaşını geçtiği halde her iki elini de kullanma),
√ Genel olarak beceriksizlik, sakarlık, sarsaklık,
√ Geri geri yürüme, adımlama, tek ayak üstünde durmada zorlanma,
√ Sek sek, ip atlama vb. oynayamama,
√ Giyinmeyi öğrenememe ya da yavaş öğrenme,
√ Resim yapmaktan hoşlanmama,
√ Resimleri boyayama, şekilleri kopyalayamama,
√ Ayakkabı bağlayamama, düğme ilikleyememe, makasla iyi kesememe,
√ Lego, yapboz, yapı-inşa oyunlar vb. ile oynamaktan hoşlanmama,
√ Labirent tarzı bulmacaları yapamama,
√ Top oyunlarından hoşlanmama ya da iyi oynayamama.

- Dikkat ile ilgili sorunlar:

√ Bebeklik döneminde nedensiz gibi görünen huzursuzluklarının fazla olması,
√ Çok kıpırtılı ya da çok sakin olma,
√ Dikkatinin ve sabrının akranlarına oranla daha az olması.

- Sosyal- duygusal sorunlar:

√ Akranlarıyla ilişkide zorlanma,
√ Saldırgan ya da çekingen olma,
√ Kızgınlıktan neşeye çabuk geçme,
√ Engele toleransının olmaması,
√ Aklına geleni hemen yapma ya da söyleme,
√ Düşük motivasyon,
√ Bu belirtilerin birden fazlasını kendi çocuğunuzda da gözlemli-

yorsanız, çocuğunuzun öncelikli olarak anaokulundaki öğretmeni ve okulun rehberinden, daha sonra da bir uzmandan görüş almanız yararlı olur.

ÖÖG OLAN ÇOCUKLAR NELER YAŞARLAR?

Yıllar içinde pek çok ÖÖG olan çocuk ve aileleri ile çalıştım. Çocukların çoğu okulda neden başarılı olamadığı sorusuna yanıt vermekte zorlanıyorlardı. Başlangıçta okuldaki sorunlarından çok, duygusal alandaki sıkıntıları ile uğraşmak, onları aşmak gerekiyordu. ÖÖG olan çocukların çoğu,

- Başarısızlık yaşadıkları ve nedenini bilemedikleri için kendilerini yetersiz, kötü, çirkin, beyinsiz ya da aptal hissederler.
- Kolay kırıklığa uğrarlar.
- Yaşadıkları olumsuz duyguları farklı şekilde dışa vurabilirler. Bu davranışlar saldırganlık, içine kapanıklık, korkular, psikosomatik şikâyetler, stres dolu ortamlardan kaçınmak ya da sınıfın şaklabanı olmak tarzında kendini gösterebilir.
- Eğer akranlarının yaptıklarını yapmayı başaramazlarsa kendilerinden daha küçüklerle olmayı tercih edebilir ya da kendi kabuklarına çekilebilirler.
- Kendileri hakkında zayıf bir benlik imajı oluşur ve özgüvenleri zedelenir: Ben yapamam ki, akıllı değilim, güçsüzüm vb.

ANNE-BABALAR NELER YAŞAR?

Çocuğunda bir sorun olduğunda, bu farklılığın türü ne oluyor olursa olsun, aileler benzer süreçlerden geçer. Önce böyle bir sorun olduğunu kabul etmeyiz; etmek istemeyiz. Daha sonra bu sorunun neden gelip bizi bulduğunu anlamak isteriz. Çoğu kez kendimizi ya da çevremizdekileri suçlarız, kızgınlık ve öfke duyarız. Değişik şeyler deneyerek ve belki de gerçekçi hedefler koymaksızın sorunu alt etmeye çalışırız. Bunu izleyen süreçte karamsarlık ya da depresyon yakamıza yapışabilir. Bütün bu aşamaların ardından ise sorunu kabulleniriz ve bu konuda rasyonel olarak neler yapabileceğimizi araştırmaya başlarız. Bir sorun yaşandığı gerçeğiyle bir an önce yüzleşmenin ve kabullenmenin, sorunların büyümeden çözümlenebilmesinde önemli bir avantaj sağlayacağı tabii ki çok açık.

ANA-BABA OLARAK NELER YAPMALIYIZ?

- *Zaman kaybetmeyin.* ÖÖG gibi bir sorunun varlığından şüpheleniyorsanız ve çocuğunuz okula gidiyorsa zaman kaybetmeden öncelikli olarak öğretmeni ve okulun rehberlik servisi ile konuşun; bir uzmanın yardımına gereksinimi olup olmadığını tartışın.
- *Önce sağlık.* ÖÖG gibi bir sorunun varlığından şüphe duyuyorsanız öncelikle çocuğunuzu genel bir sağlık muayenesinden geçirmeniz yararlı olabilir. Özellikle görme ve işitmedeki sorunların bazıları ÖÖG belirtilerine benzer. Örneğin, yüksek derecedeki bir astigmat problemi de çocuğun sarsak olmasına ve sakarlık yapmasına yol açabilir.
- *Sorgulamaktan çekinmeyin.* Eğer çocuğunuzun bir uzman desteğine gereksinimi varsa aklınıza takılan tüm soruları görüştüğünüz uzmanla paylaşmaktan çekinmeyin. Hem var olan sorunlar hem de bunların nasıl aşılabileceğine ilişkin bütün sorularınızı görüştüğünüz uzmanla paylaşın. ÖÖG olan çocuklara yönelik olarak giderek artan sayıda farklı sağaltım yöntemleri var. Çocuğun zorlandığı alanlarla ilgili olarak çoklu duyuya dayalı destekleyici/tedavi edici eğitim teknikleri yanında –ki bu eğitimlerin yararlı olduğu pek çok araştırma tarafından kanıtlanmıştır– alternatif tedaviler dediğimiz, üzerinde halen araştırmalar/tartışmalar yapılan terapiler de var. Eğer bu türden tekniklerden de yararlanmayı düşünüyorsanız, öncelikle iyi araştırıp konuyla ilgili yapılmış çalışmaları okuyun.
- *Bir elin nesi var iki elin sesi var.* Sorun belirlendikten sonra uzman, öğretmen, rehber öğretmen ve siz bir ekip gibi hareket edin. Sürekli iletişim ve işbirliği içinde olun. Çocuğunuzun zorlandığı alanlarda sizin katkılarınızın neler olabileceği konusunda birlikte çalıştığınız uzmandan ya da okuldaki rehberden bilgi alın.
- *Bilgi güçtür.* ÖÖG hakkında daha çok bilgi edinin. Bu konu hak-

kında yazılmış kitapları, makaleleri okuyun. ÖÖG alanında olan gelişmelerden haberdar olun. Sorunun doğası hakkında ne kadar çok bilgi edinirseniz çocuğunuza o kadar çok yardımınız dokunacağını unutmayın.

- *Haklarınızı bilin.* Yasalarımızda okul ortamında çeşitli nedenlerden dolayı zorluk yaşayan çocuklarla ilgili olarak çıkartılmış olan yönetmelikler var. Milli Eğitim Bakanlığı'nın internet sayfalarından bu yönetmeliklerle ilgili olarak bilgi alabilir ve haklarınızdan haberdar olabilirsiniz.
- *Birlikten kuvvet doğar.* Türkiye'de sayısı az olmakla birlikte ÖÖG, DEHB ile ilgili olarak kurulmuş dernekler var. Bu derneklerin çalışmalarını inceleyip üye olarak bir aile platformu oluşturabilirsiniz. Pek çok ülkede aileler, eğitim alanındaki değişimler için önemli itici bir güç olmuştur.
- *Yalnız değilsiniz.* Öğrenmeyle ilgili sorun yaşayan bir çocuğu olan aile yalnızca siz değilsiniz. Benzer soruna sahip çocukların aileleri ile konuşmak birçok açıdan yararlıdır. Onların kullandığı yöntemlerden bazıları sizin de işinize yarayabilir.
- *Süpermen değilsiniz.* Siz de bir insansınız; zaman zaman bıkkın, sabırsız, yorgun olabilirsiniz. Böyle hissettiğiniz durumlarda yakınlarınızdan destek almaktan çekinmeyin.
- *Çocuk eğitimindeki genel ilkelerin bu konuda da işe yarayacağını unutmayın.* Sağlıklı iletişim kurma, sabırlı, tutarlı olma, yaşına ve gelişimine uygun kural koyma, olumlu özelliklerini vurgulamak, sevginizi hissettirmek gibi genel ilkeler ÖÖG olan çocuğunuz için de geçerlidir. Ancak diğer çocuklara oranla kuralları daha fazla anımsatmaya, daha fazla sabır gösterilmeye ya da daha fazla desteklenmeye gereksinim duyabilirler.
- *Her çocuk özeldir.* Yaşadığı zorlukları anlamanız ve anladığınızı göstermeniz, ilgilenmeniz çok önemlidir. Unutmayın, siz işinize gittiğinizde bir ölçüde de olsa bu sorundan uzaklaşıyorsunuz; ancak çocuğunuz günün her anında bu sorunla birlikte yaşamak zorunda.

Aamir Khan'ın hem yönetmenliğini yaptığı hem de oynadığı **"Her Çocuk Özeldir"** (2007) adlı filmde ÖÖG olan bir çocuğun yaşamından kesit verilmektedir. Bu filmin bir sahnesinde öğretmenin Solomon Adalarındaki yerlilerle ilgili anlattığı öykü gerçekten düşündürücü ve öğretici.

"Yerli halk ormanın bir bölümünü tarla olarak kullanmak istediğinde ağaçları kesmez onun yerine ağaçların etrafını sarıp bağırarak sövüp sayar, lanet okurlarmış. Birkaç güne kalmadan ağaçların yaprakları solar, kurur, büzülür ve kendi kendilerine ölüp giderlermiş.

- *Çocuğunuza karşı dürüst olun.* Her şeyin yolunda olduğunu söylemeyin. Bazı açılardan sıkıntıları olduğunu ama bunları aşabilmek için yapılabilecek şeyler olduğunu söyleyin. Yaşadığı sıkıntıların neler olduğunu anlayabileceği bir dilde, yargılamadan anlatın. Şu an öğrenmede yaşadığın sorunlar var ama onları aşman konusunda hep yanında olacağız, tarzında olumlu bir yaklaşım içinde olun.
- *Derdini söylemeyen derman bulamaz.* ÖÖG olan çocuğunuza kapasitelerini aşan bir beceriyle karşılaştığında, bunu kabul etmesini öğretin. Ayrıca bu durumda nelerin yapılması gerektiğini ve nasıl yardım isteyebileceğini öğretin.
- *Yargılar yaralayıcıdır ve yol göstermez.* Tembellik yapıyorsun, aptallık yapma, iyi çalış gibi yargılar yerine açıklayıcı cümleleri kullanın. Zamanı kullanma konusunda sıkıntıların var, belki yazarak çalışmak konunun aklında kalmasına daha çok yardımcı olur vb. gibi ifadeler hem yaralayıcı değildir, hem de yol göstericidir.
- *Aile içindeki diğer bireylerle konuşun.* Çocuğunuzun öğrenme konusundaki yaşadığı sorunlardan dolayı onunla daha fazla ilgilenmek ve derslerinde onu daha çok desteklemek zorunda olabilirsiniz. Eğer çocuğunuzun bu soruna sahip olmayan kardeşleri varsa verdiğiniz bu desteği yanlış yorumlamamaları ve gerektiğinde onların da destek verebilmeleri için onlarla da durumu açıklıkla konuşmanız yararlı olacaktır
- *Herkesin yoğurt yiyiş tarzı farklıdır.* Her birey öğrenirken farklı yolları kullanır, çocuklar da öyle. Kimi çocuk görerek, kimisi dinleyerek, kimisi elleyerek ve hareket ederek daha kolay öğrenir. Sizin çocuğunuza hangi yöntemin daha kolay geldiğini gerekirse deneye yanıla bulmaya çalışın. Öğrenme stilleri hakkında yazılmış yayınlar da size bu konuda yardımcı olacaktır.
- *Beklentileriniz gerçekçi olsun.* Hiç okuyamayan bir çocuğun bir anda

okumayı akıcı bir şekilde gerçekleştirip sınıf düzeyine yetişmesi mümkün değildir. Ya da bir sayfa bile okutmakta zorlanan çocuğun bir oturuşta 10 sayfayı okuyup bitirmesi, tek ayağı üzerinde duramayan çocuğun sek sek oynaması, toplamayı yapamayan çocuğun bölmeyi öğrenmesi gerçekçi değildir. Bu nedenle hem kendi hedeflerinizin hem de çocuğunuzun kendisine koyduğu hedeflerin gerçekçi ve ulaşılabilir hedefler olmasina dikkat edin.

- *Yalnızca zayıf olduğu yanları değil güçlü olduğu alanları da ortaya çıkarın.* Bu, iki nedenle çok önemlidir. Güçlü olduğu taraflarının vurgulanması özgüvenini yitirmemesi açısından yararlıdır. Ama aynı zamanda güçlü olduğu yanları, zayıf olduğu alanları desteklemek için bir araç olarak da kullanabilirsiniz.
- *Başarı kişinin başlangıç noktası ile ulaştığı yer arasındaki farktır.* Ulaşılabilir her hedefe vardığında çocuğunuzla gurur duyduğunuzu belirtin. Bazı durumlarda ise çabalamasına rağmen sonuca ulaşamazsa takdir edilecek şeyin çabaları olduğunu unutmayın. Çabasını övün ve istenen sonuca niçin ulaşamadığı hakkında konuşup sorunun üstesinden gelebilmek için başka neler yapabileceğinizi düşünün.
- *ÖÖG çocuğunuzun sorumluluklarından kaçmak için arkasına sığınacağı bir özür değildir.* ÖÖG olan çocukların –eğer uygun davranılmaz ise– yıllar içinde geliştirdikleri en önemli özelliklerden biri, bu sorunun arkasına sığınıp yapabileceklerinden kaçınmaktır. Bu tarz davranışlara izin vermeyin. Yapabileceği şeyleri yapıp bitirmesi konusunda ısrarcı olun. Sorumluluklarını onun adına siz yerine getirmeyin; ama onun yapması için yardımcı olun.
- *Organize olmak yaşamı kolaylaştırır.* Organize olmak, yeme, yatma, çalışma saatlerinin belli bir düzeninin olması çok önemlidir. Çalışma yapılacak ortamın mümkün olduğunca dikkat dağıtıcı faktörlerden arındırılması, okulla ilgili materyallerin düzenli olması da aynı derecede önemlidir.
- *Öğrenmeyi öğrenmek.* ÖÖG olan çocukların çalışma becerileri akranlarına oranla daha zayıftır. Not alma, akılda tutma, gözden geçirme vb. çalışma becerilerini öğrenebilmesi için zaman ayırın. Bu çalışmaların özellikle onun ilgilendiği konular üzerinden yapılması sizinle daha kolay işbirliği yapmasına yardımcı olabilir.
- *Birlikte çalışmak için zaman ayırın.* ÖÖG olan çocukların dil, mo-

tor beceriler, görsel ve işitsel algı ile ilgili yaşadıkları sorunları hafifletmek için günün belirli saatlerini bu becerilerini geliştirmek için ayırın. Bu çalışma zamanlarının, çok uzun olması gerekmez. Ancak çalışmaya ayrılan zamanın rahat, yalnız çocuğunuz ve sizin için uygun olan bir zaman olmasına özen gösterin. Kısa çalışma süreleri ile başlayın ve süreyi yavaş yavaş artırın. Öncelikle kolay çalışmalar yapın, başardıkça daha zorlarını yaptırın. Çocuğunuzun başarılı olduğu bir etkinlikle çalışmayı bitirirseniz, bir sonraki çalışma için çocuğunuzun daha motive olabileceğini unutmayın. Çalışmaları eğlenceli hale getirmek de motivasyonu artıracak önemli bir yoldur.

- *Eğitim yalnızca okulda olmaz.* Birlikteyken yapılan her şeyi öğrenme için bir fırsat olarak görün ve değerlendirin. Örneğin, zaman kavramını öğretmek için yemek hazırlama sürelerini tahmin etmek, birlikte yemek yapmak, kekin, çayın hangi sürelerde piştiğini karşılaştırmak vb etkinlikler çocuğunuza farkında olmadan zaman kavramı ile ilgili bir altyapı kazandıracaktır.
- *Konuşmak önemlidir.* Dil, ÖÖG varlığının hem erken dönem habercisi olması açısından hem de okuma, yazma ve matematikle sıkı bağlantıları olması açısından gelişimin önemli bir yüzüdür. Bu nedenle dil gelişimini geliştirmek için çocuğunuzla mümkün olduğunca çok konuşun; hatta buna hamileliğinizin 6. ayından itibaren başlayabilirsiniz. Birlikte resimli kitaplara bakın, resimler hakkında konuşun, o anda yaptığınız etkinlikleri anlatın, çocuğunuzu dinleyin, dile dayalı oyunlar oynayın, tekerleme, şiir vb. öğretin.
- *Model olun.* Çocuklar başkalarının yaptıklarını gözlemleyerek de öğrenirler. Bu nedenle karşılaştığınız bir sorunu çözümlemek için nasıl bir yöntem izlediğinizi ona da gösterecek ipuçları verin. Örneğin, "Yarın akşama hazırlanmam gereken yemekli bir toplantı var. Önce kimlerin geleceğini yazayım, hazırlayacağım yemekler için gerekli olan malzemeleri listeleyeyim, acaba kaçta hazırlıklara başlarsam her şey tam zamanında olur," vb. türünden içinizden yaptığınız konuşmaları, çocuğunuzun yanında gerekirse zaman zaman onun da görüşünü alarak yapmaya gayret edin.
- *Birlikte dinlenmeye ve eğlenmeye zaman ayırın.*
- *Hayal edebilirseniz yapabilirsiniz.* Her şeyin bir fareyle başladığını hiç aklınızdan çıkarmayın (Walt Disney). Çocuğunuzla hayal-

leri, büyünce neler yapmak istediğiyle ilgili olarak konuşun. Bu türden konuşmalar onun motivasyonunu artırmasına ve yaşadığı güçlüklere göğüs germesine yardımcı olabilir.

- *Karamsar olmak zor değil.* Zor olan, çılgın bir fırtınadan sonra gökkuşağı gibi gülümseyebilmektir. ÖÖG olan çocukların zorluklarının yanında güçlü oldukları pek çok yan vardır. Yaratıcı olmak gibi, bunları fark edin.

Yararlı olabilecek bazı adresler:
www.bda.org
www. disleksi.blogspot.com
www.dyspel.org/dypec
www.hiperaktivite.org.tr
www.ldonline.org
www.meb.gov.tr
www.nldontheweb.org

Hawaii'li bir meslektaşımın (Lou Salza) bir deyişi ile bu yazıyı sonlandırmak istiyorum. "Deniz kaplumbağaları karada hantal ve ağır hareket eder. Ama denize girdiği anda en güzel, en kıvrak ve en hızlı dansları onlar yapar." ÖÖG olan, aslında yalnızca ÖÖG değil, farklılıkları olan tüm çocuklarımıza gereksinim duydukları ortamı hazırladığımızda, kendi yapabileceklerinin en iyisini yapacaklarını unutmayalım.

KAYNAKLAR

Amerikan Psikiyatri Birliği (2000). *Psikiyatride Hastalıkların Tanımlanması ve Sınıflandırılması El kitabı,* Yeniden gözden geçirilmiş 4. Baskı (Çev. Ertuğrul Köroğlu).

Chivers, M. (2006). *Dyslexia and Alternative Therapies.* JKP Essentials Pub.

Dore, W. (2008). *Dyslexia and ADHD The miracle Cure,* John Blake Pub.

Dypatec/Dyslexia-Parents and Teachers Collaboration (2007). *Disleksi Anne Babalar için Rehber.*

Farnham-Diggory, S. (1992). *The Learning Disabled Child,* (Çev. Hatice Şenel) Ankara Üniversitesi Basım Evi.

Frank, R. & Livingston, K.E. (2002). *The Secret Life of The Dyslexic Child.* The Philip Lief Group, Inc., Rodale.

Gaddes, W.H. & Edgell, D. (1994). *Learning Disabilities and Brain Function.* Springer- Verlag Pub.

Hartas, D. (2006). *Dyslexia in the Early Years.* Routledge Pub.

Harwell, J.H. (1989). *Complete Learning Disabilities Handbook,* The Center for Applied Research in Education.

Khan, A. (2007). *Taare Zameen Par* (Her Çocuk Özeldir), Aamir Khan Productions.

Korkmazlar-Oral, Ü. (2003). "Okul Öncesi Dönemde Öğrenme Sorunlarını Tanımak" (Panel bildirisi). *Okul Öncesi Eğitim: Sorunlar ve Çözümler Sempozyumu, Bildiri Metinleri,* Özel Okullar Derneği Yayınları İstanbul, s. 27-36. 18.1.2003, İstanbul.

Kurtz, L.A. (2003). *How to help a Clumsy Child.* 1. ed. London: Jessica Kingsley Publishers Ltd.

Ott, P. (1997). *How to Detect and Manage Dylexia.* Heinemann Pub.

Özkardeş, O.G. & Haynes, C. (2002). *Türk, Amerikalı ve Japon Öğrencilerin Özel Öğrenme Güçlüklerini Değerlendirmelerinin Karşılaştırılması.* XII. Ulusal Özel Eğitim Kongresi. Yöntemler, Yaklaşımlar, Stratejiler, A.Ü. Basım Evi, Ank. s. 193-202.

Pennington, B.F. (1991). *Diagnosing Learning Disorders.* The Guilford Press.

Pennington, B.F. (2009). *Diagnosing Learning Disorders.* The Guilford Press., 2. Baskı.

Plotnik, R. (2007). *Introduction to Pschology.* (Çev. Tamer Geniş) Wadsworth Pub.

Richards, R.G. (2003). *The Source for Learning & Memory Strategies.* Linguisystems Pub. (Çev. Ed: H. Aydın & A. Bozkurt). Kaplan & Sadock's Comprehensive Textbook of Psychiatry. Güneş Kitabevi, Ankara.

Saunders, K. & White, A. & Pitts, J. (2002). *How Dyslexics Learn.* Patoss. Pub.

Senemoğlu, N. (2005). *Gelişim, Öğrenme ve Öğretim Kuramdan Uygulamaya,* 12. Baskı Gazi Yayınları, Ank.

Silver, L.B. (T.Y) *Attention Deficit/Hperactivitiy and Learning Disabilities.* Booklet for Parents.

Tannock, R (2007). "Öğrenme Bozuklukları" *Kaplan & Sadock's Comprehensive Text Book of Psychiatry.* (Çev. Ed. Hamdullah Aydın & Ali Bozkurt) Güneş Kitabevi, Ankara, 8. baskı.

Pedagog Dr. Yeşim Kesgül Sercan

Dikkat Eksikliği Hiperaktivite Bozukluğu'nda Anne-Babanın Yapabilecekleri

Dikkat Eksikliği Hiperaktivite Bozukluğu ya da bundan sonra yazının tamamında kullanacağımız gibi, kısaca DEHB, okul çağında çocuğu olan hemen her ana-babanın duymuş olduğunu varsayabileceğim kadar yaygın bir sorun. Başlıktan da anlaşılacağı gibi amacımız, çocuğunda DEHB olan bir ana-babanın bu sorunla başa çıkmada kendilerinin neler yapacağı ya da yapmayacağı konusunu irdelemek olacaktır.

Çocuğumda DEHB Olabilir mi?

Çocuklarına yardımcı olmak isteyen anne-babalar, öncelikle DEHB olasılığını kabul ederek işe başlayabilirler. "Kabul etmek" önemli, çünkü genellikle yaşadığımız, DEHB olmadığı ya da olmayacağı ihtimaliyle, olmadığını ispata yönelik kanıtlar aramayla uğraşmak ve böylece enerjiyi boşa harcamak, dolayısıyla çocuk için çok önemli olan zamanı kaybetmektir. Oysa bu olasılığı kabul ederek gerekli kişilerle görüşür, gerekli incelemeleri yaptırırsak zaman kaybetmeden sorunun varlığı ya da yokluğu konusunda hızla sonuca ulaşabiliriz.

İsterseniz önce şuradan başlayalım. Biz çocuğumuzda DEHB olasılığını araştırmaya başlamışsak demek ki onun hayatında yolunda gitmeyen bir şeyler var. Ya aile üyelerinden, yakın çevreden birilerinin dikkatini çekti, ya okulda öğretmeni ve/ya da psikolojik danışmanı bunu düşündü ve önerdi. Yani sonuçta sosyal ilişkilerinde, bazı becerilerinde ve öğreniminde, kısacası gelişiminde bir şeyler aksıyor. O halde ortada bir sorun var. Sorunun adı DEHB ya da değil, önemli olan bu sorunun çözülmesi. İşleri aksatan DEHB değilse bile "nedir?" diye araştırmaya, bulmaya ve baş etmeye çalışmak gerek.

Bazen ne yazık ki sorunun ne olduğunu anlama ya da olmadığını kanıtlama çabaları, sorunla baş etme yollarını bulmanın önüne geçiyor ve bu da daha önce de söylediğim gibi zaman kaybına yol açıyor.

İlk Yapılacak Olan Bilgilenmek

Ana-babanın DEHB olasılığını kabul etmesinden sonraki ilk adım bilgilenme. Öncelikle nasıl bir sorunla karşı karşıya olduğumuzu anlamak için o konuda bilgilenmeliyiz. Tabii bunu yaparken internet ortamındaki bilgi kirliliğinden korunmaya, özellikle konuyla ilgili dernek, vakıf gibi güvenilir resmi kurumların sitelerinden yararlanmaya dikkat etmeliyiz. (Yazının sonunda yararlanılacak kaynaklar listesi sunulmuştur.) Şimdi kısaca DEHB'nin nasıl bir sorun olduğunu anlamaya çalışalım.

DEHB Nasıl Bir Sorun?

DEHB, Dünya Sağlık Örgütü ve Amerikan Psikiyatri Birliği gibi dünyanın önde gelen sağlık otoriteleri tarafından kabul edilen, iyi tanımlanmış klinik bir rahatsızlıktır. DEHB'nin çocuklarda en sık rastlanan psikiyatrik sorun olduğu konusunda büyük bir uzlaşı vardır. Ülkemizde araştırılması, yazılması, konuşulması daha çok son on yılda yoğunluk kazanmış gibi görünse de DEHB ile ilgili çalışmalar hem ülkemizdeki uzmanlar hem de dünya için çok daha eskilere dayanır.

DEHB üç temel belirtiden oluşan bir sorundur: Dikkat eksikliği, Aşırı Hareketlilik (hiperaktivite) ve Dürtüsellik (aşırı tepki vermek, sonuçlarını düşünmeden harekete geçmek, dürtülerini kontrol edememek). Bu belirtiler, davranış bozukluklarına, evde ve okulda uyum güçlüklerine, öğrenme bozukluklarına yol açarak, yaşamının her alanında çocuğun başarısını olumsuz etkileyebilir.

Unutmayalım ki her çocuk bazı zamanlarda ve belirli koşullarda aşırı hareketlilik, tepkisellik ve dikkatsizlik gösterebilir. DEHB tanısı konabilmesi için belirtilerin devamlılığı, şiddetli olması, önemli öğrenme ve davranış sorunlarına yol açması, okul ve evde önemli güçlükler yaratıyor olması gerekir.

DEHB Tanı Ölçütleri

Dikkatsizlik

1) Ayrıntılara dikkat edemez, okul ödevleri, işler ve diğer etkinliklerde dikkatsizlik hataları yapar.
2) Oyun ya da görevlerde dikkatini sürdürmekte zorlanır.
3) Yönerge takip edemez ve okul ödevlerini, görevlerini bitiremez (yönergeleri anlamamak ya da karşıt olma davranışından farklıdır).
4) Doğrudan ona yönelik konuşulduğunda dinlemiyormuş gibidir.
5) Görev ve etkinlikleri organize etmekte zorlanır.
6) Okul ya da ev ödevleri gibi sürekli zihinsel çaba gerektiren görevlerden sıklıkla kaçınır, sevmez ya da yapmakta isteksizdir.
7) Araç gereçlerini, eşyalarını sıklıkla kaybeder.
8) Dış uyaranlar dikkatini kolayca dağıtır.
9) Günlük aktivitelerde unutkandır.

Hiperaktivite

1) Kıpır kıpırdır, yerinde duramaz.
2) Oturulması gereken, sınıf gibi ortamlarda oturamaz.
3) Uygun olmayan ortamlarda aşırı bir şekilde koşar, tırmanır vb.
4) Sessiz durmakta, sessiz, sakin oynamakta zorlanır.
5) Sürekli hareket halindedir, "motor takmış gibi"dir.
6) Çok konuşur.

Dürtüsellik

1) Sorulan soruların tamamlanmasını bekleyemez, yanıtını verir.
2) Sırasını beklemekte güçlük çeker.
3) Sıklıkla diğerlerinin konuşmasını keser, araya girer.

DEHB tanısı için yukarıdaki belirtilerden altı ya da daha fazlasının sıklıkla ve gelişimsel düzeyle uyumsuz şekilde görülmesi, belirtilerin 7 yaşından önce başlamış ve en az 6 aydır süregeliyor olması, birden fazla ortamda bunlara bağlı uyumsuzluk ve sosyal, akademik ya da mesleki anlamda işlev bozulmasının açık olması gereklidir. Bu belirtilerin varlığını açıklayan başka sorunlar olmamalıdır.

Amerikan Psikiyatri Birliği tarafından yayınlanan (2000) *Ruhsal Bozuklukların Tanı ve İstatistik El Kitabı* DSM-IV-TR'den özetlenmiştir.

DEHB Alt Tipleri

DEHB, tanı ölçütlerinin yoğunlaştığı alanlara, yani üç temel belirtinin hangisinin baskın olduğuna göre farklı alt tiplere ayrılır:

1. Dikkat eksikliğinin baskın olduğu tip.
2. Hiperaktivite-dürtüselliğin baskın olduğu tip.
3. Hem dikkat eksikliği, hem de hiperaktivitenin birlikte olduğu bileşik tip.

Ancak genel olarak tüm alt tipleri kapsayan bir şekilde DEHB tanımının kullanılması tercih edilmektedir. Burada hemen şunu belirtmeliyim ki dikkat eksikliğinin baskın olduğu alt tip, tanınabilirlik açısından biraz daha şanssız. Diğer alt tipler daha görünür ve fark edilir çocuklar oluyor, böylece de DEHB olasılığı daha çabuk akla geliyor. Burada ise aileler öncelikle tembellik, ilgisizlik vb. seçenekler üzerinde durarak uzmana danışmakta ya da daha sonrasında söylenenleri uygulamakta gecikebiliyorlar. O yüzden bu olasılığı da aklımızda tutalım.

Yukarıda söz edilen kavramları biraz daha iyi tanımaya çalışırsak;

Hiperaktivite denince anlatılmaya çalışılan sadece çok hareketli olmak değildir. Burada önemli olan hareketin niteliği, daha çok bozucu ve amaçsız bir hareket olmasıdır. Çocuk hareketli olabilir; ama bundan dolayı hiçbir şey aksamıyor ve herhangi bir alanda sorun yaşanmıyorsa DEHB söz konusu olmayabilir.

Dikkat Sorunları her zaman görülmeyebilir. Çok yeni, ilgi çekici uyaranlarla karşılaşıldığında görülmeyip ancak sıkıcı, çeldirici, yorucu, tekrarlayıcı ve motivasyonun düşük olduğu ortamlarda ortaya çıkabilir. Bu nedenle, DEHB olan çocuklar dağınık, unutkan, eşyalarını kaybetmeye yatkın, hayalci ve dışarıdan kontrol olmadan görevleri bitiremeyen çocuklar olarak da tarif edilirler.

Dürtüsellik farklı şekillerde ortaya çıkabilir. Fiziksel olarak tehlikeli etkinliklere girişme, sınıfta konuşma, sırasını bekleyememe, diğerlerinin konuşmalarının ya da oyunlarının arasına girme, arkadaşlarla, anne-babayla ve öğretmenlerle tartışma, hatta zaman zaman fiziksel kavgalar şeklinde olabilir. DEHB olan çocukların dürtüsel bir bilişsel stili vardır ve bu durum, çocuğun uyaranları sistemli olarak değerlendirmesini engelleyerek öğrenme ve okul performansını etkiler.

DEHB ile İlişkili Diğer Etmenler

DEHB olan çocuklarda hiperaktivite, dikkat eksikliği ve dürtüsellik ana belirtileri ile ilişkili olmayan alanlarda da bozukluklar yaşanabilir:

Davranışsal etmenler: DEHB olan çocuklar, genellikle bir yetişkinle birlikte olduklarında arkadaş gruplarına göre daha iyi işlev gösterirler. Açık, net, hızlı geribildirime, pekiştiriciye ve yol göstermeye gereksinim duyarlar. DEHB'de devamlılık duygusu zayıftır, projelere başlarlar, ancak bitiremezler. Bir oyun ya da etkinliğe başlar, ama çabuk sıkılır, dürtüsel bir şekilde bırakırlar. Ödülün gecikmesine dayanamazlar ve böyle bir durumda davranışı sürdüremezler.

Bilişsel etmenler: DEHB olanların zaman algısında bozulma olduğu ve bu nedenle zamana bağlı görev ve testlerde problem yaşadıkları gösterilmiştir. Zaman algısındaki zayıflık; planlama, bekleme ve oyun oynamayla ilgili sorunlara yol açar. Kısa dönemli bellek de etkilenmiş olabilir.

Duygusal etmenler: DEHB sıklıkla duygulanımın düzenlenmesindeki bozukluklarla beraber görülür. Bu durum duygudurumda değişkenlik, tepkisellik ve öfke patlamalarına neden olur. Duygulanım açık bir çevresel neden olmadan da dramatik şekilde değişebilir; patlayıcı, yoğun ve bulaşıcı olabilir. Hatta başkalarının tepkileri ve sonuçlar, genelde çoktan başka bir konuya geçmiş olan ve bu gürültünün neden koptuğunu göremeyen DEHB'li birey tarafından iyi anlaşılmaz.

Sosyal etmenler: DEHB olan çocuklar sıklıkla arkadaşlarıyla, annebabalarıyla, kardeşleriyle ve öğretmenleriyle de sorun yaşarlar. Sosyal ipuçlarını anlama güçlükleri, sosyal durumları sıklıkla yanlış yorumlamalarına ve bunun sonucunda da uygunsuz yanıtlar vermelerine neden olur.

DEHB'li çocuklar sıklıkla diğer insanların gereksinimlerine duyarsız, patronluk taslayan ve rahatsız edici kişiler olarak tanımlanırlar. Diğer çocuklarla uyum sağlamakta, sosyal hiyerarşiye uymada, otoriteye saygı göstermede ve kuralları izlemede zorlukları vardır. Sözel ve fiziksel olarak saldırgan olabilir, çeşitli ortamlarda aşırı tepki verebilirler. Bir tartışmayı kendi haline bırakamazlar ve diğer çocuklarla sorun çıkarmadan beraber olamazlar. Genelde yetişkinle ya da kendilerinden daha büyük ya da küçük çocuklarla beraberken, yaşıtlarıyla birlikte olduklarında yaşadıklarından daha az sorun yaşarlar.

DEHB'ye Eşlik Eden Diğer Sorunlar

DEHB olanların %50-80'inde bir ya da daha fazla farklı sorunun varlığından söz edilmektedir. Bu sorunlar DEHB ile eş zamanlı başlayabildikleri gibi, özelikle tedavi edilmeyen DEHB'nin sonucu olarak da ortaya çıkabilirler. Yapılan araştırmalar, DEHB olanlarda aşağıdaki oranlarda diğer sorunların varlığını ortaya koymuştur:

- %30-70'inde karşıt olma-karşı gelme bozukluğu,
- %20-30'unda davranım bozukluğu (Conduct Disorder),
- %10-40'ında Özel Öğrenme Güçlüğü,
- %10-30'unda majör depresyon ya da distimik bozukluk,
- %25'inde anksiyete bozukluğu,
- %10-25'inde Tik ve Tourette Bozukluğu.

Görüldüğü gibi DEHB'nin çeşitli alt tipleri, eşlik eden çeşitli başka sorunlar ve bütün bunların da çeşitli dereceleri söz konusudur. Saydığım ana bileşenlerin çeşitli kombinasyonları düşünüldüğünde, her DEHB'nin diğerinden farklı olacağı açıkça görülür. O nedenle de eğitimde tanı değil, vakanın kendisinin önemli olduğunu hatırlamakta yarar var. Ancak yazıda genel bir DEHB kavramından söz edileceğinden söz konusu detaylara girilemeyecektir.

Ancak bir noktayı özellikle belirtmek isterim, yukarıdaki listede de görüldüğü gibi DEHB ile birlikle Özel Öğrenme Güçlüğü (ÖÖG) görülme olasılığı oldukça yüksektir. ÖÖG, kısaca öğrenme potansiyeli ile öğrenme becerisinin uyumlu olmamasıdır. Bu çocuklar, var olan zekâ ve eğitimlerine karşın beklenenden daha düşük akademik başarı gösterirler. Öğrenme güçlüğü matematik, okuma ya da yazma gibi özel alanlardan birinde olabileceği gibi yaygın olarak bu üç alanda aynı anda da olabilir. DEHB için yapılacaklar, çocuğun ÖÖG'sini ortadan kaldırmaz, dolayısıyla bunun için ayrıca özel eğitim gerektiği unutulmamalıdır. ÖÖG konusu kitapta ayrı bir başlık altında ayrıntılarıyla ele alındığından burada üzerinde durulmayacaktır.

DEHB'nin Yüzyıllık Tarihçesinden Küçük Bir Özet

DEHB'nin ilk tanımlanması 1902'de çocuk hastalıkları hekimi olan George Still ile başlamıştır. Sonraki yıllarda sorunun yapısal yönü, ön plana çıkmış ve "Minimal Beyin Hasarı Sendromu" olarak adlandırılmıştır. 1937'de C. Bradley'in bu çocukların benzerdin adlı bir ilaçtan yararlandığını göstermesi, stimulanların (dekstroamfetamin ve metilfenidat) etkililiğiyle ilgili ilk kanıt olmuştur. Bütün bunlara rağmen, 1950'lere kadar hakkında az şey bilinen ve genellikle çözümsüz olduğu düşünülen bir durum olarak kalmış, bilimsel olarak tanımlama ve sınıflama çalışmaları 1960'lardan sonra hızlanmıştır. 1970'lerde yapılan araştırmalar, bu çocuklarda dikkatin sürdürülmesi ve dürtü kontrolü ile ilişkili sorunların esas olduğunu göstermiş, 1980'de bugün de kullanıldığı biçimiyle "DEHB" adı kullanılmaya başlanmıştır.

DEHB Ne Zaman Görülür?

DEHB olan çocukların çoğunluğu, 6-12 yaşları arasında, bir uzmana getirilirler. Ancak bu başlama yaşı olarak düşünülmemeli; ailenin ve/ya da okulun baş edemediği, çocukta bir takım zorlukların yaşanmaya başlandığı ve yardım gereksiniminin kaçınılmaz olduğu zaman anlamına gelmelidir. DEHB'nin doğumla birlikte getirilen (konjenital) bir özellik olduğu (hastalık, kaza vb. sonucunda çeşitli yaşlarda da ortaya çıkabilir, ama bunlar farklı durumlardır) ve bebeklikten itibaren var olacağı, okul öncesi dönemde de sorun yaratabileceği, ergenlik ve yetişkinlikte de devam edebileceği unutulmamalıdır. Genel olarak hiperaktivitenin yaşla azaldığı, ancak dikkatsizlik ve dürtüselliğin devam ettiği bilinmektedir.

Yaş Dönemlerine Özgü DEHB Özellikleri

Bebeklik

✓Huzursuzluk, gerginlik, kolay ağlama
✓Uyku sorunları
✓Yeme problemleri
✓Dış uyaranlara aşırı tepki
✓Aşırı bağımlılık

Erken Çocukluk

✓Aşırı hareketlilik
✓Çok konuşmak, çok soru sormak
✓Bir şeyle uzun süre ilgilenememek
✓İsteklerini erteleyememe, tutturma
✓Sakarlık, sık yaralanma
✓Korkular

Okul öncesi

✓Sakin oturamamak, söz dinlememek
✓İletişim ve oyun kurmada güçlük
✓Başına buyruk davranma, kurallara uymamak, sıra bekleyememek

İlkokul

✓Dersi dinleyememek, daha çok etrafla ilgilenmek
✓Dürtüsel ve saldırgan davranışlar
✓Öğrenme güçlükleri

✓Amaca yönelik davranış azlığı
✓Dikkat toplama güçlüğü
✓Başkalarını itip kakmak, sert davranışlar
✓Çok konuşmak, bağırıp çağırmak
✓Düşük kendilik algısı

Ergenlik

✓Zayıf sosyal ilişkiler
✓Düşük kendilik algısı
✓Yaşıtları ile ilişkilerde güç kullanımı
✓Antisosyal saldırgan davranışlar
✓Okul başarısızlığı

Yetişkinlik

✓Davranım bozukluğu
✓İş ve evlilikte problemler
✓Alkol ve psikoaktif madde

Tablodan da anlaşılacağı gibi DEHB özellikleri; yaşla birlikte değişiklikler göstererek, dönüşerek sürmektedir. Örneğin, bebeklikteki huzursuzluk, gerginlik, erken çocuklukta bir şeyle uzun süre ilgilenememeye dönüşebiliyor. Bu özellikler de kaçınılmaz olarak okul öncesinde sakin oturamama, söz dinlememe; okul döneminde de dersi dinleyememe, daha çok etrafla ilgilenme şeklinde görülebiliyor.

DEHB Olanlarda Farklı Olan Neler?

Araştırmacılar, DEHB belirtilerinin tek boyutlu olmadığı, birbiriyle ilişkili birçok nöroanotomik ve nörokimyasal sistemi içerdiği, bu nedenle de tek bir beyin bölgesi ya da tek bir sistemin, herhangi bir belirti ya da belirti grubunun tek sorumlusu olmasının mümkün olmadığı noktasında birleşmişlerdir.

DEHB'li Beyin ve Dikkat

Dikkat oldukça karmaşık psikolojik bir süreçtir; her türlü bilinçli nöropsikolojik işlevin, özellikle kısa süreli bellek, amaçlı öğrenme ve düşünmenin ön koşuludur. Normal işlemlemede, göreve bağlı olması nedeniyle dikkat edilen uyarıcılar ön plana çıkarken, dikkat edilemeyenler baskılanmaktadır. Yani dikkat, aynı zamanda algılama sürecindeki aktif ve seçici ögedir. Buna göre DEHB'deki temel özellikler dikkatle; dikkati toplama güçlüğü, dikkat süresinin kısalığı ve dikkatin kolaylıkla dağılabilir olması ile ilgilidir. Yani DEHB'deki temel bozulma, bilgi işlemenin ilk başlarında, uyarıcının seçimi sırasında gerçekleşmektedir.

Öte yandan dikkat, tek bir işlev değildir; odaklanma, yürütme, sürdürme ve odağın kayması gibi farklı bileşenleri vardır ve bu farklı işlevler, ilişkili ve organize olmuş farklı beyin bölgeleri tarafından yürütülmektedir. Dolayısıyla bu anlamda da tek bir sorun alanından söz etmek mümkün görünmemektedir. Ancak yine de büyük ölçüde etkili olan alanın frontal korteks (beyin kabuğunun alın bölgesi) olduğu bilinmektedir. Yürütücü işlevleri üstlenmiş olan bu alan, bir orkestra şefine benzetilmektedir. Bir görev ya da sorunun değerlendirilmesi, nasıl ele alınacağı ya da çözüleceğine karar verilmesi, gerekli etkinlik ve işlevlerin değiştirilerek ya da düzeltilerek, süreklilik içinde, uygun bir şekilde sonlandırılması frontal korteksin görevidir. Tahmin edilebileceği gibi beynin bu bölgesi etkilendiğinde düzenleme, planlama ve görevi tamamlamada zorluklar yaşanmaktadır.

Son yıllarda yapılan çalışmalarda, DEHB'de dikkat dışında, hafıza, düşünme süreçleri, algılama, sorun çözme yetilerinde, dil fonksiyonlarında, dilin kullanımında, duygulanım alanında ve toplumsal süreçlerde de bazı bozulmalar olduğu saptanmıştır.

Nörotransmitter Mekanizması ve DEHB

Kişide DEHB gibi bir sorun olmadığında, yeteri kadar nörotransmitter (sinir hücreleri arasında mesajları/bilgileri taşıyan kimyasal iletici/taşıyıcı maddeler) beyin hücreleri arasındaki boşluğa salgılanır. Bunlar gereken işlevleri yapacak kadar yeterli ve etkindirler. Kendilerinden sonra gelen hücreyi uyarırlar, görevleri bitince de yok olmazlar ve bir önceki hücreye geri dönüp depo edilecekleri küçük keseciklere giderler. DEHB'de ise dopamin ve norepinephrin adı verilen kimyasal ileticiler normalden azdır ve daha görevlerini yapamadan aşırı ve gereksiz bir hızla birinci hücreye geri dönerler. Bu nedenle de işlevlerde bozukluk meydana gelir. Benzeri olayların aynı şekilde gerek beyin kan akımında ve gerekse elektriksel akım bozuklukları biriminde de kendini gösterdiği bilinmektedir. Sonuçta nörotransmitterler açısından bakıldığında da, yaygın bir iletim ağı içinde bir tek nörotransmitterin sorumlu sayılması mümkün görünmemektedir.

DEHB ve beyin konusunda yapılan çalışmaların hemen hemen çoğunda, beynin çeşitli bölgelerinde hacim azalması, prefrontal bölgeden, daha içlere ve serebelluma kadar saptanan bazı bozulmalar, beynin özel bir bölgesinden çok tüm beyinde bozulma ve nörotransmitter yoksunluğu, saptanan ağırlıklı bulgular olarak özetlenebilir.

DEHB'de farklılıklar nedeniyle neler aksar, bunlar davranışlara nasıl yansır?

Yönetim işlevi ve tanımı	DEHB'de davranışlara yansıması
1) Harekete geçmek: Bir işin planlanması, bu plan içinde önceliklerin belirlenmesi ve bunlara göre harekete geçme.	Ödeve başlamayı sürekli ertelemek, çalışma için gereken araç gereçleri bir yerlerde unutmak, bir işe nereden başlayacağını bilememek, haftalığını ilk günden bitirmek vb.
2) Odaklanmak: Dikkatin belirli bir işe odaklanması, bunun sürdürülmesi ve gerektiğinde dikkatin başka bir işe kaydırılabilmesi.	Bir dersi başka bir şey düşünmeden baştan sona dikkatle izleyememek, kitapta yazılı olanları sadece gözlerle okumak (ne yazdığını anlamamak), televizyon ya da bilgisayar başındayken başka hiçbir şey duymamak, bir türlü oradan kalkamamak vb.
3) Gayret: Gayretlilik, canlılığı sürdürmek ve zihin işlem hızı.	Bazı işleri çok yavaş yapıp geç kalmak, bazılarında da çok hızlı olup hata yapmak, ders dinlerken uyuklamak, gece uyku saatinde uyuma güçlüğü, bir iş yaparken aşırı yavaşlık, yavaş yeme, yavaş yazma vb.
4) Duygu: Düş kırıklıklarıyla baş edebilme ve farklı duyguların yönetimi.	Duygusal kararsızlık içinde olmak, duygu durumunun hızlı değişmesi, duruma uygun olmayan aşırı tepkiler vermek. Küçük kırıklıklarda büyük sıkıntılar yaşamak, hırçınlık, öfke nöbetleri vb.
5) İşleyen bellek: Anlık bilgiyi uzun süreli bellekle etkileşim halinde tutabilmek.	Akıcı okuyamamak, okuduğunu anlama zorluğu, işlemlerin sırasını karıştırmak, eş zamanlı işlerde güçlük,
6) Eylem: Doğru yer ve zamanda, uygun eylemi yapabilmek, eylemi izleyebilmek ve doğru değerlendirebilmek.	Arkadaş ilişkilerinde zorluklar, çok konuşmak, ısrarcılık ya da tam tersine içedönüklük, utangaçlık. Karşısındaki kişilerin niyet ve duygularını anlama güçlüğü.

Genetik ve Ailesel Özellikler

Kardeşler, ikiz kardeşler ve ailelerle yapılan araştırmalar DEHB'de genetik faktörlerin önemli olduğunu düşündürmüş, ancak henüz bu soruna ilişkin özgün genler ve bunların etki mekanizması tam olarak belirlenememiştir.

Anne ya da babada DEHB olmasının, çocukta DEHB görülme riskini %50-60 arttırdığı, yakın akrabalarda olmasının ise riski %10-30 arttırdığı bulunmuştur. İkizlerden birinde DEHB olması halinde, diğerinde de olma olasılığı %80 olarak gösterilmiştir.

Görülme Sıklığı ve Cinsiyet Farklılıkları

Yapılan çalışmalar farklı sonuçlar verse de, genel olarak, okul çağı çocukları arasında görülme sıklığının %3-7 arasında değiştiği, erkeklerde yaklaşık olarak 2,5 kat daha fazla olduğu bilinmektedir.

Yine yapılan çalışmalar dikkat eksikliğinin önde olduğu DEHB tipinin kızlarda daha yaygın olduğunu göstermektedir.

Çevresel Etmenler

Araştırmacılar kurşun buharına maruz kalmak ya da besinle alınan kurşun yüksekliği, gebelik ve doğum komplikasyonları, gebelikte annenin sigara kullanımı gibi çevresel etmenlerin de DEHB sıklığını artırdığını belirtmişlerdir.

Kronik olarak sorunlu ortamlarda yaşayan çocuklar için belirtilerin, altta yatan anksiyeteyi ya da depresyonu mu, anne-babalık ve sosyalleşme ile ilgili sorunları mı, yoksa genetik olarak etkilenen biyolojik bir problemi mi ya da bunların etkileşimini mi yansıttığını belirlemek zordur, denilmektedir.

Psiko-sosyal Etmenler

Psiko-sosyal olayların, DEHB'nin ortaya çıkışında temel bir etmen olmaktan çok, hazırlayıcı ve ortaya çıkışını hızlandırıcı, var olan durumu ağırlaştırıcı bir etmen olduğu düşünülmüştür. Ana-baba tutumlarıyla DEHB ilişkisini araştıran çalışmaların sonuçlarında, aile tutumlarının bir nedenden çok, bir sonuç olduğu düşünülmüş; sorunlar nedeniyle bunalan ailelerin yanlış tutumlar sergilediği, bunun da durumun şiddetlenmesi veya başka sorunların eklenmesine yol açtığı söylenmiştir.

Öte yandan, ailedeki diğer DEHB'li bireylerin yanlış tutumları ya da çocuklarının DEHB'si ile baş edememelerinin de durumu zorlaştırdığı düşünülebilir.

Klinik Özellikler ve Tanı

DEHB tanısı koymakta kullanılabilecek tek ve tartışmasız bir teşhis aracı söz konusu değildir. APA'nın da belirttiği gibi, bugün hiçbir psikometrik ya da organik değerlendirme bulgusu, tanı koydurucu olarak kabul edilmemektedir. O nedenle DEHB konusunda deneyimli olan bir klinisyenin, çocukta hareketliliğe neden olabilecek diğer durumları devre dışı bırakacak şekilde, çok yönlü veri toplaması gereklidir.

Öncelikle öğrenme ve dikkati etkileyebilecek görme ve işitme bozuklukları, nörolojik bozukluklar, duygusal sorunlar, beslenme bozuklukları, alerjik sorunlar, kullanılan ilaçlar gibi ayrıntıları içeren gelişimsel ve tıbbi öykü alınmalıdır. Çocuğun evde ve okulda sergilediği duygusal, sosyal, davranışsal ve akademik özellikler hem aileden hem okuldan ayrıntılarıyla öğrenilmeli ve bütün bunlar çocukla yapılan test ve incelemelerle birleştirilerek bir sonuca varılmalı ve buna göre bir tedavi planı yapılandırılmalıdır.

Tedavi Planı Bileşenleri

Örneğin evde, okulda, arkadaş ilişkilerinde ve ders başarısında sorunlar yaşayan, DEHB tanısı almış bir ilköğretim birinci sınıf öğrencisi için ana hatlarıyla aşağıdaki gibi bir düzenleme yapılabilir.

1) İlaç tedavisi (çocuk psikiyatrı tarafından karar verilir ve izlenir),
2) Çocuğun davranışlarının düzenlenmesi bağlamında ana-baba eğitimi ve ev ortamının düzenlenmesi (zaten yazının ana teması budur),
3) Okul-öğretmen-rehberlik servisi ile yakın temas ve işbirliği sağlanması,
4) Eğer varsa ÖÖG ve diğer sorunlara yönelik çeşitli eğitimsel, psikolojik ve tıbbi yardımların organizasyonu.

Uyarıcı İlaçların Etki Mekanizması

DEHB'de kullanılan uyarıcı ilaçlar, normalde vücutta bulunan ve davranışları etkileyen nörotransmitterlerin (dopamin ve noradrenalin) miktarını düzenler. Bunlar dikkat ve davranış kontrolü ile ilgili beyin bölgelerinin (frontal ve prefrontal korteks) iyi işlev görebilmesi için gerekli maddelerdir. Bu bölgeler, bir anlamda beynin durdurma (frenleme) işlevinden sorumlu olan bölgelerdir ve DEHB'lerde yeterince iyi işlev görmeyen bu sistem, uyarıcı ilaçlarla normal çalışmaya başlamaktadır. Davranışlarını kontrol edebilme, düşünme, yargılama ve sonra eyleme geçmeyi sağlayan süreçler aktive olduğunda çocuk, dikkatini dağıtan iç ve dış uyaranlara karşı "Dur" diyebilecek hale gelir.

Okul başarısında ilaçların etkisine gelince şunları söyleyebiliriz: Uyarıcılar çocuğumuzun notlarını aniden yükseltmez ya da onu daha zeki, daha bilgili yapmaz. Ancak kendi kapasitesi içinde daha etkili ve planlı bir biçimde öğrenebilmesini ve öğrendiklerini daha iyi ifade etmesini sağlayabilir, böylece daha uzun süre ve daha verimli çalışabilmenin mümkün olmasıyla uzun vadede okul başarısında bir yükselme beklenebilir.

Öte yandan çalışma süresi ve verimliliğinde artış, derse ilgi ve ders dinlerken dikkati daha iyi toplama gibi olumlu gelişmelere rağmen okul başarısında bir yükselme görülmeyebilir. Bu durumda da ÖÖG gibi diğer etmenlerin araştırılması gerekir. DEHB ile ÖÖG sıklıkla birlikte görülebilmekte ve DEHB için kullanılan ilaçların ÖÖG'ye herhangi bir iyileştirici etkisinin olmadığı bilinmektedir.

Araştırmalar, uyarıcıların dikkat, dürtü kontrolü, ince el becerileri, tepki verebilme zamanı ve kısa süreli hafıza gibi okul başarısıyla ilişkili pek çok konu üzerinde olumlu etkisi olduğunu, en etkili olduğu durumun, ders dinleme gibi çocuğun bir konuya odaklanıp başka bir şeyle uğraşmaması gereken zamanların kontrolü üzerinde gerçekleştiğini bildirmektedir. Öte yandan isteklerini ertelemeyi, karşısındakileri dinlemeyi, sırasını beklemeyi öğrenen bu çocuklar, anne-babalarıyla, öğretmenleriyle ve arkadaşlarıyla daha iyi ilişkiler içine girebilmektedirler. Önceden devamlı eleştirilen ya da azarlanan çocukların, ilaç kullandıktan sonra çevrelerinden olumlu tepkiler almaya başladıklarında, giderek daha fazla olumlu davranma gayreti içinde oldukları görülecektir.

Dikkat Eksikliği Hiperaktivite Bozukluğu Kendiliğinden Düzelir mi?

ABD, Kanada ve bazı Avrupa ülkelerinde DEHB olan çocuklar uzun yıllar aynı klinikte izlenmiş ve gelecekteki durumlarını saptamak amaçlanmıştır. Bu araştırmalarda DEHB olan ve olmayan çocuklar belirli aralıklarla değerlendirilmiş; 2, 4, 8 ve 12 yıl sonraki durumları karşılaştırılmıştır. Sonuçta %80'inin ergenlik dönemlerinde de DEHB belirtilerini göstermeye devam ettikleri görülmüştür. Yine aynı grubun %30-65'lik bölümünün erişkinlikte de DEHB belirtilerini taşıdıkları belirlenmiştir.

DEHB Olan Bir Çocuk İlle de Başarısız, Mutsuz, Sorunlu Bir Çocuk mudur?

Hayır, kesinlikle değil. Uygun destekler sağlandığında büyük ölçüde işler yoluna girecektir. Ancak şunu da söylemek lazım ki, nasıl her durumun farklı dereceleri varsa burada da açılışta farklı dereceler vardır.

Örneğin bazı durumlarda çok basit düzenlemelerle aile ve okul, çocuğun küçük sorunlarıyla baş edebilirken az da olsa pek çok yöntemin seferber edilmesine rağmen çocuğun yeterince rahatlatılamadığı DEHB durumları da söz konusudur.

Büyüyünce Geçer mi?

"Ben de aynı onun gibiydim, ama şimdi başarılı bir iş adamıyım ya da falancanın çocuğu da öyleydi, ama sonra düzeldi. Büyüdükçe, aklı başına geldikçe geçer."

İnsan hayatı, aklımıza gelen gelmeyen birçok şeyin devreye girdiği, üstelik neyin, ne kadar etkileyeceğini de her zaman bilemeyeceğimiz, çok etmenli ve sürekli devinen, aynı zamanda birçok alt sistemin de birbiriyle etkileştiği kocaman bir sistem.

Bir çocuğun başarısında nelerin etkili olabileceğini düşündüğümüzde; onun psikolojik, sosyal, bilişsel fiziksel özellikleri; ailesi başta olmak üzere yakın çevresinin özellikleri; okul çevresinin, öğretmenin, arkadaşların özellikleri hemen bir çırpıda akla geliverenler. Bazen bir öğretmenin, bir arkadaşın, hatta bir kitabın, bir sözün hayatımızı olumlu ya da olumsuz ama ciddi şekilde etkileyebileceği bilinen bir gerçektir.

Dolayısıyla herkes tektir, biriciktir. Amca oğlu da böyleydi düzeldi, diye bizim çocuğumuzun da düzeleceğini bekleyemeyiz. Öte yandan benzer durumların DEHB olmayabileceği, bunun da farklı gelişmelere gebe bir durum olduğu göz önüne alındığında, bu tür bir düşünce doğru olmayabilir.

Güzel Bir Örnek

Can, DEHB tespit edilmiş bir çocuk. Şu anda hemen hiçbir sorunu yok. Okul öncesinde bu anlamda riskli olduğu düşünülmüş. Aile hemen bir çocuk psikiyatrı ile ilişki kurmuş. Düzenli olarak doktor takibinde; ayrıca bu konuyla ilgili çalışan bir pedagog aileyi yönlendiriyor. Anne ve babaya nasıl davranmaları gerektiği konusunda eğitim verilmiş. Can'ın zorluk çektiği alanlar tespit edilmiş ve bunlar üzerinde çalışılıyor.

Dikkati yoğunlaştırma, kendini kontrol etme konularında çalışmalar yapılmış, oyunlar önerilmiş, uygun bir okula yerleştirilmiş vb. Sevecen, sakin, hoşgörülü ama disiplinli bir öğretmeni var. Öğretmen - okul rehberi - aile - çocuk psikiyatri ve pedagog işbirliği içinde.

Yapılan incelemelerde Can'ın zeki bir çocuk olduğu tespit edilmiş. Bir yandan zayıf olan yanları güçlendirilmeye çalışılıyor, öte yandan yeni öğrenmelerinde güçlü yanlarını öne çıkaran yöntemler kullanılıyor.

Can şu anda iyi bir okulun 3. sınıfında başarılı ve oldukça sorunsuz bir çocuk. Sosyal olarak da herhangi bir sıkıntısı yok. Okulun basket takımında, drama grubuna katılıyor vb.

Çok mu pembe bir tablo? Hayır, bu tür çocuklarımız hiç de az değil. Ancak burada önemli olan "telafi sistemleri"; Can'ın zeki olması bir telafi sistemi. Ailenin konuya uygun yaklaşımı, uygun bir okulda ve uygun bir öğretmenle olması, okul öncesi dönemde durumun fark edilmesi ve doğru yönlendirmelerle eğitimlere erkenden başlanması ve sayılabilecek birçok şeyin her biri, Can'ın DEHB'sini telafi etmeye yarayan sistemler. Bunlardan biri ya da birkaçı olmasaydı, farklı olsaydı belki de Can'ın bugünkü başarısı sağlanamayabilirdi.

Kısacası, DEHB'nin nasıl bir sistem üzerinde geliştiği de son derece önemli.

Bilimsel olarak onaylanmamış ve kullanımı önerilmeyen yöntemler:

✓Bazı yiyeceklerin ve diyet programlarının DEHB üzerinde etkisi olduğu düşünülmüş ve çocuklarda şeker miktarı kısıtlanmış, boya katılmayan yiyecek ve içeceklerden oluşan diyetler uygulanmış ancak yapılan çalışmalarda, herhangi bir yiyeceğin, vitamin eksikliği ya da fazlalığının etkisi bulunamamıştır. Ayrıca çalışmalar, zaten sorunu nedeniyle sık uyarılan, engellenen çocuklara uygulanan yiyecek-içecek kısıtlamasının yarardan çok zarar getirdiğini göstermektedir.

✓Çinko eksikliğinin sağlıklı kişilerde dikkati azalttığı bulunmuş, ancak çinko verilmesinin DEHB bulgularını düzeltmediği görülmüştür.

✓Son yıllarda beyin elektroansefalografisi ve buna bağlı görüntüleme yöntemlerini kullanarak, biofeedback ve nörofeedback uygulamaları dünyanın her yerinde denenmiş, ancak bu varsayımlar bilimsel olarak ispatlanmamış ve sağlık meslek topluluklarınca kabul görmemiştir.

✓Anksiyete bozuklukları ile DEHB'nin birlikte olduğu durumlarda, gevşeme teknikleri bazı hastalarda yararlı olsa da, temel bulguları düzelttiğine ilişkin yeterli bilimsel çalışma olmadığından Amerikan ve Kanada psikiyatri birlikleri bu tedavileri "tartışmalı" bularak, üyelerine kullanmamalarını önermiştir.

✓Çocukların yeterli fiziksel harekete ve spora yönelmeleri ruh ve beden sağlığı adına her çocuk için gereklidir. Ancak DEHB olan çocukların enerjilerini boşaltmak amacıyla aşırı hareket ettirilerek, yorgunluk derecesine getirilmesi uygun değildir. Bunun DEHB belirtilerini azalttığına ve eğitim başarısını artırdığına ilişkin bilimsel kanıt yoktur.

Yukarıda saydıklarımıza benzeyen daha pek çok alternatif tedavi yönteminden söz etmek mümkündür; çeşitli yaklaşımlar, arayışlar eskiden beri olagelmektedir ve benzer pek çok durumda olduğu gibi DEHB'li çocuğu olan ailelerin çare arayışı da ne yazık ki kaçınılmaz olarak bu durumu pekiştirmektedir. Ancak şunları da unutmayalım:

✓DEHB, birçok hastalıkla karşılaştırıldığında ilaç tedavisi, aile desteği ve özel eğitimle iyi sonuçlar alınan bir sorun olarak bildirilmektedir. Aile ve çocuklara eğitim, çocuklara özel eğitim programları ve gerektiğinde kullanılacak, denetlenmiş, onaylanmış ilaçlarla tedavinin % 95 başarılı olduğu bilinmektedir.

✓Gereksiz olarak alınan ve vücutta gereğinden fazla bulunan her şey ister vitamin, ister doğal ürün (bitkisel) olsun dengeyi bozup zarar verebileceğinden bilimsel etkinlikleri kanıtlanmamış yöntemlerin kullanılmaması önerilir.

✓Bilimsel etkinlikleri kanıtlanmamış bu yöntemlerin en zararlı etkisi de şüphesiz gerçek tedaviyi geciktirmeleridir.

Gecikmemek Neden Önemli?

DEHB'nin çoğunlukla okul yıllarında, özellikle de ilköğretim başladığında fark edildiğini biliyoruz. Eğer hareketlilik ön plandaysa, "durmuyor, oturmuyor, dinlemiyor, yazmıyor" şikâyetleri gelmeye başlıyor. Bunlar eğitim açısından bakıldığında "öğrenmiyor ya da çeşitli derecelerde eksik öğreniyor," demektir aslında. Bu da özetle başarısızlıktır, arkadaşlarından geri kalmadır.

Bu durumda sistemi durdurmak ya da çocuğu sistem dışına alıp sorunu çözmek gibi bir şansımız olmadığına göre yapılacak tek şey kalıyor: hızla gerekenleri yaparak çocuğun bulunduğu yapıya ayak uydurmasını sağlamak. Aksi halde DEHB üzerine birçok çatışma eklenerek durum daha da karmaşıklaşabilir. Zaten var olan sorunlarla baş etme potansiyeli düşük olan çocuğumuzun işleri daha da zorlaşır.

Genellikle bir yandan okulda öğretmen, evde anne-baba, bir şekilde zorlarlar çocuğu; öte yandan çocuk kendi kendini zorlar (dışarıdan öyle algılanmasa da), ama sonuçta işler yine de yoluna girmez. O yine yapamayan, edemeyen, okuyamayan, başarısız olan; evin, sınıfın yaramazı, haylazı, laf dinlemeyeni olur. Kimse ona bir şey demese bile, ortamda diğerlerinin yaptıklarını ve kendi yapamadıklarını görerek bu sonuca varması zor değildir. Sonuçta kaçınılmaz olarak kendine güveni, benlik algısı zarar görecektir. Bazen bütün bunlarla baş edemeyen çocuklar, karşıt tepki olarak çözümü daha da yaramaz olmakta görebiliyorlar (tabiî ki bilinçsizce). Gördüğünüz gibi işler kartopu gibi yuvarlandıkça büyüyerek, bire beş eklenerek devam ediyor. İşte bu birikmelerin yaşanmaması için hızlı olmak gerek.

DEHB Olan Çocuğa Nasıl Bir Yaklaşım Gerekir?

Çocuğumuza yardım etmek için ilk adım DEHB olasılığını kabul etmek, ikincisi ise bilgilenmek demiştik. Şimdi artık DEHB'nin nasıl bir sorun olduğunu, çocuğumuzun zorluklarının nereden kaynaklandığını biliyoruz.

Görüldüğü gibi DEHB olan bir çocuğun ana-babası, kardeşi, arkadaşı, öğretmeni olmak, aynı evde yaşamak, onu kontrol etmek, bir şeyler öğretmeye çalışmak hiç de kolay değil. İlişkiler hızla çatışmaya dönüşebilir. DEHB'nin ne olduğunu bilmeyince, çocuğun olumsuz davranışları bilerek yaptığını, kasti olduğunu düşünüp öfkelenmek, bu öfkeyi dönüp çocuğa yansıtmak; kızmak eleştirmek ve böylece ardı arkası gelmez bir çatışma girdabına kapılmak çok kolay. Ancak kolay olduğu kadar da sonuçsuz.

Sıkça Duyduğum Bir Cümle: "Aslında İsterse Yapar."

Biliyoruz ki genelde insanlar, dikkatlerini kontrol edebilirler. İstedikleri zaman, istemedikleri bir konuya bile dikkatlerini yoğunlaştırabilirler ya da daha cazip bir şeyden kendilerini alıkoyabilirler. Hal böyle olunca karşımızdaki kişinin de, eğer isterse bunu yapabileceğini düşünürüz. Oysaki zaten sorun tam da bu. Bazılarımızda olan bu beceri, bazılarımızda yok. Yani bazı çocukların dikkatlerini toparlayabilme, bir şeye dikkat edebilme, bir şeye yoğunlaşabilme becerilerinde çeşitli derecelerde sorun var. Dikkatli olmak, "Dikkatli ol!" demekle olunacak bir şey değil. Hatta bazen DEHB gibi bir sorunumuz olmasa bile açlık, yorgunluk, uykusuzluk, hastalık gibi çeşitli nedenlerle dikkatimizi olması gerektiği kadar ya da istediğimiz kadar odaklayamadığımız ya da dikkatimizi sürdüremediğimiz olmuştur.

Şöyle düşünelim: Çocuğumuzun kulaklarında işitme kaybı tespit edildi ve cihaz kullanması gerekiyor. "Sen istersen duyarsın", "Haydi daha iyi duy", "Aç kulağını iyi dinle, o zaman duyacaksın" vb. cümleler kullanır mıyız? Tabii ki hayır, ama burada kullanıyoruz. Oysa işitme kaybı ile dikkat kaybı arasında hiçbir fark yok. İkisi de istem dışı. İkisi de yapısal bir sorun, ikisi de telafi edilmediğinde hayatı zorlaştırır.

Belki tek fark, biz yetişkinlerin ya da DEHB olmayanların zihninde. İşitme, görme bozukluğu gibi durumları daha iyi anlayabiliyor, onlarla daha iyi baş edebiliyoruz, ama belki de DEHB'yi bizim zihnimiz kavrayıp kabul edemiyor.

Yine Sıkça Duyduğum Bir Başka Cümle: "TV, Bilgisayara Gelince Dikkatli Ama..."

"Televizyon karşısında mum gibi oturuyor, bilgisayar oyunlarında da çok dikkatli. İnanmazsınız en üst puanlara çıkıyor. Demek dikkatinde sorun yok, istediği şeye topluyor. İsterse dersine de toplayabilir." Yani sonuç olarak, istemediği için dikkat etmiyor.

Evet, doğru, dikkat sorunu olan kişi istisnasız her şeye dikkatsiz olacak diye bir şart yok. Hatta tam tersi, dikkat sorunu olmayan kişi istisnasız her şeye karşı çok dikkatli olacak da değil. Yine çok sık rastladığımız bir örnektir: Falanca öğretmenin dersinde hiç sesi çıkmıyor. Dersi çok iyi izliyor, öğreniyor vb. ama falanca derste de "o çocuk gidiyor başka çocuk geliyor sanki"... Evet, bu da doğru.

Dikkat zaten kişiye, duruma, ana konuya vb. birçok şeye bağlı olarak değişiklik gösterebilen bir yetimiz. Üstelik bir de DEHB varsa işler çok daha zorlaşıyor. Şimdi artık çocuğumuzun bize karşı olmadığını, gerçekten yapamadığı ya da yapamadığı için yapmaktan kaçındığını, birçok zorluk yaşadığını ve yardıma gereksinimi olduğunu biliyoruz. Yani o, sadece 'yapamadığı için yapamıyor', başka da bir nedeni yok.

Kontrol paneli iyi çalışmadığı için hız duruma uygun düzenlenemiyor

Genelde yetişkinlerin zihninde, DEHB'li çocuğun kendi gibi beyninin de çok aktif olduğu, çok hızlı çalıştığı izlenimi vardır, ancak ileri teknolojilerle yapılan araştırmalarda DEHB olan bireylerin beyinlerinin bazı bölümlerinde düşük şeker kullanımı ve düşük kanlanma olduğu saptanmıştır. Bu da söz konusu bölgenin normallere göre daha az işlev gösterdiği anlamına gelmektedir.

Birçok anne-baba ve öğretmen aşırı hareketli, aceleci ve konudan konuya atlayan çocukların beyinlerindeki düşük aktivitenin şaşırtıcı olduğunu düşünmekte, bu çocukların kendileri gibi beyinlerinin de aşırı aktif olmasını beklediklerini söylemektedirler.

Burada göz önünde tutulması gereken nokta, az çalıştığı belirtilen beynin ön bölgesinin, kişinin kendisini kontrol etmesini, dikkatin yoğunlaştırılması ve sürdürülmesini, isteklerin koşullara göre düzenlemesini ve planlama yapılabilmesini sağlayan beyin bölümü olduğudur. Tıpkı otomobilin yavaşlamasını sağlayan frenlerin zayıf oluşu gibi.

Ana-Baba Eğitimi ve Ev Ortamının Düzenlenmesi

DEHB'de ana-baba eğitiminin iki boyutundan söz edilebilir.

1) Ana-babanın kendi davranışlarını kontrol edebilmesi ve DEHB'li çocuğuna uygun davranabilmeyi öğrenmesi: DEHB, çocuk-aile ilişkilerini kaçınılmaz olarak etkileyen yorucu bir durumdur. Durumla baş edemeyen aile, bir süre sonra çocuğun tepkisel davranışlarına tepki ile yanıt vermeye, gittikçe daha olumsuz, emredici ve reddedici olmaya baş-

lar. Bazı anne-babalar çocuğun peşinden koşma, çocuğu kontrol altında tutabilme çabası içinde yorgun düşüp kontrolü kaybedebilirler. Bu yorgunluk ve durumdan ve hatta çocuktan bıkma duygusu, aileyi DEHB olan çocuklarını aşırı ve zedeleyici biçimde azarlamaya, cezalandırmaya yöneltebilir.

2) Ana-babaların çocuklarının davranışlarını kontrol edebilme yollarını öğrenerek, DEHB'li çocuklarına uygun davranışları ve uygun olmayan davranışlarını engelleyebilmesini öğretmesi: DEHB'li çocuklar doğaları gereği kendilerini denetlemek ve durdurmakta zorluk çektiklerinden sınırlarını kendi başlarına çizmekte zorlanırlar. Bu nedenle ailenin en önemli görevlerinden biri, çocuklarına sınırlarını, her istediklerinin hemen olamayacağını öğretmek, isteklerini erteleyebilme ve bekleme konusunda onları eğitmektir. Tüm çocukluğu boyunca her istediği hemen karşılanan bir çocuk, DEHB olmasa bile önemli kuralları öğrenemez. İsteklerini ertelemeyi ve beklemeyi öğrenememiş bir çocuğun daha huzursuz ve denetimsiz olması da şaşırtıcı değildir.

Ortamın Düzenlenmesi

DEHB'de ortamın düzenlenmesi, ilk aşamada yapılabilecek, basit ama oldukça etkili bir yaklaşımdır. Bu çocukların tutarsızlık, belirsizlik karşısında ve iyi planlanmamış ortamlarda, sanılanın aksine kafaları daha çok karışır. Günlük rutinleri mümkün olduğunca değişmemeli, mantık kuralları çerçevesinde belirgin sınırların olduğu ortamlar sağlanmalıdır. Dış ortamdaki her türlü uyarıcı, dikkati başka bir yöne çekebilir ve DEHB'li çocuğun bu çekime karşı koyacak gücünün olmadığını, duygu ve düşüncelerinin karmaşık olduğunu, plan program yapmakta güçlük çektiğini de artık biliyoruz. O halde bu düzenlemeleri yaparak ortamın, günlük rutin işlerin ve zamanın iyi düzenlenmesiyle onların işlerini kolaylaştırabiliriz.

Ortamı düzenlemek için ipuçları

✓Çocuğun odasının düzenlenmesinde, dikkat çeken, uyarıcı, parlak ve koyu renklerden; iri desenlerden kaçınmalı, onun dikkatini dağıtacak nesneleri azaltmalı, sade düzenlemeleri tercih etmeliyiz.

✓Televizyon, bilgisayar gibi uyarıcıları çocuğun odasından çok, ortak kullanım alanlarında bulundurmalıyız.

✓Oyuncakların el altından uzakta, görüş alanının dışında, mümkünse kutularda, dolaplarda olması da, özellikle okul çocukları için, kolaylaştırıcı olacaktır.

✓Çalışma masasının üstünün boş, çocuğun yüzünün de duvara (tabii duvarın da boş olması şartıyla) dönük olması sağlanmalıdır. Çalışırken oturduğu sandalyenin ergonomik olmasına dikkat edilmelidir.

✓Tek başlarına çalışırken dikkatlerini sürdürmekte daha çok zorlanırlar, ödevlerine yardımcı olacak bir yetişkinle birlikte çalışmaları, en azından aralıklı olarak denetlenmeleri yararlıdır. Mutlaka kısa molalar verilmeli, bir oturuşta tüm derslerini bitirip kalkması beklenmemelidir.

Bazıları Daha Hassastır

DEHB'li bazı çocuklar seslere, kokulara, tatlara, beden temasına daha hassas olabilirler. Bu çocuklar yemek seçimi, giysi seçimi, bulunulan ortam gibi konularda çeşitli sıkıntılar yaşayabilir ve dolayısıyla yaşatabilirler. Önemli olan çocuğun bu hassasiyetini bilip gereksiz çekişmelerden kaçınmaktır. Kokusu ağır geldiği için falanca yemeyi yemeyen ya da kolunu sıktığı, kaşındırdığı için filanca kıyafeti tercih etmeyen, hep aynı çorabı giymek isteyen çocukla inatlaşmak boşunadır. Tam tersine bu rahatsızlıkları öğrenip anlayıp gerekli tedbirleri almak çok basit bir düzenlemedir ama herkes için çok da rahatlatıcıdır.

Zaman Ayırmak

Hepimiz çevremizden ilgi ve sevgi görmek isteriz, birçok gereksiniminin karşılanmasında anne-babaya ihtiyacı olan bir çocuk daha da çok ister. Hatta öyle ki 'olumlu ilgi' göremeyen çocuklar; kızma, bağırma, cezalandırma vb. gibi 'olumsuz ilgi'yi bile ilgi sayarlar. İlgi görmek o kadar önemlidir ki, 'olumsuz' da olsa ilgi görebilmek için çabalarlar. Yani ana-baba sadece olumsuz davranışlarla ilgilendiğinde, ne yazık ki bunları pekiştirmiş olur. Oysa her gün düzenli zaman ayırıp çocuklarıyla beraber zaman geçirdiklerinde olumlu ilgi göstermiş olurlar.

Tabii burada söz edilen, tamamıyla çocuğa ayrılmış olan, en azından yarım saatlik bir zaman dilimidir. Bunun önceden belirlenmiş bir program dahilinde düzenli olarak yapılması, etkinlik seçiminin, zaman yönetiminin tamamen çocuğa bırakılması, özellikle eleştirmekten, yönlendirmekten kaçınılması önemlidir. Hatta ufak tefek sorunlar, uygun olmayan davranışlar bile mümkün olduğunca görmezden gelinmeli, ancak davranışlar sürerse neden belirtilerek etkinlik sonlandırılmalıdır. Yetişkin de beraber geçirilen bu zamandan memnuniyetini belli etmelidir.

Uyumlu Davranışları Pekiştirmek

Hepimiz biliriz ki iyi yaptığımız, beğenildiğimiz, övüldüğümüz şeyleri yaptıkça yapmak isteriz. Tabii asıl istediğimiz beğenilmek ve övülmektir. Bu mekanizmayı aklımızda tutup günlük yaşam içinde çocuğun olumlu davranışlarını fark etmek, bunlardan dolayı onu takdir etmek, övmek ve küçük şeylerle ödüllendirmek olumlu davranışları pekiştirecektir. Tabii bu arada olumsuz davranışları görmezden gelmek gerektiğini, aksi halde olumsuz da olsa ilginin onları pekiştireceğini artık biliyoruz ve ilgilenilmeyen davranışların bir müddet sonra en azından azalacağını da biliyoruz. Ne kadar sorunlu davranışları olursa olsun, tüm çocukların olumlu yanları vardır ve bu olumlu yanların arttırılıp olumsuzların azaltılması önemlidir.

Nasıl başlayacağını bilemeyenler için küçük bir ipucu: Çocuğun yapmaktan hoşlanacağı ve kolaylıkla yerine getirebileceği küçük görevler verilerek işe başlanabilir. Verilen görevin basit ve net olmasına, o sırada çocuğun başka bir şeyle meşgul olmamasına dikkat edilmelidir. Görevi yerine getirebilmesi olabildiğince kolaylaştırılır ve sonunda da bu görevi nasıl başarıyla gerçekleştirdiği konusunda övülür. Bunu birkaç kez yaşattığınızda artık kolaylaştırıcılara da gerek kalmayacak, çocuğunuz görevi keyifle yerine getirecektir, tabii bu sadece olumlu bir başlangıç yaratmak içindir. Bu yapının yerleşmesi, çocuğun diğer davranışlarına aktarılması için yetişkinin dikkatine, sabrına, gayretine her zaman ihtiyaç olacaktır.

İstediğimiz şeyin çocuk için gerçekten yapılabilir olup olmadığını iyi düşünelim, yapamayacağı şeyleri istemek baştan yanlıştır. Örneğin: "Odanı topla" gibi yetişkin için çok basit, ne yapılacağı çok belli bir yönerge karşısında çocuk ne yapacağını bilemeyebilir. Çünkü bu, çocuk için hem de organizasyon becerilerinde sorun olan DEHB'li bir çocuk için oldukça karmaşık bir iş olabilir: Nereden başlayacak, neyi nereye koyacak hatta daha ötesi, dağınık nedir, kirli çorabın yerde durması niçin dağınıklıktır, niçin yatağı her gün kapatmak gerekir, niçin oyuncağın yerine kaldırılması gerekir vs.? Yetişkinin zihninde karşılığı olan bütün bu durumlar, çocuk için bir anlam taşımaz. Nereden başlayacağını, ne yapacağını bilemediği bu durumda ona bir düzen kurmak ve buna alıştırmak iyi bir başlangıç olabilir. Bu durumda "Odanı topla" yerine "Ben yatağını toplarken sen çoraplarını kirli sepetine at, şimdi de legolarını kutusuna doldur, evet çok iyi topladın, kutuyu da oyuncak dolabına koy…" şeklindeki yaklaşım daha iyi bir başlangıç olabilir.

Çocuğumuzun başarı duygusunu yaşamasına yardım edelim

Çocuk ancak bir işi başardığında kendi gücünün farkına varır, bundan keyif alır ve böylece o işte kendisini yeterli görür ve başarı duygusunu yaşar. Ancak sadece kendi kendini yeterli görmesi yetmez, çevresinin de buna önem vermesi ve bunu beğenmesi gerekir.

Başarılı olamayacağına inanan, kendine güvenmeyen çocuk çabuk vazgeçer, zorlanacağı bir işe hiç başlamaz, yeni şeyleri denemekten kaçınır. Hal böyle olunca kaçınılmaz olarak yeni başarısızlıklar yaşar. Giderek güvensizliği pekişir ve bir kısır döngü oluşur. DEHB ve benzeri durumlarda çocuğun anlatılan kısır döngüye kapılması çok kolaydır. Ana-babalar bu noktada dikkatli olmalı, çocuklarına başarı duygusu yaşayabilecekleri alanlar açmalıdır.

Doğru İletişim, Etkili Yönerge Verme

Tüm ilişkilerde iletişim çok önemli, hatta belki önemliden öte, ilişkinin tam da kendisidir. O halde doğru iletişim eşittir doğru ilişki diyebiliriz. Genel olarak iletişim üzerinde durmayacağım, çünkü elinizdeki kitapta buna ayrılmış bir bölüm var. Oradan edinilecek temel bilgiler üzerine DEHB'li çocukta dikkat edilmesi gerekenlerden söz edeceğim.

Bir şey istediğimizde kendimizi doğru ve etkili bir biçimde ifade etmemiz, cümlelerimizin anlaşılır olması, istediğimizin gerçekten yapılabilir bir görev olması, isteme zamanımız, yeterince tekrarlamamız (gereğinden çok tekrarın çocuğu bizim sesimize sağırlaştıracağını akılda tutmakta yarar var) gibi ayrıntılar görevin anlaşılması ve yerine getirilmesi açısından oldukça önemlidir.

İletişim için ipuçları

✓Konuşurken çocuğunuzun yanına gidin, uzaktan seslenmeyin.

✓Göz teması kurun, dokunun, sizi dinlediğinden emin olun.

✓Onunla konuşurken diğer sesleri azaltın, müziği kısın, televizyonu kapatın.

✓Basit, sade cümleler kurun, net ifadeler kullanın.

✓Art arda bir sürü istek sıralamayın, bir seferde tek bir şey isteyin.

✓Söylediğiniz bir şeyi defalarca tekrar etmeyin.

✓Ona ne yapmamasını değil, ne yapması gerektiğini söyleyin. "……….. yapma!" komutu çocuğa ne yapması gerektiği yönünde yardımcı olmaz.

✓"Sen zaten, yine olmadı, ne ….. çocuksun!" gibi eleştirel cümleler çocuğa kendini kötü hissettirmekte ve işleri karmaşıklaştırmada birebirdir.

Övgü Yetmediğinde

Bazen davranış sorunlarıyla başa çıkmada, olumlu davranışlara yöneltmede övgü yeterli olmayabilir. Bu durumda daha etkin yöntemlere gerek duyulabilir. Bunlardan biri çeşitli ödül ve cezaların kullanılmasıdır. Ancak burada da iyi düşünülmeden, rastgele kullanılan ödül ve cezaların işleri karmaşıklaştırmadan öteye gidemeyeceğini bilmemiz gerekir. Aslında çocuğa ceza vermek de, ödül vermek de sanılanın aksine pek kolay şeyler değildir.

Önce, kısaca, ceza vermenin belli başlı kurallarını sayalım:

1. Cezaya son derece az başvurulmalı, daha çok olumludan yola çıkmak, yani olumlu davranışı ödüllendirmek seçilmelidir.

2. Ceza davranışın doğal sonucu olmalıdır: Örneğin, çocuk ödevini evde unuttuğu için öğretmeninden azar işitir ya da zayıf not alır vb. Böylece yaşantı zaten çocuğa doğal olarak cezasını vermiştir. Burada tekrar anne ya da babanın ceza olarak başka bir şeyi kısıtlaması çocuğun bu konudaki dikkatini dağıtmaktan ve öfkesini anne-babaya kaydırmaktan başka bir işe yaramayacaktır.

3. Ceza kararlaştırıldığı biçimde ve tutarlı olarak uygulanmalıdır. Bazen affetmek; affedilmek için ısrar etme, yalvarma, ağlama, tepinme vb. davranışlarını pekiştirmeden başka bir işe yaramaz.

4. Ceza davranışın hemen ertesinde uygulanmalıdır. Pazartesi yaptığı bir hata için önümüzdeki hafta sonu gezmeye götürmemek çok uzak bir hedeftir.

5. Cezanın hangi davranışla ilgili olduğu açık ve net olmalıdır.

6. Verilecek cezanın çocuk için bir anlamı olmasına dikkat edilmelidir.

Mola Vermek

İstenmeyen davranışın durdurulmasında uygulanabilecek etkin bir yöntem de 'mola zamanı'dır. Bu yöntem çocuğun, istenmeyen davranışının hemen ardından, belirli bir süre ortamdan uzaklaştırılmasıdır. Aslında her iki taraf için de durma, dinlenme, meseleyi gözden geçirme ve yeniden yapılandırma, daha sakin bir tutumla yeniden başlama anlamına gelir. Özellikle saldırgan, zarar verici, tepkisel davranışlar için uygun bir yaklaşımdır.

Herhangi bir sorun olmadan önce çocukla birlikte mola uygulaması planlanmalı, hangi davranışlar için, nasıl, nerede ve ne kadar zaman olacağı önceden kararlaştırılmalıdır. Mola yeri, çocuğun ilgisini çekecek, bulunmaktan memnun olacağı bir yer olmalıdır. Tamamen kapalı, kilitli, karanlık, korkutucu ortamlardan kesinlikle kaçınılmalıdır. Burada amaç, çocuğu tehdit etmek ya da korkutmak değil, sadece gerçekten "mola almak"; durmak ve kendine gelmektir. Süre her yaş için bir dakika olarak düşünülmelidir. Yani beş yaşındaki çocuk için, beş dakika uygun bir zaman olacaktır. Bir saat kurularak "çalıncaya kadar beklemelisin," denmesi çocuğun anlamasını ve uyumunu kolaylaştıracaktır.

Ödül Puanı Vermek

Ödül vermek de yine belli kurallarla yapılması, iyi tasarlanması gereken bir konudur. Burada en kolay uygulanabilir olanı, çeşitli puan sistemleri kurmaktır.

Örneğin derse oturma güçlüğü olan bir çocukla belli bir saatte derse oturma konusunda anlaşma yapılır. Çocuğun da uygun bulduğu bir saat olmasına gayret gösterilir. Bir hatırlatma yapıldığında ya da saat çaldığında hemen derse oturursa, kutuya bir pul atmak, çizelgeye bir yıldız çizmek gibi önceden kararlaştırılmış, çocuğa da cazip gelen işaretleme sistemleri kullanılır. Daha sonra yine önceden karar verilmiş koşullara uygun olarak ödüller kazanılır. Hafta boyunca topladığı pul sayısı kadar stiker vermek, on yıldız biriktiğinde bir gofret almak, altı gülen yüz olduğunda birlikte kızma birader oynamak vb.

Puanlama sistemi çocuğun yaşına uygun olarak basitleştirilebilir ya da karmaşıklaştırılabilir.

Çocuğun hangi görevleri yaparak hangi puanları alabileceği ve bu puanlara karşılık kazanabileceği ödül listesi hazırlanır. Bunların tamamı çocukla birlikte kararlaştırılmalıdır. Kendi karar verdiği şeyleri uygulamak çocuk için daha kabul edilebilir olacaktır.

Belirtilmeyen, olumlu davranışlar için sürpriz puanlar verebileceğinizi hatırlatmak da durumu çocuk için daha cazip hale getirebilir.

Başlangıçta, küçük olumlu davranışları ödüllendirerek başlamak kolaylaştırıcı ve cesaretlendirici olacaktır. Sistem oturduktan sonra giderek çıta hafif hafif yükseltilebilir, hatta uygun olmayan davranışlarda puan kaybetmek gibi şartlar da eklenebilir. Tabii mutlaka çocukla anlaşarak.

Özetle...

1. Çocuğu olduğu gibi kabul edin. DEHB nörobiyolojik bir bozukluktur. Baş edilebilir, ancak yok edilemez. Tıbbi yardımlar ve davranış değiştirme yöntemleri ile %80 oranında düzelme sağlanabilir.
2. DEHB'yi ve tedavi yaklaşımlarını iyi tanımak önemlidir.
3. Kriz anında sakinliğinizi koruyun. Sakin kalabilmek için elinizden geleni yapın. Öfkelenip bağırarak çocuklarınızı sakinleştirip denetim altına almanızın imkânı yoktur.
4. Düzeninizi oturtun. Evde ve okulda düzeni sağlayın. Neyin, ne zaman olacağını bilmek ve alışkanlıkların oluşması oldukça önemlidir.
5. İletişimin açık ve net olmasını sağlayın, genellikle en büyük sorunlar bu noktadan çıkabilir. Söylenmek, tartışmak, bağırmak veya çatışma sırasında sesinizi duyurmaya çalışmak etkisiz olacaktır.
6. Krizleri tetikleyen olayların neler olduğunun farkına varmaya çalışın. Bunları önceden tahmin edip gerekli önlemleri almak işleri çok kolaylaştırabilir.
7. Olumlu yaklaşım çok önemlidir. Çocuğa yöneltilen dikkat olumsuz olduğunda herkes gerginleşir, ilişkiler gittikçe gerilir ve saldırgan bir tutum ortaya çıkar.

8. Bu yazıda özetlenen davranışsal teknikleri uygun biçimde kullanmayı öğrenmek yararlı olacaktır. Bunlar doğru kullanıldığında işler önemli ölçüde kolaylaşır.

Ancak şunu da unutmamak gerek; bu yazıda anlatılanlar çok küçük bir özet ve genel bir yaklaşımdır. Oysa her çocuk ve dolayısıyla her sorun tektir. 'O kişi' için bir tedavi ve/ya da eğitim planı yapılmalıdır. Neyin uygun olup olmadığı, neyin ne zaman, ne şekilde, ne kadar süre için yapılacağı, nasıl sonlandırılacağı gibi düzenlemelerin konunun uzmanları rehberliğinde olması en uygunudur.

Yasal Haklar

Son olarak küçük bir hatırlatma daha yapmak istiyorum. Bilindiği gibi esas başarı, sorunu olmayanlarla yaşamak, sorunu olmayanları eğitmek değildir. Önemli olan sorunu olan kişiyi koruyarak, damgalamadan eğitim sisteminin içinde, haklarını kullanmasını sağlamaktır. Milli Eğitim Bakanlığı bazı yönetmeliklerle bu hakları belirlemiştir. Örneğin, DEHB olan çocuklarımız üniversitelere giriş sınavında (ÖSS) ve Ortaöğretime Giriş Sınavı (OKS)'nda özel bir odada ve ayrı bir gözetmen eşliğinde sınava girebilirler. Bunun için önceden rapor alınarak sınav merkezlerine başvurulması gerekmektedir. MEB'nin (www.meb.gov.tr) ve DEHB ve Özel Öğrenme Güçlüğü Derneği'nin sitelerinden (www.hiperaktivite.org.tr) gerekli bilgilere ulaşılabilir.

Çocuklarımızın tedavisi, eğitimi, evdeki ve okuldaki düzenleri kadar yasal haklarını da takip etmemiz gerektiğini unutmayalım.

Bu konuda daha çok okumak isteyenler için:

DEHB konusunda bilgi çok. İnternet ortamında küçük bir araştırmayla dünyada birçok site, dernek, kitap vb. olduğunu görebilirsiniz. Tabii güvenilir sitelerden doğru bilgiler almaya da dikkat ederek. Ben birçok bilgiye ulaşabileceğiniz birkaçını vermekle yetineceğim:

www.aacap.org
www.add.org
www.chadd.org
www.hiperaktivite.org.tr
www.meb.gov.tr

Öte yandan Türkiye'de ulaşılabilecek yerler ve Türkçe kaynaklar derseniz özellikle son 10 yılda bizde de bu konuda çok ilerleme kaydedildi. Benim bu yazıyı hazırlarken yararlandığım kaynaklar listesinde yer alanların çoğu, anne-babaların da rahatça ulaşabileceği, okuyup yararlanabileceği kitaplardır.

Bu çok ayrıntılı konuyu bir makalede özetlemeye çalışınca kaçınılmaz olarak birçok şey eksik kalıyor. Bu yazıdan yararlandığını düşünenler, diğer kitapları da okumalı, çünkü böylece çok daha fazlasını bulacaklar.

KAYNAKLAR

Ashley, S. (2005). ADD & ADHD Answerbook. Sourcebooks Inc., Illinois.

Aysev, A. S., Bakar, E. E. (2010). *Ergende Dikkat Eksikliği Hiperaktivite Bozukluğu,* S. Karakaş (Ed.), Kognitif Nörobilimler (s. 403-416). Nobel Tıp Kitabevleri, İstanbul.

Brown, T. E. (2005). Dikkat Eksikliği Bozukluğu (Çev: E. Ç. Sönmez). ODTÜ Yayıncılık, Ankara.

Ercan, E. S., Aydın, C. (1999). *Dikkat Eksikliği Hiperaktivite Bozukluğu.* Gendaş, İstanbul.

Ercan, E. S., Yazım Kurulu, (2008). *Dikkat Eksikliği Hiperaktivite Bozukluğu Klinik Uygulama Kılavuzu* Türkiye – 2008. Janssen-Cılag a division of Johnson and Johnson, İstanbul.

Hallowell E. M., Ratey J.J. (1996). Answers To Distraction. Bantam Books, New York.

Hechtman, L. (2007). *Dikkat Eksikliği Bozuklukları* (Çev Ed: H. Aydın & A. Bozkurt). Kaplan & Sadock's Comprehensive Textbook of Psychiatry. Güneş Kitabevi, Ankara.

Gücüyener, K. (2010). *Dikkat Eksikliği Hiperaktivite Bozukluğunun Fizyopatolojisi,* S. Karakaş (Ed.), Kognitif Nörobilimler (s.351-383). Nobel Tıp Kitabevleri, İstanbul.

Semerci, B., Turgay, A. (2007). *Dikkat Eksikliği Hiperaktivite Bozukluğu.* Alfa Yayınları, İstanbul.

Sürücü, Ö. (2003). *DEHB Anababa-Öğretmen El Kitabı.* Ya- Pa, İstanbul.

Şenol, S., İşeri, E., Koçkar, A.İ., (2006). *Dikkat Eksikliği Hiperaktivite Bozukluğu*. HYB Yayıncılık, Ankara.

Taylor, J.F. (2001). Helping Your ADD Child (3rd ed.). Prima Publishing, USA.

Tahiroğlu, A.Y., Avcı, A. (2005). Dikkat Eksikliği Hiperaktivite Bozukluğu, Nobel Kitabevi, Adana.

Turecki, S., Tanner, L. (2010). *Zor Çocuk*, (Çev: B. Büyükkal), Optimist Yayınları, İstanbul.

Yazgan, Y. (2010). *Hiperaktif Çocuk Okulda*, Doğan Kitap, İstanbul.

Yrd. Doç. Dr. S. Armağan Yıldız
(İ.Ü. Hasan Âli Yücel Eğitim Fakültesi Eğitim Bilimleri Bölümü Öğretim Üyesi)

Saldırganlık ve Aile

Neredeyse insanlık tarihi kadar eski bir kavram olan saldırganlık, tek bir faktörle açıklanamayacak kadar karmaşık bir yapıya sahiptir. Saldırganlığın tanımına ve nedenlerine ilişkin yapılan açıklamalarda, kavramın öncelikle evrensel bir olgu olduğunun altı çizildiği görülmektedir. Evrensel ve kültürel özellikler, saldırganlık ve şiddet içeren davranışlara zamanla farklı bakış açılarının getirilmesine ve farklı tanımlamalara gidilmesine neden olmuştur. Yapılan çalışmalar, saldırganlık ve şiddet eylemlerinin, intihar ve depresyon oranlarının son 25 yılda %300 artış gösterdiğini ifade etmektedir. Günlük hayatta yaşananlar, medyada yer alan haberler, saldırganlık sonucu oluşan hasar, yaralanma, sakatlık, hatta ölümlerin aslında ne kadar sık karşılaşılan ve kolaylıkla insanların başına gelen durumlar olduğunu düşündürmektedir. Şiddetin uzun zamandır hayatımızın parçası olması, zamanla içselleştirilmesine, başka bir ifade ile bu türden durumlara karşı bireylerin ve toplumun giderek duyarsızlaşmasına yol açmaktadır. Zamanla saldırganlık eylemlerine ilişkin algı, bireyler tarafından sadece sayısal olarak ifade edilen istatistiksel değerlere dönüşmektedir.

Bu dönüşüm, giderek artan saldırganlık ve şiddet olaylarının boyutlarının, türünün ve dehşetinin artmasını ve şiddete bağlı ölümlerin seyirlik hale gelmesini sağlamıştır. Araştırmalar sonucunda elde edilen bilgilerde dikkat çekici olan, saldırganlığın yol açtığı suçların işlenmesinde ateşli silah kullanım oranın da gittikçe yükselmekte oluşu ve son yıllarda ruhsatsız silah oranının %87'yi bulmasıdır. 2004 yılının ilk altı ayı için bu oran %79,5'tir. 2002 yılında İstanbul Adli Tıp Kurumu'nda incelemeye alınan ateşli silahlarla işlenmiş suçların %66'sında silahın ruhsatsız olduğu belirlenmiştir. İnsanlara, "Neden silah taşıyorsunuz?" sorusu yöneltildiğinde verilen cevapların; güvenlik gerekçesiyle %42,93, kişisel merak için %29,89, örf ve âdet nedeniyle %8,42, gösteriş niyetiyle % 5,16 ve diğer nedenlerle %13,59 oranında olduğu tespit edilmiştir (Akcan, 2006). Saldırı ve yaralama olayları ergenler arasında görülen en yaygın sorunlardan birisidir. TBMM Araştırma Komisyonu 2007 raporuna göre, ergenlerin ateşli silah ya da yaralayıcı, kesici silahları bulundurma, yanlarında okula götürme oranları oldukça yüksektir. Nedeni sorulduğunda ergenler, kendilerini güvende hissetmek için ve bulundukları ortamların tehlikeli olduğunu düşündüklerinden önlem amacıyla bu silahları ya da aletleri bulundurduklarını belirtmişlerdir. Bu noktada, ergenler arasında "şiddete şiddetle karşılık verme" ihtiyacı ve anlayışı oldukça dikkat çekicidir. Steinberg (2007)'e göre, gençlerin çoğu kendini korumak için silah taşırken statü sahibi olmak, sert imaj yaratmak ve başkaları üzerinde güç sahibi olmak için de silahlanmaktadırlar. Silah taşımak özellikle gençlerin yaşayacakları basit bir kavgayı ölümcül bir saldırıya çevirebilmektedir.

Ailede, okulda, sporda, medyada, işyerinde örneklerini çoğaltabileceğimiz biçimde çok farklı ortamlarda sıklıkla karşılaşılan saldırganca eylemler, şu soruyu da beraberinde getirmektedir:

Neden bazı insanlar saldırgan davranışlar sergilerken bazı insanlar sergilememektedir? Bu sorunun cevabı saldırganlığın tanımına ilişkin bilgileri gözden geçirmeyi gerektirmektedir. "Saldırganlık"; en genel anlamda, bir hedefe yönelik olarak gerçekleştirilen, sonucunda hasar, yaralanma ya da ölüme neden olan şiddet içeren, bireylerin ve toplumun güvenliğini tehdit eden eylemler olarak tanımlanabilir. *Psikanalitik yaklaşım* saldırganlığı; doğuştan gelen, psişik enerjinin kaçınılmaz olarak dışa vurumu olarak nitelendirmektedir. Bu açıklamaya göre, "insanlar saldırgan olduğu için saldırganca davranır ve bu durum engellemelere tepki olarak ortaya çıkar". Reddedici ve kısıtlayıcı davranışlar birey tarafından "engelleyici" olarak algılanırlar. Engellenme ise bireylerde, kızgınlık, öfke ve düşmanlık duygusunun ortaya çıkmasına ve bunun sonucunda da saldırganca davranışların sergilenmesine neden olmaktadır. Taylor, Peplau ve Sears (2007)'e göre, her engelleme saldırganlıkla sonuçlanmamaktadır. Keyfi ve amaçlı engellemeler, daha fazla kızgınlığa yol açmaktadır. Haklı bir nedene dayalı olarak gerçekleşen engellemelerde saldırganca davranışın ortaya çıkma olasılığı daha düşük olmaktadır. Örneğin, sinemaya gitmek için çocuğuna söz veren bir ebeveynin soğuk hava nedeniyle programı iptal etmesi, çocukta kızgınlık duygusu yaratabilir, ancak keyfi olarak sözünü tutmamak yerine soğuk havadan dolayı sağlık sorunu yaşamamak için programdan vazgeçmek daha az kırıklık duygusu yaratabilmektedir. Bireylerin, engellenme durumuna ilişkin algısı, olayı anlama ve yorumlama biçimi, bilişsel açıklamaları, duyguları ve güdüleri üzerinde etkili olmaktadır. Kızgınlığın yoğun yaşandığı, hatta öç alma duygusuna dönüştüğü durumlarda, olumsuz düşüncelerin bilinçte tutulması ve saldırgan eylemlere dönüşme olasılığı artmaktadır. Kan davaları, namus cinayetleri bu duruma örnek olarak gösterilebilir. Sapan davranışın ortaya çıkışında, dış dünyanın ve toplumun kurallarını, gelenek, görenek gibi yönlendirici denetim mekanizmalarını fazlasıyla öne çıkarmış, aşırı gelişmiş *katı süper ego*'nun, id ve süperego arasında kalarak gerçek algısını sağlayamadığı *yetersiz ego gelişimi* ve aşırı gelişmiş *kontrolsüz id*'in varlığından söz edilebilir. Kişiliğin yapısındaki bu bileşenlerde oluşabilecek sıra dışı bir durum saldırganca davranışın ortaya çıkma olasılığını fazlasıyla arttırmaktadır.

Davranışçı yaklaşım ise saldırganlığı; öğrenme prensiplerine göre açıklayarak yanlış öğrenme deneyimlerinden söz eder. Ödül ve ceza mekanizmalarının davranışın kazandırılmasında ya da değiştirilmesinde önemli olduğunu vurgular. Bu bakış açısında gözlem, modele dayalı öğrenme sürecinde, bireyde yeni davranışın kazanılmasında çevrenin verdiği tepkilerin önemine dikkatini yoğunlaştırmaktadır. Yakın çevre onaylayıp desteklediğinde birey taklit ettiği yeni davranışı sürdürmek için gerekli olumlu geribildirimi almıştır. Tersine, çevre yeni davranışa olumsuz geribildirim vererek eleştiri, kınama ya da ceza yöneltirse bu durum davranışın kazanılmasına engel olmaktadır. Taylor, Peplau ve Sears (2007)'a göre, çocuklar her modeli aynı oranda taklit etmemektedirler. Bazı modeller diğerlerinden daha fazla taklit edilmektedir. Modeller çocuklar tarafından, güçlü, başarılı, saygın ve sevilen kişiler olması ölçüsünde taklit edilmektedirler.

Krohn (1999), sapan davranışla ilgili olarak sosyal yapının önemini belirtir. Yakın çevredeki öğrenme ortamı ve ödüllendirme biçimleri, sapan davranışla ilişkilendirilen değişkenler olarak ifade edilmektedir. Problem çözme, bilişsel çarpıtmalar, gerçeküstü inançlar gibi bilişsel özellikler, sosyal kontrol mekanizmalarına ilişkin algılar ve sosyal öğrenme deneyimleri suçlu davranışa ilişkin ön kestirim yapma gücünü belirleyen değişkenlerdir. Dolaylı ya da doğrudan öğrenme deneyimleri, sapan davranışın ortaya çıkmasında etkin bir role sahip olmaktadır (Ngai ve Cheung, 2005). Yapılan araştırmalar, saldırganlık söz konusu olduğunda ailenin, akranların ve medyanın etkisini ortaya koymaktadır. Saldırgan davranışın oluşumunda bilişsel ve duygusal süreçler, öğrenmede önemli bir role sahip olmaktadırlar (Tremblay, 2000).

Saldırganlık ve şiddet içeren eylemleri sıklıkla sergileyen ve bu tür eylemleri yakın çevresinde gözlemleyen gençlerde suça eğilim ve suçluluğa yüksek oranda rastlanmaktadır. Suçlu gençlerin, yakın çevre, aile, akran grubu, ekonomik ve kültürel çevre özellikleri açısından genellikle yetersiz ve elverişsiz şartlara sahip oldukları bilinmektedir. Olumsuz ve yetersiz aile içi ilişkiler, hatalı ebeveyn tutumları, baskı ve otoriteye dayalı, fiziki şiddeti içeren ceza anlayışının yer aldığı görülmektedir (Yavuzer, 2003; Baltaş, 2000). Reinke ve Herman (2002)'a göre, okulda saldırganca davranışları sergileyen çocuklar, dikkat dağınıklığı, davranım bozuklukları, okulu erken dönemde bırakmak gibi sorunları yaşamaktadırlar. Suçlu gençlerin büyük bir çoğunluğu düşük öğrenim düzeyine sahiptirler (Kızmaz, 2004).

Suç işleme potansiyeli olan bireylerde, öğrenme problemleri, düşük akademik başarı, disiplin sorunu, kötü muameleye maruz kalma, boşanmış aileden gelme, ilaç ya da madde kullanımı, ekonomik yetersizlikler, sosyal ilişki yetersizliği, zayıf duygusal ve zihinsel gelişim, empati eksikliği, zor mizaç özelliği ve yabancılaşma hissi en sık görülen risk faktörleridir. Zekâ düzeyinin sınır veya altı durumunda olduğu, algı, idrak, bellek ve muhakeme bozukluklarının ve uyum yeteneklerinin düşük olduğu, akademik geçmişlerinin başarısızlıklarla dolu olduğu, okuldan ve evden kaçma davranışı, okulda saldırganca davranışları sergileme, dikkat dağınıklığı, davranım bozuklukları, okulu erken dönemde bırakmak gibi sorunları da çoğunlukla yaşadıkları bilinmektedir.

Saldırı, tecavüz, gasp ve cinayet gibi şiddet içeren suçların ergenlik öncesi ile ergenlik dönemi arasında artış gösterdiği ve lise yıllarında doruk noktasına ulaştığı bilinmektedir. Ciddi suçlarda her üç sanıktan birinin yaşı 18'in altındadır. Bununla birlikte, şiddet içeren her eylemin resmi makamlara bildirilmemesi gerçek sayıların bilinmesini güçleştirmektedir (Steinberg, 2007).

SALDIRGAN DAVRANIŞIN OLUŞUMUNDA RİSK FAKTÖRLERİ

Özellikle sapan davranışı sergileyen, saldırganlık eylemlerine sıklıkla başvuran bireylerin "kişilik" özellikleri dikkat çekicidir. Kişilik faktörü açısından, antisosyal kişilik bozukluğunun saldırgan davranışla yüksek düzeyde ilişkili olduğu görülmektedir. Baltaş (2000)'a göre antisosyal kişilik bozukluğunun en temel belirtileri arasında;

- Tepkisel davranışlar,
- Sorumsuz davranışlar,
- Vicdan gelişiminde gerilik,
- Düşük kaygı düzeyi,
- Cezaya duyarsızlık,
- Suça eğilim sayılmaktadır.

Antisosyal kişilik bozukluğu, çoğunlukla ergenlik döneminde ortaya çıkan belirgin durumlarla kendisini göstermektedir. Ergenlik dönemi kendisine has yönleriyle, aile ve ergen arasında yaşanılan sorunlarla yaşamda önemli bir gelişim dönemini ifade etmektedir. Burada dikkat edilmesi gereken nokta, ergenliğe ilişkin genel uyum ve davranış bozukluklarından farklı biçimde görülen "kişilik sorun"larının ortaya çıkmasıdır. Antisosyal kişilik bozukluğu özelliklerinin, ergenlerde bir veya birkaçının sıklıkla bir arada bulunması ve sürekliliği, bu bozukluğun ayırt ediciliğinde önemli bir kestiricidir. Davranışa dönük olarak tanımlamada en önemli belirleyiciler, sıklıkla okuldan/evden kaçmak, disiplin kurallarıyla ilgili sorun yaşamak, yalan/çalma vb. uyum davranış bozuklukları sergilemek, sigara, alkol, uyuşturucu vb. madde kullanımı, tahripçilik ve zorbalık, akademik başarının geneline yayılmış düşüklük, erken yaşta ayrım gözetmeyen cinsel ilişkiye girmek gibi davranış problemleri ile kendini göstermektedir.

Yetişkin yaşamında görülen bazı belirtileri ise, yine ergenlikte olduğu gibi bu özelliklerin bir veya birkaçının sürekli bir arada görülmesiyle tanımlanabilir. İş yaşamıyla ilgili sık sorun yaşama, işten çıkartılma, iş bulamama, işyeri sorumluluklarını taşıyamama, evlilik, eş ve çocuklarıyla ilgili sürekli sorunlar yaşama, yaşamsal sorumluluklarını yerine getirememe, ekonomik açıdan para yönetiminde başarısızlık, sürekli borçlanma veya borcunu ödeyememe, başkalarının haklarını hiç sakınca görmeden ihlal etme, fiziksel şiddete sıklıkla başvurma, toplum kurallarıyla ilişkili çatışmalar ve suça eğilim en sık karşılaşılan durumlardır.

Özellikle küçük yaşlardan itibaren aile, okul ve yakın çevresinde saldırganca tutumlara şahit olan bireylerin, ilerleyen yaşamlarında da şiddeti içselleştirdikleri ve bunun uygulayıcısı oldukları bilinmektedir. Kashani, Jones, Bumby ve Thomas (1999) çalışmalarında, gençleri şiddet sergilemeye iten nedenleri "psiko-sosyal risk faktörleri" başlığı altında toplamışlardır. Bu başlık altında bireysel özellikler, kişilik, zekâ, aileye ilişkin özellikler, akran ilişkileri, medya, okul, ekonomik seviye, işsizlik, göç ve toplumsal-kültürel özellikler sayılmaktadır. Steinberg (2007)'e göre, kentli ergenlerde görülen şiddet eylemlerindeki hızlı artışın nedenleri arasında yoksulluk, yoksulluğa bağlı olarak ebeveynin çocuğunun bakımı ve denetimindeki yetersizliği, orta sınıf kurallarına ayak uyduramayan yoksul gençlere rehberlik edecek resmi kurum ve yardım hizmetlerinin yetersizliğine dikkati çekmektedir. Saldırganlık ve sonucunda oluşan suç eylemlerini sadece yoksullukla açıklamak mümkün değildir. Varlıklı ergenlerin de üçte bir oranında şiddet içeren ciddi suçlara karıştığı bilinmektedir. Bununla beraber, sürekli şiddete maruz kalmanın şiddeti doğurduğu da ifade edilmektedir. Saldırganlık ve şiddet içeren davranışların görüldüğü çocuk ve ergenlerin yakın çevre, aile ve akran grubunun ekonomik ve kültürel çevre özellikleri açısından yetersiz ve elverişsiz şartlara sahip oldukları görülmektedir. Bu bireyler sıklıkla olumsuz ve yetersiz aile içi ilişkiler yaşamakta, hatalı ebeveyn tutumları, baskı ve otoriteye dayalı, fiziksel şiddeti içeren ceza anlayışına maruz kalmaktadırlar.

Hatalı ebeveyn tutumları, çocuklarda sapan davranışların ortaya çıkmasını destekler niteliktedir. Ebeveyn desteği ve ebeveynin yol göstermesinin, yapıcı disiplin yöntemlerini kullanmasının, ergenin sapan davranışı sergilemesiyle ve olumsuz akran ilişkilerine sahip olmasıyla ters yönde ilişkili olduğu yapılan araştırmalarda tespit edilmiştir. Araştırmalar, olumlu aile ilişkisi ve tutarlı disiplin yöntemlerinin uygulanmasının sapan davranışın engellediği ve algılanan kontrolün niteliğinin psiko-sosyal uyuma yansıdığını göstermektedir (Kaner, 2001; Kındap, Sayıl, Kumru, 2008). Hem temel pekiştirme kaynakları hem de başlıca taklit modelleri oldukları için bir çocuğun gelecekteki davranışları, büyük ölçüde ana-babalarının ona ve birbirlerine nasıl davrandığına bağlı olarak ortaya çıkmaktadır (Taylor, Peplau ve Sears, 2007). Doğuştan gelen dürtülerin kontrolü veya öğrenme deneyimlerindeki başarısızlığın sonucunda ortaya çıkan saldırganlık ve şiddet içeren eylemler, psiko-sosyal risk faktörleri arasında yer alan ailenin özelliklerine ve belirgin bir biçimde de *ebeveynin çocuğuna yönelik tutumuna* bağlı olarak da kendini gösterebilir.

Tutum; yaşantılar sonucu oluşan, ilgili olduğu tüm nesne ve durumlara karşı bireyin davranışları üzerinde yönlendirici ya da dinamik bir etkiye sahip, ruhsal ve sinirsel bir hazırlık durumu olarak tanımlanır. Başka bir ifadeyle, tutarlı olarak belli bir objenin lehinde ya da aleyhinde davranmaya ilişkin öğrenilmiş bir yatkınlıktır. Erken yaşlarda öğrenilen tutumlar, yeni yaşantı ve öğrenmeler sonucu değişebilirken, ilerleyen yıllarda önemli yaşantı ve olaylar olmadığı sürece tutumların durağan hale geldikleri ve kolayca değişmedikleri görülmektedir (Küçüker, 1994).

Çocuk yetiştirme tutumu toplumdan topluma, kültürden kültüre farklılıklar gösterdiği gibi, o toplumdaki aileler arasında da farklılıklar göstermektedir. Denilebilir ki ne kadar çok ana- baba varsa o kadar çok çocuk yetiştirme biçimi vardır (Kulaksızoğlu, 1998). Ebeveynin çocuğuna karşı yaklaşımını belirleyen bir başka faktör de, ebeveynin çocuk yetiştirmeye ve çocuklara karşı olan düşünce, atıf ve inançlarıdır. *"İnsanlar neden anne-baba olur?"* sorusuna verilen cevap genelde ebeveynin çocuğuna karşı tutumunu da belirleyen bir durumdur. Ayrıca ebeveynin kişilik özellikleri de çocuğuna dönük tutum ve davranışlarını etkilemektedir (Metsapelto, Pulkkinen, Poikkeus, 2001). Belsky (1984), ebeveynin tutumlarında belirleyici olan faktörler arasında, ebeveynin kişisel yeterliliğinin, psikolojik açıdan sağlıklı olup olmadığının, ebeveynliğe ilişkin deneyiminin ve kendi çocukluk deneyimlerinin önemli olduğunu vurgulamaktadır (Akt. Bluestone, Tamis-Le Monda, 1999).

Ebeveynin çocuk yetiştirme uygulamalarını etkileyen faktörler arasında, ebeveynin eğitim düzeyi, yaşı, içinde bulunduğu sosyo-ekonomik ve sosyo-kültürel koşullar, anne-babaların ebeveynliğe duygusal, zihinsel ve sosyal açılardan hazır olup olmaması, ebeveyn olmadan önceki dönemde eşlerarası ilişkinin kalitesi, doğum sonrasında ebeveynlik rollerinde eşlerin birbirini destekleyip desteklememeleri, ebeveynlik konusunda zihinlerinde daha önceden oluşmuş şemalar ve evlilik ilişkilerinden duydukları tatmin ya da tatminsizlik sayılabilir. Demo ve

Cox (2000)'e göre, ebeveynliği belirleyen faktörler arasında çocuğun genel gelişim özellikleri, cinsiyeti ve yaşı da önemli bir yer tutmaktadır. Lai ve Salili (1999)'ye göre de, çocuğun bilişsel ve sosyal açıdan yeterli ya da yetersiz oluşu, ebeveynin çocuğa dönük davranışını etkileyebilmektedir.

Ebeveyn-çocuk ilişkisini konu edinmiş pek çok araştırma bulgusu, ebeveynin çocuğuna ilişkin davranışlarının ve ebeveynliğe ilişkin algılarının, içinde yaşanılan kültür ve toplum tarafından da biçimlendiğini ortaya koymaktadır. Ailenin sahip olduğu yaşam standartları, değerleri, çocuk yetiştirmedeki amaçları, ebeveynin çocuğuna ilişkin davranışlarını etkilemektedir. Kültüre özgü değer, inanç ve idealler kuşaktan kuşağa aktarılmaktadır. Herz ve Gullone (1999)'a göre, bireyselliği ön plana çıkaran kültürlerde, ebeveynin daha geri planda kalarak ailelerin "çocuk merkezli" bir yaklaşımı benimsediği, kontrol ve disipline yönelik tutumun daha az sergilendiği görülmektedir. Yine bireyciliğin önemsendiği kültürlerde, bağımsızlık, girişimcilik, kişisel başarı ve yeterliliğin desteklendiği görülmektedir. Toplulukçuluğu ön plana çıkaran geleneksel kültürlerde ise bağlılık, disiplin, otoriteye saygı ve kontrol mekanizmalarının daha güçlü olduğu, çocuğun yetiştirilmesinde ebeveynin rolünün daha baskın olduğu, ebeveynin kısıtlayıcı, müdahaleci ve baskıcı olabildiği görülmektedir. Davranış problemleri, sosyal destek ağının yetersizliği, göç, düşük gelir, eğitimsizlik, çok sayıda çocuğa sahip olma ve problemli çocuğa sahip olma gibi nedenler de ebeveyn çocuk ilişkisini olumsuz yönde etkilemektedir.

Ebeveynler çocuklarına kültürel değerleri ve kuralları öğreten temel kaynaklardır. Bütün ebeveynler şu veya bu şekilde çocuklarını sosyalleştirmek için çaba gösterirler, fakat ebeveynlerin sosyalleştirme yöntemleri arasında farklılıklar olabilmektedir (Yılmaz, 1999). Ebeveynlerin çocuk yetiştirmeye ilişkin tutum, inanç, davranış ve beklentileri olarak tanımlanan çocuk yetiştirme stilleri (parenting styles) her kültürde çocukların sosyalleşme süreçlerini açıklayan temel dinamik olarak kabul edilmektedir. Türkiye'de, çocuk yetiştirme stilleri kavramı daha çok "ana-baba tutumu" olarak ele alınmış, farklı yöntem ve ölçekler kullanılarak etkileri incelenmiştir (Sümer, Güngör, 1999).

Ebeveyn davranışlarını ele alan Baumrind yaygın kabul gören bir açıklama getirmiş ve ebeveyn stilleri adı altında üç farklı ebeveyn stili tanımlamıştır. Bunlar: "otoriter", "açıklayıcı-otoriter (demokratik)" ve "izin verici" ebeveyn stilleridir (Baumrind, 1996). *Otoriter ebeveyn stilinde;* ebeveyn tarafından katı bir yaklaşım sergilenir, çocuğa açıklama yapılmaz, mutlak itaat ve saygı beklenir, otorite figürüne bağımlılık önemsenir. Ailede iletişim kanalları kapalıdır, destek ve sevgi yoktur ve çocuğun istekleri önemsenmemektedir. Çocuğun davranışları üzerinde anne-babanın kontrolü fazladır, çocuktan olgunluk beklentisi yüksektir. Bu ebeveyn stili daha çok anne-babanın taleplerini dikkate aldığından "ebeveyn merkezli" yaklaşım olarak düşünülebilir. Anne-baba çocuğu için her ortamda ve her koşulda söz sahibi olduğunu vurgular. Cezalandırma eğilimi yüksektir ve sıklıkla fiziksel cezaya başvurulmaktadır. Engelleyici bir müdahale söz konusudur.

Açıklayıcı-otoriter (demokratik) ebeveyn stilinde ise; çocuğa kurallar açıklanır ve gerektiğinde tartışılır, ödül kullanılır, sevgi ve ilgi gösterilir, özerklik sağlanır, davranışın sorumluluğu çocuğa verilir. Konulan kurallar ile ilgili açıklamalar yapılarak davranışının sonucunda karşılaşabileceği durumlar hakkında bilgi verilir. Çocuğun beklenti ve istekleri gözetilmektedir. Çocuğun davranışları üzerinde ebeveynin kontrolü vardır. Ancak bu katı ve gerçekçi olmayan bir kontrol değildir. Çocuktan olgunluk beklentisi yüksektir. Aile üyeleri birbirine karşı ilgili, sabırlı ve duyarlıdır. Ebeveyn çocuğuna karşı hem sorumluluk sahibi hem de çocuğuna dönük beklenti düzeyi yüksek olan kişidir. Çocuğun kişisel gelişimi önemsenir. İki uçta yer alan otoriter ve izin verici ebeveyn stilleri arasında ne "ebeveyn merkezli" ne de "çocuk merkezli" olmayan, dengeyi sağlayan bir yaklaşımı içermektedir. Bu yaklaşım biçiminde ebeveyn çocuğuna destekleyici bir ortam sunmaya çalışır.

İzin verici ebeveyn stilinde; ilgi ve denetim yoktur. Çocukla ebeveyn arasındaki duygusal bağ zayıftır. Kontrol ya yok ya da azdır. Nadiren ceza verilir. Çocuktan olgunluk beklentisi düşüktür. Çocuk kendi kararlarını kendi verir. Aile üyeleri arasında iletişim kanalları açıktır, ancak ihmale varan bir hoşgörü ve bazen de ilgisizlik söz konusudur. "Çocuk merkezli" yaklaşım olarak da adlandırılabilir. Çocuğa karşı sorumluluklarını göz ardı etmeyen, ancak çocuktan beklentinin olmadığı bir tutum söz konusudur. Disiplin konusunda dengesiz, tutarsız ve kararsız yaklaşım sergilenmektedir.

Yılmaz (1999)'a göre, Baumrind'in yaptığı çalışmalarda, *otoriter* ebeveyni olan çocukların mutsuz, ilişkilerinde kaygılı, güvensiz, çekingen, isteksiz, kendini iyi ifade edemeyen, saldırganlık eğilimi yüksek olduğu görülmüştür. Neal ve Frick-Horbury (2001)'e göre, otoriter ebeveyne sahip çocuklar endişeli, kızgın, saldırgan, düşük benlik saygısına sahip ve bağlanma stillerinde de kaçınmalı bağlanma stillerini sergilemektedirler. Ebeveyni tarafından her davranışı eleştirilen, kısıtlanan ve reddedilen çocukların genellikle bu türden davranış biçimlerine sahip oldukları yapılan çalışmalarla da desteklenmektedir (Lai ve Salili, 1999). *İzin verici* ebeveyni olan çocukların ise, olgun davranmadıkları, dürtülerini kontrol edemedikleri ve bağımlı oldukları görülmüştür. Neal ve Frick-Horbury (2001)'e göre, bu tip çocuklarda özgüven eksikliği ve girişimcilik konusunda yetersizlik bulunmaktadır. Gonzalez, Greenwood ve WenHsu (2001)'e göre, bu tür ailelerden gelen çocuklar yüksek motivasyona sahip olsalar bile kırıklık karşısındaki tolerans düzeyleri ve güçlükler karşısında dirençleri düşük olmaktadır. *Demokratik* ebeveynlerin çocuklarının ise, kendilerini daha iyi ifade edebildikleri, bağımsız davranabildikleri, arkadaşlarıyla iyi geçindikleri ve ebeveyniyle işbirliğine açık oldukları bulunmuştur. Ayrıca bu çocuklar hem zihinsel hem de sosyal açıdan daha ilgili ve başarı güdüleri ve benlik saygıları yüksek bulunmuştur. Okul başarıları yüksek, meraklı, keşfetmeye karşı ilgili ve kendi kendisini motive edebilen, motivasyon düzeyi yüksek çocuklar olabilmektedirler (Gonzalez, Greenwood ve WenHsu, 2001). Bu çocukların uyum düzeyleri oldukça yüksek ve kendini gerçekleştirme eğilimleri akranlarına göre ileri düzeydedir (Cardinal ve D'Allura, 2001). Özdoğan (2000) Şekil 1'de ebeveynin çocuğuna dönük yaklaşım biçimlerini, Şekil 2'de ise bu davranışların sonucunda çocuk ve ergenlerde ilerleyen yıllarda görülebilecek olası sonuçlarını görebilirsiniz.

Şekil 1.

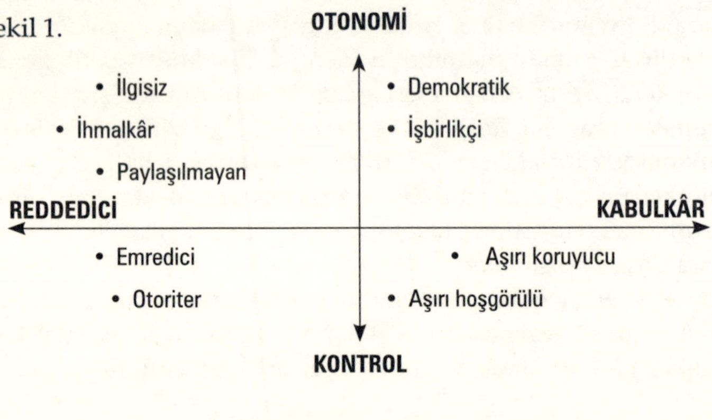

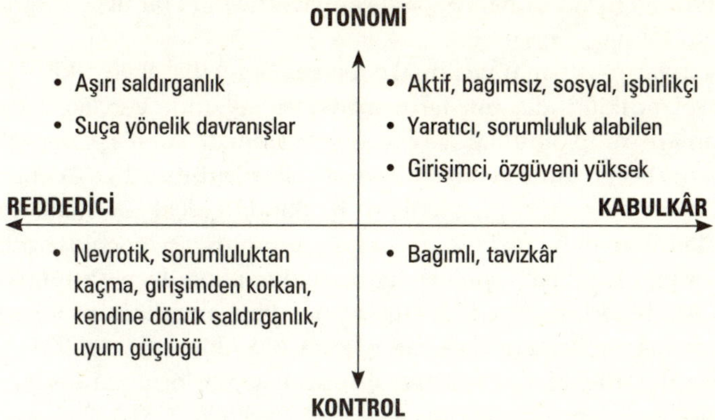

Yapılan çalışmalar çocuk yetiştirme tutumlarının, ailenin içinde bulunduğu ortam ve çocukların bireysel farklılıklarından etkilendiğini, ancak çocuk yetiştirmeye ilişkin değerler, ahlaki ilkeler ve tutumların görece durağan olduğunu göstermektedir. Steinberg, Lamborn, Darling, Mounts ve Dornbusch (1994), çocuk yetiştirme stillerinin farklı kişilik özellikleriyle ve kişilerarası davranış örüntüleriyle ilişkili olduğunu göstermişlerdir. Gerek Türkiye'de gerekse Batı ülkelerinde gerçekleştirilen birçok çalışmada, "açıklayıcı/otoriter" ebeveyne sahip olan çocuk ve gençlerin öz-saygı, atılganlık, sosyal gelişim, akademik başarı, kendine yetme ve özdenetim algısı, "otoriter" ve "izin verici" ebeveyne sahip yaşıtlarına göre daha yüksek düzeyde bulunmaktadırlar (Akt. Sümer ve Güngör, 1999).

Kabul/ilgi ve kontrol boyutlarında bir grup ergen ve çocuk üzerinde çeşitli araştırmacılar tarafından yapılan çalışmalarda birbirini destekler nitelikte sonuçlar alınmıştır. Kurdek ve Fine (1994) ile Amato ve Rivera (1999) tarafından yapılan araştırma verilerine göre, ebeveynin ilgisi ve kontrolü, ergenin psiko-sosyal yeterliliği ile olumlu yönde ilişkilidir. Yine, babanın ilgisi ile çocuğun problem davranışları arasında olumsuz yönde bir ilişki olduğu bulunmuştur. Otoriter, demokratik ve izin verici ebeveyn tutumları açısından ergenlerle yapılan çalışmalarda, araştırma sonucunda, ana-babalık stilleri ile gençlerin kişiliği, uyumu, akademik başarısı ve madde bağımlılığı arasında anlamlı bir ilişki bulunmuştur. Ebeveynin demokratik stili ile ergenin anne-babasıyla birlikte geçirdiği zaman ve paylaşımları arasında bir ilişki bulunmuştur (Akt. Yılmaz, 1999).

Çocuklarını istismar ve ihmal eden anneler, bilişsel bozukluk açısından incelendiklerinde, annelerin çocukları hakkında gerçekçi olmayan beklentilere sahip oldukları ve çocuk yetiştirmede karşılaşılan problemleri çözme becerisinde yetersizlik yaşadıkları görülmüştür. Çocuklarına kötü davranan annelerin, çocukları hakkında gerçekçi olmayan inanç ve beklentilere daha fazla sahip olduğu bulunurken, çocuklarından aile sorumluluğunu paylaşma ve kardeş bakımı konularında ağır sorumluklar istedikleri tespit edilmiştir. Ayrıca yine annelerin problem çözme becerileri açısından daha az çözüm ürettikleri, çözümlerini daha az ayrıntılandırdıkları, belli bazı çözüm kategorilerinden ileriye gidemedikleri belirlenmiştir (Eryüksel, 1996). Farklı kültürlere bakıldığında ise, Çinli ergenler üzerinde araştırma yapan Shek (2000), ebeveynin çocuğuna dönük tutumunun ve çocuğuyla kurduğu iletişiminin ergenler tarafından nasıl algılandığını belirlemeye çalışmıştır. Araştırma sonuçlarına göre, ergenler iletişim açısından annelerini kendilerine daha yakın bulmuşlardır. Baba- çocuk ilişkisi ise anne-çocuk ilişkisine göre daha olumsuz bulunmuştur. Ayrıca babalar, annelere göre daha sert ve daha az tepkisel, daha ilgisiz ve beklenti düzeyi daha düşük olarak algılanmışlardır.

SALDIRAGANLIĞI ÖNLEMEDE AİLEYE DÜŞEN GÖREVLER

Aile her bir bireyin birbirini etkilediği, evlilik ilişkisini, ebeveyn-çocuk ilişkisini ve kardeşler arası ilişkiyi içeren sosyal sistem olarak düşünülebilir. Bu açıdan bakıldığında aile içinde üyelerin birbirlerine yönelik duygu, düşünce ve davranışları sosyal destek sistemi olarak önem kazanmaktadır. Ailedeki iletişim ve etkileşim kalıpları söz konusu olduğunda, bu örüntüler için uygun zemin hazırlayan aile üyelerinin birbirlerine dönük tutumları da dikkati çeken bir diğer unsur olarak düşünülmelidir. Aile, çocuğun yetişkin yaşamına ön hazırlığın yapıldığı yer olduğundan, bu ortamdaki ilişkiler, deneyimler, değer ve beklentiler oldukça önemlidir. Çocuğun ilk karşılaştığı sosyal sistem olarak aile, yaşam döngüsü içinde beklenen ve beklenmeyen birçok stres içermekte ve bu sistem içinde çocuk çözüm bekleyen problemlerle yüz yüze kalmaktadır. Bu problemlerle etkin şekilde başa çıkmak, ebeveyni birey olarak güçlendirdiği gibi çocuğun da özgüvenli, uyumlu ve sağlıklı bir kişi olarak yetişmesine imkân verecek aile içi iklimini sağlamada ve çocuk yetiştirme tutumlarını oluşturmada önemlidir. *Özellikle yetişkin rollerini sergileyen kişi olarak çocuğuna model olduğu düşünüldüğünde ebeveynin, çocuk yetiştirme tutumlarının, alışkanlıklarının, düşünme stillerinin, karar verme, problem çözme ve güçlüklerin üstesinden gelmede kullandığı stratejilerin önem taşıdığı görülmektedir.*

Bandura'ya göre ileri sosyal davranış modeli olan yetişkinler, çocuğun ileri sosyal olma isteklerini etkilemektedirler. *Yetişkinler tarafından doğru ya da yanlış yapılan birçok davranış çocuklar tarafından model alınmakta taklit edilmektedir* (Dinçer, 1995). Aile, çocuğun duygusal, fiziksel, sosyal gereksinimlerini karşılarken onun sağlıklı gelişimi için uygun ortamı sağlayabilmelidir. *Ebeveynin, çocuklarının bu gereksinimlerini karşılamada sergiledikleri farklı tutumları belirlemek, çocuğun psiko-sosyal gelişimini anlamada önemlidir* (Çam,1999).

Ergenlerle yapılan bir çalışmada, ergenlerin ailelerinin, onlara karşı şiddet ve saldırganlık içeren yaklaşımları değerlendirilirken, ergenlerin zamanla bu yaklaşımları içselleştirerek normalleştirdikleri görülmüştür. Ebeveyninin yaklaşımını nasıl değerlendirdikleri sorusunu "demokratik" olarak cevaplandıran bir grup liseli ergen, aynı araştırma içerisinde yöneltilen bir başka soruda ise anne ve babalarından sık sık dayak yediklerini ifade etmişlerdir. Bu durum ebeveynin yaklaşımını ergenler tarafından kabul edilebilir hale getirirken ergenin dünyasında şiddet modellerinin yaygınlığını göstermesi açısından da düşündürücü bulunmaktadır (Yıldız, 2009). Araştırmalar, saldırgan davranışların ancak %20'sinin yabancılar tarafından gerçekleştirildiğini, büyük çoğunluğun ise en yakın kişiler tarafından saldırgan davranışlara uğradığını, anne-babaların, eşlerin ya da büyük kardeşlerin bunu yaptığını göstermektedir (Taylor, Peplau ve Sears, 2007).

Önemli bir rol modeli olarak anne-babalar, çocuklarının sosyal ilişkileri keşfetmesine, insanlarla etkileşime girerek, yakın çevrelerindeki nesneleri kontrol ederek düşüncelerini oluşturmasına ve bunları ifade etmesine rehberlik eden kişilerdir. *Ebeveyn, ev ortamında, çocuğu için dış dünyadaki tüm yetişkinleri temsil eder.* Anne-babalar, çocukları için uygun model olmanın yanı sıra, *çocuğunun yetişkin hayatına hazırlanmasına yardımcı olacak şekilde çevreyi düzenlemede, problem çözme becerisini kazanmasında ve bu beceriyi yaşamının diğer alanlarına da genelleyerek bir yaşam biçimi oluşturmasına yardımcı olmalıdır.* Ebeveyn bunun için yeni öğrenme deneyimleri oluşturacak uyaranları vermede, çocuğunu cesaretlendirme, teşvik etme ve desteklemede istekli olmalıdır. *Merak duygusunu, yaratıcılığı ve eleştirel bakış açısını kullanarak çok yönlü düşünebilmesi konusunda çocuğuna model olarak rehberlik edebilmelidir.*

Kendilerine ya da başkalarına yönelttikleri saldırganca davranışları sergileyen bireylerin büyük çoğunluğunun baş etme mekanizmalarındaki yetersizlik nedeniyle bu davranışları seçmesi, problem çözme yöntemi olarak şiddeti kullanması ve engellenme toleransı düşük kişilerde bu davranışların sıklıkla görülmesi, dikkatleri başa çıkma mekanizmalarına ve sosyal beceri düzeylerindeki yeterliliğe çekmektedir. *Günlük yaşam akışı içinde çocuğun duygusal, sosyal, zihinsel ve ahlaki gelişimi açısından insanlar arası ilişkiler kurmayı ve sürdürmeyi öğrenmesi, var olan şartlara uyum sağlayabilmesi, kendini uygun biçimde ifade ederek duygu, düşünce, istek ve ihtiyaçlarını dile getirebilmesi ve dış dünyayla sağlıklı biçimde etkileşime girebilmesinde problem çözme becerisine sahip olması* önemlidir.

Ebeveyn çocuğuyla ilişkisinde problem çözmeye imkân veren fırsatları sunduğunda çocuklar bu yeteneklerini keşfedip geliştirebilirler. Bu durum, çocuğun hem iç hem de dış kaynaklardan nasıl yararlanacağını öğrenmesinin bir yoludur. Kişi olarak gelişimi hızlandırdığı gibi, yeteneklerinin farkına varmasını, kendine saygı ve kendine güven duygularının gelişmesini de çabuklaştırır. Çocukların kendilerini bağımsız hissetmelerini de sağlar. *Problem çözme yoluyla çocuklar, merak etmeyi, işbirliğini, keşfetmeyi, çevrenin kontrolünü sağlamayı, başarı için çaba sarf etmeyi ve sabırlı olmayı öğrenirler* (Dinçer,1995). Sadece çocukların değil, birer yetişkin olarak ebeveynin de problem çözme becerisine sahip olması beklenmektedir. Yapılan araştırmalar da, ana-babanın cezalandırma şiddeti ile problem çözmeye ilişkin tutum ve davranışları arasında anlamlı bir ilişki olduğunu ortaya koymaktadır. Başarılı biçimde problem çözen ana-babaların, çocuklarını cezalandırırken şiddete çok az başvurdukları bilinmektedir (Terzi, 2000). Söz konusu bu beceriler hem ebeveynin hem de çocukların yaşamla sağlıklı biçimde etkileşime girmelerine yardımcı olacak durumları yaratmaktadır. *Saldırganca davranışlar yerine sorunlarla başa çıkabilmede alternatif yolları görmek, uygulamak ve sonuçlarından doyum sağlamak, bireylerin olduğu gibi toplumların da güvenliğini ve akıl ve ruh sağlığının korunmasını sağlamaktadır.*

Ergenlerin kendi davranışlarını kontrol edebilmeleri ve istenmedik davranışlarını durdurabilmeleri için yardıma ihtiyacı olduğu gerçektir. Öncelikle *gençlere bireysel düzeyde akran baskısına karşı kendilerini nasıl koruyacaklarını öğretmek ve onları bu konuda güçlendirmek önemlidir.* Beraberinde, anne-babaları bilgilendirerek çocuklarını nasıl dolaylı olarak kontrol edebilecekleri ve sağlıklı akran ilişkisi geliştirebilecekleri konusunda desteklemek gereklidir. Kültürün ve cinsiyet özelliklerinin de saldırganlığa yüklediği anlamlar bu davranışların tercih edilip edilmemesinde önemli rol oynamaktadır. TBMM Şiddet Araştırma Komisyonu Raporu (2007)'na göre, erkek çocuklarının saldırganca eylemlerde bulunmaları yakın çevreleri tarafından onaylanıp desteklenirken kız çocuklarının bu türden davranışları erkek çocukları kadar desteklenmemekte, onlardan daha uyumlu ve sakin davranmaları istenmektedir. Erkek çocukları daha çok sokakta başkalarının şiddetine maruz kalırken kızların evde aile üyelerinin şiddetine maruz kaldığı yapılan çalışmada elde edilen bir bulgudur.

Ebeveynlerin en sık sorduğu sorulardan birisi de "saldırganlık kötü bir davranış; ancak arkadaşı çocuğuma vurduğunda ben ona ne demeliyim, kendini korumak için o da arkadaşına vurmalı mı?" sorusudur. Saldırganlık ve şiddet içeren her türlü davranışın olumsuz bir durum olduğu bilinmekle beraber, bireylerin kendilerini tehlikelere karşı korumak istemeleri en temel yaşamsal haklarıdır. Saldırganlığın kuramsal açıklamasında farklı saldırganlık türlerinden söz edilmektedir. Düşmanca saldırganlık, başkasına kötü niyetle zarar verici yıkıcı eylemlerdir. Araçsal saldırganlık ise belli bir amaç nedeniyle bireyin başvurduğu bir saldırganlık türüdür. Gece geç bir saatte ıssız bir sokakta kişinin saldırı anında kendini korumak için karşısındakine vurması, araçsal saldırganlık olarak tanımlanmaktadır. Bu açıklamalardan hareketle, çocuk ve ergenlerin şiddeti bir iletişim ve sorun çözme yöntemi olarak kullanmaması, başkalarından zarar görmemek adına kendilerine yöneltilen bir saldırı durumunda kendilerini savunabilmeleri ve en azından tehlikeyi durdurabilmeleri kabul görmektedir. Taylor, Peplau ve Sears (2007)'ın ifade ettiği gibi, *"toplumsallaşmada yaşamsal sorun, çocuklara hiçbir zaman saldırmamayı değil, saldırganlığın uygun olduğu ve olmadığı durumları öğretmektir."*

Ailenin kendisinden beklenen psikolojik rol ve sorumluluklarını, yani fonksiyonlarını tam bir biçimde yerine getirmesi "sağlıklılık" belirtisi olarak tanımlanabilir. Saldırganlık eylemlerinin farklı bir görünümü olarak günümüzde okullarda çok sık olarak karşılaşılan bir sorun olan "akran zorbalığının" önemli bir önleyici de ailenin sağlıklı olup olmadığıdır. Eşkisu (2009)'nun araştırmasında ailenin fonksiyonlarını yerine getirebilmesi ile ergenlerin zorbalığa uğrama ve zorbaca davranışlar göstermesi arasında ilişki bulunmuştur. *Psikolojik açıdan sorunlarını çözebilen, iletişim kurabilen, birbirlerine karşı uygun duygusal tepkileri verebilen sağlıklı ailelere sahip çocuklarda zorbaca eylemlerin görülme oranı oldukça düşüktür. Zorbalığa maruz kalan gençlerin sosyal destek olarak ailesini görmesi ve gerektiğinde onlardan yardım istemesi de aile üyelerinin birbirleriyle olan yakınlıkları ve paylaşımlarıyla ilişkilidir.* Bu bilgilerden hareketle, *ailenin güçlü ve sağlıklı oluşunun saldırganlık ve şiddete karşı hem bireylerin kendisini korumasında hem de saldırganca eylemlere başvurmamasında önemli bir koruyucu role sahip* olduğu dikkati çekmektedir.

Çocuk ve ergenlerin saldırganlık ve şiddete başvurmalarına yol açabilecek önemli faktörlerden olan "kızgınlık" ve "engellenme" saldırganlığın duygusal ön koşulu olarak düşünülebilir. Engellenmeye bağlı olarak en sık görülen davranışsal özelliklerden birisi de "yön değiştirmiş saldırganlık"tır. *Ebeveyni tarafından sıklıkla engellenen çocuk ve ergenlerin, öfkelerini arkadaşlarına, eşyalara hatta kendi bedenlerine yönelttikleri görülmektedir.* Kişisel yatkınlık kadar, duygulardan bağımsız olarak saldırganlığı tetikleyen rekabet ve yarışma koşullarının da şiddet sergilemede etkili bir faktör olduğu bilinmektedir. *Rekabete dayalı durumlar, kızgınlık, tartışma ve çatışma ile beraberinde saldırganlığı doğurabilir.* Zihnimizde yaşam alanı hakkında oluşan örgütlü ve yapılanmış inanç takımları "şema"ları oluşturur. Saldırganlığa ilişkin oluşan şemalar, inançlar ve yüklemeler zamanla davranışların biçimlenmesine, yerleşmesine ve süreklilik kazanmasına yol açabilir. Şemalar gelişip yerleştikten sonra kararlılıkla devam eder (Taylor, Peplau ve Sears, 2007). Özellikle ebeveynin çocuğuna karşı yaklaşımında aşırı talepkârlığı, gelişim hızına uymayan beklentileri, eleştirel, yargılayıcı ve denetleyici tutumu, başarı yönelimli oluşu ve rekabet duygusunu yaşatması, çocuğun kendisine ve dış dünyaya karşı öfkeli, kızgın olmasına yol açabileceği gibi kişilerarası ilişkileri kurma ve sürdürmede yetersizlik yaşamasına da neden olabilmektedir. Aksi durum söz konusu olduğunda, yani ebeveyn desteklemeyi, cesaretlendirmeyi ve işbirliğini benimsediğinde, çocuğuyla ilişkisini bu temel üzerine kurduğunda, öfke kontrolünü sağlayabilen, çatışmalarını uzlaşma ve işbirliği içinde çözmeye çalışan, kişilerle güç mücadelesine girmek yerine ilişkinin kazanmasını önemseyen bireyleri yetiştirmek mümkün olabilecektir. Ebeveynin, çocuklarda istenmeyen davranışlar karşısında başvurduğu yollardan biri olan ceza yöntemi, en yaygın ve sık kullanılan disiplin yöntemlerinden biri olmasına karşın, etki düzeyi geçici olan ve baskı unsuru kalktığında olumsuz davranışın geri gelmesine yol açan bir kaynaktır. *Ceza ve baskı aracı olarak zaman zaman dayağa başvurmak, şiddeti ve saldırganlığı kullanmak, çocuklara model olmanın başka bir yoludur. Yetişkin yaşamında eşlerine şiddet uygulayan ya da eşinden şiddet gördüğü için çocuğuna da şiddetle karşılık veren bireylerin geçmiş yaşamlarına bakıldığında sıklıkla cezalandırıldıkları ve tehdit altında büyüdükleri gözlenmektedir.*

Ebeveynin nasıl ana-babalık yapacağını bilmeye, ana-babalığa zihinsel ve duygusal olarak hazır olmaya ihtiyacı vardır. Çocuğun kendisi için ne anlam ifade ettiğini bilmek, ebeveynin davranışlarının yönünü de belirleyen önemli noktalardan birisidir. *Yetişkin yaşamında kendi sorunlarını çözebilen, uzlaşma ve işbirliğine açık, etkili iletişim kurup sürdürebilen, kişilerarası ilişkilerde başarılı bireylerin, ana-babalık rollerinin ve eş olma sorumluluklarının farkına varmaları daha kolay olacaktır.* Bilinmelidir ki *ebeveyn olmaktan önce yetişkinler karı-koca olmaktadırlar.* Yaşamsal sorunlarla başa çıkabilmede kullanılan yöntemler, model olarak ebeveynin çocuğuna öğretebileceği en temel değerlerin önüne geçmektedir. Çünkü *çocuklar, anne-babalarının kendilerine ne söylendiğinden çok onlara nasıl davranıldıklarıyla ilgilenmektedirler. Söyledikleriyle yaptıkları arasında çelişki olmayan yetişkinlerin sağlıklı çocuklar yetiştirmesi beklenmektedir.* Kişilik, zekâ, yakın çevre özellikleri öğrenme deneyimleriyle birleştiğinde çeşitli beceri, tutum ve davranış kalıplarına dönüşmektedir.

Ailelere yönelik bilgi, beceri ve tutumlara, olumlu yönde katkı sağlayacak programların hazırlanması, *ailelerin günlük yaşamdan doğan sorunların çözümünde uzmanlardan destek alabileceklerini bilmeye olan ihtiyaçları* önemli bir çıkış noktasını oluşturmaktadır. Olumsuz davranışın kaldırılırken yerine hangi olumlu davranışın nasıl kazandırılacağının yolunu göstermek, ebeveyn eğitimlerinde en önemli başlıklardan birisidir. Günümüzde "modern anne-babalık" rolleri içerisinde çocuk merkezli bir tutumun benimsendiği ve "arkadaş gibi anne-baba olmak istedikleri" ve çocuğun ailesini yönettiği örneklere sosyo-kültürel, sosyo-ekonomik ve eğitsel açıdan yüksek düzeylerden gelen kişilerde sıklıkla rastlandığı görülmektedir. Anne-babalar bu yaklaşımı doğru olduğuna inandıkları ve çocuklarını katı otorite, baskı ve denetim altında yetiştirmek istemedikleri için tercih ettiklerini belirtmektedirler. Benzeri şekilde yanlış bir yaklaşımda, ekonomik ve kültürel açıdan elverişsiz koşullara sahip kalabalık ailelerin ilgisiz, reddedici ya da baskıcı, katı bir anlayışla çocuklarına yaklaştıkları ve "geleneksel anne-babalık" rollerini tercih ettikleri bilinmektedir. Çocukların ilgi ve ihtiyaçlarının genellikle göz ardı edildiği ve disiplin aracı olarak cezaya başvurulan bu tutumda, çocuklarını yetiştiren bu ebeveynlerin de doğru olduğuna inandıkları için bu yaklaşımı benimsedikleri görülmektedir. Her iki yaklaşım biçiminde de eksik ve yanlış davranışlar olmakla birlikte, yerine önerilen tutumda *çocuğun gelişim özelliklerinin ve ihtiyaçlarının dikkate alması, aile içinde hiyerarşik olarak anne ve babanın otorite figürü olması, kuralları koyan ve uygulanmasını takip eden kişiler olarak çocuğuna karşı duyarlı ve özenli davranmaları gerektiği bilinmelidir.*

Kişilik gelişiminin hızlı olduğu erken çocukluk ve kimlik gelişiminin kazanıldığı ergenlik yıllarında ebeveynin, gerçekçi bir benlik algısını oluşturmak için dıştan denetim yerine *çocuğun içten denetimini kazanmasına, davranışının sonuçlarıyla baş başa kalmasına, kontrol edilebilir risk almasına olanak tanıyan, sorumluklarını taşımasına izin veren, bunun için uygun koşulları sağlayan ve vicdan gelişimini sağlayacak değerler sistemi oluşturmasına yardım eden uygun bir rol modeli olması önemlidir.* Saldırganlık ve şiddeti yaşamsal bir amaç olarak kullanmamak için ebeveynin çocuğuyla ilişkisinde dolaylı kontrolü tercih etmesi, duygusal yakınlık ve paylaşımı ön plana çıkarması ve destekleyici tutumu ile çocuğun değerli olduğunu ona hissettirmesi önemlidir. Dış dünyanın kurallarına uyum sağlamanın ve başkalarının yaşam haklarına saygı duymanın temelleri ailede atıldığından, sosyalleşme sürecinin başladığı *ailede kural koymak ve uygulamak konusunda dengeli, tutarlı ve kararlı bir anne-baba ve çocuk ilişkisine gerek duyulmaktadır.* Hogg ve Vaughen (2007), *ebeveynin şiddet içeren değil, şiddetle çelişen davranışları ödüllendirerek ve cezalandırmadan kaçınarak daha barışçıl çocuklar yetiştirebileceğini ve küçük çocuklara saldırgan olmaksızın özgüvenlerini nasıl sağlayacaklarını ve nasıl koruyacaklarını öğretmenin etkili bir strateji* olduğunu ifade etmektedirler.

Saldırganlık ve şiddet içeren eylemlere yönelmemek ya da bu tür eylemlere karşı koruyucu faktörleri artırabilmede "akademik başarı"nın önemli düzeyde etkili olduğu bilinmelidir. *Okula karşı ilgili ve istekli, öğrenmeye yönelik yüksek motivasyona sahip ve entelektüel merakı içeren bilişsel süreçleri olan bireylerin saldırganlık ve şiddet konusunda duyarlı oldukları sıklıkla karşılaşılan bir durumdur.* Suçlu çocuk ve gençlerin büyük bir çoğunluğunun erken yaşta okulu bıraktıkları, akademik başarısızlık oranlarının yüksek ve ailelerinin düşük eğitim düzeyine sahip oldukları pek çok araştırma sonucuyla desteklenen bir bulgudur. Cohen, orta sınıf kurallarına göre düzenlenen toplumsal yapıda en çok ortalamanın altında ve üstünde kalan bireylere dikkati çekmekte ve alt kültürden gelen gençlerin başa çıkma aracı olarak şiddete ve suçluluğa başvurduğunu belirtmektedir. Erken dönemde okuldan ayrılan, okula devam ve başarı sorunu yaşayan gençlerin alternatif gruplara girme, kendisi ile ortak özelliklere sahip sapan davranışı sergileyen akran ilişkileri geliştirdikleri düşünüldüğünde okulların akademik bilginin yanı sıra toplumsallaştırma işlevini de yerine getirdiğine dikkati çekmektedir. *Önleyicilik ve koruyucu faktörleri artırmak amacıyla ebeveyni tarafından, çocuk ve gençlerin akademik yaşamlarını sürdürebilmelerinin desteklenmesine ve bu konuda motivasyonlarının artırılmasına ihtiyaçları bulunmaktadır.*

KAYNAKLAR

Akcan, A. (2006). Silahlanma... Diğer ülkelerde neler oluyor?. *Anadolu Psikiyatri Dergisi*; 7 (ek sayı.1), 5-9.

Baltaş, Z. (2000). *Sağlık Psikolojisi.* İstanbul: Remzi Kitabevi.

Baumrind, D. (1996). The Discipline controversy revisited. *Family Relations.* 45, 405-415.

Bluestone, C. and Tamis-Le Monda, C. (1999). Correlates of parenting styles in predominantly working and middle class african american mothers. *Journal of Marriage & Family.* 61, 881-894.

Cardinal, G. and D'Allura, T. (2001). Parenting styles and self-esteem: a study of young adults with visual impairaments. *Journal of Visual Impairment & Blindness*, 95, 61-272.

Çam, S. (1999). "İletişim becerileri eğitimi programının öğretmen adaylarının ego durumlarına ve problem çözme becerisi algılarına etkisi. *Türk Psikolojik Danışma ve Rehberlik Dergisi.* II(12), 16-27.

Demo, D. and Cox, M. (2000). Families with young children: a review of research in the 1990s. *Journal of Marriage and the Family*. November, 876-895.

Dinçer, Ç. (1995). "Anaokuluna Devam Eden 5 yaş Grubu Çocuklarına Kişilerarası Problem Çözme Becerilerinin Kazandırılmasında Eğitimin Etkisinin İncelenmesi". Ankara: H. Ü. Sosyal Bilimler Enstitüsü Doktora Tezi.

Gonzalez, A., Greenwood, G. and WenHsu, J. (2001). "Undergraduate students' goal orientations and their relationship to perceived parenting styles". *Collages Student Journal*, June, 35, 182-193.

Gunnoe, M., Hetherington, M. and Reiss, D. (1999). Parental religiosity, parenting style and adolescent social responsibility. *The Journal of Early Adolescence*. May, 199-225.

Eryüksel, Gül (1996). "Ana- baba ve ergen ilişkilerinin problem çözme, iletişim becerileri bilişsel çarpıtmalar ve aile yapısı açısından incelenmesi". İzmir: E. Ü. Sosyal Bilimler Enstitüsü Doktora Tezi.

Eşkisu, Mustafa (2009). "Liseli Öğrencilerin Zorbalık Düzeyleri ile Aile İşlevleri ve Algılanan Sosyal Destek Arasındaki İlişkinin İncelenmesi"-, İ. Ü. Sosyal Bilimler Enstitüsü Yüksek Lisans Tezi.

Herz, L. and Gullone, E. (1999). The relationship between self-esteem and parenting style. *Journal of Cross- Cultural Psychology. November*, 742-761.

Hogg, M.A; Vaughan, G.M. (2007). Sosyal Psikoloji. (Çev: İ. Yıldız ve A. Gelmez) Ankara: Ütopya yay.

Kaner, S. (2001). "Ana baba denetimleriyle ergenlerin suç kabul edilen davranışları arasındaki ilişkinin incelenmesi". *1. Ulusal Çocuk ve Suç: Nedenler ve Önleme Çalışmaları Sempozyumu Bildiri Kitabı* UNICEF Yayınları.

Kaner, S. (2000). "Kontrol kuramına dayalı anababa-ergen ilişkileri ölçeği geliştirme çalışması" *A. Ü. Eğitim Bilimleri Fakültesi Dergisi*, 33, (1-2), 77-89.

Kashani, J., Jones, M, Bumby, K. and Thomas, L. (1999). Youth violance psychosocial risk factors, treatment prevention and recommendations *Journal of Emotional & Behavioral Disorders*, 7(4), 200-211.

Kındap, Y., Sayıl, M. ve Kumru, A. (2008). Anneden algılanan kontrolün niteliği ile ergenin psikososyal uyumu ve arkadaşlıkları arasındaki ilişkiler: benlik değerinin aracı rolü. *Türk Psikoloji Dergisi*, 23 (61), 92-107.

Kızmaz, Z. (2004). Öğrenim düzeyi ve suç: suç-okul ilişkisi üzerine sosyolojik bir araştırma. *Fırat Üniversitesi Sosyal Bilimler Dergisi*, 14 (2), 291-319.

Krohn, M. (1999). Social learning theory: the continuing development of a perspective. Symposium on Ronald L. Akers, Sociel Learning and Social Structure: A General Theory of Crime and Device. *Theorical Criminology*. 3(4), 462-476.

Kulaksızoğlu, Adnan (1998). *Ergenlik Psikolojisi*. İstanbul: Remzi Kitabevi.

Küçüker, S. (1997). "Bilgi Verici Psikolojik Danışmanlık Programının Zihinsel Özürlü Çocukların Kardeşlerinin Özürle İlgili Bilgi Düzeylerine ve Özürlü

Kardeşlerine Yönelik Tutumlarına Etkisi". (Yayınlanmamış Doktora Tezi) Ankara: A. Ü. Sosyal Bilimler Enstitüsü.

Lai, A. and Salili, F. (1999). "Parental attitudes toward their parenting styles and children's competence in families whose children are hepatits B virus (HBV) carriers in guangzhou China". *Journal of Comparative Family Studies*, Spring, 281-295.

Metsapelto, R., Pulkkinen, L. and Poikkeus, A. (2001). "A search for parenting style: a cross situational analysis of parental behavior." *Genetic, Social & General Psychology Monographs*, 127, 169-193.

Neal, J. and Frick-Horbury, D. (2001). "The effects of parenting styles and childhood attachment patterns on intimate relationships". *Journal of Instructional Psychology*, 28, 178-184.

Ngai, N. and Cheung C. (2005). Predictors of the likelihood of delinquency: A study of marginal youth in Hong Kong, China, *Youth Society*, 36; 445-470.

Özdoğan, B. (2000). Çocuk ve Oyun. Ankara: Anı yayıncılık.

Reinke, W, M and Herman, K. (2002). "Creating school environments that deter antisocial behaviors in youth" *Psychology in the Schools*. Vol: 39 (5), 549-559.

Sümer, N. ve Güngör, D. (1999). "Çocuk yetiştirme stillerinin bağlanma stilleri, benlik değerlendirmeleri ve yakın ilişkiler üzerindeki etkisi". *Türk Psikoloji Dergisi*, 14 (44), 35-58.

Shek, D. (2000). "Differences between fathers and mothers in the treatment of and relationship with their teenage children: perceptions of Chinese adolescents". Adolescence, Spring.

Steinberg (2007). *Ergenlik* (Ed: F. Çok) Çev: E. G. Kapçı. Ankara: İmge Kitabevi.

T.B.M.M. Şiddet Araştırma Komisyonu Raporu, 2007.

Taylor, S.E., Peplau, L.A. ve Sears, D.O. (2007). Sosyal Psikoloji. (Çev: A. Dönmez) Ankara: İmge Kitabevi.

Terzi, Ş. (2000). "İlköğretim Okulu Altıncı Sınıf Öğrencilerinin Kişilerarası Problem Çözme Beceri Algılarının Bazı Değişkenler Açısından İncelenmesi". Ankara: G. Ü. Eğitim Bilimleri Enstitüsü (Yayınlanmamış Yüksek Lisans Tezi).

Tremblay, R. E. (2000). The development of aggressive behaviour during childhood: What have we learned in the past century? *International Journal of Behavioral Development* 24; 129-141.

Yıldız, S. A. (2009). Ergenlerin Umutsuzluk Düzeyleri ve Anne Baba Kontrol Algıları Arasındaki İlişkinin İncelenmesi 10. Ulusal PDR Kongresi, Çukurova Üniversitesi Eğitim Fakültesi, 22-24 Ekim 2009.

Yılmaz, A. (1999). Çocuk yetiştirme tutumları: kuramsal yaklaşımlar ve görgül çalışmalar". *Türk Psikoloji Yazıları*. C: 3 S:1, ss. 99-118.

Yavuzer, H. (2003). *Çocuk ve Suç*, İstanbul: Remzi Kitabevi.

Öğretim Görevlisi Dr. Nurgül Yavuzer
(İstanbul Ticaret Üniversitesi Psikoloji Bölümü)

Kişisel Gelişimde Bir Güç Olarak Güven ve Öz-Saygı Kavramı

GİRİŞ

"Bilge kişi ölümün değil, yaşamın üzerinde düşünür."
Spinoza

Güven kavramı anlam olarak dürüstlüğü, kişisel bütünlüğü ve diğer kişiye güvenmeyi çağrıştırır. Bir başkasına güven duymak o kişinin güvenilir olması ve ilerideki davranışlarında güvenilir olacağı algısıdır. Temel güven ve güvensizlik için Fromm şunları söylüyor:

"Bize eski ve denenmiş olan güven verir ya da en azından biz öyle düşünürüz. Bunu böyle düşündüren şey; her yeni adımın başarısızlık tehlikesini de beraberinde getirmesi riskidir." (Fromm, 2005) "Eski ve denenmiş" olan, yaşamın her döneminde ayrı anlamlar içerir.

Çocuklukta güvenle ilgili sahip olunan subje anne, baba ve kardeşler iken; zaman içerisinde buna, bilgi kazanma sürecinde toplumda yer almanın, bir eşe ve çocuklara sahip olmanın yarattığı bir güvenlik duygusunun da eklendiği görülür. Buna karşılık, güvende olmanın rehavetine kapılmayan ve kendini "sahip olmaya" adamaksızın yeni fikirlere, yeni gelişimlere hiç çekinmeden atılan kişiler, mitolojide "kahraman" mitosu ile simgeleşirler. Ovidius bir şiirinde "Venüs kahramanları tercih eder," demiştir. Eski çağlardaki Yunan halkının, kendi yetenekleri ile bu yarı Tanrı kahramanlara benzeme çabalarını tarih sayfalarından bilmekteyiz. Kendi yeteneklerini bu ideallere olabildiğince yaklaştırmaya çalışmak doğal bir çaba ve görev olmaktaydı. İnsanın kendi yeteneklerine güvenerek çalışmasına, kendine saygı duyarak yaşamasına, kısaca kendine insan olarak üstün bir değer vermesine, yani insana ve insanca değerlere her şeyden çok önem veren bu anlayış daha sonraki Batı Hümanizmi'nin de başlangıcı sayılabilir. Fromm'un benzer açıklamaları bu görüşü destekler niteliktedir: "... bu kahramanlara hayran olmamızın nedeni, içimizde hissettiğimiz, bizim yolumuzun da onların yolu gibi olması gerektiği duygusudur. Ama korkularımız nedeniyle, bu tür bir davranışın yalnızca kahramanlara özgü olduğu aldatmacası ile kendimizi avutmaya çalışırız."

Nietzsche de sürekli güvende olma isteğinin, tehlikeli ve güvensiz olduğunu ironik bir şekilde ifade ederek "güç istenci"ni kavramlaştırmıştır.

Sahip olunan şeyler eninde sonunda yitirilmek zorundadır. Yaşamın yanlış kurgulanması sonucunda, kaybetmiş mutsuz insan ortaya çıkar. Oysa asla kaybetmeyeceğimiz şey kendi benliğimizdir. İbsen'in Peer Gynt tiplemesinde Peer, yaşamın sonunda "sahip olarak" güvende olmak ilkesine göre kurduğu düzenin yanlışlığını ve hiçbir zaman kendisi olamadığını anlar ve yanlış yaşamış olduğunu kavrar.

Foucault (2005), Diogenes'in akıl yürütmeleri üzerinden "parrhesia" kavramını inceler.

"Eğer silah taşıyorsan korkuyorsun demektir. Korkan kimse kral olamaz."

İskender bu akıl yürütmeden hoşnut olmaz. Onun üzerine Diogenes şöyle der:

"Pekâlâ, senin küplerin içinde yaşadığını ve ayrıca özgür olduğunu biliyorum. Beni öldürmek için gereken olanaklara ve hukuki yaptırım hakkına sahipsin. Peki ama benden gerçeği duyacak cesareti gösterecek misin yoksa beni öldürmek zorunluluğunu hissedecek kadar ödlek misin?İstersen beni öldür; ama bunu yaparsan kimse sana gerçeği söylemeyecek."

Yine bu konuda Foucault'nun Seneca'nın De İra'sından aktardığı şu cümle anlamlıdır:

"...gelecekte sadece söylediklerimin doğru olmasına değil, konuştuğun kimsenin bu doğruya katlanabilecek olmasına da dikkat et."

İnsanın anlamlı ve mutlu yaşamasını ve ruhun temizlenmesini amaçlayan bu düşünürler; insanın kendi üzerindeki egemenliğinin ve kendini incelemenin düzenleyici ilkelerinin çıkış noktalarıdır. Kişisel gelişimin hareket noktası olan bu metinler derinleştirici özellik taşırlar.

Güven, kişisel gelişimle ilgili pek çok öge ile ilişkilendirilebilir. Bunlardan en önemlisi olumlu benlik saygısıdır. Öz-saygı, benlik değerine ilişkin derinlerde sahip olunan duygulardır.

Bu kavramsal incelememizde, bu duyguların hafriyat yoluyla ruhun derinliklerinden bulunup açığa çıkarılması gibi değil de, güven ve öz-saygının temelde ilişkili olduğu ve kişisel gelişimde en önemli nirengi noktası olan bu kavramların incelenmesi önemli görülmektedir.

GÜVENMEK VE GÜVENİLİR OLMAK

Güven aslında risk almayı gerektirir. Bir başkasına güven duymak, potansiyel olumsuz sonuçları kapsar. Buna karşılık insanların birbirlerine güven duymaya devam etme nedenleri vardır. Bunların: sıkıntı, keder, sosyal bağlılık, dürüstlük, risk alma, öz-saygı, fazilet gibi nedenler olduğu belirtilmiştir (Nelson-Jones, 1996). Başkalarına güvenmenin iki boyutundan söz edilebilir. Bunlardan dengeli güven duyma; gerekli bilgileri edinip, bu bilgileri doğru şekilde değerlendirmeyi gerektirir. Körü körüne güvende ise; bilginin toplanmasında ve değerlendirilmesinde bir çarpıtma söz konusudur. Bu nedenle bir başkasıyla ilgili güven oluşturmada kullanılan bazı ölçütler;

- Beni bilinçli bir şekilde incitmeyeceğine inanabilir miyim?
- Beni bağımsız bir birey olarak görebileceğine ve benimle ilgili sezgilerini kendi ihtiyaçlarını karşılamak için değiştirmeyeceğine güvenebilir miyim?
- Bu insanın benim menfaatlerimi en iyi şekilde savunacağına güvenebilir miyim?
- Bu insanın ilişkimizi geliştirmek ve devam ettirmek için verdiği sözlere saygı göstereceğine güvenebilir miyim?

şeklinde ki sorgulamalardır.

Güvenmek, kişinin hem kendi duygularını hem de başkalarının duygularını paylaşırken "gerçek" olabilme yeteneği ile ilişkilidir. Çeşitli kuramcılar bu kavramı kendi anlayışları çerçevesinde kullanmışlardır. Örneğin Rogers, güven için, "uygunluk ve içtenlik" terimlerini kullanmayı tercih etmiş, varoluşçular ise "güvenilir olma" terimini kullanmışlardır. Lazarus, yalnız güven kazanırken değil, güveni sürdürürken de değişimler yaşanabileceğini ileri sürmüş ve bu durumun risklerine dikkat çekmiştir (Nelson-Jones, 1996, Yavuzer, 2001). İnsan ilişkileri değişen derecelerde kurallar ve anlaşmalara dayanır. Bu kurallardan en önemlisi güvendir ve güven de kurallara uymayı gerektirir (Argyl, 1983). Güven, güvenilir olduğunu düşündüğümüz kimselerin, gelecekteki davranışlarını göz önünde bulundurarak, onlar hakkında emin bir tahmin yapma anlayışını beraberinde getirir. Güveni insan ilişkilerinde etkileyici bir model ve yöntem olarak düşünebiliriz.

Güveni sağlamanın iki yönü vardır: 1-Kişinin kendi benliğine güvenmesi (ki bu kavram öz-saygıdır) 2- Başkalarına güvenmek. Bu kavramların standart ölçütleri yoktur ve statik değildir.

Beck (1985) güvenle ilgili bir yazısında; "...verilen sözlerin yerine getirilmesi ve sadakat, ilişkilerde güveni ve kalıcılığı sağlayan gerekli güçlerdir. Ancak ikili ilişkilerde partnerler birbirlerinin davranışlarını her defasında yorumlar ve stresli ilişkilerde güven olgusu, düşünce ve duyguları yanlış yorumlamaktan dolayı zarar görebilir," diyerek güvenin statik olmamasına ve olaylara atfedilen pozitif ve negatif anlamların rolüne vurgu yapar.

Kontrol ve gücün kullanılmasında güvenilir olma konusunu "Prens" adlı eserinde Machiavelli (1998), çok ünlü bazı tavsiyelerde bulunarak incelemiştir. Korkulmaktan çok sevilmek mi iyidir, yoksa sevilmekten çok korkulmak mı, diye sorar. Yargısı şudur: Korkulmak sevilmekten daha güvenlidir. Çünkü, otorite gücünde dostluklar, kazanılmış değildir ve yararlanılmak istendiğinde daima ortadan yok olurlar. "İnsanlar kendisini sevdiren kimseye oranla kendisini korkutan kimseye zarar vermekten çok daha fazla çekinirler. Çünkü, sevgi, insanoğlunun korkuya olan meyli karşısında çok zayıf kalan bir minnet duygusuna bağlıdır ve en küçük bir kişisel çıkar nedeniyle çözülüverir," diyerek güvenin elde edilmesinin izlediği yolları göstermektedir.

Ayrıca, hükümdarın kanaatlerinde ve davranışlarında olgunluk göstermesi gerektiğini, korkulara kapılmamasını, kendine aşırı güvenip basiretsizlik etmemesini ya da aşırı bir güvensizlikle hoşgörüsüz olmamasını öğütlemektedir.

Yani, insanlar güvenilir değildir; ya kontrol altında ya da tehdit altında tutulmalıdır. Bu tür düşünce yollarıyla davranmak hâlâ geçerliliğini korumaktadır. Korkuya dayalı yönetim tarzları, ilişki biçimleri gözlenmektedir. Bu tür düşüncelerin temelinde yatan varsayımlar, insanın değişmez bir kişiliği olduğudur. O nedenle tutarlı bir mantık genelleştirilmiş bir güvensizliği zorunlu kılar. Onun yerine geçen başarı anlayışı güç kazanımına odaklanır.

Aslında güvenin özünde özerk olmak vardır. Başkalarına güven duymak riskli olduğu için yüksek derecede öz-saygı gerektirir. Çünkü güvenmeye ya da güvenmemeye karar verme iç dünyamızla ilgilidir. Bu nedenle güvenle ilişkili olabilecek iç dünyamızı tanımlayan bazı kavramları incelemek yerinde olacaktır.

ÖZ-SAYGI

Psikoloji sözlüğü öz-saygıyı (self-esteem), kendini benimseme, onaylama, kendine değer verme, saygı duyma, kendi değerine ilişkin değerlendirme olarak tanımlamaktadır (Budak, 2003). Kişinin kendini nasıl gördüğü ve değerlendirdiği ile ilgili bir kavramdır.

O zaman bir nesnenin değeri ile insanın değeri arasındaki farkı belirleyen şey nedir? Bu farkın nedeni insanın eşsizliğidir, biricikliğidir. Bir nesnenin değeri ona ödenen maddi değer ile ölçülür. İnsanın kendine biçtiği değer nesneler dünyasından farklı olarak kurgulanır ve başkalarının değerlendirmelerinden bağımsız olarak gelişir.

Aynı sözlükte öz-sevgi (self-love), kendine, yeteneklerine ve yaptıklarına aşırı değer verme tutumu için kullanılan bir sözcük olarak tanımlanmaktadır.

Freud'a göre kendini sevme narsisizmden, libidonun insanın kendine yönelmesinden başka bir şey değildir (Fromm, 1991). Sevme ve kendini sevme karşılıklı olarak birbirine bağlıdır. Temel ruhbilimsel önermeler olarak, başkalarına ve kendimize karşı olan davranışlarımız temelde birbiriyle bağdaşır. Bu şu anlama gelir: Başkalarını sevebilen herkes kendisine karşı da sevgi taşır. Fromm' a göre gerçek sevgi yaratıcılığın, ilgi, saygı, sorumluluk ve bilginin ortaya dökülmesidir. Gerçek sevgi, köklerini insanın sevebilme yetisinden alan, sevebilen insanın gelişmesi ve mutluluğu için girişilen etkin bir çabadır. Kendini sevme, narsisizmden farklı olarak aslında öz-saygının bir parçasıdır.

Araştırmalar yüksek öz-saygıya sahip ebeveyni olan çocukların kendilerini kabul etmeyi öğrendiklerini ve bu sayede öz-saygıları için sağlam bir temel oluşturabildiklerini ortaya koymuştur. Erikson, bebeklik döneminin en önemli görevinin başkalarına karşı temel bir güven gelişimi olduğunu ileri sürer. O'na göre yaşamın ilk ay ve yıllarında bebek dünyanın yaşanabilir ve tatmin edici bir yer mi, yoksa acı, üzüntü, düş kırıklığı ve kararsızlıkla mı dolu olduğunu öğrenir. Güven ve güvensizlik duygusunun temelleri bu evrede atılmaktadır (Yavuzer, 2005; Erikson, 1963). Yavuzer, yetişkinlikte güven duymama ve kendini güvende hissetmemenin kökenlerinin, potansiyel olarak yaşamın bu evresinde çocuğun gereksinimlerinin ihmal edilmesinde yattığını öne sürmektedir.

KENDİNİ TANIMA VE KABUL ETME

"Kendini bilmek" kavramı çok eski yıllardan beri insan davranışını anlamanın kaynağı olarak görülmüştür. Eski Latin ve Yunan yazınında kendini bilmek kavramı felsefi anlamda da sürekli olarak kullanılmıştır. Shakespeare'in Hamlet'inden aktarılan pasajlardan biri şöyledir:

> "...kendine karşı doğru ol
> Geceden sonra gündüzün gelmesi gerektiği gibi
> Ki sonra,
> Hiç kimseye karşı yanlış olmazsın."

Kendini tanıma ve anlama yönündeki kişisel ilişkiyi sadece "kendini bil" ilkesiyle çözümlemek yeterli değildir. Kişinin kendisiyle olan ilişkileri, belirli tekniklerle de iç içedir. Ve bu ruhsal alıştırmaların bir kısmı kişisel bütünlük, tutarlılık, bir kısmı da davranışsal eylemlerle ilgilidir. Duyguların ifade ediliş tarzları, iletişim biçimleri, mutluluğun ve özgürlüğün davranışsal biçimleri bu eylemlerin önemli parçalarıdır. Burada, A. Ellis'in (1977) aynı zamanda öğretici bir işlem olan Rasyonel-Duygusal Terapi (Rational-Emotive Therapy) argümanlarından büyük ölçüde yararlanmaktayız. Rogers kendinden haberdar olma ve kendini kabul etmeyi, kişisel gelişim ve başkalarını tanımanın ön şartı olarak tanımlamıştır. Klinik bulgular, temel insan ihtiyacının kendini tanıyarak öz-saygısını daha da güçlendirmek olduğunu belirlemiştir (Whetten, Cameron, Woods, 1998).

İnsanlar kendini gerçekçi bir şekilde tanıyabilir mi? Plutarkhos'un Peri Aorgesias (Öfkenin Kontrolu) denemesinde şöyle yazar: "Bana ressamların kullandığı şu yöntem gayet iyi gibi geliyor; onlar ürünlerini bitirmeden önce zaman zaman dikkatle inceler. Bunu yaparlar, çünkü bakışlarını geri çekerek ve eserlerini sık sık kontrol ederek yeni bir yargıya varabilirler" (Foucault, 2005).

Öte yandan, insanlar, kendileri hakkında yeni bilgilere ulaşırlarsa bunların zayıflık ve utanca neden olabileceği gibi irrasyonel düşüncelere sahiptirler. Bunun sonucunda bireyler kendini tanıma çabasından kaçınabilirler. Maslow (1962), bunu şu şekilde açıklamaktadır: "Biz bireyler kendimizi değersiz, zayıf ve yetersiz hissetmemize neden olacak bütün yeni bilgilerden korkma eğilimindeyiz. Kendimizi de, ideal imajımızı da korumak için tehlikeli gerçeklerin bilincine varmamak için savunmaya geçeriz. Bu direnç aslında kendi büyüklüğümüze karşı koyan bir çabadır". Nitekim Freud'a göre bireyin gösterebileceği en iyi çaba kendine karşı tamamen dürüst olmasıdır (Akt. Whetten, Cameron, Woods, 1998).

Kendini daha iyi tanıyarak öz-farkındalığını ve öz-saygısını geliştirmede bilişsel-davranışçı yaklaşım, bireyin bilişsel tarzlarına ve düşüncelerine odaklanır. Bunun için duygu, düşünce ve davranışlar arasındaki ilişkinin anlaşılması gerekir. Duygular ancak bir durumun algılanmasıyla harekete geçerler. Burada önemli olan nokta, algıya neden olan bilişsel tarzın kavranmasıdır. Bu bağlamda Ellis, insanların geçmişteki alışkanlıklarının pasif kurbanları olmadığını ileri sürerek, yerleşik kalıp düşüncelerin değiştirilebileceğini önermiştir. Ellis, bu değişimi, kişiye zarar veren irrasyonel düşüncenin rasyonel düşünceye dönüştürülmesi olarak kavramlaştırmıştır (Ellis, 2002).

Birey, gelişimi boyunca öğrendikleri çerçevesinde gelişir ve düşünce tarzlarını oluşturur. Olumlu-olumsuz öz-saygının oluşumunda bu öğrenme biçimleri etkin rol oynar. Düşük öz-saygı oluşumunda etkili olarak düşünülen irrasyonel durumlar şunlardır:

- Sevgiyi duruma bağlı olarak düşünmek; bireyin ailesinin isteklerini karşıladığı sürece sevileceğine inanması,
- Kaygılı ebeveyne sahip olmak. Kaygılı insanlar çocuklarını güven duygusuna teşvik edemezler. Gelecek planları, korkular ve kaygılar üzerine gelişir. Böylece huzur içinde yaşanacak bir yaşam, katlanılması gereken bir yaşama dönüşür.
- Güçlü yönler yerine kusurlu yönlerin ön planda tutulması ve kıyaslamalar, kişide kendisiyle ilgili bazı şeylerin doğru gitmediği fikrinin oluşmasına neden olur.

Eric Berne şöyle diyor: "Prensler gibi doğduk, fakat sosyalleşme süreci bizi kurbağalara çevirdi" (Akt. Minchinton, 1993). Berne, çocuğun benlik gelişimini ve daha sonra ortaya çıkan kendini kabul durumunu incelerken Melanie Klein'nin nesne ilişkileri yaklaşımından hareket eder. Ve Klein'nin kavramını varoluşsal bir çerçeveye yerleştirir. Bilindiği gibi Klein çocuğun kendisini iyi veya kötü olarak algılamasını çevresinin ona karşı aldığı iyi veya kötü pozisyon ile ilişkilendirmektedir. Berne, kişinin kendini kabul etmesini varoluşsal bakımdan "okey olma" durumu olarak ifade eder. Yani, "Ben okey'im" (Akkoyun, 2007).

UTANGAÇLIK VE GÜVEN

Utangaçlık tanımları kendini güvende hissetmeme duygusu ile birlikte anılmaktadır. Utangaçlık, sosyal ortamlarda ortaya çıkar ve birey ortamları güvensiz bularak kendini kapar. Utangaçlık tanımlarıyla birlikte geçen diğer duygular korku, kaygı, suçluluktur. Utangaç kişiler başkalarının kendileri için düşündükleri hakkında irrasyonel düşüncelere sahiptirler. "Size kim olduğumu söylemekten korkuyorum, zira size kim olduğumu söylersem hoşlanmayabilirsiniz. Sizin beni onaylamanız için maskelerimi kullanıyorum." Ve böylece güvensizliklerini maskelemek için savunmalarını kullanırlar.

Zimbardo (1977), Amerikalı kolej öğrencilerine uyguladığı geniş kapsamlı utangaçlık araştırmasında öğrencilerin %80'inden fazlasının hayatlarının bir kısmında kendilerini utangaç hissettiklerini tespit etmiş, bu grubun %40'ı kendilerini halen utangaç olarak değerlendirdiğini bulgulamıştır. Utangaçlar; yabancılara, karşı cinse ve otoritelere güvensiz ve çekingen davrandıklarını beyan etmişlerdir. Zimbardo ve Carducci'nin (1996) araştırma bulgularına dayanarak hazırlanan önerilerden bazıları şunlardır:

- √ Utangaç kişiyi gereğinden fazla korumak yerine destekleyici davranmak,
- √ Endişeli olan kişinin utangaç tavırlarına anlayış ve empati göstermek,
- √ Utangaç kişileri dikkat merkezi haline getirmemek,

Bu önerilerin gözetilmesi utangaçlar için güvenli ortamlar yaratabilir.

Kuramlar ve araştırmalar utangaçlığın nasıl edinildiğine ilişkin geniş bir öğrenilmiş bileşen olduğunu açıklamaktadır. Kendilerine güvenlerini kaybetmiş bu kişilerin dağılmış öz-saygılarını yeniden inşa edebilmeleri için uzun dönemli bireysel gelişim programları (psikoeğitim) ile destekleyici terapiler önerilmektedir. Ellis, utangaçlığı, "düşük hayal kırıklığı toleransı" olarak açıklamaktadır.

Depresyon araştırmaları, öz-saygı yitimiyle ilgili sıfat listelerinde işaretlenen; eksiklik, başarısızlık, yetersizlik, sevilmeme, istenmeme, değersizlik...gibi sıfatların utangaçlar tarafından da kullanıldığını saptamıştır.

Karşılaştırmalı çalışmalar, depresif ve depresif olmayan kişilerin karar verme davranışlarında farklılıklar bulgulamış; depresiflerin, kazançları daha az düşünerek risklerden daha fazla kaçındıkları için daha güvensiz davranışlara yönelmekte olduğunu saptamıştır.

Bazı araştırmalar, kendi sosyal başarı ve başarısızlıklarını kontrol ettiklerini bildiren insanların, bunu yapamayan insanlara göre daha az utangaçlık ve endişe yaşadıklarını bulgulamıştır.

SUÇLULUK DUYGUSU

İnsanın kendini suçlu hissetmesi, sadece doğru ve yanlış hakkındaki inanışlara göre tecrübe edilebilir. Bu hissi yeni doğduğumuzda hissetmemiz mümkün olsaydı, bu bizim doğru ve yanlış hakkında doğuştan bir bilgi sahibi olarak dünyaya gelmiş olmamız anlamına gelirdi. Hayatı deneyimledikçe bazı davranışları iyi, bazılarını kötü olarak adlandırmayı öğreniriz; kendimizi suçlu hissetmeyi, başkalarının istemediği davranışları yaptığımızda bizi suçlayıcı ve ayıplayıcı davrandıkları zamanlarda öğrendik.

Aslında suçlama ve ayıplama, en etkili yönlendirme araçlarından biridir. Suçlayıcı davranışlar, bir nedenle bizim davranışlarımızı kontrol altında tutma hakkına sahip olduğuna inanan insanlar tarafından kullanılır. Ne kadar kolay suçluluk hissettirirlerse o kadar kolay dilediklerini yaptırabilirler. Ayrıca empati yoluyla da suçluluk duygusu yaşanabilir (Minchinton, 1993). Bize yapılmasını istemeyeceğimiz bir şeyi bilerek başka birine yaptığımız zaman, kendimizi suçlu hissederiz. Ardından, bunu utanma duygusu izleyebilir.

Suçluluk duygusu ile düşük öz-saygı arasında ilişki vardır. Çünkü suçluluk duygusu, irrasyonel değersizlik hislerine dayanan, kendi kendine acı çektiren duygusal bir cezalandırmadır. Suçluluk, rasyonel düşünceyi kısıtlayan, gelişmeye kapalı bir duygudur.

BAŞKALARINI ANLAMA VE KABUL ETME

"Kendisini güvende hisseden birey başkalarını kabul etme davranışı gösterir," şeklindeki düşünce genellikle kabul görmektedir. Buna bağlı olarak, bu kişiler daha fazla güvenli ortamlar yaratmış olur. Kabul etmeme davranışının gerisinde başkalarını değiştirme düşüncesi ve gayreti, aynı zamanda farklılıklara saygı duymama vardır. İlişkileri kişinin istediği gibi gitmediğinde, ilişkinin doğru gitmesinin sorumluluğunun başkalarında olduğu varsayılır. Bunun en temel nedeni, değişim yükünün başkasının üzerine konularak, bu yükten kurtulma çabasıdır. O nedenle, "onların" davranışını " yanlış", kendi davranışını "doğru" olarak değerlendirir. Toplumsal hoşgörünün altında yatan rasyonel düşünce budur.

Güvene dayalı bir kültürün güce dayalı bir kültür karşısında sahip olduğu en büyük avantaj, diğer insanların koşullarını ve bakış açılarını takdir edebilmesi ve buna duyduğu ihtiyaçtır. John Berger (1999): "Önemli olan insanları bir biçime sokmak değil, o insandaki saklı biçimleri görmektir," diyor.

Bu düşünce biçimleri, farklılıklara vurgu yaparak "anlamak" problematiğini "arada bulunan her şeyi hesaba katmak" kavrayışına dönüştürmüştür. Ayrıca, farklılıklar olduğu gibi farklı insanların ortak özellikleri de olabilir. Anlama problematiğinde önyargı, başkasının fenomenolojik alanını hesaba katmadan sadece kendi merkezinden algılamak anlamına gelir. Bu tür benmerkezci tutumlar, kendi üzerinde bir bilince sahip olmayan, kendini tanıma potansiyeli düşük, kendini güvende hissetmeyen yapılar için söz konusudur.

Başkalarının beğenilmeyen davranışlarının değişmesini beklemek yerine bundan rahatsız olmamayı öğrenmek rasyoneldir. Gerçek olan da şudur ki, insanlar bizim beklentilerimize göre değil, kendilerine uygun gördükleri biçimde yaşama hakkına sahiptirler. Kendi yaşama çizgilerini takip etme hakkını teslim ederek kimseye özel bir iyilik yapılıyor da değildir. Bunu öncelikle kendi huzurumuz için yaparız.

Günümüzde insan özgürlüğünün en temel insani hak olduğunu biliyoruz. Gelişmiş toplumlar buna çaba göstermektedirler.

Ayrıca insanların onaylanmayan yönleri üstünde durmak, olumlu yönlerinin fark edilmesini güçleştirir ve takdir duygusundan uzaklaştırır. Olumlu yönlerin algılanması, önyargılardan uzaklaşılmasını sağlar. Zihin önyargılardan uzaklaştıkça, daha net algılama yapar, daha mantıklı ve gerçekçi düşüncelere sahip olur. Bu nokta, düşüncenin özgürleşmesi için önemlidir. Başkalarına egemen olmaya çalışmak yerine kendi düşüncelerimize egemen olmak daha güvenlidir. İspanya'nın ünlü düşünürü Ortega y Gasset (1998), bu fikri şu cümlelerle açıklıyor: "Düşünce, yaşama egemen olma yolunda gösterebileceğimiz tek çabadır. Düşünceninkinden başka bir efendilik de yoktur aslında."

PROBLEM ÇÖZME BİÇİMLERİ VE ÖZ-SAYGI İLİŞKİSİ

"...çözemediğimiz problemler, genelde yanlış varsayımlarla yaklaştığımız problemlerdir."

Minchinton (1993), bireylerin günlük yaşam sorunlarını çözerken üç yaklaşım biçimi saptar;

1. Bazıları kendilerinin bulundukları durumların kurbanı olduklarına ve yapabilecekleri az şey olduğuna inanırlar,
2. Bazıları koşul ve durumlara ayak uydurmaya çalışırlar,
3. Bazıları da kendilerine uygun koşullar sağlayabilmek için insiyatif kullanırlar.

Yukardaki problem çözme yaklaşımları, öz-saygı düzeyleriyle ilişkilidir. Kendimizi kabul etme derecemiz, en açık şekliyle, karşımıza çıkan zorlukları çözmek istediğimizde gösterdiğimiz yaklaşımlarla ortaya konur. Şöyle ki:

1. yaklaşımda; problemle yüzleşmekten kaçınılır. Kontrol kişinin elinde değildir. Aksine kontrol altında olunduğuna inanılır. Bu durumda içinde bulunulan dünya dost olmayanlarla dolu, güvensiz bir dünyadır. Böyle bir düşünce birey için güvensiz ortamlar yaratır. Sonuç olarak problem, kontrollü ve güçlü bir şekilde değil, genellikle şikâyet ederek, kızgın ve öfkeli davranarak, intikam duygularıyla çözülmeye çalışılır. Bu yöntem başkalarının farklı davranmalarını sağlamak amacı taşır.

2. yaklaşımda; çözümler, koşul ve durumlara ayak uydurulmasını öngördüğü için bu yaklaşımda otorite korkusu, başkasının kızgınlığından sakınma gibi negatif güdülerle oluşan davranışları kapsar. Koşul ve durumlara ayak uydurulur. Bu davranışların ikna edici sonuçları olsa da bireyi güçsüz durumda bıraktığı için olumlu sonuç vermeyebilir.

3. yaklaşımda; şöyle bir düşünce biçimi vardır: "Problemlerime insanlar ve koşullar neden olmuyor, aksine ben neden oluyorum, bakış açılarım neden oluyor." Böyle bir yaklaşım tarzı sonucunda problem etkili çözüm yolları bulunarak kimseye zarar vermeden çözülebilir.

Öz-saygının derecesini, ilk olarak problemi çözmeye çalışıp çalışmamamız, ikinci olarak çözüme ulaşmak için izlediğimiz yolun ne olduğu belirler. Öz-saygısı düşük insanların, yeteneklerine güveni azdır. Dolayısıyla problemleri çözme yeteneklerine güvenleri de zayıftır. Yukarıda açıklanan problem çözmenin ikinci düzeyi, orta düzeydeki özsaygıyı tanımlar. Birçok problemi çözeceklerine dair kendilerine inançları vardır ancak başkalarının yardımıyla... Çözüm için başkalarının değişiklik yapması beklenir. Yüksek bir güvenle probleme yaklaşanlar sorumluluk alan, öz-saygısı yüksek kişilerdir. Ayrıca probleme bakış açıları farklı gelişmiştir. Arka planındaki rasyonel düşünce "yaşam içinde problem çıkması doğaldır ve ben bunun üstesinden gelebilirim," şeklindedir. Bunun sonucunda, suçluluk hissetmeden, hatalar kabul edilir, güçlü kişiler bu hatalarından dolayı kendilerini tehdit edilmiş hissetmezler.

SONUÇ

Güvenmeyi isteyip bunu başarmak ile onu reddetmek arasındaki farkı yaratan tek nokta, güven hakkında doğru düşüncelere sahip olmaktır. Bugün dünyadaki pek çok sorunun ardında "güven bunalımı", "güven eksikliği" bulunmaktadır. Bu bakımdan, toplumsal ruh sağlığı açısından, güveni bir sorunsal olarak ele alıp incelemek önemliydi. En iyi ve en güçlü insan ilişkileri güven temeline oturur. Sağlıklı ilişkilerin geliştirilip güçlendirilmesi kişisel gücün de bir parçasıdır. Günümüzde insana dair her şey sadece bireysel psikoloji disiplininin değil, pek çok disiplinin ana temasıdır. İnsan davranışlarının anlaşılması, olguları daha anlaşılır kılmaktadır. Aşırı bilgi ve teknolojiyle yüz yüze bırakılan postmodern çağın insanı, kendine neler olduğunu ve neler yapabileceğini; gücünü nasıl kullanacağını daha fazla öğrenmek ihtiyacı duyarak, mayın tarlası gibi hissettiği dünyayı anlamak istiyor. Bunu yaparken kişiliğinin iyi yanının harekete geçirilmesi için gerekli bilgi ve tekniğe sahip olmaya çalışıyor. Bu bağlamda güven ve öz-saygı öne çıkan kavramlardır. Spinoza bu tür bilgilere "doğru yaşama bilgisi" diyor. Ve devam ediyor: "Dışardaki nedenlerin gücü, insanın gücünü sonsuzca aşar" (Uygur, 1996).

Dışarıdaki nedenlere odaklanmak yerine içimizdeki nedenlere dikkatimizi vererek ve gücümüzü nasıl harekete geçireceğimizi anlamaya çalışarak daha huzurlu bir yaşam sürebiliriz.

Fromm (2003), insan karakterinin olumlu yönde değişebileceğine olan inancını dile getirerek bunun için gerekli olan dört koşul ileri sürüyor:

- Acı çekmek ve bunun bilincine varmak,
- Huzursuzluğumuzun nedenlerini bilmek,
- Bunu atlatabilecek yollar bulmak,
- Çağdaş yaşam pratiğimizi değiştirmemiz gerektiğine inanmak.

Freud'a gelen hastalar da acı çekmekte ve bunun bilincinde olarak rahatsızlığını duymaktaydılar. Ancak onlar neden acı çektiklerini bilmiyorlardı. Bu aşamada psikiyatrın ilk görevi hastanın kendi acıları üzerindeki bazı yanılgı ve hayallerini aşmasını ve "acının gerçek nedenini korkusuzca görebilmesini sağlamaktır," diyerek, *yeni insan* özelliklerini şöyle sıralamaktadır:

- *Olabilmek* için, *sahip olmak* kökenli tüm davranış biçimlerinden vazgeçmeye hazır olmak,
- Güven duygusunun ve benlik bilincinin, insanın kendi olgunluğu sonucu doğması gerekir,
- Yaşamımıza kendi dışımızda hiç kimsenin bir anlam veremeyeceğinin farkında olmak,
- Yaşama saygı ve sevgi beslemek, ne eşyaların ne de iktidarın kutsal olmadığını, tek değerli şeyin yaşam ve onun gelişimi destekleyen ögeler olduğunun bilincine varmak,
- İhtiras, nefret, kıskançlık ve tutkuları inebilecekleri en alt düzeye indirmeye çalışmak,

- Kendini sevmeyi aşarak, insan varoluşunun sınırlarını ve kısıtlılığını kavramak,
- Yaşamın en yüce amacının, her bireyin kendisinin ve diğer insanların kişiliklerinin gelişip güçlenmesi olduğunu kabul etmek,
- Kendini tanımak. Yalnız bilinçli yönlerini değil, insanın kendi içinde büyük bir bilgi potansiyeli taşıdığını bilerek bilinçdışını da tanımaya çalışmak,
- Özgürlüğü, istediğini yapmak olarak değil, insana kendisi olabilmek şansının verilmesi olarak anlamak gerekir,
- Sürekli gelişen bir canlılık içinde mutlu bir yaşam sürmek.

Bütün bunlar, bireyin kendini geliştirmesiyle ilgilidir. Bu uğraşlar, insanın acı ve hüzün verici şeylerden güvenlikli yaşam adına kendisini sürekli kollayıp sakınmasından daha iyi ve daha güvenlidir. Bu konudaki sözlerimizi yine Spinoza'yla bitirelim (Ethica, böl. 4.):

Humanum impotentiam in moderandis, et coercendis affectibus servitutem voco.

Duygularını yönetip onlara egemen olmakta insanın gösterdiği güçsüzlüğü, kölelik diye adlandırıyorum.

KAYNAKLAR

Akkoyun, F. (2007). *Transaksiyonel Analiz,* Ankara: Nobel yay.

Argyle M., (1983). The Psychology of Interporsonel Behaviour, Harmondworth: Penguin.

Beck, A. T., Emery, G., (1985). Anxiety Disorders and Phobias. A cognitive perspective, New York: Basic Books.

Berger J., (1999). *Görme Biçimleri,* (çev). Yurdanur Salman, İstanbul: Metis.

Budak S,. (2003). *Psikoloji Sözlüğü,* İstanbul.

Carducci, B. J., Zimbardo, P. G. (1996). Are you shy?, Psychology To Day. 28, 34-82.

DeVito A. (2005). *Messages,* NewYork: Pearson.

Ellis A. ve Grieger R., (1977). Rational-Emotive Therapy, NewYork: Spiringer Publishing Company.

Ellis, A. (2002). Overcoming Resistance, 2nd. ed. New York: Springer Publish Company.

Erikson, E. H. (1963). Childhood on society, 2nd. ed. New York:W. W. Norton.

Fromm E., (1991). *Sevme Sanatı*, (çev). Yurdanur Salman, İstanbul: Payel.

Fromm E., (2003). *Sahip Olmak ve Olmak*, (çev), Aydın Arıtan, İstanbul: Arıtan.

Foucault M., (2005). *Doğruyu Söylemek*, (çev). Kerem Eksen, İstanbul: Ayrıntı.

Gasset y O., (1998). *Tarihsel Bunalım ve İnsan*, (çev). Neyire Gül Işık, İstanbul: Metis: 33-34.

Machiavelli (1998). *Hükümdar*, (çev). H. Kemal Karabulut, İstanbul: Sosyal yay.

Minchinton J., (1993). Maximum Self-Esteem, Ainford House: Publishers.

Nelson-Jones R., (1996). Relating Skills, NewYork: Cassell.

Uygur N. (1996). "Spinoza'yla Amor İntellectualis", Cogito, Bahar sayısı: 133-143. İstanbul: Y. K. Y.

Whetten, Cameron, Woods (1998) Developing Management Skills For Europe, NewYork: Addison Wesley. Longman enst. s: 42-43.

Yavuzer H. (2005). *Çocuğu Tanımak ve Anlamak*, İstanbul, Remzi, s: 128-129.

Yavuzer N. (2001). *İletişim ve Etkili Yaşama Kültürü*, (ed), Aytaç Açıkalın, Ankara, Pegem, s: 117-170.

Eşlerde Problem Çözme

Bu konuşmada amaç, eşlerin yaşayabilecekleri sorunları sınıflandırıp her birinin nasıl çözülebileceğini anlatmak değil. Daha çok;

a) Sorunları çözerken nasıl bir temelden, hangi ilkelerden hareket edilebilir, bunun üzerinde durmak,

b) Sorunları yaşarken, çözmeye çalışırken genellikle hangi yanlışlar yapılır, nelerden uzak durmak gerekir, bunların altını çizmek istiyorum.

Sorun Nedir? Güçlük Nedir?

Yaşamın normal akışı içinde birçok iniş çıkışları, bazen köklü uyum gerektiren devreleri vardır. Okula başlamak, iş aramak, işini kaybetmek, emekli olmak, yakınını yitirmek gibi. Bunlara genellikle kişilerin çabalarıyla veya kendiliğinden çözümlendikleri için, "yaşamın normal güçlükleri" diyoruz. Eğer bir güçlük, belli bir sürede aşılamamışsa, kişileri fazlaca rahatsız ediyorsa "sorun" haline gelmiş demektir. Aileye giren paranın nasıl harcanacağı, hafta sonunun nasıl geçeceği, sabah okula çocuğu kimin götüreceği, akrabaların veya arkadaşların ne sıklıkta, nasıl ağırlanacağı her ailenin karşılaştığı ve şu veya bu şekilde çözümlediği, gündem dışı bıraktığı güçlüklerdir. Eğer bunlardan herhangi biri makul bir süre içinde aşılamamışsa, kişileri fazlaca rahatsız ediyorsa "sorun" haline gelmiş demektir. –Güçlükler yanlış ele alındıkları için ve doğru stratejiler uygulanmadığı için soruna dönüşür.– (Fish. R., 1974).

İletişim

Konumuzu ilgilendirdiği kadarıyla iletişimle ilgili varsayımlardan söz etmek istiyorum (Bateson, 1956; Haley, 1959; Watzlawick, 1967).

1) İletişimden söz ederken; mesaj, davranış, ilişki kavramlarına başvurmak zorundayız. Çünkü, iletişimde bulunabilmek için, en az iki veya daha çok kişinin birbirine belli davranışlarla (söz, jest, mimik vs.) mesajlar iletmesi gerekir. Davranışlara anlam verme ve bunun sosyal bir konum içinde yer alması, iletişimin birbirinden ayrı düşünemeyeceğimiz iki yanıdır.

2) İletişimde bulunmamak mümkün değildir. Herhangi bir ilişkide "hiçbir şey söylememek, bir şey yapmamak" dahi bir şey yapmaktır. Dolayısı ile karşı taraf için bir anlam ifade eder, yani bir mesajdır. Yolda karşılaştığımız ve bize "Merhaba," diyen bir tanıdığa hiçbir şey söylemeden kafamızı öte yana çevirip gitmek ona, bir mesaj iletmektir.

Adam : Yarım saat, o sorun bu sorun bir sürü laf etti. Ağzımızı açıp tek laf etmedik. Oturup gazetemi okudum. Bunun onu kızdırmaya çalışmakla ne ilgisi var.

Kadın : Beni nasıl kızdıracağını çok iyi bilir. Sakin sakin oturdukça tepemin attığını pekâlâ bilir ve bunu bile bile yapar.

Burada adamın bilmediği, böyle bir konuda ne yaparsa yapsın veya yapmasın, davranışlarına mutlaka bir anlam verileceğidir. Başka türlü diyecek olursak, bir ilişkide:

a) Mesaj göndermemek.

b) Karşımızdakini etkilememek mümkün değildir.

3) Dile getirdiğimiz bir önceki prensip ile çok yakından bağlantılı bir nokta da, mesajlarda niyetlerden çok sonuçların önemli olmasıdır.

"Benim böyle bir niyetim yoktu...
Senden nefret ettiğimi nereden çıkarıyorsun...
Hayır kırgın falan değilim...
Tabii ki seni seviyorum..."

Çoğu zaman ilişkilerde, birbirimize hiç de taşımadığımız niyetlerle "nereden çıktı şimdi bu" çeşidinden sorular sorarız. Gerçekten de, bir iletişimde bulunurken karşımızdaki kişilerin algıladığı türden bir mesajı hiç iletmek niyetinde olmamış olabiliriz. Ama ilişkilerle ilgili sorunlar üzerinde düşünürken, işin bu yanını, yani mesajların nasıl algılandığını, doğurduğu sonuçların ilişkiyi belirlemedeki önemini mutlaka hesaba katmamız gerekir.

4) İnsan ilişkilerine iletişim teorisi açısından bakarken, "neden" kavramı üzerinde durmak istiyorum. Gerek kendi davranışımızı gerekse

karşımızdakinin davranışını açıklarken çok sık başvurduğumuz ama aynı sıklıkta da başımızı belaya soktuğu için.

"Neden" kavramı realitenin değişik boyutlarında ele alınabilir. Örneğin, fizik dünyasında ele aldığımız zaman başka türlü, insan realitesinde, özellikle ilişkilerle ilgili yorumlar yaptığımız zaman başka türlü ele alabiliriz. Önümdeki bardağı ittiğim zaman, bardağın nasıl olup da hareket ettiği konusunda hiç kimse anlaşmazlık içine düşmez. Çok açıktır ki, bardak ben ittiğim için hareket etmektedir. Yani benim itişim "neden", onun hareketi "sonuç"tur. İnsan dünyasına bu alışkanlıkla baktığımız zaman ortalık biraz karışır. Çünkü, insanın neyi, niçin yaptığını açıklayan yüzlerce teori vardır. Böyle teorik bir kargaşanın olduğu durumda insan realitesiyle ilgili olarak, nedensellik üzerinde en azından birkaç kez düşünmek gerekir. Şunu bilmeliyiz ki, bu bardağın ilerleyişindeki basitlik insan ilişkilerinde yoktur. İnsan ilişkisini bu basit mantıkla kavrayamıyoruz. Bu nedenle, insan ilişkilerinde direkt gözlediğimiz realiteye uygun bir mantık geliştirmek gerekir.

İlişkilere baktığımızda direkt gözlediğimiz şudur: Bir şey yaparım veya söylerim ve karşımdaki buna tepkide bulunur. İlişkinin yalnızca bu kesitini alırsak, bardağı ittiğimde onun hareketine uyguladığımız mantığı burada da uygulayabiliriz. Oysa ilişkilerde yalnızca bir kesiti alıp kullanamıyoruz. Çünkü şunu biliyoruz: Bir şey yapıyorum, karşımdaki bana tepkide bulunuyor. O tepkiye ben bir tepkide bulunuyorum ve benim bulunduğum bu tepkiye karşımdaki başka bir tepkide bulunuyor. Yani ilişki bir yere geldiğinde belli bir süre geçtiğinde artık hangi davranış neden, hangi davranış sonuç diye bir ayrım yapmak mümkün olmuyor. Her davranış hem neden hem sonuç oluyor.

İnsanlar ilişkilerle ilgili sorunlar yaşarken, her söylenen sözün ve davranışın hem neden hem sonuç olduğunu unuturlar. Bizim algıladığımız bize yapılan ve söylenendir.

"Ne kadar alttan alırsam alayım sesini yükseltiyor." Benim yaşantılarım seviyesinde bildiğim, karşımdaki insanın alttan almama rağmen sesini yükselttiği ve bunun sonucu yaşadığım sıkıntıdır. Yani bize yapılan "neden", bizim davranışımızsa "sonuç" olarak algılanır. İşin öbür yanı, ilişkiye kendi yaptığım katkıyı algılamamdır. Alttan almamın, karşımdakine sesini yükseltmesi için bir davetiye çıkarmak olduğunu görmem. Bu durumda karşımdakini "ezen" kendimi de "ezilen" olarak görebilirim. Ama, yukarıda dediğimiz gibi, "ezilmek" karşımızdakinin ezmesine "neden" olabilir.

İlişkilerde bu yanı görmek, ilişkileri değiştirmek için en önemli adımlardan biridir. Bunu, sorun haline gelmiş, zaman içinde çözümlenmemiş yaklaşık tüm ilişkilerde görmek mümkündür.

5) İlişkiler söz konusu olduğunda, sıkça unuttuğumuz, gözden uzak tuttuğumuz bir yan daha var. İletişimden söz ederken genellikle dil aracılığı ile iletilen mesajlara ağırlık veririz. Bu noktada beden dilimizin, yani ses tonunun, jestlerin, mimiklerin, el kol hareketlerinin bu mesajı iletirken sözlerden daha ağırlıklı olduğunu göz ardı ederiz. İletilen bir mesajın ne türden bir mesaj olduğunu tanımlamak da, içerikten çok o mesajın nasıl söylendiğine bağlıdır. Eğer sert ve yüksek bir ses tonuyla kızgın olmadığımızı ifade edersek, karşımızdaki mesaja anlam verirken, ne söylediğimizi değil, ses tonumuzu esas alır.

6) Her iletilen mesajda mutlaka bir içerik, bir de iletilen mesajın ilişkiye yönelik bir yanı vardır. Örneğin, ben şimdi "Bu ışık gözüme giriyor," diyebilirim. Bu bir bilgidir. Ama ışıktan sorumlu arkadaş bunu yalnızca bir bilgi olarak algılamayabilir. Bu mesajı, "Işığı gözümden çek," anlamında da algılayabilir. "Burası çok sıcak," da diyebilirim. Bu söz, buranın ısısıyla ilgili bir bilgi veriyordur. Ama dinleyenler bunu "Acaba pencere açılamaz mı?" şeklinde algılayabilirler. Veya bundan farklı pek çok biçimde yorumlayabilirler. Evde televizyon seyrederken yalnızca iç geçirmek bile "Canım sıkılıyor," mesajını iletebilir. Ya da "sıkıldım," demek yalnızca ruhsal durumuyla ilgili bilgi vermekle kalmaz, "Bir şeyler yap, can sıkıcı birisin, beni eğlendir, çıkalım dolaşalım," gibi ileterek belki de hiç düşünmediğimiz mesajların algılanmasına yol açabilir. Kısacası her iletişimde yalnızca haber iletmeyip, mesajı ilettiğimiz insanla kurduğumuz ilişkiye yönelik bir başka mesaj da veririz.

Günlük yaşam içinde işler düzgün giderken, sorun yaşanmazken mesajların ilişkiye yönelik yanı sorun yaratmaz. "Aslında ne söylemiş olabileceği" konusunda tartışmalar olmaz. Kapıdan içeri asık suratlı girmişsem, bunun anlamı üzerine uzun boylu düşünülmez. Ancak ne zaman ilişkiler sorun olmaya başlar, o zaman herhangi bir mesajın ilişkiye yönelik yanı daha çok önem kazanır. Hangi anlama geldiği doğrultusunda birçok hipotezler üretilir. Eşini çok kıskanan biri, eşinin son derece doğal birtakım davranışlarından pek çok anlam çıkartabilir.

Sevilmediğini düşünen birisi, eşinin bir kenarda oturup kendi işiyle uğraşmasını sevilmediğinin delili olarak görülebilir.

Buraya kadar söylenenleri başka türlü diyecek olursak: Bir ilişki rasgele kurallara göre yürümez. İlişkiye katılanlar tarafından yönlendirilir. Dolayısı ile iletişim basit bir bilgi alma-verme eylemi olduğu kadar, aynı zamanda nelerin yapılacağına, nelerin yapılmayacağına ilişkin emirleri de taşır ve davranışları organize eder.

Örneğin, bir erkekle kadının yer aldığı herhangi bir kalıplaşmış ilişkiyi ele alalım:

Kadın : Eşim eve geliyor. Yemek yiyoruz. Bir kenara çekiliyor, öylece oturuyor. Gazete okuyor. Televizyonda olur olmaz her şeyi seyrediyor. Sonra uyuyor. Ne benimle bir kelime konuşuyor, ne çocuklarla meşgul oluyor. Ne bir yere gidiyoruz, ne de insanlar geliyorlar.

Erkek : Daha eve girmeden gerginlik başlıyor. Şikâyetler başlayacak diye. Yorgun argın geliyorum. İki kelime edecek olsam hemen şikâyete başlıyor. Hep suçlanıyorum. İçimden bir kenara çekileyim, duymayayım diyorum. Bir şey söylesem daha beter oluyor. Susuyorum. Alttan alıyorum.

Her iki taraf da kendi açısından böyle anlatıyor. Neden böyle davrandıkları sorulduğunda, erkek "Karım dırdır ettiği için", kadınsa "Kocam ilgisiz kaldığı için," diye yanıtlıyorlar. İlişkiye dışarıdan baktığımız zaman, susmanın dırdıra, dırdırın da susmaya yol açtığını görüyoruz.

Demiştik ki, iletişim içinde insanlar aynı zamanda ilişkiye yön verirler. Yani ilişkinin nasıl bir ilişki olacağını da belirlerler. Burada "susma-içine kapanma" dırdırı davet ederek ilişkiyi belirler. Dırdır da susmayı davet ederek benzer bir işlev görür. İnsanların yaşadığı, zaman içinde aşılamamış, kronik hale gelmiş sorunlara baktığımızda bu şemayı genellikle görmek mümkündür. Çocuk ders çalışmaz, anne (veya baba) ısrar eder. Anneye soracak olursak, çocuğu ders çalışmadığı için ısrar etmektedir. Çocuğa soracak olursak, ya bir şey söylemez ya da annesinin çok ısrar ettiğini, o yüzden çalışmadığını söyler. Burada önemli olan, çocuğun davranışının anneninkini belirlemesi, anneninkinin de çocuğunkini belirlemesi.

Bir başka örnek, kıskanma olabilir. Diyelim kadın kocasını kıskanmakta. Eve geldiğinde kocasından günün ayrıntılı bir dökümünü istemekte. Adam da tüm soruları saçma bulduğundan cevap vermemekte. Tabii dolayısıyla karısının şüphelerini körüklemekte. Yani daha çok sorgulamasına neden olmaktadır.

Tüm bu örneklerde, ilişkinin nasıl olup bu duruma geldiğini bilmek o kadar önemli değildir. Çoğu zaman mümkün değildir zaten. Özellikle ilişkiyi değiştirmek söz konusu olduğunda, bu çeşitten bir çember tespit etmek ve neresinden, nasıl kırabiliriz diye sormak gerekir. Bu anlamda değişecek olan kişilerin karakterleri değil, ilişkilerdir.

Eşit ve Birbirini Tamamlayan İlişkiler

Bu şema doğrultusunda düşünecek olursak, herhangi bir ilişkiyi iki boyutta düşünebiliriz: "Eşit ilişkiler" veya "Birbirini tamamlayan ilişkiler".

Daha önce demiştik ki, insanlar birbirlerine mesaj gönderirlerken yalnızca bilgi vermezler, aynı zamanda ilişkiyi yönlendirirler de. Yani, o ilişkinin ne türden bir ilişki olduğuna dair mesaj vererek o ilişkiyi tanımlarlar.

İki kişi arasında eşit ilişki var demek, bu kişilerin birbirlerine aynı türden mesajlar ilettiğini söylemek demektir. Örneğin, birisini eleştirdiğimde karşı eleştiri almışsam, karşımdakinin ilişkiyi eşit ilişki olarak gördüğünü bilirim. İki kişi arasında birbirini tamamlayan bir ilişki varsa, iletilen mesajlar farklı türden demektir. Eleştiri karşısında karşımdaki alttan alırsa, bu beni ilişkide daha üstün kılar. Öğretmen-öğrenci, doktor-hasta, anne-çocuk ilişkileri bu türden ilişkilerdir.

Her iki tür ilişki de kendi içinde patolojik değildir. Herhangi bir ilişkide iki boyutu birden görebiliriz. Bir doktor hastayla muayenehane dışında arkadaş olup, eşit ilişki kurabilir. Veya çocuk büyüdüğünde babasıyla eşit ilişkiye girebilir. Bu ilişkiler sorun olmaya, ancak her iki boyut tırmanmaya başladığı, orda takıldığı zaman başlar. Kişi birisiyle ilişkisinde tümüyle eşitlik peşinde koşuyor, hep üstün olmayı istiyor, ilişkiyi o doğrultuda ayarlıyor, oraya kilitleniyor ise, bir noktada ilişki sorun haline gelecek demektir.

Özellikle bazı ilişkiler eşit ilişkiyi kaldırmaz. Örneğin, aile içinde iş bölümü vardır. Annenin, babanın, çocukların bir statüsü vardır. Bir hiyerarşi içinde yer alırlar. Eğer evin içinde herkes eşit ilişkiye girmek isterse o ev yaşanmaz bir hale gelir. Çünkü, o zaman çocuklar kabul edilemeyecek isteklerde bulunurlar. İlişki hemen tırmanma eğilimi gösterir. Böyle bir ilişkiye en iyi örnek, durmadan birbirini eleştiren, yaralayan, suçlayan eşlerin davranışlarıdır. Her ikisi de, her an eşit ilişki peşindedirler.

Burada altı çizilmesi gerekli en önemli taraf şudur: Gerek eşit ilişkide, gerekse birbirini tamamlayan ilişkide bir tarafın davranışının diğerinkini davet etmesi. Uçtan bir örnek verecek olursak, sadist-mazoşist ilişkiyi ele alabiliriz. Sadist fiziksel acı çektirmekten, mazoşistse acı çekmekten zevk alır. Bir sadistle mazoşist bir araya geldiklerinde, birbirlerinin davranışlarını davet ederler. Acı çekmekten hoşlanan, acı vermekten zevk alan kişiyi o davranışa yönlendirir. Doğal olarak, acı vermekten zevk alan da kendi davranışını ortaya koyarak karşısındakinin boyun eğmesini ve mazoşist yaşantıyı davet etmiş olur.

Böylece eğer herhangi bir ilişki sorun yaratıyorsa ve değiştirilmek isteniyorsa, kurulan çemberin iyi görülmesi ve bir yerinden kırılması gerekir.

Çözümün Sorun Olduğu Zamanlar

İnsanlar bir araya geldikleri zaman, bir sorun yaşadıklarında, mutlaka yaşanılan sorunla ilgili bir şeyler yapıyorlardır. O sorun için başvurdukları bir çözüm yolu vardır. Yukarıdaki örnekte, taraflardan birinin susması, diğerinin dırdır yapması, yaşadıkları sorunla ilgili başvurdukları çözüm yollarıdır. Bu böyledir, çünkü daha önce de sözünü ettiğimiz gibi, iletişimde bulunmamak mümkün değildir. Ama tasarlayarak, ama kendiliğinden, mutlaka o sorunla ilgili bir şey yaparız.

İlginçtir ama; eğer seçtiğimiz çözüm yolu bir sonuç vermiyorsa, biz bunu görsek de, aynı çözüm yolunu ısrarla uygulamaya devam ederiz. Hatta, sanki işe yarıyormuş gibi bu çözüm yolunun daha da üstüne gideriz. Çocuk ders çalışmıyorsa, daha fazla ısrar ederiz. Sertlik, alttan alma, ses yükseltme, nasihat malul olma, dayak, deneyip işe yaramadığını gördüğümüz halde yinelediğimiz çözüm yollarıdır. İşte bu nokta, bir sorunla baş etmek için başvurduğumuz yolun, yani çözümün kendisinin artık sorun haline geldiği noktadır.

Bu, yalnızca yüz yüze ilişkilerde değil, makro seviyede bulunan çözümlerde de karşımıza çıkar. Amerika Birleşik Devletleri'nde 1920'lerde uygulanan alkol yasağı buna iyi bir örnektir. O yıllarda hızla artan alkol tüketimi ve ona bağlı artan alkolik sayısı, hükümeti alkolü tamamen yasaklama kararı almaya yöneltti. Bu karar mafyanın gelişmesine, içki kaçakçılığına, rüşvete, yozlaşmaya, şiddete yol açtı. Alkolizmle baş etmek için başvurulan çözüm yolunun kendisi. sorun haline geldi. Hindistan yaklaşık on yıl sonra, sonuçlar ortadayken aynı kararları aldı. Alkolü yasakladı. Aynı sonuçla karşılaştı.

Bir diğer örnek de marihuana ile ilgilidir. 1960'larda ABD'de, okullarda gençlerin marihuana kullanması yaygınlaşınca herkes panik yaşadı. Çocuklar okullardan atılıyor, ıslahevlerine düşüyor, aile ilişkileri bozuluyordu. Kuralları ve yasaları sertleştirdikçe problem büyüyordu. Sonunda, Kaliforniya valisi eyalette marihuana içmenin yasak olmadığına dair bir yasa çıkardı. Marihuana içenlerin sayısında bir artma olmadı.

Kısacası, bir ilişki bizim için bir sorun haline gelmişse, ilkin o sorunu aşmak için başvurduğumuz yolun işe yaramadığını görmek gerekir. Yani, ne yapacağımıza karar vermeden önce, ne yapmamamız gerektiğini bilmemiz gerekir.

İnsanlar çatışma durumlarında ya susarlar ya da kavga ederler. Genellikle de kavga ederler. Bu da kısa sürede işi bir güç ve benlik savaşına dönüştürür. Bu noktadan sonra amaç problem çözmek değil, kavgadan galip ayrılmaktır.

Oysa her uzlaşma, iki çıkar temeline dayanır. Biri işin özüyle, diğeri de ilişkiyle ilgilidir. Özellikle yakın ilişkilerde, her ikisini de kollamak zorundayızdır. Sen-ben kavgasına dönüşmüş bir tartışmada ne işin özü, yani problem çözülür, ne de ilişki korunur. Bunun için de her uzlaşma süreci için geçerli olan dört temel ilkeyi unutmamak gerekir (Fisher ve Ury, 1982):

1. Karşımızdaki kişinin kişiliği ile problemi birbirine karıştırmayın.
2. Çatışan kişilerin aralarında uzlaşabilecekleri ortak çıkarları vardır. Yani kişilikler üzerinde değil, çıkarlar üzerinde durun.
3. Uzlaşma sürecinde dikkatinizi durmadan probleme yöneltin.
4. Problemi, üzerinde uzlaşılabilir biçimde formüle edin, "Çok sorumsuzsun", demek yerine, karşınızdakinin nasıl davranmasını istiyorsanız net tanımını yapın.

Bu süreci kolaylaştırmak için:

- Kendinizi onun yerine koyun. Belki haklı yanları vardır.
- Önerilerinizin karşınızdakinin değerleriyle çatışmamasına dikkat edin. Onun dilini kullanmaya çalışın.

- Sabırla dinleyin ve anladığınızı belli edin.
- Duyguları açıklığa kavuşturun ve geçerli bulduğunuzu belli edin.
- Karşı tarafın boşalmasına izin verin.
- Tartışmanın haklı çıkmak için değil, uzlaşmak için yapıldığını unutmayın.
- Size yönelik her saldırıyı sanki probleme yönelikmiş gibi ele alın.

Sen-Ben Tuzağına Düşmeyin

Belki bu noktada, yukarıda saydığımız özellikleri taşıyan bir örnek vermek yerinde olacak:

Danışma için başvurunun ilk nedeni anne ile babanın 7 yaşındaki çocukları ile ilgili şikâyetleri idi. Ama aslında ailede herkes herkesten şikâyet ediyordu. Anne ile baba çocuklarının ders çalışmadığından, yemek yemediğinden, zamanında yatmadığından, aklının fikrinin oyunda olduğundan, söz dinlemediğinden ve daha birçok şeyden şikâyetçiydiler.

Çocuk, annesiyle babasının durmadan "ders çalış" demesinden, oyun oynayamadığından, dergi okuyamadığından, babasının sert davrandığından, gezmeye gidilmediğinden, canının sıkıldığından şikâyetçiydi. Anne, babanın sorumsuz olduğunu, kendisiyle ilgilenmediğini, sert davrandığını ve hafta sonlarını evde televizyon seyrederek geçirmek istediğini söylüyordu. Baba, annenin çocuğu iyi eğitemediğini, çok yüz verdiğini ve bu yüzden dediğini yaptıramadığını, durmadan bir şeylerden şikâyet ettiğini, ne kadar yorgun olduğunu anlamadığını ileri sürüyordu.

Görüşme sonunda, evde neyin değişmesini istediklerini, somut bir biçimde kâğıda dökmelerini ve bir dahaki görüşmeye getirmelerini istedik. İkinci görüşmede şu konularda anlaştık:

a. Çocuk saat 10'da yatacak. Yatmazsa bir gün anne yatıracak, ertesi gün baba.

b. Yemeğe bir kere "gel" denecek. Gelmezse o akşam yemek yemeyecek. Yemek bittiğinde, çocuk hâlâ bitirmemişse, sofradan herkesle birlikte kalkacak ve meyve veya tatlı yiyemeyecek.

c. Derslerini çalışması için kimse ısrar etmeyecek. Çocuk isterse anne veya babadan yardım alacak.

d. Gece yatmadan çantasını toplayacak.

e. Eğer tüm bunlar yolunda giderse baba ile her akşam tavla oynayacak. Hafta sonu baba ile Fener maçına gidecekler, cuma ve cumartesi istediği saatte yatacak.

f. Anne ve baba çocukla ve birbirleriyle ilgili konuları yalnız görüşecekler. Bu görüşme her gün olacak ve 20 dakikayı geçmeyecek. Şikâyetler yalnızca bu saatte dile getirilecek. Bir taraf buna uymazsa diğeri anlaşmayı hatırlatacak ve susacak.

h. Aile bir hafta annenin, bir hafta babanın dilediği biçimde hafta sonunu geçirecek.

ı. İlk hafta pazartesi ve perşembe akşamları, çocuk yattıktan sonra eskiden olduğu gibi kavga edecekler. Eğer başarabilirlerse, hâlâ bir şeylerin "kaynamakta" olduğu anlaşılacağından, bir sonraki hafta yine iki gün kavga edecekler. Başaramadılarsa bu her ikisinin de değişmeye hazır olduğunu gösterdiğinden bir kereye indirecekler.

Görüldüğü gibi amacımız:

1) Problemi uzlaşılabilir biçimde formüle etmekti. Bu anlaşmadan herkes bir şeyler aldı ve verdi.

2) Dikkatleri sürekli olarak anlaştığımız davranışlar üzerinde, yani yapılması veya yapılmaması gereken davranışlar üzerinde tutarak ilişkileri "sen-ben" kavgasından çıkartmaktı.

Prof. Dr. Binyamin Birkan
(Tohum Otizm Vakfı Eğitim Direktörü ve
Okul Müdürü İstanbul Biruni Üniversitesi Öğretim Üyesi)

Otizmli Çocuğun Ailesi Olmak

Otizm Nedir?

Otizm, sosyal iletişimsel alanda yetersizlik ve tekrarlayan davranışlarla seyreden karmaşık bir beyin gelişim bozukluğudur. Çocuğun çevresiyle yeterli sosyal ilişkiyi kuramaması, iletişimde belirgin gelişim kusurları ve tekrarlayıcı kalıplaşmış davranış sorunlarıyla karakterizedir ve zihinsel gelişimi ile sosyal iletişimi etkilediği ölçüde ağırlaşır. Otizm Spektrum Bozukluğu (OSB) olarak adlandırılan otizm, belirtilerinin görünümü ve düzeyi çocuktan çocuğa değişse de otizmli tüm çocuklar sosyal iletişim ve tekrarlayan davranışlar olarak kabul edilen iki temel alanda belirtiler gösterirler. İki otizmli çocuk birbirinden tamamıyla farklı olabilir. Aşağıdaki tabloda sadece ortak belirtilere yer verilmiştir.

Sosyal iletişim	• Göz kontağı kurma ve beden dilini anlamada yetersizlik • Başkalarının duygu ve hislerini anlamada yetersizlik • Akranlarıyla oyun becerilerinde yetersizlik • Arkadaşlık ilişkisi kurma ve sürdürmede yetersizlik • İlgilerini başkalarıyla paylaşmada yetersizlik
Tekrarlayan davranışlar	• Basmakalıp tekrarlayan motor hareketler (ileriye geri sallanma, etrafında dönme, ellerini çırpma) • Aynılıkta ısrar, rutine aşırı bağlılık (aynı kıyafeti giyme, aynı yönden yürüme, eşyaları aynı şekilde konumlandırma) • Sınırlı ve yoğun ilgi alanı (sürekli aynı şeyi söyleme, aynı nesneyle oynama) • Belli ses, doku veya koku gibi duyusal uyaranlara karşı aşırı tepkili olma ya da tepkisiz kalma

Otizmin Görülme Sıklığı

Dünyada her 68 çocuktan 1'inin otizmden etkilendiği düşünülmektedir. Bu oran çocukluk çağında görülen kanser, gençlere özgü şeker hastalığı ve AIDS'ten daha yaygındır. Dünya genelinde 10 milyondan fazla kişinin otizmli olduğu düşünülüyor. Ülkemizde ise bu sayının 0-18 yaş arasında 300 binden fazla olduğu tahmin edilmekte. Batılı ülkelerin yaptığı istatistiksel çalışmalarda yaygınlık oranının yıldan yıla yüzde 10-17 arttığı belirtiliyor. Tanı kriterlerinin geliştirilmesi ve çevresel etkiler genelde neden olarak gösterilse de bu artış kesin olarak açıklanamamakta. Bilimsel çalışmaların sonuçları yaygınlığın erkek çocuklarda kız çocuklara oranla dört kat daha fazla olduğunu; her çeşit toplumda, ırkta ve ailede rastlandığını belirtiyor.

Otizmin Nedeni Nedir?

Günümüzde otizme neyin neden olduğu kesin olarak bilinmemektedir. Otizm belirtilerinin ve etkilenme derecelerinin kişiden kişiye farklı seviyelerde seyrediyor olması birden fazla nedeninin olabileceğini akıllara getirmektedir. Bilimsel kanıtlardan yola çıkarak birçok genin kendi başına otizme neden olabileceği veya henüz belli olamayan çevresel faktörlerin de nedenler arasında sayılabileceği düşünülmektedir.

Otizmin Tanı ve Tedavisi

Otizmin biyolojik bir belirtisi yoktur. Tanı çocuk psikiyatrları ve nörologlarınca klinik değerlendirme ile davranışsal özelliklere dayalı konur. Küçük çocuklarda tanı koymak zor olmasına rağmen 2 yaşından küçük çocuklarda pek çok belirtiyi görmek ve değerlendirmek mümkündür. Bir yaşından küçük çocuklarda klinik gözlem ile sosyal-iletişimsel yetersizlik test edilebilir, bir yaşından itibaren müdahale başlayabilir ve üç yaşından önce belirtiler kaybolabilir. Pek çok çalışmada deneyimli uzmanlar tarafından 2 yaşında konulan tanının güvenirlik ve stabilitesinin yüksek olduğu bildirilmiştir.

Otizmin tedavisi üzerine yapılan birçok bilimsel çalışmanın sonucunda en iyi tedavinin ABA veya UDA olarak bilinen Uygulamalı Davranış Analizi Bilimi'nin prensiplerine uygun verilen özel eğitim olduğu anlaşılmıştır. Diğer tüm yöntemler çocuğun gelişimini desteklemek için kullanılır. Bu nedenle, hangi yöntem kullanılırsa kullanılsın, bunun yanında özel eğitim şarttır.

Özel eğitimden beklenen en temel yararlar, çocuğun sosyal ilişkilerinin gelişmesi ve iletişim becerilerinin artması, takıntılı davranışlarının ise azalmasıdır. Sunulan özel eğitim hizmetlerinin yoğun ve kesintisiz olması da büyük önem taşır. Yoğunluk, haftada en az 30 saat anlamına gelirken; kesintisizlik, yılda 12 ay demektir.

Erken eğitim, özellikle 5 yaşından önce UDA prensiplerine uygun bireysel yoğun özel eğitim, çocuğun gelişimi için çok önemlidir. Bu özelliklere uygun eğitim alan otizmli çocukların yarısına yakınının çok büyük gelişme gösterdiği, eğitimlerini diğer çocuklarla birlikte genel eğitim sistemi içinde sürdürebildiği, dahası ergenlik döneminde yaşam kalitesinin ve toplumsal uyumunun belirgin ölçüde düzeldiği gözlenmektedir.

Otizmin belirtileri aşağıdaki tabloda takvim yaşına uygun bir şekilde sırasıyla verilmiştir. Bu belirtileri gösteren çocukların vakit kaybetmeden bir çocuk psikiyatristine yönlendirilmesi uygun olacaktır.

6-9 ay arası belirtiler	• Konuşanın yüzüne bakmama • Bakımını yapan kişiye sesli tepki vermeme • Yeterli düzeyde göz kontağı kurmama • Karşılıklı gülümsemenin olmayışı ya da nadir olması • Adı seslenildiğinde bakmama • Dokunma ve diğer duyusal uyaranlara aşırı veya az tepki verme • Beslenme sorunları (belirli yiyecekleri reddetme) • Garip bir duruşa sahip olma veya aşırı tekrarlayıcı hareketler yapma • Bazı objelere veya parçalarına aşırı ilgi gösterme • Belirli objelerle tekrarlayıcı oyunlar oynama
9-30 ay arası belirtiler	• Kendisine gülümseyen kişiye az tepki verme veya hiç vermeme • Kendisiyle konuşan kişinin yüzüne bakmama veya az bakma • Başkalarının dikkatini bir oyuncağa, ona işaret ederek çekmeye teşebbüs etmeme • İlgilendiği olay veya nesneye işaret ederek başkası ile ilgisini paylaşmama

	• Etkileşime girmenin zor olması • Ebeveyniyle bile etkileşiminin kısıtlı olması • Spontan taklit becerilerinin yetersiz olması • İşaret edilen bir objeye bakmama • Adı seslenildiğinde bakmama • 5 sesiz harften daha fazlasını çıkarmama (12 ay üstü çocuklar için)
3 yaş belirtileri	• Taklitte yetersiz olma • Yalnızlığı tercih etme • Başkalarına bakmama • Sosyal gülümsemesi yetersiz olma • Yüz ifadesinde yetersiz olma • Boş gülme • Adı seslenildiğinde bakmama • Ağrıya karşı duyarsız olma • Gıda tatlarına karşı duyarlı olma • Konuşma becerilerinde zorlanma (alıcı dil ve ifade edici dil) • Tekrarlayıcı davranışlar gösterme
4-5 yaş belirtileri	• Basit taklide dayalı becerilerde bile yetersiz olma • Empati kurmada eksik olma • Senaryolu oyunlar oynamama • Konuşabilenler de kısa cümleler, tekrarlayıcı konuşmalar, söyleneni tekrarlama (ekoleli), monoton ses tonu kullanma • Anlatım lisanı ve karşılıklı diyalog başlatma ve yürütmede yetersiz olma • Konuşamayanlar da ise garip sesler çıkarma • Belirli hareketleri ve etkinlikleri tekrar tekrar yapma (stereotipiler)

AİLENİN TANIYA VERDİĞİ TEPKİLER

Çocuğunuzun otizm tanısı aldığını öğrendiğiniz an hayatınızın en güç anıdır. Yaşantınız beklentilerinizin dışında aniden çok farklı gelişebilir. İlk önce çocuğunuz ve bu durumun onun hayatını nasıl etkileyeceği konusunda endişe duyarsınız. Ardından bir aile olarak ilerleyen yıllarda bu duruma nasıl adapte olacağınızın endişesini yaşarsınız. Ayrıca otizmli bir çocuğun günlük yaşamında karşılaşabileceği güçlüklerle ilgili de endişe duyarsınız.

Tanı süreci çocuğunuz ve diğer aile üyeleri kadar sizin için de hayatınızın dönüm noktasıdır. Bu süreçte çocuğunuz ve aileniz için iyi bir gelecek kurabilmeniz açısından ihtiyaç duyacağınız gerçek bilgiyi edinmek ve duygusal olarak da bir destek almak büyük önem taşımaktadır.

Tanıya Verilen Ortak Tepkiler

Tanı alındığında birçok nedenden ötürü her ailenin gösterdiği tepkinin birbirinden farklı olabileceğini özellikle belirtmek isteriz. Bu bölümde ailelerin tanıya gösterdiği tepkiler genel olarak ele alınmıştır. Bazı aileler bu şekilde tepki verebilirler veya vermeyebilirler.

Bir çocuk otizm tanısı aldığında, ebeveynleri ve diğer aile bireyleri sıklıkla üzüntüden kaynaklanan tatsız duygular hisseder. Dr. Elisabeth Kubler-Ross *Kader ve Üzüntüye Dair* (On Grief and Grieving) adlı kitabında çoğu insanın yaşadığı üzüntü tiplerini açıklamıştır. Yazar çözüme yönelik açık bir ilerleme eğilimi olmasına rağmen bu aşamalar arasında rastgele gidip gelebileceğimizin altını çizer:

Şok: *"Tanıyı ilk duyduğumda eve nasıl geldiğimi hatırlayamıyorum.", "Bu benim çocuğumun başına nasıl gelebilir?"* Tanının hemen sonrasında kendinizi serseme dönmüş gibi hissedebilirsiniz. Tanı gerçeği kafanızın karışmasına ve durumun kabullenilemeyecek kadar kuvvetli olmasına yol açabilir.

Üzüntü/Yas: *"Hiç enerjim yok.", "Ailem için normalde yaptığım şeyleri artık yapamıyorum.", "Çoğu zaman kendimi ağlarken buluyorum.", " Üzüntüden kahroluyorum."*

Çoğu ebeveyn hayatına kaldığı yerden devam etmeye başlamadan önce, çocuklarına dair bazı umut ve hayaller için yas tutarlar. Çoğunlukla aşırı üzgün hissedilen anlar yaşanabilir. Üzüntü ve depresyon arasındaki farkı ayırmak önemlidir. Depresyon, sıklıkla ilerlemenin karşısında bir engeldir. Üzüntüyü yaşamak iyileşmeye yardımcı olabilir. Üzülmeye ve bunu da rahat bir şekilde yaşamaya hakkınız vardır.

Öfke: *"Bunu hak etmedik.", "Bu durumun benim sevdiklerimin başına gelmesine çok kızgınım.", "Umarım komşularım işimize karışmazlar."* Öfke yas sürecinin doğal bir parçasıdır. Kendinizi en yakınlarınıza örneğin çocuğunuza, eşinize ya da yakın bir arkadaşınıza öfkeli davranırken bulabilirsiniz. Öfke, çocuğunuzun tanısıyla ortaya çıkan, kaybetme duygusu ve strese karşı sağlıklı ve beklenen bir tepkidir. Öfkenizi belli etmeniz doğal ve bu tür zamanlarda sağlıklıdır.

İnkâr: *"Bundan kurtulacak.", "Bunu düzeltebilirim."* Bu durumun çocuğunuzun başına geldiğine inanmayı reddedeceğiniz süreçlerden geçebilirsiniz. Böyle zamanlarda çocuğunuza ilişkin gerçekleri duymazdan gelebilirsiniz. İnkâr bir tür başa çıkma yoludur. Bu yol sizi bilhassa zor bir süreçten geçirebilir. İnkâr duygusunu yaşıyor olabileceğinizi fark etmek önemlidir, böylece çocuğunuzun eğitimine ilişkin alacağınız kararların olumsuz yönde etkilenmesine engel olabilirsiniz.

Yalnızlık: *"Daha önce kendimi hiç bu kadar yalnız hissetmemiştim.", "İçinde bulunduğum durumu anlayabilecek bir arkadaşımın olmasını isterdim", " Başka kişilere ulaşmak oldukça zor."* Kendinizi yalnız ve izole olmuş hissedebilirsiniz. Bu duygular bir kayıp yaşadığınızda birçok sebepten kaynaklı olabilmektedir. Yalnızlık, arkadaşlarınızla ya da aile bireylerinizle görüşmeye zamanınızın olmadığını düşünüyor olmanızdan kaynaklı olabilir. Aynı zamanda ulaşmaya çalıştığınız kişilerin sizi anlayamayacağını ya da destek olamayacağını da hissediyor olabilirsiniz.

Kabullenme: *"Bunun üstesinden gelebileceğimizi hissediyorum.", "Aile olarak iyi olacağız."* Son olarak durumu kabullenme duygusunu hissedebilirsiniz. Otizmi kabullenme ile çocuğunuzun otizm tanısı almış olmasını kabullenmeyi birbirinden ayırt etmekte fayda vardır. Sadece tanıyı kabullenme çocuğunuzun haklarını savunmaya hazır olduğunuz anlamına gelir.

Duygularınız ve gelecekle ilgili kaygılarınız sizi kolayca bunaltabilir. Acı veren duygularınız oldukça doğaldır. Eğer tepkilerinizi kabul eder, duygularınızın farkında olursanız çocuğunuzun haklarını savunabilir, kendinizi ileriye taşıyabilirsiniz. Duygular güçlüdür, eğer onları inkâr eder ya da görmezden gelirseniz uygun olmayan şekillerde karşınıza çıkabilirler.

Profesyonel Destek Alma

Belirli bir zaman diliminde eğer duygularınızı ele almada sorun yaşıyorsanız ya da bildiğiniz yollarla duygularınızla başa çıkmada zorlandığınızı hissediyorsanız profesyonel bir desteğe başvurmak iyi fikir olabilir. Böyle bir destek yakın gelecekte karşılaşılabilecek ciddi problemleri önlemenin yanında, güçlüklerin üstesinden etkili bir şekilde gelme konusunda bizleri güçlendirebilir.

Eğer aşağıda yer verilen belirtilerin birçoğunu belirli bir süre boyunca yaşıyorsanız profesyonel destek almanız gerekebilir.

- Uyku problemi yaşıyorsanız ya da uyuduğunuzda kendinizi dinlenmiş hissetmiyorsanız.
- Ne kadar deneseniz de olumsuz düşüncelerinizi kontrol edemiyorsanız.
- İştahınızda azalma varsa ya da yemek yerken kendinizi durduramıyorsanız.
- Çevrenizdekiler sizin sinirli, çabuk öfkelenen ya da her zamankinden daha agresif olduğunuzu söylüyorlarsa.
- Normalden daha fazla miktarda alkol tüketiyorsanız ya da farklı umursamaz davranışlarda bulunuyorsanız.
- Hayatın yaşamaya değer olmadığını düşünüyorsanız.

Kendiniz İçin Yapabilecekleriniz

Kişisel bakımınıza önem verin

Her gün 15 dakika bile olsa kendiniz için bir mola verin. Başkalarının bakımı ile ilgilenebilmeniz için ilk önce kendi bakımınızla ilgilenmeniz gerekir.

Gün içinde tamamladığınız işlerin farkında olun

Günün sonunda o gün içinde tamamlayamadığınız işlerle ilgili düşünmek kolaydır. Fakat bu düşünce tarzı daha sonrası için cesaretinizi kırabilir. Bunun yerine gün içinde tamamladığınız işleri düşünün. Listenizin ne kadar uzun olduğuna çok şaşıracaksınız ve böylece bir sonraki güne başlamak için kendinizi daha iyi hissedeceksiniz.

Olumluya odaklanın

Hayatın içinde hiçbir şey mükemmel değildir. Her durumun kendine göre olumlu ve olumsuz yanları vardır. Olumluya odaklanmak; örneğin çocuğunuzun gösterdiği bir ilerleme ya da yeni bulduğunuz başarılı bir terapist daha ileriye gitmeniz için size enerji verecektir.

Aile görüşmelerine devam edin

Mümkün olduğunca ailenizle görüşmelere devam edin. Bu tüm aile için faydalı olacaktır. Bu görüşmeler cuma akşamları bir film izleme ya da pazar günleri pikniğe gitme şeklinde olabilir. Gelenekleri ve bu tür görüşmeleri sürdürmek ailenizde sağlamlık duygusunu artıracak ve ileride hep birlikte hatırlayabileceğiniz eğlenceli vakit geçirmenizi sağlayacaktır.

Duruma ayak uydurabilmeniz için kendinize zaman tanıyın

Kendinizle ilgili sabırlı olun. Çocuğunuzun rahatsızlığını ve bu durumun sizin ve ailenizin üzerine etkisini kavrayabilmeniz biraz zaman alabilir. Başa çıkmakta zorlandığınız duygular zaman zaman ortaya çıkabilir. Önceden hayalini kurduğunuz hayatınıza aniden otizmin girmesi, size zaman zaman kızgın ve kendinizi yardıma muhtaç hissetmenize neden olabilir. Ancak çocuğunuzda ilerlemeler oldukça umut dolu duygular hissedeceğinizi unutmayın.

Otizm topluluklarına katılın

Zaman zaman otizmli bireylerin aileleri kendilerini başkalarından soyutlanmış hisseder. Benzer deneyimleri yaşayan aileleri bir araya getirmek ve birbirlerinden destek almalarını sağlamak önemlidir. Ülkemizde bu konuda hizmet veren dernek ve vakıflar mevcuttur. Bunun için Tohum Otizm Vakfının web sitesi (www.tohumotizm.org.tr) ile Otizm Dernekleri Federasyonunun web sitesini (www.odfed.org) ziyaret edebilirsiniz.

KARDEŞLERE DESTEK OLMAK

Otizmli çocuğa sahip aileler büyük stres altında olabilirler. Vakit, yapılması gereken işleri yetiştirmek için hiç yeterli gelmiyor gibi görünebilir. Genellikle bütün dikkat ve odaklanma otizmli çocuğun üstünde olduğundan, aileler arasında diğer çocuklara daha az zaman ve enerji ayırmak oldukça yaygın rastlanan bir durumdur.

Kardeşler sıklıkla kendi zorluklarıyla yüzleşirler ve onlardan beklentiler çok fazla gerçekleşiyor olabilir. Yaşantılarında oluşan birçok değişikliğin bir sonucu olarak verdikleri duygusal tepkilerin anlaşılması için daha sık yardıma ihtiyaç duyabilirler.

Diğer çocuklarınızın boğuştuğu sorunlardan bazıları

- Küçük çocuklar otizmli kardeşinin sorununun ne olduğunu anlayamayabilirler. Tanı ve etkileriyle ilgili kafaları karışabilir ve ne olduğunu kavramakta zorlanabilirler.
- Ailelerinin otizmli çocukla daha uzun zaman geçirdiğini görmek kıskançlığa ve öfkeye neden olabilir.
- Yapmak zorunda oldukları işleri kardeşleri yapmadığında hoş karşılanması eşit muamele görmediklerini düşündürüp kızgın olmalarına sebep olabilir.
- Otizmli kardeşin agresif davranışları toplum içinde veya kendi arkadaş çevrelerinde oluştuğunda utanma duygusuna kapılabilirler.
- Kardeşleriyle "normal" ilişki geliştiremedikleri için hayal kırıklığına uğrayabilirler.
- Ailedeki herkes gibi onlar da kardeşleri ve ebeveynleri için içten içe endişe duyabilirler.
- Pek çoğu duygularını ifade etmekte zorlanabilir. Örneğin, okulda sorun yaşayan ya da anne-babasına meydan okuyan çocuklar olabilirler.

Diğer çocuklarınızı destekleyebileceğiniz stratejiler

- Çocuklarınızın otizmin ne olduğunu anlaması ve kardeşlerinin durumunun farkında olması çok önemlidir. Onlarla yaşlarına uygun bir şekilde konuşun ve bilgilendirin. Birçok kitap ve kaynak otizmi anlamak için yardımcı olacaktır. www.tohumotizm.org.tr
- Çocuklarınıza otizmli kardeşiyle oynamayı ve ilişki geliştirmeyi öğretin. Kardeşinin ilgisini nasıl çekeceğini, ondan basit bazı şeyleri nasıl isteyeceğini öğretebilirsiniz. Tabi beraber zaman geçirirken, oyun oynarken çocuklarınızın tümünü ödüllendirmeniz çok önemlidir.
- Kardeşi otizmli olan başka yaşıtlarıyla bir araya gelebileceği gruplar bulun.
- Çocuğunuzun duygularını içine attığını, davranışlarının değişmediğini gözlemliyorsanız, profesyonel destek almaktan çekinmeyin. Sorunu erken teşhis etmeniz çok önemli. Destek almanız eksiklik ya da bir kayıp değil tam tersine güçlü ve iyi ebeveynler olduğunuzun göstergesidir.

KENDİNİZE ÖZEN GÖSTERİN

Otizmli bir çocuğun bakımı fiziksel ve duygusal olarak zorlayıcı olabilir. Ebeveyn olarak sorumluluklar büyük stres yaratabilir. Diğer çocuklarınızın bakımı ve ihtiyaçlarına zaman ve enerji ayırmak, evliliğinizin ve kendinizin ihtiyaçlarını planlamak ve tüm bunları dengede tutmak kolay değildir. İyi bir denge kurmak ve uygulamaya koymak zaman alır. Aşağıda size yardımcı olabilecek birkaç ipucu verilmiştir

Kendinize zaman ayırın

Çocuğunuza bakacak ailenizden ya da yakın arkadaşlarınızdan birisini bulamasanız bile evinizin yakın çevresinden geçici olarak birinden destek alıp, haftada bir gün kısa süreli de olsa kendinize zaman ayırın. Bu soluklanma anında işlerinizi halledip, dinlenip keyifli zaman geçirin. Çocuğunuzla kısa süreli ilgilenen bir kişi bulduğunuzda bu size acil durumlarda çocuğunuzun güvende olduğu hissini verecektir.

Arkadaşlarınıza zaman ayırın

Birçok aile uzun süreli dostlukların onları güçlü kıldığını ve rahat hissettirdiğini söyler. Eğer kendinizi dışlanmış hissediyorsanız harekete geçme zamanı gelmiş demektir.

Otizm dışında ilgi alanları belirleyin

Yeni keşifler yapın. Sadece otizmli bir çocuğun ailesi olmaktan öte bir birey olduğunuzu ve değerli olduğunuzu fark etmek için kendinize zaman ayırın.

Bakıcı tutmak

Bakıcı, evde birkaç saat ya da belirlenen başka alanda belirli süre boyunca engelli bireyler için sunulan süreli bir hizmettir. Bakıcı, geçici bir süreliğine ailelerin kendilerine mola vermesini, stresten ve yorgunluktan arınmasını sağlar.

Bakıcı ararken

Unutmayın ki bakıcının sizinle ve otizmli çocuğunuzla nasıl iletişim kurduğu çok önemlidir. Eğer mümkünse beraber biraz zaman geçirin.

Aile bireyleri ile bakıcının birbirini tanıması birkaç hafta sürebilir ancak zamanla düzelir ya da kendiliğinden geçer diye düşünerek olumsuz davranışların oluşmasına izin vermeyin.

Bakıcı Ararken Dikkat Etmeniz Gereken Hususlar

Daha önce otizmli bireyle deneyimi

Bakıcının başarılı olması için daha önce başka bir otizmli bireyle deneyimi olması çok da gerekli değildir. Çünkü her otizmli farklı özellikler gösterir. Hatta bazı aileler özellikle iş deneyimi olmayan kişilerle çalışıp kendi çocuklarıyla etkileşim kurması için bakıcıyı kendileri eğitmeyi tercih ederler.

Aldığı eğitimler, sertifikalar

Birçok geçici bakıcı bulmamızı sağlayan belirli kuruluşlar, kişilerin sabıka kaydı, güvenlik, ilk yardım gibi aldıkları eğitimlerin belgelerini de bünyelerinde bulundururlar. Eğer bir ajans aracılığıyla bakıcı bulmayı düşünüyorsanız onlardan görüşmeye çağırdığınız kişilerin bilgilerini isteyebilirsiniz.

Eğitimler

Bazı kuruluşlar çocuk bakımı ile ilgili eğitimler vermekte veya bu eğitimleri almış kişileri bünyelerinde bulundurmaktadır. Bazıları otizm üzerine eğitimlere kendi çabalarıyla katılmış olabilirler. Birçok sivil toplum kuruluşu otizm üzerine ücretsiz eğitimler verir. Ayrıca otizmli çocuğun eğitimine ve bakımına ilişkin ücretsiz eğitim veren internet sitelerine başvurabilirsiniz.

Davranışsal endişeler

Isırma, vurma, tırmalama, öfke nöbetleri geçirdiğinde otizmli kişiyle ilgileneceklerin de sizinle aynı tepkilerde bulunmasını beklersiniz. Dolayısıyla çalışan sizden ya da bir profesyonelden eğitim almaya ihtiyaç duyar. Yazılı davranışsal bir plan hazırlayın ve çalışanın, otizmli kişinin özel durumlarında nasıl davranması gerektiğini öğrendiğinden emin olun.

Güvenlikle ilgili konular

Çalışanınızla mutlaka güvenlik hakkında konuşun. Güvenlik konuları oldukça bireyseldir. En doğrusu endişelerinizi yazılı olarak verin. Çalışanın, her şeyden önemlisi aile bireylerinin ihtiyaçları doğrultusunda davranmasıdır.

Ulaşılabilirlik ve esneklik

İş görüşmesinde isteklerinizin ve ihtiyaçlarınızın neler olduğunu söyleyin. Çalışma saatlerinde esnek olup olmadığını öğrenin, böylece en ihtiyacınız olduğu anlarda kendinize ara verebilirsiniz.

Referanslar

Referanslar daha önceki iş deneyimiyle ilgili olmalı ve bir işveren tarafından verilmeli, kişisel referans olmamalıdır. Kişiliğine yönelik referans da alabilirsiniz tabi ancak iş alışkanlıkları, dakikliği ve işe bağlılığı hakkında bilgi edinmeniz faydalı olacaktır.

EBEVEYNLER TARAFINDAN SIKÇA SORULAN SORULAR

S: 2 yaşındaki oğluma bir süre önce otizm tanısı konuldu. Evdekiler endişelenmeye gerek olmadığı, sadece gelişiminde bir gecikme olduğu, aynı şeyin çocukluk çağında babasının da başına geldiği konusunda ısrarcılar. Onlara nasıl cevap verebilirim bana önerilerde bulunabilir misiniz?

Bu durum özellikle otizmli çocuğu sahip özel gereksinimi olan çocukların ailelerinde de çok yaygındır. Tanı aldıktan sonra bir bütün olarak tüm aile ve aile içinde her birey için ayrı ayrı birçok duygusal süreç başlar. İşte aileyi bir kedere sürükleyen bu sürecin ilki şoktur. Bu sürecin bir parçası özellikle çocuğunuzla birlikte yaşamayan aile üyelerinde görülen bir reddetme duygusuna neden olur. Muhtemelen onların bu tanıyla yüzleşmesi daha uzun zaman alacaktır. Yaptığınız her şeye ilave olarak, olanlara karşı sabrınızı devam ettirmelisiniz. Çocuğunuza ilgi gösteren aile üyelerinin otizm hakkında bir şeyler öğrenmesi faydalı olabilir. Böylece kendi etkileşimlerini ve beklentilerini daha uygun bir seviyede tutacaklardır. Ayrıca bu süreci anlayabilecek deneyime ve uzmanlığa sahip profesyoneller ve etkili destek grupları size ve ailenize yardımcı olabilirler.

S: Kocam tanıyı kabul etmeyi reddediyor ve doktorumuzla olan randevulara katılmayacağını söylüyor. Ne yapabilirim?

Ebeveynlerden birinin tanıyı kabul edip, diğerinin kabul etmemesi şaşılacak bir durum değil. Bu durum sizin için bir zamanlar nasıl zor oldu ise onun için de o kadar zor bir durumdur, sabırlı ve destekleyici olmalısınız. Eşiniz kendi reddetme sürecini eninde sonunda detaylı bir şekilde düşünecektir. Aynı zamanda eşinize siz otizm hakkında bir kitap önerebilir ya da bir makale paylaşabilirsiniz ama baskı yapmamaya dikkat edin. Çoğu insan bunu kendi yöntemleriyle yapmayı tercih eder.

S: Oğlum tanı aldığından beri kendimi bunalmış hissediyorum ve hatta kendimi otizm konusunda bir şeyler okumaya bile yönlendiremiyorum.

Otizmli çocuğunuzun savunucusu olmak yaşam boyu süren bir aktivite olacaktır. Ebeveynler tanıyla yüzleştiklerinde duydukları şeylerden başlangıçta kolayca bunalırlar, kafaları karışır, korkar ve kızgın olurlar. Çoğu zaman yorgunluk başa çıkmayı denemek için tercih edilen bir yoldur. Yalnız olmadığınızı birilerinin size yardımcı olabileceğini hatırlamanız işe yarayabilir. Müsait olduğunuz zamanlarda okuyabileceğiniz şeyleri kolayca ulaşabileceğiniz bir dosyada tutun. Kendinizi belli bir hıza sokun ve zamanla yapılması gerekenleri yaptığınızda bu çabalarınız bir fark yaratacaktır.

S: Ailemizin çevreye katılımı bizim için önemli. Çevremizin oğlumu daha kabullenici olmasını nasıl sağlayabilirim? Çocuğumuz ve tanısı hakkında konuşmaya çalıştığımda çoğunlukla rahatsız görünüyorlar. Onlardan destekleyici umursayıcı olmalarını bekliyorum ve onlara bu durumu atlatmak için gerçekten ihtiyacım var. Çocuğumun ayrıca çevremizle diğer ailelerle ilişki kurmaya ihtiyacı var.

Sizin çevrenizde olduğu gibi birçok insan için otizm deneyim ya da bilgi sahibi oldukları bir konu değil; bu yüzden onlara öğrenmelerinde yardımcı olmalısınız. Sözü dinlenen lider konumunda olan kişilerden başlamanız iyi olur. Ne bildiklerini öğrenin ve ihtiyaç duyduklarında onlara bilgi sunun. Bu kişiler ilgili konuları bir topluluk içinde konuşacaklardır. Ayrıca bu kişiler toplumu eğitmek için size önerilerde bulunabilirler, çevrenizi bilgilendirirken sizi destekleyebilirler. Ayrıca onları otizm konusunda hizmet sunan dernek ve vakıflara üye olmaları için de yönlendirebilirsiniz.

S: Çocuğum için her şeyin yapıldığından nasıl emin olabilirim? Bazen yeteri kadar ilerleme olmadığını düşünüyorum.

Neredeyse otizmli çocuğu olan her ebeveyn her gün bu soruyu soruyor: Çocuğuma daha fazla yardım etmek için ne yapılabilir? Yapabildiğimiz kadar sıkı çalışırız ve çoğunlukla yeterince yapmamışız gibi hissederiz. Bunu çocuğumuzla çalışan başkaları için de hissederiz. Biz ulaşılabildiğimiz en iyi eğitim ve diğer hizmetler için her zaman zorlamaya devam etmeliyiz. Aynı zamanda bazı sınırlılıkların olduğunu da kabullenmeliyiz. Bugün eğitim de dahil olmak üzere bütün tedavi yöntemlerinin bir sınırlılığı var. Her geçen gün çok fazla şey öğreniyoruz ancak daha almamız gereken çok yolumuz var. Günümüzün ekonomik şartları altında devletin yaptığı yatırımlar açıkça çok yetersiz. Öğretmenler çok fazla öğrenciyle çalıştırılıyorlar. Bazen sağlanan imkânlara odaklanmak kendi ve başkalarının çabalarını kabullenmeye yardımcı olur. Aynı zamanda daha önce de önerildiği gibi ebeveynler çocuklarının en büyük savunucuları olmalıdır.

Her gün ne yaptığınıza baktığınızda başardığınız şeyler için kendinize iltifatta bulunabilirsiniz. Çocuğunuz, günlük olarak karşılaştığı bir sürü zorluk olmasına rağmen elinden gelenin en iyisini yapıyordur. Bütün çocuklar gibi sizin otizmli çocuğunuz da kendi hızında büyüyecek ve gelişecek. Çocuğunuzun bir dönem içinde bir cümleden beş paragrafa geçtiğini görmeyi arzu ederken neleri başardığını kabul etmeli ve taktir etmeliyiz ve daha ilerisi için nazikçe cesaretlendirmeliyiz.

Dışarıdan profesyonel birine danışmak, örneğin eğitimcisi, ayrıca hedef koyma ve ilerlemede size gerçekçi olmanızda yardımcı olabilir. Bu yolculukta başarıyı ve ilerlemeyi yeniden tanımlamalıyız. Bu tanım çocuklarımın yapabileceklerine dayanmalıdır, başka hiçbir şeye değil.

S: Otizmli çocuğumuzun bakımı ve eğitimi konusunda bize yardımcı olacak maddi kaynaklar nelerdir?

Maddi zorluk, özel gereksinimi olan çocuk, ailelerinin karşılaştığı en büyük streslerden biridir. Devletin sağladığı maddi kaynaklar yeterli değildir ve her aile sık sık kendi kaynaklarını kendisi bulur ve bütün harcadıklarının geri dönüşü olacağının küçük bir umudu ile çocuklarına sürekli kaynak sağlamaya çalışır.

Okulöncesi ve okul çağındaki çocuklar için devlet okullarında verilen özel eğitim ücretsizdir. Ancak özel eğitim kurumlarında; örneğin rehabilitasyon merkezlerinde verilen destek özel eğitim hizmetleri ücrete tabidir. Bu ücretin belli bir bölümü devlet tarafından karşılanır. Çocuğunuzun bu desteği alabilmesi ve bu hizmetin bedelinin devlet tarafından karşılanabilmesi için ikamet ettiğiniz ilçede bulunan Rehberlik Araştırma Merkezi'ne (RAM) başvurmanız gerekir. Başvurunuz RAM bünyesindeki Özel Eğitim Değerlendirme Kurulu tarafından karara bağlanır. Destek, eğitim kararı çıkması durumunda çocuğunuzun bir özel eğitim kurumundan alacağı ayda en fazla 8 saat bireysel, 4 saat seanslı grup eğitimi olmak üzere toplam 12 saatlik destek eğitim ücreti Milli Eğitim Bakanlığı tarafından karşılanır. Ayda 12 saat eğitim, otizmli çocuklar için yeterli olmaktan çok uzaktır. Çocuğunuz evde veya kurumda haftada en az 30 saat eğitim almalıdır. Kamu kurumlarının engelli çocuklara erken müdahaleyi, özel eğitimi ve ilgili hizmetleri nasıl sağladığını, Tohum Otizm Vakfının web sitesinden öğrenebilirsiniz.

S: Eşimle diğer çocuklarımızın zaman içinde otizmli çocuğumuza verdiğimiz ilgi için ciddi bir kırgınlık geliştirebilecekleri konusunda endişeliyiz ve bu onların hayatını olumsuz etkileyebilir. Diğer çocuklarımızı büyütürken bu kırgınlığı hissetmemeleri için bize öneride bulunabilir misiniz?

Birden fazla çocuğa sahip olan bütün ailelerde kardeş rekabeti ortaya çıkar ve bu ailelerde özel gereksinimi çocuk olduğunda durum daha da karmaşık olabilir. Otizmli bir çocuğa fazladan ilgi göstermekten kaçınmak doğru bir yol değildir. Otizmli kardeşe sahip çocuklarda bu duygular daha erken gelişebilir çünkü çocuklar bütün zamanlarını genelde birlikte geçirirler.

Sürekli olarak nasıl oldukları, neye ihtiyaç duydukları vb. konularda diğer çocuklarınızı kontrol etmek iyi bir fikirdir. Mümkün olduğunca her çocuğa bireysel olarak vakit ayırmak ayrıca son derece yararlıdır. Büyükanneleri ve büyükbabaları, halaları ve teyzeleri, amcaları ve dayıları, güvenilir komşuları işe katmak da ayrıca faydalı olabilir.

Eğer onlara zaman ayırıp anlayacakları şekilde anlatırsanız, farklı yaşlardaki çocuklar başkalarının özel gereksinimlerini anlayacak kapasiteye sahiptir. Kardeşlere gördükleri davranışları ve bu durumlarla başa çıkmak için neden farklı şekilde davrandığınızı açıklayın. Çocuklarınızın bazı temel açıklamaları bilmeye hakkı vardır. Ayrıca, onların duyguları hakkında sizinle ya da başkalarıyla konuşmaları için fırsat yaratmak daha sonra gelişecek kırgınlıkları önleyebilir.

Diğer çocuklarınıza kardeşiyle iletişim kurmak ya da oyun oynamak için başarılı yollar keşfetmelerine yardım etmek de işe yarayabilecek yollardan biridir.

Kardeşler kırgınlık ve kızgınlık hissettikleri için ya da kardeşleri "normal" değilken kendileri "normal" oldukları için bazen suçluluk hissedebilirler. Suçluluk ve kırgınlık normal büyüme sorunlarıdır, özel gereksinimi olan kardeşten dolayı daha karmaşık bir hale dönüşebilir. Ama diğer çocuklarınızın kendi duygusal gelişiminde ve hayat yolculuğunda ilerleyebilmeleri için herhangi bir duygu durumunda olduğu gibi onlarla konuşarak ilerleme sağlayabilirsiniz.

KAYNAKÇA

www.autismspeaks.org/community/fsdb/search.php
www.autismspeaks.org/family-services/resource-library
www.autismspeaks.org/what-autism/diagnosis
www.odfed.org
www.tohumotizm.org.tr